유튜브 선생님에게 배우는

유·선·배 경영정보시각화능력 실기(Power BI) 합격노트

저자 직강 무료 동영상 강의 제공

빠른 합격을 위한 맞춤 학습 전략을
무료로 경험해 보세요.

| 혼자 하기 어려운 공부, 도움이 필요할 때 | 체계적인 커리큘럼으로 공부하고 싶을 때 | 온라인 강의를 무료로 듣고 싶을 때 |

 어니언비아이 선생님의 쉽고 친절한 강의,
지금 바로 확인하세요!

 어니언 비아이

2025 시대에듀 유선배 경영정보시각화능력 실기(Power BI) 합격노트

Always with you

사람의 인연은 길에서 우연하게 만나거나 함께 살아가는 것만을 의미하지는 않습니다.
책을 펴내는 출판사와 그 책을 읽는 독자의 만남도 소중한 인연입니다.
시대에듀는 항상 독자의 마음을 헤아리기 위해 노력하고 있습니다. 늘 독자와 함께하겠습니다.

자격증 · 공무원 · 금융/보험 · 면허증 · 언어/외국어 · 검정고시/독학사 · 기업체/취업
이 시대의 모든 합격! 시대에듀에서 합격하세요!
www.youtube.com ➜ '어니언 비아이' 검색 ➜ 구독

PREFACE 머리말

5년 전, 더 많은 비즈니스 실무자들이 Power BI를 활용해 데이터 분석을 쉽고 재미있게 할 수 있기를 바라며 유튜브 채널 '어니언 비아이'를 시작했습니다. 그러던 중 경영정보시각화능력 시험이 처음 시행되면서 공식 소프트웨어로 Power BI가 채택되었다는 소식을 듣고, 누구보다 반가운 마음으로 이 책을 집필하게 되었습니다.

이 책에는 제가 다양한 기업과 기관에서 수행한 Power BI 프로젝트 경험과 강의를 통해 얻은 실무적인 노하우를 최대한 담았습니다. 특히, 경영정보시각화능력 시험을 준비하는 수험생들이 Power BI의 핵심 기능을 빠르고 효과적으로 익힐 수 있도록 예제 위주로 구성하였으며, 동시에 실무에서도 바로 적용할 수 있도록 다양한 사례와 활용 팁을 수록하였습니다.

이 책이 단순히 자격증 취득을 위한 교재를 넘어 실무에서도 유용하게 활용할 수 있는 든든한 지침서가 되기를 바라며, 독자 여러분이 Power BI를 활용한 데이터 분석 및 시각화에 자신감을 갖는 계기가 되기를 바랍니다.

끝으로, 얼마 전 한 다큐에서 들은 인상 깊었던 말로 제 응원의 메시지를 대신하고자 합니다.

> "아직 반죽일 뿐, 오븐을 거쳐 사람들이 열광하는 빵이 된다."
> – SBS 스페셜 'The 빵' 중에서 –

저자 어니언비아이

이 책의 구성과 특징

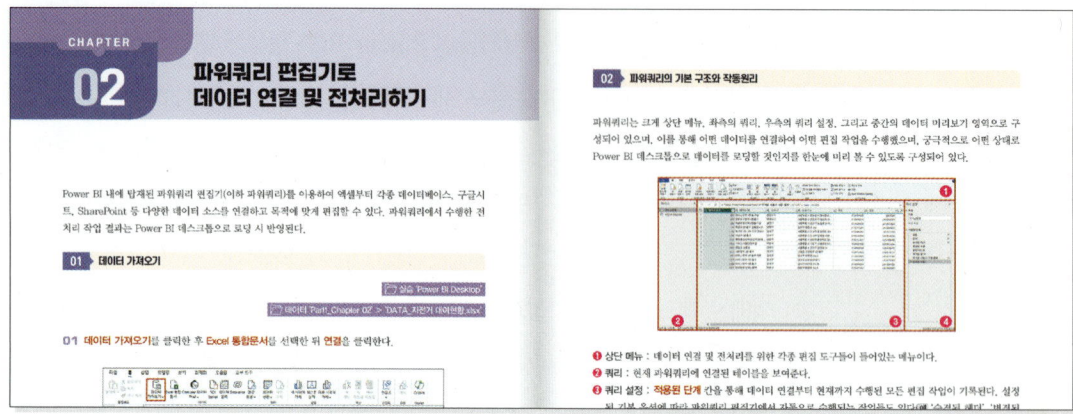

▶ 기본기를 다지기 위하여 Power BI를 처음 다뤄보는 분도 이해할 수 있도록 파워쿼리 편집기, 모델링, DAX 함수 등 핵심 기능의 기초부터 차근차근 수록했습니다.

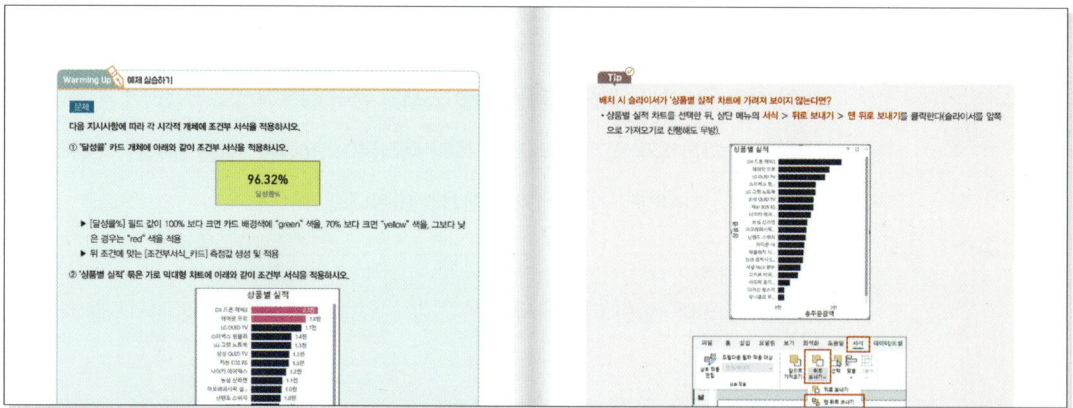

▶ Warming Up 예제와 Tip을 통해 기능을 완벽히 익혀 내 것으로 만들고 추가적인 궁금증까지 해결할 수 있습니다.

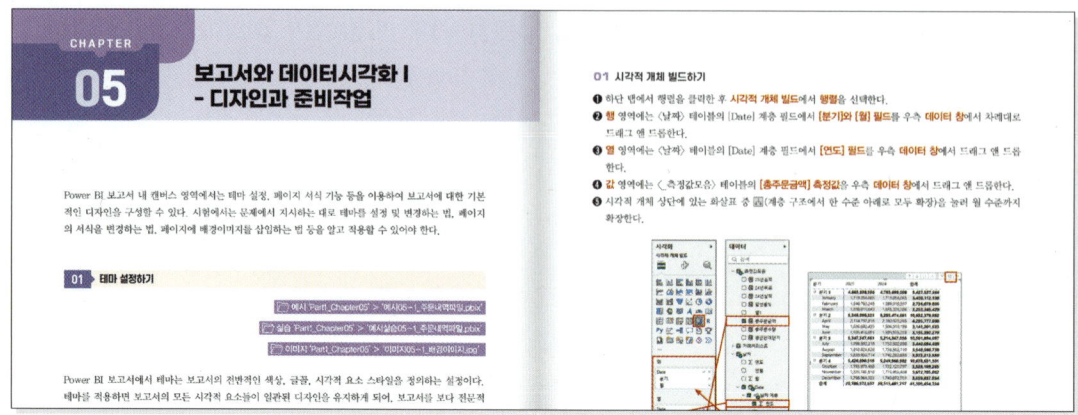

▶ 본격적인 문제 풀이에 앞서 데이터시각화로 보고서 화면을 완성하는 방법을 단계적으로 수록하여 각 단계에 맞는 집중 학습을 할 수 있습니다.

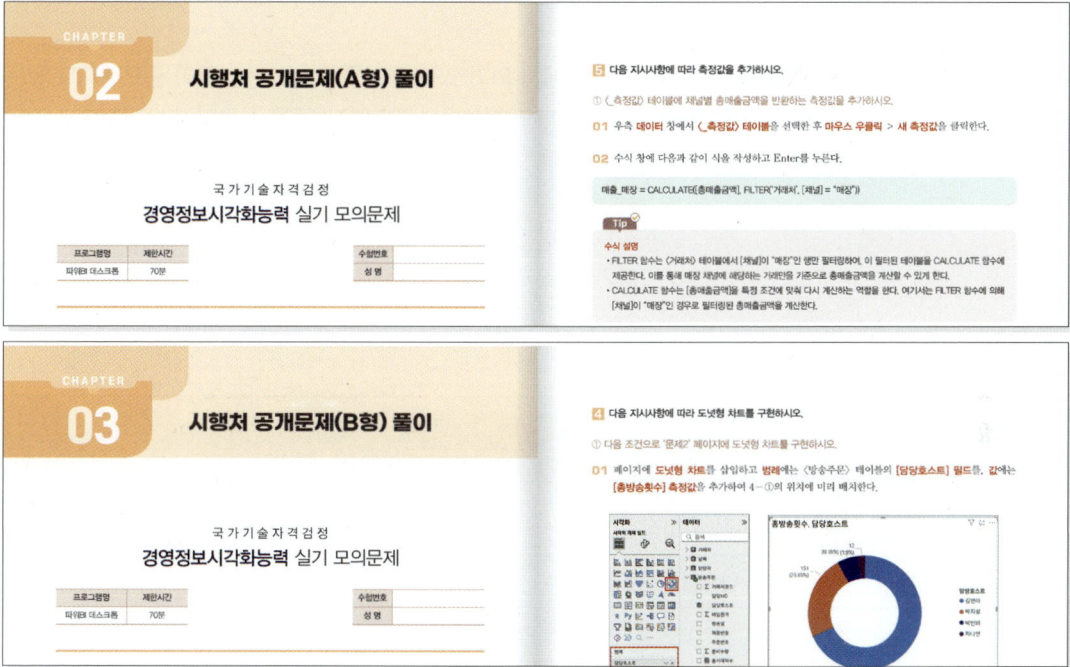

▶ 시행처 공개문제 2회분을 풀이하며 출제경향을 파악하고 이론에서 학습한 내용을 점검할 수 있습니다.

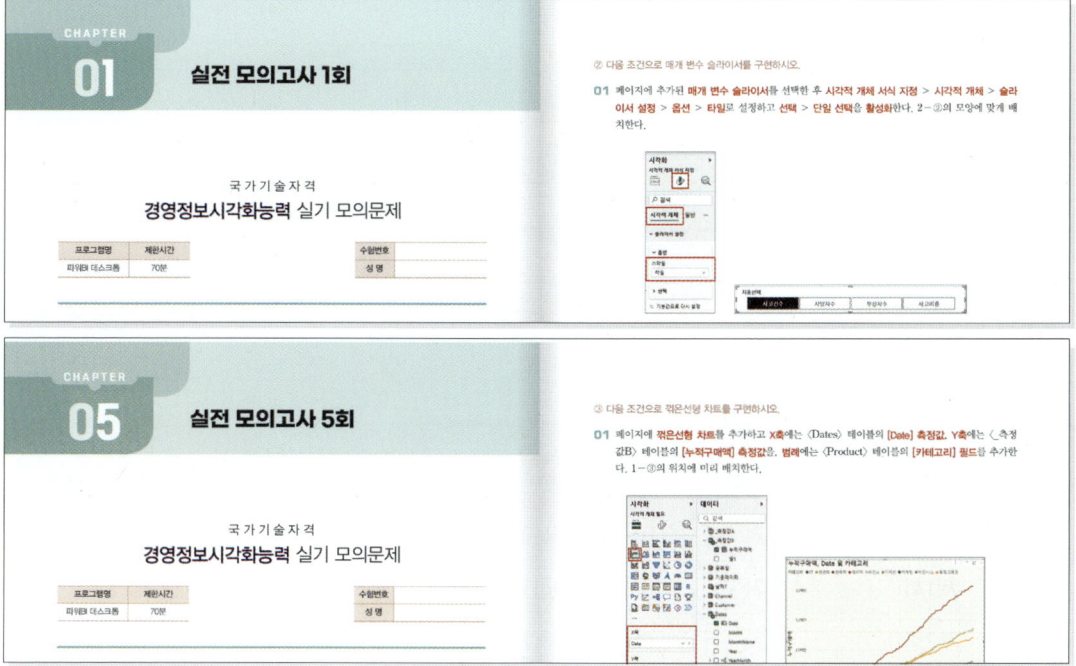

▶ 변별력 있는 실기 문제도 잘 해결해 나갈 수 있는지 확인하기 위해 최신 유형을 분석하여 실전 모의고사 5회분을 상세한 설명과 함께 수록했습니다.

시험안내

경영정보시각화능력이란?

4차 산업혁명, 디지털 전환 등으로 인해 데이터에서 의미 있는 정보를 도출하는 능력이 중요해지고 있는 시점에서, 경영 관련 의사결정을 위해 기업 내외부의 정보를 시각적 요소들을 사용하여 효과적으로 전달하는 능력을 평가하는 국가기술자격시험이다.

취득방법

구분	내용
응시자격	제한없음
합격기준	100점 만점에 70점 이상
검정방법	컴퓨터작업형(3~5문제)

시험정보

구분	내용
시험과목	경영정보시각화 디자인 실무
시험시간	70분

시험일정(2025년 기준)

회별	검정방법	원서접수	시험일자	합격자 발표일자
제1회	필기	04.03.~04.09.	04.26.	05.27.
제1회	실기	06.05.~06.11.	06.28.	08.26.
제2회	필기	08.21.~08.27.	09.13.	10.14.
제2회	실기	10.09.~10.15.	11.01.	12.30.

이 책의 목차

PART 1 핵심 기능 파헤치기

- CHAPTER 01 Power BI 개념과 주요 구성 요소 — 3
- CHAPTER 02 파워쿼리 편집기로 데이터 연결 및 전처리하기 — 8
- CHAPTER 03 데이터 모델링 — 31
- CHAPTER 04 DAX 함수를 활용한 새 측정값, 새 열, 새 테이블 생성 — 40
- CHAPTER 05 보고서와 데이터시각화 Ⅰ – 디자인과 준비작업 — 70
- CHAPTER 06 보고서와 데이터시각화 Ⅱ – 차트별 사용법 — 79
- CHAPTER 07 보고서와 데이터시각화 Ⅲ – 동적 요소 구현하기 — 167

PART 2 공개문제 파헤치기

- CHAPTER 01 경영정보시각화능력 실기시험 유의사항 — 229
- CHAPTER 02 시행처 공개문제(A형) 풀이 — 232
- CHAPTER 03 시행처 공개문제(B형) 풀이 — 284

PART 3 모의고사 파헤치기

- CHAPTER 01 실전 모의고사 1회 — 345
- CHAPTER 02 실전 모의고사 2회 — 390
- CHAPTER 03 실전 모의고사 3회 — 437
- CHAPTER 04 실전 모의고사 4회 — 488
- CHAPTER 05 실전 모의고사 5회 — 541

예제 파일 및 실습 자료 다운로드받는 방법

1

www.sdedu.co.kr/book에 접속 후 화면 상단에 있는 「프로그램」을 누릅니다.

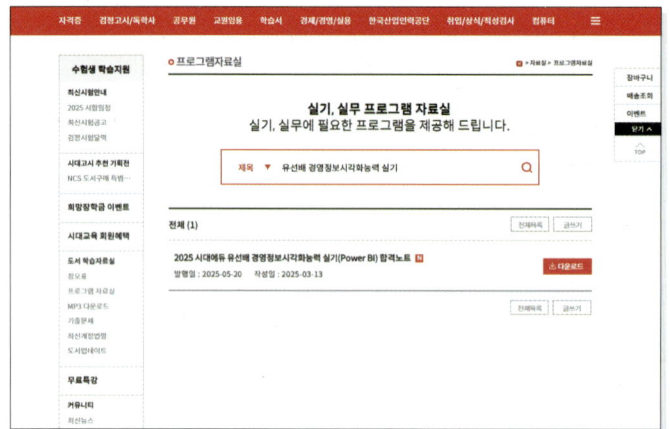

2

검색창에 「유선배 경영정보시각화 능력 실기」를 검색합니다.

3

첨부파일을 다운로드받습니다.

유튜브 선생님에게 배우는

유선배

PART 1
핵심 기능 파헤치기

CHAPTER 01 Power BI 개념과 주요 구성 요소

CHAPTER 02 파워쿼리 편집기로 데이터 연결 및 전처리하기

CHAPTER 03 데이터 모델링

CHAPTER 04 DAX 함수를 활용한 새 측정값, 새 열, 새 테이블 생성

CHAPTER 05 보고서와 데이터시각화 I – 디자인과 준비작업

CHAPTER 06 보고서와 데이터시각화 II – 차트별 사용법

CHAPTER 07 보고서와 데이터시각화 III – 동적 요소 구현하기

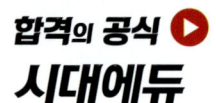

유선배 경영정보시각화능력 실기(Power BI) 합격노트
이 시대의 모든 합격! 무료 동영상 강의와 함께 합격하세요!
www.youtube.com ➜ '어니언 비아이' 검색 ➜ 구독

CHAPTER 01

Power BI 개념과 주요 구성 요소

Power BI는 Microsoft가 개발한 비즈니스 인텔리전스 도구로, 데이터를 시각적으로 표현하고 분석하여 효과적인 의사결정을 지원하는 플랫폼이다. Power BI는 데이터의 결합, 변환, 분석, 시각화 및 공유를 위한 다양한 기능을 제공하며, PC 설치 기반의 Power BI 데스크톱과 웹 기반의 Power BI 서비스로 나뉜다. 경영정보시각화능력 실기 시험에서는 이중 Power BI 데스크톱의 활용 능력을 평가한다.

01 Power BI의 구성 이해

01 Power BI 데스크톱(Power BI Desktop)

Power BI 데스크톱은 데이터를 연결, 변환하고 시각화하며 보고서를 작성할 수 있는 로컬 애플리케이션이다. 데이터 연결 및 전처리를 담당하는 파워쿼리 편집기가 내장되어 있어, 데이터 편집부터 시각화, 보고서 작성까지 모두 한 번에 처리할 수 있다.

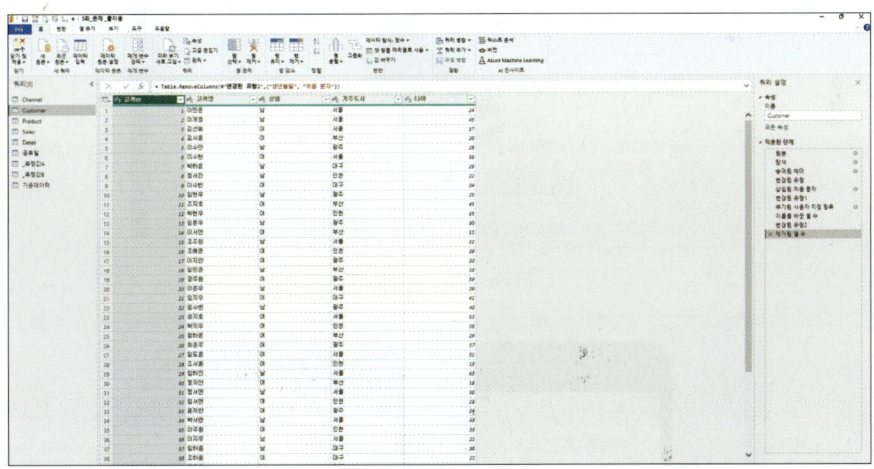

파워쿼리 편집기 화면

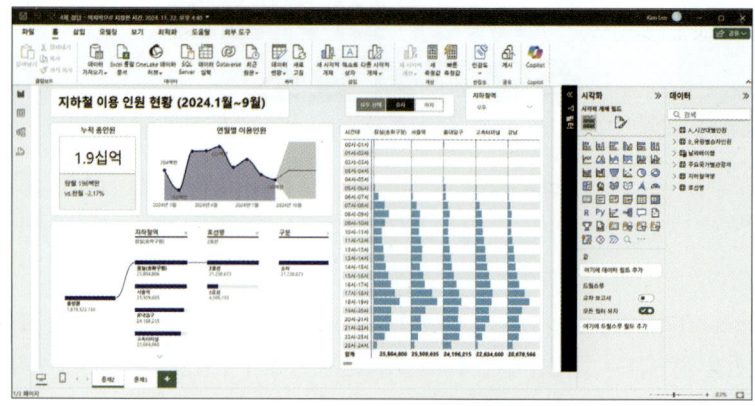

Power BI 데스크톱 – 보고서 작성 영역 화면

02 Power BI 서비스(Power BI Service)

작성한 보고서를 게시하여 공유 및 협업할 수 있는 클라우드 기반 플랫폼으로, 보고서와 대시보드를 실시간으로 관리하고 배포할 수 있다. Power BI 모바일과 연동되어 모바일 기기에서도 보고서 및 대시보드를 확인할 수 있다. 경영정보시각화능력 실기 시험에서는 Power BI 서비스와 관련된 내용은 출제 범위에 해당하지 않으므로 본 교재에서도 Power BI 서비스와 관련된 내용은 다루지 않는다.

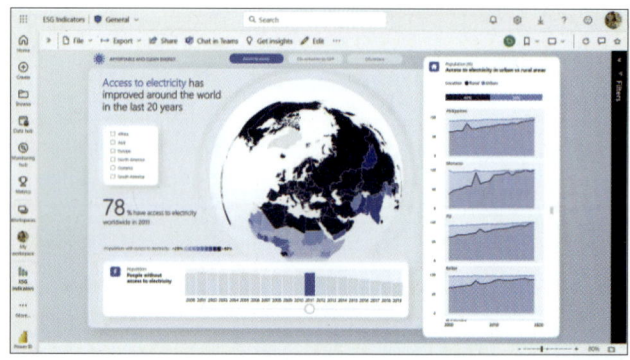

Power BI 서비스 화면

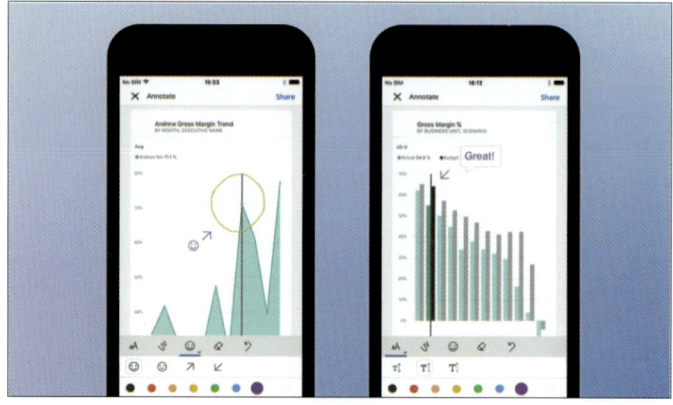

Power BI 모바일 화면

02 Power BI 데스크톱 설치 및 시작하기

Power BI 데스크톱은 매월 업데이트가 되므로 월별로 버전이 다르다. 일반적으로 자동 업데이트를 위해 Microsoft Store을 통해 다운받는 방법이 권장되지만 시험장과 동일한 환경 구현을 위해서는 연초에 대한상공회의소에서 자격평가사업단 홈페이지(https://license.korcham.net/)를 통해 공식적으로 배포하는 버전을 확인하여 설치하는 것이 좋다.

01 **시대에듀 도서 홈페이지(https://www.sdedu.co.kr/book/)** > **프로그램**에서 **유선배 경영정보시각화 능력 실기**를 검색한다. 첨부된 링크에 접속한 뒤 **PBIDesktopSetup_x64.exe** 프로그램(2025년 1월 버전)을 다운로드받은 후 **더블클릭**하여 실행한다.

02 설치 창이 열리면 **한국어**를 선택하고 **다음**을 누른다.

03 **다음**을 눌러 설치 마법사를 시작한다.

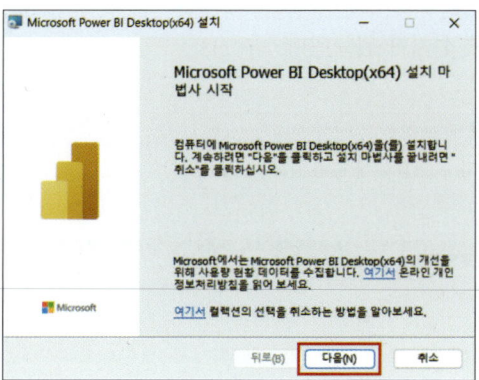

04 Microsoft 소프트웨어 사용권 계약서가 뜨면 **동의함**을 체크하고 **다음**을 누른다.

05 기본으로 설정된 설치 폴더 그대로 **다음**을 눌러 진행한다.

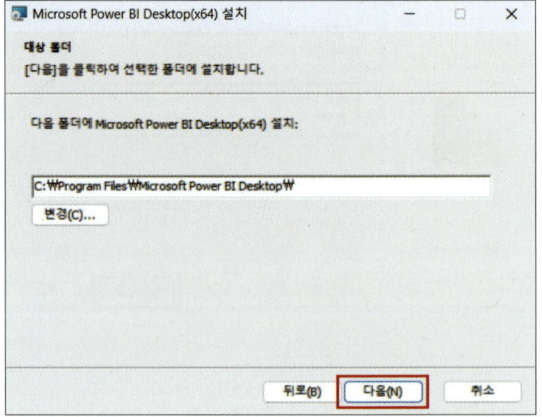

06 이제 **설치** 버튼을 누르면 설치가 완료된다.

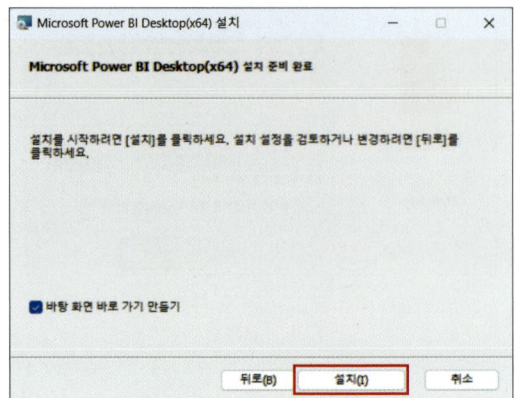

07 프로그램 실행을 위해서는 바탕화면의 아이콘을 더블클릭하거나 윈도우 시작 버튼에서 Power BI Desktop을 찾아서 클릭한다.

08 프로그램이 실행되면 상단에서 **빈 보고서**를 눌러 작업 준비를 마친다.

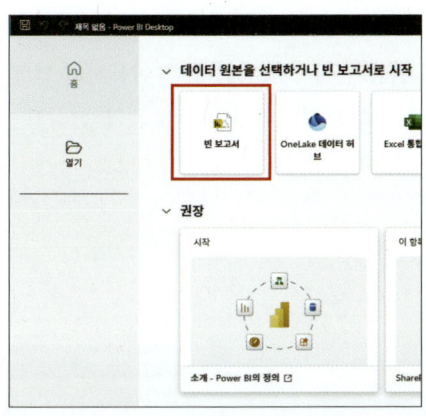

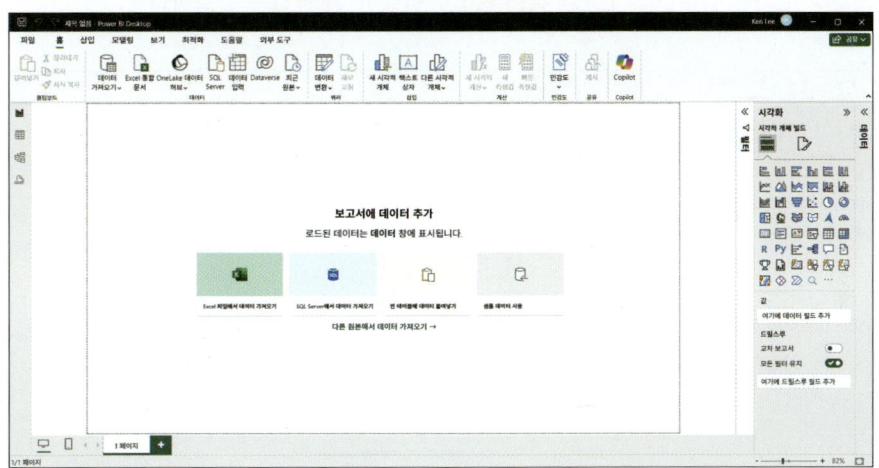

CHAPTER

02

파워쿼리 편집기로
데이터 연결 및 전처리하기

Power BI 내에 탑재된 파워쿼리 편집기(이하 파워쿼리)를 이용하여 엑셀부터 각종 데이터베이스, 구글시트, SharePoint 등 다양한 데이터 소스를 연결하고 목적에 맞게 편집할 수 있다. 파워쿼리에서 수행한 전처리 작업 결과는 Power BI 데스크톱으로 로딩 시 반영된다.

01 데이터 가져오기

📁 실습 'Power BI Desktop'

📁 데이터 'Part1_Chapter 02' > 'DATA_자전거 대여현황.xlsx'

01 **데이터 가져오기**를 클릭한 후 **Excel 통합문서**를 선택한 뒤 **연결**을 클릭한다.

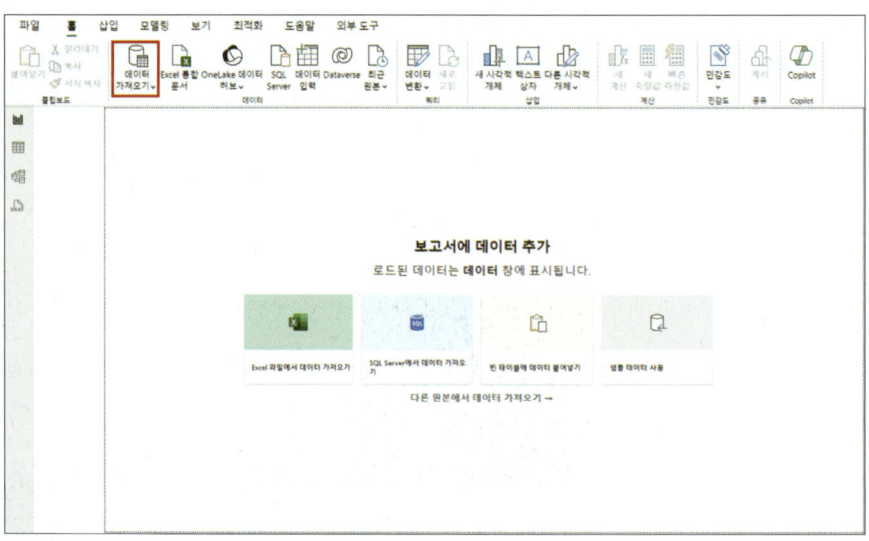

02 Window 탐색기가 열리면 **DATA_자전거 대여현황.xlsx**을 선택한 뒤 **열기**를 누른다.

03 탐색 창이 열리면 **가져올 시트(테이블)**를 모두 선택한 뒤 **로드**를 누르거나 편집이 필요할 경우 **데이터 변환**을 눌러 파워쿼리로 이동할 수 있다. 여기서는 **데이터 변환**을 눌러 파워쿼리를 실행시킨다.

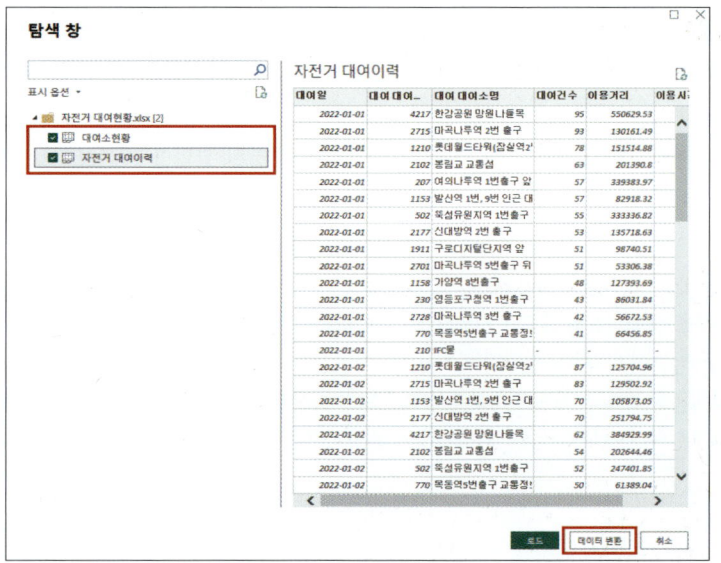

데이터 연결은 Power BI 데스크톱의 **데이터 가져오기** 외에도 파워쿼리 내에 있는 **새 원본** 버튼을 통해서도 가능하다.

02 파워쿼리의 기본 구조와 작동원리

파워쿼리는 크게 상단 메뉴, 좌측의 쿼리, 우측의 쿼리 설정, 그리고 중간의 데이터 미리보기 영역으로 구성되어 있으며, 이를 통해 어떤 데이터를 연결하여 어떤 편집 작업을 수행했으며, 궁극적으로 어떤 상태로 Power BI 데스크톱으로 데이터를 로딩할 것인지를 한눈에 미리 볼 수 있도록 구성되어 있다.

❶ **상단 메뉴** : 데이터 연결 및 전처리를 위한 각종 편집 도구들이 들어있는 메뉴이다.
❷ **쿼리** : 현재 파워쿼리에 연결된 테이블을 보여준다.
❸ **쿼리 설정** : **적용된 단계** 칸을 통해 데이터 연결부터 현재까지 수행된 모든 편집 작업이 기록된다. 설정된 기본 옵션에 따라 파워쿼리 편집기에서 자동으로 수행되는 작업들도 있다(예 '승격된 헤더', '변경된 유형' 작업).
❹ **데이터 미리보기 영역** : 현재 데이터에 대한 편집 작업이 반영된 결과를 미리보기로 보여준다.

적용된 단계 관련 참고사항(엑셀 파일의 경우)
- **원본** 단계 : 가져온 엑셀 파일의 경로가 기록된다.
- **탐색** 단계 : 가져온 엑셀 파일의 시트가 기록된다.
- **승격된 헤더** 단계 : 첫 행을 각 열의 머리글로 만든 작업이 기록된다.
- **변경된 유형** 단계 : 각 열의 데이터 형식을 정의한 작업이 기록된다.

03 ▶ 데이터 원본 연결 및 연결된 원본 변경하기

01 새 원본 : 추가로 연결해야 할 데이터가 있을 경우 **새 원본**을 눌러서 연결하게 되며, 쿼리 부분에 새로운 테이블이 추가된다.

02 데이터 원본 설정 : 원본(파일)의 경로 위치나 이름이 변경되었을 경우 **데이터 원본 설정 > 원본 변경**을 눌러서 다시 경로를 설정해 줄 수 있다.

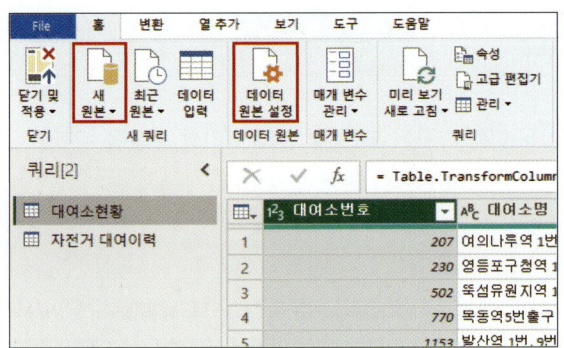

> **Tip**
>
> 우측의 작업 단계 중 **원본** 단계에서 우측의 ⚙ 설정 아이콘을 눌러 원본 경로를 재설정해 줄 수도 있다.

> **Tip**
>
> 공유자료의 Part1_Chapter 02 폴더에서 **풀이02_자전거 대여현황.pbix** 파일을 열어 **안내페이지**의 동영상을 확인한 후, **1 페이지**로 이동하여 데이터 원본 설정을 직접 실행해 볼 수 있다.

04 데이터 변환하기

상단 메뉴 중 **변환** 탭에 데이터 변환과 관련된 기능들이 들어있으며, 자주 쓰는 기능들은 **홈** 탭에서, 또는 각 **열의 헤더**(열 이름) 부분 **마우스 우클릭**을 통해서도 실행할 수 있다.

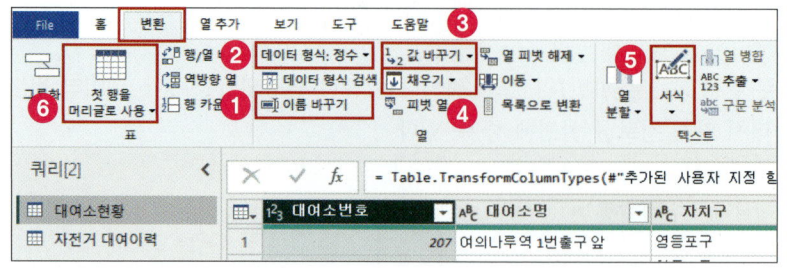

❶ 열 이름 변경하기 : **변환** > **이름 바꾸기** 또는 각 열의 머리글 부분을 더블클릭하여 이름을 변경한다.
❷ 열 형식 변경하기 : **변환** > **데이터 형식**을 눌러 변경한다.

자주 사용하는 데이터 형식은 크게 숫자(10진수, 정수 등), 텍스트, 날짜(날짜, 날짜/시간, 시간 등)로 구분되며, 각 열의 성격과 목적에 맞게 정의해 주어야 한다. 참고로 여기서 10진수는 소숫점이 존재하는 숫자를 의미한다.

❸ 값 바꾸기 : 선택 열에 포함된 특정 값을 다른 값으로 대체/변경하고자 할 경우 **변환** > **값 바꾸기**에서 수행한다.
❹ 채우기 : 비어있는 칸들을 이전 값 또는 다음 값으로 채우고자 할 때는 **변환** > **채우기**에서 방향을 선택하여 수행한다.

채우기를 실행하려면 해당 칸이 NULL(결측값)로 되어있어야 하므로 NULL이 아닌 공백인 경우 먼저 **값 바꾸기**를 통해 공백을 **NULL로 변환**한 뒤 **채우기**를 수행한다.

❺ 서식 변경하기 : 데이터 값 내 앞뒤 공백을 제거하거나 대소문자 변환 등을 하고자 할 경우 **변환** > **서식**에서 수행한다.
❻ 첫 행을 머리글로 사용 : 미리보기 상태에서 테이블의 첫 행이 각 열의 헤더(열머리글)로 인식되지 못한 경우에는 **변환** > **첫 행을 머리글로 사용**을 눌러 헤더로 만들어 준다. **변경된 유형** 단계가 자동으로 동반된다.

Warming Up 예제 실습하기

문제

① 파워쿼리 편집기를 통해 테이블의 데이터를 편집하시오.
- ▶ 가져올 데이터 : 〈자전거 대여이력〉 테이블
- ▶ 필드 이름 변경
    - 〈자전거 대여이력〉 테이블의 [대여 대여소번호] 필드 → [대여소번호] 필드로 변경
    - 〈자전거 대여이력〉 테이블의 [대여 대여소명] 필드 → [대여소명] 필드로 변경
- ▶ [대여건수]와 [이용거리], [이용시간] 열에서 '-' 값을 공백으로 값 바꾸기
- ▶ 필드의 데이터 형식 변경
    - [대여건수], [이용시간] 필드 : 정수
    - [이용거리] : 10진수

② 〈대여소현황〉 테이블의 필드 서식을 변경하시오.
- ▶ [대여소명] 열에서 각 문자 앞쪽에 있는 공백들을 일괄 제거

풀이

① 파워쿼리 편집기를 통해 테이블의 데이터를 편집하시오.

1. 먼저 좌측 쿼리에서 〈자전거 대여이력〉 테이블을 선택한다. [대여 대여소번호] 열과 [대여 대여소명] 열 머리글을 더블클릭하여 이름을 각각 **대여소번호**, **대여소명**으로 수정한다. 우측에 **적용된 단계**에 **이름을 바꾼 열 수**가 자동으로 추가된다.

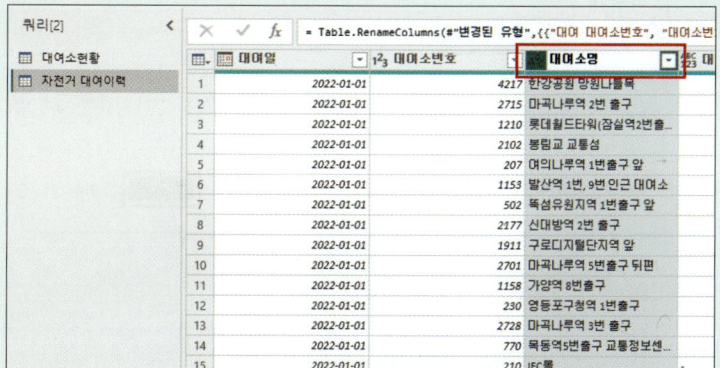

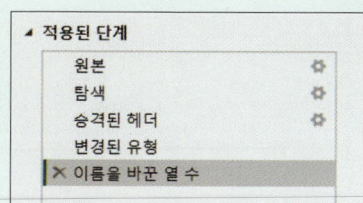

2. Shift 버튼 또는 Ctrl 버튼을 누른 채로 [대여건수]와 [이용거리], [이용시간] 열을 선택한다.

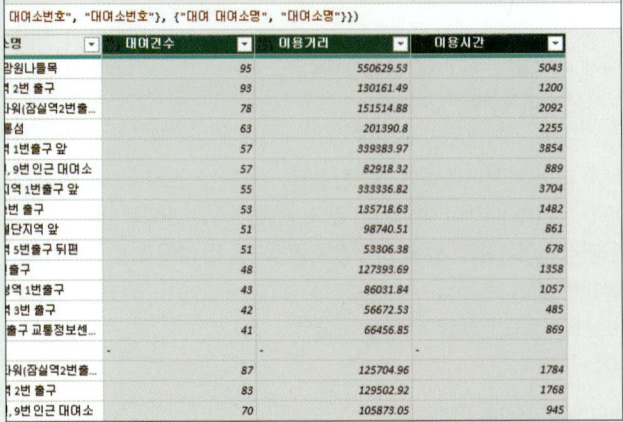

3. 상단 메뉴의 **변환 > 값 바꾸기**를 눌러 **찾을 값**에 **–**를 넣고, **바꿀 항목**은 비워둔 채로 **확인** 버튼을 누른다.

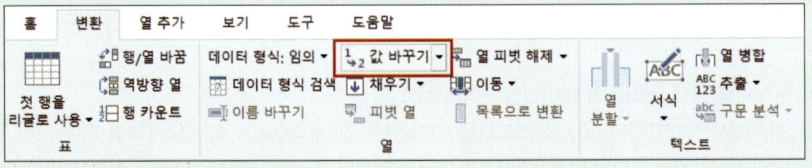

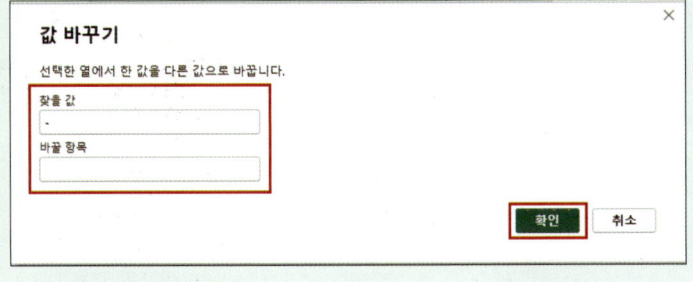

4. 각 열 머리글 앞쪽 ABC123 을 눌러서 [대여건수]는 정수 형식으로, [이용거리]는 10진수로, [이용시간]은 정수 형식으로 변환한다.

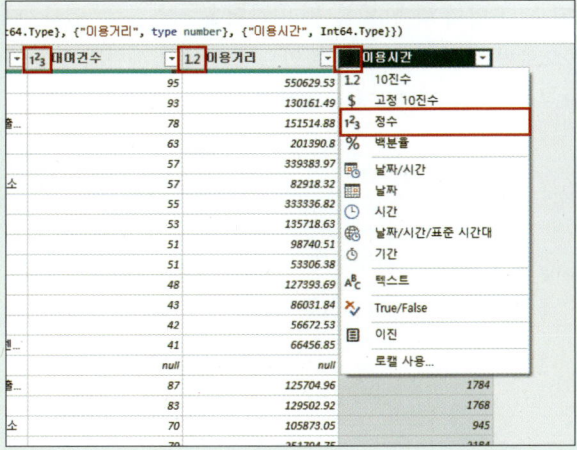

② 〈대여소현황〉 테이블의 필드 서식을 변경하시오.

1. 좌측에서 〈대여소현황〉 쿼리로 이동하여 [대여소명] 열을 선택하고 **변환** > **서식** > **공백 제거**를 클릭한다.

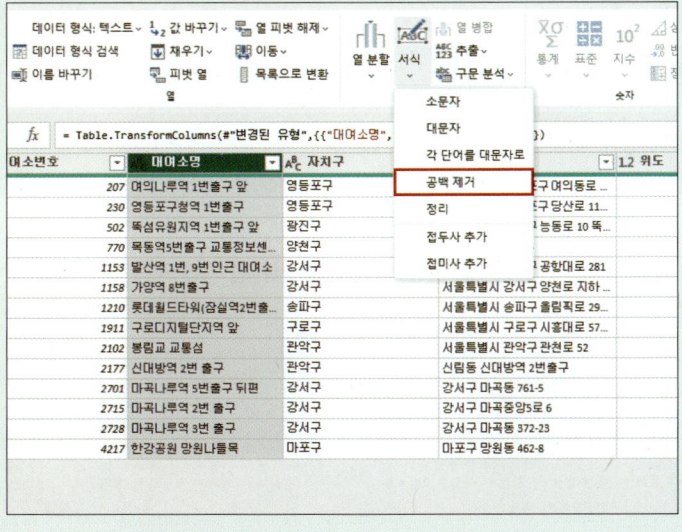

05 실행 취소하기

우측 **적용된 단계**에 기록된 각 작업의 좌측 X를 눌러 작업을 취소할 수 있다. 단, 중간 단계 작업의 취소는 이후 단계에 영향을 줌으로써 오류가 발행할 수 있으므로 아직 파워쿼리가 익숙하지 않은 초보자인 경우는 끝에서부터 순차적으로 실행 취소하는 것을 추천한다.

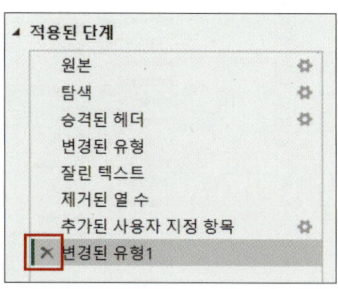

한번 취소한 작업은 되돌릴 수 없다.

06 열 편집하기

불필요한 열을 없애거나 기존 열을 복제, 분할, 병합하여 새로운 열을 만들어 낼 수 있다.

01 열 분할하기 : 특정 열을 선택한 후 **홈 > 열 분할** 버튼을 누르면 여러 분할 방식 중 하나를 골라 분할할 수 있다.

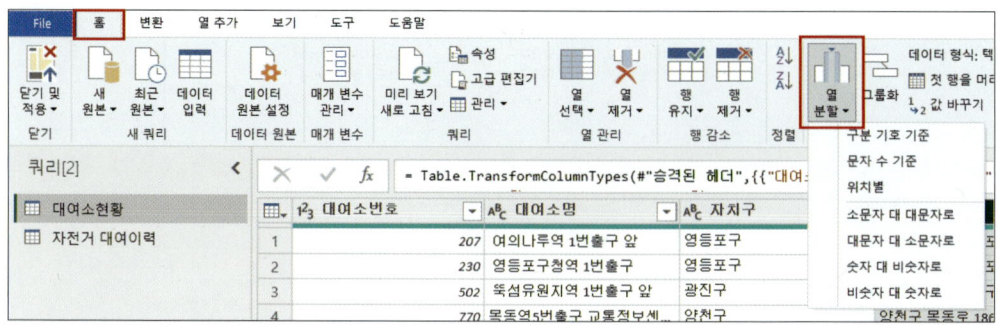

02 열 삭제하기 : 특정 열을 선택한 후 **홈 > 열 제거**를 눌러 삭제한다. 여러 개의 열을 한꺼번에 삭제하려면 **Shift+클릭** 또는 **Ctrl+클릭**을 통해 여러 열을 선택한 뒤 삭제하거나, 반대로 **열 선택**을 눌러 불필요한 열을 선택 해제해도 된다.

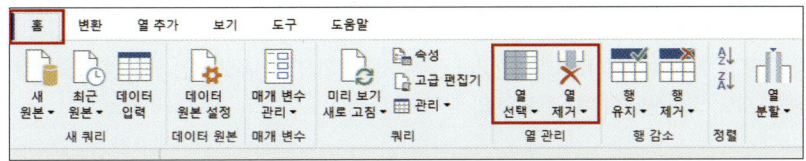

03 열 추가하기 : 상단의 **열 추가** 메뉴를 통해 열 복제, 조건 열, 인덱스 열, 사용자 지정 열, 추출 등 다양한 방법으로 새로운 열을 추가할 수 있다.

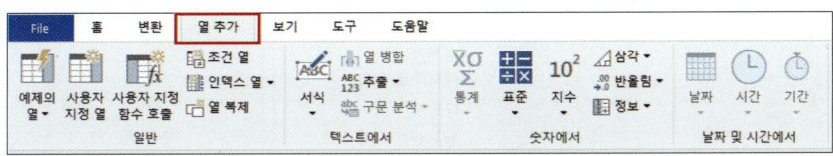

04 열 병합하기 : **Shift+클릭** 또는 **Ctrl+클릭**을 통해 두 개 이상의 열이 선택될 경우 **변환 > 열 병합** 버튼이 활성화된다.

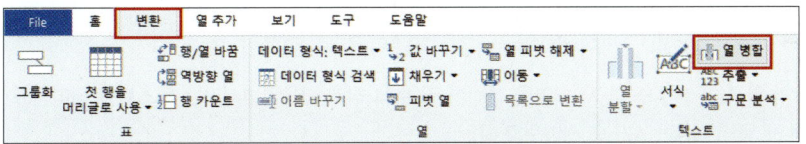

변환 메뉴에서 **열 병합**을 수행할 경우 선택된 열들이 병합되어 하나의 열이 되는 반면, **열 추가** 메뉴에서 **열 병합**을 실행할 경우 병합된 열이 새로운 열로 추가된다.

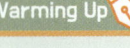 **Warming Up 예제 실습하기**

문제

① 다음의 지시사항에 따라 〈대여소현황〉 테이블을 편집하시오.
- ▶ [설치시기] 필드 삭제
- ▶ '사용자 지정 열' 기능을 이용하여 데이터 값이 전부 "서울특별시"인 "시도"라는 이름의 열을 새로 추가
- ▶ 새로 생긴 [시도] 열의 형식은 텍스트로 정의

풀이

① 다음의 지시사항에 따라 〈대여소현황〉 테이블을 편집하시오.

1. **[설치시기]** 열 선택 후 **마우스 우클릭**하여 **제거**를 클릭한다.

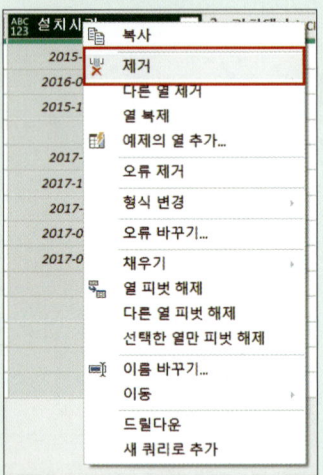

2. 상단 메뉴의 **열 추가** > **사용자 지정 열**을 선택한 뒤 수식 창에 **서울특별시**라는 텍스트를 쌍따옴표 안에 입력한다. 이어서 새 열의 이름은 **시도**로 지어주고 **확인**을 누른다.

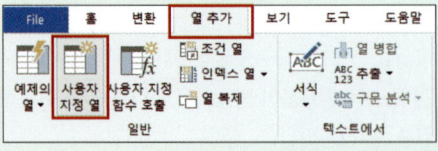

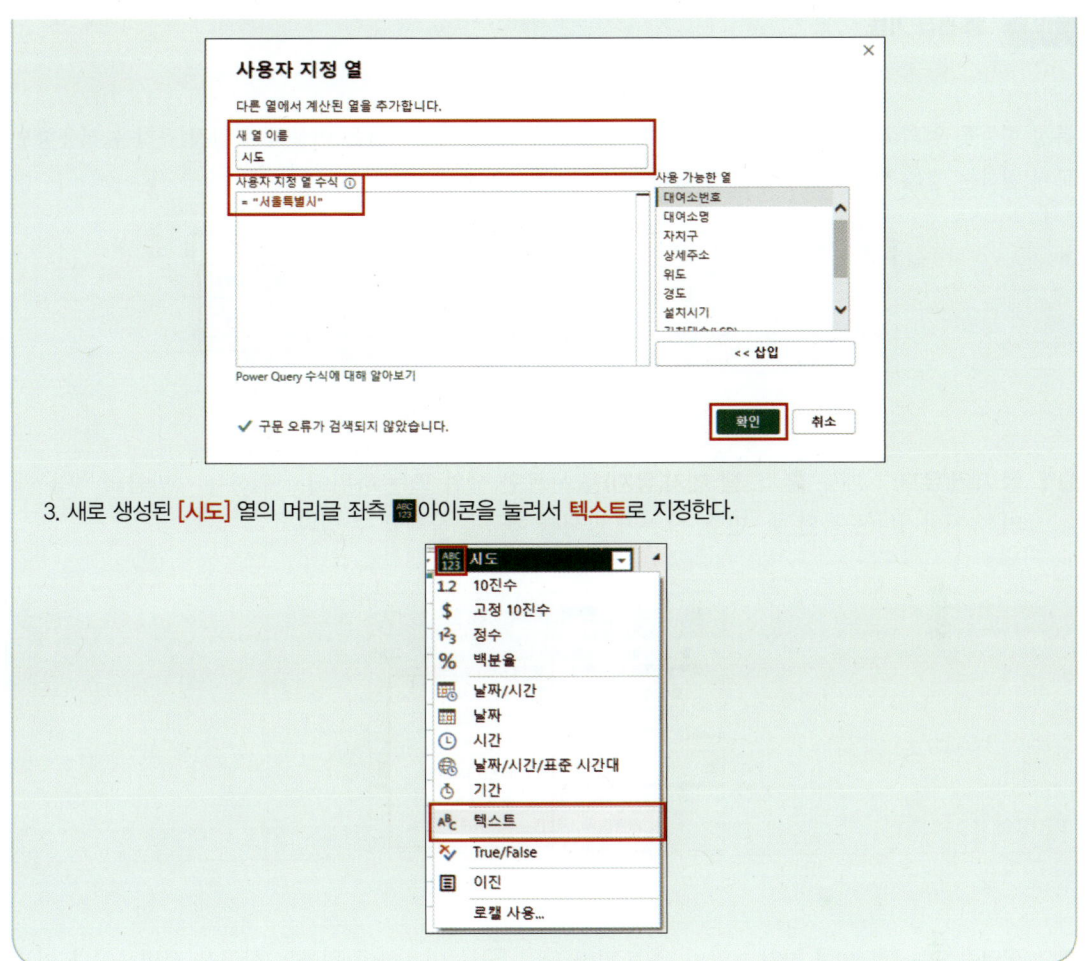

3. 새로 생성된 [시도] 열의 머리글 좌측 아이콘을 눌러서 텍스트로 지정한다.

07 행 편집 기능

특정 행들을 임의로 삭제할 수는 없으나 행 제거/유지 또는 필터 기능을 이용하여 일정 규칙을 적용함으로써 원하는 행을 제거하거나 남길 수 있다.

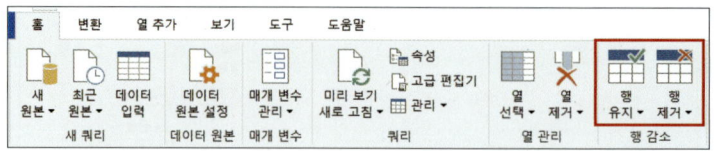

01 행 제거(유지) : 메뉴 **홈 > 행 제거(유지)**을 누르면 상위 또는 하위에서 원하는 수만큼의 행을 제거/유지하거나 중복된 행, 빈행, 오류가 발생한 행들을 삭제할 수 있다.

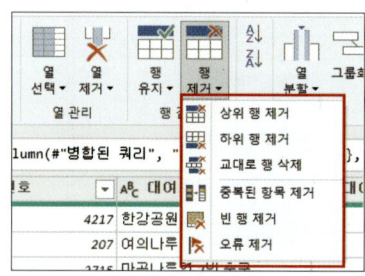

02 필터링 또는 필터아웃 하기 : 열의 우측 필터 단추 를 이용하여 원하는 항목을 선별하거나 일부 항목을 제외시킬 수 있으며, 조건을 적용하여 데이터를 필터링할 수도 있다.

> **Tip**
> 여기서의 필터 기능은 엑셀에서와는 달리, 단순 시각적 선별이 아닌 로딩할 데이터를 선별하는 작업이다.

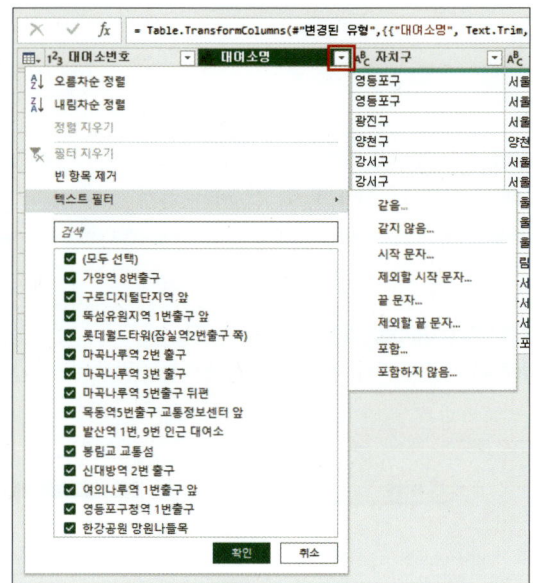

> **Tip**
>
> 파워 쿼리는 데이터 처리를 효율적으로 수행하기 위해 기본적으로 상위 1,000개의 행을 샘플로 표시한다. 필터링 작업 중 원하는 값이 보이지 않을 경우, **추가 로드** 버튼을 눌러 데이터를 더 확인할 수 있다. 다만, 데이터가 클 경우 시간이 걸릴 수 있으며, 그마저도 고유 값이 1,000개를 초과하면 이후 값은 표시되지 않는다. 따라서 전체 데이터에 대한 확인이 필요할 경우, **닫기 및 적용**으로 데이터를 일단 로딩한 뒤 Power BI 데스크톱의 **테이블 보기**에서 데이터를 확인하고, 다시 파워 쿼리로 돌아와 필터를 수정/적용하는 것도 방법이다.

Warming Up 예제 실습하기

문제

① 다음의 지시사항에 따라 〈자전거 대여이력〉 테이블을 편집하시오.
▶ 〈자전거 대여이력〉 테이블에서 [대여소명]이 "IFC몰"인 행들을 제거

풀이

① 다음의 지시사항에 따라 〈자전거 대여이력〉 테이블을 편집하시오.

1. 〈자전거 대여이력〉 테이블(쿼리)로 이동하여 **[대여소명]** 열을 선택하고 필터 아이콘 ▼ 을 클릭한다. **IFC몰**을 **선택 해제**한 뒤 **확인**을 누른다.

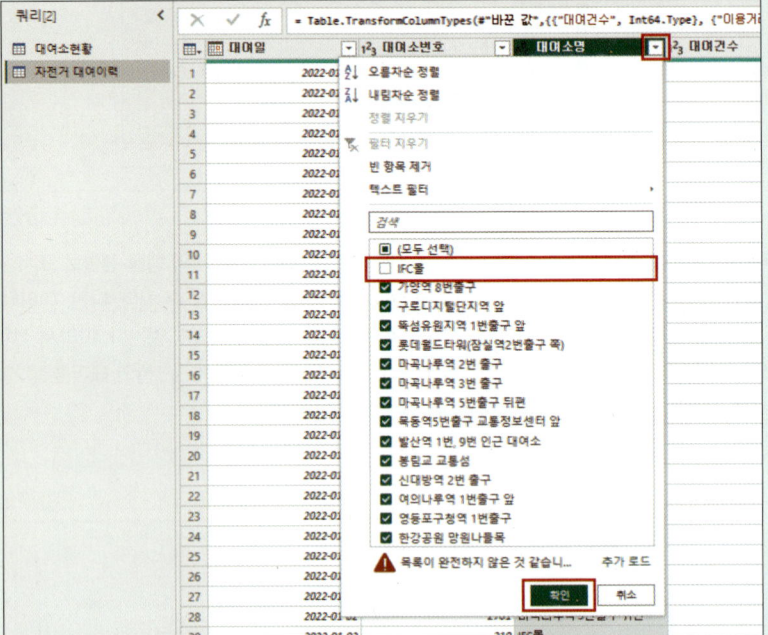

Tip
해당 열을 **마우스 우클릭**하여 **텍스트 필터**를 활용하는 것도 방법이다. 결과는 동일하다.

08 데이터 결합하기

테이블 간 공통적으로 속한 열을 기준열로 하여 여러 테이블(쿼리)들을 세로 또는 가로 방향으로 결합할 수 있다.

01 쿼리 추가하기 : 공통의 열을 기준으로 세로 방향으로 합치는 기능인데, 하나의 테이블에 다른 테이블의 내용을 추가하는 **쿼리 추가** 기능과, 둘 또는 셋 이상의 테이블을 합쳐서 별도의 새로운 테이블로 만드는 **쿼리를 새 항목으로 추가** 옵션이 있다. 각 테이블의 열 이름이 동일해야 하며, 이름이 다를 경우 새로운 열로 생성된다.

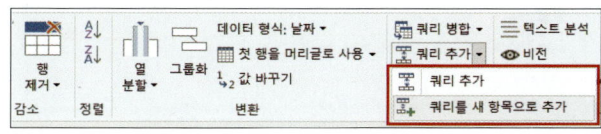

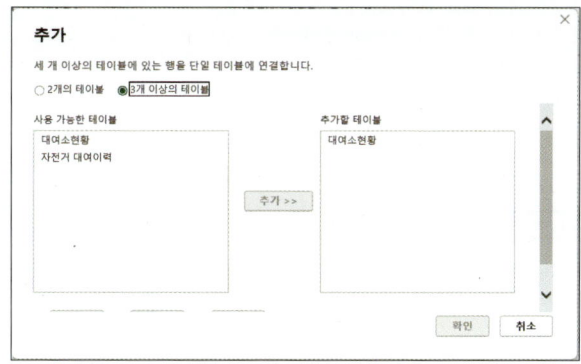

예를 들어, 연도별 또는 월별로 별도의 테이블이 존재하는 경우, 쿼리 추가 기능을 이용하여 하나의 결합된 테이블 생성이 가능하다.

02 **쿼리 병합하기** : 한 테이블의 열과 다른 테이블의 열 사이에서 공통의 값을 기준으로 테이블을 가로 방향으로 합치는 기능으로서, 하나의 테이블에 다른 테이블의 내용을 병합하는 **쿼리 병합** 기능과 두 테이블을 합쳐서 별도의 새로운 테이블로 만드는 **쿼리를 새 항목으로 병합** 기능이 있다. 병합은 다른 말로 조인(Join)이라고도 하며, 여러가지 조인 방법이 있지만 기본 설정 옵션인 **왼쪽 외부 조인**을 가장 많이 사용한다. 병합 시 각 테이블의 열을 지정할 수 있으므로 열 이름이 동일할 필요는 없다.

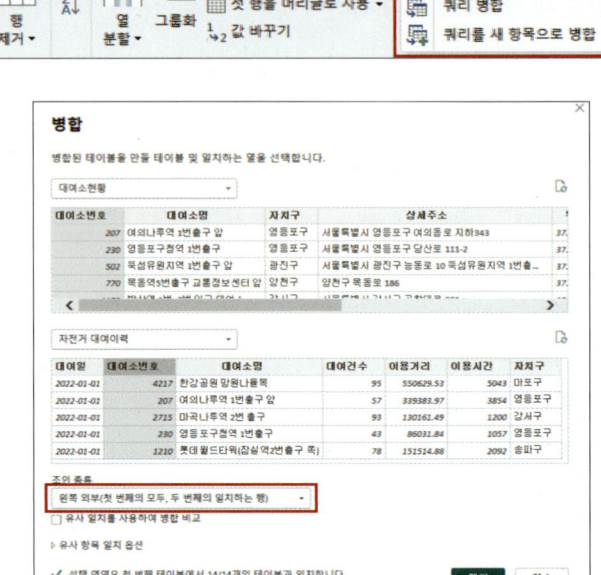

상단의 테이블이 왼쪽에 있는 상태에서 우측 방향으로 하단 테이블이 결합되는 방법이 왼쪽 외부 조인이다. 쿼리 병합(조인)에는 다음과 같은 종류들이 있다.

- 왼쪽 외부 조인(Left Outer Join) : 왼쪽 테이블의 모든 행과 오른쪽 테이블의 일치하는 행을 반환한다. 오른쪽 테이블에 일치하는 행이 없으면, NULL 값이 반환된다.
- 오른쪽 외부 조인(Right Outer Join) : 오른쪽 테이블의 모든 행과 왼쪽 테이블의 일치하는 행을 반환한다. 왼쪽 테이블에 일치하는 행이 없으면, NULL 값이 반환된다.
- 전체 외부 조인(Full Outer Join) : 두 테이블의 모든 행을 반환한다. 일치하지 않는 경우에는 NULL 값이 반환된다.
- 내부 조인(Inner Join) : 두 테이블 간에 일치하는 행만 반환한다. 일치하지 않는 행은 반환되지 않는다.
- 왼쪽 앤티 조인(Left Anti Join) : 왼쪽 테이블의 행 중 오른쪽 테이블에 일치하지 않는 행만 반환한다.
- 오른쪽 앤티 조인(Right Anti Join) : 오른쪽 테이블의 행 중 왼쪽 테이블에 일치하지 않는 행만 반환한다.

Warming Up 예제 실습하기

문제

① 쿼리 병합 기능을 이용하여 〈대여소현황〉 테이블에 있는 [자치구] 필드 정보를 〈자전거 대여이력〉 테이블로 가져오시오.
- ▶ 쿼리 병합 기능 사용
  - 〈대여소현황〉 테이블의 [대여소번호] 필드를 기준으로 병합
  - '원래 열 이름을 접두사로 사용'을 해제하여 필드 이름 표시

풀이

① 쿼리 병합 기능을 이용하여 〈대여소현황〉 테이블에 있는 [자치구] 필드 정보를 〈자전거 대여이력〉 테이블로 가져오시오.

1. 〈자전거 대여이력〉 테이블(쿼리) 선택 후 **상단 메뉴의 홈 > 쿼리 병합**을 누른다.

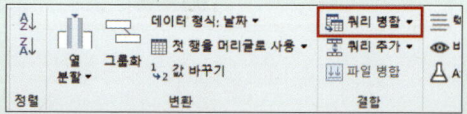

2. 상단에서 〈자전거 대여이력〉 테이블의 기준열을 [**대여소번호**]로 선택한다. 클릭과 동시에 음영이 채워진다.
3. 하단에서 병합(조인)할 대상 테이블로 〈**대여소현황**〉을 선택하고 기준열은 [**대여소번호**]로 선택한다. 마찬가지로 클릭과 동시에 음영이 채워진다.
4. **조인 종류를 왼쪽 외부**로 선택하고 확인을 누른다.

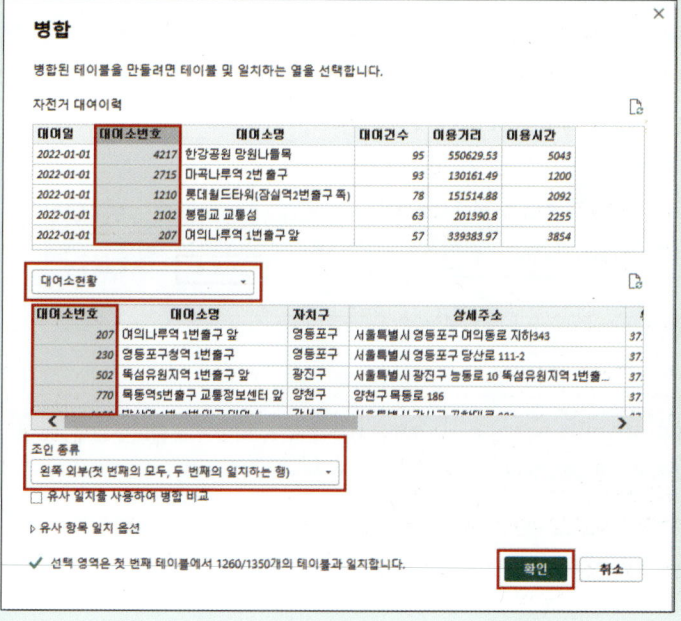

5. 새로 생긴 [대여소현황] 열의 우측 확장(⇹) 버튼을 눌러 [자치구]만 남기고 모두 **선택 해제**한다. 하단의 **원래 열 이름을 접두사로 사용** 옵션도 해제한 뒤 **확인**을 누른다.

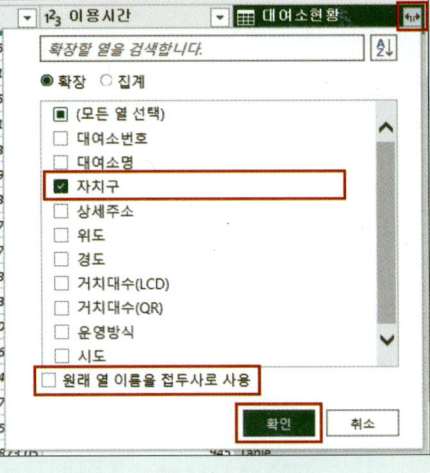

09 테이블 구조 변환하기

📁 데이터 'Part1_Chapter02' > 'DATA_피벗열과 열피벗해제.xlsx'

데이터 전처리 시 내용물 뿐만 아니라 테이블의 구조 자체를 바꿔야 할 때도 있다. 대표적으로는 단순히 행과 열의 위치를 맞바꾸는 **행/열 바꿈** 뿐만 아니라 행에 있는 값들을 열로 보내는 **피벗 열**, 열에 있는 값들을 행으로 보내는 **열 피벗 해제** 등이 있다.

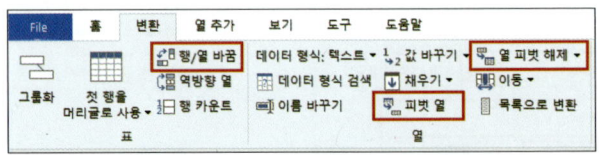

> **Tip** ✅
>
> 실습을 위해서는 상단 메뉴의 **새 원본** > **Excel 통합문서** > **DATA_피벗열과 열피벗해제.xlsx**를 클릭하여 새로운 테이블을 가져오는 과정을 수행해야 한다.

01 피벗 열

❶ 특정 열에 포함된 행 값을 새로운 열로 변환하는 작업으로, 엑셀의 피벗 테이블과 유사한 원리로 이해할 수 있다. 전환 대상이 될 열을 선택한 뒤 **피벗 열** 버튼을 클릭하면 대화 상자가 나타난다. 여기에서 새로 생성될 열의 값으로 사용할 열을 지정한 뒤 확인을 누르면 변환이 완료된다.

❷ 피벗 열을 수행할 대상 열을 선택하고 **변환 > 피벗 열**을 클릭한다. **값 열**에서 요약될 대상 값이 속한 열을 지정하고 **확인**을 누른다.

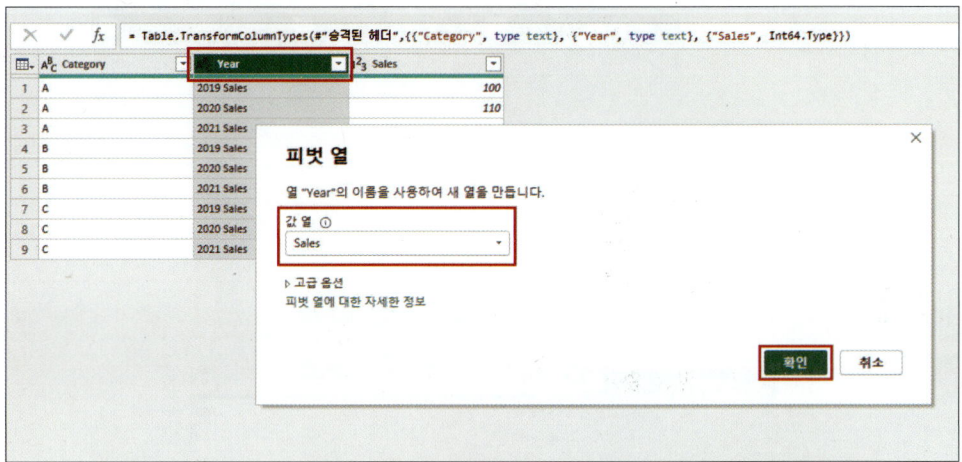

결과

Tip

피벗 열 기능

- 피벗 열 전

Category	Year	Sales
A	2019 Sales	100
A	2020 Sales	110
A	2021 Sales	120
B	2019 Sales	150
B	2020 Sales	160
B	2021 Sales	170
C	2019 Sales	200
C	2020 Sales	210
C	2021 Sales	220

- 피벗 열 후

Category	2019 Sales	2020 Sales	2021 Sales
A	100	110	120
B	150	160	170
C	200	210	220

02 열 피벗 해제

❶ 여러 열에 걸쳐 존재하는 행의 값들을 하나의 열로 전환하여 새로운 테이블 형태로 변환하는 과정이다. 따라서 피벗 열 작업의 반대 작업이며, 일종의 요약된 피벗테이블 형태가 아닌 RAW 데이터로 되돌리는 작업으로 생각하면 된다. 데이터 전처리 작업 시에는 일반적으로 열 피벗 해제가 피벗 열보다 더 사용빈도가 높다.

❷ 행으로 전환할 열들을 선택한 뒤 **변환** > **열 피벗 해제**를 클릭한다.

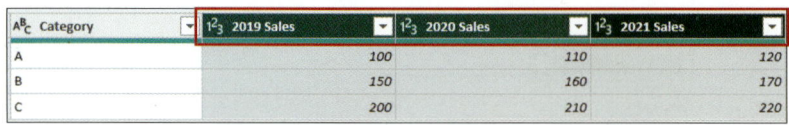

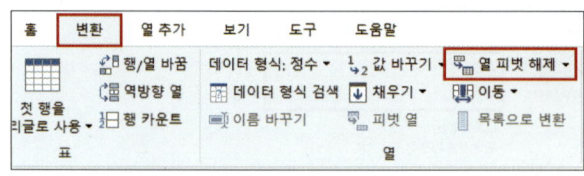

Category	특성	값
A	2019 Sales	100
A	2020 Sales	110
A	2021 Sales	120
B	2019 Sales	150
B	2020 Sales	160
B	2021 Sales	170
C	2019 Sales	200
C	2020 Sales	210
C	2021 Sales	220

결과

열 피벗 해제 기능

- 열 피벗 해제 전

Category	2019 Sales	2020 Sales	2021 Sales
A	100	110	120
B	150	160	170
C	200	210	220

- 열 피벗 해제 후

Category	Year	Sales
A	2019 Sales	100
A	2020 Sales	110
A	2021 Sales	120
B	2019 Sales	150
B	2020 Sales	160
B	2021 Sales	170
C	2019 Sales	200
C	2020 Sales	210
C	2021 Sales	220

03 행/열 바꿈 : 행과 열의 위치를 서로 바꾸는 작업이다. 단, 첫 열의 각 행 값들이 열로 이동하고 각 열의 첫 행에 존재하는 값들이 행으로 이동하게 되므로 각 열의 첫 행에 열의 이름이 위치하도록 홈 탭 또는 변환 탭에 있는 **머리글을 첫 행으로 사용** 기능과 동반 사용되는 것이 일반적이다.

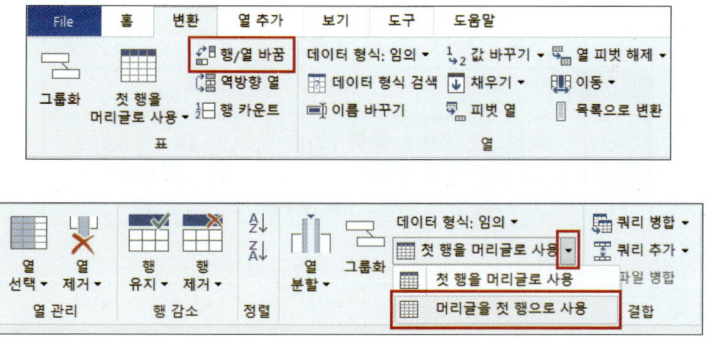

10 기타 테이블(쿼리) 관련 기능

❶ **복제** : 쿼리 창에서 **쿼리 선택 > 마우스 우클릭 > 복제**를 클릭하면 선택된 테이블이 복제되며, 연결 단계부터 이미 적용된 모든 단계가 함께 복제된다.

❷ **참조** : 쿼리 창에서 **쿼리 선택 > 마우스 우클릭 > 참조**를 클릭하면 선택된 테이블을 참조하는 새로운 테이블이 만들어지며, 이 새로운 테이블은 참조 대상 테이블의 마지막 편집 단계에 연결되므로 참조 대상 테이블이 변경되면 이 테이블도 함께 변경된다.

❸ **로드 사용(미사용)** : 쿼리 창에서 **쿼리 선택 > 마우스 우클릭 > 로드 사용을 선택/선택 해제** 할 수 있으며, 선택 해제 시 이탤릭체로 놓게 된다. 이렇게 처리된 테이블은 **닫기 및 적용**을 눌렀을 때 Power BI Desktop으로 로딩되지 않고 파워쿼리 편집기에만 남아있게 된다.

11 ▶ 데이터 로딩하기

모든 편집작업이 끝나면 **닫기 및 적용** 버튼을 눌러 Power BI Desktop으로 테이블들을 로딩시키면 되며, 파워쿼리에서 모든 편집단계가 적용된 최종 테이블이 로딩된다.

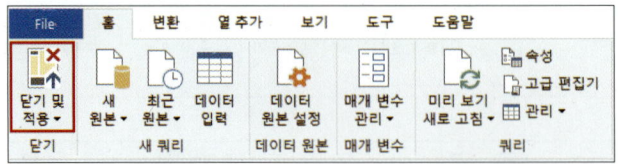

데이터 로딩 이후 추가 편집 등을 위해 다시 파워쿼리 편집기로 돌아가려면 상단 메뉴의 **홈** > **데이터 변환**을 클릭하면 된다.

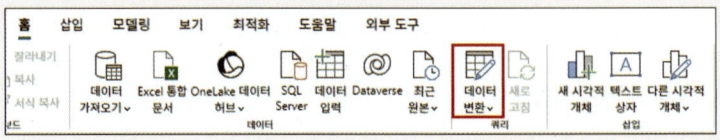

CHAPTER 03 데이터 모델링

여러 원본 테이블을 물리적으로 합치지 않고도, Power BI 데스크톱의 모델 보기(모델링) 기능을 활용하여 테이블 간 유기적 연결을 만들면 마치 하나의 테이블처럼 사용할 수 있다. 시험 대비를 위해서는 지시에 따라 테이블 간 관계를 설정하는 방법을 숙지해야 한다.

01 모델 보기

📁 예시 'Part1_Chapter03' > '예시03_주문내역파일.pbix'
📁 실습 'Part1_Chapter03' > '예시실습03_주문내역파일.pbix'

데이터 모델링 과정의 실습을 위해 **예시실습03_주문내역파일.pbix** 파일을 연다. 좌측 **모델 보기** 탭을 클릭하면 **현재 로드된 테이블**이 표시되며, 테이블 간 관계를 설정하거나 수정할 수 있다. 또한, 관계의 종류와 필터 흐름 등을 확인하거나 변경하는 작업도 가능하다.

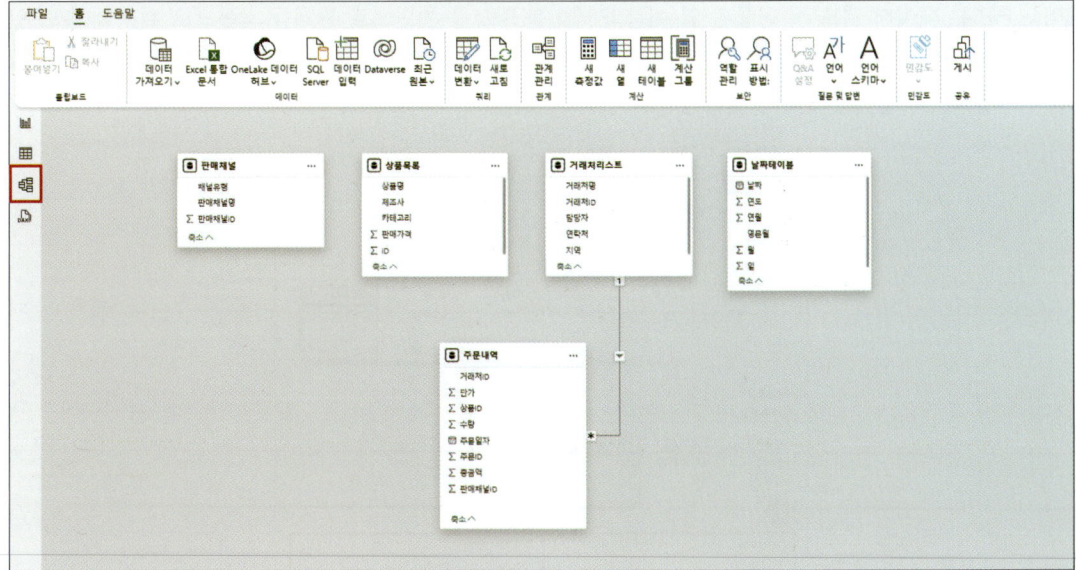

02 테이블 간 관계 설정 및 편집

테이블 간 관계를 설정하려면, 두 테이블의 Key 열을 드래그 앤 드롭(Drag & Drop)하여 연결한다. 여기서는 〈주문내역〉 테이블의 [판매채널ID] 열을 〈판매채널〉 테이블의 [판매채널ID] 열로 드래그 앤 드롭한다. 팝업된 관계 편집 창에서 저장을 눌러 관계가 설정되면 두 테이블 사이에 **연결선**이 생성되며, 이 선을 더블클릭하거나 우클릭하여 관계의 **세부 설정**을 **편집**하거나 **삭제**할 수 있다. 관계 설정 후에는 관계의 방향성 및 필터 흐름이 목적에 맞게 설정되었는지 확인하는 것이 좋다.

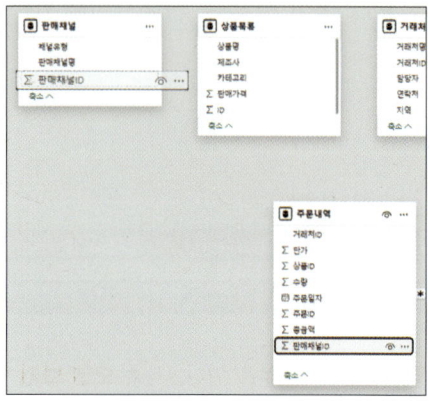 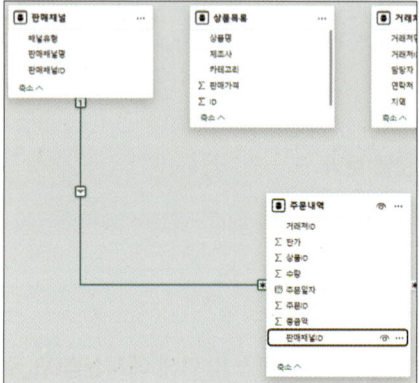

01 관계 설정 및 설정 옵션

Power BI는 데이터 로드 시 공통된 열 이름과 테이블 구조를 기반으로 관계를 자동으로 설정할 수도 있다. 하지만, 자동으로 설정된 관계가 항상 작업자의 의도에 부합하지 않을 수 있으므로 사용자가 직접 확인하고 필요시 적절히 수정하는 것이 중요하다.

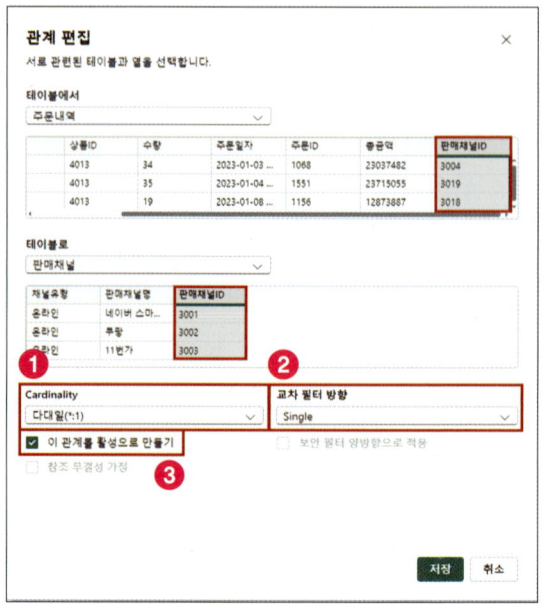

❶ **카디널리티(Cardinality, 관계유형)** : 테이블 간 관계에서 연결된 두 열의 데이터 고유성 수준을 나타내며, 일대일, 일대다, 다대일 등의 유형이 있다. 관계는 연결의 시작(출발 테이블)과 끝(대상 테이블) 순으로 지칭된다.

❷ **교차 필터 방향** : 테이블 간 관계에서 데이터 필터링이 단일(Single) 방향 또는 양(Both)방향으로 적용되도록 설정한다. 이는 모델의 관계선에 표시된 화살표와 연관되며, 단일 방향 필터링은 드래그 방향과 상관없이 카디널리티에 따라 자동으로 설정된다.

❸ **이 관계를 활성으로 만들기** : 관계를 활성화하면 해당 관계가 모델에서 기본값으로 사용된다. 한 번에 하나의 활성 관계만 허용되므로, 동일한 테이블 간 여러 관계가 있을 경우 하나만 활성화할 수 있다. 나머지 관계는 비활성 상태로 유지된다.

> **Tip**
>
> 일반적으로는 다대일(*:1) 관계와 단일(Single) 방향 필터를 사용하는 모델 구성을 권장한다. 그러나 필요에 따라 다른 카디널리티나 필터 방향으로 설정을 변경해 활용할 수도 있다.

> **Tip**
>
> **테이블 유형과 스키마 구조**
>
> 모델링에서 데이터는 주로 사실(Fact) 테이블과 차원(Dimension) 테이블로 나누어 관리하며, 이들 간의 관계를 통해 데이터를 분석한다.
> - 사실(Fact) 테이블 : 주요 비즈니스 프로세스의 측정값이나 데이터를 저장하며, 대개 수치 데이터를 포함한다.
> - 차원(Dimension) 테이블 : 사실 테이블의 데이터를 설명하거나 분류할 수 있는 컨텍스트 정보를 제공한다.
> - 스타스키마(Start Schema) : 중앙에 사실 테이블을 배치하고, 이를 설명하는 여러 차원 테이블이 주변에 위치해 별 모양의 구조를 형성하는 것을 말한다.

02 레이아웃 기능

Power BI 모델 보기에서 레이아웃 기능은 데이터 모델을 시각적으로 정리하고, 복잡한 관계를 보다 쉽게 이해할 수 있도록 돕는다. 하단에서 **+** 버튼을 눌러 **새 레이아웃** 페이지를 추가한 다음, 관계 편집 등이 필요한 테이블들만 선별적으로 끌어와서 작업하면 된다.

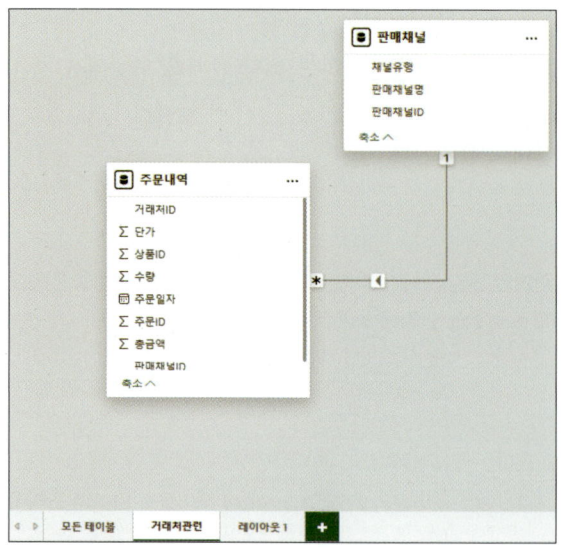

❶ **레이아웃(다이어그램)으로 테이블 추가하기**

다이어그램에 테이블을 추가하는 방법에는 **자동 레이아웃**, **직접 테이블 드래그**, **관련 테이블 추가**의 3가지가 있다.

(1) 자동 레이아웃

자동 레이아웃 기능은 Power BI 모델링 뷰에서 **모든 테이블**을 불러와 한 화면에서 볼 수 있도록 **자동 배치**하는 기능이다. 이 기능을 사용하면 데이터 모델에 존재하는 모든 테이블을 자동으로 추가할 수 있지만 거꾸로 작업이 불필요한 테이블을 레이아웃(다이어그램)에서 제거해야 한다.

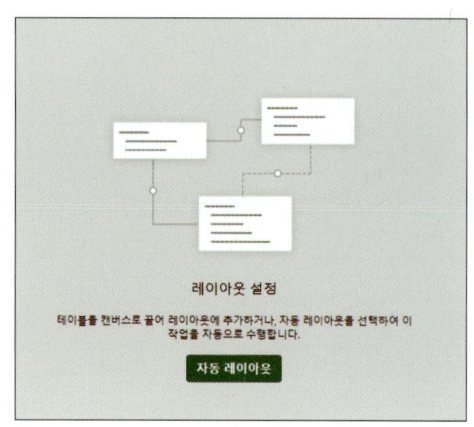

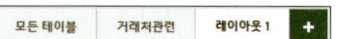

(2) 직접 테이블 드래그 하기

원하는 테이블을 끌어다 놓으면 레이아웃(다이어그램) 내에 삽입된다. 여기서는 〈주문내역〉 테이블과 〈판매채널〉 테이블을 우측 데이터 창에서부터 끌어다 놓으면 레이아웃(다이어그램) 내에 삽입되고 이미 설정된 관계도 함께 나타난다.

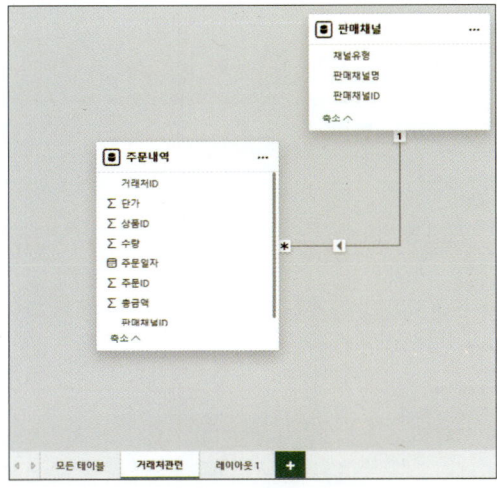

(3) 관련 테이블 추가

일일이 테이블을 끌어오는 대신, 특정 테이블과 연결된 모든 테이블을 한꺼번에 끌어오고 싶을 때는 테이블 선택 후 **마우스 우클릭 > 관련 테이블 추가** 버튼을 누르면 된다.

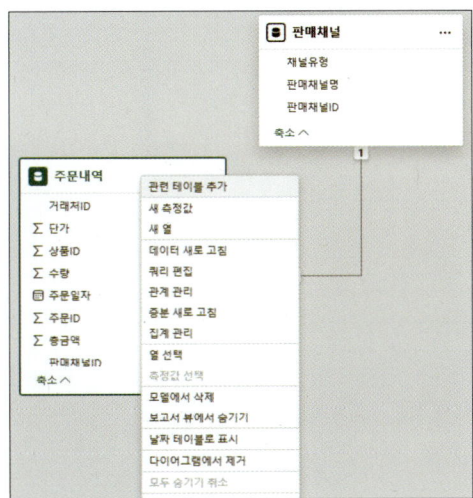

❷ 레이아웃(다이어그램)에서 테이블 제거하기

레이아웃(다이어그램)에서 테이블을 제거하려면 특정 테이블을 선택한 후 **마우스 우클릭 > 다이어그램에서 제거** 버튼을 눌러 제거하면 된다. 단순히 다이어그램에서 제거하는 것이므로 **모델에서 삭제** 옵션과는 구별하여 사용한다.

❸ 레이아웃(다이어그램)에서 관계 설정(편집)하기

여기서의 관계 설정 작업은 모든 테이블 페이지 즉, 전체 모델에 직접적으로 영향을 주며, 설정 방법과 옵션은 앞서 배운 방법과 동일하다.

Warming Up | 예제 실습하기

문제

다음 데이터 모델링 작업을 수행하시오.

① 〈주문내역〉 테이블과 〈상품목록〉 테이블 간의 관계를 설정하시오.
- ▶ 활용 필드 : 〈주문내역〉 테이블의 [상품ID] 필드, 〈상품목록〉 테이블의 [ID] 필드
  - 기준(시작) 테이블 : 〈주문내역〉 테이블
  - 카디널리티 : 다대일(*:1) 관계
  - 교차 필터 방향 : 단일(Single)

② 〈주문내역〉 테이블과 〈날짜테이블〉 테이블 간의 관계를 설정하시오.
- ▶ 활용 필드 : 〈주문내역〉 테이블의 [주문일자] 필드, 〈날짜테이블〉 테이블의 [날짜] 필드
  - 기준(시작) 테이블 : 〈주문내역〉 테이블
  - 카디널리티 : 다대일(*:1) 관계
  - 교차 필터 방향 : 단일(Single)

풀이

📁 예제 'Part1_Chapter03' > '예제03_주문내역파일.pbix'
📁 풀이 'Part1_Chapter03' > '풀이03_주문내역파일.pbix'

① 〈주문내역〉 테이블과 〈상품목록〉 테이블 간의 관계를 설정하시오.

1. 예제 실습을 위해 예제03_주문내역파일.pbix 파일을 연다. 좌측 모델 보기 탭으로 이동한 후 〈주문내역〉 테이블의 [상품ID] 필드를 드래그하여 〈상품목록〉 테이블의 [ID] 필드 위에 드롭한다.

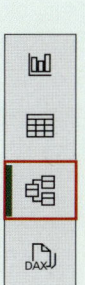
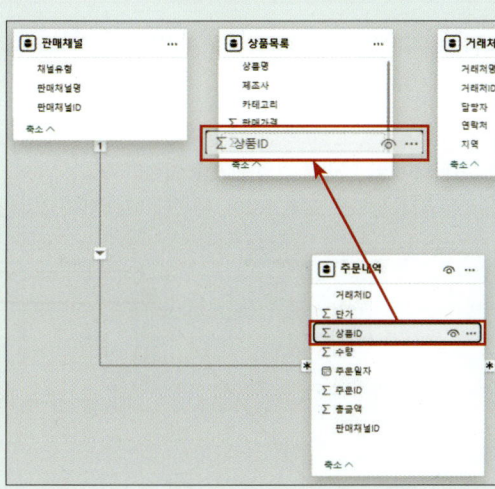

2. 관계 편집 창이 뜨면 〈주문내역〉 테이블의 [상품ID] 필드와 〈상품목록〉 테이블의 [ID] 필드에 음영이 들어온 것을 확인한다. 이어서 Cardinality(카디널리티)는 다대일, 교차 필터 방향은 Single로 선택되었는지 확인 후 저장을 누른다.

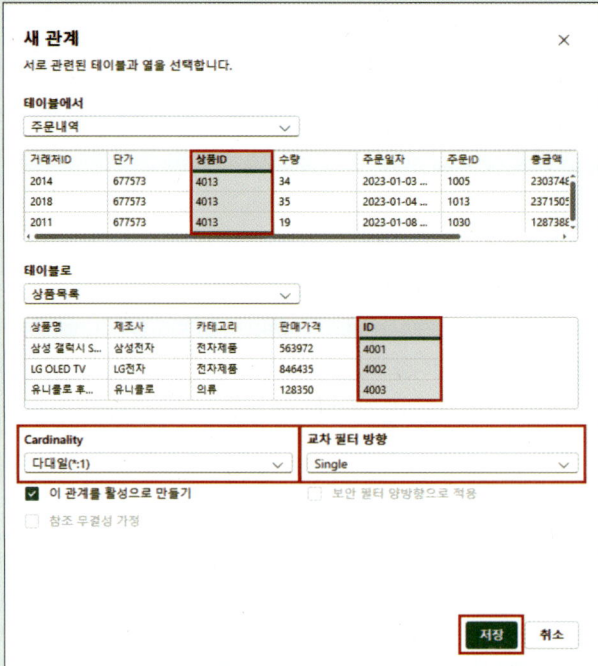

드래그 방향에 따라 테이블의 위아래 위치가 달라질 수 있지만, 그에 맞게 카디널리티(Cardinality)를 선택하면 동일한 관계를 설정할 수 있다.

② 〈주문내역〉 테이블과 〈날짜테이블〉 테이블 간의 관계를 설정하시오.

1. 〈주문내역〉 테이블의 [주문일자] 필드를 드래그하여 〈날짜테이블〉 테이블의 [날짜] 필드 위에 드롭한다.

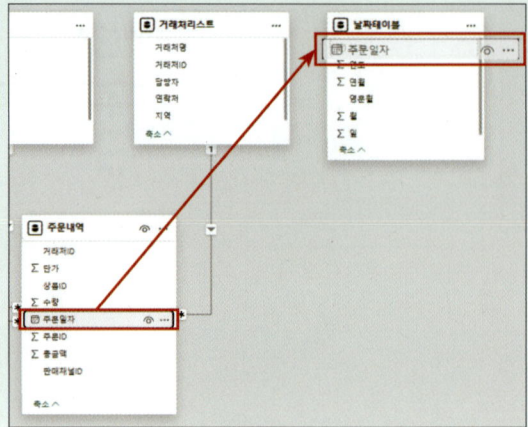

2. 관계 편집 창이 뜨면 〈주문내역〉 테이블의 [주문일자] 필드와 〈날짜테이블〉 테이블의 [날짜] 필드에 음영이 들어온 것을 확인한다. 이어서 Cardinality(카디널리티)는 다대일, 교차 필터 방향은 Single로 선택되었는지 확인 후 저장을 누른다.

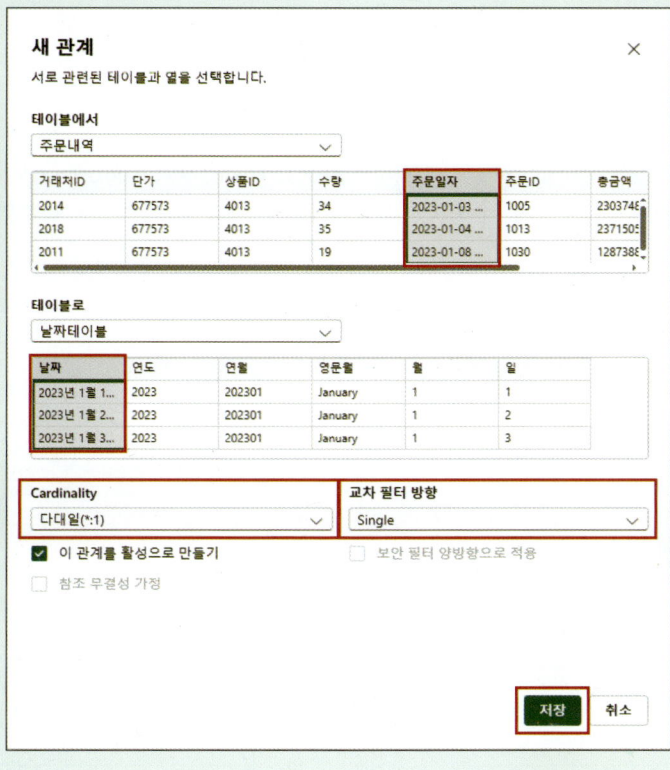

CHAPTER 04

DAX 함수를 활용한 새 측정값, 새 열, 새 테이블 생성

Power BI 데스크톱에서는 Power BI에서 사용하는 함수인 DAX(Data Analysis eXpressions)를 활용하여 측정값, 열 또는 테이블을 추가할 수 있다. 시험에서는 문제에 제시된 DAX 함수와 조건에 따라 식을 정확히 작성해야 한다.

01 주요 DAX 함수의 종류

01 숫자/집계/통계 함수

함수	설명	예시
ABS	숫자의 절댓값을 반환	ABS(-10) → 10
DIVIDE	두 숫자를 나눈 값을 반환, 0으로 나누는 경우를 처리	DIVIDE(5, 2) → 2.5
INT	숫자의 정수 부분을 반환	INT(3.75) → 3
ROUND	숫자를 지정한 자릿수로 반올림하여 반환	ROUND(3.14159, 2) → 3.14
ROUND DOWN	숫자를 지정한 자릿수로 내림하여 반환	ROUNDDOWN(3.75, 1) → 3.7
ROUND UP	숫자를 지정한 자릿수로 올림하여 반환	ROUNDUP(3.75, 1) → 3.8
AVERAGE	열의 모든 값의 평균을 반환	AVERAGE(Sales[Amount]) → 평균값
AVERAGEX	테이블의 각 행에서 식을 평가한 후, 그 결과의 평균을 반환	AVERAGEX(Sales, Sales[Price] * Sales[Quantity])
COUNT	열에서 비어 있지 않은 셀의 수를 반환	COUNTA(Sales[Region]) → 셀의 개수
COUNTA	열에서 논릿값을 포함하여 빈 셀이 아닌 셀의 수를 반환	COUNTA(Sales[Region])) → 논릿값을 포함한 셀의 개수
COUNTAX	테이블의 각 행에서 식을 평가한 후, 비어 있지 않은 결과의 개수를 반환(논릿값 포함)	COUNTAX(Sales, Sales[Region]) → 논릿값을 포함한 셀의 개수
COUNTX	테이블의 각 행에서 식을 평가한 후, 비어 있지 않은 결과의 개수를 반환	COUNTX(Sales, Sales[Region]) → 논릿값을 포함한 셀의 개수
COUNTBLANK	열에서 빈 셀의 수를 반환	COUNTBLANK(Sales[Amount]) → 빈 셀의 개수
COUNTROWS	테이블의 행 수를 반환	COUNTROWS(Sales) → 행의 개수

함수	설명	예시
DISTINCTCOUNT	열에서 고유한 값의 개수를 반환	DISTINCTCOUNT(Sales[CustomerID]) → 고윳값 개수
MIN	열에서 가장 작은 값을 반환	MIN(Sales[Amount]) → 최솟값
MINA	열에서 논릿값을 포함하여 가장 작은 값을 반환	MINA({1, TRUE, '3', −2}) → −2
MINX	테이블의 각 행에서 식을 평가한 후, 가장 작은 값을 반환	MINX(Sales, Sales[Price] * Sales[Quantity])
MAX	열에서 가장 큰 값을 반환	MAX(Sales[Amount]) → 최댓값
MAXA	열에서 논릿값을 포함하여 가장 큰 값을 반환	MAXA({1, TRUE, '3', −2}) → 3
MAXX	테이블의 각 행에서 식을 평가한 후, 가장 큰 값을 반환	MAXX(Sales, Sales[Price] * Sales[Quantity])
PRODUCT	열의 모든 숫자를 곱한 값을 반환	PRODUCT(Sales[Amount]) → 곱한 값
PRODUCTX	테이블의 각 행에서 식을 평가한 후, 그 결괏값을 곱한 값을 반환	PRODUCTX(Sales, Sales[Price] * Sales[Quantity])
SUM	열의 모든 값을 더한 합계를 반환	SUM(Sales[Amount]) → 합계
SUMX	테이블의 각 행에서 식을 평가한 후, 그 결과를 더한 합계를 반환	SUMX(Sales, Sales[Price] * Sales[Quantity])
MEDIAN	열의 중간값을 반환	MEDIAN(Sales[Amount]) → 중간값
RANKX	테이블 내의 값에 따라 지정된 순위를 반환	RANKX(Sales, Sales[Amount]) → 순위

02 문자열 함수

함수	설명	예시
CONCATENATE	두 개의 텍스트 문자열을 연결하여 단일 문자열로 반환	CONCATENATE('Hello', 'World') → 'Hello World'
CONCATENATEX	테이블의 각 행에서 식을 평가한 후, 그 결과를 구분 기호와 함께 텍스트로 연결하여 반환	CONCATENATEX(Products, Products[ProductName], ',')
FORMAT	숫자 또는 날짜 값을 지정된 형식의 텍스트로 변환하여 반환	FORMAT(TODAY(), 'YYYY-MM-DD') → '2024-11-24'
LEFT	문자열의 시작 부분에서 지정된 문자 수만큼 잘라서 반환	LEFT('Power BI', 5) → 'Power'
RIGHT	문자열의 끝 부분에서 지정된 문자 수만큼 잘라서 반환	RIGHT('Power BI', 2) → 'BI'
MID	문자열의 지정된 위치에서 시작하여 지정된 길이만큼 잘라서 반환	MID('Power BI', 7, 2) → 'BI'
REPLACE	문자열의 일부를 다른 문자열로 대체하여 반환	REPLACE('Power BI', 1, 5, 'Excel') → 'Excel BI'
SEARCH	문자열 내에서 특정 텍스트의 시작 위치를 반환	SEARCH('BI', 'Power BI') → 7
FIND	문자열 내에서 특정 텍스트의 시작 위치를 대소문자 구분하여 반환	FIND('BI', 'Power BI') → 7

함수	설명	예시
LEN	문자열의 길이를 반환	LEN('Power BI') → 8
TRIM	문자열의 양쪽 끝에 있는 공백을 제거하고 반환	TRIM('Power BI') → 'Power BI'
UPPER	문자열을 모두 대문자로 변환하여 반환	UPPER('Power BI') → 'POWER BI'
LOWER	문자열을 모두 소문자로 변환하여 반환	LOWER('Power BI') → 'power bi'
VALUE	텍스트 문자열을 숫자 값으로 변환	VALUE('123') → 123
SUBSTITUTE	문자열 내의 특정 텍스트를 다른 텍스트로 대체하여 반환	SUBSTITUTE('Power BI', 'BI', 'Query') → 'Power Query'

03 논리 함수

함수	설명	예시
AND	모든 조건이 참일 때 TRUE를 반환	AND(Sales[Amount] > 1000, Sales[Quantity] > 1)
IF	조건이 참이면 하나의 값을, 거짓이면 다른 값을 반환	IF(Sales[Amount] > 1000, 'High', 'Low')
IFERROR	수식에서 오류가 발생하면 지정된 대체 값을 반환	IFERROR(Sales[Amount] / Sales[Quantity], 0)
NOT	조건이 거짓이면 TRUE, 참이면 FALSE를 반환	NOT(Sales[Amount] > 1000)
OR	하나 이상의 조건이 참일 때 TRUE를 반환	OR(Sales[Amount] > 1000, Sales[Discount] > 0)
SWITCH	여러 조건 중 하나를 선택하여 해당하는 값을 반환	SWITCH(TRUE(), Sales[Amount] > 1000, 'High', Sales[Amount] > 500, 'Medium', 'Low')
TRUE	논릿값 TRUE를 반환	TRUE()

04 날짜/시간 함수

함수	설명	예시
CALENDAR	지정된 날짜 범위의 테이블을 반환	CALENDAR(DATE(2025, 1, 1), DATE(2025, 12, 31))
CALENDARAUTO	모델의 날짜 범위를 기반으로 날짜 테이블을 자동 생성	CALENDARAUTO()
DATE	지정된 연도, 월, 일에 해당하는 날짜를 반환	DATE(2025, 1, 1)
DATEDIFF	두 날짜 간의 차이를 지정된 단위로 반환	DATEDIFF(STARTDATE, ENDDATE, DAY)
DAY	날짜에서 일을 추출하여 반환	DAY(TODAY())
EDATE	지정된 날짜에서 주어진 개월 수만큼 이전 또는 이후 날짜를 반환	EDATE(TODAY(), -1)
EOMONTH	지정된 날짜에서 주어진 개월 수만큼 이전 또는 이후의 달의 마지막 날을 반환	EOMONTH(TODAY(), 1)
HOUR	시간에서 시(Hour)를 추출하여 반환	HOUR(NOW())

함수	설명	예시
MINUTE	시간에서 분(Minute)을 추출하여 반환	MINUTE(NOW())
MONTH	날짜에서 월을 추출하여 반환	MONTH(TODAY())
NETWORKDAYS	두 날짜 사이의 근무일 수를 반환	NETWORKDAYS(DATE(2024, 1, 1), DATE(2025, 1, 31))
NOW	현재 날짜와 시간을 반환	NOW()
TODAY	현재 날짜를 반환	TODAY()
WEEKDAY	날짜에서 요일을 숫자로 반환	WEEKDAY(TODAY())
WEEKNUM	날짜의 주 번호를 반환	WEEKNUM(TODAY()) → 48
YEAR	날짜에서 연도를 추출하여 반환	YEAR(TODAY())

05 시간 인텔리전스 함수

함수	설명	예시
DATEADD	현재 선택된 기간에서 지정된 간격만큼 앞이나 뒤로 이동한 날짜를 반환	DATEADD(Dates[Date], -1, YEAR)
DATESBETWEEN	지정한 시작일과 종료일 사이의 날짜를 반환	DATESBETWEEN(Dates[Date], DATE(2025, 1, 1), DATE(2025, 1, 31))
DATESINPERIOD	지정한 시작일을 기준으로 주어진 기간만큼의 날짜를 반환	DATESINPERIOD(Dates[Date], TODAY(), -1, YEAR)
DATESYTD	현재 선택된 기간의 연초부터 해당 기간까지의 날짜를 반환	DATESYTD(Dates[Date])
DATESMTD	현재 선택된 기간의 월초부터 해당 기간까지의 날짜를 반환	DATESMTD(Dates[Date])
DATESQTD	현재 선택된 기간의 분기 초부터 해당 기간까지의 날짜를 반환	DATESQTD(Dates[Date])
FIRSTDATE	열에서 가장 첫 번째 날짜를 반환	FIRSTDATE(Dates[Date])
SAMEPERIODLASTYEAR	현재 선택된 기간과 동일한 작년의 기간을 반환	SAMEPERIODLASTYEAR(Dates[Date])
TOTALYTD	연초부터 현재까지의 누계 값을 반환	TOTALYTD(SUM(Sales[Amount]), Dates[Date])
TOTALQTD	분기 초부터 현재까지의 누계 값을 반환	TOTALQTD(SUM(Sales[Amount]), Dates[Date])
TOTALMTD	월초부터 현재까지의 누계 값을 반환	TOTALMTD(SUM(Sales[Amount]), Dates[Date])

06 테이블 조작/계산 함수

함수	설명	예시
ADDCOLUMNS	기존 테이블에 하나 이상의 계산된 열을 추가하여 새로운 테이블을 반환	ADDCOLUMNS(Sales, 'Total', Sales[Quantity] * Sales[Price])
DISTINCT	테이블에서 중복되지 않은 고유한 행을 반환	DISTINCT(Sales[Region])
GROUPBY	테이블을 지정한 열 기준으로 그룹화하고, 요약된 계산 결과를 포함한 테이블을 반환	GROUPBY(Sales, Sales[Product], 'Total Sales', SUMX(CURRENTGROUP(), Sales[Amount]))
RELATED	다른 테이블에서 관련된 값을 반환	RELATED(Products[Price])
RELATEDTABLE	다른 테이블에서 관련된 테이블을 반환	RELATEDTABLE(Sales)
ROW	하나의 행을 반환하는 테이블을 생성	ROW('Product', Products[ProductName], 'Sales', Sales[Amount])
SUMMARIZE	테이블을 그룹화하고, 그룹화된 데이터에 대한 요약 테이블을 반환	SUMMARIZE(Sales, Sales[Product], 'Total Sales', SUM(Sales[Amount]))
SUMMARIZECOLUMNS	그룹화된 데이터를 요약하여 계산된 테이블을 반환	SUMMARIZECOLUMNS(Sales[Product], 'Total Sales', SUM(Sales[Amount]))
TOPN	테이블에서 상위 N개의 행을 반환	TOPN(5, Sales, Sales[Amount], DESC)
UNION	두 개 이상의 테이블을 결합하여 단일 테이블로 반환	UNION(Table1, Table2)
VALUES	열에서 고유한 값을 반환하는 테이블을 생성	VALUES(Sales[Product])

07 필터 함수

함수	설명	예시
ALL	테이블이나 열의 모든 필터를 제거하여 전체 데이터를 반환	ALL(Sales)
ALLEXCEPT	지정한 열을 제외한 나머지 모든 필터를 제거하여 데이터를 반환	ALLEXCEPT(Sales, Sales[Region])
ALLSELECTED	외부 필터는 유지한 채 테이블이나 열의 모든 내부 필터를 제거하여 데이터를 반환	ALLSELECTED(Sales)
CALCULATE	수식을 수정된 필터 컨텍스트에서 계산	CALCULATE(SUM(Sales[Amount]), Sales[Region] = 'East')
FILTER	테이블에서 조건을 만족하는 행들만 반환하는 테이블을 생성	FILTER(Sales, Sales[Amount] > 1000)
KEEPFILTERS	지정한 조건에 따라 기존 필터를 유지하며 필터를 추가	KEEPFILTERS(Sales[Amount] > 1000)
REMOVEFILTERS	지정한 열이나 테이블에서 모든 필터를 제거	REMOVEFILTERS(Sales[Region])
SELECTEDVALUE	현재 컨텍스트에서 선택된 값을 반환	SELECTEDVALUE(Sales[Region])

08 기타 함수

함수	설명	예시
FV	일정 기간 동안 일정한 금액을 정기적으로 불입했을 때의 미래 가치를 반환	FV(0.05/12, 60, -100, -1000)
IPMT	대출금이나 투자의 이자 지급액을 계산하여 반환	IPMT(0.05/12, 1, 60, -10000)
NPER	대출금 상환에 필요한 총 기간을 반환	NPER(0.05/12, -200, 5000) → 30
PMT	대출금이나 투자의 현재 가치에 대한 일정 기간 동안의 정기적인 상환액을 반환	PMT(0.05/12, 60, -10000)
PPMT	대출금이나 투자의 원금 상환액을 계산하여 반환	PPMT(0.05/12, 1, 60, -10000)
PV	미래의 현금 흐름에 대한 현재 가치를 반환	PV(0.05/12, 60, -100)
RATE	일정한 상환 기간과 상환액에 대한 이자율을 반환	RATE(60, -100, 1000)
HASONEFILTER	특정 열에 하나의 필터만 적용되었는지 확인	HASONEFILTER(Sales[Region])
ISBLANK	값이 빈 값(NULL)인지 확인하여 TRUE 또는 FALSE를 반환	ISBLANK(Sales[Amount])
ISERROR	값이 오류인지 확인하여 TRUE 또는 FALSE를 반환	ISERROR(Sales[Amount] / Sales[Quantity])
ISFILTERED	특정 열에 필터가 적용되었는지 확인	ISFILTERED(Sales[Region])
ISNUMBER	값이 숫자인지 확인하여 TRUE 또는 FALSE를 반환	ISNUMBER(Sales[Amount])
BLANK	빈 값을 반환	BLANK()

02 새 측정값 만들기

📁 예시 'Part1_Chapter04' > '예시04-1_주문내역파일.pbix'
📁 실습 'Part1_Chapter04' > '예시실습04-1_주문내역파일.pbix'

01 작성방법과 구조

총매출, 총인원 등과 같은 집계를 수행하기 위해 작성되는 계산식이다. 보통 특정 열의 데이터를 집계 대상으로 하며, 새로 만든 측정값은 기본적으로 선택한 테이블에 생성되므로 아래와 같은 순서를 따르는 것이 좋다.

❶ 먼저, 실습을 위해 **예시실습04-1_주문내역파일.pbix** 파일을 연다. 우측 **데이터 창**에서 **새 측정값을 저장할 테이블**인 〈주문내역〉 테이블을 먼저 선택한다.
❷ 상단 메뉴의 **새 측정값**을 클릭한다(혹은 **테이블** > **마우스 우클릭** > **새 측정값**).
❸ **수식 창**에서 **DAX 함수**를 활용하여 이름을 정하고 식을 작성한다.
❹ Enter를 눌러 작성을 마무리한다.

총주문금액 = SUM('주문내역'[총금액])
측정값 이름   DAX 함수   테이블명   열이름

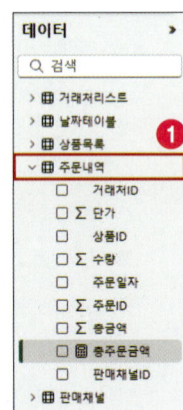

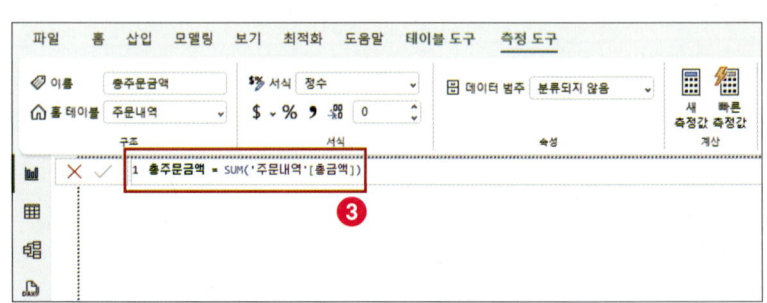

> **측정값 작성**
> - 측정값 작성은 '보고서 보기' 뿐만 아니라 '테이블 보기', '모델 보기' 탭 등 다른 탭에서 진행해도 무방하다.
> - 측정값을 작성할 때 특정 테이블이나 특정 열을 참조하려면, 해당 테이블 이름을 **작은따옴표(')**로 시작하여 입력한다. 입력을 진행하면 자동 완성 기능이 활성화되며, 방향키를 사용해 원하는 대상을 선택한 뒤 Enter 또는 Tab 키를 눌러 확정할 수 있다.
> - 천 단위에서 쉼표로 구분하려면 해당 측정값을 선택하고 상단 메뉴의 **측정 도구**에서 **천 단위 구분 기호** 를 클릭하면 된다.
> - 만든 측정값을 삭제하려면 해당 측정값을 선택한 후 **마우스 우클릭 > 모델에서 삭제**를 클릭하면 된다.
> - 시험에서는 시각화 지시가 없으면 측정값 작성까지만 진행하면 된다.

02 활용방법

측정값은 보고서의 캔버스 내 시각화 개체에 포함될 때 **연산을 수행**한다(엑셀의 피벗테이블과 유사).

Warming Up 예제 실습하기

문제

다음 조건으로 〈주문내역〉 테이블에 측정값을 추가하시오.
▶ 측정값 이름 : [총주문수량]
  - 활용 필드 : 〈주문내역〉 테이블의 [수량] 필드
  - [수량]의 합계 반환
  - 사용 함수 : SUM
  - 서식 : 천 단위에서 쉼표로 구분되도록 적용
▶ 측정값 이름 : [평균거래단가]
  - 활용 필드 : 〈주문내역〉 테이블의 [단가] 필드
  - [단가]의 평균 반환
  - 사용 함수 : AVERAGE
  - 서식 : 정수, 천 단위에서 쉼표로 구분되도록 적용
▶ 측정값 이름 : [총거래건수]
  - 활용 테이블 : 〈주문내역〉 테이블
  - 테이블의 행수 반환
  - 사용 함수 : COUNTROWS
  - 서식 : 천 단위에서 쉼표로 구분되도록 적용

▶ 측정값 이름 : [고유거래처수]
  - 활용 필드 : 〈주문내역〉 테이블의 [거래처ID] 필드
  - [거래처ID]의 고유 개수 반환
  - 사용 함수 : DISTINCTCOUNT
  - 서식 : 천 단위에서 쉼표로 구분되도록 적용
▶ 측정값 이름 : [거래처당 평균거래건수]
  - 활용 필드 : [총거래건수] 측정값, [고유거래처수] 측정값
  - 거래처별 평균거래건수 반환
  - 사용 함수 : DIVIDE
  - 서식 : 10진수, 천 단위에서 쉼표로 구분, 소수 자릿수 1자리 적용

풀이

📁 예제 'Part1_Chapter04' > '예제04-1_주문내역파일.pbix'
📁 풀이 'Part1_Chapter04' > '풀이04-1_주문내역파일.pbix'

▶ 측정값 이름 : [총주문수량]
1. 예제 실습을 위해 **예제03_주문내역파일**.pbix 파일을 연다. 우측 **데이터 창**에서 〈주문내역〉 테이블을 선택한다.
2. 상단 메뉴의 **새 측정값**을 누른다(또는 〈주문내역〉 테이블 > 마우스 우클릭 > 새 측정값).
3. 수식 창에 아래와 같이 작성하고 Enter를 누른다.

> 총주문수량 = SUM('주문내역'[수량])

4. 우측에서 [총주문수량] 측정값을 선택하고 상단 메뉴의 **측정 도구** > **천 단위 구분 기호** 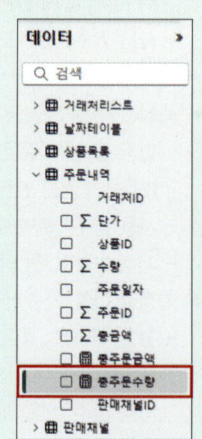를 클릭한다.

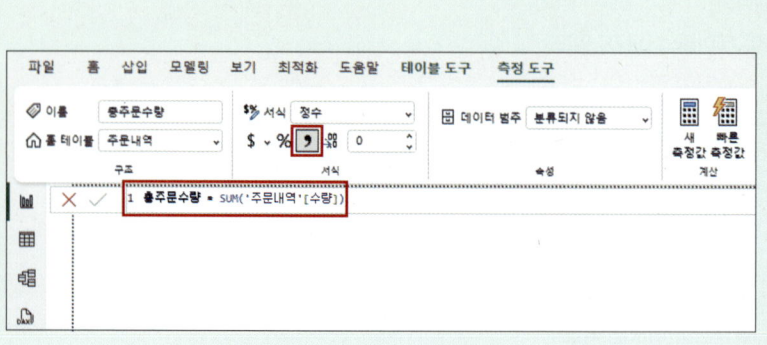

▶ 측정값 이름 : [평균거래단가]
1. 우측 **데이터 창**에서 〈주문내역〉 테이블을 선택한다.
2. 상단 메뉴의 **새 측정값**을 누른다(또는 〈주문내역〉 테이블 > 마우스 우클릭 > 새 측정값).
3. 수식 창에 아래와 같이 작성하고 Enter를 누른다.

> 평균거래단가 = AVERAGE('주문내역'[단가])

4. 우측에서 [평균거래단가] 측정값을 선택하고 상단 메뉴의 **측정 도구** > **서식**을 **정수**로 설정하고 **천 단위 구분 기호** ⁹ 를 클릭한다.

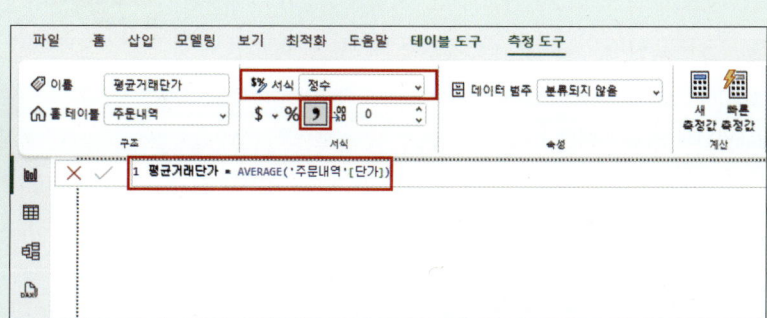 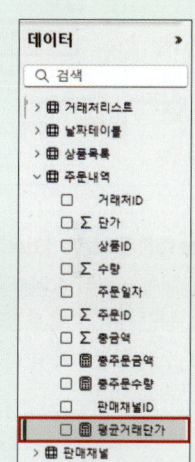

▶ 측정값 이름 : [총거래건수]
1. 우측 **데이터 창**에서 〈주문내역〉 테이블을 선택한다.
2. 상단 메뉴에서 **새 측정값**을 누른다(또는 〈주문내역〉 테이블 > 마우스 우클릭 > 새 측정값).
3. 수식 창에 아래와 같이 작성하고 Enter를 누른다.

> 총거래건수 = COUNTROWS('주문내역')

4. 우측에서 [총거래건수] 측정값을 선택하고 상단 메뉴의 **측정 도구 > 천 단위 구분 기호** ❷를 클릭한다.

▶ 측정값 이름 : [고유거래처수]
1. 우측 **데이터 창**에서 〈주문내역〉 테이블을 선택한다.
2. 상단 메뉴의 **새 측정값**을 누른다(또는 〈주문내역〉 테이블 > 마우스 우클릭 > 새 측정값).
3. 수식 창에 아래와 같이 작성하고 Enter를 누른다.

> 고유거래처수 = DISTINCTCOUNT('주문내역'[거래처ID])

4. 우측에서 [고유거래처수] 측정값을 선택하고 상단 메뉴의 **측정 도구 > 천 단위 구분 기호** ❷를 클릭한다.

▶ 측정값 이름 : [거래처당 평균거래건수]

1. 우측 **데이터 창**에서 〈주문내역〉 테이블을 선택한다.
2. 상단 메뉴의 **새 측정값**을 누른다(또는 〈주문내역〉 테이블 > 마우스 우클릭 > 새 측정값).
3. 수식 창에 아래와 같이 작성하고 Enter를 누른다.

> 거래처당 평균거래건수 = DIVIDE([총거래건수], [고유거래처수])

4. 우측에서 [거래처당 평균거래건수] 측정값을 선택하고 상단 메뉴의 **측정 도구 > 서식 > 10진수**를 선택한 후 **천 단위 구분 기호** 를 클릭한다. 소수 자릿수는 **1**로 설정한다.

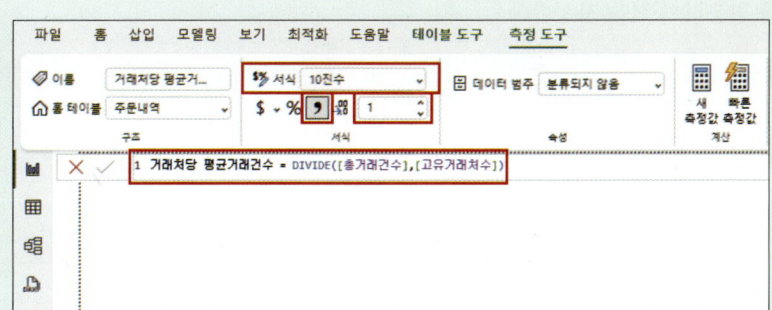
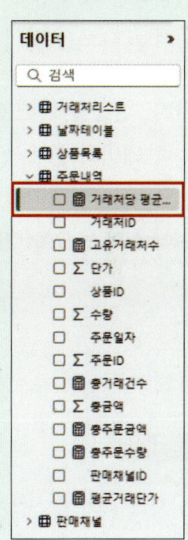

Tip
앞서 이미 추가된 측정값을 참조할 때는 대괄호([])로 시작하면 작성된 측정값 중 하나를 선택할 수 있다.

03 새 열 만들기

📁 예시 'Part1_Chapter04' > '예시04-1_주문내역파일.pbix'
📁 실습 'Part1_Chapter04' > '예시실습04-1_주문내역파일.pbix'

01 작성방법과 구조

새 열은 말 그대로 수식을 통해 새로운 열을 물리적으로 만들어 내는 방법이다. 좌측 **테이블 보기** 탭 내에서 사용하는 게 일반적이며, 단순집계보다는 데이터를 분류하거나 실제로 열이 추가로 필요한 경우에 주로 사용되는 기능이다. 측정값과 마찬가지로 데이터가 업데이트되면 해당 열도 새로고침되므로 아래와 같은 순서를 따르는 것이 좋다.

❶ 먼저, 실습을 위해 **예시실습04-1_주문내역파일.pbix** 파일을 연다. 좌측 **테이블 보기** 탭으로 이동한 후, 우측 **데이터 창**에서 **〈날짜테이블〉 테이블**을 선택한다.
❷ 상단 메뉴의 **테이블 도구** > **새 열**을 클릭한다.
❸ **수식 창**에서 DAX **함수**를 활용하여 식을 작성한다.

요일 = FORMAT([날짜],"ddd")
새 열 이름   DAX 함수

Tip ✓
FORMAT 함수를 사용하여 [날짜] 열에서 요일을 추출한 열을 생성할 수 있다.

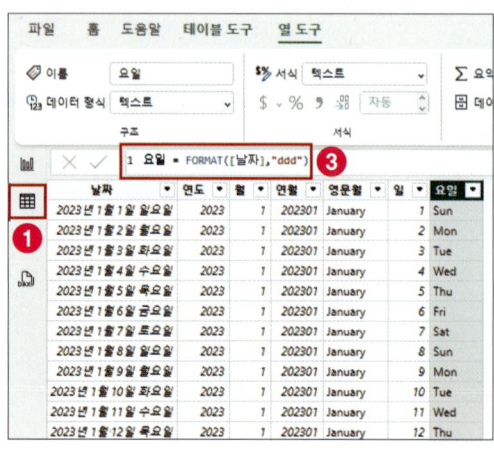
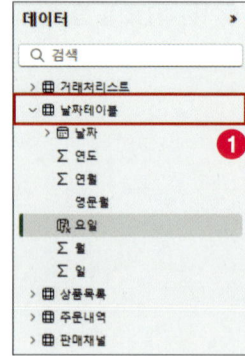

02 활용방법

로딩된 테이블의 기타 열처럼 사용이 가능하다.

> **Warming Up 예제 실습하기**

문제

다음 조건으로 테이블에 새 열을 추가하시오.
▶ 〈날짜테이블〉 테이블에 [연월2] 새 열 추가
  - 열 이름 : [연월2]
  - 활용 필드 : 〈날짜테이블〉 테이블의 [날짜] 필드
  - 지시사항 : '2023-01' 서식의 필드 추가
  - 사용 함수 : FORMAT
▶ 〈주문내역〉 테이블에 [가격그룹] 새 열 추가
  - 열 이름 : [가격그룹]
  - 활용 필드 : 〈주문내역〉 테이블의 [단가] 필드
  - 지시사항 : [단가] 필드값을 기준으로 "10만원이상"과 "10만원미만" 두 그룹으로 분류
  - 사용 함수 : IF
▶ 〈주문내역〉 테이블에 [판매채널] 새 열 추가
  - 열 이름 : [판매채널]
  - 활용 필드 : 〈상품목록〉 테이블의 [판매채널명] 필드
  - 지시사항 : 〈주문내역〉 테이블에서 〈상품목록〉 테이블의 [판매채널명]의 필드 값을 반환
  - 사용 함수 : RELATED

풀이

📁 예제 'Part1_Chapter04' > '예제04-1_주문내역파일.pbix'
📁 풀이 'Part1_Chapter04' > '풀이04-1_주문내역파일.pbix'

▶ 〈날짜테이블〉 테이블에 [연월2] 새 열 추가

1. 예제 실습을 위해 **예제04-1_주문내역파일.pbix** 파일을 연다. 좌측 **테이블 보기** 탭으로 이동한다.
2. 우측 **데이터 창**에서 〈날짜테이블〉 테이블을 선택한다.
3. 상단 메뉴의 **새 열**을 클릭한다.
4. 수식 창에 아래와 같이 작성하고 Enter를 누른다.

```
연월2 = FORMAT([날짜], "yyyy-mm")
```

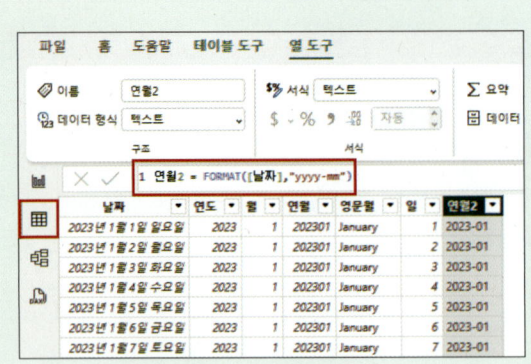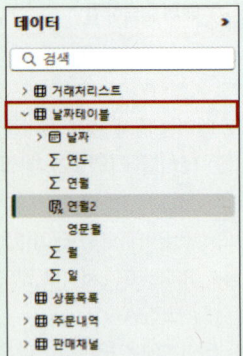

> **Tip** ✓
>
> **수식 설명**
> - FORMAT 함수는 날짜나 숫자를 지정하는 형식의 텍스트로 변환한다.
> - "yyyy-mm"는 연도(yyyy)와 월(mm)을 나타내는 형식이다.
>   ⇒ 따라서 해당 수식은 [날짜] 열의 값을 "2024-11"과 같은 연-월 형식의 텍스트 값으로 반환한다.

▶ 〈주문내역〉 테이블에 [가격그룹] 새 열 추가

1. 좌측 **테이블 보기** 탭으로 이동한다.
2. 우측 **데이터 창**에서 〈주문내역〉 테이블을 선택한다.
3. 상단 메뉴의 **새 열**을 클릭한다.
4. 수식 창에 아래와 같이 작성하고 Enter를 누른다.

```
가격그룹 = IF([단가] >= 100000, "10만원이상", "10만원미만")
```

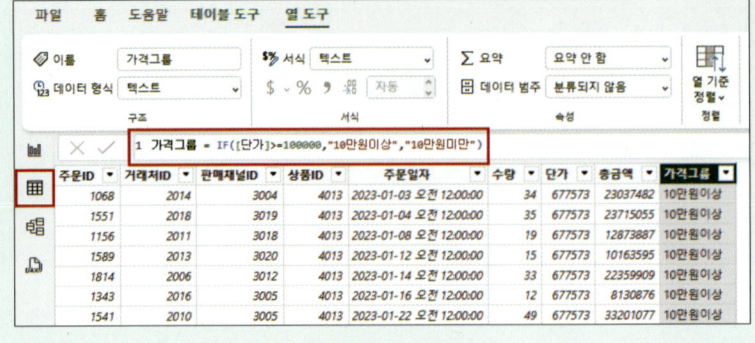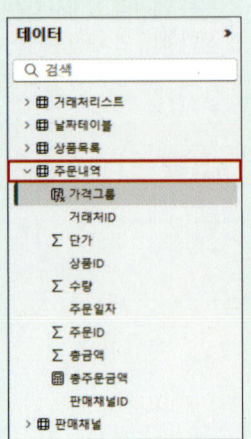

▶ 〈주문내역〉 테이블에 [판매채널] 새 열 추가

1. 좌측 **테이블 보기** 탭으로 이동한다.
2. 우측 **데이터 창**에서 〈주문내역〉 테이블을 선택한다.
3. 상단 메뉴의 **새 열**을 클릭한다.
4. 수식 창에 아래와 같이 작성하고 Enter를 누른다.

판매채널 = RELATED('판매채널'[판매채널명])

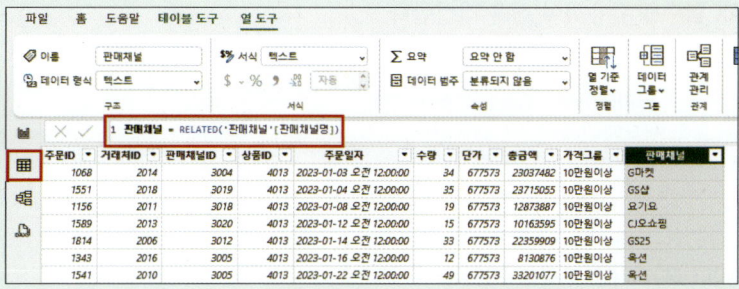

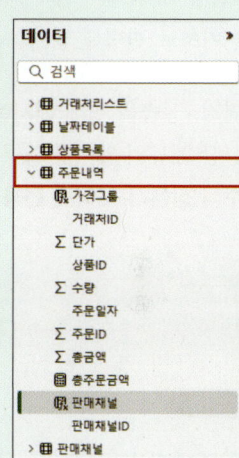

> **Tip**
> - 여기서 RELATED 함수를 사용하기 위해서는 [판매채널ID]를 기준으로 〈주문내역〉 테이블과 〈판매채널〉 테이블 간의 관계 설정이 되어 있어야 한다.
> - RELATED 함수는 관계로 연결된 〈판매채널〉 테이블의 [판매채널명] 필드를 〈주문내역〉 테이블로 가져온다.

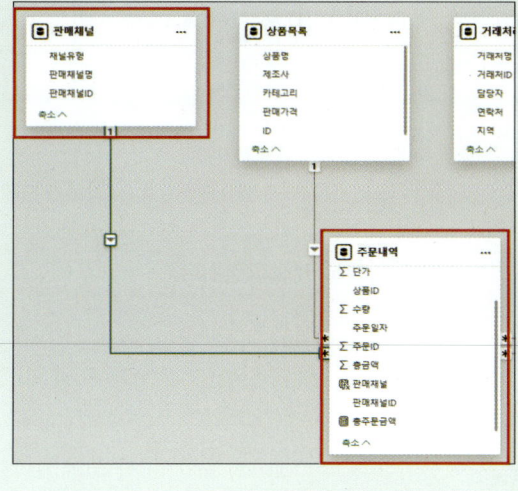

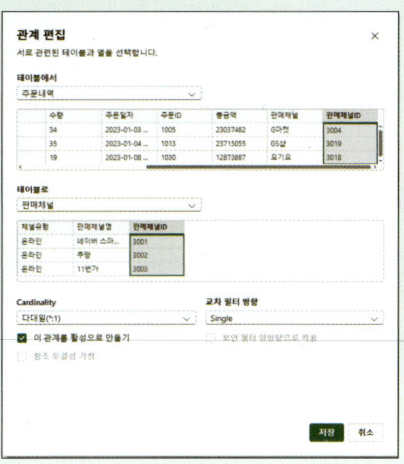

CHAPTER 04 | DAX 함수를 활용한 새 측정값, 새 열, 새 테이블 생성 55

04 새 테이블 만들기

📁 예시 'Part1_Chapter04' > '예시04-2_주문내역파일.pbix'
📁 실습 'Part1_Chapter04' > '예시실습04-2_주문내역파일.pbix'

01 작성방법과 구조

새 테이블은 연결 방식이 아닌 DAX 식을 이용하여 새로운 테이블을 물리적으로 만들어 내는 기능이다. 테이블용 DAX 함수를 이용하여 새롭게 테이블을 생성하는 방식(예 날짜테이블) 또는 기존의 로딩된 테이블을 기초로 변형된 테이블을 생성하는 방식 모두 가능하므로 아래와 같은 순서를 따르는 것이 좋다.

❶ 먼저, 실습을 위해 **예시실습04-2_주문내역파일.pbix** 파일을 연다. 좌측 **테이블 보기** 탭으로 이동한다.
❷ 상단 메뉴의 **테이블 도구 > 새 테이블**을 클릭한다.
❸ **수식 창**에서 **테이블 전용 DAX 함수**를 활용하여 식을 작성한다.

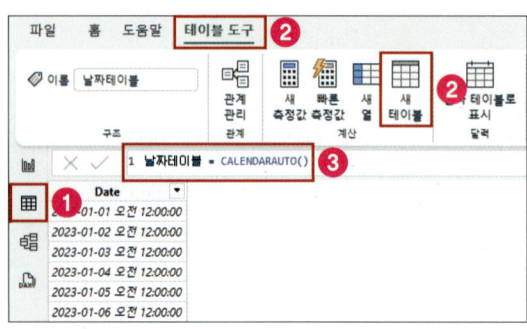

> **Tip**
> CALENDARAUTO 함수를 사용하여 〈날짜테이블〉 테이블을 생성할 수 있다.

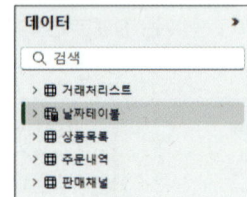

02 활용방법

일반 테이블처럼 사용이 가능하며, 데이터가 업데이트되면 테이블도 새로고침된다.

Warming Up | 예제 실습하기(1)

문제

다음 조건으로 테이블을 추가하시오.

▶ 테이블 이름 : 〈DimDate1〉
  - 〈DimDate1〉 이름의 날짜테이블 추가
  - 사용 함수 : CALENDAR, DATE
  - [Date] 필드의 시작일 : 2023-01-01
  - [Date] 필드의 종료일 : 2024-12-31

▶ 테이블 이름 : 〈DimDate2〉
  - 〈DimDate2〉 이름의 날짜테이블을 추가하고 관계 설정
  - 사용 함수 : ADDCOLUMNS, CALENDAR, DATE, MIN, MAX, YEAR, MONTH
  - [Date] 필드의 시작일 : 최초 주문일이 속한 연도의 1월 1일
  - [Date] 필드의 종료일 : 최종 주문일이 속한 연도의 12월 31일
  - [연도], [월] 필드 추가 : [Date] 필드 기준으로 값 표시
  - 〈DimDate2〉 테이블과 〈주문내역〉 테이블 관계 설정
    • 활용 필드 : 〈DimDate2〉 테이블의 [Date] 필드, 〈주문내역〉 테이블의 [주문일자]
    • 기준(시작) 테이블 : 〈주문내역〉 테이블
    • 카디널리티 : '다대일(*:1)' 관계
    • 크로스 필터 방향 : 단일(Single)

▶ 테이블 이름 : 〈요약〉
  - 〈거래처리스트〉 테이블의 [거래처명] 필드를 기준으로 주문내역의 [수량] 합계 반환
  - 〈요약〉 테이블을 [거래처명]과 [총수량] 열로 구성
  - 사용 함수 : SUM, SUMMARIZE

▶ 테이블 이름 : 〈Top5매출상품〉
  - 활용 필드 : 〈주문내역〉 테이블의 [총주문금액] 측정값
  - 〈상품목록〉 테이블의 [상품명] 필드를 기준으로 [총주문금액] 상위 5개 상품을 내림차순으로 반환
  - 사용 함수 : TOPN, VALUES

풀이

📁 예제 'Part1_Chapter04' > '예제04-2_주문내역파일.pbix'
📁 풀이 'Part1_Chapter04' > '풀이04-2_주문내역파일.pbix'

▶ 테이블 이름 : 〈DimDate1〉

1. 예제 실습을 위해 **예제04-2_주문내역파일.pbix** 파일을 연다. 좌측 **테이블 보기** 탭으로 이동한다.
2. 상단 메뉴의 **테이블 도구 > 새 테이블**을 클릭한다.
3. 수식 창에 아래와 같이 작성하고 Enter를 누른다.

```
DimDate1 = CALENDAR(DATE(2023,1,1), DATE(2024,12,31))
```

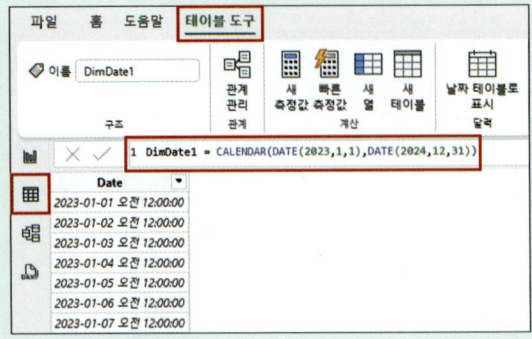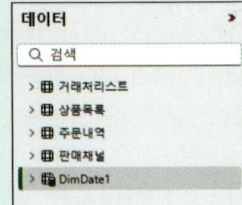

▶ 테이블 이름 : 〈DimDate2〉

1. 좌측 **테이블 보기** 탭으로 이동한다.
2. 상단 메뉴의 **테이블 도구 > 새 테이블**을 클릭한다.
3. 수식 창에 아래와 같이 작성하고 Enter를 누른다.

```
DimDate2 =
ADDCOLUMNS(
        CALENDAR(DATE(YEAR(MIN('주문내역'[주문일자])),1,1), DATE(YEAR(MAX('주문내역'[주문일자])),12,31)),
        "연도", YEAR([Date]),
        "월", MONTH([Date])
)
```

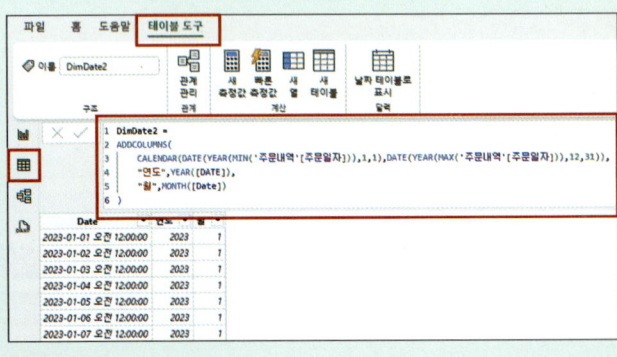

> **Tip**
>
> **수식 설명**
> - MIN과 MAX로 최초와 최종 주문일자를 추출한 뒤, YEAR 함수로 각 연도를 추출한다.
> - ADDCOLUMNS는 CALENDAR 함수로 만들어질 테이블에 추가로 [연도]와 [월] 열을 생성하는 데 사용된다.
> - 수식 작성 중 줄바꿈을 하고 싶다면 [Shift + Enter]를 누르면 된다. 줄바꿈을 하지 않고 진행해도 되지만, 작업성 및 가시성을 높이는 데 도움이 된다.

4. 좌측 **모델 보기** 탭으로 이동한 후, 〈주문내역〉 테이블의 **[주문일자] 필드**를 끌어다 〈DimDate2〉 테이블의 **[Date] 필드**에 포갠 뒤 놓아준다(드래그 앤 드롭).
5. 새 관계 대화창이 뜨면 〈주문내역〉 테이블의 [주문일자] 필드와 〈DimDate2〉 테이블의 [Date] 필드에 음영이 들어온 것을 확인한다. 이어서 Cardinality(카디널리티)는 **다대일(*:1)**, 교차 필터 방향은 Single(단일)로 선택되었는지 확인 후 **저장**을 누른다.

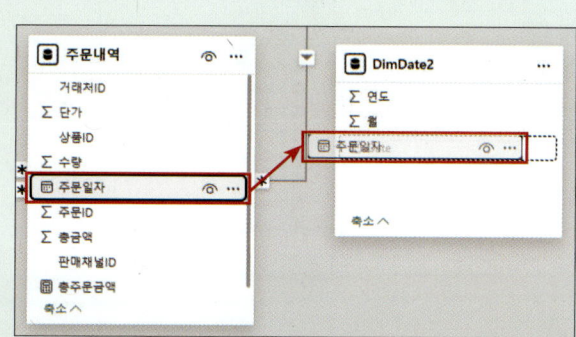
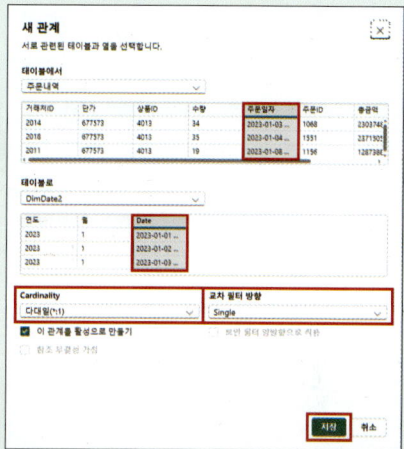

▶ 테이블 이름 : 〈요약〉

1. 좌측 **테이블 보기** 탭으로 이동한다.
2. 상단 메뉴의 **테이블 도구 > 새 테이블**을 클릭한다.
3. 수식 창에 아래와 같이 작성하고 Enter를 누른다.

> 요약 = SUMMARIZE('주문내역', '거래처리스트'[거래처명], "총수량", SUM('주문내역'[수량]))

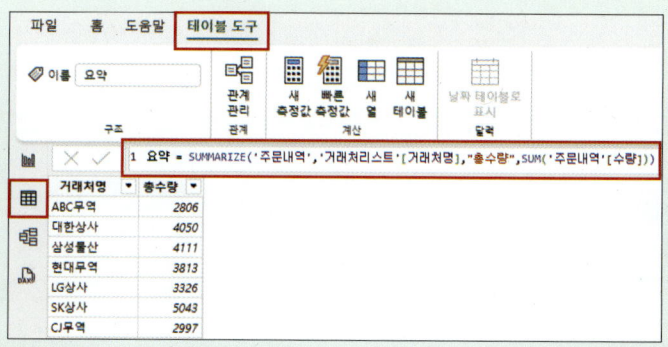
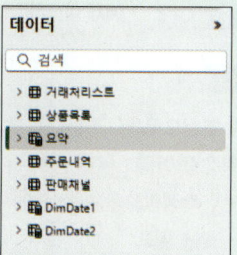

Tip

수식 설명
여기서 SUMMARIZE는 〈거래처리스트〉 테이블의 [거래처명] 필드를 기준으로 〈주문내역〉 테이블의 [수량] 필드를 요약한다.

▶ 테이블 이름 : 〈Top5매출상품〉
1. 좌측 **테이블 보기** 탭으로 이동한다.
2. 상단 메뉴의 **테이블 도구** > **새 테이블**을 클릭한다.
3. 수식 창에 아래와 같이 작성하고 Enter를 누른다.

> Top5상품 = TOPN(5, VALUES('상품목록'[상품명]), [총주문금액], DESC)

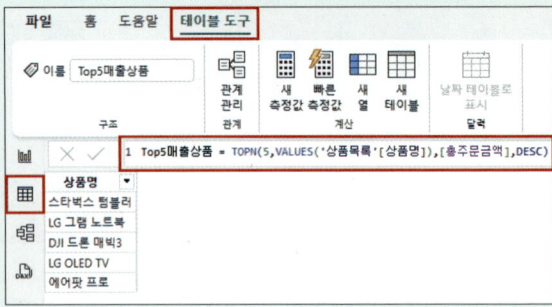 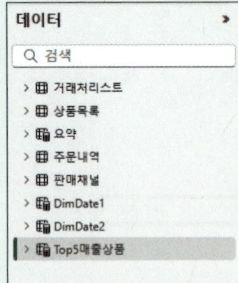

Tip

수식 설명
- VALUES는 〈상품목록〉 테이블의 [상품명] 필드값들 중 중복을 제외한 고유값들로 이뤄진 테이블을 반환한다.
- 이후 VALUES에서 만들어진 테이블의 각 행별로 계산된 측정값 [총주문금액]을 기준으로 내림차순(DESC)을 수행한다.
- TOPN은 그중 5등까지의 결과 테이블을 반환하며, 동률이 있을 때는 모두 반환한다.

Warming Up 예제 실습하기(2)

문제

다음 조건으로 열, 측정값을 추가하시오.
▶ 측정값 이름 : [주문금액_온라인]
 - 〈_측정값모음〉 테이블에 측정값 추가
 - 활용 필드
   • 〈판매채널〉 테이블의 [채널유형] 필드
   • 〈주문내역〉 테이블의 [총주문금액] 측정값
 - [채널유형] 필드값이 "온라인"인 경우의 [총주문금액]을 반환
 - 사용 함수 : CALCULATE, FILTER
 - 서식 : 천 단위에서 쉼표로 구분 적용, 소수점 아래 0자리까지 표시
 - '예제' 페이지의 '월별 실적 요약' 테이블 개체에 측정값 삽입

- ▶ 측정값 이름 : [주문금액_삼성LG제품]
  - 〈_측정값모음〉 테이블에 측정값 추가
  - 활용 필드
    - 〈상품목록〉 테이블의 [제조사] 필드
    - 〈주문내역〉 테이블의 [총주문금액] 측정값
  - [제조사]의 필드값이 '삼성전자' 이거나 'LG전자'인 경우의 [총주문금액]을 반환
  - 사용 함수 : CALCULATE, FILTER
  - 서식 : 천 단위에서 쉼표로 구분 적용, 소수점 아래 0자리까지 표시
  - '예제' 페이지의 월별 실적 요약 테이블 개체에 측정값 삽입
- ▶ 측정값 이름 : [전년_주문금액]
  - 〈_측정값모음〉 테이블에 측정값 추가
  - 활용 필드
    - 〈날짜〉 테이블의 [Date] 필드
    - 〈주문내역〉 테이블의 [총주문금액] 측정값
  - 주어진 기간에 대한 전년도 [총주문금액]을 반환
  - 사용 함수 : CALCULATE, SAMEPERIODLASTYEAR
  - 서식 : 천 단위에서 쉼표로 구분 적용, 소수점 아래 0자리까지 표시
  - '예제' 페이지의 월별 실적 요약 테이블 개체에 측정값 삽입
- ▶ 측정값 이름 : [연간_누계]
  - 〈_측정값모음〉 테이블에 측정값 추가
  - 활용 필드 :
    - 〈날짜〉 테이블의 [Date] 필드
    - 〈주문내역〉 테이블의 [총주문금액] 측정값
  - 주어진 기간의 연간 [총주문금액] 누계 값을 반환
  - 사용 함수 : TOTALYTD
  - 서식 : 천 단위에서 쉼표로 구분 적용, 소수점 아래 0자리까지 표시
  - '예제' 페이지의 월별 실적 요약 테이블 개체에 측정값 삽입
- ▶ 측정값 이름 : [지역별_주문금액_비중]
  - 〈_측정값모음〉 테이블에 측정값 추가
  - 활용 필드
    - 〈거래처〉 테이블의 [지역] 필드
    - 〈주문내역〉 테이블의 [총주문금액] 측정값
  - 전체 대비 각 지역의 주문금액 비중을 반환
  - 사용 함수 : CALCULATE, ALL, DIVIDE
  - 서식 : 백분율% 적용, 소수점 아래 1자리까지 표시
  - '예제' 페이지의 '지역별 주문금액 비중' 테이블 개체에 측정값 삽입
- ▶ 새 열 이름 : [영업담당자]
  - 〈주문내역〉 테이블에 새열 추가
  - 활용 필드 : 〈거래처리스트〉 테이블의 [담당자] 필드
  - 사용 함수 : LOOKUPVALUE

> 풀이

> 📁 예제 'Part1_Chapter04' > '예제04-3_주문내역파일.pbix'
> 📁 풀이 'Part1_Chapter04' > '풀이04-3_주문내역파일.pbix'

▶ **측정값 이름 : [주문금액_온라인]**

1. 예제 실습을 위해 **예제04-3_주문내역파일.pbix** 파일을 연다. 우측 **데이터 창**에서 〈**_측정값모음**〉 테이블을 선택한다.
2. 상단 메뉴의 **테이블 도구** > **새 측정값**을 클릭한다.
3. 수식 창에 아래와 같이 작성하고 Enter를 누른다.

```
주문금액_온라인 = CALCULATE([총주문금액], FILTER('판매채널', '판매채널'[채널유형] = "온라인"))
```

4. 우측에서 [주문금액_온라인] 측정값을 선택한 후 상단 메뉴의 **측정 도구** > **천 단위 구분 기호(,)**를 클릭한다.

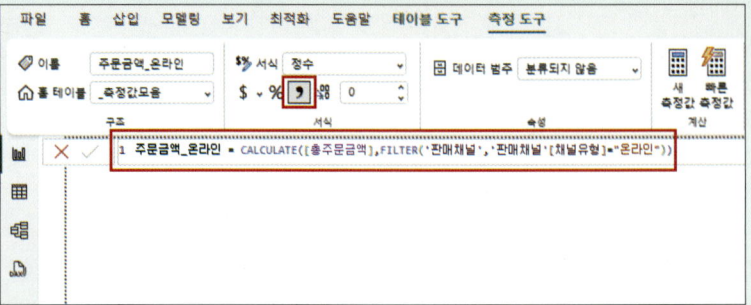

5. **월별 실적 요약** 테이블 개체를 클릭하여 우측 **시각화 창** > **시각적 개체 빌드** > **열** 가장 아래에 〈**_측정값모음**〉 테이블의 [주문금액_온라인] 측정값을 드래그 앤 드롭한다.

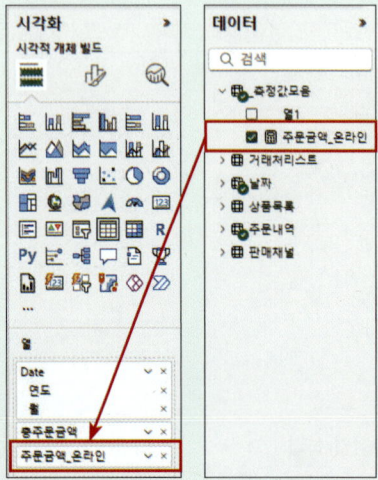

> **Tip** ✅
> 개체에 측정값을 추가할 때에는 측정값을 직접 원하는 위치에 드래그 앤 드롭하거나 측정값을 체크하여 추가하는 방법 모두 가능하다. 다만, 개체에 영역이 많은 경우에는 직접 드래그 앤 드롭하는 것이 좋다.

수식 설명

FILTER 함수는 〈판매채널〉 테이블에서 [채널유형] 필드값이 "온라인"인 행으로 이뤄진 테이블을 반환한다. 이렇게 만들어진 테이블이 CALCULATE 함수의 필터로 작동하여 식 앞쪽의 [총주문금액]을 계산한다. 이렇게 〈판매채널〉 테이블이 〈주문금액〉 테이블의 [총주문금액] 계산 시 필터로 작동할 수 있는 건 모델 보기 내 두 테이블 간 관계 설정 덕분이다.

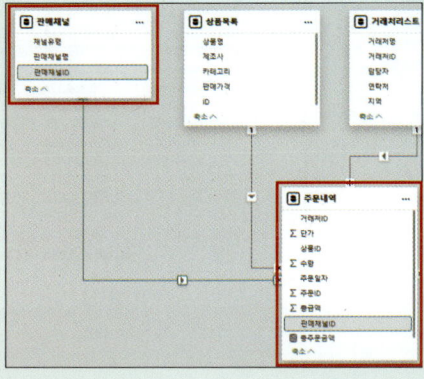

▶ **측정값 이름 : [주문금액_삼성LG제품]**

1. 우측 **데이터 창**에서 **〈_측정값모음〉 테이블**을 선택한다.
2. 상단 메뉴의 **테이블 도구 > 새 측정값**을 클릭한다.
3. 수식 창에 아래와 같이 작성하고 Enter를 누른다.

> 주문금액_삼성LG제품 = CALCULATE([총주문금액], FILTER('상품목록', [제조사] = "삼성전자" || [제조사] = "LG전자"))

4. 우측에서 [주문금액_삼성LG제품] 측정값을 선택한 후 상단 메뉴의 **천 단위 구분 기호(9)**를 클릭한다.

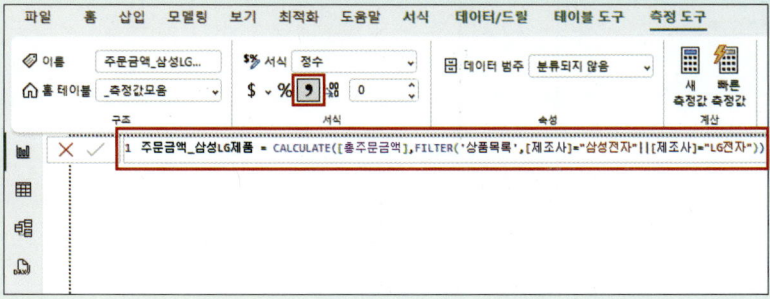

5. **월별 실적 요약** 테이블 개체를 클릭하여 우측 **시각화 창 > 시각적 개체 빌드 > 열** 가장 아래에 〈_측정값모음〉 테이블의 **[주문금액_삼성LG제품]** 측정값을 드래그 앤 드롭한다.

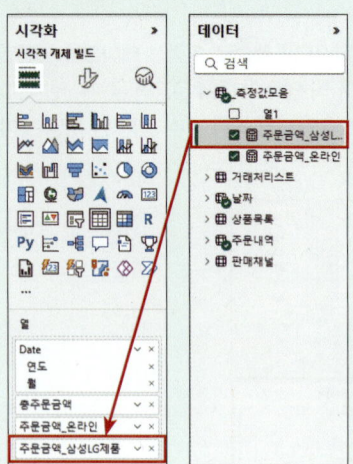

> **Tip**
>
> **수식 설명**
>
> - FILTER 함수는 〈상품목록〉 테이블에서 [제조사] 필드값이 "삼성전자" 또는 "LG전자"인 행으로 이뤄진 테이블을 반환한다. 이렇게 만들어진 테이블이 CALCULATE 함수의 필터로 작동하여 식 앞쪽의 [총주문금액]을 계산한다. 이렇게 〈상품목록〉 테이블이 〈주문금액〉 테이블의 [총주문금액] 계산 시 필터로 작동할 수 있는 건 모델 보기 내 두 테이블 간 관계 설정 덕분이다.
>
>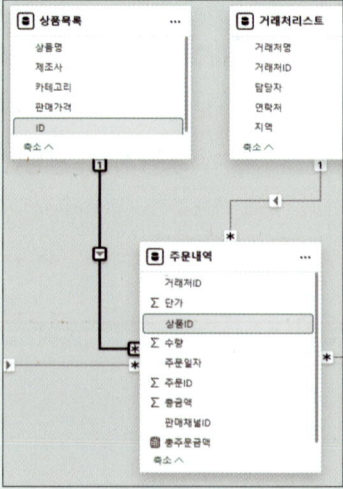
>
> - 연산자 기호 '&&' 는 AND 조건을 의미하며, 연산자 '||' 는 OR 조건을 의미한다.
>
>   && : [Shift + 7] 입력 2회, || : [Shift + ₩] 입력 2회

▶ 측정값 이름 : [전년_주문금액]

1. 우측 **데이터 창**에서 **〈_측정값모음〉 테이블**을 선택한다.
2. 상단 메뉴의 **테이블 도구** > **새 측정값**을 클릭한다.
3. 수식 창에 아래와 같이 작성하고 Enter를 누른다.

> 전년_주문금액 = CALCULATE([총주문금액], SAMEPERIODLASTYEAR('날짜'[Date]))

4. 우측에서 [전년_주문금액] 측정값을 선택한 후 상단 메뉴의 **측정 도구** > **천 단위 구분 기호(,)**를 클릭한다.

5. **월별 실적 요약** 테이블 개체를 클릭하여 우측 **시각화 창** > **시각적 개체 빌드** > **열** 가장 아래에 〈_측정값모음〉 테이블의 [전년_주문금액] 측정값을 드래그 앤 드롭한다.

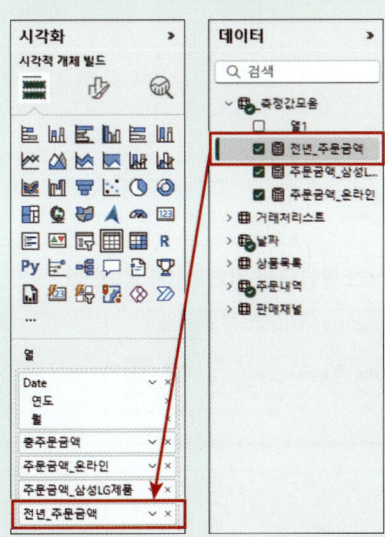

월별 실적 요약					
연도	월	총주문금액	주문금액_온라인	주문금액_삼성LG제품	전년_주문금액
2023	January	1,719,056,065	533,224,860	477,893,260	
2023	February	1,346,763,248	516,968,116	258,534,847	
2023	March	1,598,019,043	320,712,871	415,755,170	
2023	April	2,114,797,815	722,063,322	408,408,529	
2023	May	1,636,682,435	532,576,227	280,336,529	
2023	June	1,595,416,051	672,834,134	360,308,410	
2023	July	1,706,592,319	548,996,161	377,417,614	
2023	August	1,810,024,628	702,634,863	554,382,252	
2023	September	1,830,930,714	681,810,030	532,832,786	
2023	October	1,793,979,468	671,584,014	527,376,879	
2023	November	1,835,746,518	678,351,421	558,919,812	
2023	December	1,798,964,333	661,546,927	541,990,643	
2024	January	1,719,056,065	533,224,860	477,893,260	1,719,056,065
2024	February	1,389,316,557	550,629,796	258,534,847	1,346,763,248
2024	March	1,655,326,386	303,219,061	415,755,170	1,598,019,043
2024	April	2,180,979,265	750,384,701	452,242,544	2,114,797,815
2024	May	1,504,519,198	515,189,898	236,502,514	1,636,682,435
2024	June	1,599,976,228	677,404,033	366,233,455	1,595,416,051
2024	July	1,733,502,090	544,670,562	392,028,864	1,706,592,319
2024	August	1,738,562,110	638,077,400	515,611,882	1,810,024,628
합계		41,300,454,354	14,381,933,731	10,498,731,279	20,786,972,637

Tip

수식 설명
SAMEPERIODLASTYEAR 함수는 〈날짜〉 테이블의 [Date] 필드값들 중에서, 주어진 기간의 1년 전에 해당하는 [Date]로 이루어진 테이블을 반환한다. 이렇게 만들어진 테이블이 CALCULATE 함수의 필터로 작동하여 식 앞쪽의 [총주문금액]을 계산한다. 이렇게 〈날짜〉 테이블이 〈주문금액〉 테이블의 [총주문금액] 계산 시 필터로 작동할 수 있는 건 모델 보기 내 두 테이블 간 관계 설정 덕분이다.

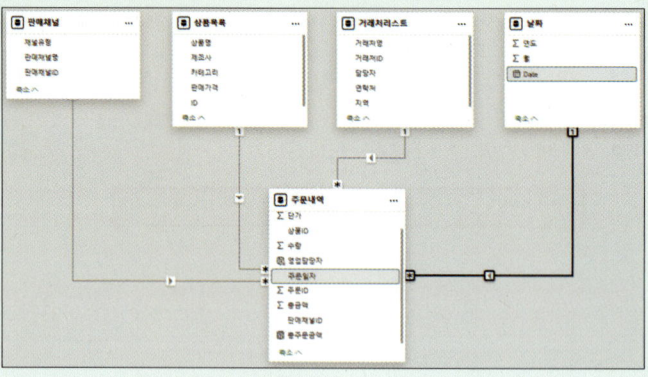

▶ 측정값 이름 : [연간_누계]
1. 우측 **데이터 창**에서 〈**_측정값모음**〉 테이블을 선택한다.
2. 상단 메뉴의 **테이블 도구 > 새 측정값**을 클릭한다.
3. 수식 창에 아래와 같이 작성하고 Enter를 누른다.

> 연간_누계 = TOTALYTD([총주문금액], '날짜'[Date])

4. 우측에서 [연간_누계] 측정값을 선택한 후 상단 메뉴의 **측정 도구 > 천 단위 구분 기호( )**를 클릭한다.

5. **월별 실적 요약** 테이블 개체를 클릭하여 우측 **시각화 창** > **시각적 개체 빌드** > **열** 가장 아래에 〈_측정값모음〉 테이블의 [연간_누계] 측정값을 드래그 앤 드롭한다.

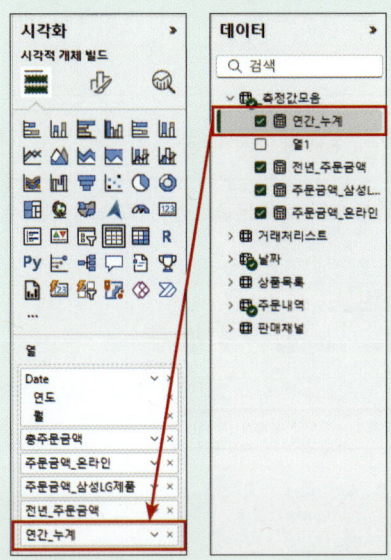
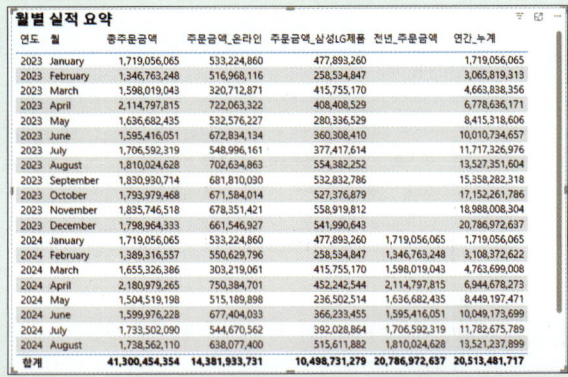

> **Tip** ✓
>
> **수식 설명**
> - TOTALYTD 함수는 〈날짜〉 테이블의 [Date] 필드값들 중에서, 주어진 기간의 연초부터 해당 기간까지의 누계값을 반환한다. 이렇게 〈날짜〉 테이블이 〈주문금액〉 테이블의 [총주문금액] 계산 시 필터로 작동할 수 있는 건 모델 보기 내 두 테이블 간 관계 설정 덕분이다.
>
>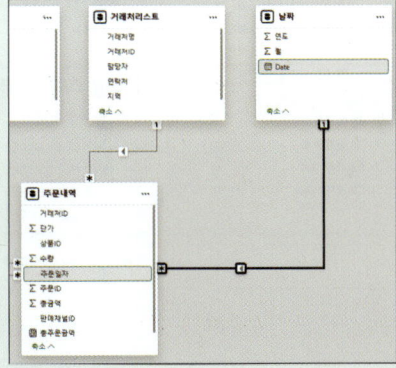
>
> - TOTALYTD 함수는 사실상 CALCULATE 함수와 DATESYTD 함수를 결합하여 편의상 축약시킨 함수라고 보면 된다.

▶ 측정값 이름 : [지역별_주문금액_비중]

1. 우측 **데이터 창**에서 **〈_측정값모음〉 테이블**을 선택한다.
2. 상단 메뉴의 **테이블 도구 > 새 측정값**을 클릭한다.
3. 수식 창에 아래와 같이 작성하고 Enter를 누른다.

> 지역별_주문금액_비중 = DIVIDE([총주문금액], CALCULATE([총주문금액], ALL('거래처리스트'[지역])))

4. 우측에서 [지역별_주문금액_비중] 측정값을 선택한 후 상단 메뉴의 **측정 도구 > 백분율**로 설정하고 소수 자릿수는 **1**로 설정한다.

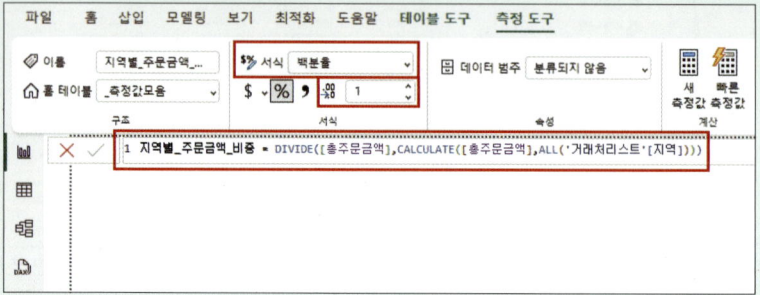

5. **지역별 주문금액 비중** 테이블 개체를 클릭하여 우측 **시각화 창 > 시각적 개체 빌드 > 열** 가장 아래에 〈_측정값모음〉 테이블의 [지역별_주문금액_비중] 측정값을 드래그 앤 드롭한다.

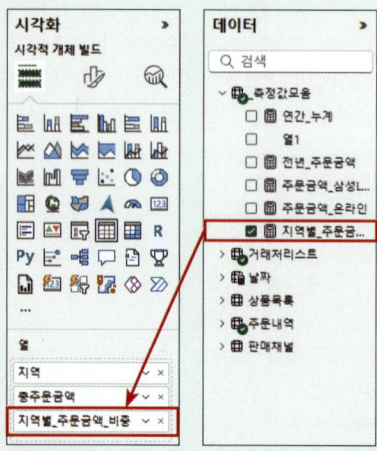

> **Tip** ✓
>
> **수식 설명**
> - ALL 함수는 〈거래처리스트〉 테이블의 전체 [지역] 필드를 반환하는데, 그 과정에서 [지역] 필드의 모든 필터를 제거하게 되므로 식 CALCULATE([총주문금액], ALL('거래처리스트'[지역]))의 결과는 [지역]에 상관없이 전체 합계를 반환하게 된다.
> - DIVIDE 함수에 의해 각 지역별 [총주문금액]은 앞서 계산된 전체 합계로 나눠지게 되므로 각 지역별 주문금액 비중이 도출된다.

▶ 새 열 이름 : [영업담당자]
1. 좌측 **테이블 보기** 탭으로 이동한다.
2. 〈주문내역〉 테이블로 이동한다.
3. 상단 메뉴의 **테이블 도구** > **새 열**을 클릭한다.
4. 수식 창에 아래와 같이 작성하고 Enter를 누른다.

영업담당자 = LOOKUPVALUE('거래처리스트'[담당자], '거래처리스트'[거래처ID], '주문내역'[거래처ID])

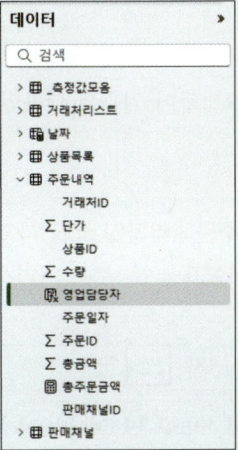

Tip

수식 설명
- LOOKUPVALUE 함수는 〈거래처리스트〉 테이블의 [거래처ID] 필드와 〈주문내역〉 테이블의 [거래처ID]를 매칭시킨 후, 일치하는 행에서 〈거래처리스트〉 테이블의 [담당자] 필드값을 반환한다.
- LOOKUPVALUE 함수는 엑셀의 VLOOKUP 또는 XLOOKUP 함수와 유사하지만, 두 개 이상의 필드값을 매칭시킬 수 있다는 점에서 더 강력하다.

CHAPTER 05

보고서와 데이터시각화 I
- 디자인과 준비작업

Power BI 보고서 내 캔버스 영역에서는 테마 설정, 페이지 서식 기능 등을 이용하여 보고서에 대한 기본적인 디자인을 구성할 수 있다. 시험에서는 문제에서 지시하는 대로 테마를 설정 및 변경하는 법, 페이지의 서식을 변경하는 법, 페이지에 배경이미지를 삽입하는 법 등을 알고 적용할 수 있어야 한다.

01 테마 설정하기

📁 예시 'Part1_Chapter05' > '예시05-1_주문내역파일.pbix'
📁 실습 'Part1_Chapter05' > '예시실습05-1_주문내역파일.pbix'
📁 이미지 'Part1_Chapter05' > '이미지05-1_배경이미지.jpg'

Power BI 보고서에서 테마는 보고서의 전반적인 색상, 글꼴, 시각적 요소 스타일을 정의하는 설정이다. 테마를 적용하면 보고서의 모든 시각적 요소들이 일관된 디자인을 유지하게 되어, 보고서를 보다 전문적이고 시각적으로 통일감 있게 만들 수 있다.

01 먼저, 실습을 위해 **예시실습05-1_주문내역파일.pbix** 파일을 연다. 테마를 변경하기 위해서는 상단 메뉴의 **보기**로 이동한 후 **우측 화살표**를 누른다. 여기서는 **예정** 테마를 선택한다.

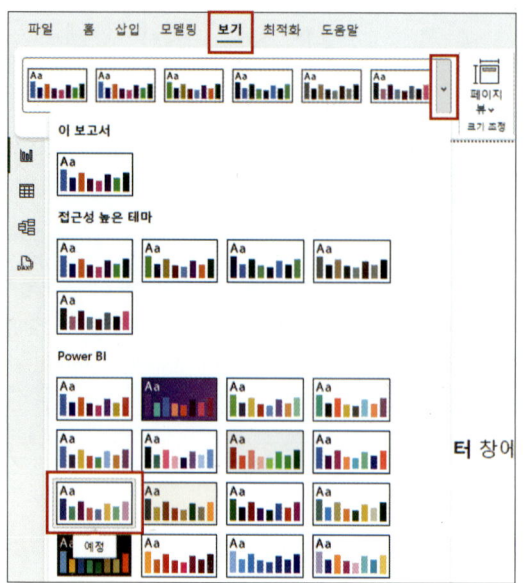

현재 페이지 뿐만 아니라 보고서 전체에 적용된다.

02 현재 테마 사용자 지정을 위하여 **우측 화살표**를 다시 클릭해 테마 아래에 위치한 **현재 테마 사용자 지정**을 누른다.

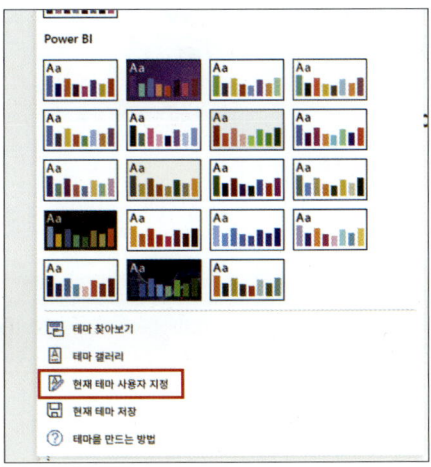

03 **이름 및 색** > **이름 및 색**에서 **색 1**과 **색 4**의 **컬러코드(헥스)**를 변경한다. 여기서는 **색 1**은 **#343F72**로, **색 4**는 **#CB5050**을 직접 입력하여 변경한다.

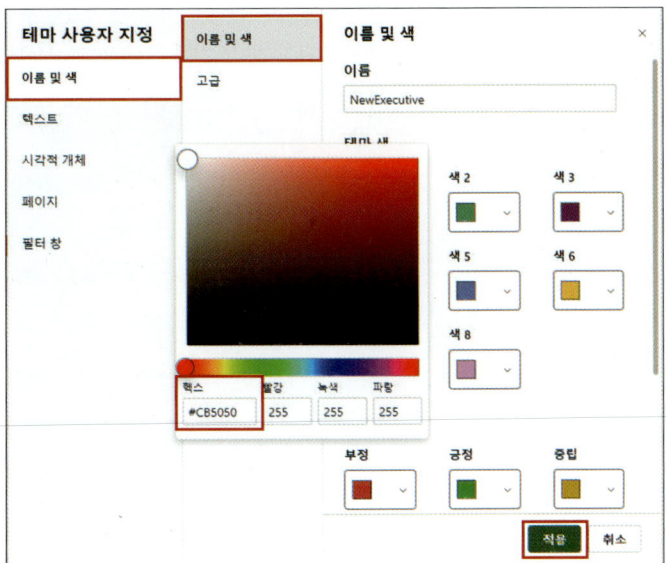

04 **텍스트** > **제목**에서 글꼴을 Segoe UI로 변경한 후 **적용**을 눌러서 테마 사용자 지정을 마친다.

> **Tip** ✓
> - 각 시각적 개체의 제목 글꼴에 반영된다.
> - 아직 선택 가능한 한글 서체가 제한적이다.

> **Tip** ✓
>
> 테마 사용자 지정을 통해 일부 컬러를 변경하는 경우, 전체 색상의 우선순위(계층)가 달라질 수 있다. 따라서 시험 응시 중에는 모든 시각적 요소의 색상을 시각화 완성화면과 완벽히 일치시키려 하기보다는, 지시사항에서 언급된 요소의 색상 일치에만 중점을 두면 된다.

02 캔버스 배경 설정하기

'테마 사용자 지정'으로 보고서 전체의 캔버스 배경을 설정할 수도 있지만 각 페이지별로 캔버스 배경색 또는 배경이미지를 입히고자 할 때는 페이지 서식을 이용한다.

01 캔버스 배경색 변경하기(Page1)

❶ 하단의 page1 페이지로 이동한 후 **시각화 창**에서 **보고서 페이지 서식 지정 > 캔버스 배경**으로 이동하여 **투명도(%)**를 0으로 변경한다.

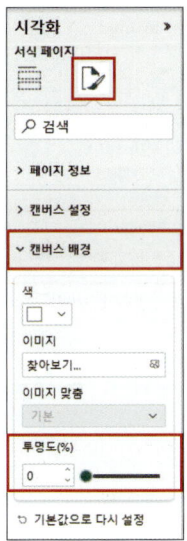

❷ 배경색을 **테마 색 5**로 선택한다.

CHAPTER 05 | 보고서와 데이터시각화 I – 디자인과 준비작업

02 캔버스 배경이미지 삽입하기(Page2)

❶ 하단의 page2 페이지로 이동한 후 **시각화 창**에서 **보고서 페이지 서식 지정** > **캔버스 배경**으로 이동하여 **투명도(%)**를 **0**으로 변경한다.

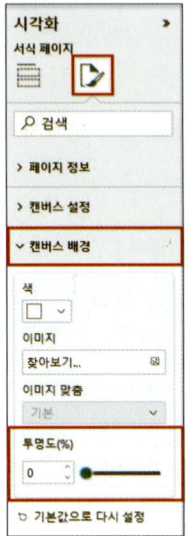

❷ **이미지 찾아보기**를 눌러 이미지를 찾아 삽입한다. 여기서는 **이미지05-1_배경이미지.jpg** 파일을 선택한다. **이미지 맞춤**에서는 **맞춤**을 선택한다.

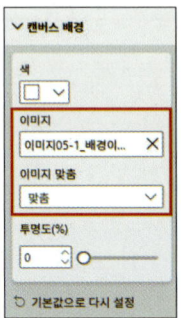

- jpg, png, gif 확장자의 이미지 모두 삽입이 가능하다.
- 원본 이미지 크기가 클 경우 위와 같이 맞춤을 선택하면 화면에 맞게 조정된다.

03 도형/이미지 삽입하기(Page1)

01 도형 삽입

❶ 하단의 page1 페이지로 이동한 후 상단 메뉴의 **삽입** > **셰이프**를 누르면 원하는 도형을 넣을 수 있다. 여기서는 **둥근 탭, 양쪽 위**를 선택한다.

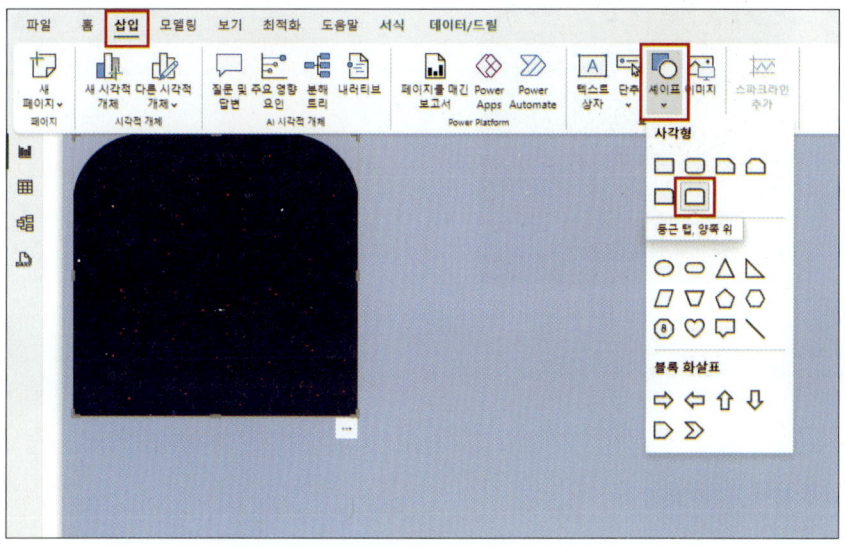

❷ 우측의 **도형 서식**에서 도형의 디자인 또는 텍스트 추가 등을 할 수 있다. 여기서는 **스타일** > **텍스트**를 **활성화**하고 **텍스트**에 **카테고리 A**를 입력한다. **가로 맞춤**은 **가운데 맞춤** 처리한다.

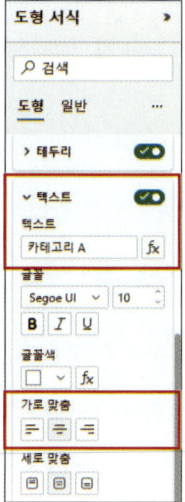

한글 입력 시에는 마지막에 Enter를 눌러 입력을 마무리해 주는 것이 좋다.

02 이미지 삽입 : 상단 메뉴의 **삽입** > **이미지** 버튼을 누르고 저장된 이미지(예 이미지05-1_Power BI Logo.png)를 선택하면 보고서 안으로 이미지가 삽입된다.

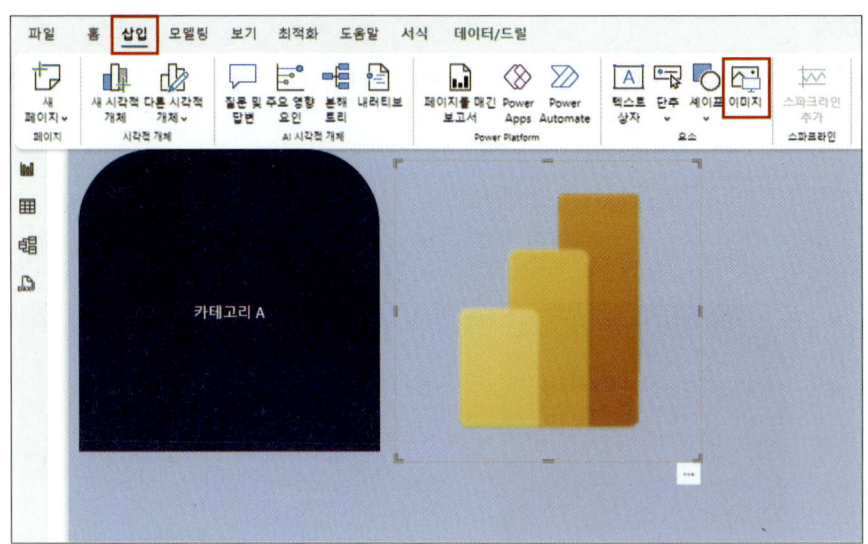

04 보고서 제목 넣기(Page 2)

보고서에 제목이나 주석 등 텍스트를 넣어야 하는 경우 텍스트 상자 또는 도형을 활용할 수 있다.

01 텍스트 상자 활용하기

❶ 하단의 page2 페이지로 이동한 후 상단 메뉴의 **홈** 또는 **삽입** > **텍스트 상자를** 삽입하고 원하는 텍스트를 입력한다(예 매출 분석 보고서).
❷ 상자 안의 글자들이 선택된 상태에서 글꼴, 글꼴 크기, 정렬 등을 변경한다.

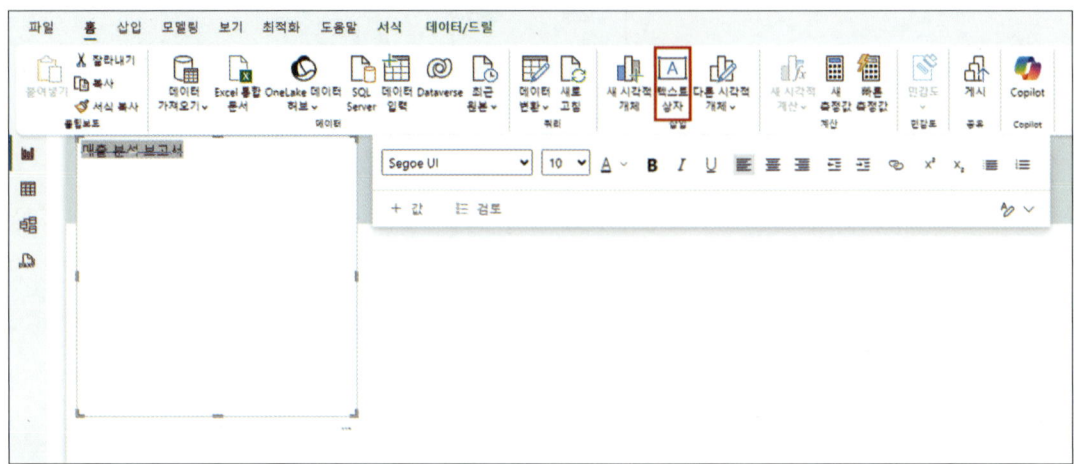

❸ 우측 **텍스트 상자 서식 지정** > **효과** > **배경**을 **비활성화**하면 투명 상태로 변경된다.

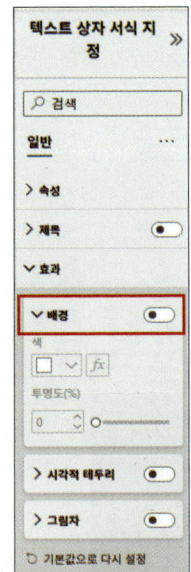

> **Tip**
> - 텍스트 상자 개체 이동이 어려운 경우는 부분을 마우스로 끌면 쉽게 이동이 가능하다.
> - 세로 맞춤 기능에 제약이 있으므로 스크롤이 생기지 않게 상자를 넉넉히 키우거나 도형으로 대체하는 방법이 있다.

02 도형 삽입 활용하기

❶ 상단 메뉴의 **삽입** > **셰이프** > **사각형** 삽입 후 우측 **도형 서식** > **스타일** > **텍스트**를 활성화하고, **텍스트** 란에 매출 분석 보고서를 입력한다. **텍스트** > **글꼴 색**을 검정으로 변경하고, **글꼴 크기**도 **24**로 조정한다.

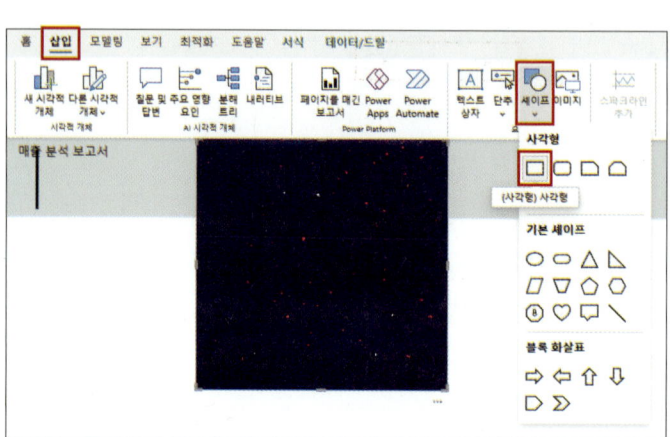

❷ **도형 서식** > **스타일**에서 **채우기**와 **테두리**를 **비활성화**한다.

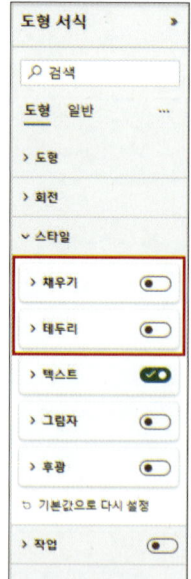

텍스트가 간단해서 스크롤이 필요없을 때는 도형을 사용하는 것이 편리하다.

CHAPTER 06
보고서와 데이터시각화 II
- 차트별 사용법

Power BI는 데이터 시각화를 위한 다양한 차트 및 시각적 도구를 제공하며, 사용자가 데이터를 효과적으로 분석, 표현할 수 있도록 많은 서식 옵션을 지원한다. 시험을 위해서는 먼저 유형별 데이터시각화 원리를 이해하고 문제의 조건에 맞춰 빠르게 구현해 내는 연습이 필요하다.

01 시각적 개체의 구조 및 요소별 기본 용어 이해

📁 예시 'Part1_Chapter06' > '예시06-1_주문내역파일.pbix'
📁 실습 'Part1_Chapter06' > '예시실습06-1_주문내역파일.pbix'

시각화와 관련하여 시험문제에서 요구하는 바를 명확히 이해하기 위해서는 시각적 개체의 구조 및 요소별 용어와 먼저 친해질 필요가 있다. Power BI에서는 시각적 개체마다 다소 차이가 존재하긴 하지만 대체로 아래와 같은 용어가 공통적으로 사용된다. 먼저, 실습을 위해 **예시실습06-1_주문내역파일.pbix** 파일을 연다.

01 시각적 개체 빌드 관점 : 시각적 개체를 구성하는 구조적 요소로서, 시각화 창 내에 있는 시각화 개체 빌드의 각 영역을 데이터 필드로 채우면서 만들어진다.

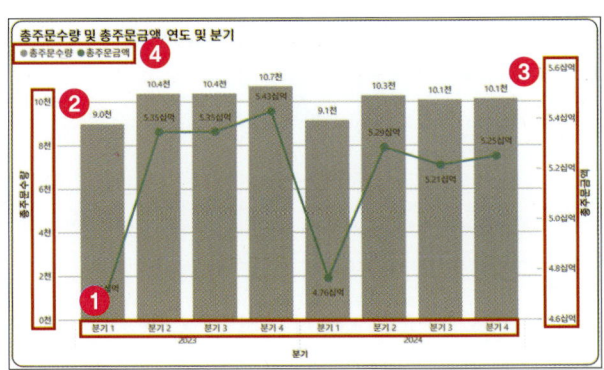

❶ X축 ❷ Y축
❸ 보조Y축 ❹ 범례(또는 측정값)

02 시각적 개체 서식 관점 : 시각적 개체의 추가적인 서식적·설명적 레이어로서, 시각화 창 내 시각적 개체 서식 지정에서 활성화 또는 변경하여 설정할 수 있다.

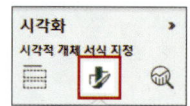

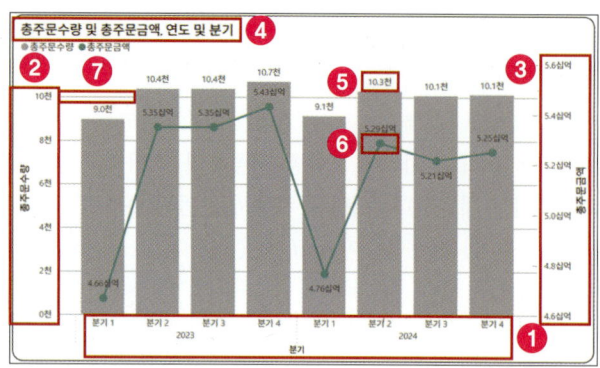

❶ X축(값, 제목 등)   ❷ Y축(값, 제목 등)
❸ 보조Y축(값, 제목 등)   ❹ 제목
❺ 데이터 레이블   ❻ 표식
❼ 눈금선

03 추가 분석 관점 : 시각적 개체에 정보를 추가하거나 패턴을 시각화하는 분석적 레이어로서, 추세선, 평균 선, 상수 선, 예측 등을 통해 데이터를 보다 직관적으로 이해할 수 있도록 지원한다.

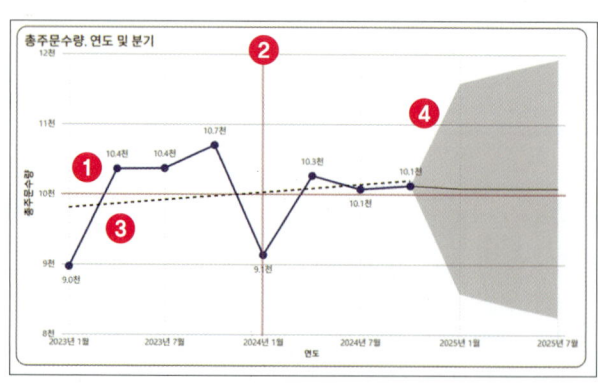

❶ Y축 상수 선   ❷ X축 상수 선
❸ 추세선   ❹ 예측

02 묶은 세로 막대형 차트

묶은 세로 막대형 차트는 가장 기본적인 차트 중 하나로서, 데이터 항목 간 비교를 할 때 주로 사용된다.

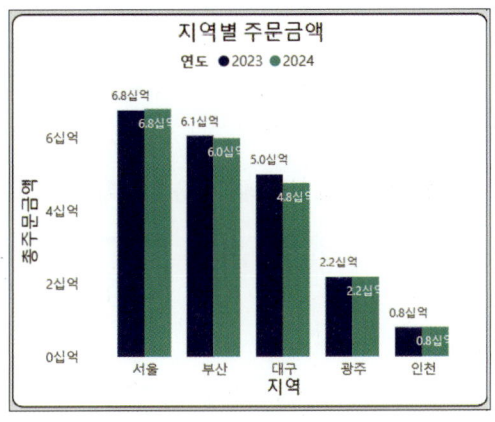

01 시각적 개체 빌드하기

❶ 하단 탭에서 묶은세로막대형차트를 클릭한 후 **시각적 개체 빌드**에서 **묶은 세로 막대형 차트**를 선택한다.
❷ **X축**에는 **비교할 항목**인 〈거래처리스트〉 테이블의 **[지역] 필드**를 우측 **데이터 창**에서 드래그 앤 드롭한다.
❸ **Y축**에는 **각 항목의 측정값**인 〈측정값모음〉 테이블의 **[총주문금액] 측정값**을 우측 **데이터 창**에서 드래그 앤 드롭한다.
❹ **범례**에는 데이터를 **그룹화**하거나 비교 항목을 **추가 구분할 필드**인 〈날짜〉 테이블의 **[연도] 필드**를 우측 **데이터 창**에서 드래그 앤 드롭한다.

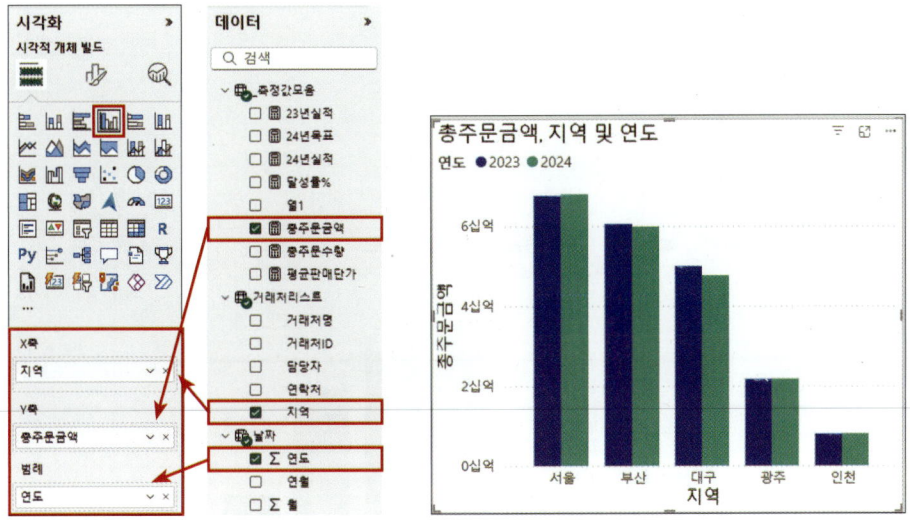

- 시각적 개체는 사이즈에 따라 반응형으로 작동하므로 시각적 개체의 사이즈가 너무 작으면 데이터 레이블 또는 축의 눈금이 예시 이미지와 달라질 수 있다.
- 시각적 개체 빌드에서 X축, Y축, 범례 외에도 축소 다중 항목, 도구 설명 영역에 필드를 추가할 수 있다.

02 시각적 개체 서식 지정하기

❶ **시각적 개체 서식 지정** > **시각적 개체** > **데이터 레이블**을 활성화한 뒤, **옵션**에서 **넘치는 텍스트**를 활성화한다.

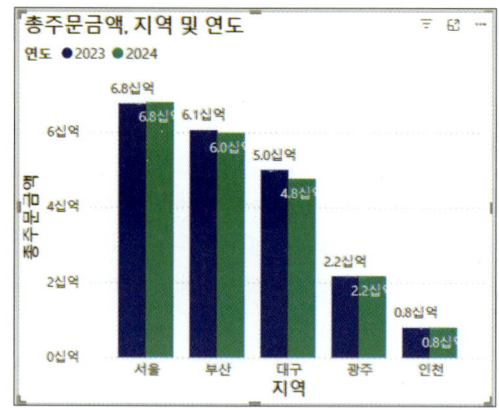

❷ **데이터 레이블** > **값**의 **글꼴 크기**를 8로 조정한다.

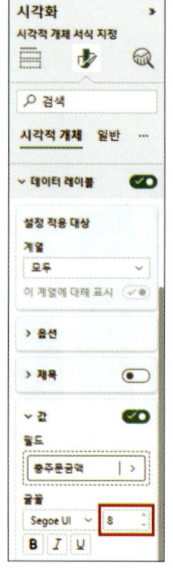
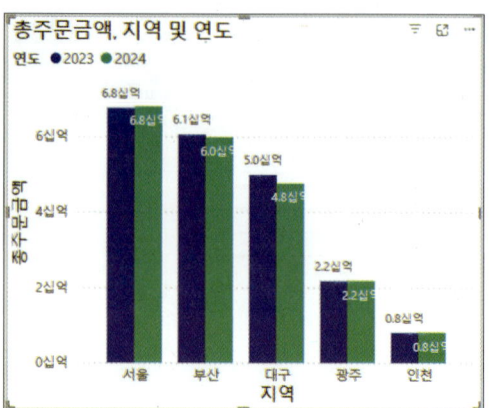

❸ **범례 > 옵션 > 위치**를 **위쪽 가운데**로 선택한다.

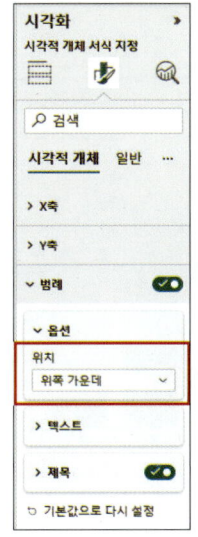 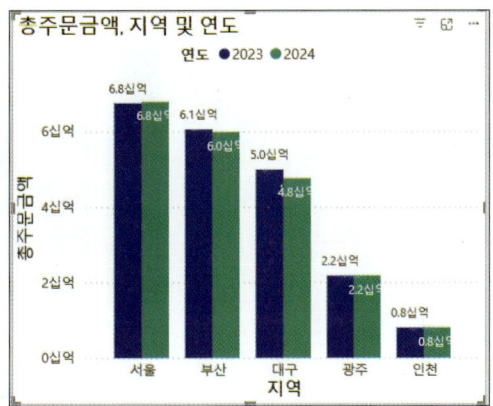

❹ **X축**의 **제목**을 **비활성화**하고 **Y축**의 **제목**도 **비활성화**한다.

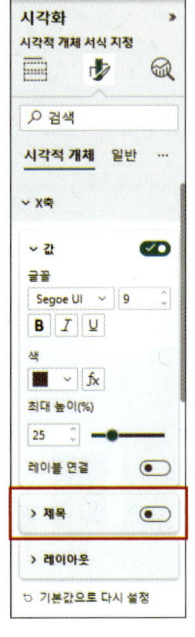 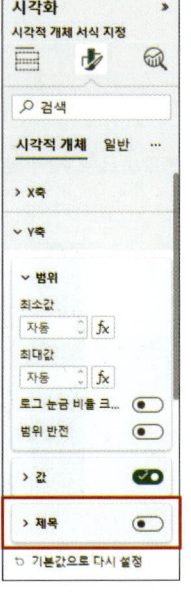 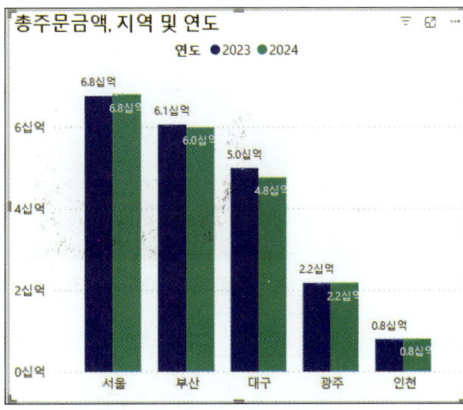

❺ **눈금선** > **가로**를 **비활성화**한다.

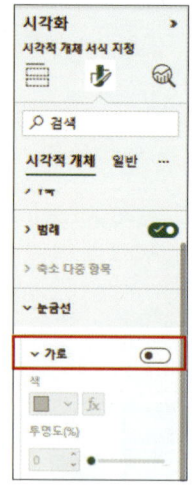
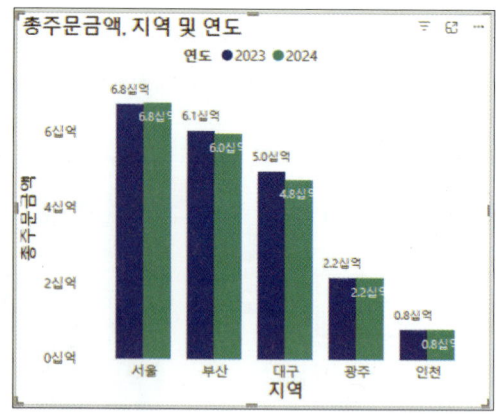

❻ **열** > **계열**을 **2023**으로 선택하고 **색**으로 이동하여 **다른 색**을 선택한 뒤 표식의 색상을 **#26417E**로 변경한다.

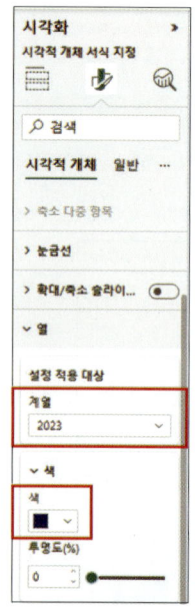
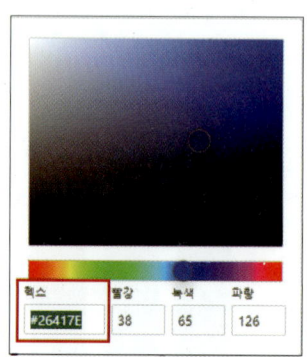
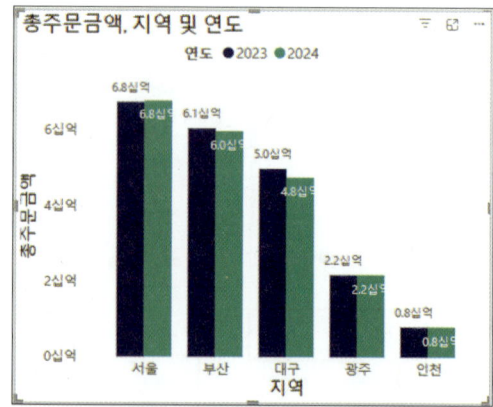

색상을 변경하는 컬러 코드 입력 시 헥스 코드 방식과 RGB 방식(빨강/녹색/파랑) 둘 다 지원하므로 둘 중 하나의 방식을 선택해서 적용시키면 된다.

❼ **일반** > **제목** > **텍스트**에 **지역별 주문금액**을 입력 후 **가로 맞춤** > **가운데**를 선택한다.

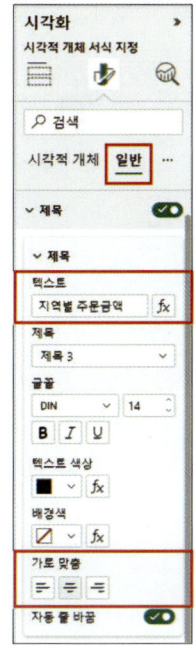
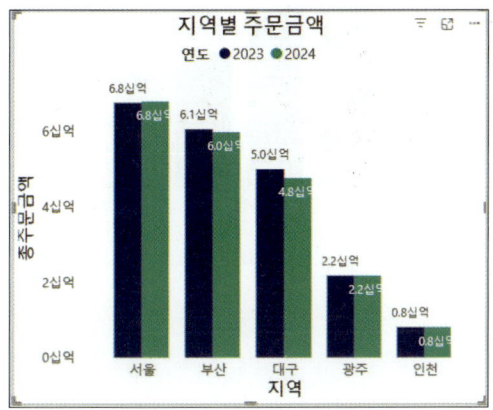

한글 제목은 마지막에 Enter로 입력을 마무리해 주고, 마지막 글자까지 입력이 잘 되었는지 재차 확인한다.

❽ **효과** > **시각적 테두리**를 **활성화**하고 **둥근 모서리**는 **10**으로 조정한다.

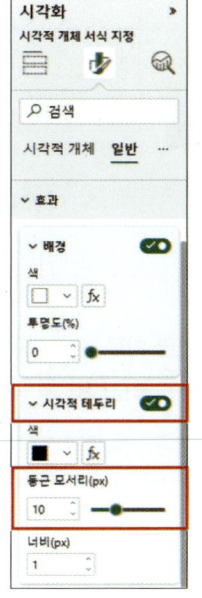
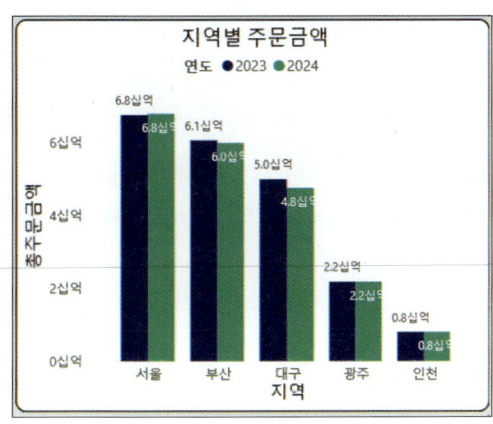

03 시각적 개체에 추가 분석 추가하기

필요에 따라 상수 선, 평균 선 등 분석을 위한 추가적인 요소들을 추가할 수 있다.

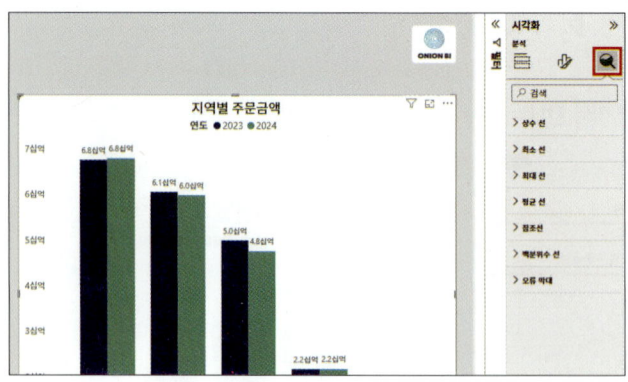

03 꺾은선형 차트

꺾은선형 차트는 가장 기본적인 차트 중 하나로서, 주로 시계열 분석을 할 때 많이 쓰인다.

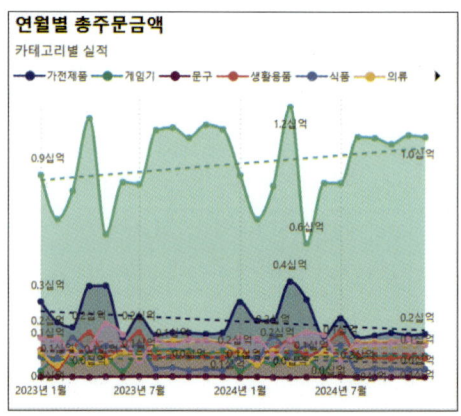

01 시각적 개체 빌드하기

❶ 하단 탭에서 꺾은선형차트를 클릭한 후 **시각적 개체 빌드**에서 **꺾은선형 차트**를 선택한다.
❷ **X축**에는 **비교할 기간**인 〈날짜〉 테이블의 [Date] 날짜 계층 필드의 **[연도]**, **[월] 필드**를 우측 **데이터 창**에서 드래그 앤 드롭한다.
❸ **Y축**에는 **각 항목의 측정값**인 〈측정값모음〉 테이블의 **[총주문금액] 필드**를 우측 **데이터 창**에서 드래그 앤 드롭한다.
❹ **범례**에는 데이터를 **그룹화**하거나 비교 항목을 **추가 구분할 필드**인 〈상품목록〉 테이블의 **[카테고리] 필드**를 우측 **데이터 창**에서 드래그 앤 드롭한다.

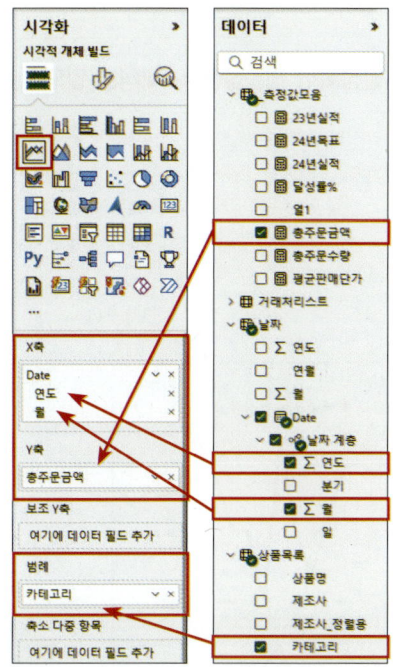
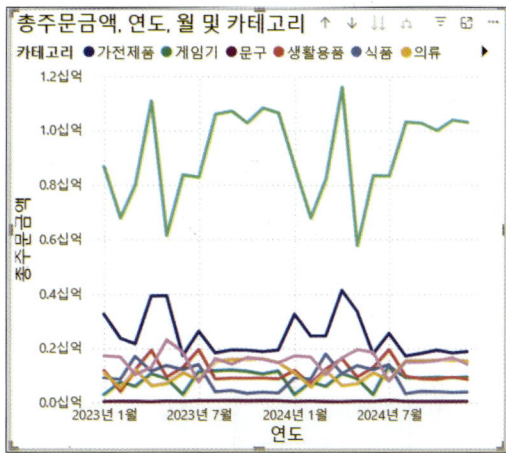

> **Tip** ✓

계층 구조 이해

- [날짜] 필드의 데이터 형식이 'Date'이므로 사전 설정에 의해 날짜 계층이 자동 생성되며, 계층은 개체 상단의 화살표로 계층 간 이동 또는 확장이 가능하다(아래 내용 참고).
- 불필요한 계층은 시각화 창에서 X 표시 또는 체크박스를 통해 추가하거나 제거가 가능하다.
- 계층 수준/확장과 화살표별 기능 이해
    - ▶ 드릴다운(Drill Down) :
        - 계층의 한 수준에서 더 세부적인 수준으로 데이터를 탐색하는 기능
        - 클릭 시 활성화 ⬇가 되며, 시각적 요소 선택 시 작동
        - 사용 후에는 다시 클릭하여 비활성화하도록 권장
            - 예 연도 → 분기 → 월 → 일 순으로 세부 데이터를 확인
    - ▶ 드릴업(Drill Up) : ↑
        - 계층에서 현재 수준보다 상위 수준으로 데이터를 탐색하는 기능
            - 예 일 → 월 → 분기 → 연도 순으로 상위 데이터 확인
    - ▶ 다음 수준으로 확장(Expand to Next Level) :
        - 현재 수준을 유지하면서 하위 수준 데이터를 동시에 표시하여 계층 전체의 데이터를 확장된 형태로 시각화하는 기능
            - 예 연도와 함께 분기 데이터를 동시에 확인

02 시각적 개체 서식 지정하기

❶ **시각적 개체 서식 지정** > **시각적 개체** > **데이터 레이블**을 활성화한 뒤, **옵션** > **레이블 밀도**를 10으로 설정한다.

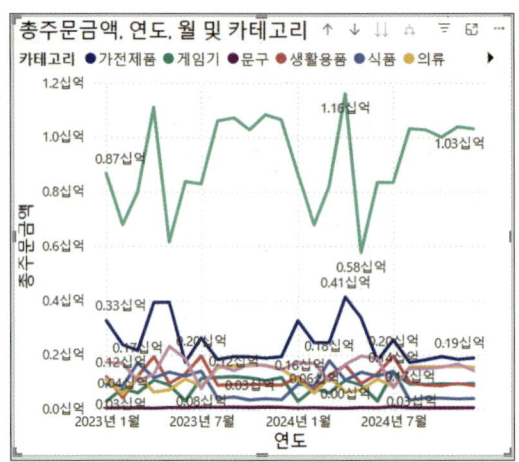

❷ **데이터 레이블** > **값** > **글꼴 크기**는 8로 설정하고 **값 소수 자릿수**는 1로 변경한다.

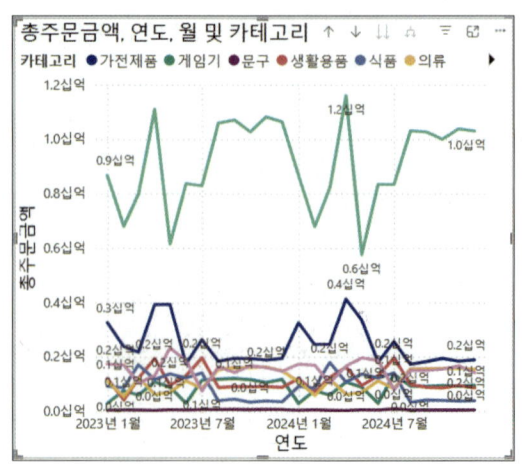

❸ **X축** > **제목**은 **비활성화**하고, **값**의 **글꼴 크기**는 **8**로 조정한다.

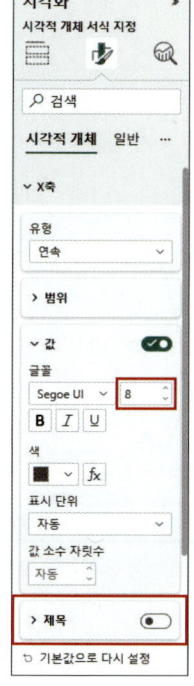
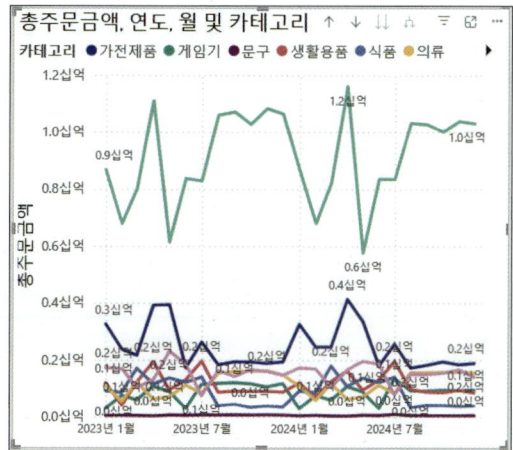

❹ **Y축** > **값**과 **제목**을 모두 **비활성화**한다.

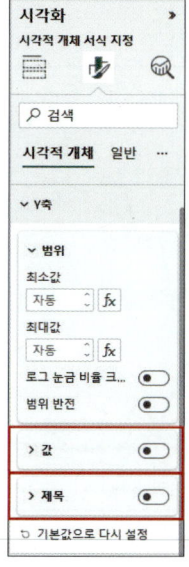
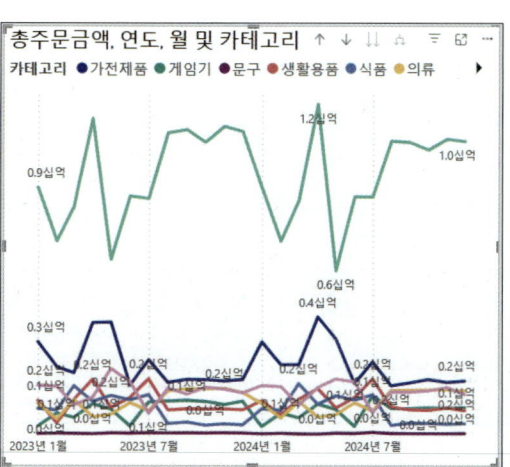

❺ **표식** > **모든 계열에 대해 표시**를 활성화하고, **도형** > **크기**는 **4**로 설정한다.

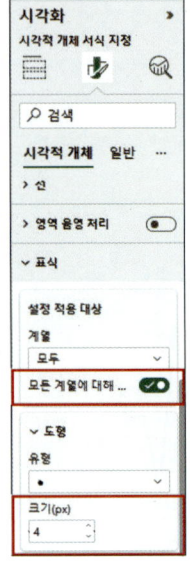 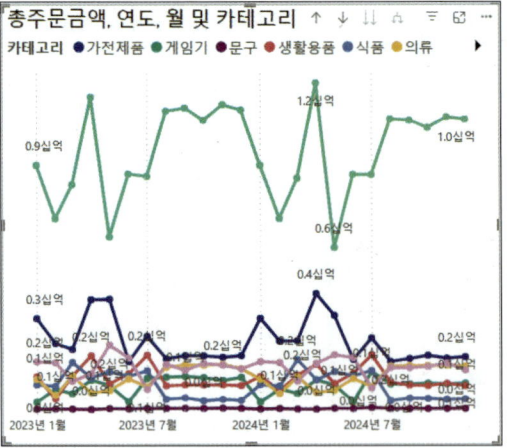

❻ **선** > **보간 유형** > **곡선**으로 설정한다.

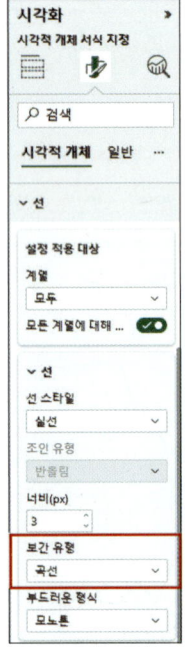 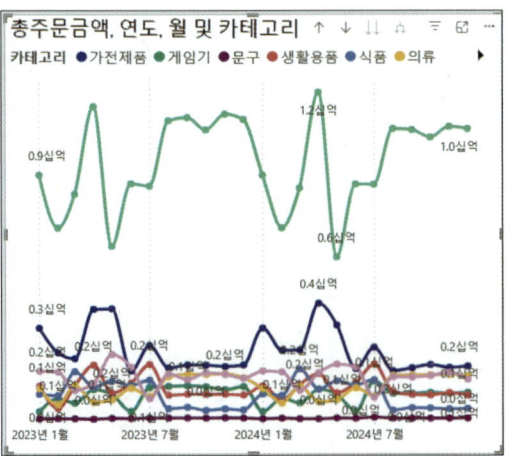

❼ **영역 음영 처리**를 **활성화**한다.

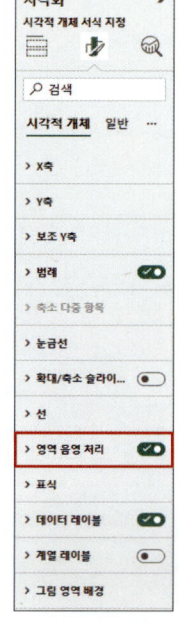
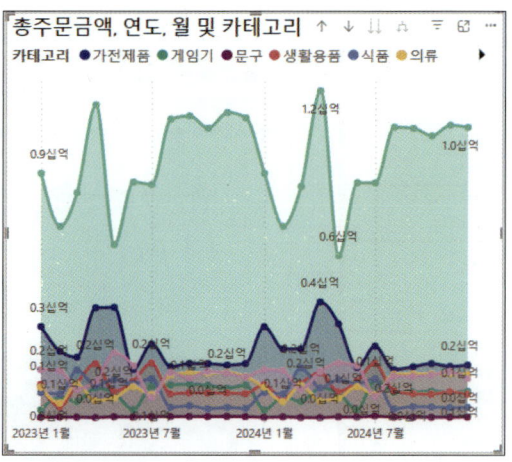

❽ **시각화 창**에서 **일반** 탭으로 이동한 뒤, **제목 > 텍스트**에 **연월별 총주문금액**을 입력하고 **글꼴**은 **Segoe UI Bold** 및 **굵게**로 설정한다. 이어서 밑에 있는 **부제목**도 **활성화**해 준 뒤 **텍스트**에 **카테고리별 실적**이라고 입력한다.

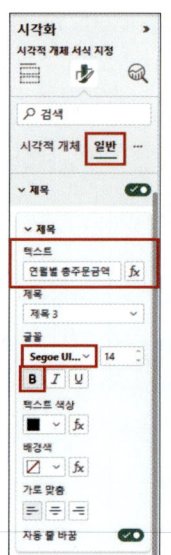
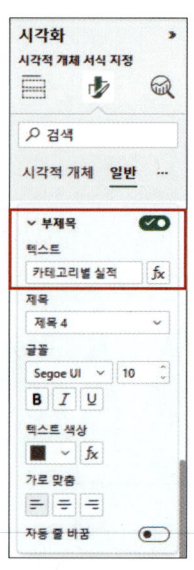
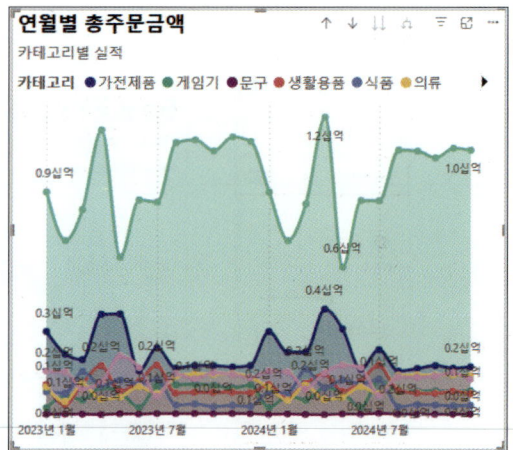

> **Tip**
> 한글 입력이 끝나면 Enter를 쳐서 입력을 마무리해 주는 게 좋다.

❾ 다시 **시각적 개체** 탭으로 이동한 뒤 **범례 > 옵션 > 스타일**을 **선 및 마커**로 변경한다. 이어서 **범례** 내에 있는 **제목**은 **비활성화**하고 **텍스트 글꼴 크기**는 **8**로 설정한다.

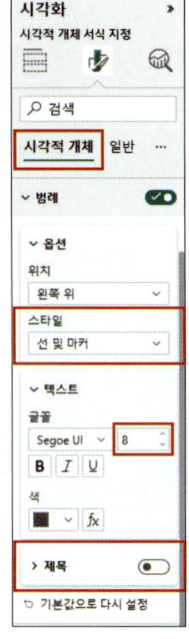
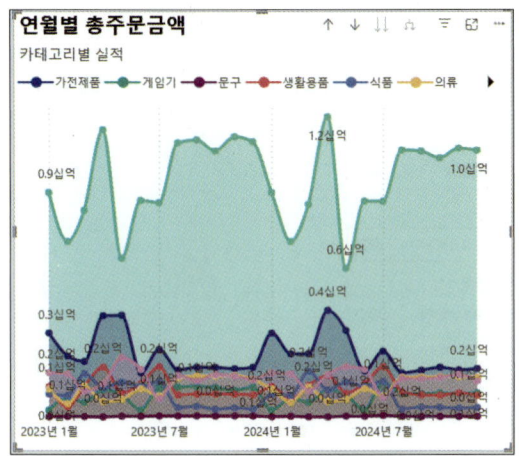

03 시각적 개체에 추가 분석 추가하기

❶ **추가 분석** 창으로 이동한 뒤 **추세선**을 **활성화**한다.
❷ **추세선 > 계열 결합**을 **비활성화**한다.

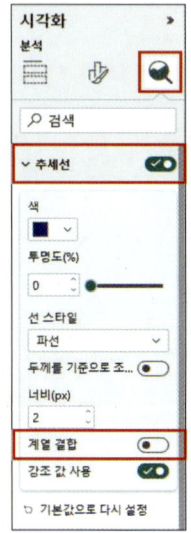
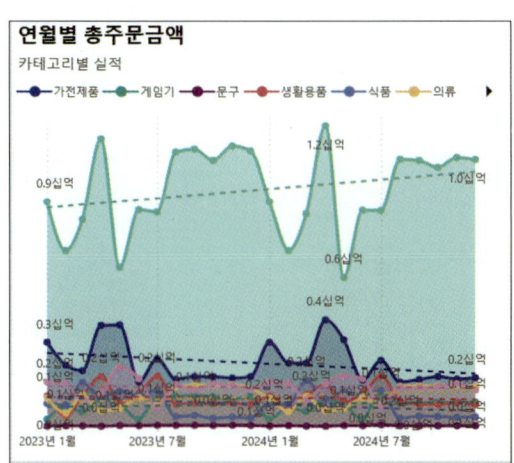

04 원형 차트

원형 차트는 가장 기본적인 차트 중 하나로서, 각 데이터 항목들이 전체에서 차지하는 비중을 시각화할 때 주로 사용된다.

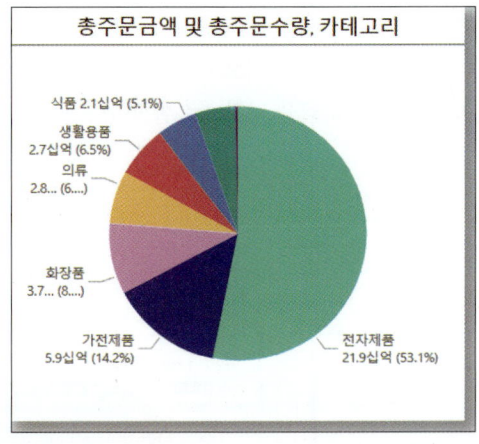

01 시각적 개체 빌드하기

❶ 하단 탭에서 원형차트를 클릭한 후 **시각적 개체 빌드**에서 **원형 차트**를 선택한다.
❷ **값** 영역에는 〈측정값모음〉 테이블의 **[총주문금액] 측정값**을 우측 **데이터 창**에서 드래그 앤 드롭한다.
❸ **범례** 영역에는 〈상품목록〉 테이블의 **[카테고리] 필드**를 우측 **데이터 창**에서 드래그 앤 드롭한다.
❹ **도구 설명** 영역에는 〈측정값모음〉 테이블의 **[총주문수량] 측정값**을 우측 **데이터 창**에서 드래그 앤 드롭한다.

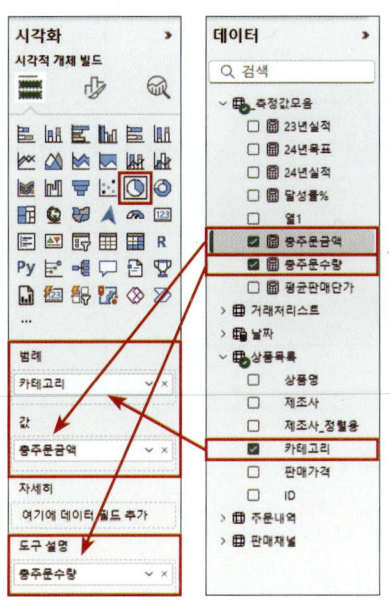
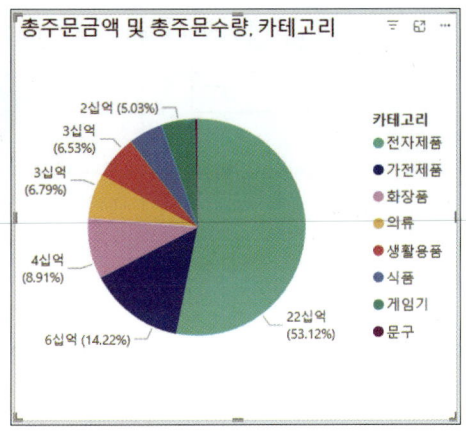

도구 설명은 마우스를 시각적 개체 위에 올렸을 때 부가적인 정보를 표출하도록 만드는 기능이다.

02 시각적 개체 서식 지정하기

❶ **시각적 개체 서식 지정** > **시각적 개체** > **세부 정보 레이블** > **레이블 내용**을 **모든 세부 정보 레이블**로 변경하고 **값 소수 자리수**와 **소수 자릿수 비율**을 각각 **1**로 설정한다.

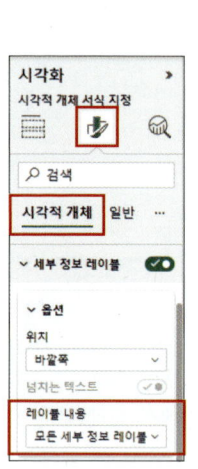
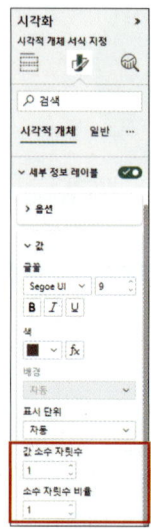
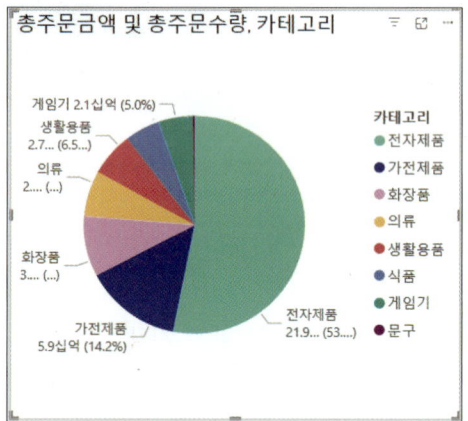

❷ **범례**는 **비활성화**한다.

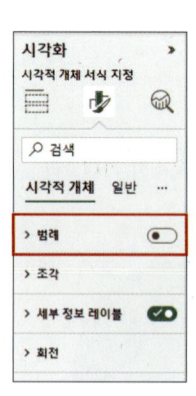
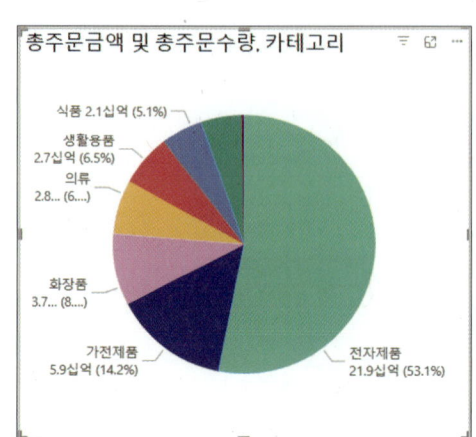

❸ **일반** > **제목** > **가로 맞춤**을 가운데로 설정한다. 이어서 **제목** 하단에 **구분선**을 활성화하고 **간격**에서 **간격 사용자 지정**을 활성화한 뒤 **제목 아래 간격**을 10으로 설정한다.

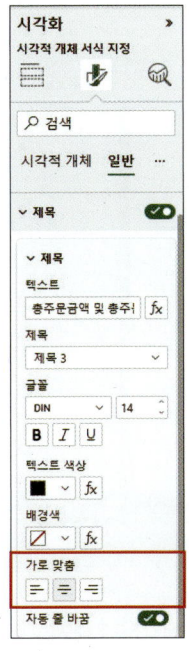
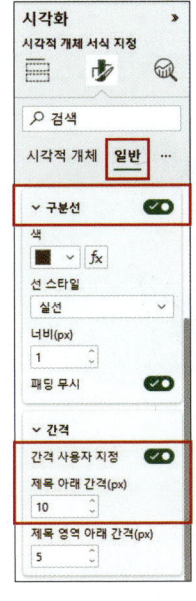
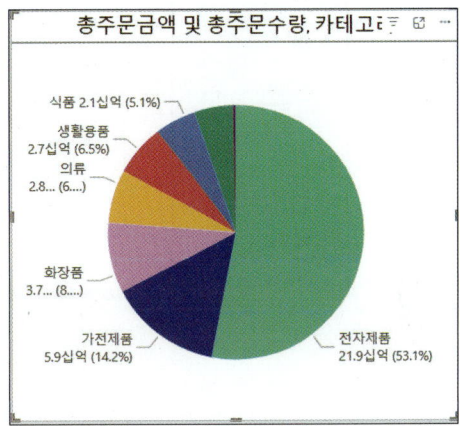

❹ **일반** > **효과** > **그림자**를 활성화한다.

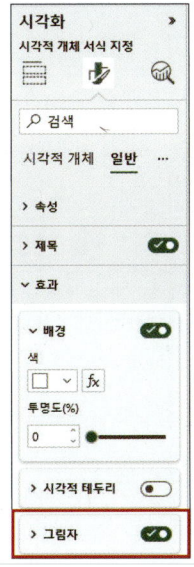
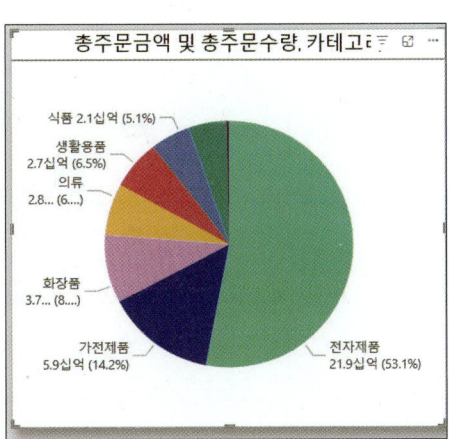

❺ **일반** > **속성** > **안쪽 여백**에서 **상단 여백**을 5로 변경한다.

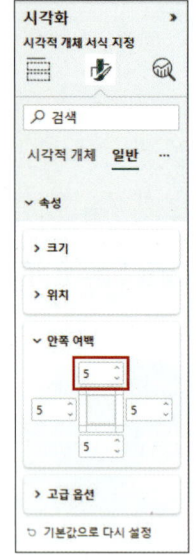
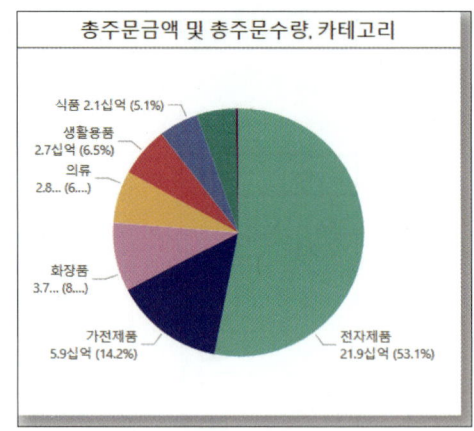

서식 지정을 설정하는 중 여러 메뉴들이 확장되어 오히려 불편한 경우가 있다. 이럴 때는 **시각적 개체 서식 지정** 내 해당 메뉴에서 **마우스 우클릭**하면 **모든 범주 축소** 또는 **하위 범주 축소**가 가능하다.

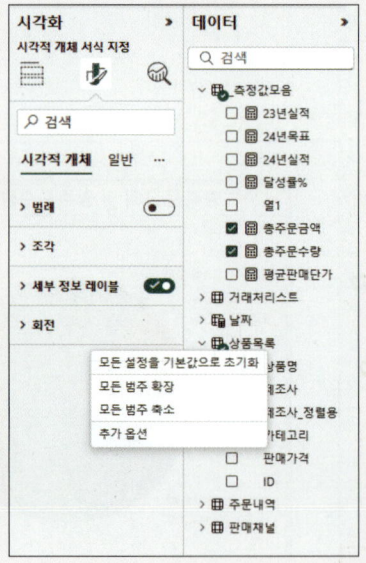

05 카드

카드 개체는 Power BI에서 개별 숫자나 주요 지표를 한눈에 보여주기 위해 가장 자주 사용되는 시각적 개체 중 하나로, 핵심 성과 지표(KPI)나 단일 값 정보를 간결하게 표현할 때 주로 사용된다.

01 시각적 개체 빌드하기

❶ 하단 탭에서 카드를 클릭한 후 **시각적 개체 빌드**에서 **카드**를 선택한다.
❷ **필드**에는 〈_측정값모음〉 테이블의 **[총주문금액] 측정값**을 우측 **데이터 창**에서 드래그 앤 드롭한다.

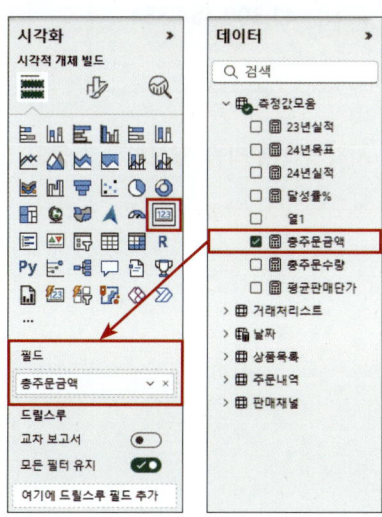

CHAPTER 06 | 보고서와 데이터시각화 Ⅱ – 차트별 사용법 **97**

02 시각적 개체 서식 지정하기

❶ **시각적 개체 서식 지정** > **시각적 개체** > **설명 값** > **글꼴**은 Segoe UI로 변경하고 **글꼴 크기**는 22로 조정한다. 이어서 **표시 단위**는 **없음**으로 설정한다.

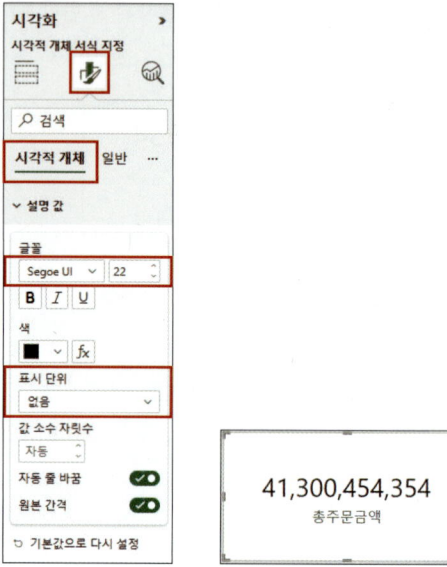

❷ **시각적 개체 서식 지정** > **일반** > **효과** > **시각적 테두리**를 **활성화**하고 **둥근 모서리**를 10으로 조정한다.

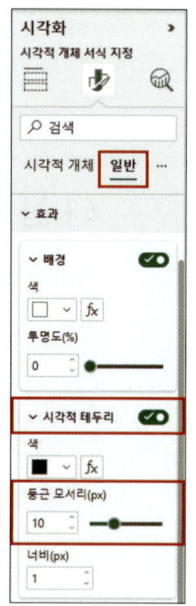

❸ 이어서 **시각적 테두리 > 색**을 **흰색, 30% 더 어둡게**로 선택한다.

❹ **시각적 개체 > 범주 레이블 > 글꼴 크기**를 **11**로 조정한다.

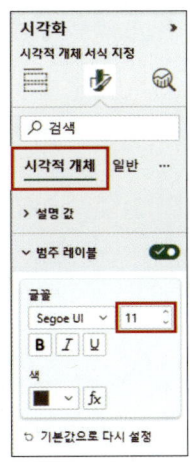

❺ 끝으로 **시각적 개체 빌드 > 필드** 영역에 삽입된 **총주문금액** 필드를 **더블클릭** 또는 **마우스 우클릭(이 시각적 개체 이름 바꾸기**)하여 **총매출액**으로 변경한다.

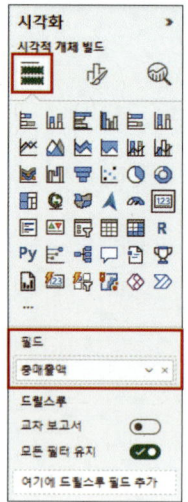

- 범주 레이블을 상단으로 이동시키는 것은 옵션으로 제공되지 않으므로 대신 **범주 레이블을 비활성화, 제목을 활성화**함으로써 유사한 효과를 낼 수 있다.
- 보다 다양한 설정 변경이 필요한 경우에는 06에서 살펴볼 카드(신규) 개체를 활용하면 된다.

06 카드(신규)

카드(신규) 개체는 앞서 살펴본 카드 개체가 가진 단점을 보완하기 위해 상대적으로 나중에 파워 BI에 추가된 시각적 개체이다. 카드(신규)에는 단일 값이 아닌 여러 개의 지표를 포함시킬 수 있고 서식 설정 옵션도 훨씬 다양하다.

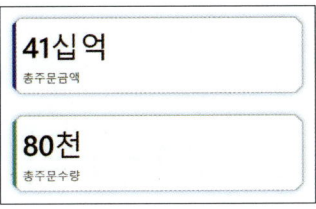

01 시각적 개체 빌드하기

❶ 하단 탭에서 카드(신규)를 클릭한 후 시각적 개체 빌드에서 **카드(신규)**를 선택한다.

❷ 데이터 영역에 〈측정값모음〉 테이블의 **[총주문금액] 측정값**과 **[총주문수량] 측정값**을 우측 **데이터 창**에서 차례대로 드래그 앤 드롭한다.

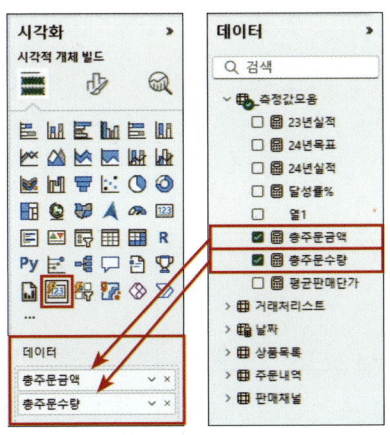 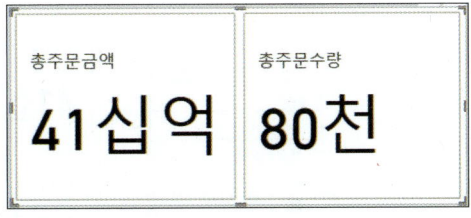

02 시각적 개체 서식 지정하기

❶ **시각적 개체 서식 지정** > **시각적 개체** > **레이아웃** > **정렬** > **단일 열**을 선택한다.

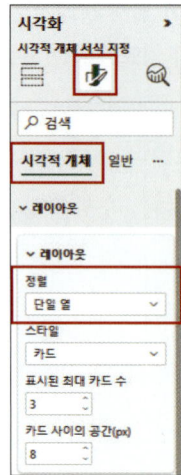
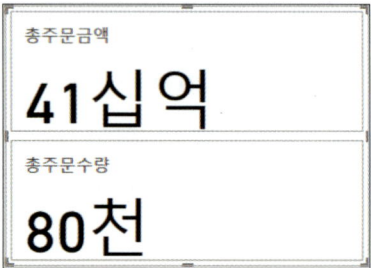

❷ **설명 값** > **값** > **글꼴**을 Segoe UI Semibold로 선택하고 **크기**는 30으로 조정한다.

❸ **설명 값** > **레이블** > **위치**를 **아래 값**으로 설정한다.

❹ **카드** > **도형** > **캡처된 탭, 양쪽 위**를 선택하고 **상위 캡처 크기(px)**와 **아래쪽 캡처 크기(px)**을 10으로 설정한다.

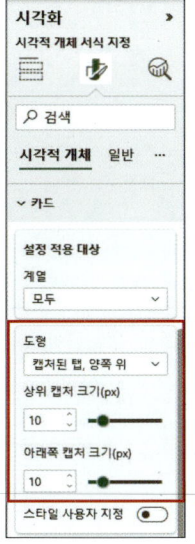
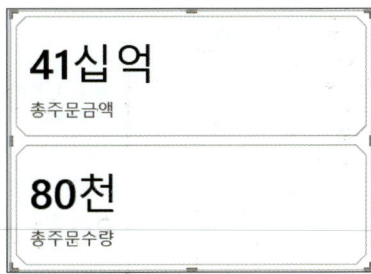

❺ **카드** > **후광**을 **활성화**한다.

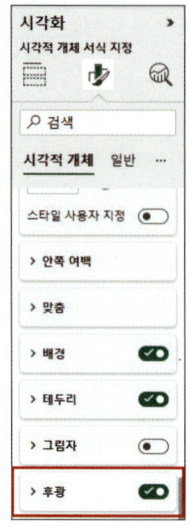
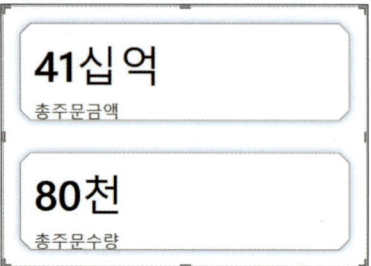

❻ **카드** > **악센트 바**를 **활성화**한 뒤 악센트 바의 **너비(px)**를 5로 조정한다.

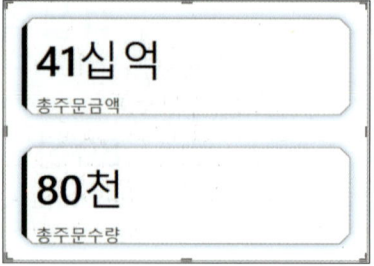

❼ **카드** > **설정 적용 대상** > **계열** > **총주문금액**을 선택한 상태에서 하단의 **악센트 바**로 이동하여 색을 **테마 색 1**로 변경한다.

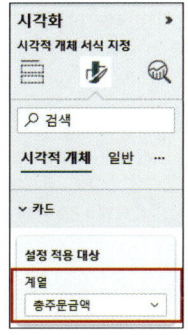 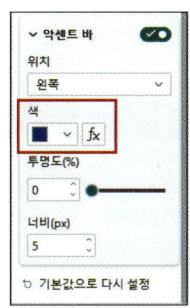 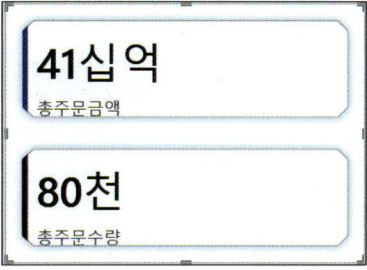

❽ **카드** > **설정 적용 대상** > **계열** > **총주문수량**을 선택하고 하단의 **악센트 바**로 이동하여 색을 **테마 색 2**로 변경한다.

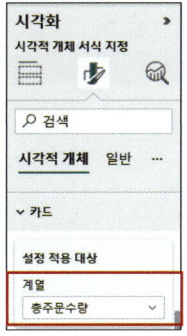 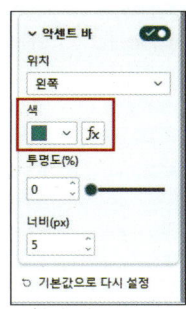 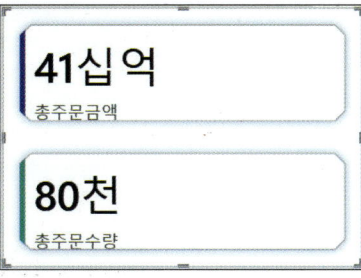

> **Tip**
>
> • 추가하려는 필드가 4개 이상인 경우는 **레이아웃** > **표시된 최대 카드 수**를 **4** 이상으로 넉넉히 조정해 주면 된다.
>
>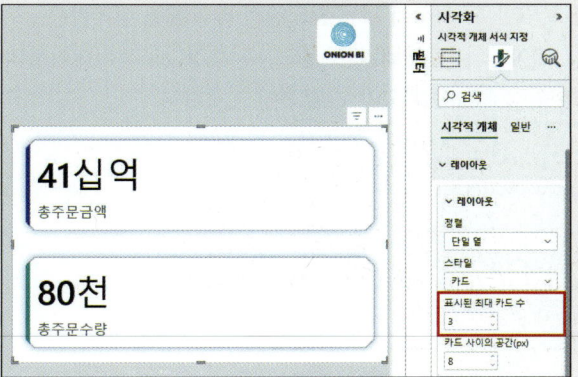
>
> • **설정 적용 대상** > **계열**을 선택하여 개별 계열에 대한 서식을 수정할 경우, **계열** > **모두에 대한 일괄 서식 적용**이 어렵다.

07 테이블

테이블은 데이터를 표 형식으로 집계하고 분석할 때 주로 사용되며, 엑셀의 피벗 테이블과 유사한 기능을 제공하지만 열 기반의 구조로만 데이터를 표현하는 시각적 개체이다.

판매채널명	총주문금액	총주문수량
GS샵	2,552,326,540	5,005
GS25	2,531,073,898	4,995
홈플러스	2,518,646,948	5,032
11번가	2,450,579,472	5,052
신세계백화점	2,367,208,493	3,807
세븐일레븐	2,253,817,892	4,199
옥션	2,188,939,472	4,337
현대백화점	2,186,801,994	3,791
이마트	2,183,274,845	4,075
롯데마트	2,168,688,145	4,569
배달의민족	2,119,284,292	3,879
네이버 스마트스토어	2,038,209,516	4,058
롯데백화점	1,986,110,223	4,069
CJ오쇼핑	1,961,901,165	3,648
요기요	1,945,116,429	3,457
쿠팡	1,817,313,909	3,638
B마트	1,635,383,468	3,145
카카오톡 선물하기	1,620,687,558	3,561
CU	1,402,426,438	2,641
G마켓	1,372,663,657	3,044
합계	41,300,454,354	80,002

01 시각적 개체 빌드하기

❶ 하단 탭에서 테이블을 클릭한 후 **시각적 개체 빌드**에서 **테이블**을 선택한다.
❷ **열** 영역에 〈판매채널〉 테이블의 [**판매채널명**] 필드, 〈_측정값모음〉 테이블의 [**총주문금액**], [**총주문수량**] 측정값을 우측 **데이터 창**에서 차례대로 드래그 앤 드롭한다.

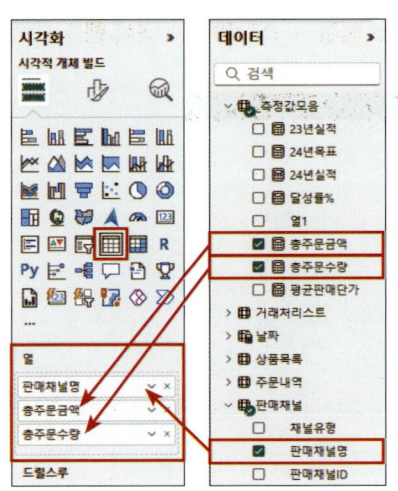

> **Tip** ✓
>
> - 열의 순서를 바꾸고자 할 때는 **시각적 개체 빌드 > 열** 영역 내에서 드래그해서 옮길 수 있다.
>
>
>
> - 열의 이름을 변경하고 싶을 때는 **시각화 개체 빌드 > 열** 영역 내에 있는 해당 필드를 더블클릭한 뒤 수정하면 시각화에 반영된다.

02 시각적 개체 서식 지정하기

❶ **시각적 개체 서식 지정** > **시각적 개체** > **스타일 사전 설정** > **스타일**에서 **대체 행**을 선택한다.

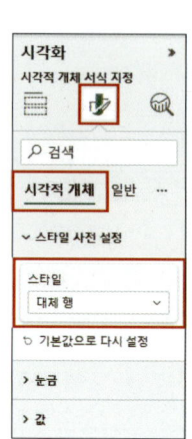

❷ **열 머리글** > **배경색**을 **테마 색 1, 25% 어둡게**로 설정한다.

❸ **합계** > **값** > **배경색**을 열 머리글과 동일한 색으로 변경한다.

❹ **특정 열** > **설정 적용 대상** > **계열** > **판매채널명** 선택 후 **값**에서 **맞춤**을 **오른쪽**으로 설정한다.

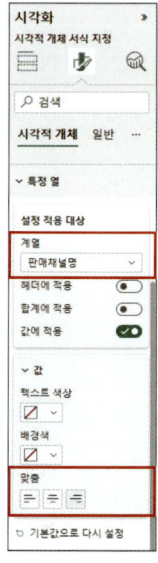 

❺ **눈금** > **옵션** > **행 안쪽 여백**은 **4**로, **전역 글꼴 크기**는 **11**로 조정한다.

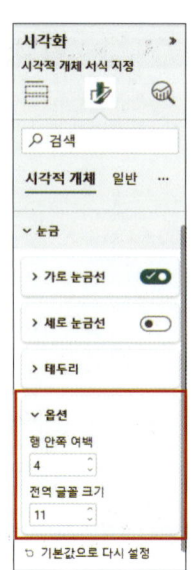 

❻ **셀 요소** > **설정 적용 대상** > **계열** > **총주문금액**을 선택 후 **데이터 막대**를 **활성화**한다. 데이터 막대에 대한 **조건부 서식 버튼** fx를 누르고 **양수 막대의 색** > **다른 색**을 클릭하여 표식의 색상을 **#ADBCDC**로 변경한다. 모든 설정이 완료되면 **확인**을 누른다.

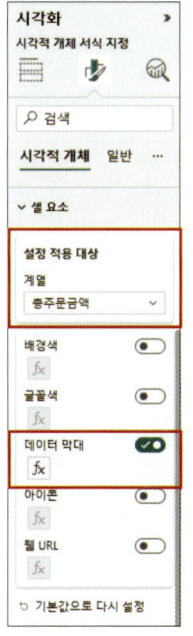 

❼ 테이블 시각화 개체의 **총주문금액 열 머리글** 부분을 클릭하거나 **우측 상단의 추가 옵션(⋯)** 부분을 눌러 **총주문금액** 기준으로 **내림차순 정렬**이 되도록 설정한다.

08 행렬

행렬은 데이터를 계층 구조로 그룹화하여 시각적으로 표시하는 개체로, 엑셀의 피벗 테이블과 유사하게 행과 열로 데이터를 요약할 수 있다. 여러 레벨의 데이터를 한 번에 볼 수 있어 세부적인 정보전달에 유용하다.

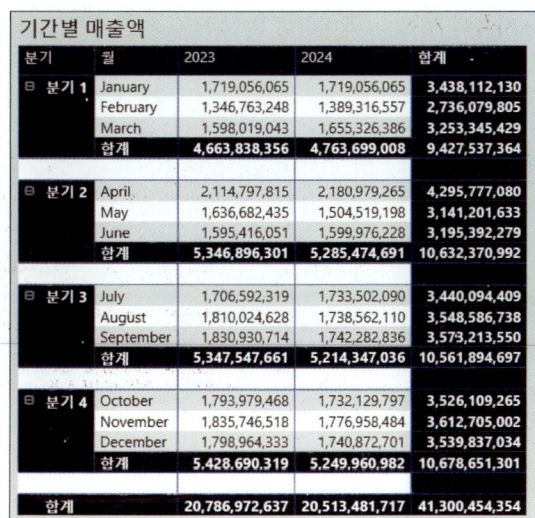

01 시각적 개체 빌드하기

❶ 하단 탭에서 행렬을 클릭한 후 **시각적 개체 빌드**에서 **행렬**을 선택한다.
❷ **행** 영역에는 〈날짜〉 테이블의 [Date] 계층 필드에서 **[분기]와 [월] 필드**를 우측 **데이터 창**에서 차례대로 드래그 앤 드롭한다.
❸ **열** 영역에는 〈날짜〉 테이블의 [Date] 계층 필드에서 **[연도] 필드**를 우측 **데이터 창**에서 드래그 앤 드롭한다.
❹ **값** 영역에는 〈측정값모음〉 테이블의 **[총주문금액] 측정값**을 우측 **데이터 창**에서 드래그 앤 드롭한다.
❺ 시각적 개체 상단에 있는 화살표 중 📊(계층 구조에서 한 수준 아래로 모두 확장)을 눌러 월 수준까지 확장한다.

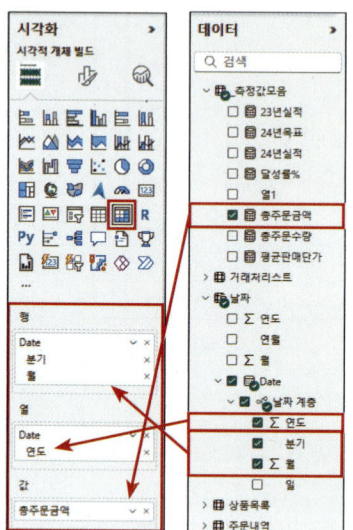
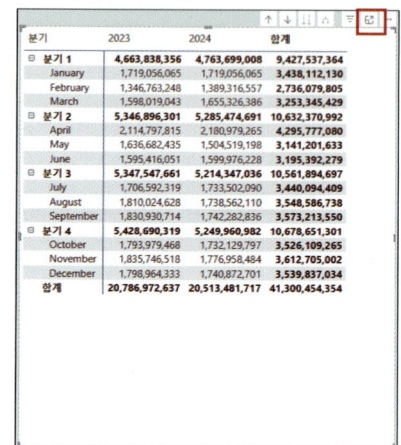

02 시각적 개체 서식 지정하기

❶ **시각적 개체 서식 지정** > **시각적 개체** > **레이아웃 및 스타일 사전 설정** > **레이아웃**에서 **테이블 형식**을 선택한다.

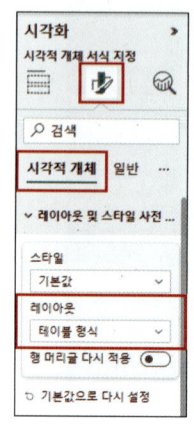

❷ 빈 행을 활성화한 뒤 테두리를 활성화하고, 위치는 위/아래로 선택한 뒤 색은 테마 색 1을 적용한다.

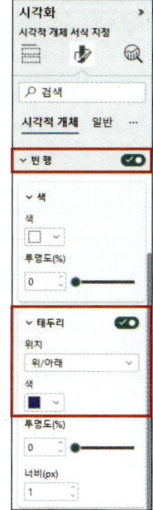 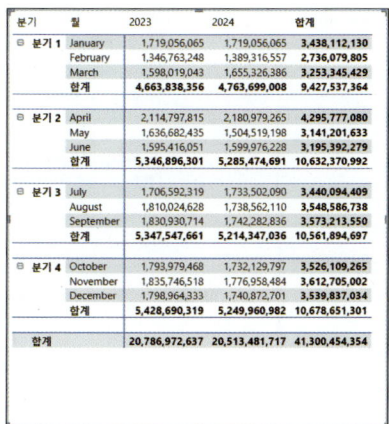

❸ 눈금 > 가로 눈금선은 비활성화된 상태에서 세로 눈금선을 활성화한다. 세로 눈금선의 색은 테마 색 1을 적용한다.

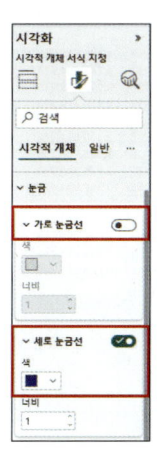

❹ **열 머리글 > 텍스트 > 배경색**은 **테마 색 1, 50% 더 어둡게**로, **텍스트 색상**은 **흰색**으로 선택한다.

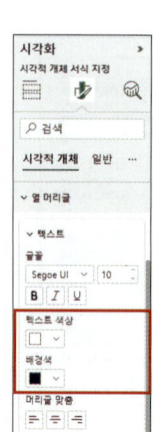

❺ **행 머리글 > 텍스트 > 배경색**도 열 머리글과 동일하게 **테마 색 1, 50% 더 어둡게**로, **텍스트 색상**은 **흰색**으로 선택한다.

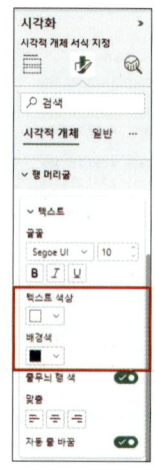
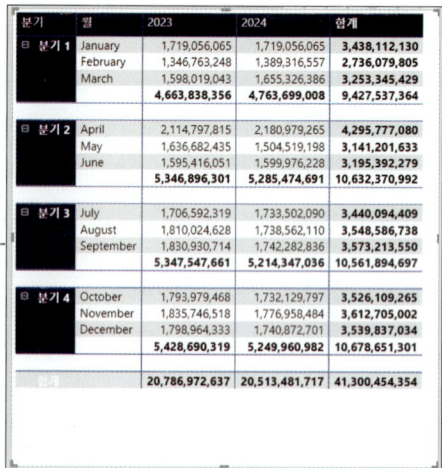

❻ **행 소계** > **값** > **배경색**도 **테마 색 1, 50% 더 어둡게**로, **텍스트 색상**은 **흰색**으로 선택한다.

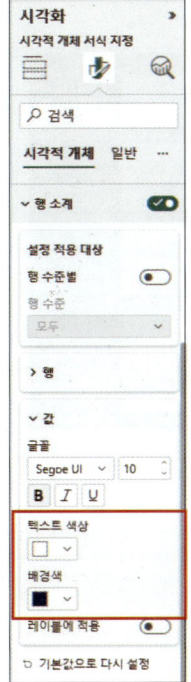 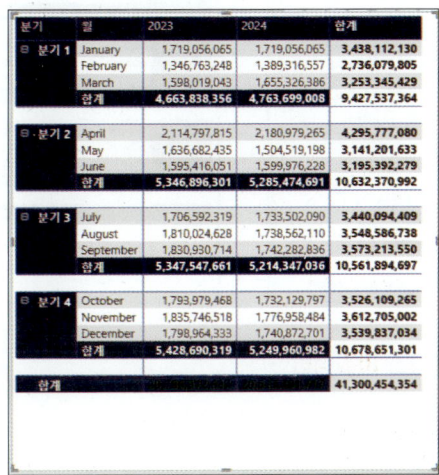

❼ **열 총합계** > **값** > **배경색**도 **테마 색 1, 50% 더 어둡게**로, **텍스트 색상**은 **흰색**으로 선택한다.

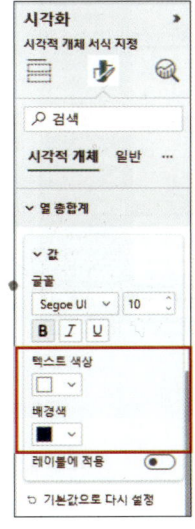 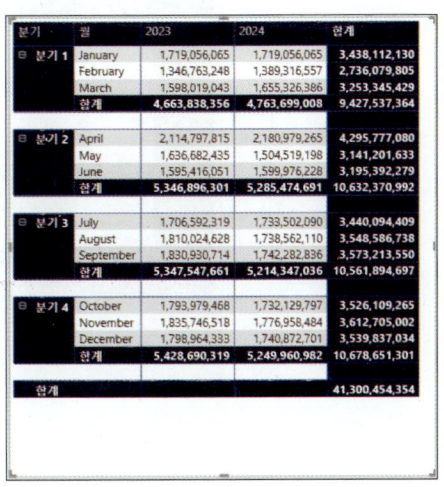

❽ **행 총합계** > **배경색**도 **테마 색 1, 50% 더 어둡게**로, **텍스트 색상**은 **흰색**으로 선택한다.

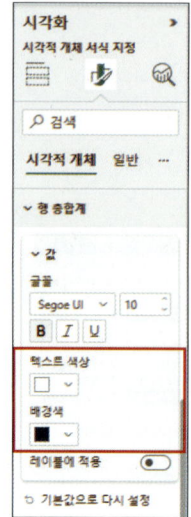 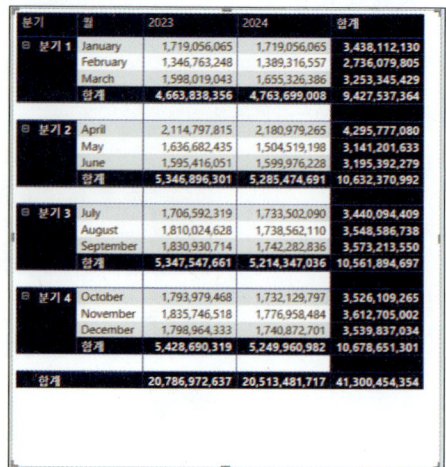

❾ **일반** > **효과** > **배경**을 **비활성화**한다.

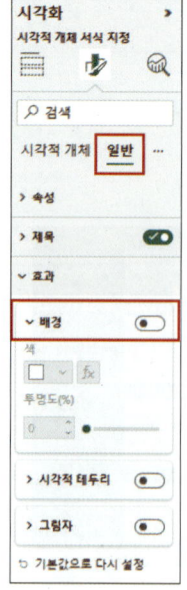 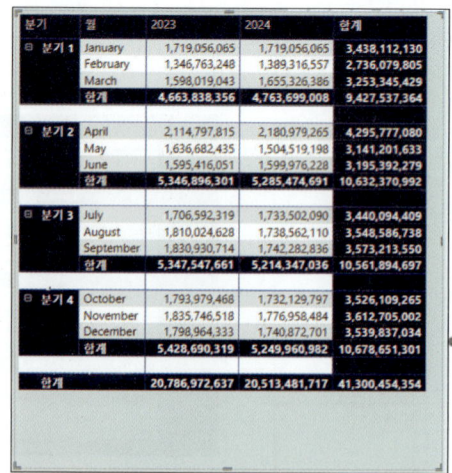

❿ 끝으로 **일반** > **제목**을 활성화한 뒤 **텍스트**에 **기간별 매출액**이라고 입력하고, 하단의 **간격** > **레이블과 값 사이의 공간**을 10으로 조정하면 완성이 된다.

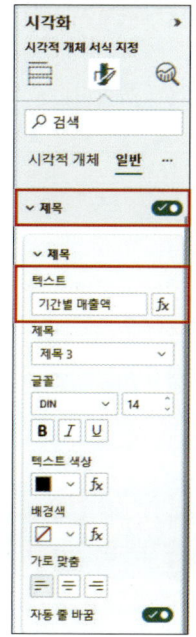
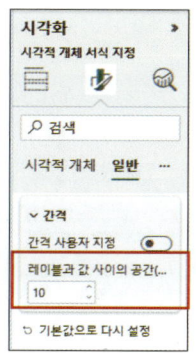

기간별 매출액				
분기	월	2023	2024	합계
분기 1	January	1,719,056,065	1,719,056,065	3,438,112,130
	February	1,346,763,248	1,389,316,557	2,736,079,805
	March	1,598,019,043	1,655,326,386	3,253,345,429
	합계	4,663,838,356	4,763,699,008	9,427,537,364
분기 2	April	2,114,797,815	2,180,979,265	4,295,777,080
	May	1,636,682,435	1,504,519,198	3,141,201,633
	June	1,595,416,051	1,599,976,228	3,195,392,279
	합계	5,346,896,301	5,285,474,691	10,632,370,992
분기 3	July	1,706,592,319	1,733,502,090	3,440,094,409
	August	1,810,024,628	1,738,562,110	3,548,586,738
	September	1,830,930,714	1,742,282,836	3,573,213,550
	합계	5,347,547,661	5,214,347,036	10,561,894,697
분기 4	October	1,793,979,468	1,732,129,797	3,526,109,265
	November	1,835,746,518	1,776,958,484	3,612,705,002
	December	1,798,964,333	1,740,872,701	3,539,837,034
	합계	5,428,690,319	5,249,960,982	10,678,651,301
합계		20,786,972,637	20,513,481,717	41,300,454,354

09 리본 차트

리본 차트는 시간에 따른 항목의 순위 변화를 시각적으로 나타내는 차트로, 각 항목의 순위와 크기 변동을 쉽게 비교할 수 있다. 데이터가 시간에 따라 어떻게 변화하는지 강조할 때 유용하다.

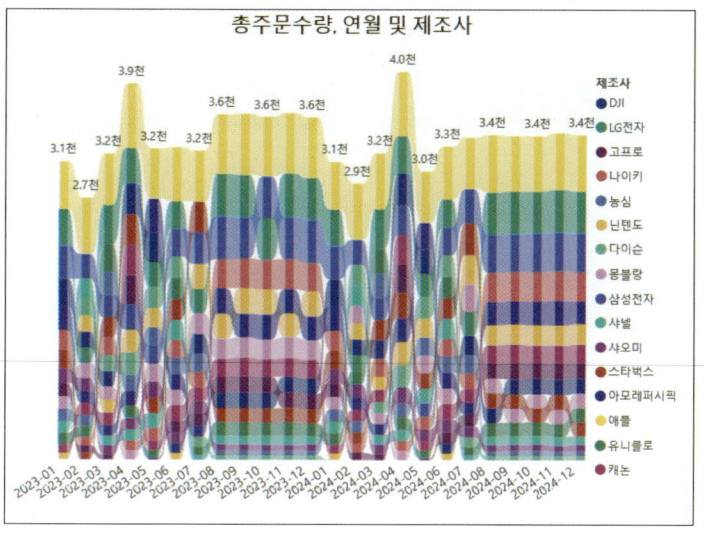

01 시각적 개체 빌드하기

❶ 하단 탭에서 리본차트를 클릭한 후 **시각적 개체 빌드**에서 **리본 차트**를 선택한다.
❷ **X축** 영역에 〈날짜〉 테이블의 **[연월]** 필드를, Y축 영역에는 〈측정값모음〉 테이블의 **[총주문수량]** 측정값을 우측 **데이터 창**에서 차례대로 드래그 앤 드롭한다.
❸ **범례** 영역에는 〈상품목록〉 테이블의 **[제조사]** 필드를 우측 **데이터 창**에서 드래그 앤 드롭한다.

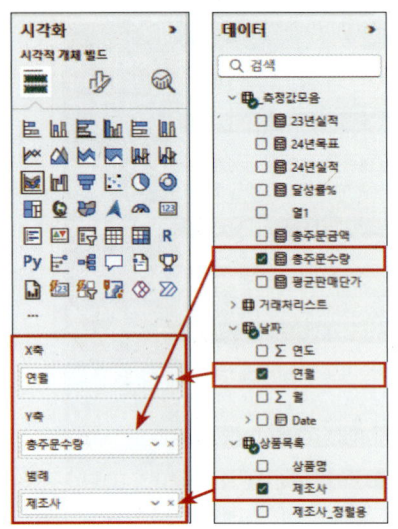 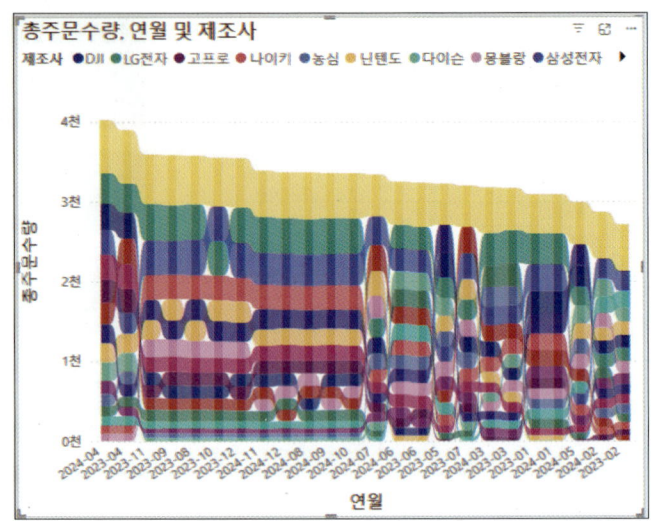

❹ X축의 정렬 순서를 변경하기 위해 우측 상단 **추가 옵션**(⋯) > **축 정렬**에서 정렬 기준을 **연월**로 설정하고, 이어서 **오름차순 정렬**로 설정한다.

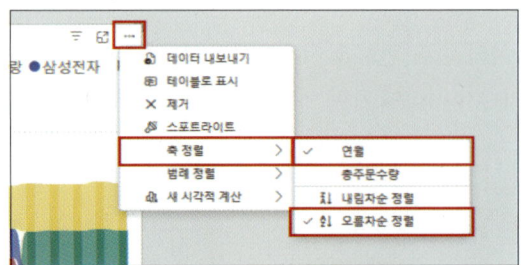

> **Tip**
>
> X축의 정렬 순서는 기본적으로, X축이 숫자나 날짜와 같은 연속형의 데이터 형식이 아닐 경우 집계값의 크기순으로 정렬된다. 따라서 예시의 [연월] 필드는 사실상 텍스트 형식이므로 크기순으로 정렬되며, 필요시 위와 같이 정렬의 기준을 변경해 주면 된다.

02 시각적 개체 서식 지정하기

❶ **시각적 개체 서식 지정** > **시각적 개체**에서 **X축**과 **Y축**의 **제목**을 **비활성화**하고 이어서 **Y축**의 **값**도 **비활성화**한다.

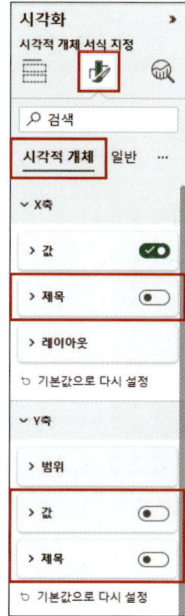
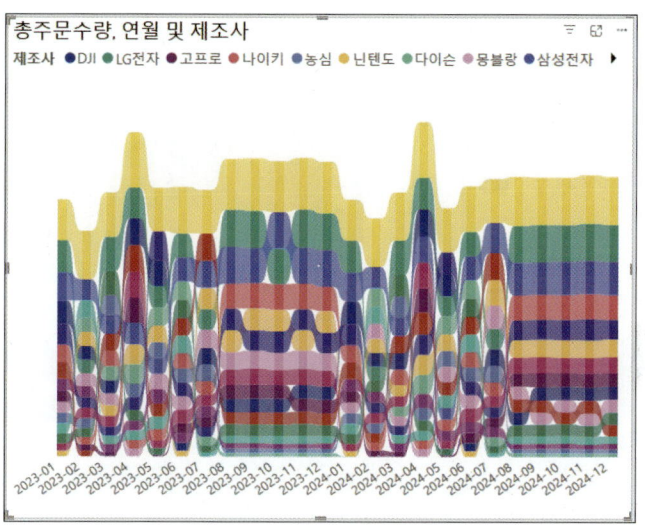

❷ **범례** > **옵션** > **위치**를 **가운데 오른쪽**으로 선택하고 **텍스트** > **글꼴 크기**는 **8**로 설정한다.

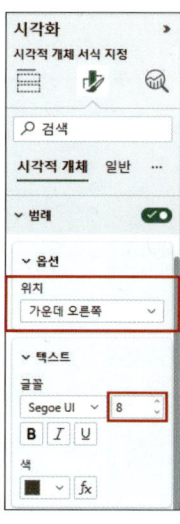
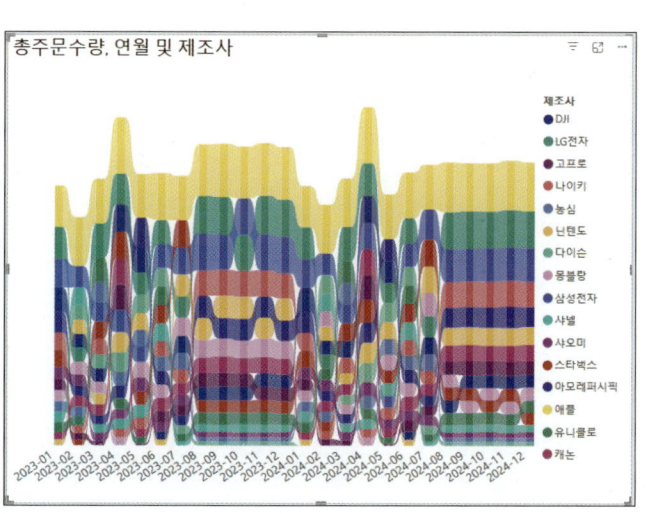

❸ **리본** > **색** > **투명도(%)**를 50으로 변경한다.

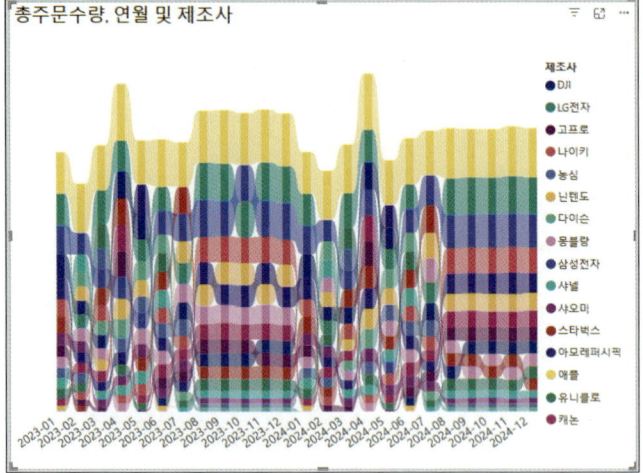

❹ **합계 레이블**을 활성화한 뒤 **글꼴 크기**는 8로 변경하고 **값 소수 자리수**는 1로 설정한다.

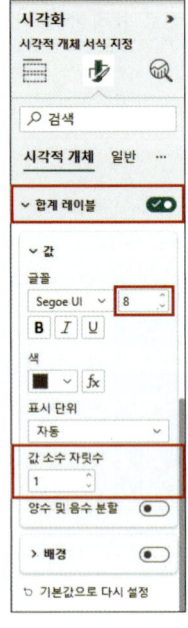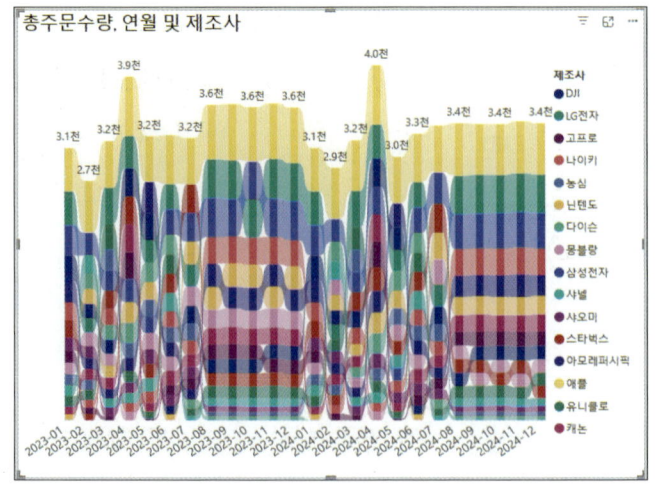

❺ **일반** 탭으로 이동하여 **제목 > 가로 맞춤**을 **가운데**로 설정한다.

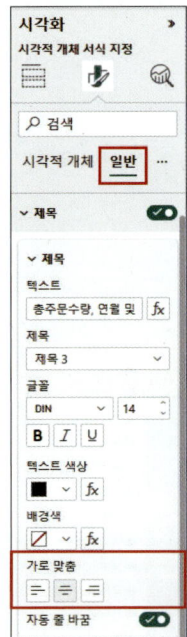
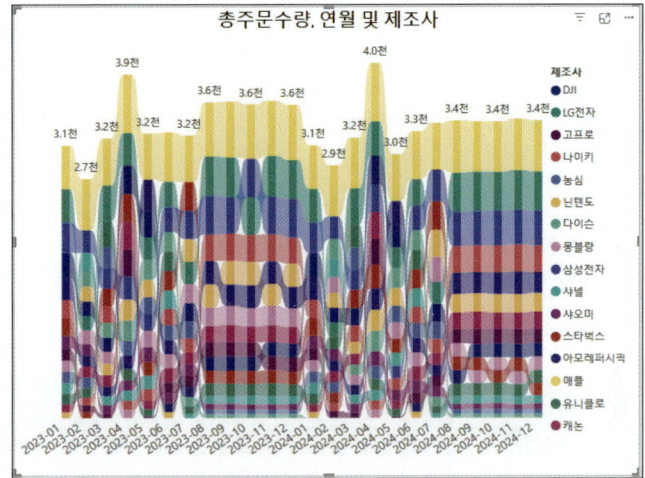

> **Tip**
>
> **열 기준 정렬 기능**
> - 범례에 나타난 [제조사] 필드항목들에 대한 정렬을 특정 기준으로 변경하고자 할 경우 아래와 같이 진행한다.
>   ① 데이터 창에서 [제조사] 필드를 클릭한다.
>
>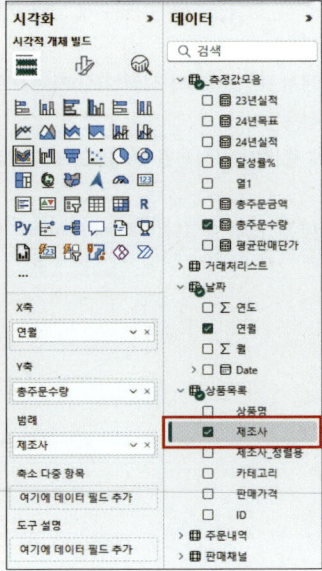
>
>   ② 반응형으로 나타난 상단 메뉴에서 **열 기준 정렬 > 제조사_정렬용**을 선택한다. 제조사_정렬용 필드 값을 기준으로 범례가 정렬되는 것을 확인할 수 있다.

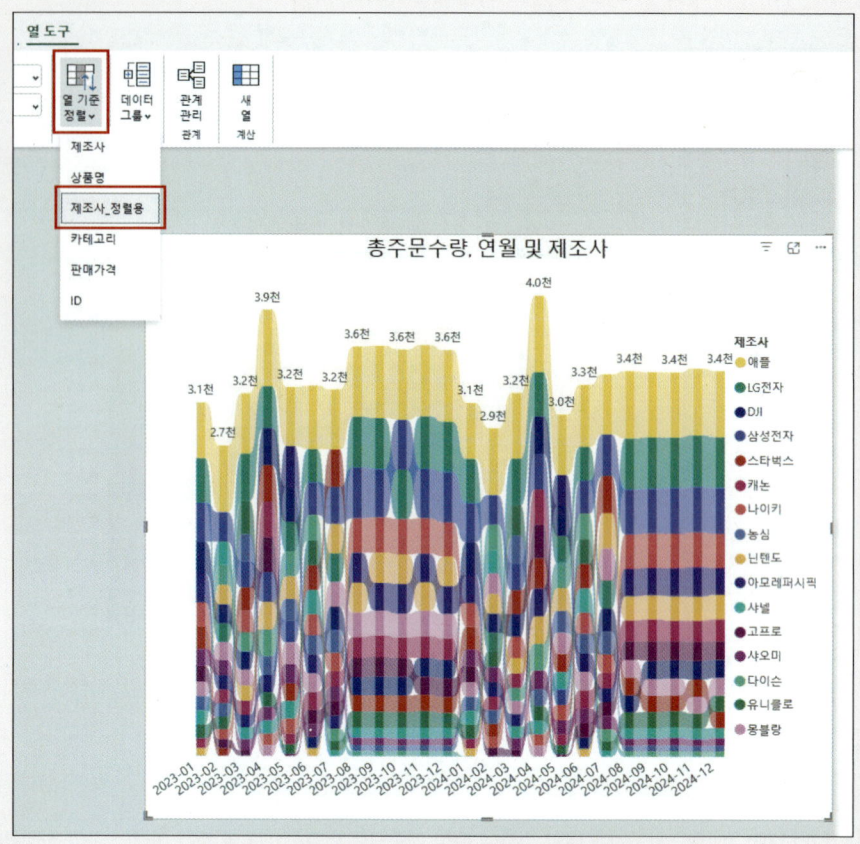

- **작동원리** : 기본적으로 [제조사] 필드의 텍스트를 기준으로 정렬되므로 '가나다' 또는 'ABC' 순으로 정렬되는 것이 기본이지만 이렇게 정렬의 기준을 [제조사_정렬용]으로 바꿔주게 되면 이때부터는 [제조사] 필드가 숫자인 [제조사_정렬용] 필드를 기준으로 정렬되게 된다.
- 단순히 서식 측면이 아니라 모델 측면에서 해당 필드의 정렬 기준 자체가 변경되는 것이므로 해당 필드를 다른 곳에 사용하는 경우에도 변경된 기준이 적용된다.
- **주의사항** : 동일한 순서가 동일 항목에 중복되어 적용될 수 없으므로 서로 다른 항목에는 서로 다른 순번을 붙여 줘야 한다.
  - 예) A항목과 B항목 모두 1의 순번이 적용될 경우 오류를 반환한다. A에는 1을, B에는 2를 부여해 줌으로써 오류를 피할 수 있다.

10 폭포 차트

폭포 차트는 데이터의 시작 값에서 여러 단계에 걸쳐 값이 어떻게 증가하거나 감소하는지를 시각적으로 보여주는 차트이다. 각 단계별 변화를 강조하며, 주로 매출이나 재무 분석에서 원인 분석 등을 시각화할 때 사용한다.

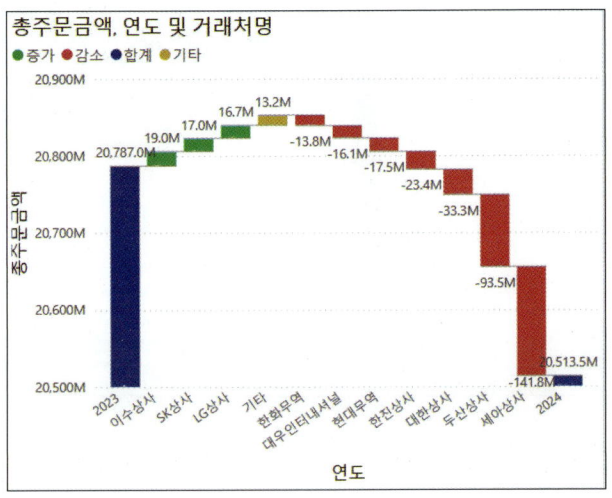

01 시각적 개체 빌드하기

❶ 하단 탭에서 폭포차트를 클릭한 후 **시각적 개체 빌드**에서 **폭포 차트**를 선택한다.
❷ **범주** 영역에 〈날짜〉 테이블의 [연도] 필드를 우측 **데이터 창**에서 드래그 앤 드롭한다.
❸ **Y축** 영역에 〈측정값모음〉 테이블의 [총주문금액] 측정값을 우측 **데이터 창**에서 드래그 앤 드롭한다.
❹ **분석 결과** 영역에는 〈거래처리스트〉 테이블의 [거래처명] 필드를 우측 **데이터 창**에서 드래그 앤 드롭한다.

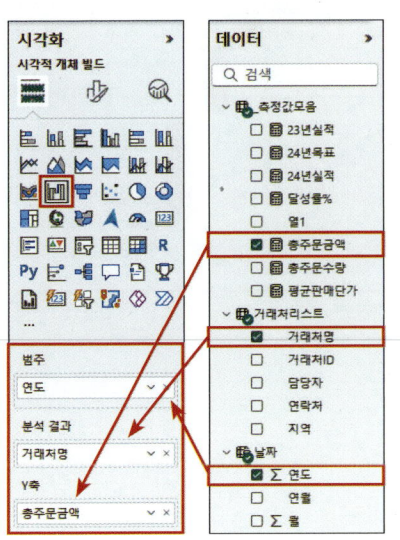 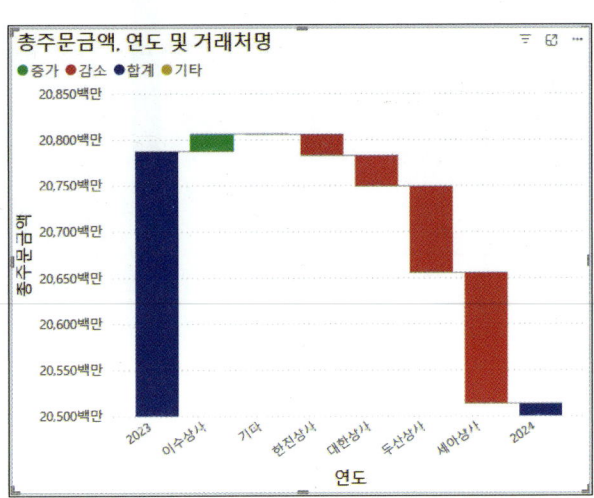

02 시각적 개체 서식 지정하기

❶ **시각적 개체 서식 지정** > **시각적 개체** > **분석 결과** > **최대 분석 결과**를 10으로 변경한다.

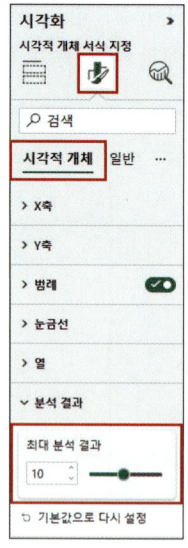 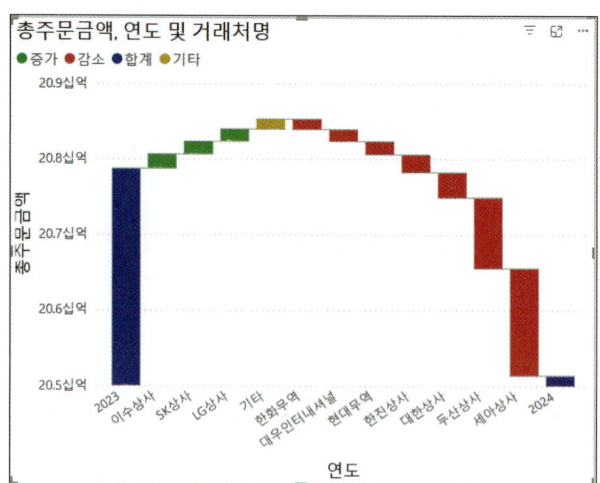

❷ **데이터 레이블**을 활성화시킨 뒤 **값** > **표시 단위**를 **없음**으로 선택한다.

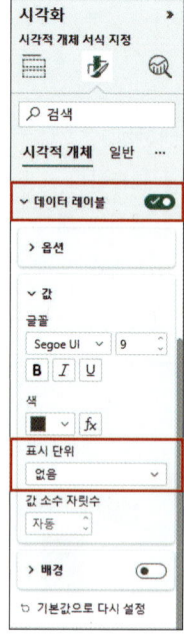 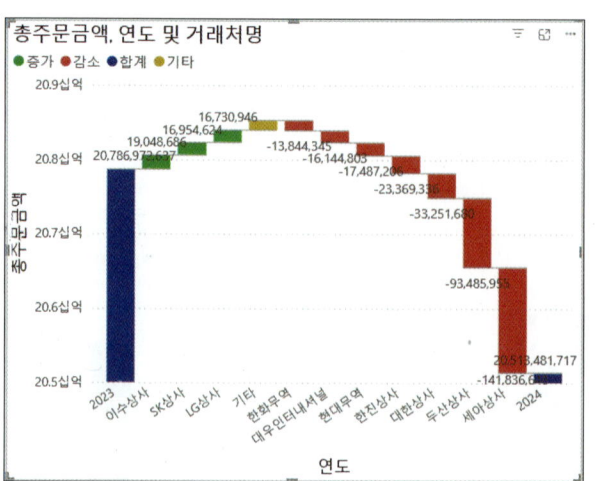

❸ **Y축**으로 이동하여 마찬가지로 **값 > 표시 단위**를 **없음**으로 선택한다.

 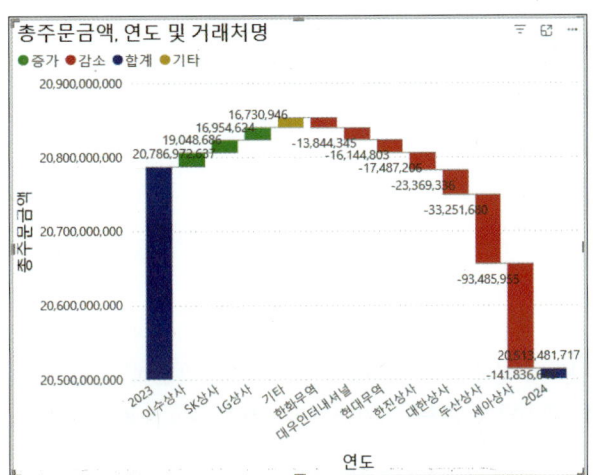

❹ 영어로 백만을 의미하는 M단위와 소수점 1자릿수로 변경하기 위해 시각적 개체 서식 지정 내 **일반** 탭으로 이동한다. **데이터 서식 > 설정 적용 대상**에서 **총주문금액**을 선택하고 **형식 옵션 > 서식 > 사용자 지정**을 선택한 뒤 **형식 코드**란에 #,0,,.0M와 같이 입력한다(따옴표 없이 입력).

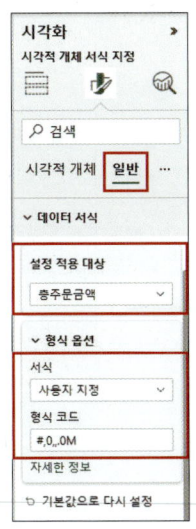 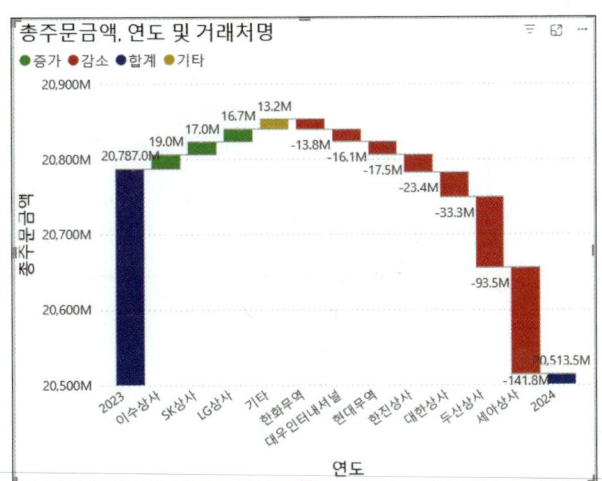

> **Tip**
> - 분석 결과는 최대 **20개**까지 표현 가능하며, 상대적으로 숫자가 작은 나머지 항목들은 **기타**로 묶인다.
> - 데이터 서식 기능은 모델 수준이 아닌 시각적 수준에서 표시 단위를 변경하고자 할 때 사용할 수 있는 기능이다. 따라서 시각화 개체마다 다르게 표현할 수 있으며, 형식코드는 엑셀의 셀서식에서 사용하는 사용자 지정 서식의 규칙을 따른다.
>
> [참고 링크]
> https://learn.microsoft.com/ko-kr/power-bi/create-reports/desktop-custom-format-strings · supported-custom-format-syntax

11 분산형 차트

분산형 차트는 두 변수 간의 관계를 점이나 원으로 시각적으로 표현하는 차트이다. X축과 Y축을 기준으로 데이터 포인트의 분포를 나타내며, 변수 간의 상관관계, 경향 또는 이상치(Outlier)를 분석하는 데 효과적이다. 주로 데이터가 연속적이거나, 변수 간의 상호작용을 이해하고자 할 때 사용하면 좋다.

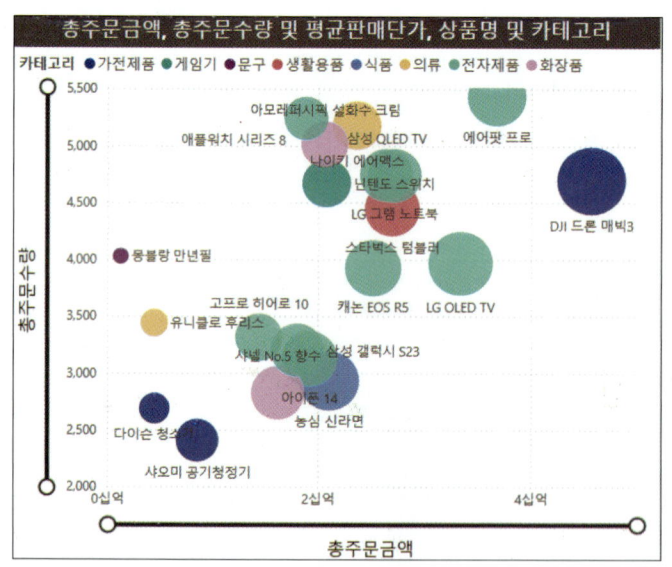

01 시각적 개체 빌드하기

❶ 하단 탭에서 분산형차트를 클릭한 후 **시각적 개체 빌드**에서 **분산형 차트**를 선택한다.
❷ **값** 영역에 〈상품목록〉 테이블의 [상품명] 필드를 우측 **데이터 창**에서 드래그 앤 드롭한다(측정값이 아닌 항목이 들어가는 자리).
❸ **X축** 영역에는 〈_측정값모음〉 테이블의 [총주문금액] 측정값을 우측 **데이터 창**에서 드래그 앤 드롭한다.
❹ **Y축** 영역에는 〈_측정값모음〉 테이블의 [총주문수량] 측정값을 우측 **데이터 창**에서 드래그 앤 드롭한다.
❺ **범례** 영역에는 〈상품목록〉 테이블의 [카테고리] 필드를 우측 **데이터 창**에서 드래그 앤 드롭한다.
❻ **크기** 영역에는 〈_측정값모음〉 테이블의 [평균판매단가] 측정값을 우측 **데이터 창**에서 드래그 앤 드롭한다.

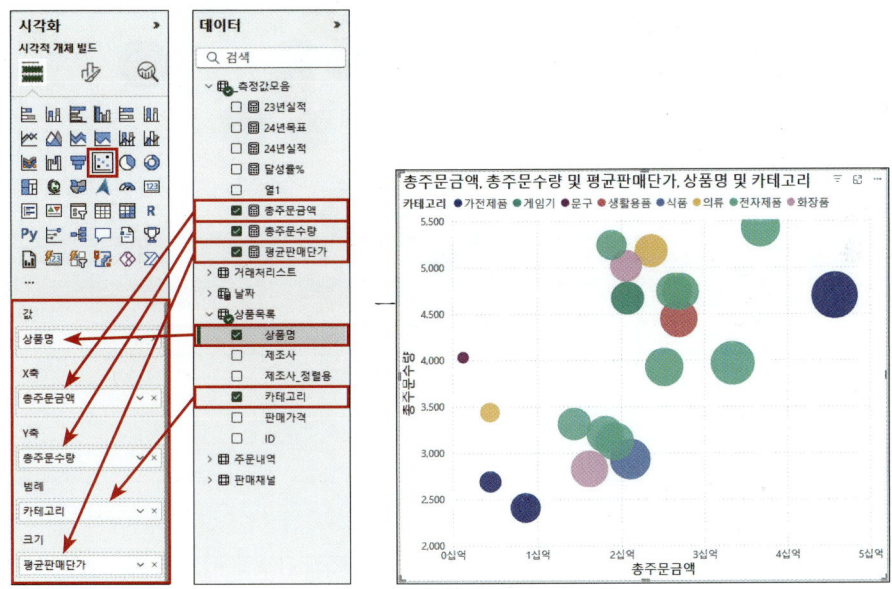

02 시각적 개체 서식 지정하기

❶ **시각적 개체 서식 지정** > **시각적 개체**에서 **확대/축소 슬라이더를 활성화**시킨다.

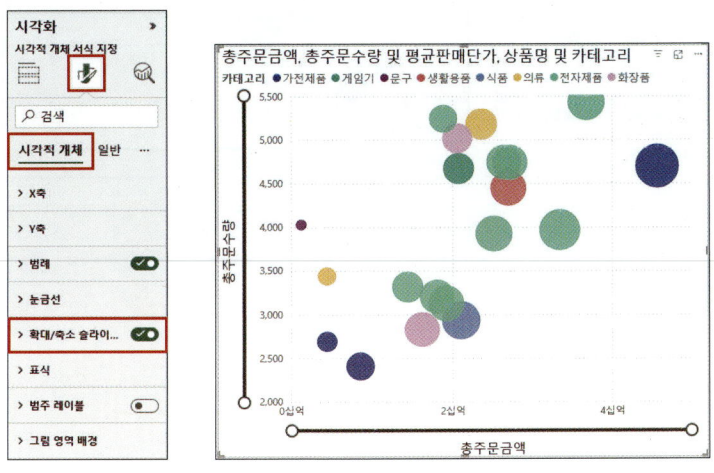

❷ **표식 > 도형 > 크기 승수**를 **−5**로 조정하고, 표식의 **테두리**를 **비활성화**한다.

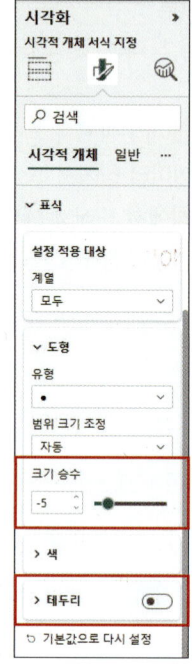 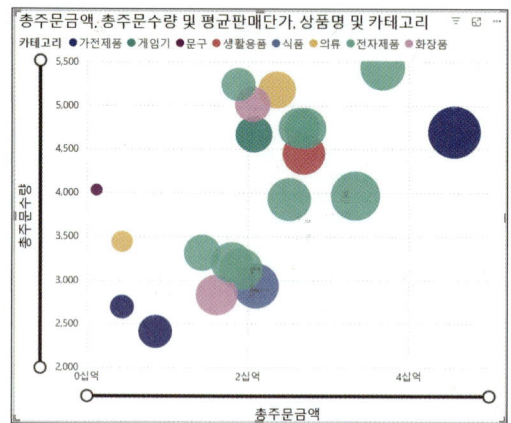

❸ **범주 레이블**을 **활성화**한다.

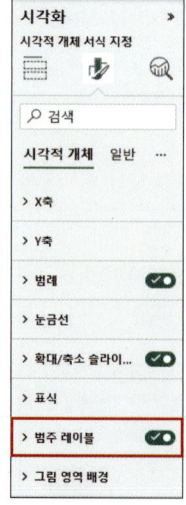 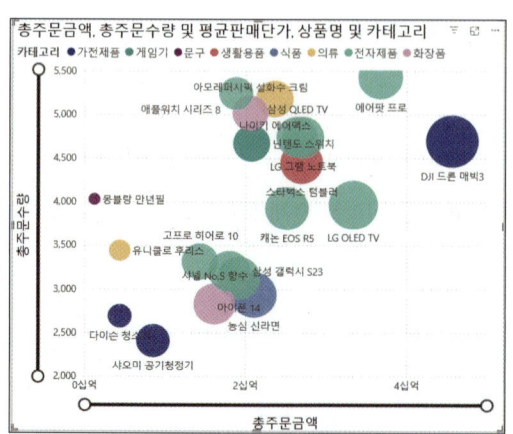

❹ **일반** 탭으로 이동 후 **제목 > 글꼴**은 Segoe UI Bold로 변경하고, **배경색**은 **흰색, 60% 더 어둡게**(헥스 : #666666)로, **텍스트 색상**은 **흰색**으로 변경한다. 이어서 **가로 맞춤**은 **가운데**로 설정한다.

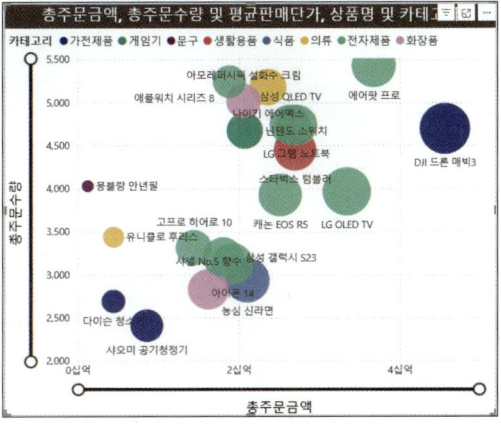

> **Tip**
> 분산형 차트는 시각적 개체 빌드 내 **재생 축** 영역에 〈날짜〉 테이블의 [연월] 필드를 넣은 다음, 좌측 하단의 재생 버튼을 눌러 스토리텔링이 가능한 시각화를 구현할 수도 있다.

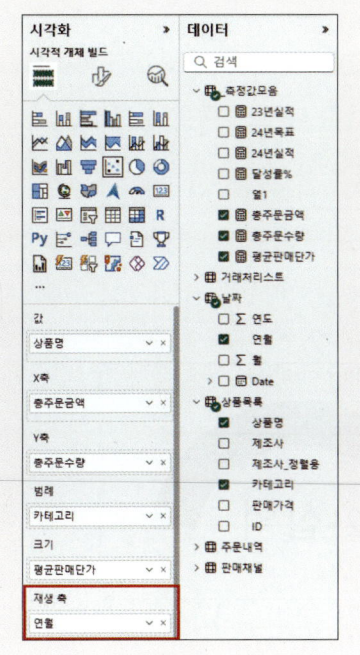
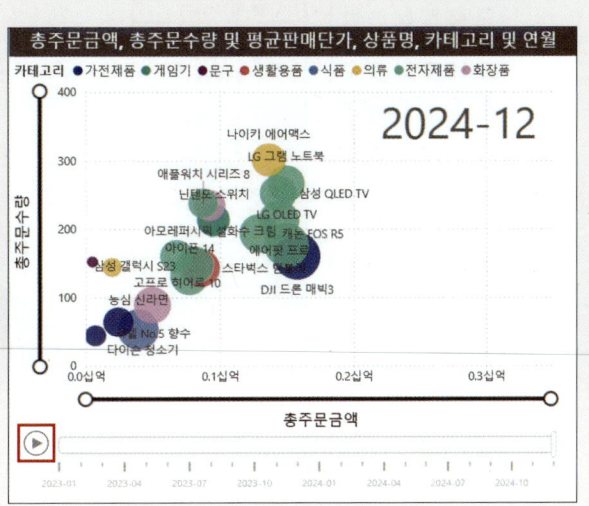

12 계기 차트

계기 차트는 목표에 대한 진행 상황이나 성과를 시각적으로 보여주는 차트로, 속도계나 게이지처럼 특정 값이 목표 범위 내에서 어느 정도에 위치하는지를 나타낸다. 주로 KPI를 시각화할 때 사용되며, 목표 대비 현재 상태를 한눈에 파악할 수 있다.

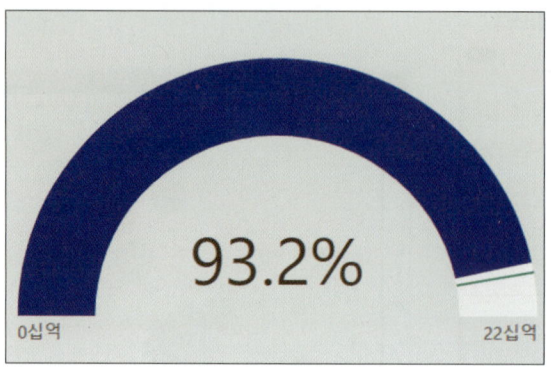

01 시각적 개체 빌드하기

❶ 하단 탭에서 계기차트를 클릭한 후 **시각적 개체 빌드**에서 **계기 차트**를 선택한다.
❷ **값** 영역에 〈_측정값모음〉 테이블의 [24년실적] 측정값을 우측 **데이터 창**에서 드래그 앤 드롭한다.
❸ **최대값** 영역에 〈_측정값모음〉 테이블의 [24년목표] 측정값을 우측 **데이터 창**에서 드래그 앤 드롭한다.
❹ **대상 값** 영역에 〈_측정값모음〉 테이블의 [23년실적] 측정값을 우측 **데이터 창**에서 드래그 앤 드롭한다.

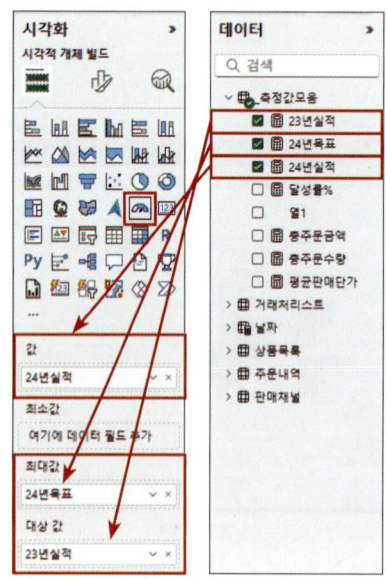

각 요소가 시각적 개체 빌드 상에서 어떤 영역에 해당하는지 이해해야 시각화 구현이 수월하다.

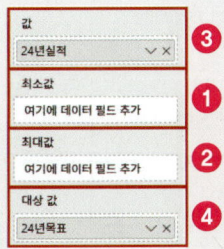

❶ 최소값 영역 : 필드 미추가 또는 게이지축 미설정시 기본값은 0이다.
❷ 최대값 영역 : 필드 미추가 또는 게이지축 미설정시 기본값은 설명값의 2배이다.
❸ 값 영역 : 서식 지정 내 설명값에서 별도 필드 값으로 대체할 수 있다.
❹ 대상 값 영역

02 시각적 개체 서식 지정하기

❶ **시각적 개체 서식 지정** > **시각적 개체**에서 **목표 레이블**은 **비활성화**한다.

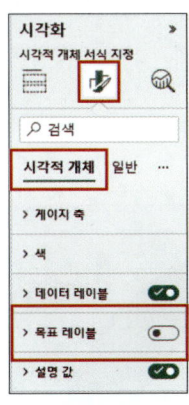

❷ **설명 값** > **사용자 지정 레이블**을 활성화시킨 뒤 **필드**에서 **데이터 추가**를 클릭하여 〈측정값모음〉 테이블의 **[달성률%] 필드**로 대체한다. 이어서 **글꼴**도 **Segoe UI**로 변경한다.

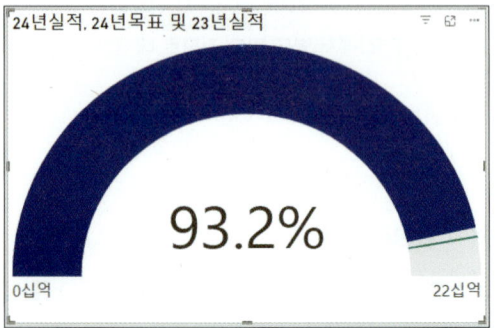

❸ **일반** 탭으로 이동 후 **제목**을 **비활성화**하고, **효과** > **배경**도 **비활성화**한다.

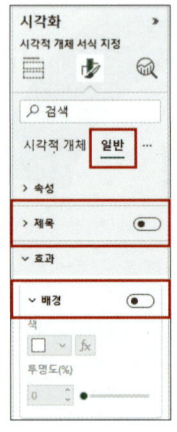
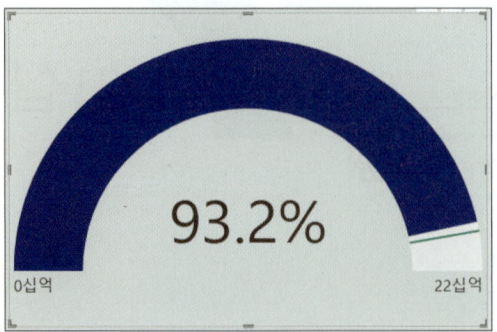

| 13 | 슬라이서 |

슬라이서는 Power BI에서 데이터 필터링을 직관적으로 할 수 있는 도구로, 사용자가 선택한 값에 따라 보고서 내의 시각적 요소들을 동적으로 업데이트한다. 주로 날짜, 카테고리 등의 필드를 기반으로 데이터의 특정 부분을 쉽게 탐색하고 분석할 때 사용되며, 다른 차트들과 마찬가지로 시각화 개체 중 한 종류이면서 동시에 필터링 기능을 수행한다.

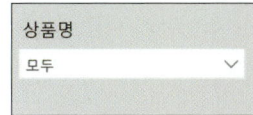

01 시각적 개체 빌드하기

❶ 하단 탭에서 슬라이서를 클릭한 후 **시각적 개체 빌드**에서 **슬라이서**를 클릭하여 캔버스에 개체를 삽입한다.

❷ **필드** 영역에 〈상품목록〉 테이블의 [상품명] 필드를 우측 **데이터 창**에서 드래그 앤 드롭한다.

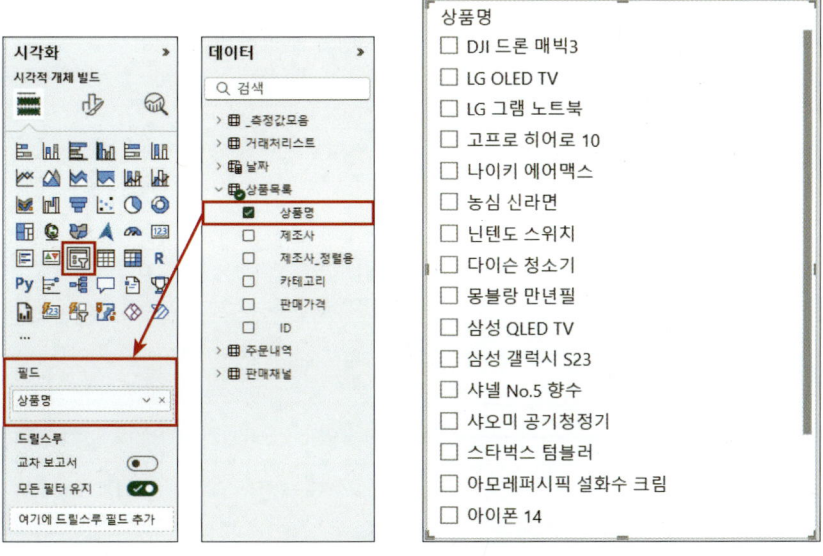

필드 영역에 필드를 추가하여 계층 구조를 만들 수도 있다.

02 시각적 개체 서식 지정하기

❶ **시각적 개체 서식 지정** > **시각적 개체**에서 **슬라이서 설정** > **옵션** > **스타일** > **드롭다운**을 선택한다.

❷ 슬라이서 사이즈는 적당히 줄인다.
❸ **일반** 탭으로 이동한 뒤 **효과** > **배경**을 **비활성화**해서 배경을 투명하게 만든다.

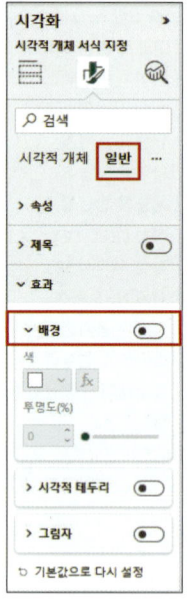

❹ 다시 **시각적 개체** 탭으로 이동하여 **값** > **배경** > **색**을 **흰색**으로 변경한다.

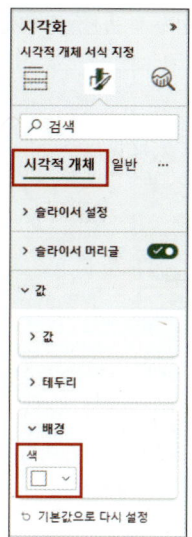

❺ 개체 우측 상단 추가 옵션(…)을 클릭한 뒤 검색을 눌러 검색 기능을 활성화시킨다.

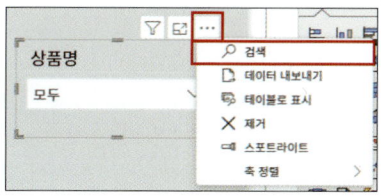

❻ 이제 ⌄ 부분을 누르면 검색 기능을 활용할 수 있다.

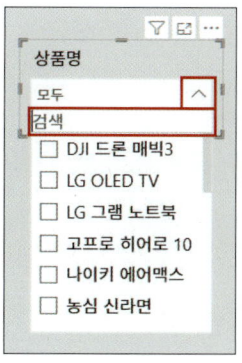

Tip

슬라이서 설정 > 선택 내에서 사용자를 위한 슬라이서의 다양한 동작 옵션들을 설정할 수 있다.

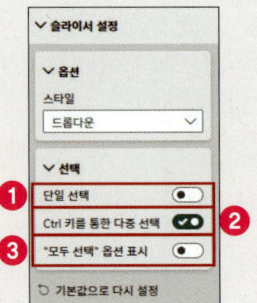

❶ 단일 선택 : 설정 시 하나의 항목이 무조건 선택되도록 강제한다.
❷ Ctrl 키를 통한 다중 선택 : 해제 시 Ctrl 키를 누르지 않고도 클릭만으로 여러 항목을 선택할 수 있다.
❸ "모두 선택" 옵션 표시 : 설정 시 슬라이서 상에 모두 선택 옵션이 표시된다.

14 타일 슬라이서

타일 슬라이서는 기본 슬라이서의 타일 스타일이 진화된 시각적 개체로, 기본 슬라이서보다 더 많은 사용자 설정 옵션과 서식 옵션을 제공한다.

01 시각적 개체 빌드하기

❶ 하단 탭에서 타일슬라이서를 클릭한 후 **시각적 개체 빌드**에서 **타일 슬라이서**를 클릭하여 캔버스에 개체를 삽입한다.

❷ **필드** 영역에 〈상품목록〉 테이블의 [상품명] 필드를 우측 **데이터 창**에서 드래그 앤 드롭한다.

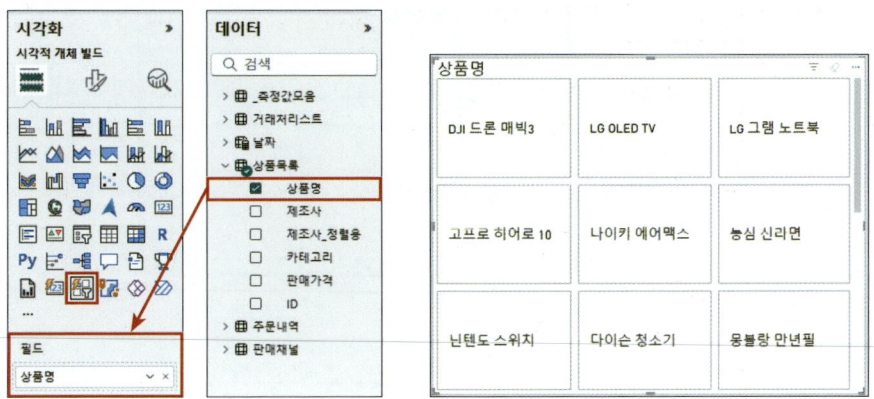

필드 영역에 필드는 하나만 삽입이 가능하다.

02 시각적 개체 서식 지정하기

❶ **시각적 개체 서식 지정** > **시각적 개체** > **슬라이서 설정** > **선택** > **단일 선택**을 **비활성화**한다. 이제 여러 항목을 선택할 수 있다.

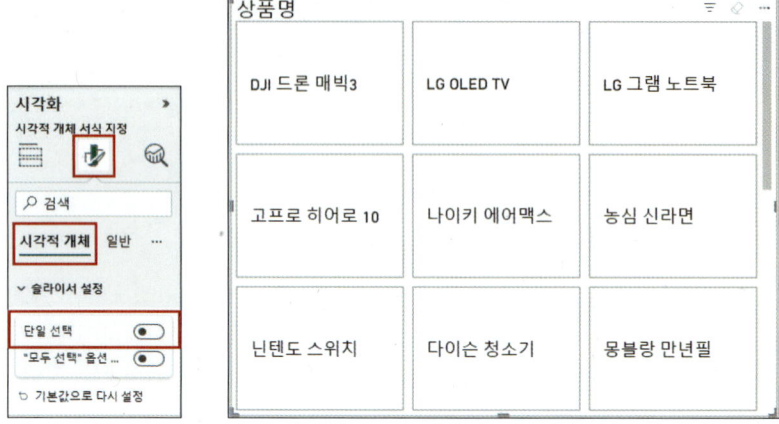

❷ **레이아웃** > **정렬** > **단일 열**로 변경하고, **표시된 최대 단추**는 **10**으로, **단추 사이의 간격(px)**은 **3**으로 조정한다. 개체 크기와 모양은 세로로 길게 조절한다. 개체의 크기와 상관없이 시각화에 포함되는 카드의 개수는 10개로 제한된다.

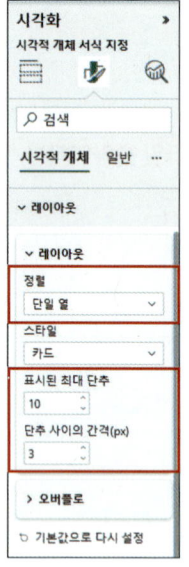 

❸ **설명 값** > **설정 적용 대상** > **상태**는 **기본값**이 설정된 상태에서 **글꼴 크기**를 10으로 조정한다.

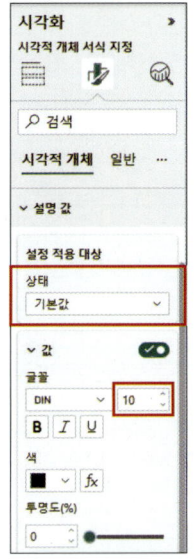 

❹ **설명 값** > **설정 적용 대상** > **상태**를 **가리키기**로 선택한 뒤 **글꼴 크기**를 11로 조정한다. 이제 마우스를 개체에 가져가면 글자가 커지는 걸 확인할 수 있다.

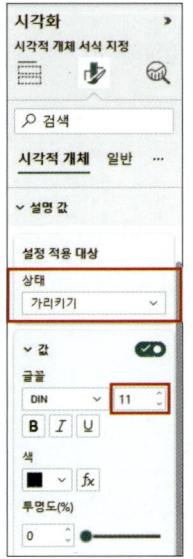 

❺ **단추** > **악센트 바**를 활성화시킨 뒤 **너비**를 3으로 조정한다.

❻ **일반** 탭으로 이동하여 **제목** > **간격** > **레이블과 값 사이의 공간**(px)을 10으로 조정한다.

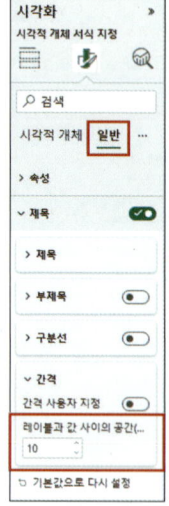 

❼ **효과** > **배경**을 **비활성화**시킨다.

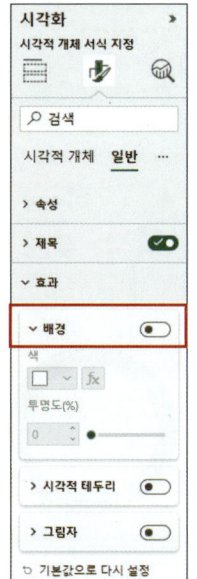
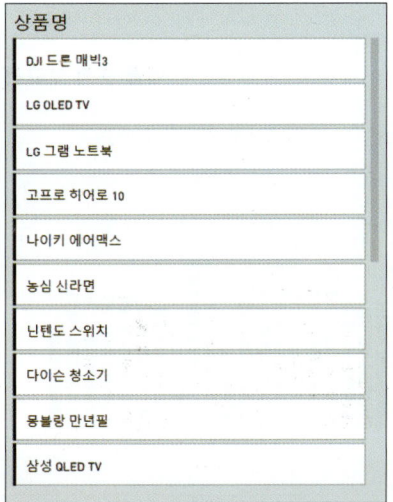

타일 슬라이서 개체는 다양한 서식 옵션과 기능을 제공하므로 많은 연습을 통해 조작이 익숙해져야만 주어진 시간 내에 시험에서 요구하는 바를 달성할 수 있다.

Warming Up 예제 실습하기(1)

문제

| 시각화 완성화면 |

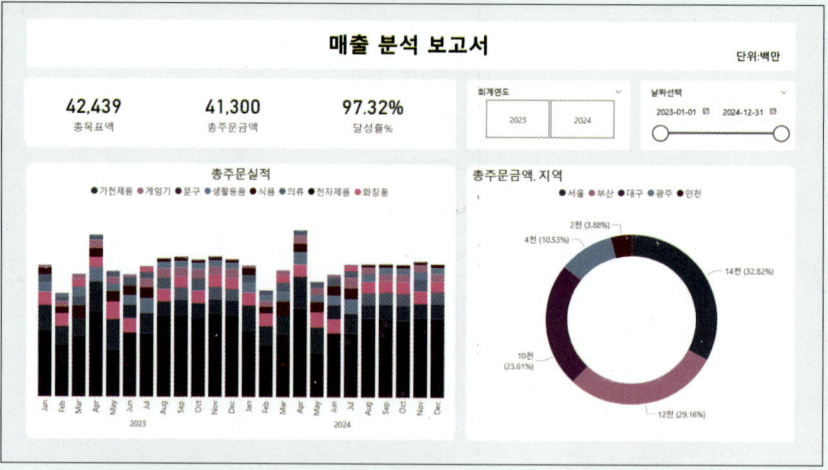

각 세부문제 풀이 후 해당 페이지에 그림과 같이 개체를 배치하시오.

① 다음 지시사항에 따라 카드(3개)를 구현하시오.
- ▶ 활용 필드 : 〈_측정값모음〉 테이블의 [총목표액], [총주문금액], [달성률%] 측정값
- ▶ 설명 값 서식 : 글꼴 'DIN', 글꼴 크기 25, 표시 단위 '없음'
- ▶ '1-①' 위치에 순서대로 배치

② 다음 지시사항에 따라 '회계연도' 슬라이서를 구현하시오.
- ▶ 활용 필드 : 〈날짜〉 테이블의 [연도] 필드
- ▶ 슬라이서 스타일 : '타일'
- ▶ 슬라이서 머리글을 "회계연도"로 수정
- ▶ '1-②' 위치에 배치

③ 다음 지시사항에 따라 '날짜선택' 슬라이서를 구현하시오.
- ▶ 활용 필드 : 〈날짜〉 테이블의 [Date] 필드
- ▶ 슬라이서 스타일 : '사이'
- ▶ 슬라이서 머리글을 "날짜선택"으로 수정
- ▶ '1-③' 위치에 배치

④ 다음 지시사항에 따라 누적 세로 막대형 차트를 구현하시오.
- ▶ 활용 필드
  - 〈날짜〉 테이블의 [연도] 필드, [월이름] 필드
  - 〈_측정값모음〉 테이블의 [총주문금액] 필드
  - 〈상품목록〉 테이블의 [카테고리] 필드
- ▶ 차트 제목 : "총주문실적", 가로 맞춤 '가운데'
- ▶ X축
  - 축 제목 제거

- 정렬 기준 : [월이름]은 [월] 필드를 기준으로 열 기준 정렬
- 정렬 방법 : [연도] 및 [월이름] 필드를 기준으로 오름차순으로 정렬
▶ Y축 : 축 제목 제거, 값 제거
▶ 열 : 누적 순서는 '값 기준 정렬', '역순'
▶ 범례 : 위치 '위쪽 가운데', 제목은 제거
▶ '1-④' 위치에 배치

⑤ 다음 지시사항에 따라 '지역별 총주문금액' 도넛형 차트를 구현하시오.
▶ 활용 필드
- 〈거래처리스트〉 테이블의 [지역] 필드
- 〈_측정값모음〉 테이블의 [총주문금액] 필드
▶ 차트 제목 : "지역별 총주문금액", 가로 맞춤 '가운데'
▶ 범례 : 위치 '위쪽 가운데', 제목 제거
▶ 조각 : 내부 반경 75%
▶ 세부 정보 레이블
- 위치 '바깥쪽 우선'
- 레이블 내용 '총 퍼센트'로 표시
- 값 소수 자릿수 비율은 '0'
▶ '1-⑤' 위치에 배치

풀이

📁 예제 'Part1_Chapter06' > '예제06-1_주문내역파일.pbix' > '예제1'

📁 풀이 'Part1_Chapter06' > '풀이06-1_주문내역파일.pbix' > '풀이1'

각 세부문제 풀이 후 해당 페이지에 그림과 같이 개체를 배치하시오.

① 다음 지시사항에 따라 카드(3개)를 구현하시오.

1. 예제 실습을 위해 **예제06-1_주문내역파일.pbix** 파일을 열고 예제1 탭으로 이동한다. 시각적 개체 빌드에서 **카드** 123 를 선택하고 **필드** 영역에 〈_측정값모음〉 테이블의 **[총목표액] 측정값**을 우측 **데이터 창**에서 드래그 앤 드롭한다.

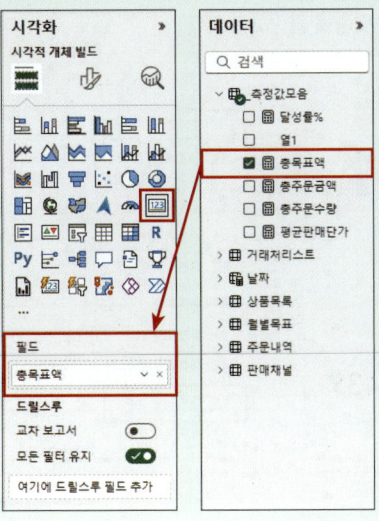

2. **시각적 개체 서식 지정**에서 **시각적 개체** > **설명 값** > **글꼴 크기**를 **25**로 조정하고 **표시 단위**는 **없음**으로 설정한다.

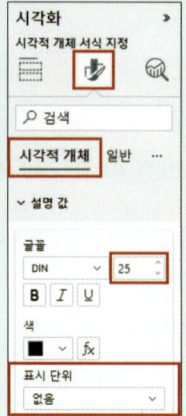

3. 측정값 [총주문금액], [달성률%] 필드에 대해서도 동일한 방법으로 카드를 만든다.

하나를 만들고 Ctrl+C, Ctrl+V로 복제한 뒤 필드만 갈아끼우면 빠르게 작업이 가능하다.

4. 3개의 카드를 1-①의 위치에 순서대로 배치한다.

지시사항에는 없지만 만약 카드들의 사이 간격을 균등하게 맞추고 싶다면 **대상 개체들을 모두 선택한 상태**에서 **서식** > **맞춤** > **가로 균등 맞춤**을 클릭하면 된다.

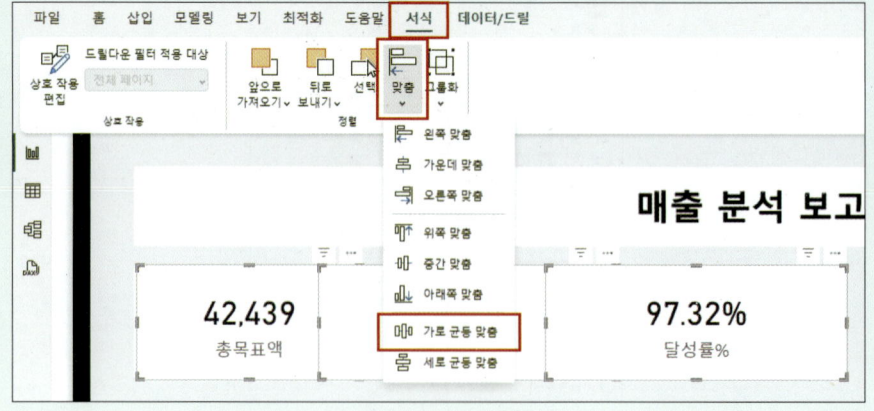

② 다음 지시사항에 따라 '회계연도' 슬라이서를 구현하시오.
1. 시각적 개체 빌드에서 **슬라이서** 를 선택하고 1-②의 위치에 배치한다.
2. **필드** 영역에는 〈날짜〉 테이블의 [연도] 필드를 우측 **데이터 창**에서 드래그 앤 드롭한다.

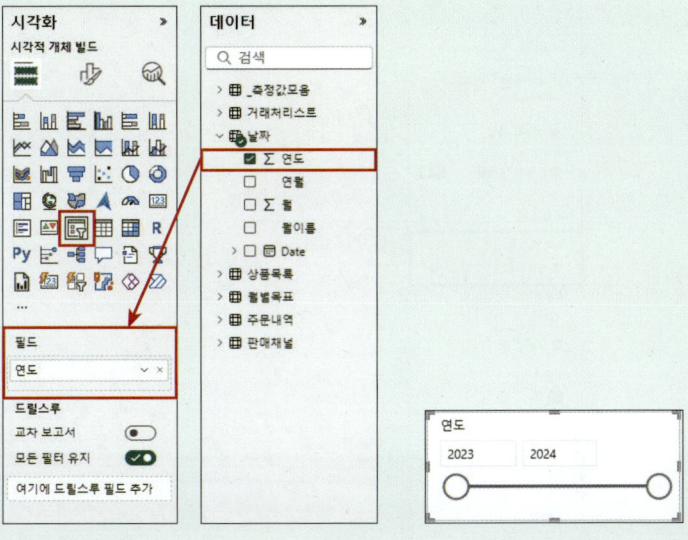

3. **시각적 개체 서식 지정 > 시각적 개체 > 슬라이서 설정 > 옵션 > 스타일**에서 **타일**을 선택한다.

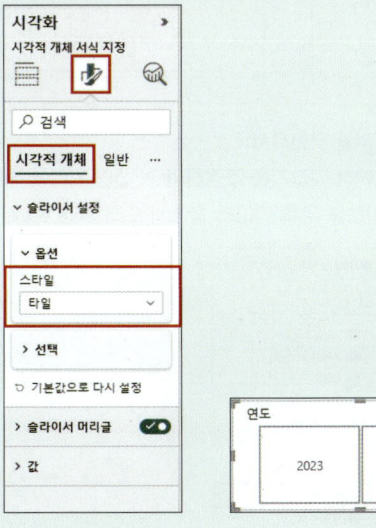

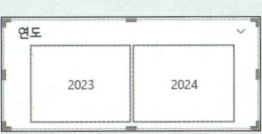

4. **슬라이서 머리글** > **제목 텍스트**를 회계연도로 변경하고 Enter를 누른다.

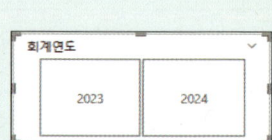

③ 다음 지시사항에 따라 '날짜선택' 슬라이서를 구현하시오.
1. 시각적 개체 빌드에서 **슬라이서** 를 선택하고 크기를 조정하여 1-③의 위치에 배치한다.
2. **필드** 영역에는 〈날짜〉 테이블의 [Date] 필드를 우측 **데이터 창**에서 드래그 앤 드롭한다.

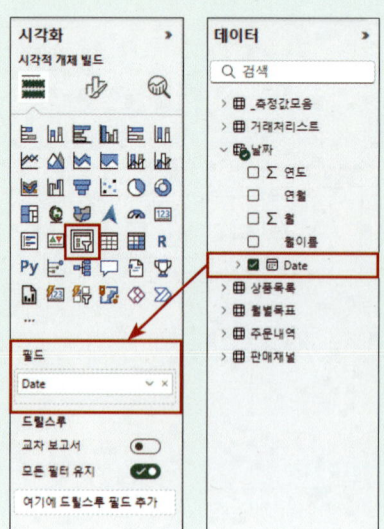

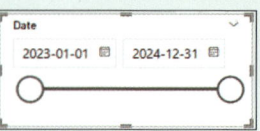

3. **시각적 개체 서식 지정** > **시각적 개체** > **슬라이서 머리글** > **텍스트** > **제목 텍스트**를 **날짜선택**으로 수정하고 **Enter**를 누른다.

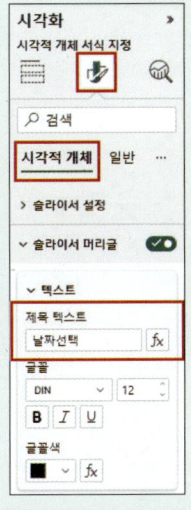

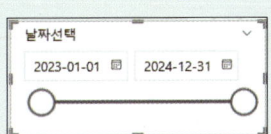

④ 다음 지시사항에 따라 누적 세로 막대형 차트를 구현하시오.
1. **시각적 개체 빌드**에서 **누적 세로 막대형 차트**를 선택하고 1-④의 위치에 배치한다.
2. X축에는 〈날짜〉 테이블의 [연도] 및 [월이름] 필드를, Y축에는 〈_측정값모음〉 테이블의 [총주문금액] 측정값을, 범례에는 〈상품목록〉 테이블의 [카테고리] 필드를 우측 **데이터 창**에서 드래그 앤 드롭한다.

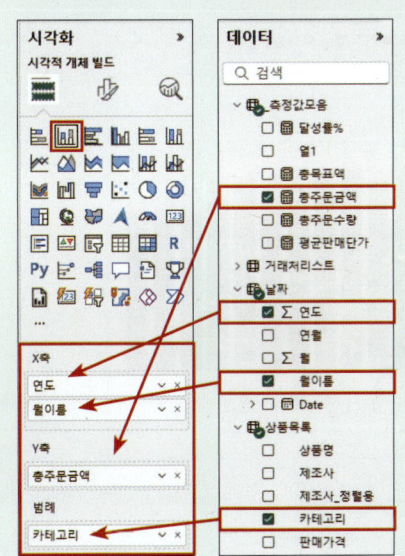

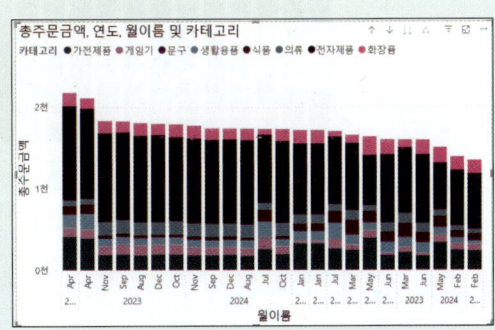

3. **데이터 창**에서 〈날짜〉 테이블의 [월이름] 필드를 선택하고, 상단 메뉴의 **열 기준 정렬**을 열어 **월**을 선택한다.

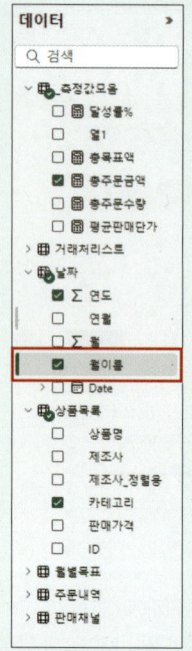

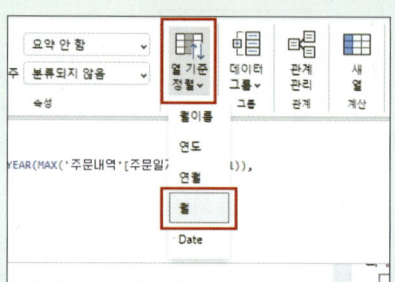

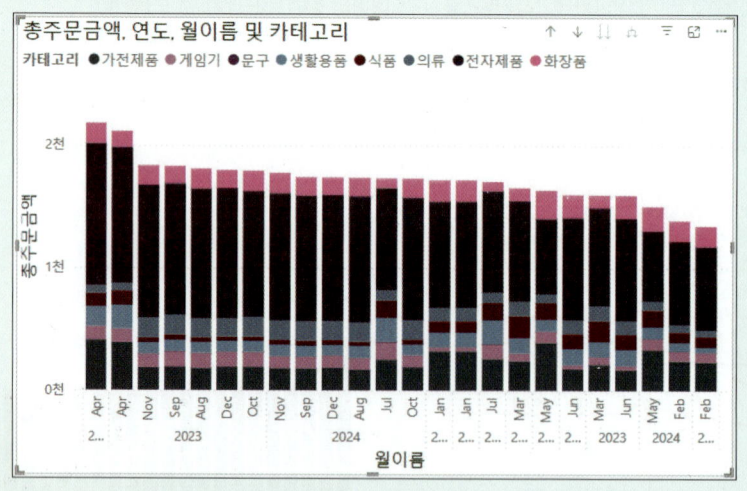

> **Tip**
> 해당 작업을 실행하면 [월이름] 필드 값 정렬의 기준이 [월] 필드 값으로 바뀐다.

4. 앞에서 설정한 정렬 기준을 적용하기 위해, 시각적 개체의 우측 상단 ... 부분을 눌러 **축 정렬**을 **연도 월이름**으로 선택하고 이어서 **축 정렬** 방법은 **오름차순 정렬**로 선택한다(한 번에 두 가지 설정이 안 되므로 순차적으로 진행한다).

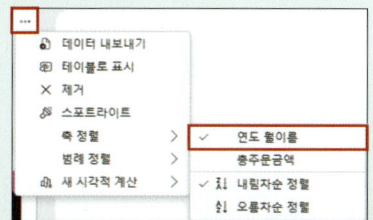 

5. **시각적 개체 서식 지정 > 시각적 개체**에서 **X축**의 **제목**을 **비활성화**한다.

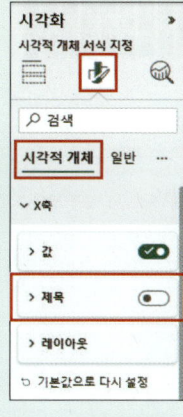 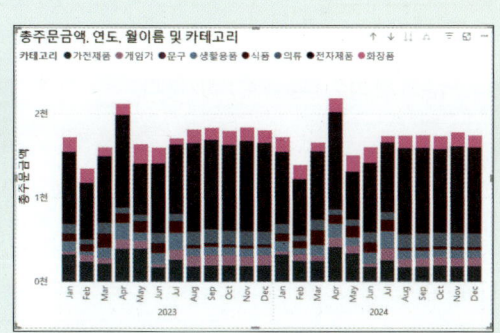

6. **Y축**의 **값**과 **제목**도 **비활성화**한다.

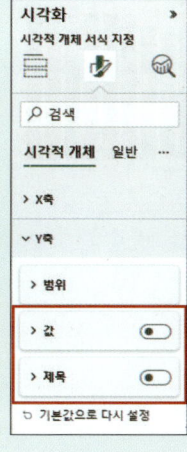 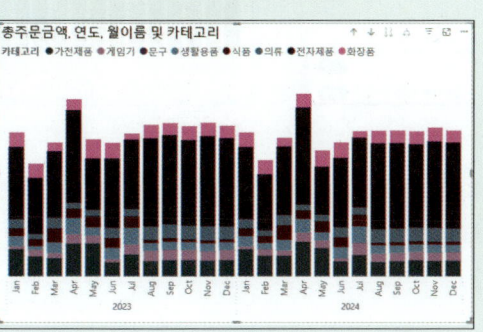

7. **범례 > 옵션 > 위치**는 **위쪽 가운데**로 설정하고 **제목**은 **비활성화**한다.

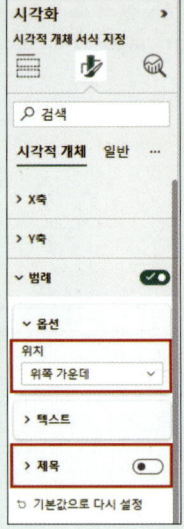 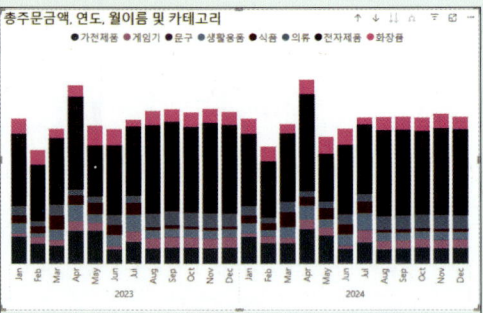

8. **열 > 레이아웃 > 역순**과 **값 기준 정렬**을 **활성화**시킨다.

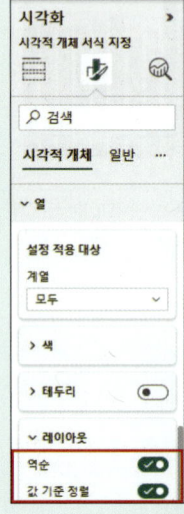 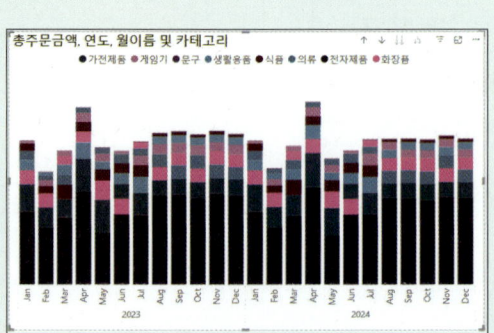

> **Tip** ✓
> 값이 큰 항목부터 하단에서 상단으로 누적되어 나타난다.

9. **일반** > **제목** > **텍스트**를 **총주문실적**으로 수정하고 **가로 맞춤** > **가운데**로 설정한다.

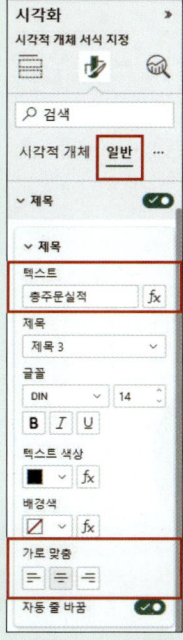

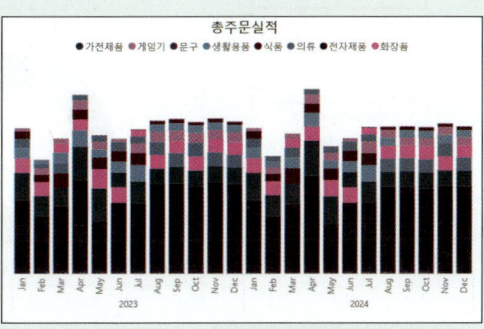

⑤ 다음 지시사항에 따라 '지역별 총주문금액' 도넛형 차트를 구현하시오.

1. 시각화 개체 빌드에서 **도넛형 차트** 를 선택하고 1~⑤의 위치에 배치한다.
2. **범례** 영역에는 〈거래처리스트〉 테이블의 [지역] 필드를, **값**에는 〈_측정값모음〉 테이블의 [총주문금액] 측정값을 우측 **데이터 창**에서 드래그 앤 드롭한다.

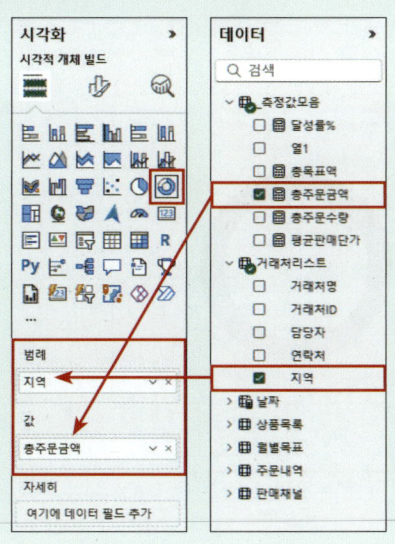

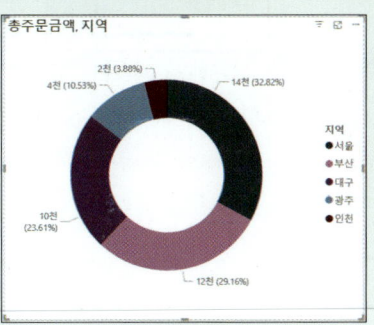

3. **시각적 개체 서식 지정** > **시각적 개체** > **범례** > **옵션** > **위치** > **위쪽 가운데** 선택 후 제목은 **비활성화**한다.

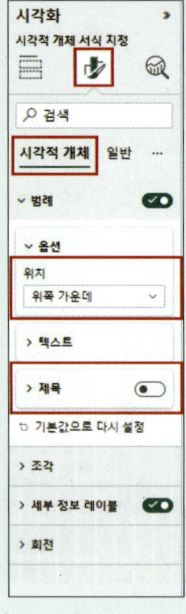 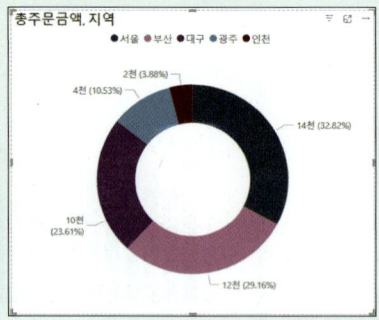

4. **조각** > **간격** > **내부 반경(%)**을 75로 조정한다.

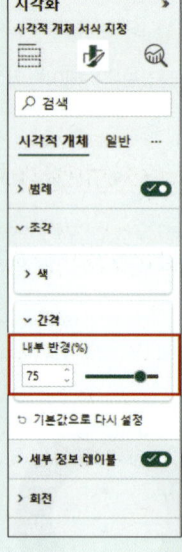 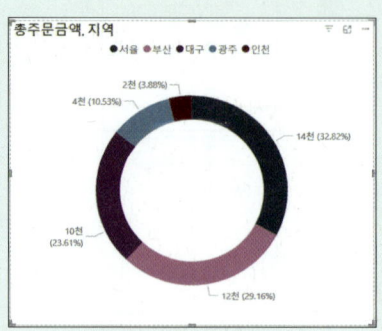

5. **세부 정보 레이블** > **위치**는 **바깥쪽 우선**으로, **레이블 내용**은 **총 퍼센트**로, **값** > **소수 자릿수 비율**은 **0**으로 설정한다.

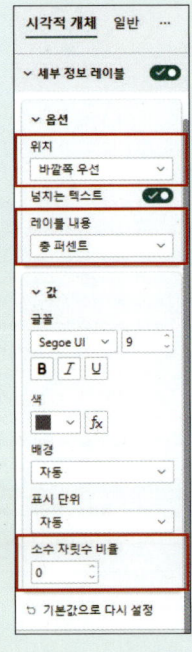
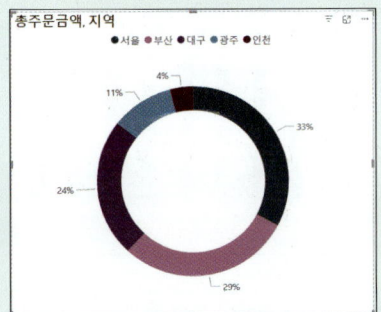

6. **일반** > **제목** > **텍스트**를 **지역별 총주문금액**으로 수정하고 **가로 맞춤** > **가운데**로 설정한다.

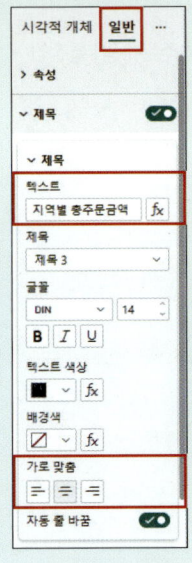
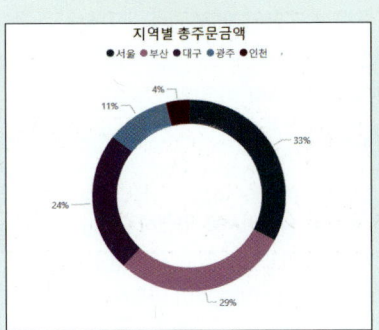

Warming Up 예제 실습하기(2)

문제

| 시각화 완성화면 |

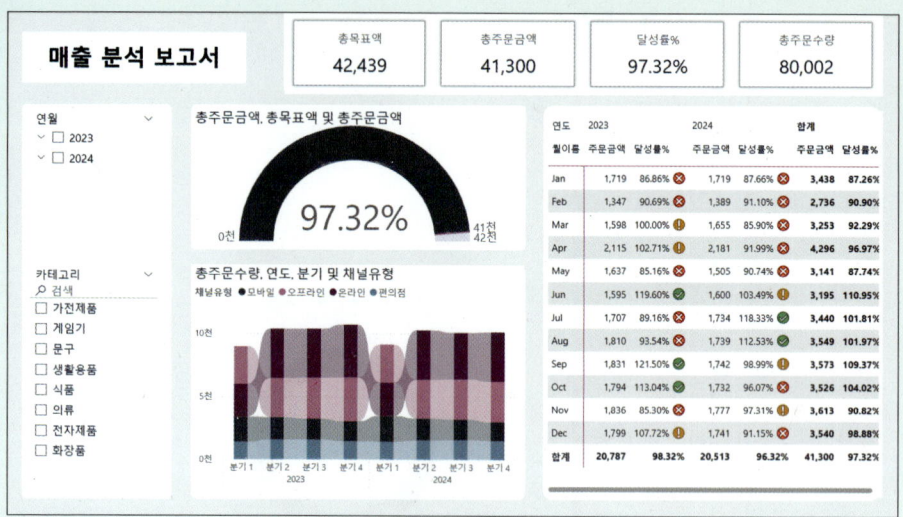

각 세부문제 풀이 후 해당 페이지에 아래와 같이 개체를 배치하시오.

① 다음 지시사항에 따라 카드(신규)를 구현하시오.
- ▶ 활용 필드
  - 〈_측정값모음〉 테이블의 [총목표액], [총주문금액], [달성률%], [총주문수량] 측정값
- ▶ 레이아웃 : '표시된 최대 카드 수' 4개 표시
- ▶ 설명 값
  - 글꼴 'Segoe UI', 글꼴 크기 20
  - 가로 맞춤 '가운데'
  - 모든 각 계열에 대해 표시 단위 '없음'
- ▶ 카드
  - 그림자 : 오프셋 '바깥쪽', 위치 '가운데'
  - 안쪽 여백 : 크기 '좁게'
  - '2-①' 위치에 배치

② 다음 지시사항에 따라 "연월" 슬라이서를 구현하시오.
- ▶ 활용 필드 : 〈날짜〉 테이블의 [연도] 필드, [월이름] 필드
- ▶ '연도' 하위에 '월이름'을 배치하여 계층이 만들어지도록 설정
- ▶ 슬라이서 스타일 : '세로 목록'
- ▶ 슬라이서 머리글 : "연월"로 수정
- ▶ '2-②' 위치에 배치

③ 다음 지시사항에 따라 "카테고리" 슬라이서를 구현하시오.
  ▶ 활용 필드 : 〈상품목록〉 테이블의 [카테고리] 필드
  ▶ 슬라이서 스타일 : '세로 목록'
  ▶ '카테고리' 항목이 검색 가능하도록 구현
  ▶ '2-③' 위치에 배치

④ 다음 지시사항에 따라 계기 차트를 구현하시오.
  ▶ 활용 필드 : 〈_측정값모음〉 테이블의 [총주문금액], [총목표액], [달성률%] 측정값
  ▶ 값 : [총주문금액] 필드 값을 시각적으로 표시
  ▶ 최대값 : [총목표액] 필드 값을 시각적으로 표시
  ▶ 대상값 : [총주문금액] 필드 값을 시각적으로 표시
  ▶ 설명 값
    - [총주문금액] 필드 값 대신 [달성률%] 필드가 표시되도록 설정
    - 글꼴 'Segoe UI'
  ▶ '2-④' 위치에 배치

⑤ 다음 지시사항에 따라 리본 차트를 구현하시오.
  ▶ 활용 필드
    - 〈날짜〉 테이블의 [Date] 필드
    - 〈판매채널〉 테이블의 [채널유형] 필드
    - 〈_측정값모음〉 테이블의 [총주문수량] 측정값
  ▶ X축
    - [Date] 필드 계층의 [연도], [분기] 필드 사용
    - 연도와 분기가 함께 표시되도록 '계층 구조에서 한 수준 아래로 확장'
    - 제목 제거
  ▶ Y축 : 제목 제거
  ▶ 리본 : 색 투명도 60%
  ▶ '2-⑤' 위치에 배치

⑥ 다음 지시사항에 따라 행렬을 구현하시오.
  ▶ 활용 필드
    - 〈날짜〉 테이블의 [연도], [월이름] 필드
    - 〈_측정값모음〉 테이블의 [총주문금액], [달성률%] 측정값
  ▶ 정렬 : [월이름]이 [월] 필드 값 기준으로 정렬되도록 열 기준 정렬 적용
  ▶ 눈금 옵션의 행 안쪽 여백 : '8'
  ▶ 시각적 개체상에서 '총주문금액'이 '주문금액'으로 나타나도록 이름 변경
  ▶ 조건부 서식 적용
    - 설정 적용 대상 : [달성률%]
    - '아이콘' 사용
    - 아이콘 스타일 : ❌❗✅
    - 아이콘 레이아웃 : '데이터 오른쪽'
  ▶ '2-⑥' 위치에 배치

> 풀이

> 📁 예제 'Part1_Chapter06' > '예제06-1_주문내역파일.pbix' > '예제2'
> 📁 풀이 'Part1_Chapter06' > '풀이06-1_주문내역파일.pbix' > '풀이2'

각 세부문제 풀이 후 해당 페이지에 아래와 같이 개체를 배치하시오.

① 다음 지시사항에 따라 카드(신규)를 구현하시오.

1. 예제 실습을 위해 **예제06-1_주문내역파일.pbix** 파일의 예제2 탭으로 이동한다. **시각적 개체 빌드**에서 **카드(신규)** 🔲를 선택하고 2-①의 위치에 배치한다.
2. **데이터** 영역에 〈_측정값모음〉 테이블의 [**총목표액**], [**총주문금액**], [**달성률%**], [**총주문수량**] 측정값을 우측 **데이터 창**에서 차례대로 드래그 앤 드롭한다.

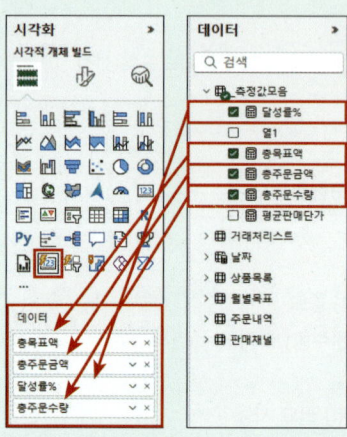

3. **시각적 개체 서식 지정 > 시각적 개체 > 레이아웃 > 표시된 최대 카드 수**를 4로 조정한다.

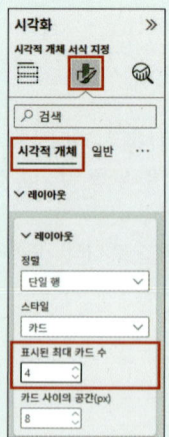

4. **설명 값 > 글꼴**은 Segoe UI로, **글꼴 크기**는 20으로 변경한 뒤 **가로 맞춤**은 가운데로 설정한다.

5. **설명 값 > 설정 적용 대상 > 계열**을 **총목표액**으로 선택하고 **표시 단위**를 **없음**으로 설정한다.

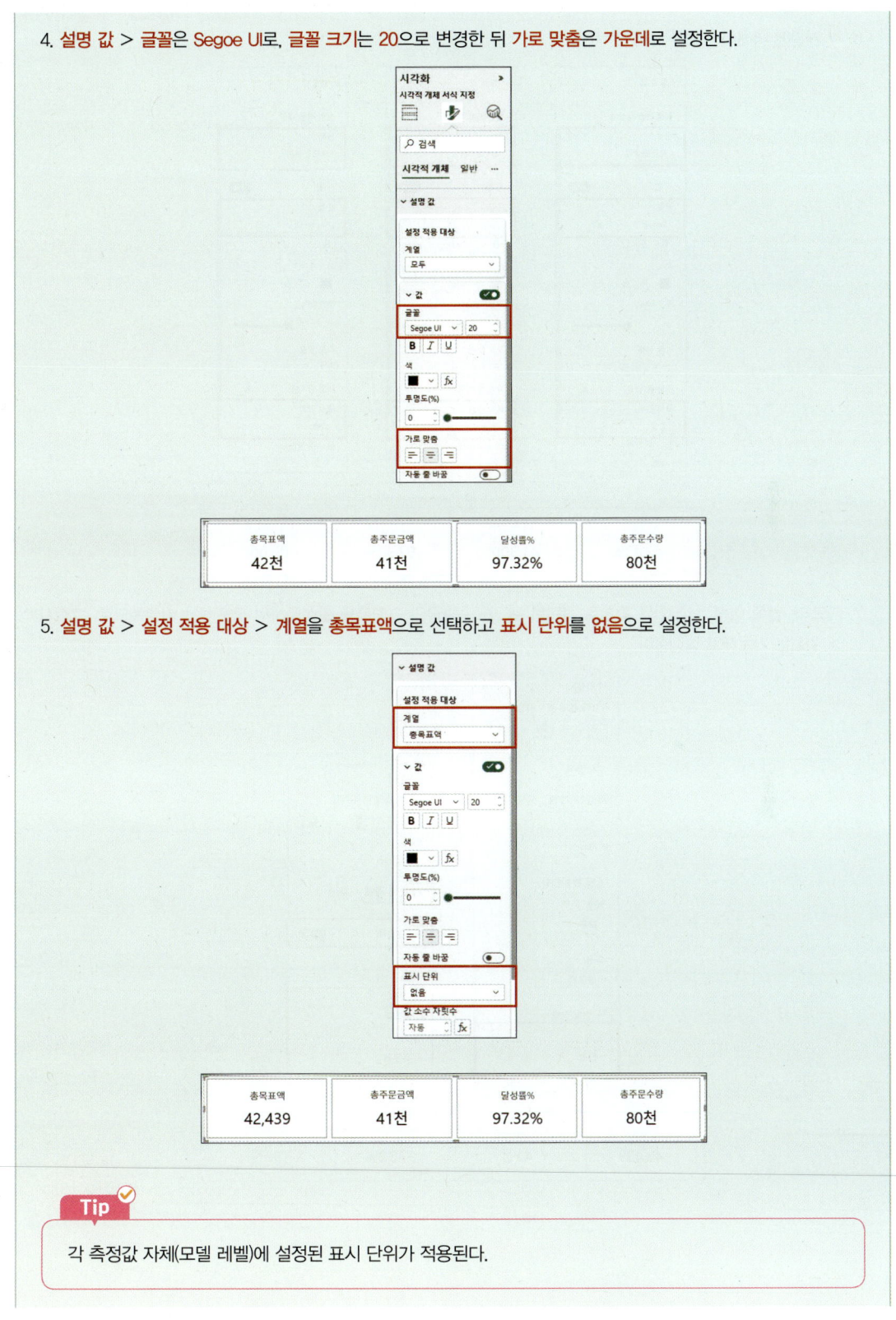

> **Tip**
> 각 측정값 자체(모델 레벨)에 설정된 표시 단위가 적용된다.

6. 각 계열에 대해서 이전 작업을 반복해준다.

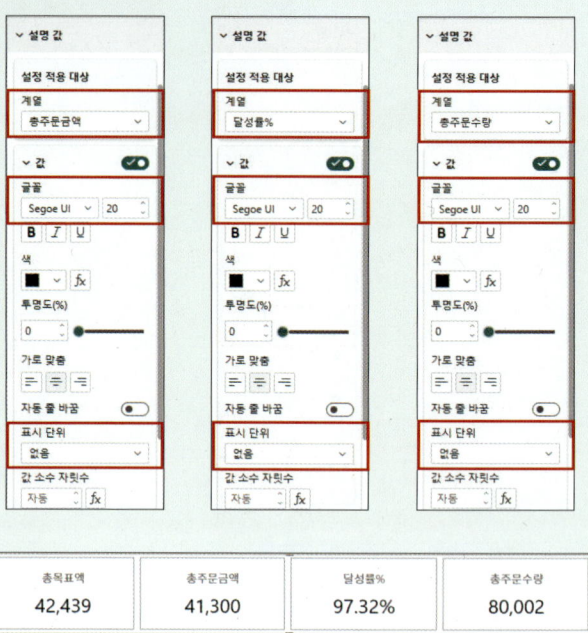

7. **카드** > **안쪽 여백** > **크기를 좁게**로 선택한 뒤, 카드 하단의 **그림자를 활성화**하여 오프셋은 **바깥쪽**으로, **그림자** > **위치는 가운데**로 설정한다.

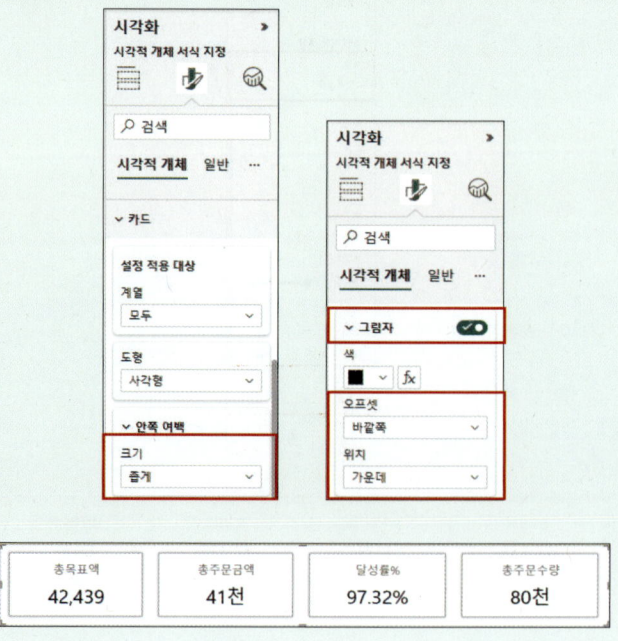

② 다음 지시사항에 따라 "연월" 슬라이서를 구현하시오.

1. 시각적 개체 빌드에서 슬라이서 를 선택하고 2-②의 위치에 배치한다.
2. 필드 영역에 〈날짜〉 테이블의 [연도] 필드와 [월이름] 필드를 우측 데이터 창에서 차례대로 드래그 앤 드롭하여 계층을 완성한다.

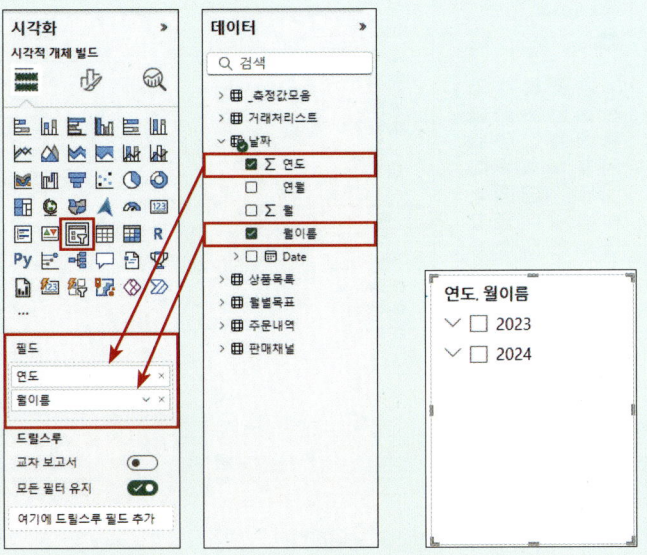

3. 시각적 개체 서식 지정 > 시각적 개체 > 슬라이서 머리글 > 텍스트 > 제목 텍스트에 연월을 입력하고 Enter를 누른다.

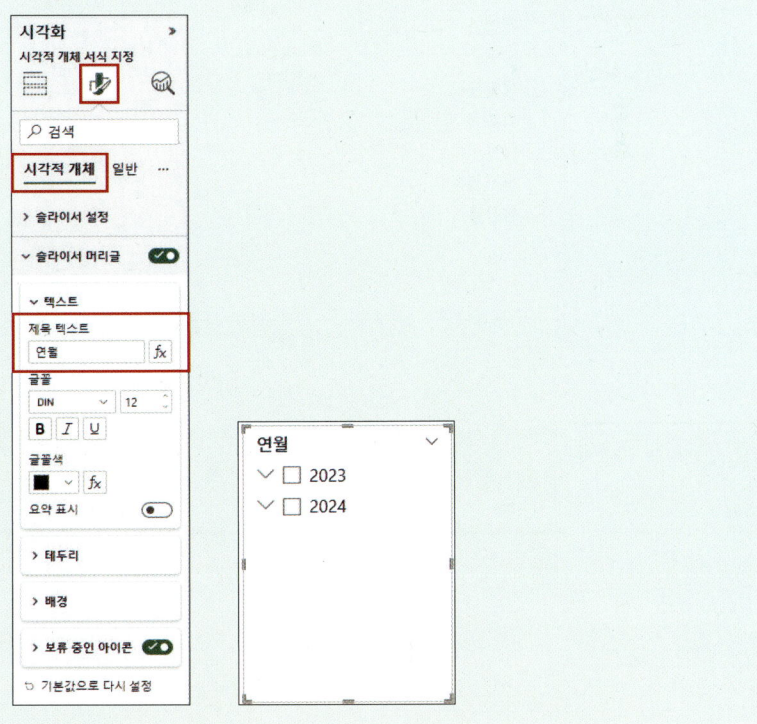

③ 다음 지시사항에 따라 "카테고리" 슬라이서를 구현하시오.
1. 시각적 개체 빌드에서 **슬라이서** 를 선택하고 2-③의 위치에 배치한다.
2. **필드** 영역에 〈상품목록〉 테이블의 **[카테고리] 필드**를 우측 **데이터 창**에서 드래그 앤 드롭한다.

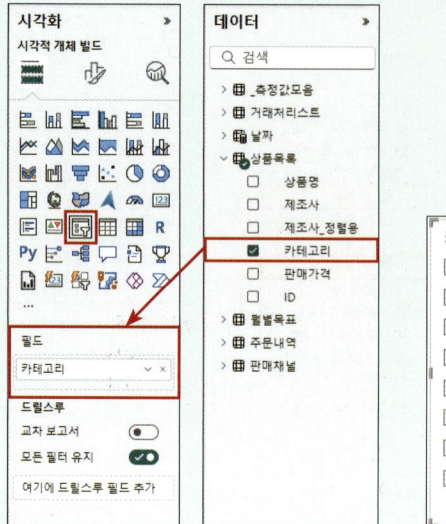

3. 슬라이서 개체 상 우측 상단의 ⋯을 눌러 **검색**을 클릭한다.

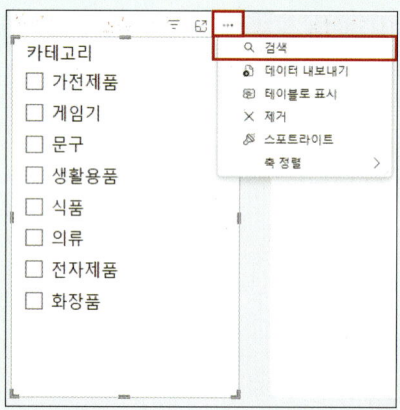

④ 다음 지시사항에 따라 계기 차트를 구현하시오.

1. **시각적 개체 빌드**에서 **계기 차트** 를 선택하고 2-④의 위치에 배치한다.
2. 〈_측정값모음〉 테이블에서 **값** 영역에는 [총주문금액] 측정값을, **최대값**에는 [총목표액] 측정값을, **대상값**에는 [총주문금액] 측정값을 한 번 더 우측 **데이터 창**에서 드래그 앤 드롭한다.

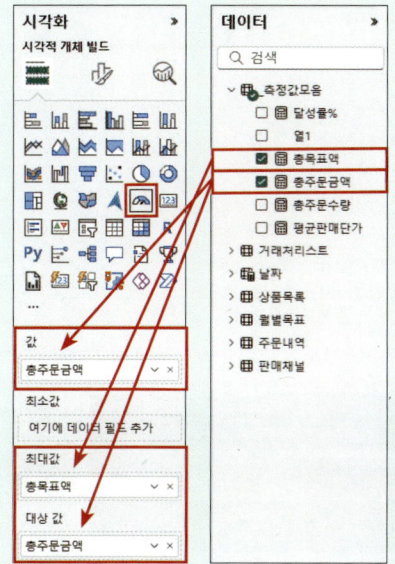

3. **시각적 개체 서식 지정 > 시각적 개체 > 설명 값 > 글꼴**은 Segoe UI로 변경하고 **사용자 지정 레이블**을 활성화한 뒤 **필드**에는 **데이터 추가**를 눌러 〈_측정값모음〉 테이블의 [달성률%] 측정값을 추가한다.

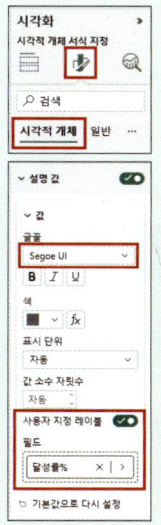
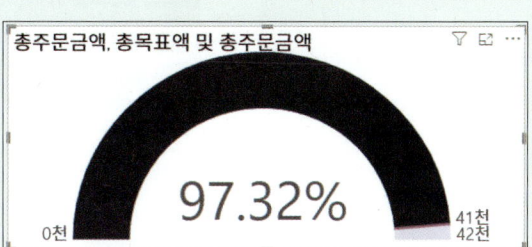

> **Tip**
> 필드를 해당 자리에 드래그 앤 드롭하는 것도 가능하다.

⑤ 다음 지시사항에 따라 리본 차트를 구현하시오.

1. **시각적 개체 빌드**에서 **리본 차트** 를 선택한 다음 2~⑤의 위치에 배치한다.
2. X축 영역에는 〈날짜〉 테이블의 [Date] 필드를, Y축 영역에는 〈_측정값모음〉 테이블의 [총주문수량] 측정값을, 범례 영역에는 〈판매채널〉 테이블의 [채널유형] 필드를 우측 **데이터** 창에서 드래그 앤 드롭한다.

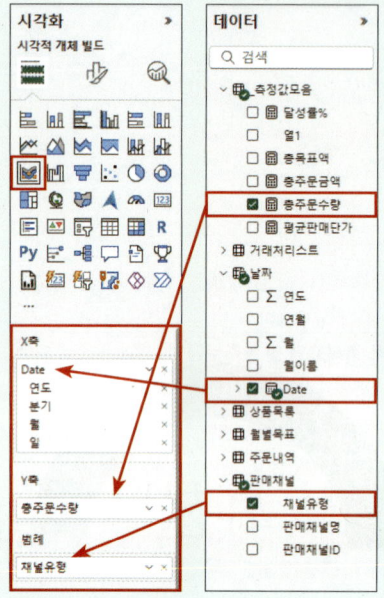

3. X축에서 **월**과 **일** 계층은 ⊠를 눌러 **제거**한다.

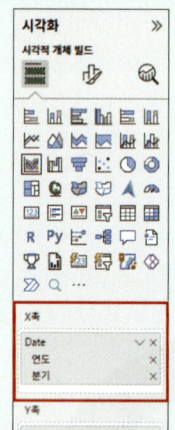
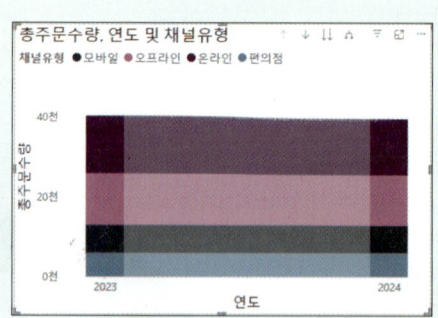

4. 리본 차트의 우측 상단에 **계층 구조에서 한 수준 아래로 모두 확장(🔽)을 눌러 X축을 다음 수준으로 확장**한다.

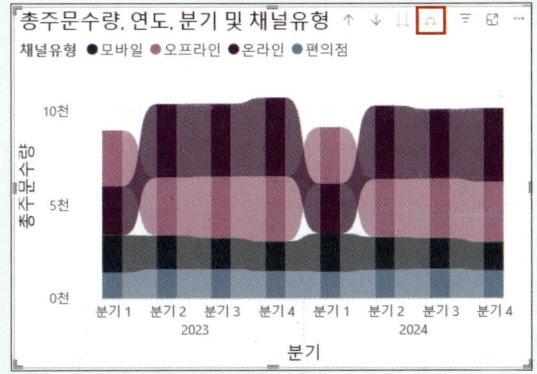

5. **시각적 개체 서식 지정 > 시각적 개체 > X축의 제목을 비활성화**한다.

 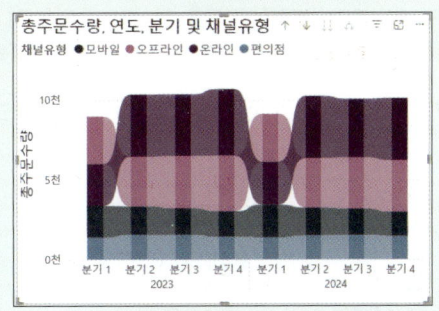

6. **Y축**의 **제목도 비활성화**한다.

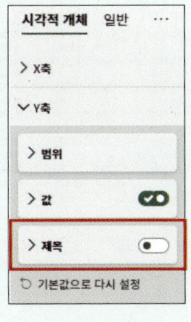 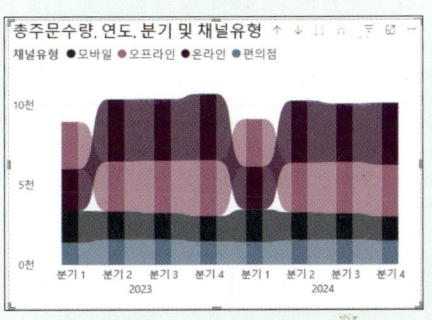

7. **리본 > 투명도(%)**를 **60**으로 조정한다.

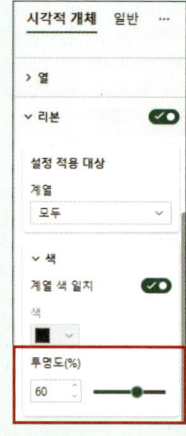
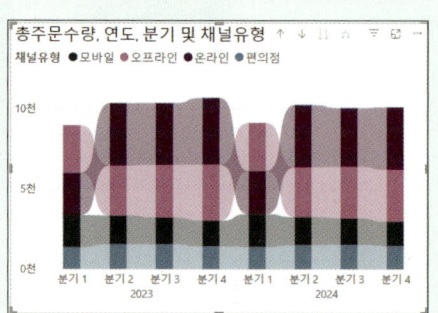

⑥ **다음 지시사항에 따라 행렬을 구현하시오.**
1. **시각적 개체 빌드**에서 **행렬 차트** 를 선택한 다음 2~⑥의 위치에 배치한다.
2. **행** 영역에는 〈날짜〉 테이블의 [**월이름**] 필드를, **열** 영역에는 [**연도**] 필드를, **값** 영역에는 〈_측정값모음〉 테이블의 [**총주문금액**], [**달성률%**] 측정값을 차례대로 우측 **데이터** 창에서 차례대로 드래그 앤 드롭한다.

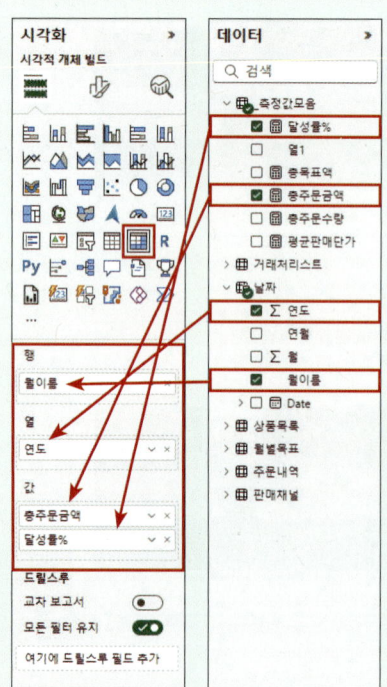

> **Tip** ✓
> 이전 예제 실습하기(1)에서 [월이름] 필드를 [월] 기준으로 열 기준 정렬을 이미 설정했으므로 [월이름]이 [월] 순서대로 정렬되어 있다.

3. **시각적 개체 서식 지정 > 시각적 개체 > 눈금 > 옵션 > 행 안쪽 여백**을 8로 조정한다.

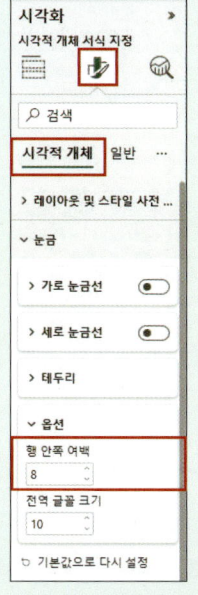

4. **시각적 개체 빌드 > 값**에 추가된 [총주문금액] 필드를 **더블클릭**하여 주문금액으로 변경한다.

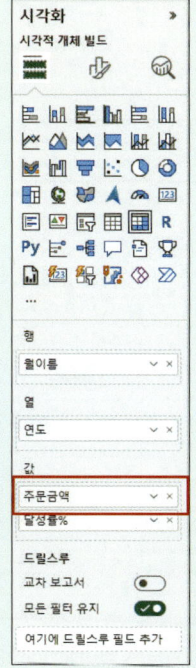

> **Tip**
> 값 내 해당 필드에서 **마우스 우클릭 > 이 시각적 개체의 이름 바꾸기**를 클릭해 변경할 수도 있다.

5. 끝으로 조건부 서식 적용을 위해 **시각적 개체**로 다시 이동하여 **셀 요소 > 설정 적용 대상 > 계열**을 **달성률%**로 선택하고 **아이콘**을 **활성화**시킨다.

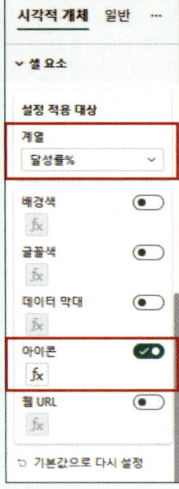

6. 아이콘의 fx 부분을 눌러 **조건부 서식** 대화창을 띄운 다음, **아이콘 레이아웃**은 **데이터 오른쪽**을, **스타일**에서는 ❌ ⚠️ ✅을 선택하고 **확인**을 눌러 조건부 서식 적용을 마무리한다.

CHAPTER 07

보고서와 데이터시각화 III
- 동적 요소 구현하기

Power BI는 보고서 내에서 동적 요소를 구현하기 위한 다양한 기능을 제공한다. 필터, 조건부 서식, 버튼, 매개 변수, 상호작용 설정, 드릴스루 등 다양한 기능을 통해 사용자는 보고서 내 시각적 요소와 데이터를 실시간으로 조작하고, 맞춤형 사용자 경험을 제공할 수 있다. 이러한 기능들은 사용자 상호작용에 기반한 유연한 보고서 개발을 가능하게 하며, 시험 준비를 위해서는 먼저 각 기능의 작동원리를 이해하고, 주어지는 조건에 따라 이들을 빠르고 정확하게 구현하는 것이 필요하다.

01 필터 창

📁 예시 'Part1_Chapter07' > '예시07-1_주문내역파일_필터창.pbix'

📁 실습 'Part1_Chapter07' > '예시실습07-1_주문내역파일.pbix'

필터 창은 문자열, 숫자, 날짜 등의 필드값에 다양한 조건을 설정하여 데이터를 필터링할 수 있는 기능을 제공한다. 이를 통해 특정 시각적 개체나 페이지 전체에 필터를 적용하여 원하는 데이터만 표시할 수 있다. 다음은 특정 시각적 개체에 주로 사용되는 필터링 유형이다. 먼저, 실습을 위해 **예시실습07-1_주문내역파일.pbix** 파일을 연다.

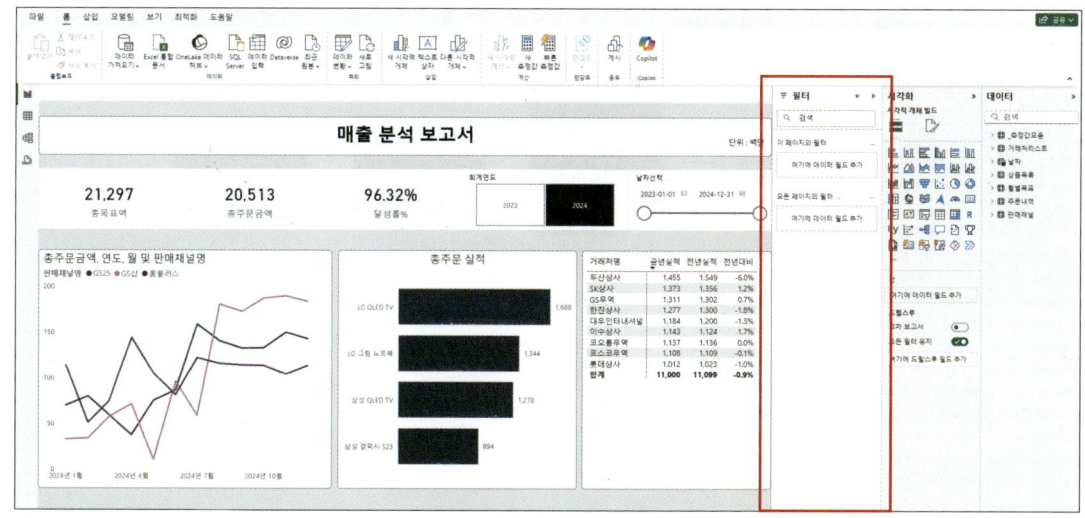

01 문자열에 적용하는 기본 필터링

예를 들어, 실습1(기본필터) 페이지에서 묶은 세로 막대형 차트의 [상품명] 필드 값들 중 [카테고리] 필드가 식품 또는 의류인 상품들만 시각적으로 표출하고 싶을 때 사용하는 필터링 유형이다.

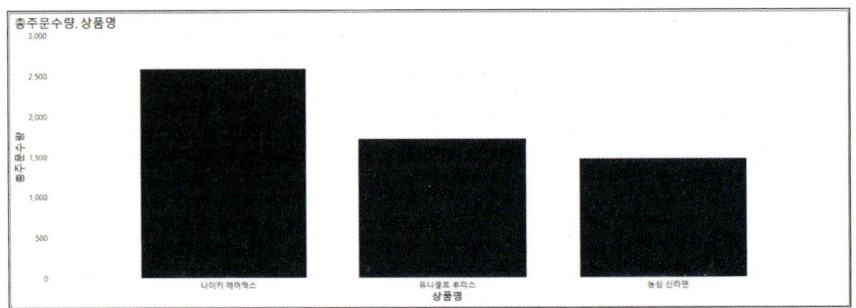

❶ **묶은 세로 막대형 차트가 선택**된 상태에서, 캔버스 우측 **필터 > 이 시각적 개체의 필터 > 여기에 데이터 필드 추가** 영역으로 〈상품목록〉 테이블의 [카테고리] 필드를 드래그 앤 드롭한다.

❷ 필터 형식은 **기본 필터링**이 선택된 상태에서 **식품**과 **의류**를 체크하면 시각적 개체에 필터가 적용된다.

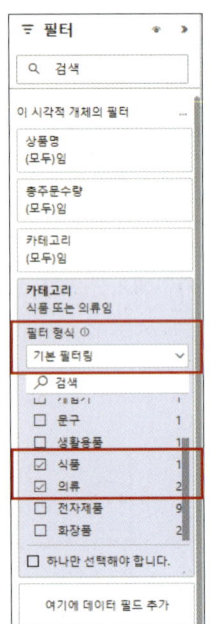

02 문자열에 적용하는 고급 필터링

예를 들어, 실습2(고급,상위N필터) 페이지에서 묶은 가로 막대형 차트의 [상품명] 필드값들 중 "삼성" 또는 "LG"라는 문자가 포함된 상품들만 시각적으로 표출하고 싶을 때 사용하는 필터링 유형이다.

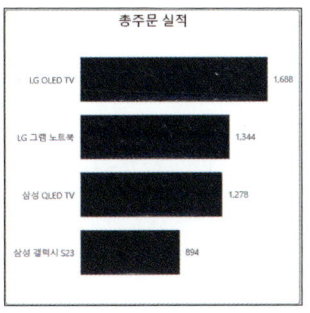

❶ **묶은 가로 막대형 차트가 선택**된 상태에서, 캔버스 우측 **필터 창 > 이 시각적 개체의 필터 > 상품명의 필터 카드를 확장(▽) > 필터 형식**은 **고급 필터링**, **다음 값일 경우 항목 표시**를 **포함**으로 선택하고 **삼성**을 입력한다.

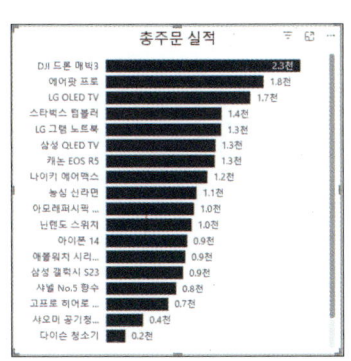 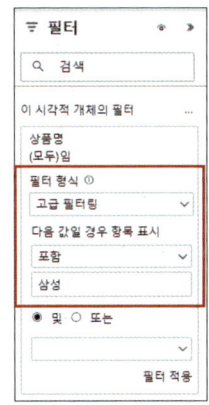

❷ 해당 필터에서 **또는**을 선택하고 마찬가지로 **포함**을 선택한 뒤 이번에는 **LG**를 입력한다. 입력 후 **필터 적용** 버튼까지 눌러주면 시각적 개체에 필터가 적용된다.

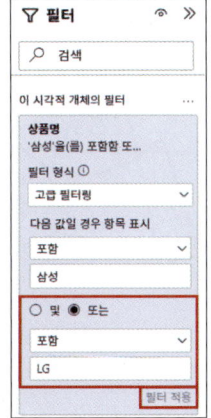 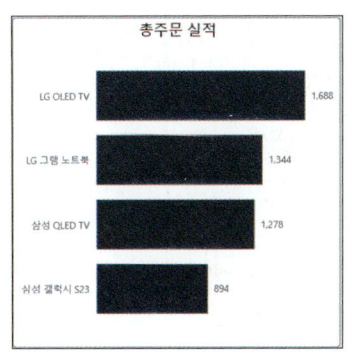

03 문자열에 적용하는 상위 N 필터링

예를 들어, 실습2(고급,상위N필터) 페이지에서 꺾은선형 차트에서 매출 상위 3개 [판매채널] 필드 값만 표출하고 싶을 때 사용하는 필터링 유형이다.

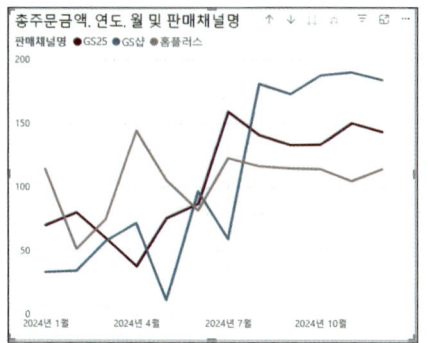

❶ **꺾은선형 차트가 선택**된 상태에서, 캔버스 우측 **필터 > 이 시각적 개체의 필터 > 판매채널명의 필터 카드를 확장(▽) > 필터 형식**은 **상위 N, 항목 표시**는 **위쪽** 선택 후 빈 영역에 **3**을 입력한다.

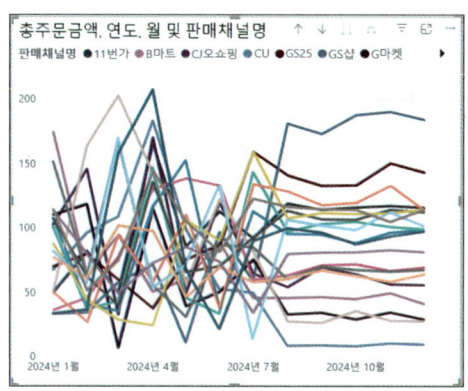 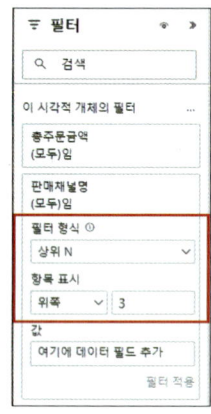

❷ 이어서 **값** 영역에 상위 N 순위를 결정할 기준인 〈측정값모음〉 테이블의 **[총주문금액] 측정값**을 추가한 후, **필터 적용**을 눌러 해당 필터를 시각적 개체에 반영한다.

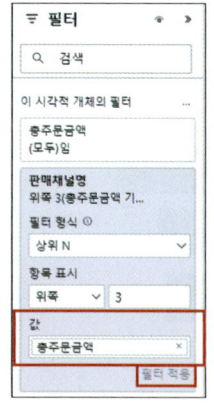 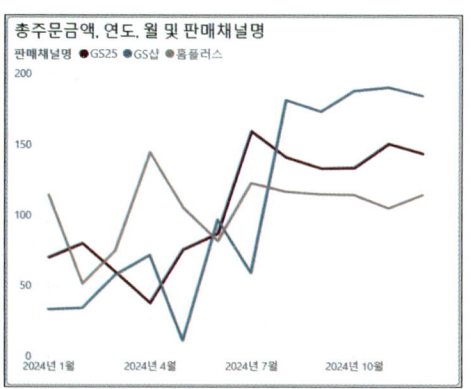

04 숫자열에 적용하는 필터링

예를 들어, 실습2(고급,상위N필터) 페이지에서 행렬 차트에서 금년실적이 1,000 이상인 거래처 실적만 표시하고자 할 때 사용하는 필터링 유형이다.

❶ **행렬 차트가 선택**된 상태에서, 캔버스 우측 **필터 > 이 시각적 개체의 필터 > 금년실적의 필터 카드를 확장**(☑) **> 다음 값일 경우 항목 표시 > 보다 크거나 같음**에 1000을 입력한다.

❷ **필터 적용**을 눌러 해당 필터를 시각적 개체에 반영한다.

필터 vs 슬라이서
- 필터
  - 특징 : 필터 창을 통해 페이지 전체나 특정 시각적 개체에 고정된 필터 조건을 설정할 수 있다.
  - 사용 목적 : 보고서 작성자가 보고서 작성 시 특정 조건을 미리 적용하거나, 설정에 따라 보고서 사용자가 필터를 직접 변경할 수 있도록 한다.
  - 주요 용도 : 정적 필터링(예 보고서 페이지에 특정 연도나 지역 데이터만 표시)
- 슬라이서
  - 특징 : 보고서 사용자가 직접 선택하여 데이터를 동적으로 탐색할 수 있는 도구이다.
  - 사용 목적 : 데이터 탐색과 상호작용에 중점을 둔다. 사용자가 필요에 따라 특정 값이나 범위를 선택하여 동적 데이터 필터링을 수행한다.
  - 주요 용도 : 보고서 사용자가 시각적 데이터를 직접 제어(예 날짜 범위 선택, 제품 카테고리 선택)

Warming Up 예제 실습하기

문제

보고서 필터 기능을 이용하여 다음 지시사항에 따라 각 시각적 개체에 필터를 적용하시오.

① '주요 온라인 채널 실적' 개체에 아래와 같이 필터를 적용하시오.

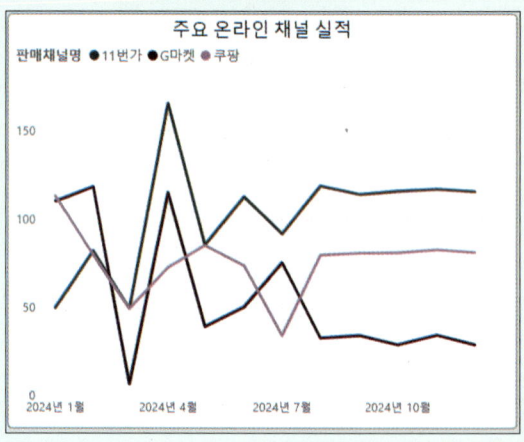

▶ 〈판매채널〉 테이블의 [판매채널명] 필드 값 중에 '11번가', 'G마켓', '쿠팡'만 나타나도록 기본 필터링 적용

② '하위(Top10) 상품 실적' 개체에 아래와 같이 필터를 적용하고 정렬하시오.

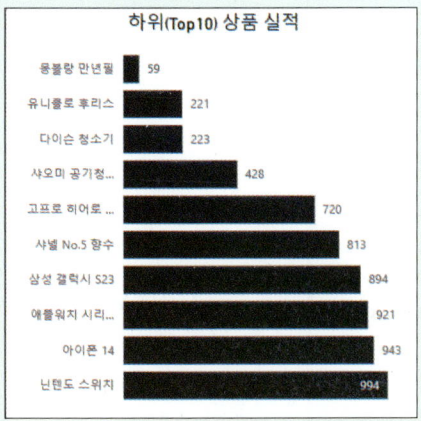

▶ 〈상품목록〉 테이블의 [상품명] 필드 값 가운데 [총주문금액] 측정값을 기준으로 하위 10등까지의 항목만 표시
▶ [상품명] 필드 값이 작은 항목부터 큰 순서로 정렬되도록 설정

③ '역성장 거래처 실적' 개체에 아래와 같이 필터를 적용하시오.

거래처명	금년실적	전년실적	전년대비
두산상사	1,455	1,549	-6.0%
한진상사	1,277	1,300	-1.8%
대우인터내셔널	1,184	1,200	-1.3%
포스코무역	1,108	1,109	-0.1%
롯데상사	1,012	1,023	-1.0%
대한상사	993	1,026	-3.2%
세아상사	978	1,119	-12.7%
현대무역	921	939	-1.9%
한화무역	896	910	-1.5%
ABC무역	748	759	-1.5%
합계	**10,572**	**10,934**	**-3.3%**

역성장 거래처 실적

▶ [전년대비] 측정값이 음수에 해당하는 [거래처명] 필드 값만 표시

풀이

📁 예제 'Part1_Chapter07' > '예제07-1_주문내역파일.pbix'
📁 풀이 'Part1_Chapter07' > '풀이07-1_주문내역파일.pbix'

보고서 필터 기능을 이용하여 다음 지시사항에 따라 각 시각적 개체에 필터를 적용하시오.

① '주요 온라인 채널 실적' 개체에 아래와 같이 필터를 적용하시오.
1. 예제 실습을 위해 **예제07-1_주문내역파일.pbix** 파일을 연다. 매출 분석 보고서에서 **주요 온라인 채널 실적 차트**를 클릭한다. 우측 **필터 창**을 확장한 후 판매채널명을 클릭한다. 필터 형식은 **기본 필터링**을 선택한 후 **11번가, G마켓, 쿠팡**을 체크한다. 주요 온라인 채널 실적 차트에 11번가, G마켓, 쿠팡이 필터링된 것을 확인할 수 있다.

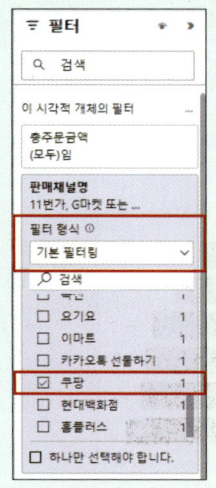
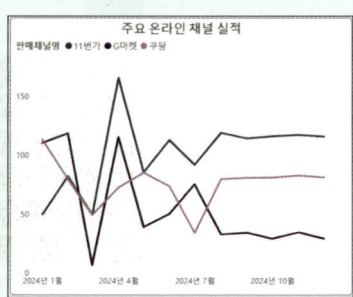

② '하위(Top10) 상품 실적' 개체에 아래와 같이 필터를 적용하고 정렬하시오.

1. 매출 분석 보고서에서 **하위(Top 10) 상품 실적 차트**를 클릭한다. 우측 **필터 창**을 확장한 후 **상품명**을 클릭한다. **필터 형식**은 **상위 N**을 선택한 후 **항목 표시**에서 **아래쪽** 선택 후 **10**을 입력한다.

2. 우측 **데이터 창**에서 〈_측정값모음〉 테이블의 [**총주문금액**] 측정값을 필터 창의 값 영역으로 드래그 앤 드롭하여 추가한 후 **필터 적용**을 누른다.

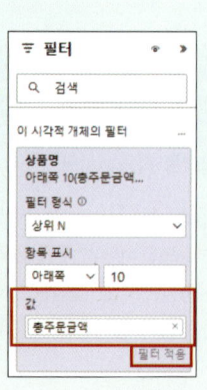

3. 시각적 개체의 우측 상단 ⋯를 누르고 **축 정렬** > **총주문금액**이 선택된 상태에서 **오름차순 정렬**로 설정한다. 하위(Top 10) 상품 실적 차트에 하위 10개의 상품이 필터링되어 오름차순으로 정렬된 것을 확인할 수 있다.

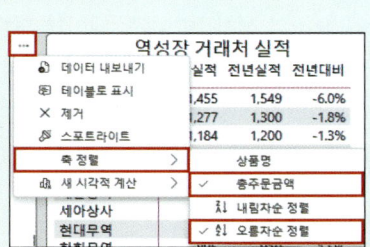
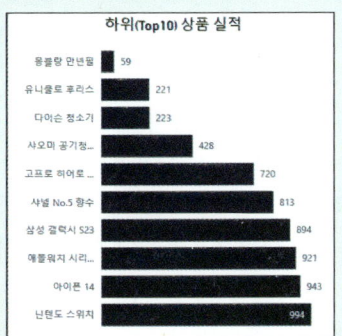

③ '역성장 거래처 실적' 개체에 아래와 같이 필터를 적용하시오.

1. 매출 분석 보고서에서 **역성장 거래처 실적 차트**를 클릭한다. 우측 **필터 창**을 확장한 후 **전년대비**를 클릭한다. **다음 값일 경우 항목 표시** > **보다 작음**을 선택한다.

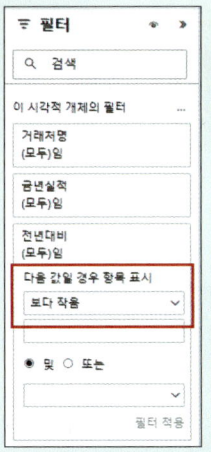

2. **보다 작음** 빈칸에 **0**을 입력하고 **필터 적용** 버튼을 눌러 필터를 적용한다. 역성장 거래처 실적 차트에 전년대비 값이 0보다 작은 거래처들로 필터링된 것을 확인할 수 있다.

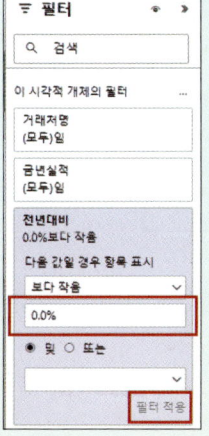

CHAPTER 07 | 보고서와 데이터시각화 Ⅲ – 동적 요소 구현하기   175

02 조건부 서식

📁 예시 'Part1_Chapter07' > '예시07-2_주문내역파일_조건부서식.pbix'

📁 실습 'Part1_Chapter07' > '예시실습07-2_주문내역파일.pbix'

조건부 서식은 Power BI에서 데이터 값에 따라 시각적 요소의 색상, 아이콘, 데이터 막대 등을 동적으로 변경하는 기능이다. 이를 통해 사용자는 특정 조건에 맞는 데이터를 강조하거나 시각적 효과를 적용해, 보고서에서 중요한 정보를 쉽게 인식할 수 있도록 한다. 일반적으로 적용하는 조건부 서식 스타일 유형으로는 그라데이션, 규칙, 필드 값 등이 있다. 먼저, 실습을 위해 **예시실습07-2_주문내역파일.pbix** 파일을 연다.

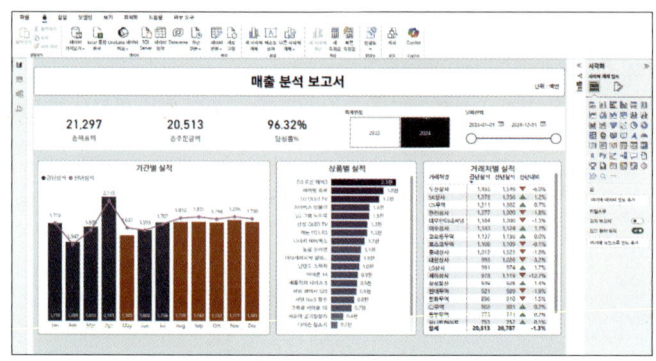

01 그라데이션을 활용하여 조건부 막대 색 적용하기

예를 들어, '상품별 실적' 차트에서 [총주문금액] 필드 값 크기에 비례하여 막대의 농도를 표현하고 싶을 때 사용하는 스타일 유형이다.

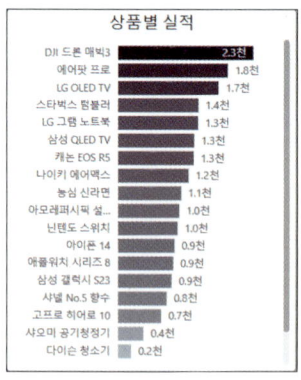

❶ **상품별 실적 개체를 선택**한 상태에서 **시각적 개체 서식 지정** > **시각적 개체** > **막대** > **색** > fx 를 클릭한다.

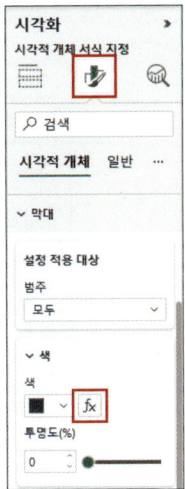

❷ 색 – 범주 대화창에서 **최소값** > **테마 색** 선택상자를 클릭하여 **테마 색 4, 60% 더 밝게**를 선택해 주고 **확인**을 누른다.

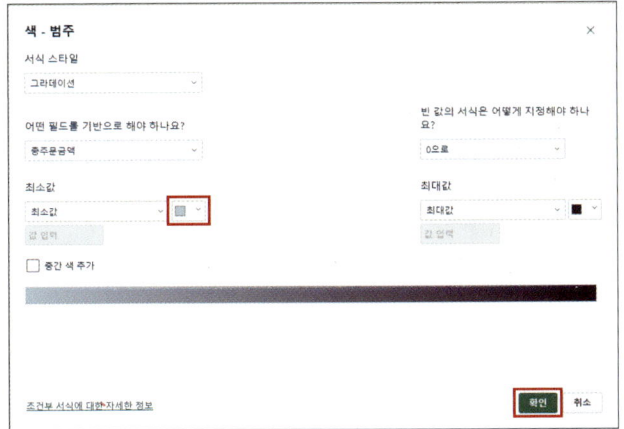

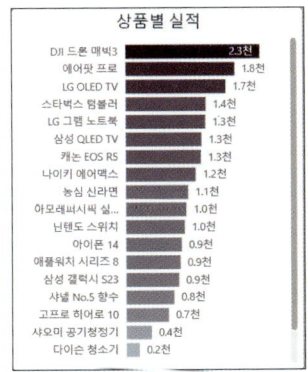

02 규칙을 이용하여 조건부 아이콘 적용하기

예를 들어, '거래처별 실적' 행렬 차트에서 [전년대비] 필드 값이 양수면 녹색 화살표 아이콘(▲)으로, 음수면 빨간색 화살표 아이콘 (▼)으로 표현하고 싶을 때 사용하는 스타일 유형이다.

❶ **거래처별 실적 개체가 선택**된 상태에서, **시각적 개체 서식 지정** > **시각적 개체** > **셀 요소** > **설정 적용 대상** > **계열**을 **전년대비**로 선택하고 **아이콘**을 **활성화**하여 조건부 서식(fx)을 클릭한다.

  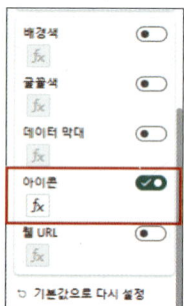

❷ 아이콘 대화창에서 **서식 스타일** > **규칙** 선택 후, **스타일**은 ▼ ■ ▲로 선택하고 적용 대상, 아이콘 레이아웃, 아이콘 정렬 등은 기본 설정값 그대로 둔다.

❸ 하단 **규칙** 부분에서 값에 대한 **If 조건**을 설정해 주는데, 여기서는 다음과 같이 3가지로 케이스를 나누어 규칙을 만들어 준 뒤 **확인** 버튼을 누른다.
  (i) 값이 최소값에서 0 사이인 경우
  (ii) 값이 0인 경우
  (iii) 값이 0에서 최대값 사이인 경우

규칙 설정

- 최소값과 최대값 설정은 해당 칸을 지우면 자동으로 설정된다. 수직선으로 생각해 보면 좌측 시작은 '최소값', 중간이 '0', 우측 끝은 '최대값'이 존재하는 논리로 이해하면 된다.
- 수치와 비교하는 규칙을 만들 때는 **숫자**를 선택하고, 데이터 값의 상대적 위치에 기반한 규칙을 적용하려면 **퍼센트**를 사용한다.
  예 '50퍼센트 이상'이라는 조건은 최소값이 1, 최대값이 5일 경우, 값이 3 이상인 항목을 의미한다.
- 규칙 중간에 끝이라고 번역된 부분은 프로그램상 AND가 잘못 번역된 부분이므로 동시 충족 조건을 의미하는 **그리고(AND)** 조건으로 이해하면 된다(2025년 1월 버전).
- 만약 규칙 변경을 위해 다시 *fx*을 눌러 들어갈 경우 규칙을 일부 다시 설정해 주어야 하는 불편이 있으므로 작업 시 신중하게 작업하는 것이 좋다(2025년 1월 버전).

03 필드 값을 이용하여 조건부 막대 색 적용하기

예를 들어, 직접 식으로 작성한 규칙을 활용하여 '기간별 실적' 꺾은선형 및 묶은 세로 막대형 차트의 [금년실적]이 [전년실적] 값보다 작은 월에 대해 막대의 색깔을 주황색(헥스 코드 : #C04C16)으로 표현하고 싶을 때 사용하는 스타일 유형이다.

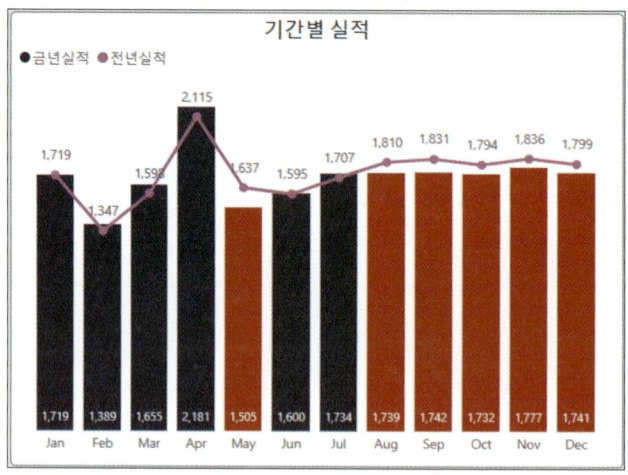

❶ **기간별 실적 차트가 선택**된 상태에서, **시각적 개체 서식 지정** > **시각적 개체** > **열** > **색** > fx를 클릭한다.

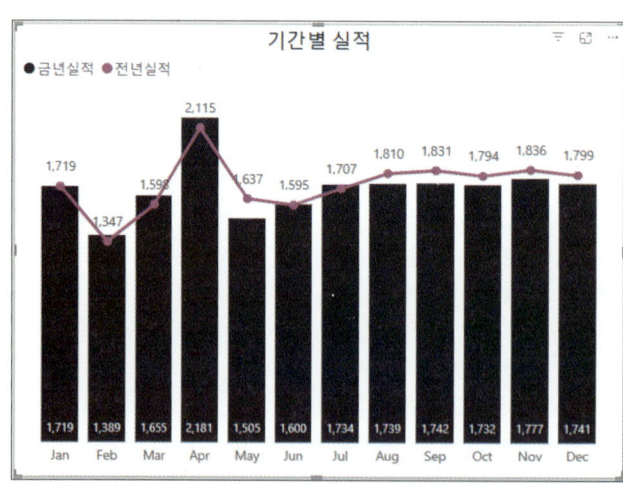
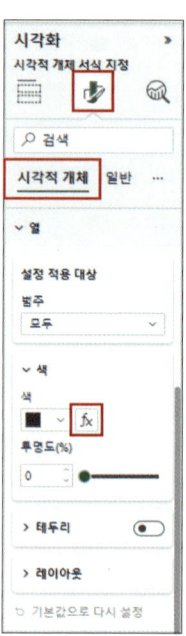

❷ 색-범주 창이 뜨면 **서식 스타일**에서 **필드 값**을 선택하고, **어떤 필드를 기반으로 해야 하나요?**에서는 〈_측정값모음〉 테이블에 속한 **[조건부서식_막대] 측정값**을 선택한 뒤 **확인** 버튼을 누른다.

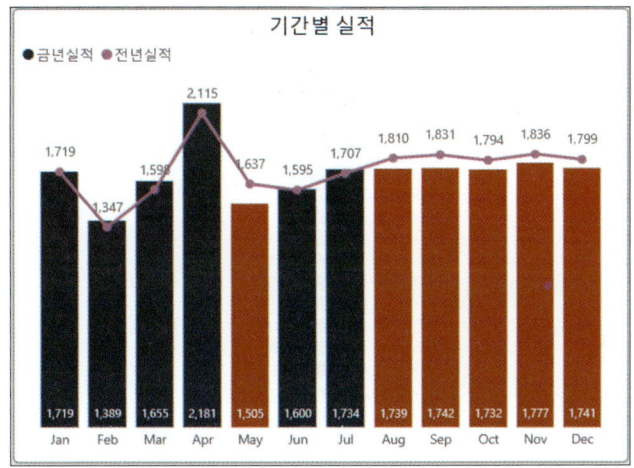

Tip

[조건부서식_막대] 측정값은 다음과 같이 사전에 만들어 놓았으며, [총주문금액]이 [전년실적]보다 작을 경우 #C04C16 색을 적용하고 그 외는 생략하는 식이다.

> 조건부서식_막대 = IF([총주문금액] < [전년실적], "#C04C16")

Warming Up | 예제 실습하기

문제

다음 지시사항에 따라 각 시각적 개체에 조건부 서식을 적용하시오.

① '달성률' 카드 개체에 아래와 같이 조건부 서식을 적용하시오.

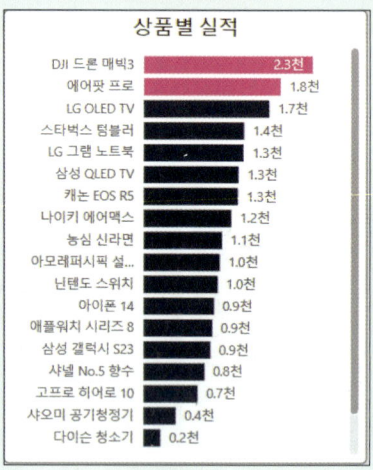

- ▶ [달성률%] 필드 값이 100% 보다 크면 카드 배경색에 "green" 색을, 70% 보다 크면 "yellow" 색을, 그보다 낮은 경우는 "red" 색을 적용
- ▶ 위 조건에 맞는 [조건부서식_카드] 측정값 생성 및 적용

② '상품별 실적' 묶은 가로 막대형 차트에 아래와 같이 조건부 서식을 적용하시오.

- ▶ [상품명] 필드 값들 가운데 [총주문금액]을 기준으로 상대적 백분율 위치가 상위 80%와 100% 사이에 속하는 항목들에 대해 '테마 색 8'을 적용
- ▶ 서식 스타일은 '규칙'으로 설정

풀이

📁 예제 'Part1_Chapter07' > '예제07-2_주문내역파일.pbix'
📁 풀이 'Part1_Chapter07' > '풀이07-2_주문내역파일.pbix'

다음 지시사항에 따라 각 시각적 개체에 조건부 서식을 적용하시오.

① '달성률' 카드 개체에 아래와 같이 조건부 서식을 적용하시오.

1. 예제 실습을 위해 **예제07-2_주문내역파일**.pbix 파일을 연다. 먼저, 우측 **데이터 창**에서 〈_측정값모음〉 테이블을 선택하고 **마우스 우클릭 > 새 측정값**을 누른 뒤 다음과 같이 측정값을 작성한다.

> 조건부서식_카드 = IF([달성률%] > 1, "green", IF([달성률%] > 0.7, "yellow", "red"))

> **Tip** ✓
>
> 조건부 서식에서 색상을 지정할 때 컬러 코드(헥스 코드)뿐만 아니라, 기본적인 색상명도 쌍따옴표로 감싼 영어 이름으로 사용할 수 있다.

2. **카드 개체가 선택된 상태**에서 **시각적 개체 서식 지정 > 일반 > 효과 > 배경 > 조건부 서식(fx)**을 클릭한다. **서식 스타일**은 **필드 값**을 선택하고 〈_측정값모음〉 테이블의 [**조건부서식_카드**] 측정값을 기반으로 한 뒤 **확인**을 클릭한다. 조건부서식_카드의 수식에 맞추어 카드의 색상이 노랑으로 변경되었음을 알 수 있다.

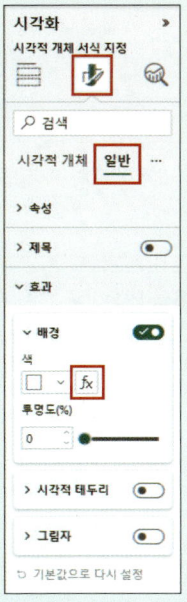

② '상품별 실적' 묶은 가로 막대형 차트에 아래와 같이 조건부 서식을 적용하시오.

1. **상품별 실적 차트가 선택**된 상태에서 **시각적 개체 서식 지정 > 시각적 개체 > 막대 > 색 > 색 > 조건부 서식** (fx)을 클릭한다.

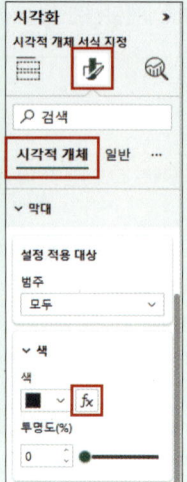

2. 색 – 범주 창이 뜨면 **서식 스타일**은 **규칙**을 선택하고 <_측정값모음> 테이블의 **[총주문금액]** 필드를 기반으로 선택한 뒤 다음과 같이 **규칙**을 적용하고 **확인**을 누른다. 작성한 규칙을 기반으로 상위 2개 차트의 색이 변경되었음을 알 수 있다.

> "만약(IF) 값이 80퍼센트보다 크거나 같고 100퍼센트보다 작거나 같으면 '테마 색 8'을 반환한다."

03 ▶ 매개 변수

📁 예시 'Part1_Chapter07' > '예시07-3_주문내역파일_매개변수.pbix'

📁 실습 'Part1_Chapter07' > '예시실습07-3_주문내역파일.pbix'

Power BI의 매개 변수 기능은 보고서에서 사용자가 동적으로 데이터 필드나 값을 선택할 수 있도록 지원하는 기능이다. 사용자는 슬라이서 또는 수식 내에 매개 변수를 포함하여 더 유연하고 동적인 결과값이나 시각화를 구현할 수 있다. 먼저, 실습을 위해 **예시실습07-3_주문내역파일.pbix** 파일을 연다.

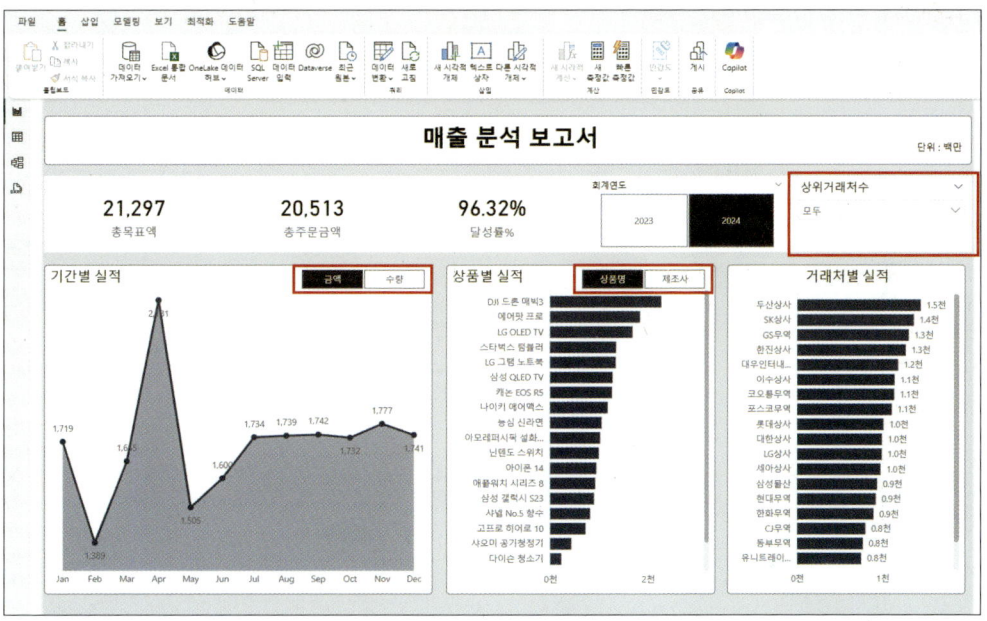

01 열 필드를 활용한 매개 변수

예를 들어, 슬라이서를 활용하여 [상품명] 필드와 [제조사] 필드 중에서 원하는 분석항목을 선택할 수 있도록 매개 변수를 설정하는 기능이다.

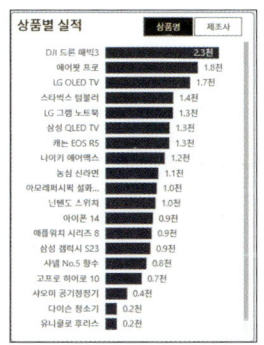

❶ 상단 메뉴의 **모델링** > **새 매개 변수** > **필드**를 클릭한다.

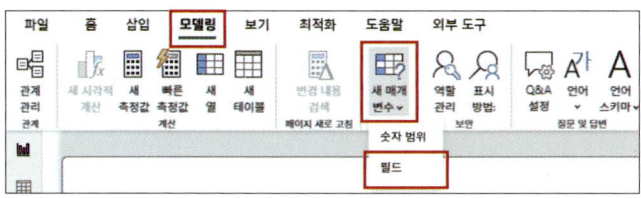

❷ **매개 변수** 창이 팝업되면 〈상품목록〉 테이블에서 **[상품명] 필드**와 **[제조사] 필드**를 체크하여 **필드 추가 및 순서 변경** 영역에 추가한다(드래그 앤 드롭도 가능). **이 페이지에 슬라이서 추가**도 체크된 상태에서 **만들기** 버튼을 클릭한다.

❸ 생성된 슬라이서는 **시각적 개체 서식 지정** > **시각적 개체** > **슬라이서 설정**에서 **타일** 스타일로 선택하고 **슬라이서 머리글**은 **비활성화**한다. 가로 길이는 늘리고 세로 길이는 줄여 한쪽에 준비해 놓고, 우측 **데이터** 창에서 〈매개 변수〉 테이블과 [매개 변수] 필드가 새로 생성된 걸 확인한다.

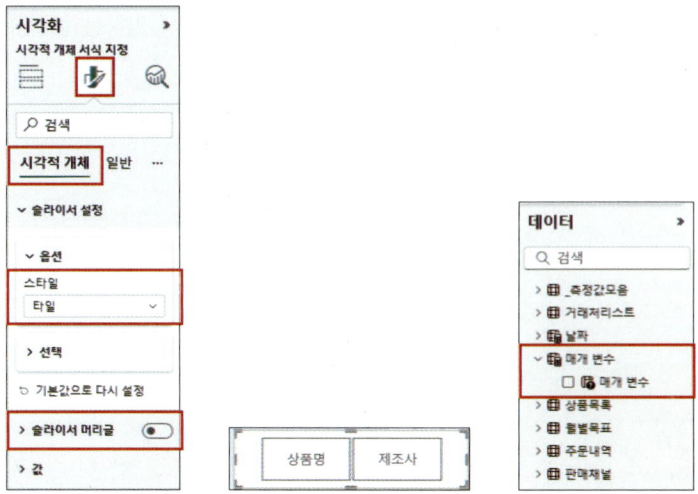

❹ 이제 별도로 **묶은 가로 막대형 차트**를 삽입하여 **Y축** 영역에는 앞에서 생성된 〈매개 변수〉 테이블의 [**매개 변수**] 필드를 추가하고 **X축** 영역에는 〈_측정값모음〉 테이블의 [**총주문금액**] 측정값을 드래그 앤 드롭한다.

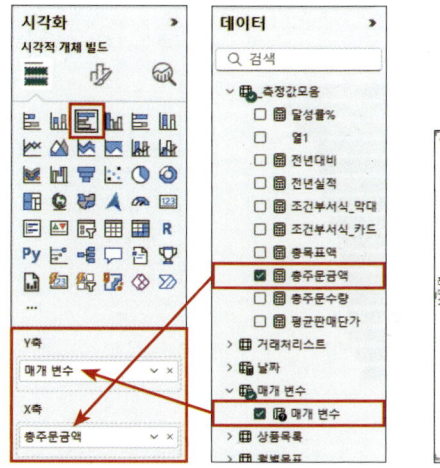
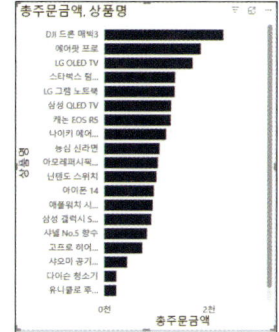

❺ 앞서 만들어진 슬라이서를 클릭한 후 **시각적 개체 서식 지정 > 시각적 개체 > 슬라이서 설정 > 선택 > 단일 선택**을 활성화한다.

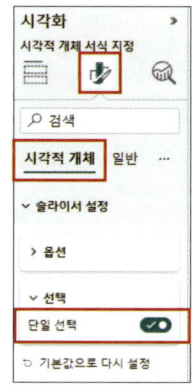
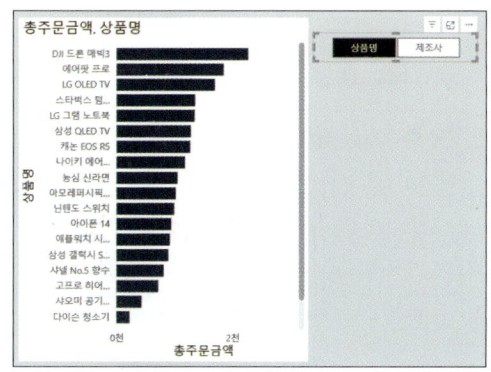

❻ 슬라이서를 묶은 가로 막대형 차트 위로 가지고 와 차트의 서식과 배치를 이미지에 맞게 변경하고 적절히 배치하여 마무리한다.

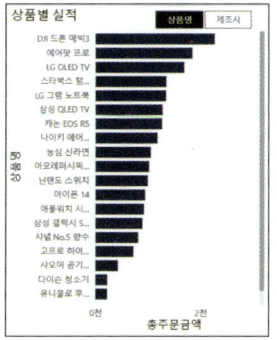

CHAPTER 07 | 보고서와 데이터시각화 Ⅲ – 동적 요소 구현하기　187

배치 시 슬라이서가 '상품별 실적' 차트에 가려져 보이지 않는다면?

- 상품별 실적 차트를 선택한 뒤, 상단 메뉴의 **서식** > **뒤로 보내기** > **맨 뒤로 보내기**를 클릭한다(슬라이서를 앞쪽으로 가져오기로 진행해도 무방).

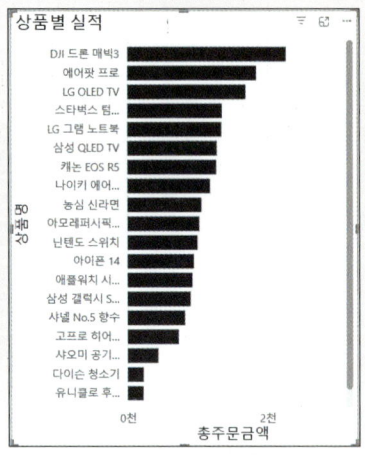

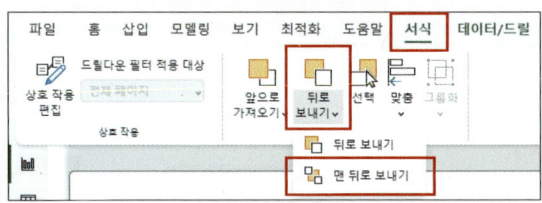

- 이제 캔버스의 빈 곳을 클릭하여 개체 선택을 해제하면 슬라이서가 앞쪽에 배치되는 걸 확인할 수 있다.

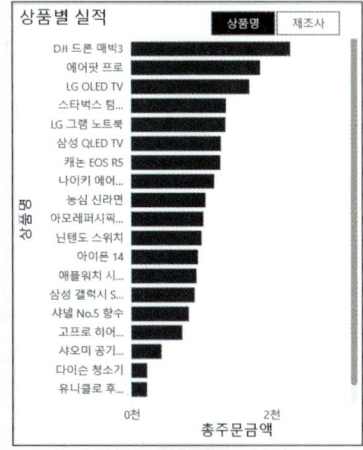

- 참고로, 개체가 만들어진 순서에 따라 앞/뒤 위치가 결정된다.

02 측정값 필드를 활용한 매개 변수

예를 들어, 슬라이서를 활용하여 [총주문금액] 측정값과 [총주문수량] 측정값 중에서 원하는 집계값을 선택할 수 있도록 매개 변수를 설정하는 기능이다.

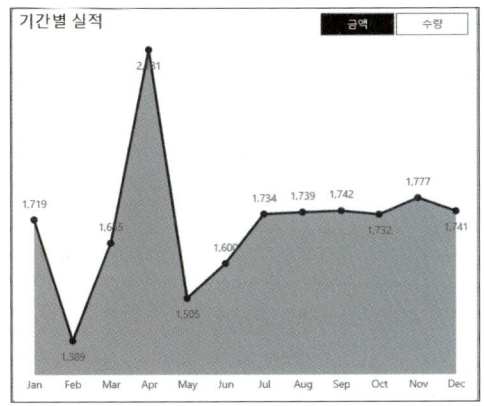

❶ 상단 메뉴의 **모델링** > **새 매개 변수** > **필드**를 클릭한다.

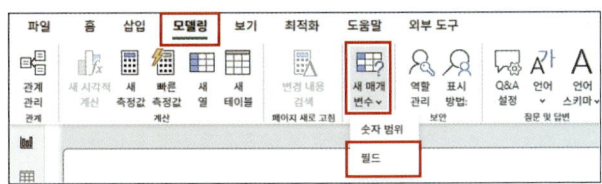

❷ **매개 변수** 창이 팝업되면 〈측정값모음〉 테이블에서 [**총주문금액**] 측정값과 [**총주문수량**] 측정값을 체크하여 **필드 추가 및 순서 변경** 영역에 추가한다(드래그 앤 드롭도 가능). 이어서 **이 페이지에 슬라이서 추가**가 체크된 상태에서 **만들기** 버튼을 클릭한다.

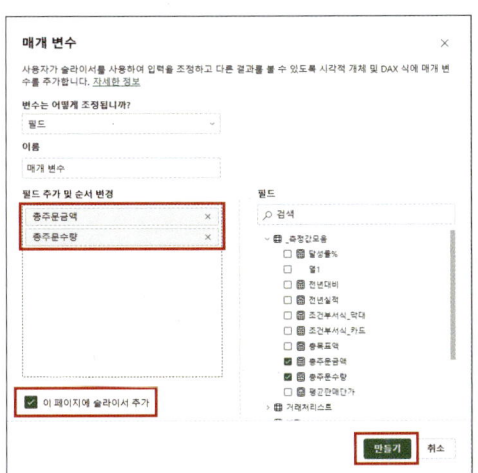

❸ 생성된 슬라이서는 **시각적 개체 서식 지정** > **시각적 개체** > **슬라이서 설정** > **옵션** > **스타일**에서 **타일**로 선택하고 **슬라이서 머리글**은 **비활성화**한다. 가로 길이는 늘리고 세로 길이는 줄여 한쪽에 준비해 놓고, 우측 **데이터** 창에서는 〈매개 변수 2〉 테이블과 [매개 변수] 필드가 새로 생성된 걸 확인한다.

❹ 이제 별도로 **꺾은선형 차트**를 캔버스에 삽입하고 **X축**에는 〈날짜〉 테이블의 **[월이름]** 필드를, **Y축**에는 〈매개 변수 2〉 테이블의 **[매개 변수]** 필드를 드래그 앤 드롭한다.

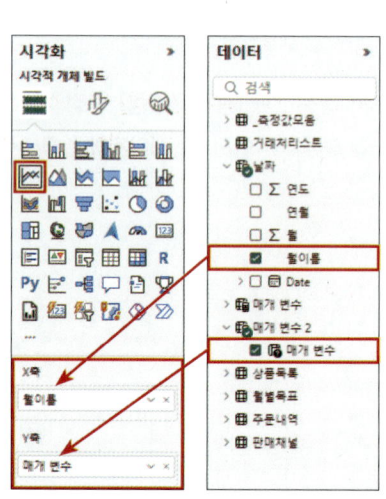
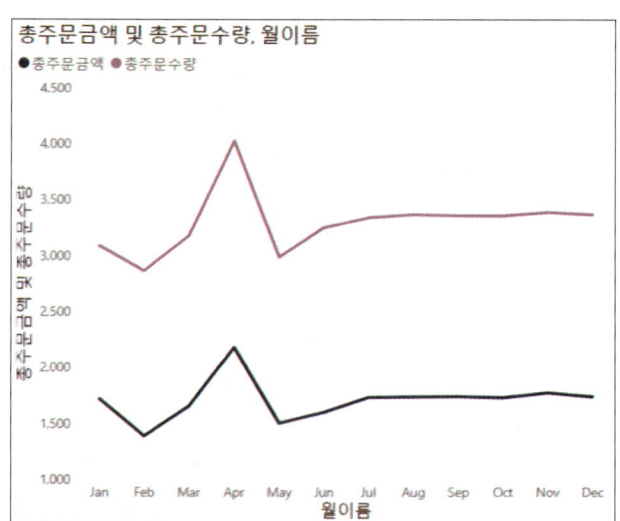

❺ 앞서 만들어진 슬라이서에 대해 **슬라이서 설정 > 선택 > 단일 선택**을 활성화한다.

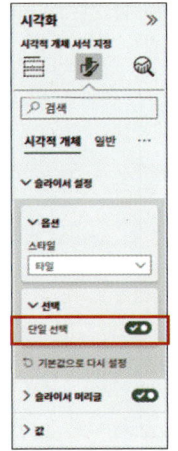 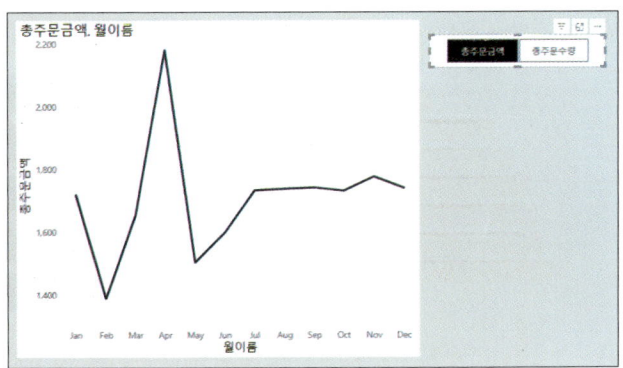

❻ 슬라이서를 꺾은선형 차트 위로 가지고 와 차트의 서식과 배치를 이미지에 맞게 변경하고 적절히 배치하여 마무리한다.

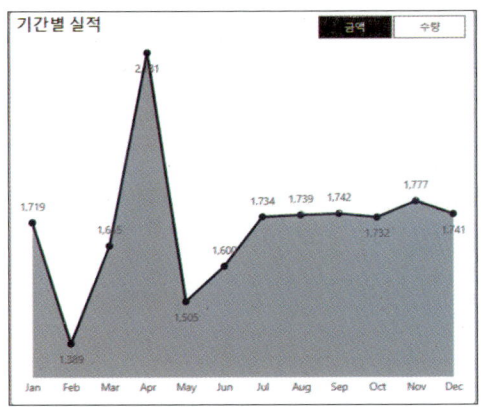

매개 변수 슬라이서 내 항목 이름 변경하는 방법(예 총주문금액 > 금액)
데이터 창에서 〈매개 변수 2〉 테이블 또는 [매개 변수] 필드를 선택하면 수식 창이 뜬다. 수식 창에서 "총주문금액" 문자를 "금액"으로 수정하고 Enter를 누른다. 동일하게 "총주문수량" 문자도 "수량"으로 수정하면 된다.

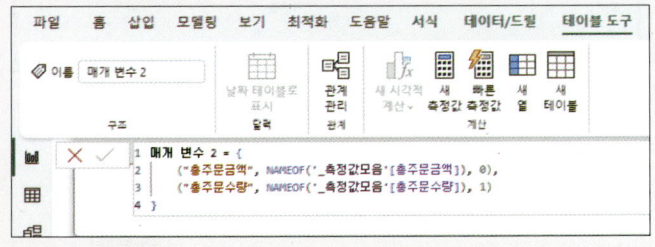

03 숫자 범위를 활용한 매개 변수

예를 들어, 숫자 범위(5~20)를 슬라이서로 생성한 뒤 해당 슬라이서에서 선택하는 거래처수 만큼만 시각화되도록 매개 변수를 설정하는 기능이다.

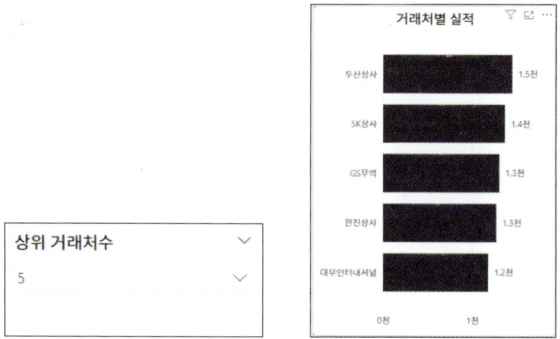

❶ 상단 메뉴의 **모델링** > **새 매개변수** > **숫자 범위**를 클릭한다.

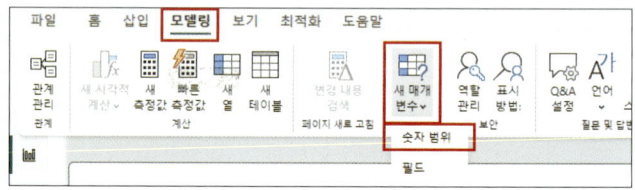

❷ **매개 변수** 창이 팝업되면 **최소값**에는 5, **최대값**은 20, **증가**는 5, **기본값**은 20을 넣고 **이 페이지에 슬라이서 추가** 체크를 확인한 뒤 **만들기**를 누른다.

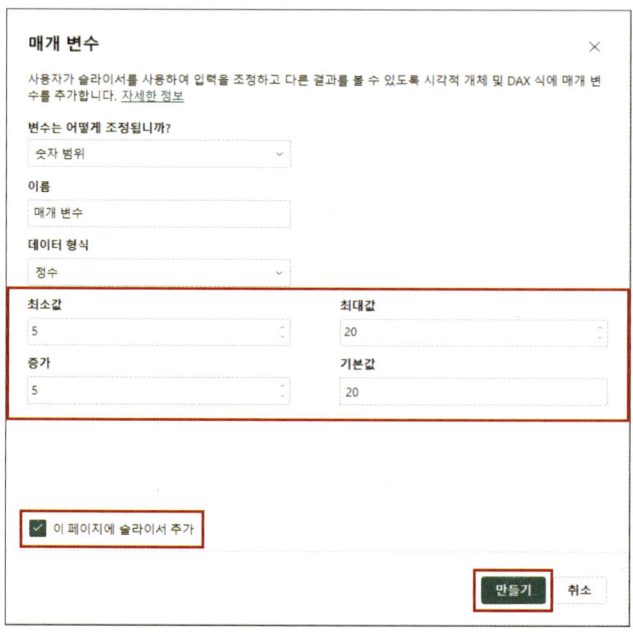

❸ 생성된 슬라이서는 **시각적 개체 서식 지정** > **시각적 개체** > **슬라이서 설정**에서 **드롭다운** 스타일로 선택한 뒤 가로 길이는 늘리고 세로 길이는 줄여 상단에 배치해 놓고, 우측 **데이터** 창에서는 〈매개 변수 3〉 테이블과 [값 매개 변수] 측정값 및 [매개 변수] 필드가 새로 생성된 걸 확인한다.

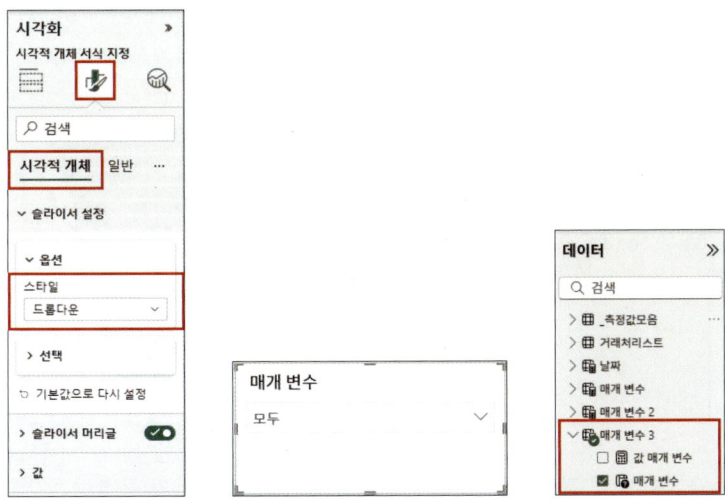

❹ 이제 앞에서 만든 [값 매개 변수]를 입력받을 측정값을 만들기 위해 우측 **데이터 창**에서 〈**_측정값모음**〉 **테이블**을 선택하고 **마우스 우클릭** > **새 측정값**을 눌러 수식 창에 아래와 같이 작성하고 **Enter**를 누른다.

> 상위거래처주문금액 = CALCULATE([총주문금액], KEEPFILTERS(TOPN([값 매개 변수], ALL('거래처리스트'), [총주문금액])))

수식 설명
[값 매개 변수]는 TOPN 함수에서 상위 등수 범위를 의미하는 첫 번째 인수로 사용되었다.

❺ 시각화를 위해 캔버스에 **묶은 가로 막대형 차트**를 추가한 다음, **Y축** 영역에는 〈거래처리스트〉 테이블의 [**거래처명**] 필드를, **X축** 영역에는 앞서 만든 [**상위거래처주문금액**] **측정값**을 드래그 앤 드롭한다.

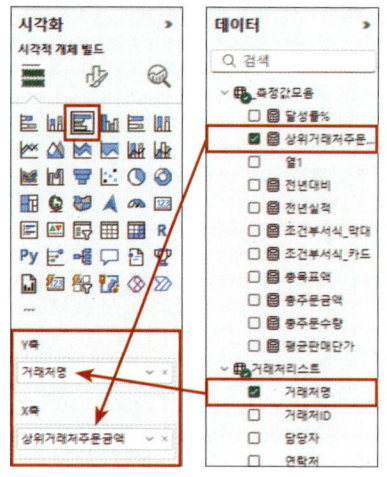
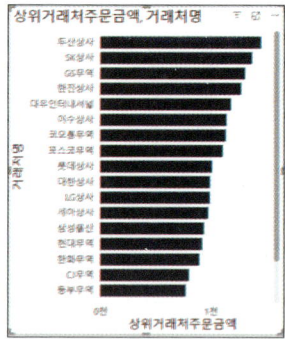

❻ 이제 매개 변수 슬라이서 내 값 선택에 맞춰서 묶은 가로 막대형 차트가 동작하는지 확인한다.

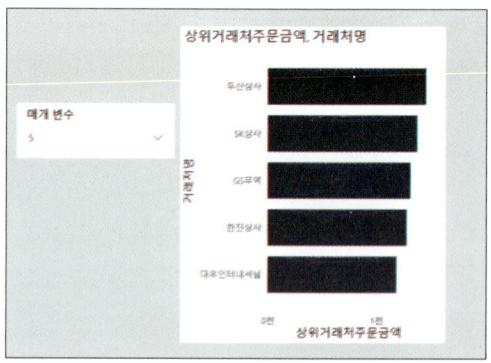

❼ 원하는 곳에 개체들을 배치하고 서식을 변경하여 작업을 마무리한다.

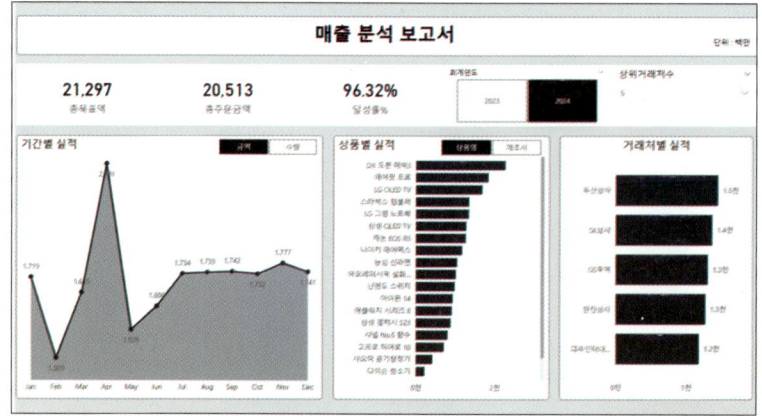

Warming Up 예제 실습하기

문제

다음 지시사항에 따라 각 매개 변수를 추가하고 시각화를 구현하시오.

① 다음 조건으로 매개 변수 슬라이서를 추가하고 및 묶은 세로 막대형 차트를 구현하시오.

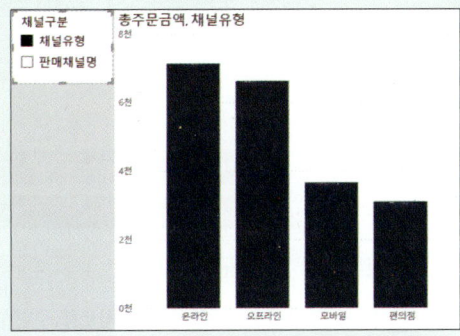

- ▶ 활용필드
  - 〈판매채널〉 테이블의 [채널유형] 필드
  - 〈판매채널〉 테이블의 [판매채널명] 필드
  - 〈_측정값모음〉 테이블의 [총주문금액] 측정값
- ▶ [채널유형] 또는 [판매채널명]에 따른 [총주문금액] 표시
- ▶ 매개 변수 선택에 따라 X축이 [채널유형] 또는 [판매채널명]으로 변경되도록 구현
- ▶ 매개 변수 슬라이서 머리글은 "채널구분"으로 변경
- ▶ 슬라이서 값 : '채널유형' 필터 적용

② 다음 조건으로 매개 변수 슬라이서를 추가하고 묶은 세로 막대형 차트를 구현하시오.

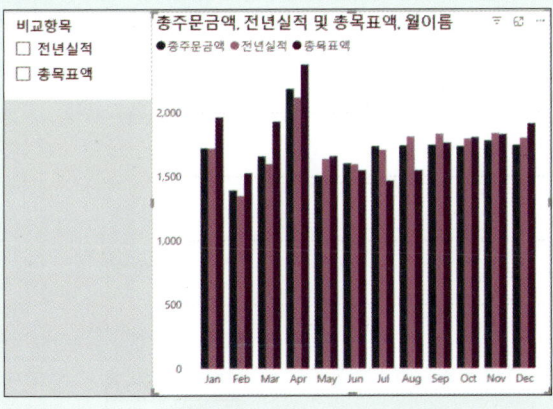

▶ 활용필드
  - 〈_측정값모음〉 테이블의 [전년실적] 측정값
  - 〈_측정값모음 > 테이블의 [총목표액] 측정값
  - 〈_측정값모음〉 테이블의 [총주문금액] 측정값
▶ 매개 변수 슬라이서 머리글은 "비교항목"으로 변경
▶ 매개 변수 선택에 따라 Y축 값이 [전년실적] 측정값 또는 [총목표액] 측정값으로 변경되도록 구현([총주문금액] 측정값은 항상 표시)

풀이

📁 예제 'Part1_Chapter07' > '예제07-3_주문내역파일.pbix'
📁 풀이 'Part1_Chapter07' > '풀이07-3_주문내역파일.pbix'

다음 지시사항에 따라 각 매개 변수를 추가하고 시각화를 구현하시오.

① 다음 조건으로 매개 변수 슬라이서를 추가하고 및 묶은 세로 막대형 차트를 구현하시오.

1. 예제 실습을 위해 **예제07-3_주문내역파일.pbix** 파일을 연다. 상단 메뉴의 **모델링 > 새 매개 변수 > 필드**를 클릭한다.

2. **매개 변수** 창이 뜨면 〈판매채널〉 테이블의 [채널유형], [판매채널명] 필드를 체크하여 추가하고 **이름**에 **채널구분**을 입력한다. 하단의 **이 페이지에 슬라이서 추가**가 체크된 상태에서 **만들기** 버튼을 누른다.

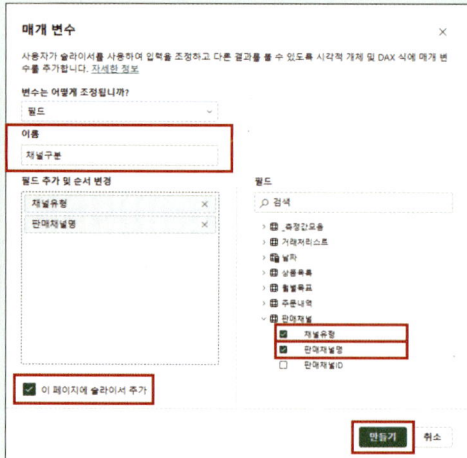

3. 매출 분석 보고서에서 **총주문금액 차트**를 클릭하고 우측 **시각화 창**에서 **X축**에 앞서 만든 〈채널구분〉 테이블의 **[채널구분] 매개 변수**를 드래그 앤 드롭한다. 페이지에 추가된 **채널구분** 슬라이서에서 **채널유형**을 선택하고 차트의 왼쪽 상단에 적당한 크기로 배치하여 작업을 마무리한다.

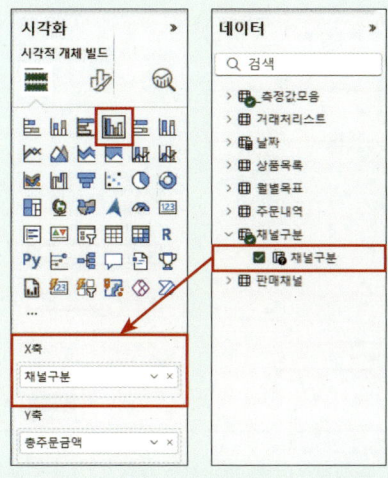

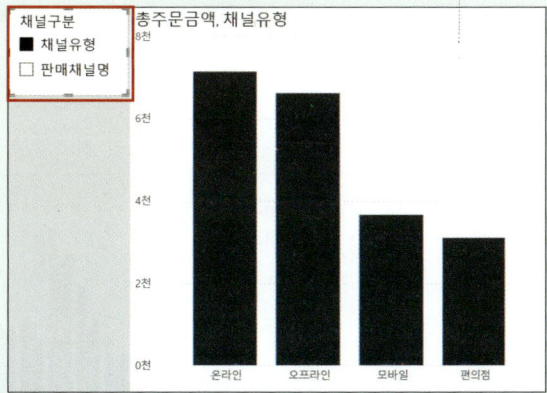

② 다음 조건으로 매개 변수 슬라이서를 추가하고 묶은 세로 막대형 차트를 구현하시오.

1. 상단 메뉴의 **모델링** > **새 매개 변수** > **필드**를 클릭한다.

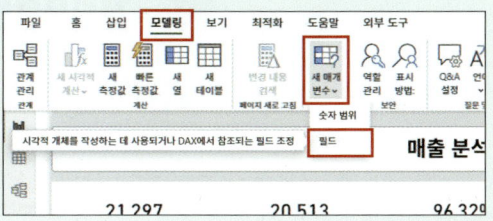

2. **매개 변수** 창이 뜨면 〈_측정값모음〉 테이블의 [**전년실적**], [**총목표액**] 필드를 체크하여 추가하고 **이름**에 **비교항목**을 입력한다. 하단의 **이 페이지에 슬라이서 추가**가 체크된 상태에서 **만들기** 버튼을 누른다.

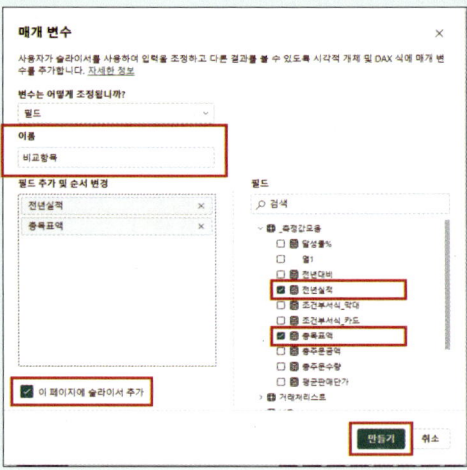

3. 매출 분석 보고서에서 **총주문금액, 월이름 차트**를 클릭하고 우측 **시각화 창**에서 **Y축**의 하단에 앞서 만든 〈비교항목〉 테이블의 [**비교항목**] **매개 변수**를 드래그 앤 드롭한다. 페이지에 추가된 **비교항목** 슬라이서를 차트의 왼쪽 상단에 적당한 크기로 배치하여 작업을 마무리한다.

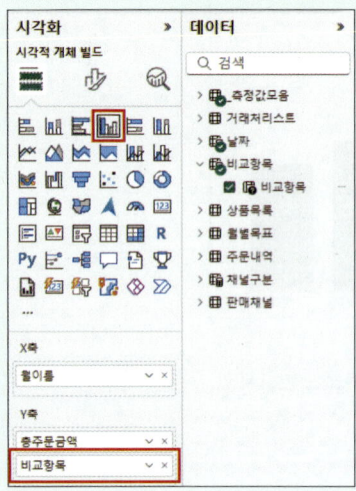
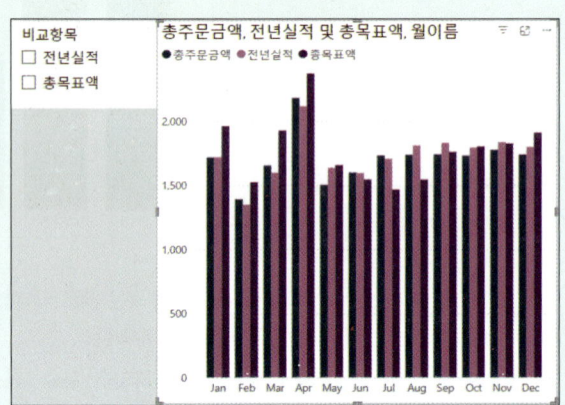

> **Tip**
>
> 현재 버전(2025년 1월 버전)에서는 이미 생성된 매개 변수를 수정하고자 할 때 편집 창을 다시 열 수 없으므로 수식 창에서 직접 수정하거나 해당 매개 변수 테이블에 대해 **마우스 우클릭 > 모델에서 삭제**를 눌러 삭제 후 재작업해야 한다.

| 04 | 도구 설명 |

> 예시 'Part1_Chapter07' > '예시07-4_주문내역파일_도구설명.pbix'
> 실습 'Part1_Chapter07' > '예시실습07-4_주문내역파일.pbix'

도구 설명 기능은 시각적 요소에 마우스를 올려놓았을 때 추가적인 정보를 제공하는 팝업 형태의 설명 표시 기능이다. 이를 통해 사용자는 특정 데이터 포인트에 대한 세부 정보나 추가 설명을 즉각적으로 확인할 수 있으며, 보고서의 가독성을 높이고 데이터를 더 깊이 이해하는 데 도움을 준다. 먼저, 실습을 위해 **예시실습07-4_주문내역파일.pbix** 파일을 연다.

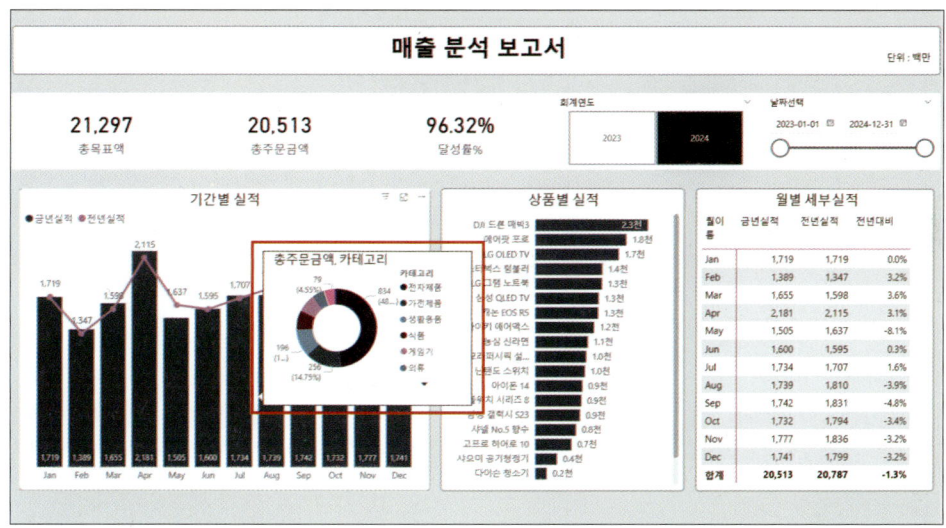

01 특정 시각적 개체에 선택적으로 도구 설명 적용하기

예를 들어, 묶은 세로 막대형 차트 내에서 각 [월이름] 영역 위에 마우스를 올리면 월별로 필터링된 '카테고리별 주문금액' 도넛 차트가 표시되도록 구현하는 기능이다.

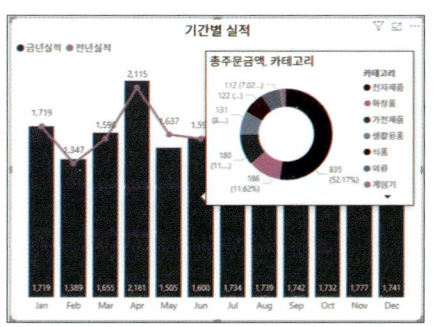

❶ 페이지 하단의 **+ 아이콘**을 눌러 페이지 이름을 더블클릭하여 **#도구설명용**이라는 이름으로 별도의 **빈 페이지**를 만든다.

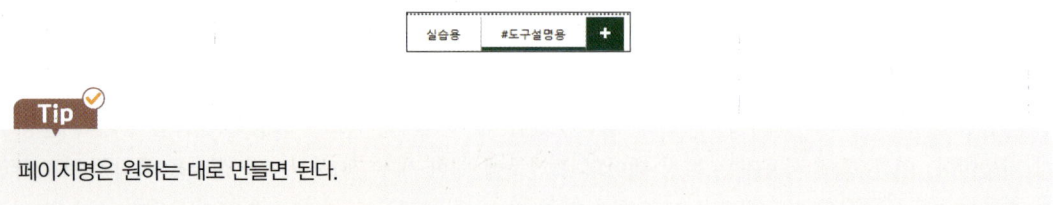

> **Tip** ✓
>
> 페이지명은 원하는 대로 만들면 된다.

❷ **보고서 페이지 서식 지정 > 서식 페이지 > 페이지 정보**에서 **도구 설명으로 사용 허용**을 **활성화**한다.

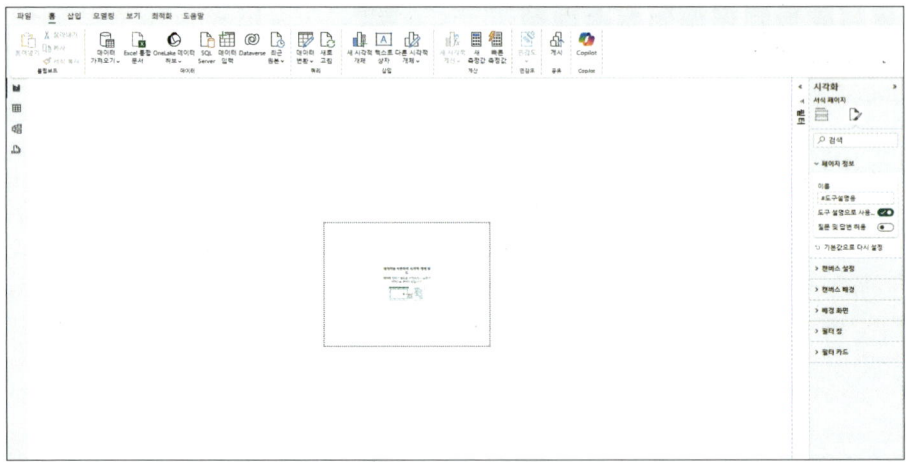

> **Tip** ✓
>
> 해당 작업을 진행하면, 도구 설명용으로 적합하도록 사전 설정된 캔버스 설정 규격으로 캔버스 화면이 바뀐다.

❸ 해당 페이지의 사각 안내선에서 **시각적 개체 빌드 > 도넛형 차트**를 삽입한 뒤 **범례**에는 〈상품목록〉 테이블의 [카테고리] 필드를, **값**에는 〈_측정값모음〉 테이블의 [총주문금액] 측정값을 드래그 앤 드롭하여 추가한다.

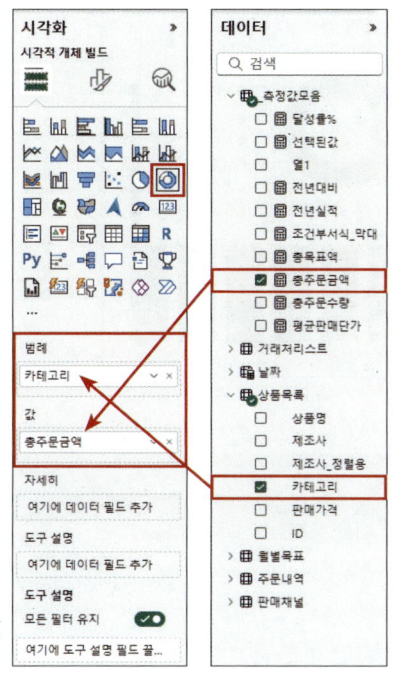
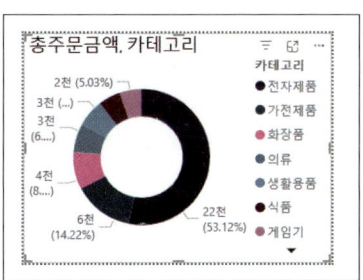

❹ 이제 **실습용** 페이지로 되돌아와서, 도구 설명을 띄울 기간별 실적 차트를 선택한다.

❺ **시각적 개체 서식 지정 > 일반 > 도구 설명**을 활성화한 뒤 **옵션 > 페이지**에서 앞에서 만든 #도구설명용 페이지를 선택한다.

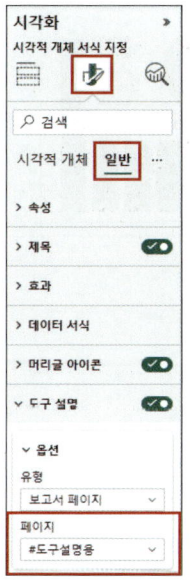

❻ 기간별 실적 차트 위에 마우스를 올려 도구 설명이 잘 작동하는지 확인한다.

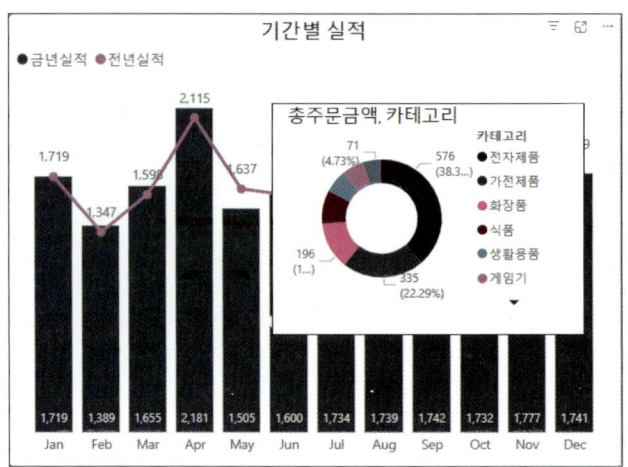

- 도구 설명용 별도 페이지에서 차트를 수정하면, 해당 페이지와 연결된 차트에도 즉시 반영된다.
- 기본적으로 도구 설명은 해당 요소에 적용된 필터링 조건에 따라 동적으로 구현된다.

02 특정 필드가 사용된 모든 시각적 개체에 도구 설명 일괄 적용하기

예를 들어, [월이름] 필드가 사용된 모든 시각적 개체에서 작동하는 도구 설명을 설정하는 기능이다.

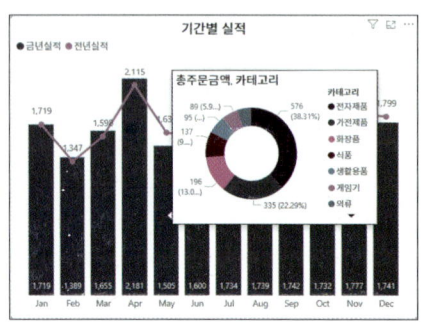 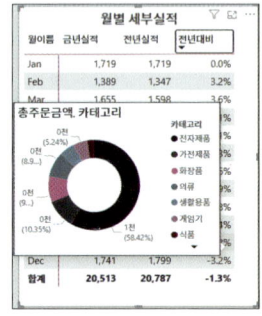

❶ 우선 '01 특정 시각적 개체에 선택적으로 도구 설명 적용하기'의 ❶~❸ 과정을 동일하게 수행한다.

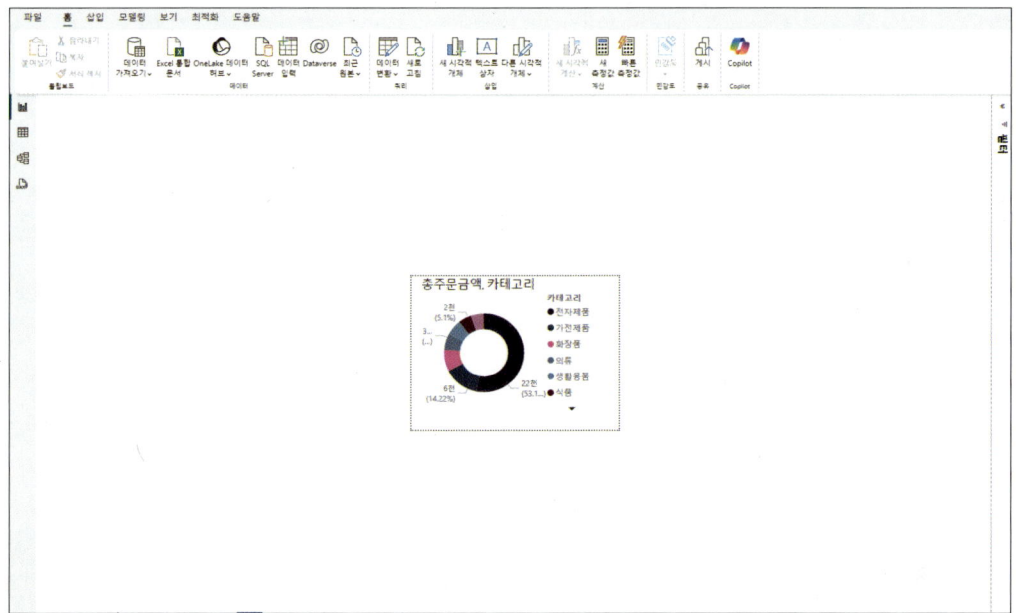

❷ **#도구설명용** 페이지로 이동하여, **시각화 창 > 시각적 개체 빌드 > 도구 설명 > 여기에 도구 설명 필드 끌어오기**에 〈날짜〉 테이블의 **[월이름]** 필드를 추가한다(드래그 앤 드롭).

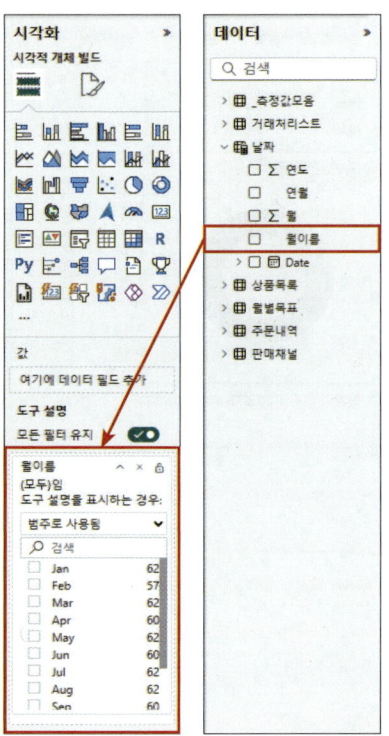

CHAPTER 07 | 보고서와 데이터시각화 Ⅲ – 동적 요소 구현하기   203

❸ **실습용** 페이지로 돌아와서, **월별 세부실적 테이블**을 선택하고 **시각적 개체 서식 지정** > **일반** > **도구 설명**을 활성화한 뒤, **유형**을 **보고서 페이지**로 선택한다.

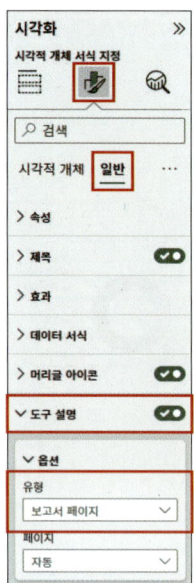

❹ 이제 테이블 개체 위에 마우스를 올려서 월별로 필터링된 도구 설명이 작동하는지 확인한다.

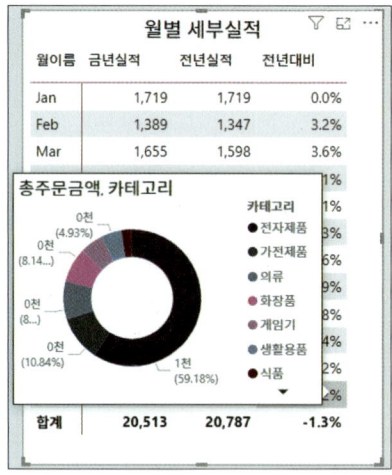

- 테이블을 포함한 일부 시각적 개체는 기본적으로 **도구 설명**이 비활성화되어있으므로 사용을 위해서는 먼저 **활성화**시켜야 한다.
- 02의 방법은 [월이름] 필드가 필터링하는 **모든 시각화 개체**에 자동으로 적용되는 방식이므로 만약 반대로 특정 개체에 대한 작동을 **해제**하려면 **도구 설명** 기능 자체를 **비활성화**하거나 또는 **도구 설명** > **옵션** > **유형**에서 **기본값**으로 선택해주면 된다.

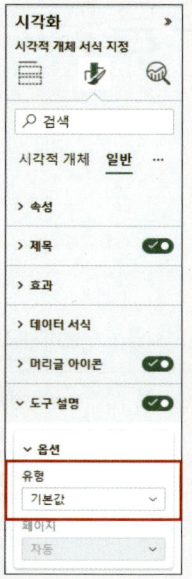

- 도구 설명 상자의 사이즈를 변경하고 싶다면 **시각화** > **서식 페이지** > **캔버스 설정**에서 유형을 **사용자 지정**으로 선택하고 **높이**와 **너비**를 조정하면 된다(기본 설정값 : 높이 240px, 너비 320px).

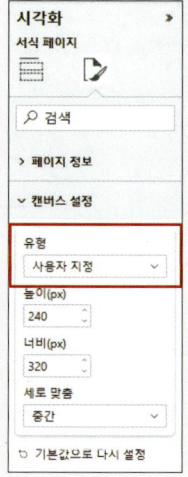 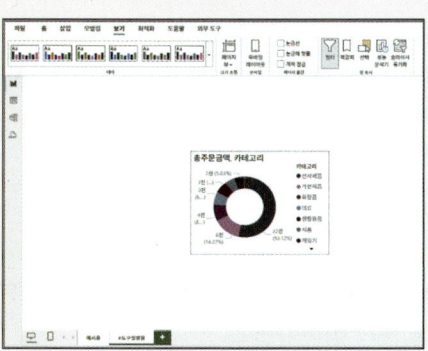

- 도구 설명 상자 사이즈 변경이 아닌 단지 작업성을 위해 도구 설명을 확대해서 보고 싶다면 상단 메뉴의 **보기** > **페이지 뷰**에서 **페이지에 맞추기** 또는 **너비에 맞추기** 기능 등을 활용할 수 있다.

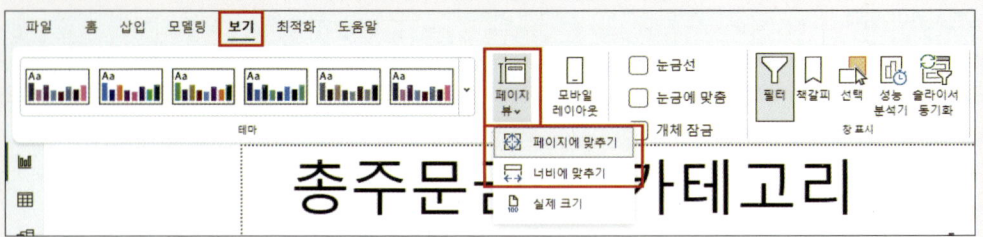

Warming Up 예제 실습하기

문제

다음 지시사항에 따라 '상품별 실적' 차트에 도구 설명을 구현하시오.

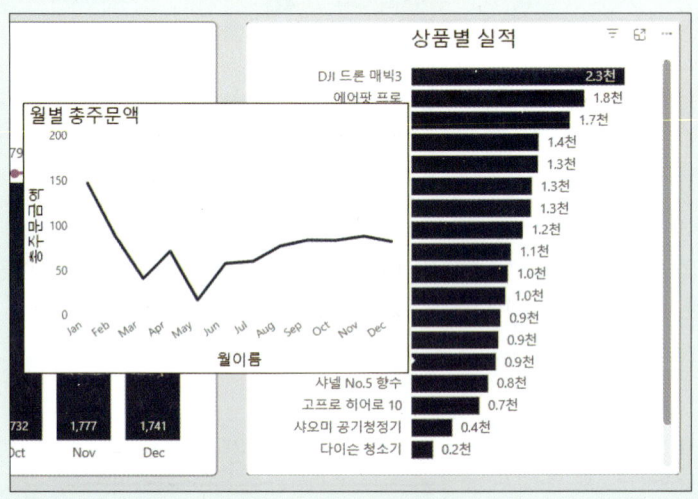

▶ 별도의 도구 설명 페이지를 만들어서 '상품별 실적' 차트에만 표시
▶ 추가될 도구 설명용 페이지
    – 페이지명 : "Tooltip"
    – 캔버스 설정 : 높이(px) 280, 너비(px) 400, 세로 맞춤 : 중간
▶ 도구 설명으로 표시될 차트
    – 차트 유형 : 꺾은선형 차트
    – 제목 : "월별 총주문액"
    – X축에 〈날짜〉 테이블의 [월이름] 필드
    – Y축에 〈_측정값모음〉 테이블의 [총주문금액] 측정값

> 풀이

📁 예제 'Part1_Chapter07' > '예제07-4_주문내역파일.pbix'
📁 풀이 'Part1_Chapter07' > '풀이07-4_주문내역파일.pbix'

다음 지시사항에 따라 '상품별 실적' 차트에 도구 설명을 구현하시오.

1. 예제 실습을 위해 **예제07-4_주문내역파일.pbix** 파일을 연다. 하단의 **+** 아이콘을 눌러 **새 페이지**를 추가하고 페이지 이름을 더블클릭하여 **Tooltip**으로 수정한다. 우측 **시각화 창**으로 이동하여 **보고서 페이지 서식 지정 > 페이지 정보 > 도구 설명으로 사용 허용**을 활성화한다.

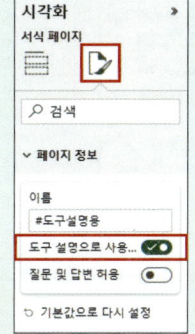

2. **보고서 페이지 서식 지정 > 캔버스 설정 > 유형**을 **사용자 지정**으로 선택하고 **높이와 너비**는 각각 **280, 400**으로 지정한다. **세로 맞춤**은 **중간**으로 설정한다.

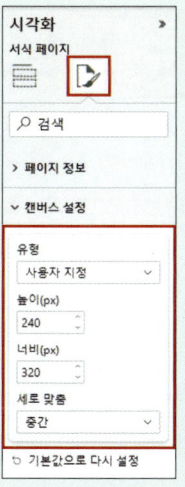

3. 이제 해당 페이지의 캔버스 영역에서 우측 **시각화 창**으로 이동하여 **시각적 개체 빌드** > **꺾은선형 차트**를 삽입하고, **X축**에 〈날짜〉 테이블의 **[월이름]** 필드를, **Y축**에는 〈_측정값모음〉 테이블의 **[총주문금액]** 측정값을 드래그 앤 드롭한다. **시각적 개체 서식 지정** > **일반** > **제목** > **제목** > **텍스트**에 **월별 총주문액**을 입력하고 Enter를 누른다.

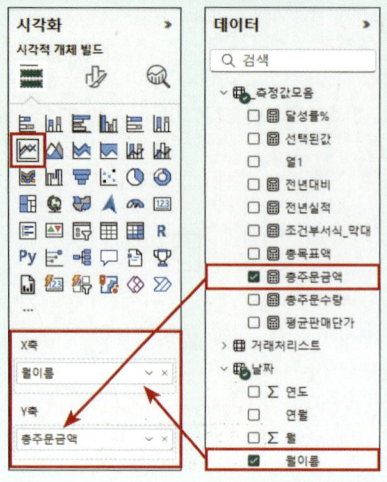
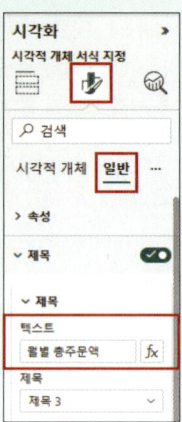

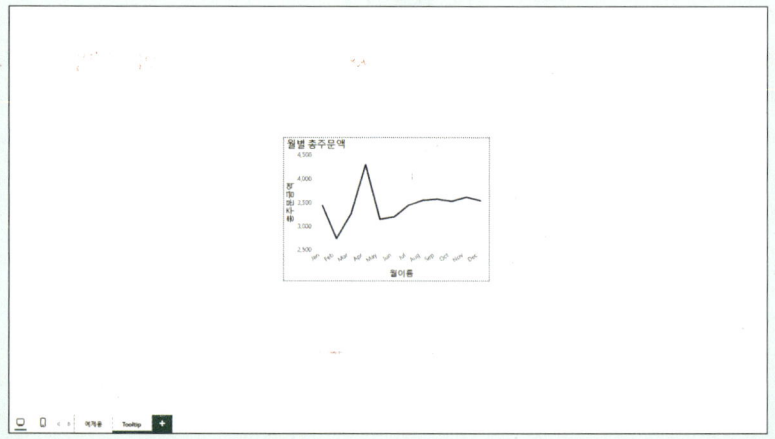

> **Tip**
>
> 만약 도구 설명 페이지의 차트가 너무 작아서 작업이 어렵다면 **보기** > **페이지 뷰** > **페이지에 맞추기** 등으로 페이지 뷰를 변경할 수도 있다.
>
>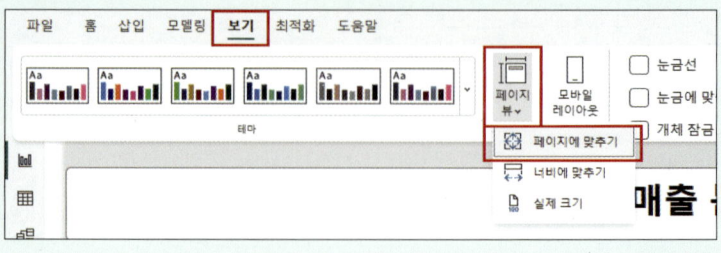

4. 다시 예제용 페이지로 돌아와서 상품별 실적 차트를 선택하고, 시각적 개체 서식 지정 > 일반 > 도구 설명 > 옵션 > 유형은 보고서 페이지, 페이지는 Tooltip으로 선택하면 연결이 완료된다.

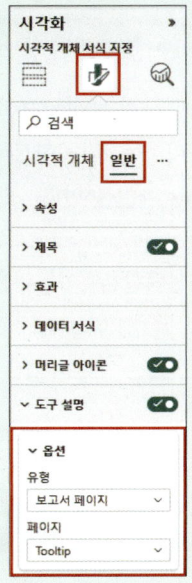
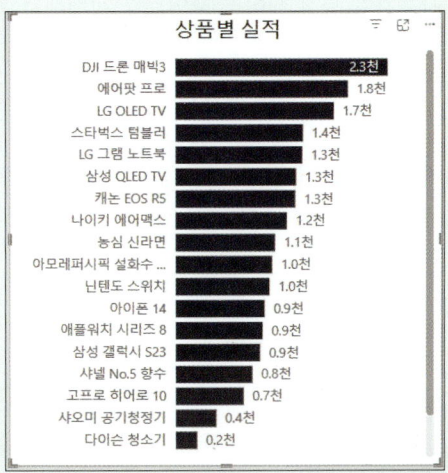

5. 이제 〈상품별 실적〉 테이블 위 시각적 요소에 마우스를 올리면 상품별로 필터링된 꺾은선형 차트가 팝업되는 것을 확인할 수 있다.

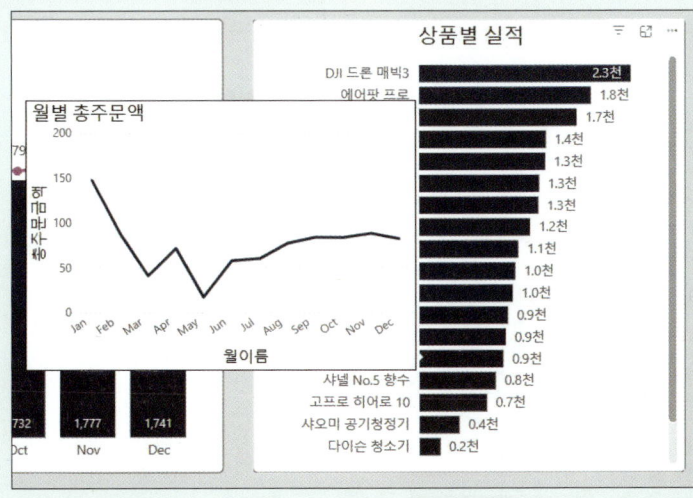

05 드릴스루

📁 예시 'Part1_Chapter07' > '예시07-5_주문내역파일_드릴스루.pbix'

📁 실습 'Part1_Chapter07' > '예시실습07-5_주문내역파일.pbix'

드릴스루는 보고서 사용자가 특정 데이터 포인트를 선택해서 관련된 상세 페이지로 이동할 수 있도록 하는 기능이다. 주로 개요 페이지에서 특정 항목(예: 제품, 지역)을 클릭하여 해당 항목에 대한 상세 페이지로 이동하는 방식이다. 실습을 위해 **예시실습07-5_주문내역파일.pbix** 파일을 연다.

예를 들어, 개요 페이지의 '기간별 실적' 차트에서 특정 '월이름'을 선택한 뒤 이동버튼을 눌러 해당 월의 상세 페이지를 보러가도록 설정하는 기능이다.

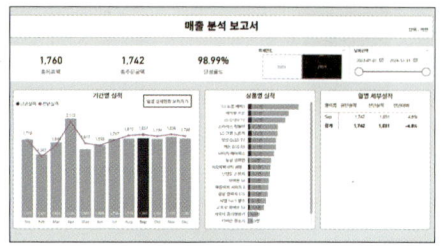
개요 페이지 화면

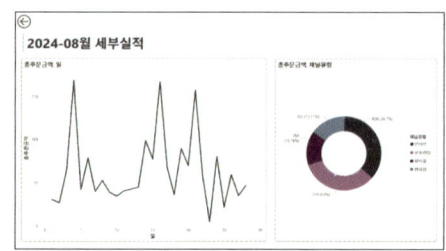
상세 페이지 화면

❶ 페이지 하단의 **+** 아이콘을 누르고 더블클릭한 후 이름을 **#드릴스루용**으로 입력해 **빈 페이지**를 만든다.

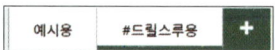

❷ 해당 페이지에 **꺾은선형 차트**를 삽입하고 **X축**에는 〈날짜〉 테이블의 [Date] 날짜 계층의 **[일]** 필드를, **Y축**에는 〈_측정값모음〉 테이블의 **[총주문금액] 측정값**을 추가(드래그 앤 드롭)하여 적당한 위치에 배치한다.

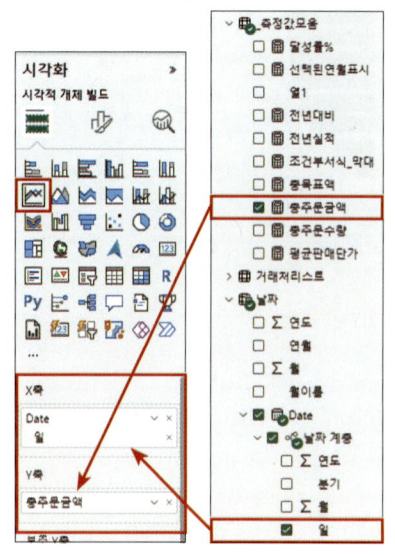
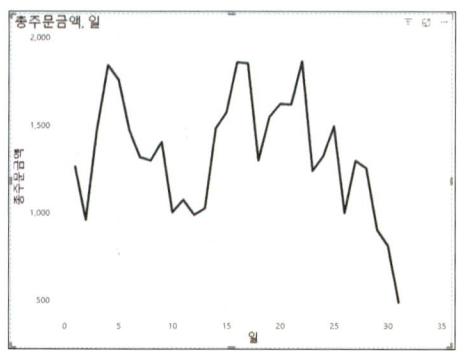

❸ 동일한 페이지에 **도넛형 차트**를 삽입하고 **범례**에는 〈판매채널〉테이블의 **[채널유형] 필드**를, **값**에는 〈_측정값모음〉테이블의 **[총주문금액] 측정값**을 추가(드래그 앤 드롭)하여 적당한 위치에 배치한다.

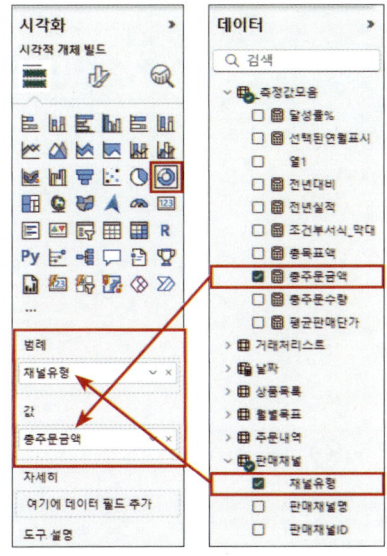
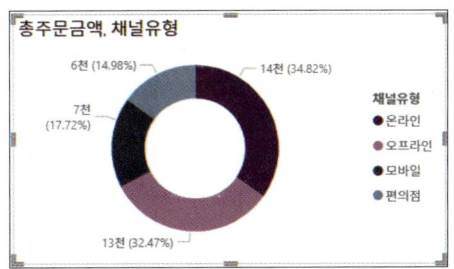

❹ 동일한 페이지에 **여러 행 카드**를 삽입하고 **필드** 영역에 〈_측정값모음〉테이블의 **[선택된연월표시] 측정값**을 추가(드래그 앤 드롭)하여 적당한 위치에 배치한다. **시각적 개체 서식 지정 > 시각적 개체 > 카드 > 제목 > 글꼴 크기**는 **30**으로 조정한다.

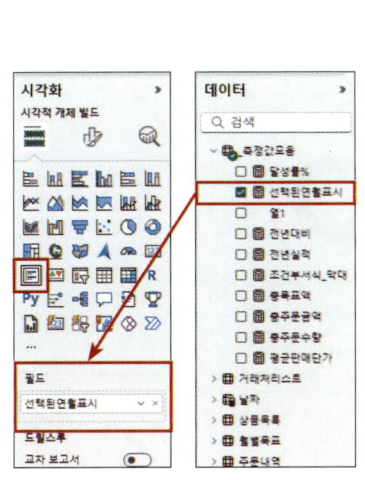
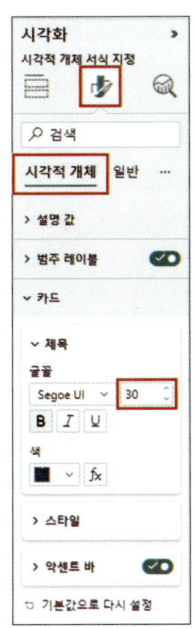

❺ 이제 아무것도 선택되지 않은 상태에서 시각적 개체 빌드 하단 **드릴스루 > 여기에 드릴스루 필드 추가 영역**에 〈날짜〉 테이블의 **[월이름] 필드**를 추가한다(드래그 앤 드롭).

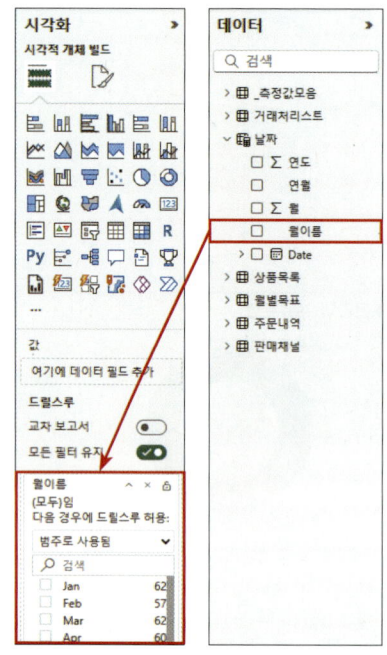
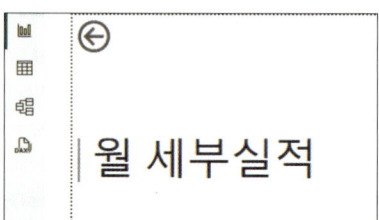

보고서 페이지 좌측 상단에 자동으로 뒤로가기 아이콘 ⓒ이 보고서에 삽입되는 걸 확인할 수 있다.

❻ 앞에서 만든 개체들을 적절하게 배치하여 #드릴스루용 페이지 작업을 마무리한다.

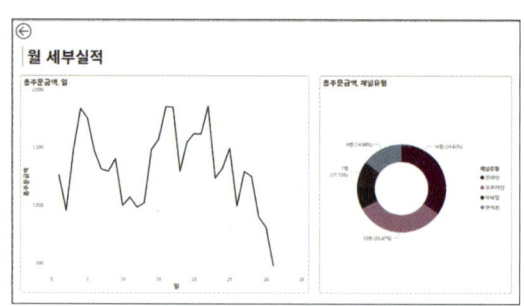

❼ 이제 다시 **실습용** 페이지로 돌아와서 상단 메뉴의 **삽입** > **단추** > **비어 있음**을 클릭한다.

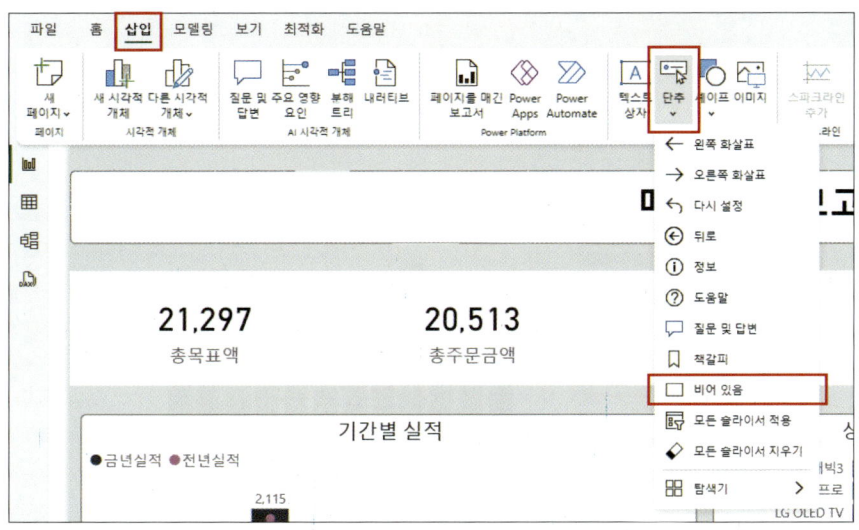

❽ 삽입된 단추를 **기간별 실적 차트** 우측 상단에 배치하고 **서식 단추** > **Button** > **스타일** > **텍스트** > **텍스트**에 **월별 상세현황 보러가기**를 입력한다.

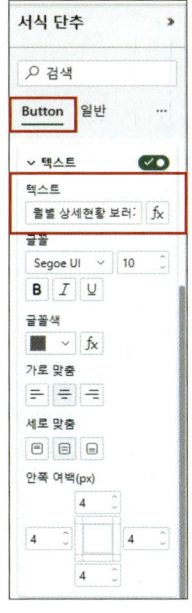
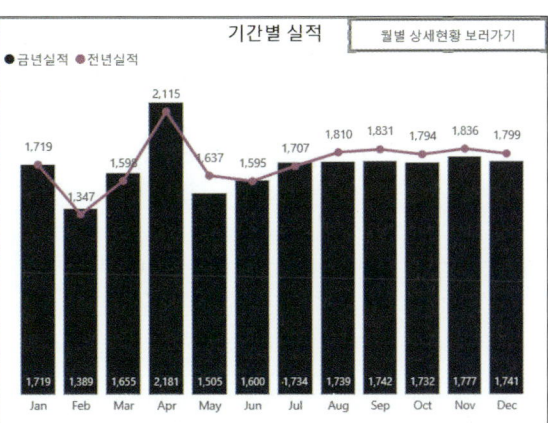

❾ **서식 단추** > **Button** > **작업**을 활성화하고 유형에서 **드릴스루**를 선택한 뒤, **대상**은 **#드릴스루용** 페이지를 선택해주면 설정은 마무리된다.

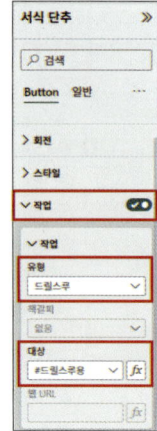
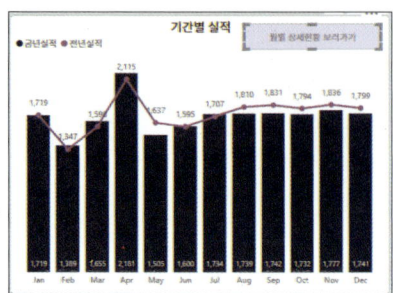

❿ 이제 **기간별 실적 차트**의 **X축**에 해당하는 **월이름** 영역을 클릭하면 해당 **단추**가 **활성화**되고, **Ctrl 버튼**과 함께 **월별 상세현황 보러가기 단추**를 누르면 **#드릴스루용** 페이지로 **이동**하게 된다.

- Ctrl + ◉를 누르면 다시 이전 페이지로 이동한다.
- 파워BI 데스크톱 환경에서는 [Ctrl+클릭]이 필요하지만 실무에서 'Power BI 서비스'에 게시한 경우에는 Ctrl 버튼 없이 클릭만으로도 이동이 가능하다.

06 페이지 탐색기

📁 예시 'Part1_Chapter07' > '예시07-6_주문내역파일_페이지탐색기.pbix'

📁 실습 'Part1_Chapter07' > '예시실습07-6_주문내역파일.pbix'

페이지 탐색기는 여러 페이지 간 이동을 쉽게 할 수 있도록 돕는 기능이다. 보고서에 삽입된 페이지 탐색기는 각 페이지로 이동할 수 있는 버튼을 자동으로 생성하며, 사용자는 해당 버튼을 클릭해 보고서 내 다른 페이지로 빠르게 이동할 수 있다. 실습을 위해 **예시실습07-6_주문내역파일.pbix** 파일을 연다.

예를 들어, 상단에 버튼을 삽입하여 사용자가 개요 페이지와 분석 페이지 사이를 편리하게 이동할 수 있도록 구현하는 기능이다.

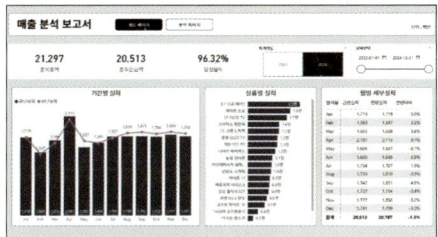 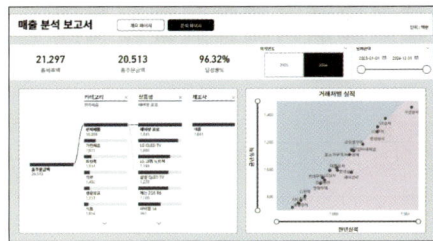

개요 페이지 화면   분석 페이지 화면

❶ 상단 메뉴의 **삽입** > **단추** > **탐색기** > **페이지 탐색기**를 선택한다.

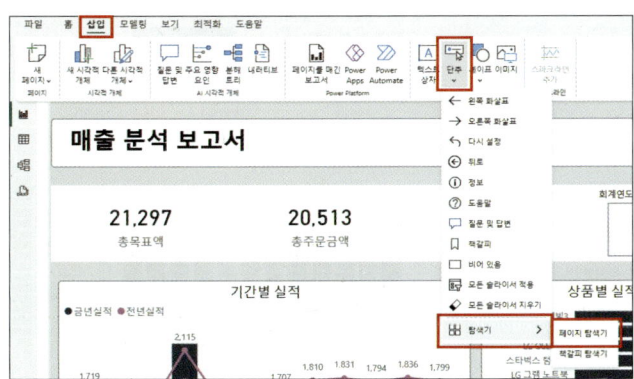

❷ 삽입된 페이지 탐색기를 원하는 위치에 배치한다.

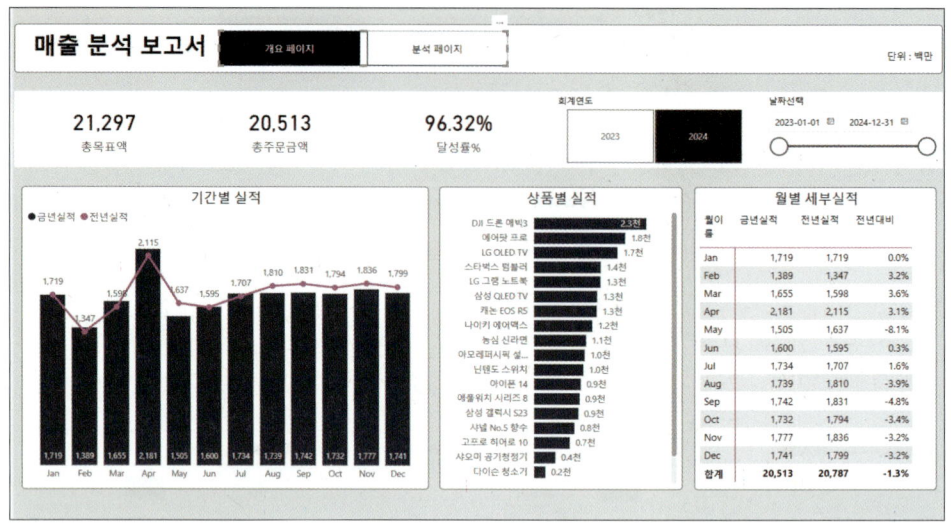

❸ **서식 탐색기 > 시각적 개체 > 도형 > 도형**은 모서리가 둥근 직사각형으로, **둥근 모서리(%)는 20**으로 설정한다.

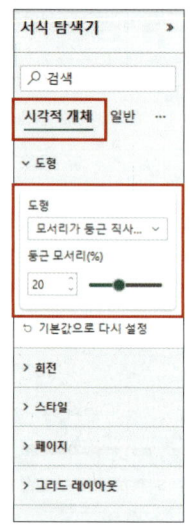 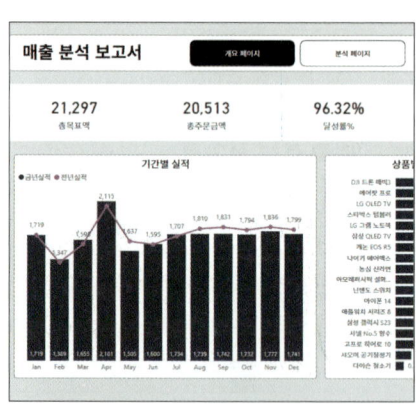

❹ 이제 **페이지 탐색기를 복사(Ctrl+C)**한 뒤 **분석 페이지**로 이동하여 **붙여넣기(Ctrl+V)**하면 양쪽 페이지에 대한 페이지 탐색기가 완성된다.

❺ **Ctrl 버튼**과 함께 페이지 탐색기에서 이동하고 싶은 페이지 버튼을 누르면 각 페이지로 이동하게 된다.

Tip

- 페이지마다 **페이지 탐색기**를 캔버스에 **추가**할 수 있으며, 서식을 적용하는 경우 앞에서처럼 **[복사-붙여넣기]**로 작업하는 것이 편리하다.
- **서식 탐색기** > **스타일** > **설정 적용 대상** > **상태** 옵션을 활용하여 사용자가 마우스로 해당 개체를 가리킬 때, 누를 때, 선택했을 때 등 각 시나리오에 따라 다르게 서식을 적용시킬 수 있다.

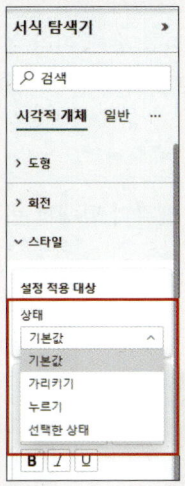

- **서식 탐색기** > **페이지** > **옵션**과 **표시**를 통해 단추 내에 어떤 페이지를 숨기고 보여줄지 선택할 수 있다.

07 책갈피와 책갈피 탐색기

📁 예시 'Part1_Chapter07' > '예시07-7_주문내역파일_책갈피.pbix'
📁 실습 'Part1_Chapter07' > '예시실습07-7_주문내역파일.pbix'

책갈피는 시각적 요소의 특정 상태, 필터, 슬라이서 등의 설정을 저장하고 나중에 그 상태로 빠르게 돌아갈 수 있도록 하는 기능이다. 사용자는 책갈피를 통해 여러 설정 상태를 저장하고, 책갈피 탐색기를 활용해 다양한 시나리오의 보고서 상태를 동적으로 전환할 수 있다. 실습을 위해 **예시실습07-7_주문내역파일.pbix** 파일을 연다.

예를 들어, '기간별 실적' 차트에서 사용자가 책갈피 탐색기 버튼을 통해 '분기' 또는 '월' 계층 수준을 선택적으로 변경 가능하도록 구현하는 기능이다.

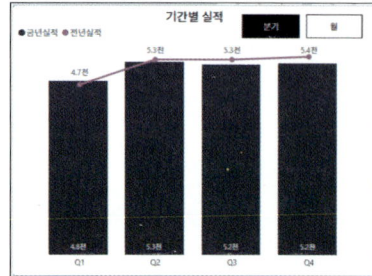
기간별 실적 차트 분기 화면

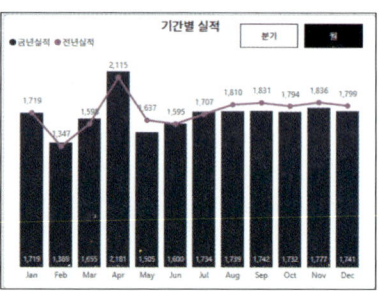
기간별 실적 차트 월 화면

❶ 상단 메뉴의 **보기** > **책갈피**와 **선택** 버튼을 각각 눌러 두 창을 **활성화**한다.

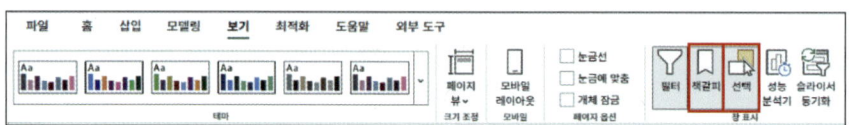

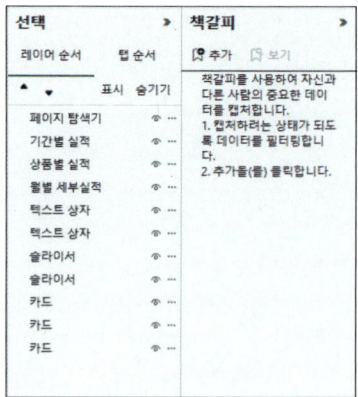

> **Tip**
> 선택 창은 필수는 아니나 함께 열어놓고 작업하는 것이 수월하다.

❷ 우선 첫 번째 상태를 저장하기 위해 **기간별 실적** 차트를 선택한 상태에서 **책갈피 > 추가** 버튼을 누른 뒤, 생성된 **책갈피**를 **더블클릭**하고 **이름**을 **분기**로 지어준다.

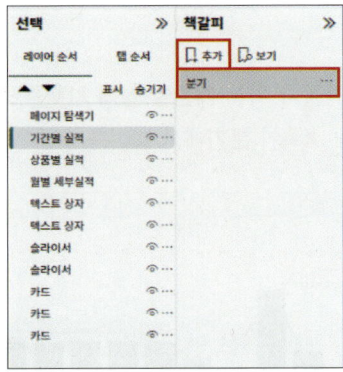

❸ 분기 책갈피 우측 끝 […]을 누른 뒤 아래와 같이 설정한다. 클릭 시 창이 닫히므로 한 번에 하나씩 설정한다. 먼저 **현재 페이지**는 **선택 해제**하고, 모든 시각적 개체 대신 **선택된 시각적 개체**로 변경한다.

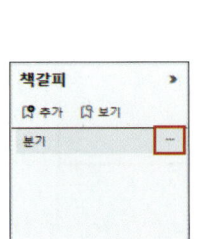 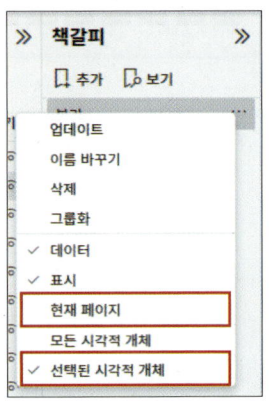

> **Tip**
> 여기서는 책갈피 상태에 현재 페이지를 굳이 기억시킬 필요가 없고, 선택된 기간별 실적 차트에 대해서만 상태를 저장하면 되므로 위와 같이 설정한다.

> **Tip** ✓
>
> **책갈피 설정 관련 옵션**
> - 데이터 : 현재의 필터, 슬라이서, 드릴, 정렬 상태 등 데이터와 관련된 상태를 책갈피에 포함한다.
> - 표시 : 현재의 시각적 개체 표시 여부(숨김/표시 상태)를 책갈피에 포함한다.
> - 현재 페이지 : 현재 보고서 페이지를 책갈피에 포함하며, 페이지 간 이동까지 구현할 때 사용된다.
> - 모든 시각적 개체 : 현재 보고서 내의 모든 시각적 개체를 책갈피에 포함하여 저장한다.
> - 선택된 시각적 개체 : 사용자가 선택한 특정 시각적 개체만 책갈피에 포함하여 저장한다.

❹ 이어서 두 번째 상태를 책갈피로 만들기 위해 **기간별 실적 차트**를 클릭하고 상단에 있는 **계층 구조에서 다음 수준으로 이동**을 클릭한다. **X축**이 **분기**에서 **월이름** 수준으로 변경된다.

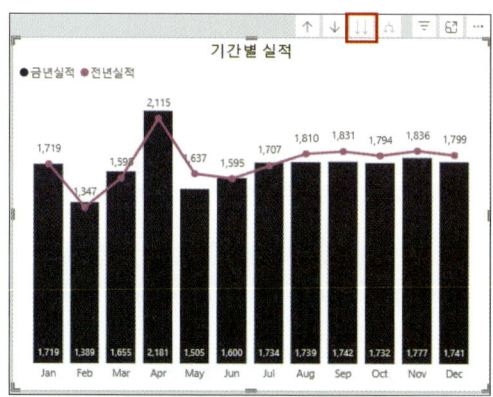

❺ 이제 **책갈피 > 추가**를 누른 뒤, 두 번째로 생성된 책갈피의 **이름**을 **월**로 지어준다.

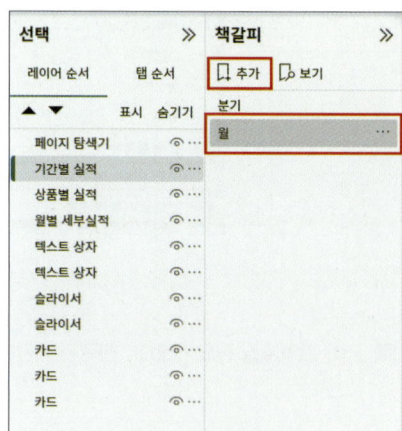

❻ 추가로 생성된 **월** 책갈피에 대해서도 **분기**와 **동일하게** 설정해준다.

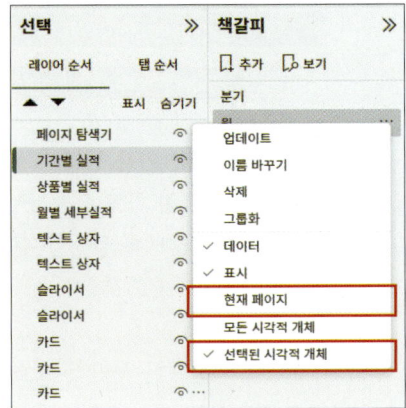

❼ 여기까지 설정을 마쳤으면 책갈피 창에서 책갈피를 각각 눌러 보면서 잘 작동하는지 확인한다.
❽ 이제 상단 메뉴의 **삽입** > **단추** > **탐색기** > **책갈피 탐색기**를 눌러 개체를 삽입한다.

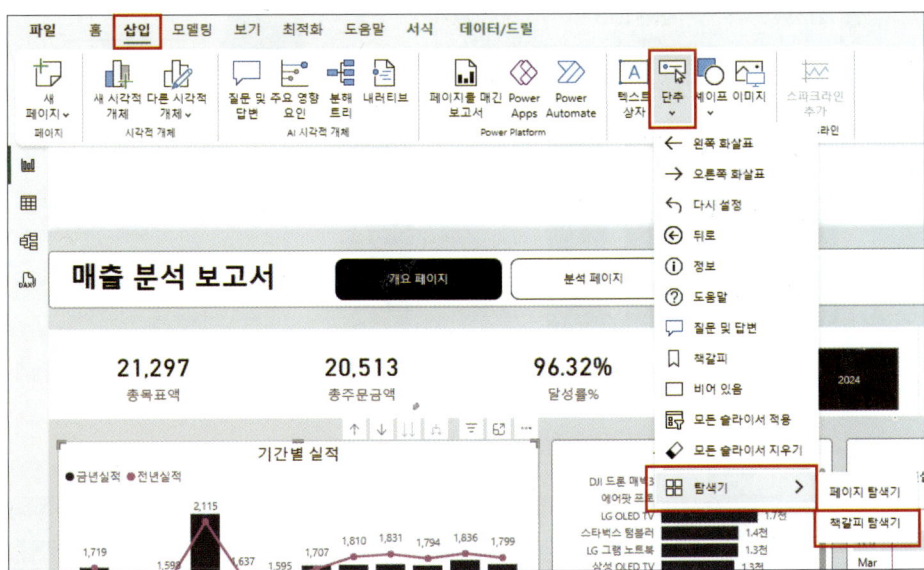

❾ 끝으로, 삽입된 **책갈피 탐색기**를 **기간별 실적 차트 상단**에 배치하고 [Ctrl+클릭]을 눌러 잘 작동하는지 확인하여 마무리한다.

CHAPTER 07 | 보고서와 데이터시각화 Ⅲ – 동적 요소 구현하기 **221**

08 상호 작용 편집

> 예시 'Part1_Chapter07' > '예시07-8_주문내역파일_상호작용편집.pbix'
> 실습 'Part1_Chapter07' > '예시실습07-8_주문내역파일.pbix'

시각적 개체 간의 상호 작용 방식을 설정하는 기능이다. 이를 통해 특정 시각적 요소가 다른 시각적 개체에 어떤 영향을 미칠지 정의할 수 있는데, 예를 들어 특정 차트나 슬라이서가 다른 차트에 필터링 또는 강조 효과를 주거나 반대로 아무 필터링 영향도 미치지 않도록 설정할 수 있다. 실습을 위해 **예시실습07-8_주문내역파일.pbix** 파일을 연다.

예를 들어, '상품별 실적' 묶은 가로 막대 차트에서 선택한 시각적 요소가 '총목표액', '총주문금액', '달성률%' 카드 개체에 필터링 효과를 주지 않도록 구현하는 기능이다.

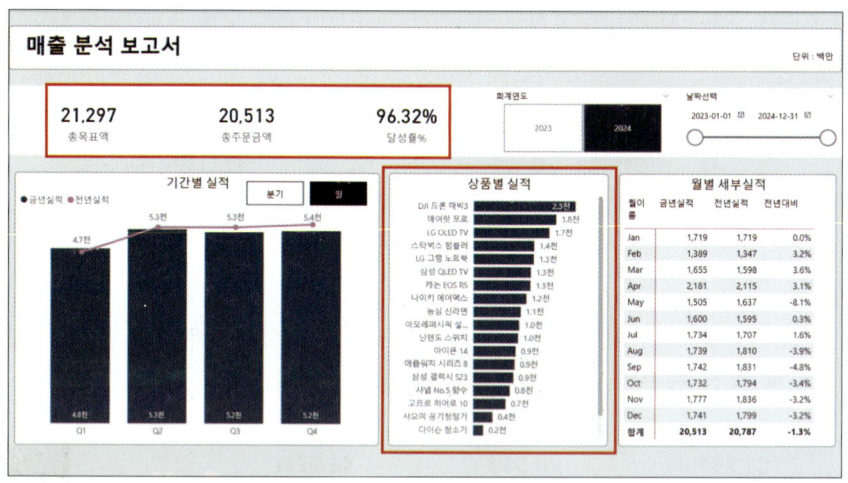

❶ 캔버스에서 **상품별 실적 묶은 가로 막대 차트**를 선택한다.

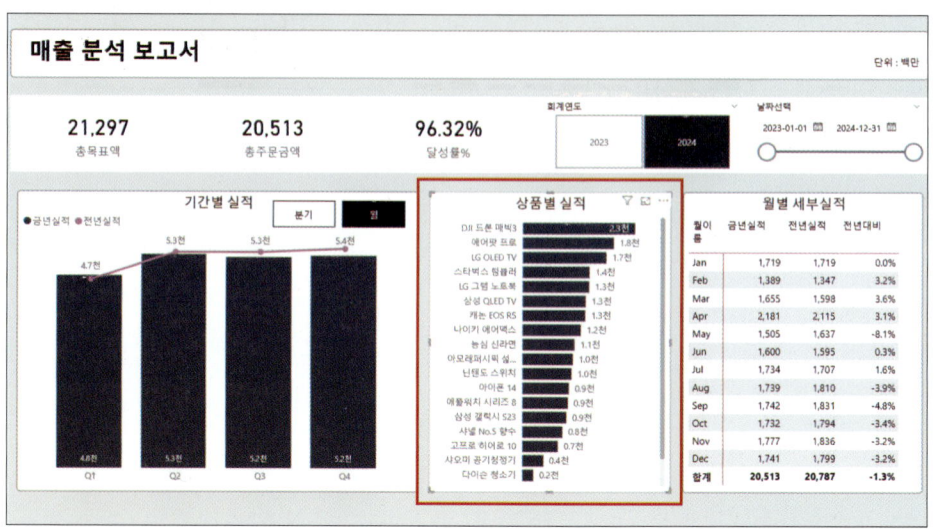

❷ 상단 메뉴의 **서식** > **상호 작용 편집** 버튼을 클릭한다.

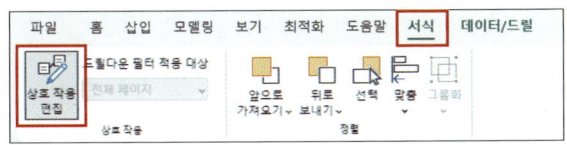

❸ '총목표액', '총주문금액', '달성률%' 각각의 카드에서, 우측 상단에 나타난 상호 작용 옵션들 가운데 **없음**(⊘)을 각각 선택한다. **상품별 실적** 차트에서 **막대 요소**를 클릭하여 필터 효과가 카드에는 미치지 않음을 확인한다. 아이콘이 ⊘으로 변한다.

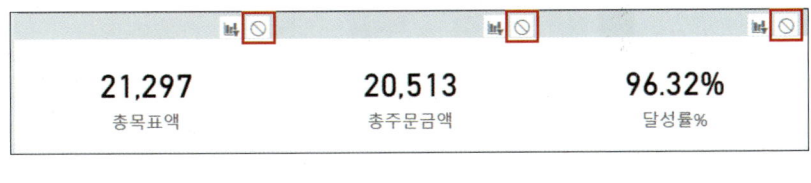

❹ 다시 상단 메뉴의 **서식** > **상호 작용 편집** 버튼을 한 번 더 눌러 **편집 모드**를 **해제**한다.

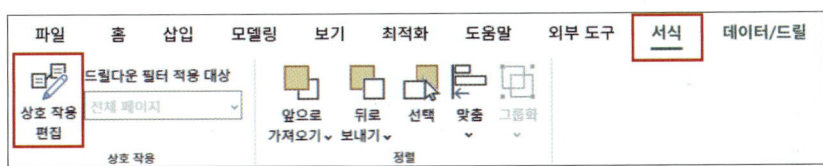

상호 작용 편집 설정 및 해제
- 선택된 시각적 개체가 다른 시각적 개체들에게 미치는 필터 효과를 편집한다.
- 특정 시각적 개체가 먼저 선택되지 않으면 서식 메뉴 자체가 나타나지 않는다.
- 설정 후 편집 모드 해제를 하지 않으면 이후 작업에 방해가 되므로 작업이 끝났으면 **반드시 해제**하도록 한다.

3가지 상호 작용 옵션
- 필터 : 선택한 시각적 요소가 다른 시각적 개체에 필터 효과를 주도록 설정한다.
- 강조 표시 : 선택한 시각적 요소가 다른 시각적 개체의 데이터 일부를 강조하도록 설정한다.
- 없음 : 선택한 시각적 요소가 다른 시각적 개체에 영향을 주지 않도록 설정한다.

Warming Up 예제 실습하기

문제

다음 지시사항에 따라 개체 간 상호 작용 옵션을 구현하시오.

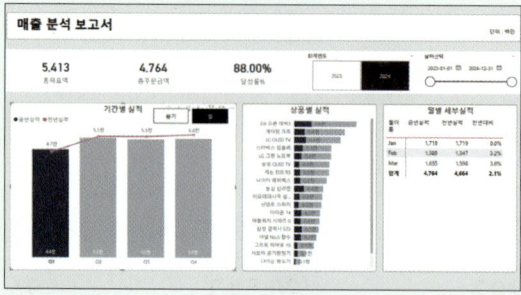

▶ '기간별 실적' 차트의 데이터 요소를 클릭 시 '상품별 실적' 차트의 데이터 값이 필터링되도록 상호 작용 편집(강조 표시 → 필터)

풀이

📁 예제 'Part1_Chapter07' > '예제07-8_주문내역파일.pbix'
📁 풀이 'Part1_Chapter07' > '풀이07-8_주문내역파일.pbix'

다음 지시사항에 따라 개체 간 상호 작용 옵션을 구현하시오.

1. 예제 실습을 위해 **예제07-8_주문내역파일.pbix** 파일을 연다. **기간별 실적** 차트를 선택하고 상단 메뉴의 **서식** > **상호 작용 편집** 버튼을 클릭한다.

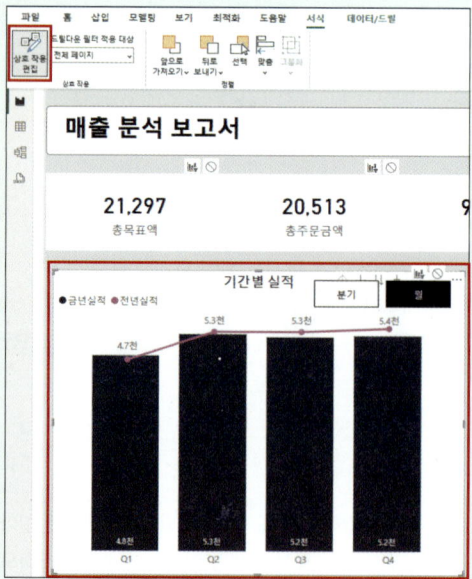

2. 상품별 실적 차트 우측 상단에 나타난 상호 작용 옵션들 중에서 필터(📊)를 선택한다.

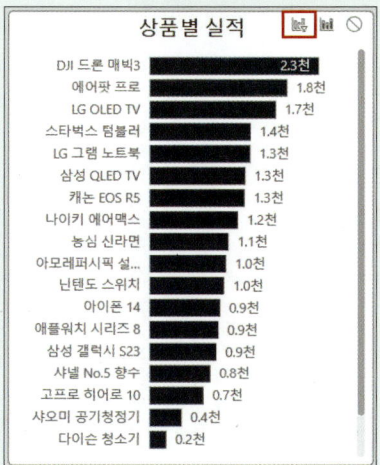

3. 편집이 끝났으면 상단 메뉴의 **서식** > **상호 작용 편집** 버튼을 눌러 **편집 상태**를 **해제**한다.

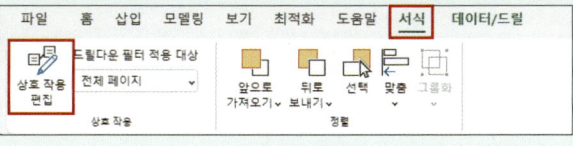

PART 2
공개문제 파헤치기

CHAPTER 01 경영정보시각화능력 실기시험 유의사항

CHAPTER 02 시행처 공개문제(A형) 풀이

CHAPTER 03 시행처 공개문제(B형) 풀이

 유선배 경영정보시각화능력 실기(Power BI) 합격노트
이 시대의 모든 합격! 무료 동영상 강의와 함께 합격하세요!
www.youtube.com ➡ '어니언 비아이' 검색 ➡ 구독

CHAPTER 01
경영정보시각화능력 실기시험 유의사항

국 가 기 술 자 격

경영정보시각화능력 실기시험

프로그램명	제한시간
파워BI 데스크톱	70분

수험번호	
성 명	

단일	경영정보시각화 실무

※ 시험지를 받으면 다음 순서를 따라 주시기 바랍니다.

① 응시프로그램 일치여부, 페이지 누락, 인쇄상태 불량 및 훼손 여부 확인 후 이상이 있을 경우 손을 들어 주십시오.
② 시험지 확인이 끝나면 문제지 우측 상단에 수험번호, 성명을 기재하여 주십시오.
③ 1페이지의 「유의사항」과 2페이지의 「문제 및 데이터 안내」를 확인하십시오.

대 한 상 공 회 의 소

──〈유의사항〉──

- '유의사항', '문제 및 데이터 안내'에 따라 시험에 응시하여야 하며, 이를 소홀히 하여 발생한 불이익과 책임은 수험자 본인에게 있습니다.
- 시험이 시작되면 즉시 문제 데이터 파일 존재여부와 답안 파일의 문제3-4 페이지에 차트, 표, 데이터가 보이는지 확인하시기 바랍니다.
  - 문제 데이터 파일 위치 : [문제1] C:\PB\문제1_데이터 폴더 / [문제2,3] C:\PB\문제2,3_데이터 폴더
  - 문제 데이터 파일은 존재여부만 확인하며 엑셀 등으로 열어보면 실격 처리
  - 답안 파일 위치 : C:\PB\수험자번호.pbix
  - 화면에 띄워진 답안 파일의 문제3-4 페이지 확인
- 시험 진행 중 작성된 답안은 수시로 저장하시기 바랍니다.
- 별도의 지시사항이 없는 경우, 다음과 같이 처리할 때 [실격 처리]됩니다.
  - 제시된 파일, 페이지/대시보드, 데이터 원본의 이름, 차원/측정값 속성을 임의로 변경한 경우
  - 제시된 파일, 데이터 원본을 임의로 삭제, 추가, 변경한 경우
  - 시트/워크시트/대시보드를 임의로 삭제, 추가하거나 명칭을 변경한 경우
  - 제시된 답안 파일의 경로 또는 파일명을 변경한 경우
  - 문제 데이터를 시험 시작 전에 열어보는 경우
  - 실기시험 프로그램 이외의 프로그램(엑셀 등)으로 데이터를 열어보는 경우
- 반드시 답안작성은 문제에서 지시한 위치에 작업하여야 하며 다음과 같이 처리 시 해당 작업 또는 그 작업에 영향을 미치는 문제, 개체, 시트 등은 [오답 처리]됩니다.
  - 제시된 함수가 있으면 제시된 함수만을 사용해야 하며 그 외 함수를 사용해 풀이한 경우
  - 지시하지 않은 차트, 컨테이너, 매개변수 등을 임의로 이동, 수정(변경), 삭제 등으로 인해 위치 및 내용이 변경된 경우
  - 임의로 기본 설정값(Default)을 변경한 경우
  - 숫자데이터를 임의로 문자화하여 처리한 경우
  - 개체가 해당 영역을 벗어난 경우
  - 작업한 개체가 너무 작아 정보 확인이 어려울 경우
  - 지시사항과 띄어쓰기, 대소문자 등이 다르게 작업한 경우(계산식 제외)
- 시험지에 제시된 [완성 화면 그림]은 문제풀이 순서 또는 시각적 개체 작성 순서, PC 환경 등의 이유로 수험자가 작성한 개체의 모니터 화면과 모양, 색상 등이 다를 수 있습니다.
- 본 문제와 용어는 파워BI 데스크톱(Power BI Desktop) 2.139.1678.0 버전 기준으로 작성되었습니다.
  - 본 문제에서 열과 필드는 동일한 용어로 혼용 사용

문제 및 데이터 안내

1. 수험자가 작성할 답안 파일은 1개입니다. 문제1, 문제2, 문제3의 답을 하나의 답안 파일(.pbix)로 저장하십시오.
2. 문제1, 문제2, 문제3은 각각 독립적으로 구성되어 앞 문제를 풀지 않아도 다음 문제 풀이가 가능합니다.
3. 문제1은 데이터 불러오기를 통해 문제를 풀이하고, 문제2와 문제3은 답안에 이미 데이터가 포함되어 있어 다시 데이터를 불러오지 말고 바로 문제 풀이를 하십시오.
   - 데이터 파일은 문제1을 위한 데이터 파일과 문제2,3을 위한 데이터 파일로 구성되어 있습니다.
4. 문제2와 문제3 풀이를 위해 필요한 일부 측정값, 필터가 답안파일에 미리 적용되어 있을 수 있습니다.
   - 지시사항에 제시되지 않은 것은 변경하지 마십시오.
   - 사전에 적용된 필터 등이 삭제되지 않도록 '페이지 삭제' 기능을 **절대** 사용하지 마십시오.
5. 문제는 문제(문제1~3) – 세부문제(1~4) – 지시사항(①~③) – 세부지시사항(▶, -) 단위로 구성됩니다.
6. 지시사항(①~③)별로 점수가 부여되며, 지시사항의 전체 세부지시사항(▶, -)을 작업하지 않을 경우 점수가 부여되지 않습니다. **※ 부분 점수 없음**
7. 본 시험에서 사용되는 데이터 파일 수와 데이터명은 아래와 같습니다.
   - [문제1] 데이터 파일수 : O개 / 데이터명 : '파일명.xlsx'

파일명	파일명.xlsx						
테이블	구조						
○ ○ ○							
× × ×							

   - [문제2,3] 데이터 파일수 : O개 / 데이터명 : '파일명.xlsx'

파일명	파일명.xlsx					
테이블	구조					
○ ○ ○						
× × ×						

CHAPTER 02

시행처 공개문제(A형) 풀이

국 가 기 술 자 격 검 정
경영정보시각화능력 실기 모의문제

프로그램명	제한시간
파워BI 데스크톱	70분

수험번호	
성 명	

단일	A형

※ 시험지를 받으시면 1~2페이지의 '유의사항'과 '문제 및 데이터 안내'를 확인하시기 바랍니다.

대 한 상 공 회 의 소

- '유의사항', '문제 및 데이터 안내'에 따라 시험에 응시하여야 하며, 이를 소홀히 하여 발생한 불이익과 책임은 수험자 본인에게 있습니다.
- 시험이 시작되면 즉시 문제 데이터 파일 존재여부와 답안 파일의 문제3-4 페이지에 차트, 표, 데이터가 보이는지 확인하시기 바랍니다.
  - 문제 데이터 파일 위치 : [문제1] C:₩PB₩문제1_데이터 폴더 / [문제2,3] C:₩PB₩문제2,3_데이터 폴더
  - 문제 데이터 파일은 존재여부만 확인하며 엑셀 등으로 열면 실격 처리
  - 답안 파일 위치 : C:₩PB₩수험자번호.pbix
  - 화면에 띄워진 답안 파일의 문제3-4 페이지 확인
- 시험 진행 중 작성된 답안은 수시로 중간 저장하시기 바랍니다.
- 별도의 지시사항이 없는 경우, 다음과 같이 처리할 때 [실격 처리]됩니다.
  - 제시된 파일, 페이지/대시보드, 데이터 원본의 이름, 차원/측정값 속성을 임의로 변경한 경우
  - 제시된 파일, 데이터 원본을 임의로 삭제, 추가, 변경한 경우
  - 시트/워크시트/대시보드를 임의로 삭제, 추가하거나 명칭을 변경한 경우
  - 제시된 답안 파일의 경로 또는 파일명을 변경한 경우
  - 문제 데이터를 시험 시작 전에 열어보는 경우
  - 실기시험 프로그램 이외의 프로그램(엑셀 등)으로 데이터를 열어보는 경우
- 반드시 답안작성은 문제에서 지시한 위치에 작업하여야 하며 다음과 같이 처리 시 해당 작업 또는 그 작업에 영향을 미치는 문제, 개체, 시트 등은 [오답 처리]됩니다.
  - 제시된 함수가 있으면 제시된 함수만을 사용해야 하며 그 외 함수를 사용해 풀이한 경우
  - 지시하지 않은 차트, 컨테이너, 매개 변수 등을 임의로 이동, 수정(변경), 삭제 등으로 인해 위치 및 내용이 변경된 경우
  - 임의로 기본 설정값(Default)을 변경한 경우
  - 숫자데이터를 임의로 문자화하여 처리한 경우
  - 개체가 해당 영역을 벗어난 경우
  - 개체가 너무 작아 해당정보 확인이 눈으로 어려운 경우
- 시험지에 제시된 [완성 화면 그림]은 문제풀이 순서 또는 시각적 개체 작성 순서, PC 환경 등의 이유로 수험자가 작성한 개체의 모니터 화면과 모양, 색상 등이 다를 수 있습니다.
- 본 문제와 용어는 파워BI 데스크톱(Power BI Desktop) 2.124.1554.0 버전(2024.1.8.) 기준으로 작성되었습니다.

문제 및 데이터 안내

1. 수험자가 작성할 답안 파일은 1개입니다. 문제1, 문제2, 문제3의 답을 하나의 답안 파일(.pbix)로 저장하십시오.
2. 문제1, 문제2, 문제3은 각각 독립적으로 구성되어 앞 문제를 풀지 않아도 다음 문제 풀이가 가능합니다.
3. 문제1은 데이터 불러오기를 통해 문제를 풀이하고, 문제2와 문제3은 답안에 이미 데이터가 포함되어 있어 다시 데이터를 불러오지 말고 바로 문제 풀이를 하십시오.
   - 데이터 파일은 문제1을 위한 데이터 파일과 문제2,3을 위한 데이터 파일로 구성되어 있습니다.
4. 문제2와 문제3 풀이를 위해 필요한 일부 측정값, 필터가 답안파일에 미리 적용되어 있을 수 있습니다.
   - 지시사항에 제시되지 않은 것은 변경하지 마십시오.
   - 사전에 적용된 필터 등이 삭제되지 않도록 '페이지 삭제' 기능을 **절대** 사용하지 마십시오.
5. 지시사항(①, ②, ③)별로 점수가 부여되며, 지시사항의 전체 세부지시사항(▶ 또는 – 표시된 지시사항)을 작업하지 않을 경우 점수가 부여되지 않습니다. ※ **부분 점수 없음**
6. 본 시험에서 사용되는 데이터 파일 수와 데이터명은 아래와 같습니다.
   - [문제1] 데이터 파일 수 : 1개 / 데이터명 : '자전거_대여현황.xlsx'

파일명	자전거_대여현황.xlsx								
테이블	구조								
자전거_대여이력	대여일	대여_대여소번호	대여_대여소명			대여건수		이용거리	
	2022-01-01	4217	한강공원 망원나들목			95		550629.53	
대여소 현황	대여소번호	대여소명	자치구	상세주소	위도	경도	설치시기	거치대수 (LCD)	거치대수 (QR)	운영 방식
	207	여의나루역 1번출구 앞	영등포구	서울특별시 영등포구 여의동로 지하343	37.5271 5683	126.9319	2015-09-17	46		LCD

   - [문제2,3] 데이터 파일 수 : 1개 / 데이터명 : '판매실적.xlsx'

파일명	판매실적.xlsx								
테이블	구조								
날짜	ID	날짜	연도	월	연월	영문월	일	요일	
	20210101	2021-01-01	2021	1	2021-1	Jan	1	금	
거래처	거래처코드		거래처명		채널		시도		
	1		송파점		아울렛		서울		
제품	ID	분류 코드	분류명	제품 분류 코드	제품 분류명	제품 코드	제품명	색상	사이즈	원가	단가	제조국
	1	8J-01	상의	SJ-01205	티셔츠	SJCS TS2061	폴리 카라 액티비 티셔츠	Pl	90	48,000	120,000	VIETNAM
판매	판매ID	판매일	거래처 코드	제품코드	단가	수량	매출금액	매출이익	
	1	2021-01-04	1	SJCSCT20250	219,800	2	439,600	314,000	

문제1 작업준비(20점)

1. 답안 파일을 열고, 다음의 지시사항에 따라 데이터 가져오기 및 데이터 편집을 수행하시오. (10점)

① 데이터 파일을 가져온 후 파워쿼리 편집기를 통해 테이블의 데이터를 편집하시오. (3점)
- ▶ 가져올 데이터 : '자전거_대여현황.xlsx' 파일의 '자전거 대여이력', '대여소현황' 시트
- ▶ 〈자전거_대여이력〉 테이블의 [대여_대여소번호] 필드에서 데이터 값이 '210' 데이터 필터 해제
- ▶ 필드의 데이터 형식 변경
  - [대여건수], [이용시간] 필드 : 정수
  - [이용거리] 필드 : 10진수

② 파워쿼리 편집기를 통해 〈자전거_대여이력〉 테이블에 '쿼리 병합'을 사용하여 〈대여소현황〉 테이블의 [자치구] 필드를 추가하시오. (4점)
- ▶ 〈자전거_대여이력〉 테이블의 [대여_대여소번호] 필드와 〈대여소현황〉 테이블의 [대여소번호] 필드를 기준으로 병합
  - 조인 종류 : 왼쪽 외부
  - [대여소현황] 필드에서 [자치구] 필드만 확장
  - '원래 열 이름을 접두사로 사용'을 해제하여 필드 이름 표시
- ▶ 〈대여소현황〉 테이블의 로드 사용 해제

③ 테이블 뷰에서 〈자전거_대여이력〉 테이블의 필드 서식을 변경하시오. (3점)
- ▶ [대여일] 필드의 서식 : '*2022-01-01(Short Date)'
- ▶ [대여건수] 필드의 서식 : 정수, 천 단위 구분 기호(**,**)

2. 다음 지시사항에 따라 데이터를 편집하고 모델링하며, 측정값을 추가하시오. (10점)

① 다음 조건으로 수식을 작성하여 새 테이블을 추가하시오. (4점)
- ▶ 테이블 이름 : DimDate
  - 필드 이름 : Date, 연도, 월
  - 사용 함수 : ADDCOLUMNS, CALENDAR, DATE, YEAR, MONTH
  - [Date] 필드의 시작일 : 2022-01-01
  - [Date] 필드의 종료일 : 2022-03-31
  - [연도], [월] 필드 : [Date] 필드 기준으로 값 표시
  - [Date] 필드의 서식 : '*2001-03-04(Short Date)'

② 〈자전거_대여이력〉 테이블과 〈DimDate〉 테이블 간의 관계를 설정하시오. (3점)
- ▶ 〈자전거_대여이력〉 테이블의 [대여일] 필드와 〈DimDate〉 테이블의 [Date] 필드
  - 카디널리티(Cardinality) : '다대일(*:1)' 관계
  - 크로스 필터(교차 필터) 방향 : '단일'

③ 다음 조건으로 〈자전거_대여이력〉 테이블에 측정값을 작성하시오. (3점)
- ▶ 측정값 이름 : 총대여건수
  - 활용 필드 : 〈자전거_대여이력〉 테이블의 [대여건수] 필드

- [대여건수]의 합계 계산
- 사용 함수 : SUM
- 서식 : 정수, 천 단위 구분 기호(,)

▶ 측정값 이름 : 일평균 대여건수
- 활용 테이블 및 필드 : 〈DimDate〉 테이블, 〈자전거_대여이력〉 테이블의 [총대여건수] 측정값
- [총대여건수]를 〈DimDate〉 테이블의 전체 일수로 나누기 계산
- 사용 함수 : COUNTROWS
- 서식 : 정수, 천 단위 구분 기호(,)

문제2 단순요소 구현(30점)

| 시각화 완성화면 |

각 세부문제 풀이 후 아래와 같은 결과가 도출되어야 합니다.

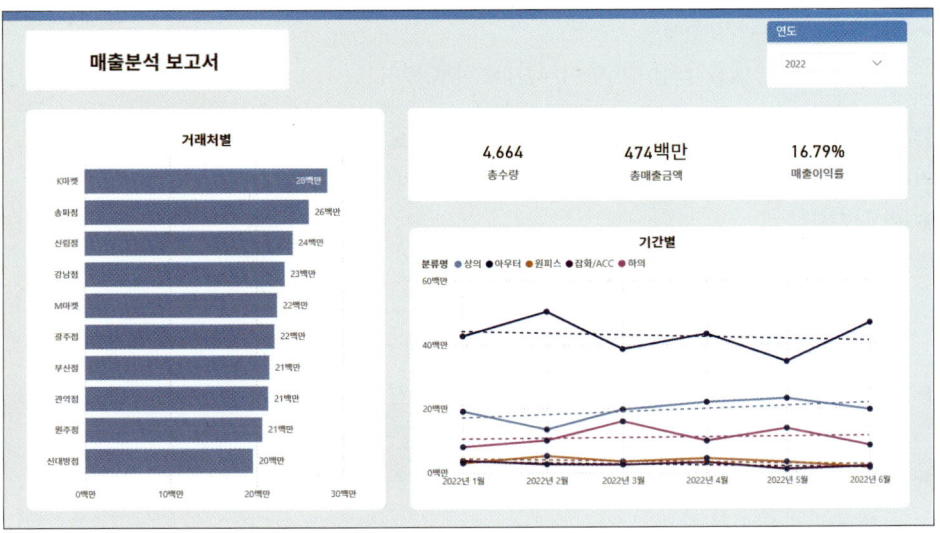

1. '문제2', '문제3', '문제3-5' 보고서의 전체 서식을 아래 지시사항에 따라 설정하시오. (5점)

    ① 보고서 전체의 테마를 변경하시오. (3점)
    - ▶ 보고서 테마 : 기본값
    - ▶ 이름 및 색의 테마 색 변경
      - 테마 색1 : "#6699CC"
      - 테마 색2 : "#003377"

    ② 텍스트 상자를 사용하여 보고서 제목을 작성하시오. (2점)
    - ▶ 제목 텍스트 : 매출분석 보고서
    - ▶ 서식 : 글꼴 'Segoe UI', 글꼴 크기 '20', '굵게', '가운데'
    - ▶ 텍스트 상자를 '1-②' 위치에 배치

2. 다음 지시사항에 따라 슬라이서와 카드를 구현하시오. (5점)

    ① 연도 조건을 설정하는 슬라이서를 구현하시오. (2점)
    - ▶ 활용 필드 : 〈날짜〉 테이블의 [연도] 필드
    - ▶ 서식
      - 슬라이서 스타일 '드롭다운' 설정
      - 슬라이서에 '모두 선택' 항목이 표시되도록 설정
      - 슬라이서 머리글이 보이지 않도록 설정
    - ▶ 슬라이서에 '2022' 값으로 필터 적용
    - ▶ 슬라이서를 '2-①' 위치에 배치

② 매출 현황을 나타내는 카드를 구현하시오. (3점)
- ▶ 활용 필드 : 〈판매〉 테이블의 [총수량], [총매출금액], [매출이익률] 측정값
- ▶ 서식
  - 표시 단위 : [총수량] '없음', [총매출금액] '백만', [매출이익률] '없음'
  - 설명 값 글꼴 크기 '20'
- ▶ 카드를 '2-②' 위치에 배치
  - [총수량], [총매출금액], [매출이익률] 순서로 배치

3. 다음 지시사항에 따라 묶은 가로 막대형 차트를 구현하시오. (10점)

① 거래처별 총매출금액을 나타내는 묶은 가로 막대형 차트를 구현하시오. (4점)
- ▶ 활용 필드
  - 〈거래처〉 테이블의 [거래처명] 필드
  - 〈제품〉 테이블의 [분류명], [제품분류명] 필드
  - 〈판매〉 테이블의 [총매출금액], [총수량] 측정값
- ▶ '계층 구조에서 다음 수준으로 확장' 옵션을 선택 시, [총매출금액]을 [거래처명], [분류명], [제품분류명]에 따라 순차적으로 확인할 수 있도록 설정
- ▶ '계층 구조에서 한 수준 아래로 확장' 옵션을 선택 시, Y축의 레이블이 연결되도록 설정
  - 예 송파점 아우터 자켓
- ▶ 도구 설명에 [총수량]이 표시되도록 추가
- ▶ 묶은 가로 막대형 차트를 '3-①' 위치에 배치

② 다음과 같이 묶은 가로 막대형 차트의 각 요소에 대한 서식을 지정하시오. (3점)
- ▶ 차트 제목 : 거래처별
  - 제목 서식 : 글꼴 'Segoe UI', '굵게', '가운데'
- ▶ Y축 제목 제거
- ▶ X축 제목 제거, 표시 단위 '백만'
- ▶ 데이터 레이블 : 표시 단위 '백만', 넘치는 텍스트가 표시되도록 설정

③ 묶은 가로 막대형 차트에 '총매출금액' 기준으로 상위 10개의 '거래처'만 표시하시오. (3점)

4. 다음 지시사항에 따라 꺾은선형 차트를 구현하시오. (10점)

① 분류명별로 월에 따른 총매출금액을 나타내는 꺾은선형 차트를 구현하시오. (4점)
- ▶ 활용 필드
  - 〈날짜〉 테이블의 [날짜] 필드
  - 〈제품〉 테이블의 [분류명] 필드
  - 〈판매〉 테이블의 [총매출금액] 측정값
- ▶ [날짜] 필드의 날짜 계층에서 '연도'와 '월' 사용
- ▶ 꺾은선형 차트를 '4-①' 위치에 배치

② 다음과 같이 꺾은선형 차트의 각 요소에 대한 서식을 적용하시오. (3점)
- ▶ 차트 제목 : 기간별
  - 제목 서식 : 글꼴 'Segoe UI', '굵게', '가운데'
- ▶ 차트 서식
  - X축, Y축 제목 제거
  - Y축 표시 단위 '백만'
  - 표식 : 도형 유형 '원형(●)', 크기 '5', 색상 "#094780"

③ 꺾은선형 차트에 [분류명]별 [총매출금액]의 추세를 확인할 수 있도록 추세선을 표시하시오. (3점)
- ▶ 추세선 계열 결합 해제

문제3 복합요소 구현(50점)

| 시각화 완성화면 |

각 세부문제 풀이 후 아래와 같은 결과가 도출되어야 합니다.

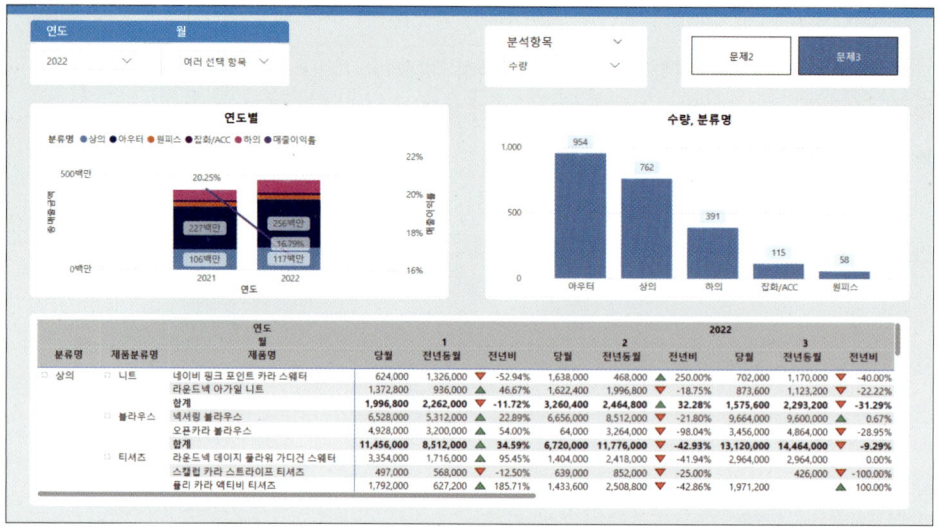

1. 다음 지시사항에 따라 슬라이서와 꺾은선형 및 누적 세로 막대형 차트를 구현하시오. (10점)

    ① 연도와 월 슬라이서를 구현하시오. (4점)

    ▶ 활용 필드 : 〈날짜〉 테이블의 [연도], [월] 필드

    ▶ 서식
    - 슬라이서 스타일 '드롭다운', '모두 선택' 옵션 설정
    - 슬라이서 머리글이 보이지 않도록 설정

    ▶ 연도 슬라이서에 '2022' 값으로 필터 적용

    ▶ 월 슬라이서에 월 '1', '2', '3' 필터 적용

    ▶ 연도 슬라이서를 '1-①', 월 슬라이서를 '1-②' 위치에 배치

    ② 다음과 같이 꺾은선형 및 누적 세로 막대형 차트를 구현하시오. (3점)

    ▶ 활용 필드
    - 〈날짜〉 테이블의 [연도] 필드
    - 〈제품〉 테이블의 [분류명] 필드
    - 〈판매〉 테이블의 [총매출금액], [매출이익률] 측정값

    ▶ 데이터 레이블 설정
    - 표시 단위 : 전체 범례의 [총매출금액] '백만', [매출이익률] '없음'

    ▶ 차트 제목 : 연도별
    - 제목 서식 : 글꼴 'Segoe UI', '굵게', '가운데'

    ▶ X축 유형 '범주별' 설정

▶ 차트를 연도별 오름차순으로 정렬
▶ 꺾은선형 및 누적 세로 막대형 차트를 '1-③' 위치에 배치
③ 연도, 월 슬라이서가 꺾은선형 및 누적 세로 막대형 차트에 적용되지 않도록 상호 작용을 설정하시오. (3점)

2. **다음 지시사항에 따라 매개 변수를 생성하고 슬라이서와 묶은 세로 막대형 차트를 구현하시오. (10점)**
   ① 다음 조건으로 매개 변수를 추가하시오. (4점)
      ▶ 매개 변수 이름 : 분석항목
      ▶ 활용 필드 : 〈판매〉 테이블의 [총수량], [총매출금액] 측정값
         – 이 페이지에 슬라이서 추가 옵션 설정
         – 매개 변수 측정값 이름 변경 : "총수량" → "수량", "총매출금액" → "매출금액"
   ② 다음과 같이 분석항목 슬라이서 설정을 변경하시오. (3점)
      ▶ 분석항목 슬라이서 설정
         – 슬라이서 스타일 : '드롭다운'
         – 슬라이서의 선택 항목 중 한 가지의 항목만 선택할 수 있도록 설정
         – 슬라이서에 값 '수량'으로 필터 적용
      ▶ 슬라이서를 '2-②' 위치에 배치
   ③ 다음 조건으로 분류명에 따른 분석항목 값이 나타나도록 묶은 세로 막대형 차트를 구현하시오. (3점)
      ▶ 활용 필드
         – 〈제품〉 테이블의 [분류명] 필드
         – 〈분석항목〉 테이블의 [분석항목] 매개 변수
      ▶ 서식
         – X축, Y축 제목 제거
         – 데이터 레이블 : 배경 색 "#6699CC"
         – 제목 서식 : 글꼴 'Segoe UI', '굵게', '가운데'
      ▶ 묶은 세로 막대형 차트를 '2-③' 위치에 배치

3. **다음 지시사항에 따라 행렬 차트를 구현하시오. (10점)**
   ① 다음 조건으로 행렬 차트를 구현하시오. (3점)
      ▶ 활용 필드
         – 〈제품〉 테이블의 [분류명], [제품분류명], [제품명] 필드
         – 〈날짜〉 테이블의 [연도], [월] 필드
         – 〈판매〉 테이블의 [총매출금액], [전년동월 매출], [전년대비 증감률] 측정값
      ▶ 값 필드 이름 변경
         – [총매출금액] → "당월"
         – [전년동월 매출] → "전년동월"
         – [전년대비 증감률] → "전년비"

▶ 행렬 차트를 '3-①' 위치에 배치
② 다음과 같이 행렬 차트의 각 요소에 대한 서식을 지정하시오. (4점)
  ▶ 열 머리글 : 계층 구조의 마지막 수준(월)까지 모두 확장
    – 열 머리글 서식 : 글꼴 '굵게', 배경색 '흰색, 20% 더 어둡게', 머리글 맞춤 '가운데'
  ▶ 행 머리글 : 계층 구조의 마지막 수준(제품명)까지 확장, '계단형 레이아웃' 해제
③ 행렬 차트에 조건부 서식을 적용하시오. (3점)
  ▶ 적용 대상 계열 : 전년비
    – 스타일 : 아이콘
    – 적용 대상 : '값 및 합계'
  ▶ 서식 스타일 : 규칙
    – 0보다 크고 최대값보다 작거나 같은 경우, 녹색 위쪽 삼각형(▲)
    – 최소값보다 크거나 같고 0보다 작은 경우, 빨간색 아래쪽 삼각형(▼)

4. 다음 지시사항에 따라 페이지 탐색기를 구현하시오. (5점)
  ▶ '문제3_5' 페이지는 표시되지 않도록 설정
  ▶ 선택한 상태의 단추 색 "#6699CC"로 설정
  ▶ 페이지 탐색기를 '4-①' 위치에 배치

5. 다음 지시사항에 따라 측정값을 추가하시오. (15점)
  ① 〈_측정값〉 테이블에 채널별 총매출금액을 반환하는 측정값을 추가하시오. (2점)
    ▶ 측정값 이름 : 매출_매장
      – 활용 필드
        • 〈판매〉 테이블의 [총매출금액] 측정값
        • 〈거래처〉 테이블의 [채널] 필드
      – [채널] 필드 값이 "매장"인 경우의 [총매출금액]을 반환
      – 사용 함수 : CALCULATE, FILTER
      – 서식 : 천 단위 구분 기호(,), 소수 자릿수 '0'
      – '문제3_5' 페이지의 [표1]에 [매출_매장] 열 삽입
  ② 〈_측정값〉 테이블에 날짜에 따른 총매출금액을 반환하는 측정값을 추가하시오. (5점)
    ▶ 측정값 이름 : 전월_매출
      – 활용 필드
        • 〈판매〉 테이블의 [총매출금액] 측정값
        • 〈날짜〉 테이블의 [날짜] 필드
      – 1개월 전의 [총매출금액]을 반환
      – 사용 함수 : CALCULATE, DATEADD
      – 서식 : 천 단위 구분 기호(,), 소수 자릿수 '0'
      – '문제3_5' 페이지의 [표2]에 [전월_매출] 열 삽입

③ 〈_측정값〉 테이블에 연간 총매출금액의 누계 값을 반환하는 측정값을 추가하시오. (3점)
  ▶ 측정값 이름 : 연간_누계
    – 활용 필드
      • 〈판매〉 테이블의 [총매출금액] 측정값
      • 〈날짜〉 테이블의 [날짜] 필드
    – 연간 [총매출금액]의 누계 값을 반환
    – 사용 함수 : TOTALYTD
    – 서식 : 천 단위 구분 기호(,), 소수 자릿수 '0'
    – '문제3_5' 페이지의 [표2]에 [연간_누계] 열 삽입

④ 〈_측정값〉 테이블에 제품명을 기준으로 수량의 순위를 반환하는 측정값을 추가하시오. (5점)
  ▶ 측정값 이름 : 순위
    – 활용 필드
      • 〈판매〉 테이블의 [총수량] 측정값
      • 〈제품〉 테이블의 [제품명] 필드
    – [제품명]을 기준으로 [총수량]의 순위를 반환하며, [총수량] 기준 내림차순으로 정렬
    – 사용 함수 : RANKX, ALL
    – [총수량]이 동률인 경우 다음 순위 값은 동률 순위 +1을 한 순위로 표시
      • 예 2개의 값이 2위인 경우, 다음 값은 3위로 표시
    – '문제3_5' 페이지의 [표3]에 [순위] 열 추가

| 풀이 1 | 작업준비 | 20점 |

> 📁 답안 'Part2_시행처공개_A형' > 'A형_답안.pbix'
> 📁 정답 'Part2_시행처공개_A형' > 'A형_정답.pbix'
> 📁 데이터 'Part2_시행처공개_A형' > '자전거_대여현황.xlsx'

1 답안 파일을 열고, 다음의 지시사항에 따라 데이터 가져오기 및 데이터 편집을 수행하시오.

① 데이터 파일을 가져온 후 파워쿼리 편집기를 통해 테이블의 데이터를 편집하시오.

01 시행처 모의문제 **A형_답안.pbix** 파일을 열고 **홈 > 데이터 가져오기 > Excel 통합 문서** 선택 후 **연결** 버튼을 클릭한다.

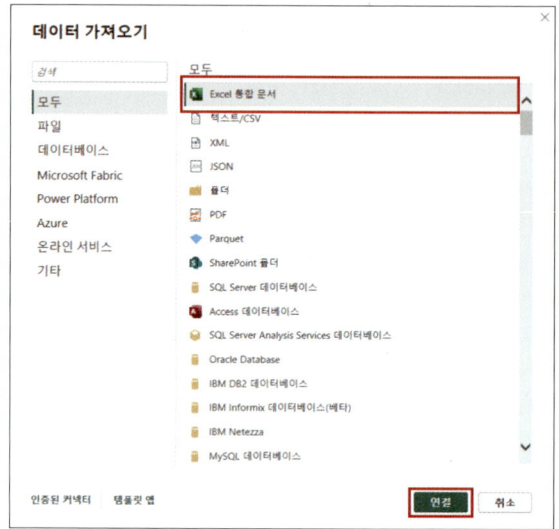

02 파일 탐색기가 열리면 **자전거_대여현황.xlsx** 파일을 **선택**하고 **열기**를 누른다. 이어서 **탐색 창**이 열리면 〈대여소현황〉과 〈자전거_대여이력〉 테이블을 체크하고 **데이터 변환**을 누른다.

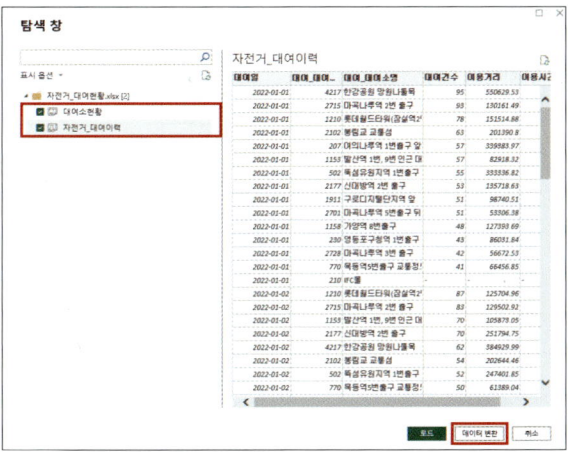

03 〈자전거 대여이력〉 테이블의 [**대여_대여소번호**] **열**을 선택하고 ▼ 필터를 열어서 **210** 값을 **체크 해제**하고 **확인**을 누른다.

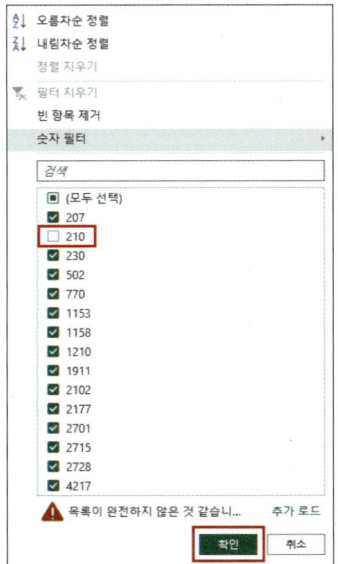

04 **Ctrl 버튼**을 활용해 [대여건수], [이용시간] 열을 동시에 선택하고 상단 메뉴의 **홈 > 데이터 형식 > 정수**를 선택한다. 이어서 **[이용거리] 열**을 선택하고 동일한 방법으로 **10진수**를 선택한다.

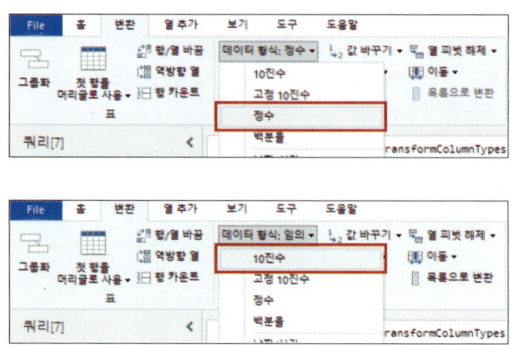

> **Tip**
>
> 데이터 형식 변경은 여러 가지 경로로 수행할 수 있는데, 위 방법 외에도 변경하고자 하는 열이 하나라면 열의 앞부분에 있는 아이콘 을 눌러서도 변경이 가능하고 해당 열의 **마우스 우클릭 > 형식 변경**을 통해서도 가능하다. 본인이 편한 방법을 사용하면 된다.

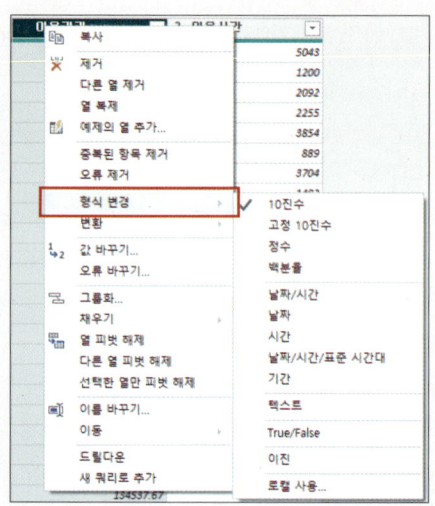

② 파워쿼리 편집기를 통해 〈자선거_대여이력〉 테이블에 '쿼리 병합'을 사용하여 〈대여소현황〉 테이블의 [사치구] 필드를 추가하시오.

01 〈자전거 대여이력〉 테이블이 선택된 상태에서 상단 메뉴의 **쿼리 병합** 버튼을 클릭한다.

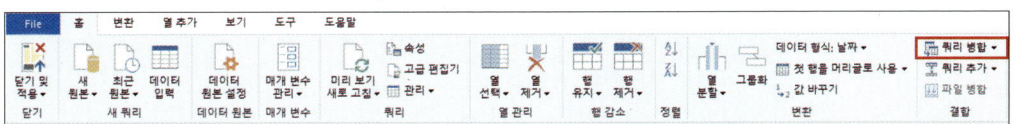

02 상단 〈자전거_대여이력〉 테이블에서는 [대여_대여소번호] 열을 선택하고, 하단에서는 〈대여소현황〉 테이블의 [대여소번호] 열을 선택한다. 이어서 아래쪽의 조인 종류는 왼쪽 외부가 선택된 상태에서 **확인**을 누른다.

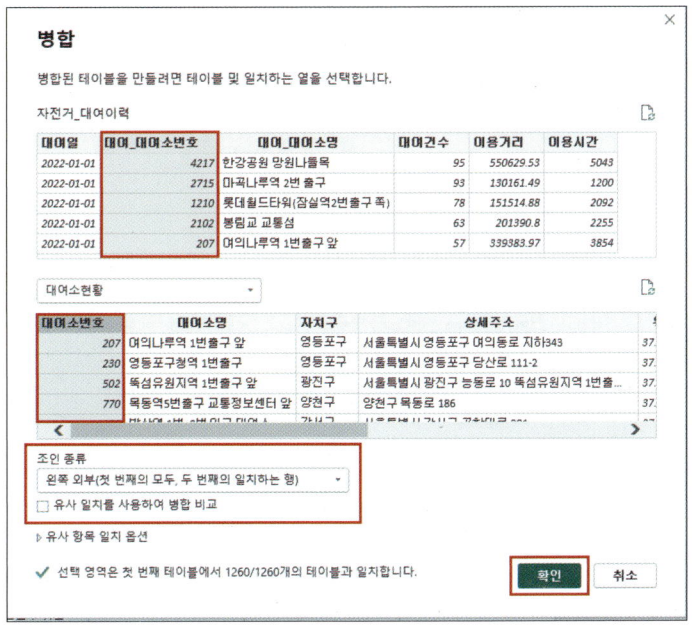

03 〈자전거_대여이력〉 테이블에 추가된 [대여소현황] 열을 확장( )하여 **자치구** 필드를 남기고 모두 **체크 해제**하고 **원래 열 이름을 접두사로 사용** 옵션도 **체크 해제**한 뒤 **확인**을 누른다. 항목이 많을 때는 선택 시 **모든 열 선택** 버튼을 활용하면 좋다.

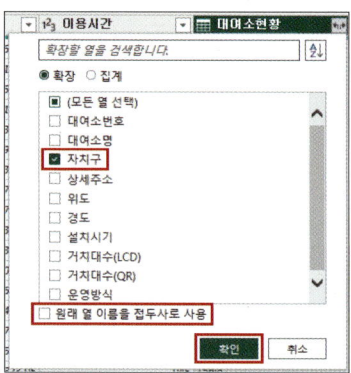

04 좌측 **쿼리** 창에서 〈대여소현황〉 테이블을 선택하고 **마우스 우클릭 > 로드 사용**을 눌러 **체크 해제**한다. 〈대여소현황〉 테이블 쿼리 이름이 이탤릭체로 눕는 것을 확인할 수 있다.

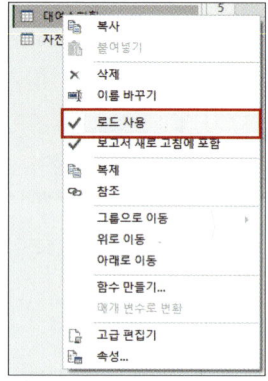
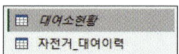

③ 테이블 뷰에서 〈자전거_대여이력〉 테이블의 필드 서식을 변경하시오.

01 상단 메뉴의 **홈 > 닫기 및 적용** 버튼을 눌러서 파워쿼리 편집기에서의 편집 작업이 적용된 테이블을 로딩한다.

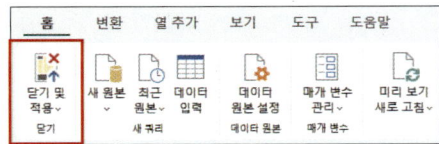

02 좌측 탭 중에서 **테이블 보기**로 이동하여 **데이터** 창에서 〈**자전거_대여이력**〉 **테이블**을 클릭하고 [**대여일**] 열을 선택한 뒤 상단 메뉴의 **열 도구 > 서식**에서 **연도-월-일** 서식을 선택한다.

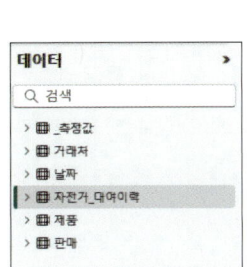
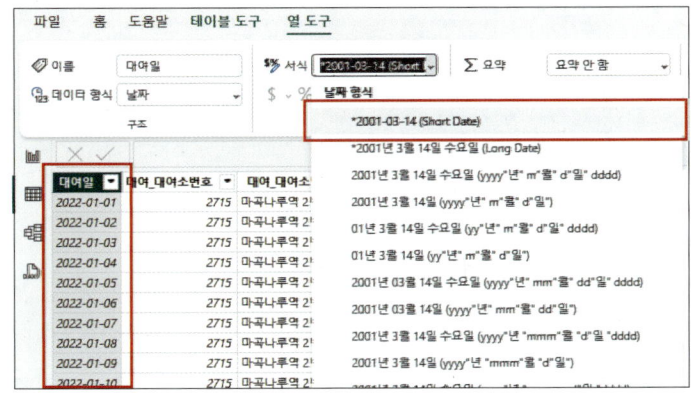

03 [**대여건수**] 열을 선택하고 상단 메뉴의 **열 도구 > 서식**에서 **천 단위 구분 기호(,)**를 클릭한다.

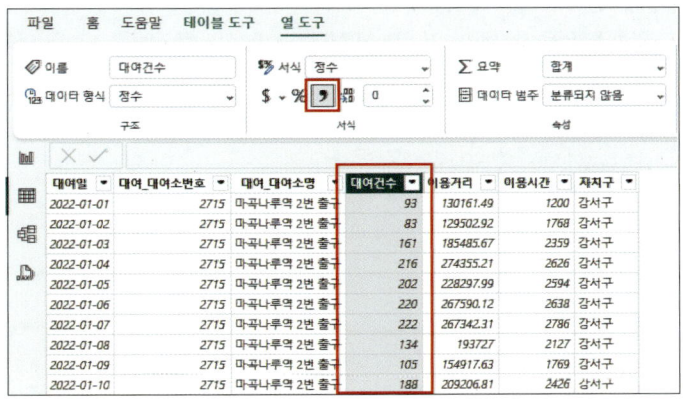

2 다음 지시사항에 따라 데이터를 편집하고 모델링하며, 측정값을 추가하시오.

① 다음 조건으로 수식을 작성하여 새 테이블을 추가하시오.

01 좌측 **테이블 보기** 탭에서 상단 메뉴의 **테이블 도구 > 새 테이블**을 눌러서 아래와 같이 식을 작성한다.

> DimDate = ADDCOLUMNS(CALENDAR(DATE(2022,1,1), DATE(2022,3,31)), "연도", YEAR([Date]), "월", MONTH([Date]))

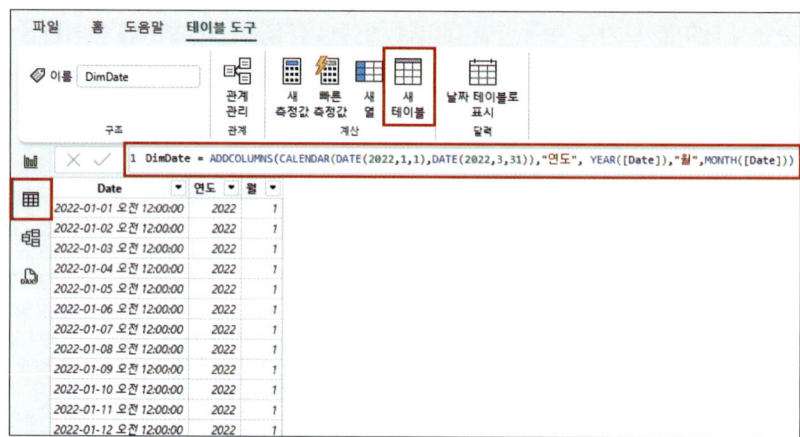

수식 설명

- CALENDAR 함수는 주어진 시작 날짜와 종료 날짜 사이의 모든 날짜를 포함하는 날짜 테이블을 생성한다. 여기서는 2022년 1월 1일부터 2022년 3월 31일까지의 날짜가 포함된 테이블을 만든다.
- ADDCOLUMNS 함수는 기존 테이블에 새로운 열을 추가하는 역할을 한다. 여기서는 앞에서 CALENDAR 함수가 만든 테이블에 연도 열과 월 열을 추가하여, 각 날짜에 해당하는 연도와 월 정보를 포함한 테이블을 생성한다. 각각의 열에 들어가는 값은 YEAR 함수와 MONTH 함수에 의해 추출된다.

02 [Date] 열을 선택하고 상단 메뉴의 **열 도구 > 서식**에서 **연도-월-일** 형식의 날짜 형식을 선택한다.

② 〈자전거_대여이력〉 테이블과 〈DimDate〉 테이블 간의 관계를 설정하시오.

01 좌측 탭에서 **모델 보기**로 이동하여 〈자전거_대여이력〉 테이블의 **[대여일] 열**을 〈DimDate〉 테이블의 **[Date] 열**로 끌어다 포갠 뒤 놓아준다(드래그 앤 드롭).

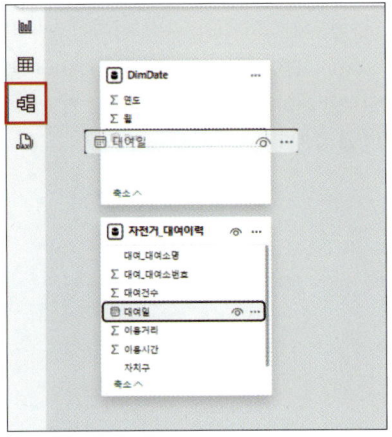

02 **새 관계** 대화창이 뜨면 의도한 두 열이 맞게 선택되었는지 먼저 확인하고 하단에서 **Cardinality**(카디널리티)는 **다대일(*:1)**, 교차 필터 방향(크로스 필터 방향)은 Single(단일)인지 확인한 뒤 **저장** 버튼을 누른다.

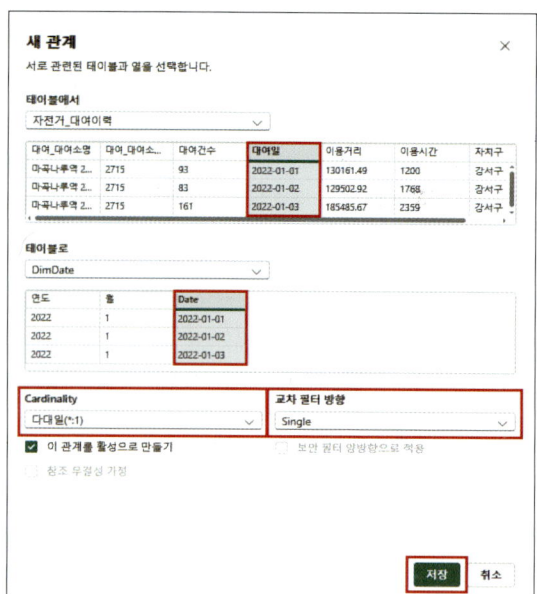
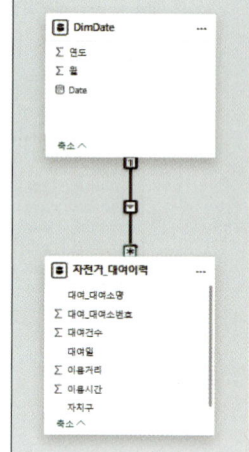

> **Tip**

- 카디널리티(Cardinality) : 테이블 간의 관계 유형을 의미하며, 일대다(1:*), 다대일(*:1), 다대다(*:*), 일대일(1:1)과 같은 다양한 종류가 있다.
- 교차 필터 방향(Cross Filter Direction) : 테이블 간의 관계에서 데이터 필터링이 적용되는 방향을 의미한다. Single(단일) 방향 필터링은 한 방향으로만 데이터가 필터링되며, 주로 일 테이블에서 다 테이블로 필터가 적용된다.
- 드래그 방향은 교차 필터 방향에 영향을 주지 않는다.

③ 다음 조건으로 〈자전거_대여이력〉 테이블에 측정값을 작성하시오.

▶ 측정값 이름 : [총대여건수]

01 **테이블 보기**로 이동한 뒤 우측 **데이터** 창에서 〈**자전거_대여이력**〉 테이블을 선택하고 **마우스 우클릭** > **새 측정값**을 클릭한다.

02 다음 수식을 입력하고 Enter를 누른다.

총대여건수 = SUM('자전거_대여이력'[대여건수])

> **Tip**
>
> 수식 작성 시 특히 한글로 이뤄진 특정 테이블 또는 열을 참조할 때는 작은 따옴표(')를 먼저 입력한 뒤 원하는 테이블/열을 선택하는 것이 쉽다.

03 상단 메뉴의 **측정 도구** > **서식**을 **정수**로 설정하고 **천 단위 구분 기호(9)**를 클릭한다.

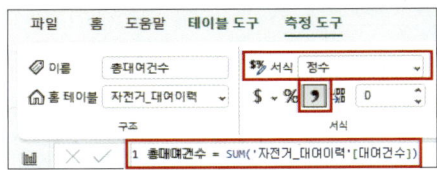

▶ 측정값 이름 : [일평균 대여건수]

01 우측 **데이터** 창에서 〈**자전거_대여이력**〉 테이블을 선택하고 **마우스 우클릭** > **새 측정값**을 클릭한다.

02 다음 수식을 입력하고 Enter를 누른다.

일평균 대여건수 = [총대여건수] / COUNTROWS('DimDate')

03 상단 메뉴의 **측정 도구** > **서식**을 **정수**로 설정하고 **천 단위 구분 기호(9)**를 클릭한다.

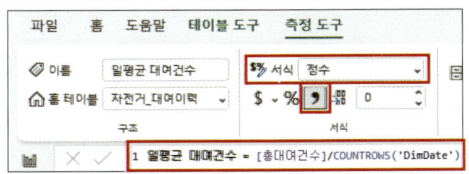

| 풀이 2 | 단순요소 구현 | 30점 |

📁 답안 'Part2_시행처공개_A형' > 'A형_답안.pbix' > '문제2'
📁 정답 'Part2_시행처공개_A형' > 'A형_정답.pbix' > '문제2'
📁 데이터 'Part2_시행처공개_A형' > '판매실적.xlsx'

1 '문제2', '문제3', '문제3-5' 보고서의 전체 서식을 아래 지시사항에 따라 설정하시오.

① 보고서 전체의 테마를 변경하시오.

01 **보고서 보기**로 이동한 뒤 상단 메뉴의 **보기** > **테마**에서 우측 화살표를 눌러 테마를 아래로 펼친 뒤 **기본값** 테마를 선택한다.

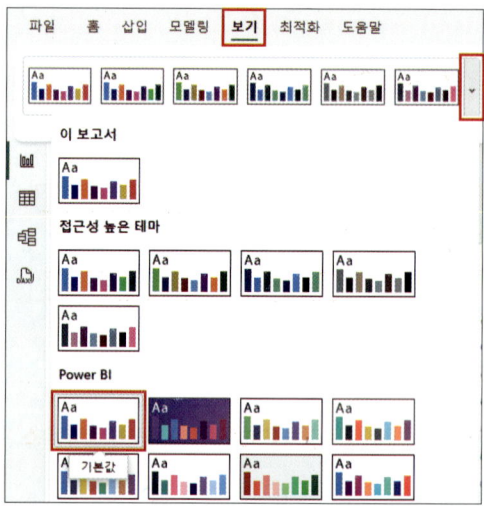

02 이어서 다시 **테마**를 펼친 상태에서 하단의 **현재 테마 사용자 지정**으로 들어간다.

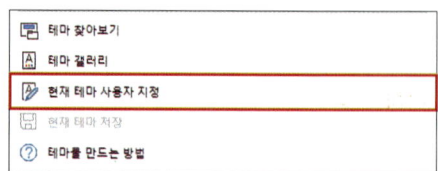

03 **이름 및 색** > **이름 및 색**에서 **색** 1과 **색** 2에 대한 색상을 각각 **#6699CC**, **#003377**로 변경하고 **적용** 버튼을 누른다.

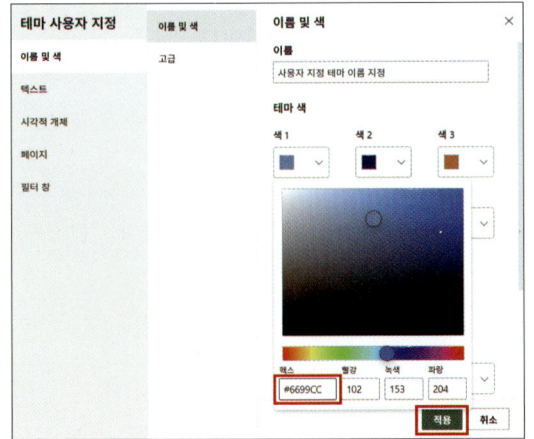 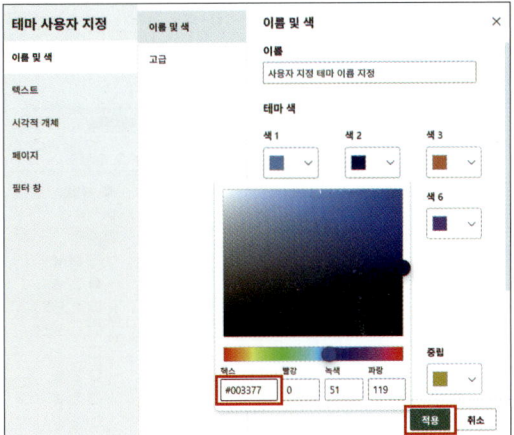

② 텍스트 상자를 사용하여 보고서 제목을 작성하시오.

01 상단 메뉴의 **홈** > **텍스트 상자**를 클릭한다.

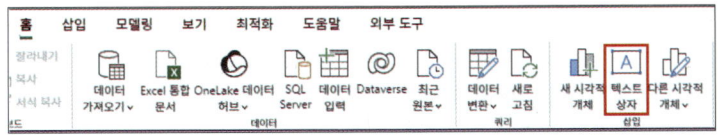

02 상자 안에 **매출분석 보고서**를 입력하고 글 편집 상자에서 **글꼴**을 **크기 20**, **굵게**, **가로 맞춤**은 **가운데**로 조정한다.

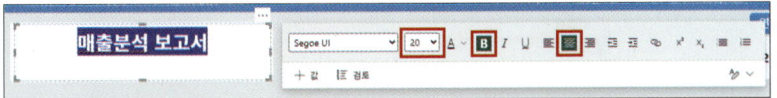

- 텍스트 상자의 이동이 어려울 때는 우측 상단의 추가 옵션(⋯) 부분을 잡은 채로 이동하면 쉽다.
- 텍스트의 서식을 변경하려면 글자 영역을 선택한 상태에서 수행해야 한다.

03 1-②의 위치에 배치한다.

2 다음 지시사항에 따라 슬라이서와 카드를 구현하시오.

① 연도 조건을 설정하는 슬라이서를 구현하시오.

01 페이지에 **슬라이서**를 삽입하고 **필드**에 〈날짜〉 테이블의 **[연도] 필드**를 추가한다.

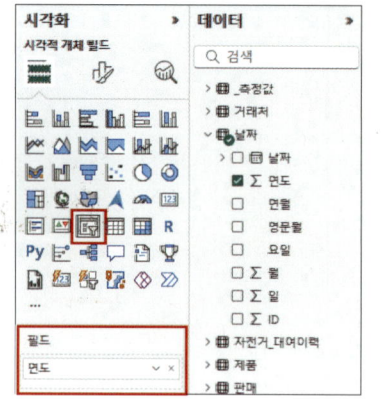
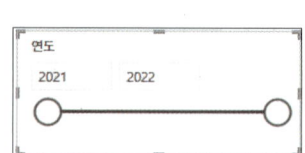

02 **시각적 개체 서식 지정 > 시각적 개체 > 슬라이서 설정 > 옵션 > 스타일**은 **드롭다운**을 고르고 **선택**에서는 **"모두 선택" 옵션 표시**를 **활성화**한다. 하단의 **슬라이서 머리글**은 **비활성화**한다. 연도 슬라이서는 **2022**를 선택하고 2-①의 위치에 배치한다.

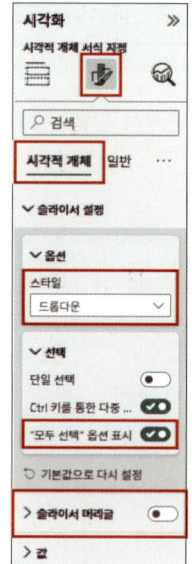

각 개체의 시각화 작업이 모두 마무리되면 다음 작업에 영향을 주지 않도록 항상 보고서의 빈 곳을 클릭하여 개체를 선택하지 않은 상태로 작업을 이어서 진행한다.

② 매출 현황을 나타내는 카드를 구현하시오.

01 페이지에 **카드**를 삽입하고 **필드**에 〈판매〉 테이블의 **[총수량] 측정값**을 추가한다.

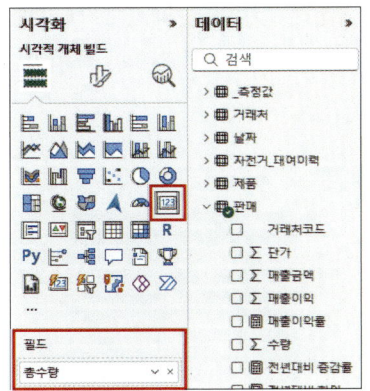

02 동일한 방법으로 [총매출금액], [매출이익률]을 나타내는 카드를 2개 더 만들어 2-②의 위치에 나란히 배치한다.

03 개별 카드의 **시각적 개체 서식 지정**으로 이동하여 각 카드의 **시각적 개체 > 설명 값 > 표시 단위**에 대해 **없음**, **백만**, **없음**으로 각각 설정하고 **글꼴 크기**는 모두 **20**으로 설정한다.

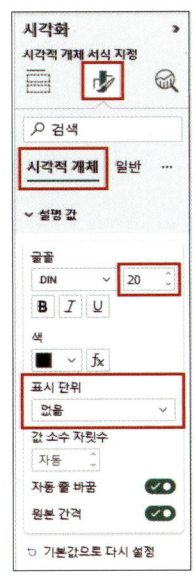
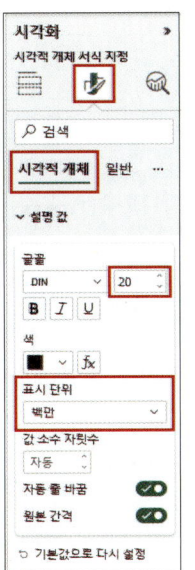
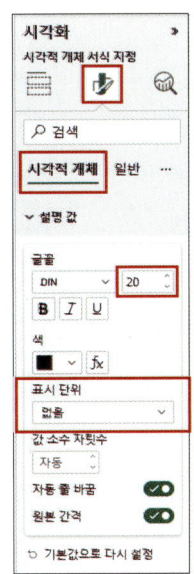

3 다음 지시사항에 따라 묶은 가로 막대형 차트를 구현하시오.

① 거래처별 총매출금액을 나타내는 묶은 가로 막대형 차트를 구현하시오.

01 페이지에 **묶은 가로 막대형 차트**를 삽입하고 **Y축**에 〈거래처〉 테이블의 **[거래처명]** 필드를, **X축**에는 〈판매〉 테이블의 **[총매출금액] 측정값**을 추가하고 3-①의 위치에 배치한다.

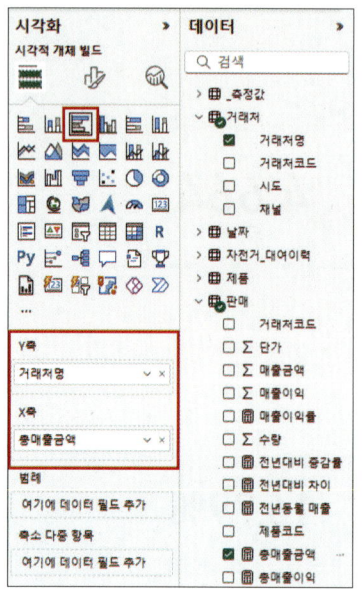 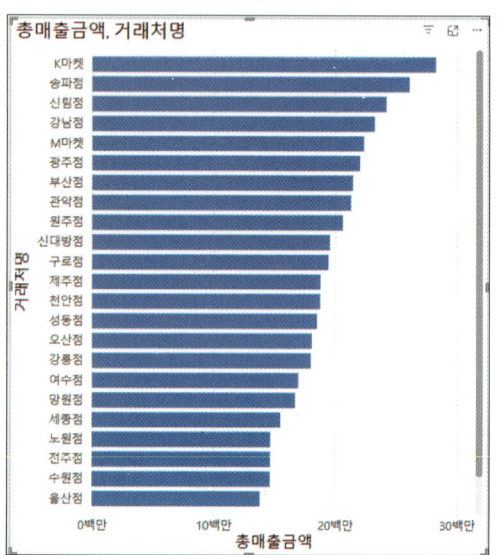

02 **Y축**에 〈제품〉 테이블의 **[분류명], [제품분류명]** 필드를 추가하여 [거래처명]-[분류명]-[제품분류명]의 순차적 계층구조가 형성되도록 만든다.

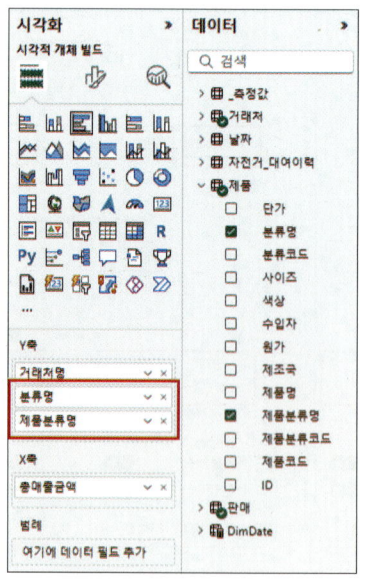

03 **시각적 개체 서식 지정 > 시각적 개체 > Y축 > 레이블 연결**을 **활성화**한다.

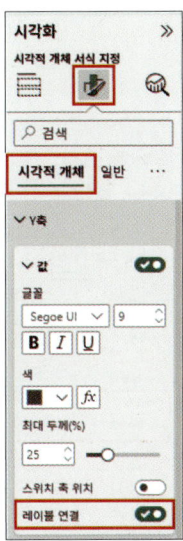

04 우측 시각화 창의 **시각적 개체 빌드**로 이동한 뒤, 하단 **도구 설명** 영역에 〈판매〉 테이블의 **[총수량] 측정값**을 추가한다.

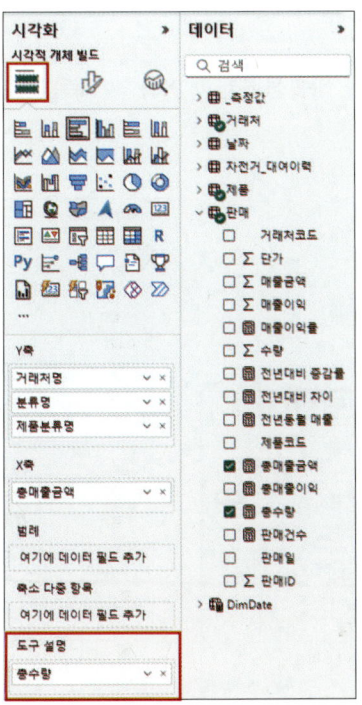

② 다음과 같이 묶은 가로 막대형 차트의 각 요소에 대한 서식을 지정하시오.

01 **시각적 개체 서식 지정** > **일반** > **제목** > **제목** > **텍스트**에 **거래처별**을 입력한다. **글꼴**은 **Segoe UI**, **굵게**, **가로 맞춤**은 **가운데**로 조정한다.

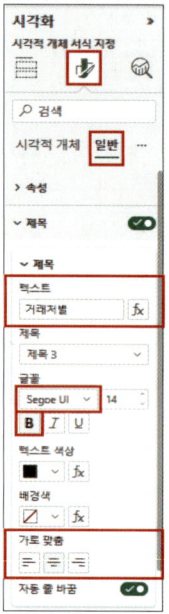

02 **시각적 개체** > **Y축** > **제목**을 **비활성화**하고, **X축** > **제목**도 **비활성화**한 뒤 **값** > **표시 단위**를 **백만**으로 설정한다.

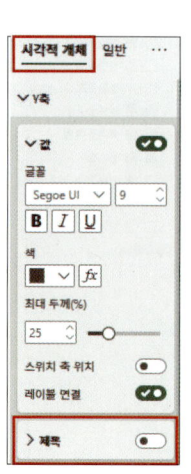 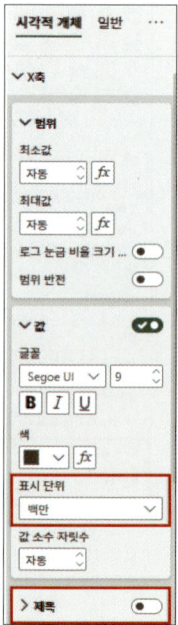

03 **데이터 레이블**을 활성화한 뒤 **옵션 > 넘치는 텍스트**를 활성화하고 **데이터 레이블 > 값 > 표시 단위**를 **백만**으로 설정한다.

  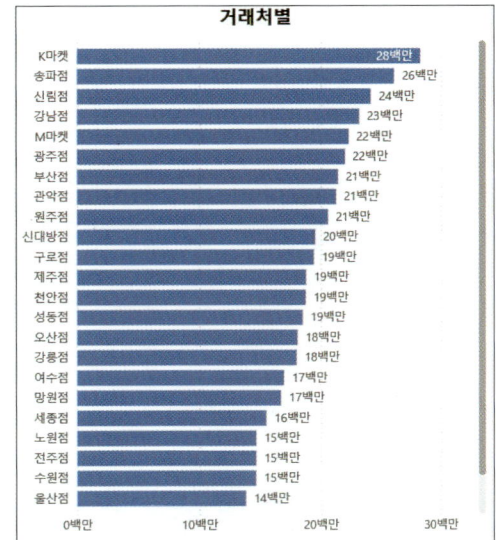

③ 묶은 가로 막대형 차트에 '총매출금액' 기준으로 상위 10개의 '거래처'만 표시하시오.

01 차트가 선택된 상태에서 우측 **필터 창 > 거래처명 > 필터 형식** 중에서 **상위 N**을 선택하고 **항목 표시**는 **위쪽,** 우측에는 **10**을 입력한다.

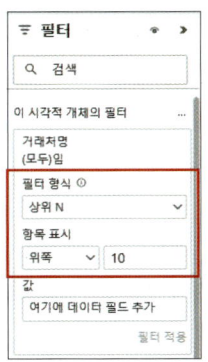

02 **값** 영역에 〈판매〉 테이블의 **[총매출금액] 측정값**을 추가하고 **필터 적용** 버튼을 누른다. [총매출금액] 측정값을 기준으로 상위 10개의 거래처만 표시된다.

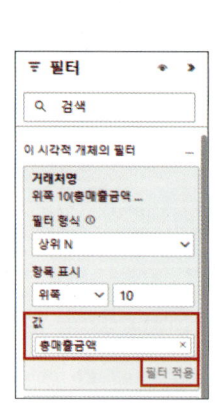
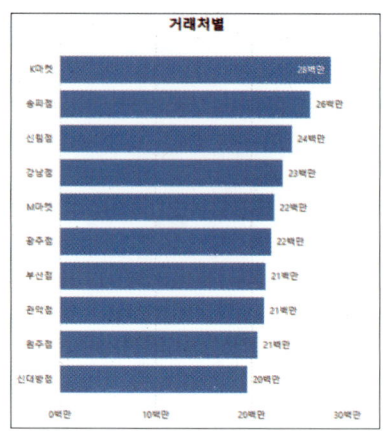

4 다음 지시사항에 따라 꺾은선형 차트를 구현하시오.

① 분류명별로 월에 따른 총매출금액을 나타내는 꺾은선형 차트를 구현하시오.

01 페이지에 **꺾은선형 차트**를 삽입하고 **X축**에는 〈날짜〉 테이블의 [날짜] 계층에서 **[연도]와 [월]**을, **Y축**에는 〈판매〉 테이블의 **[총매출금액] 측정값**을, **범례**에는 〈제품〉 테이블의 **[분류명] 필드**를 추가한다. 4-①의 위치에 배치한다.

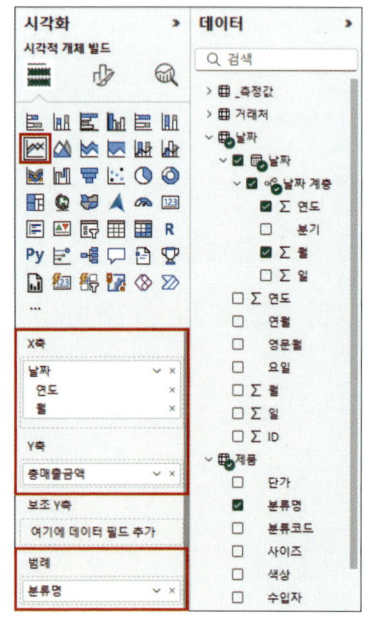
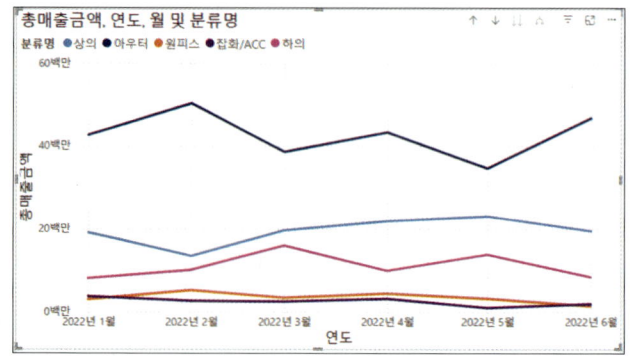

② 다음과 같이 꺾은선형 차트의 각 요소에 대한 서식을 적용하시오.

01 **시각적 개체 서식 지정**에서 **일반 > 제목 > 제목 > 텍스트**에 **기간별**을 입력하고 **글꼴**은 **Segoe UI, 굵게, 가로 맞춤**은 **가운데**로 설정한다. **시각적 개체** 탭으로 이동하여 **X축**과 **Y축**의 제목을 **비활성화**하고 **Y축 > 값 > 표시 단위**를 **백만**으로 조정한다.

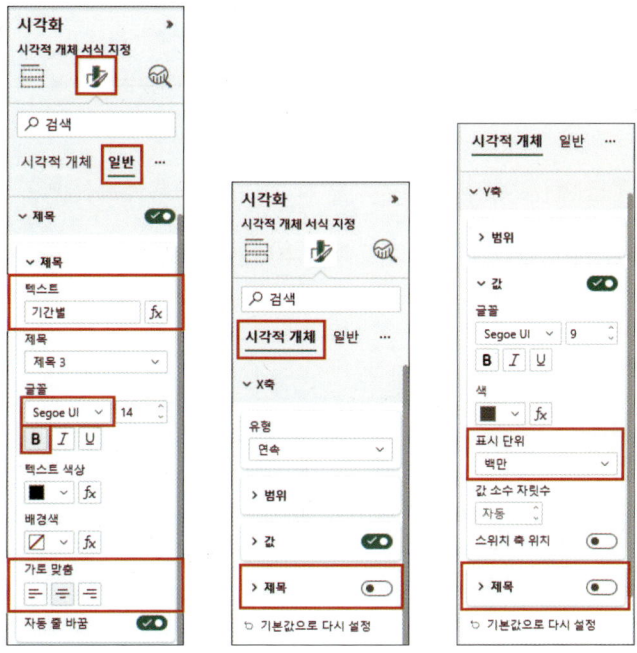

02 **표식**으로 이동하여 **모든 계열에 대해 표시**를 **활성화**하고 표식의 유형과 크기를 확인한 뒤 **색**을 눌러 표식의 색상을 **#094780**으로 변경한다.

 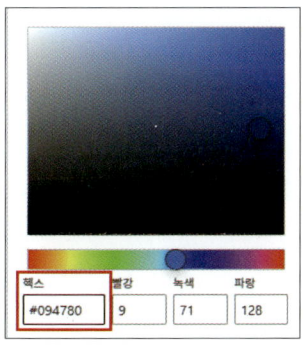

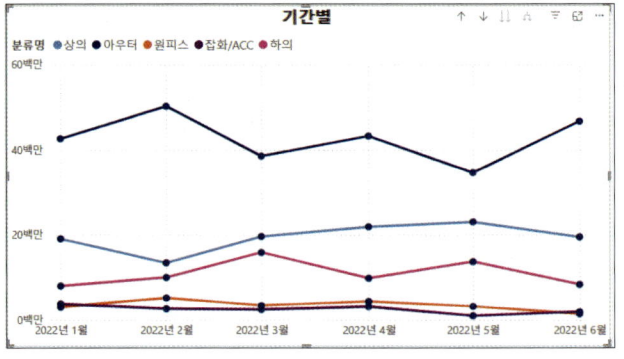

③ 꺾은선형 차트에 [분류명]별 [총매출금액]의 추세를 확인할 수 있도록 추세선을 표시하시오.

01 **시각적 개체에 추가 분석 추가** 탭으로 이동하여 **추세선**을 **활성화**하고 **계열 결합** 옵션을 **비활성화** 한다.

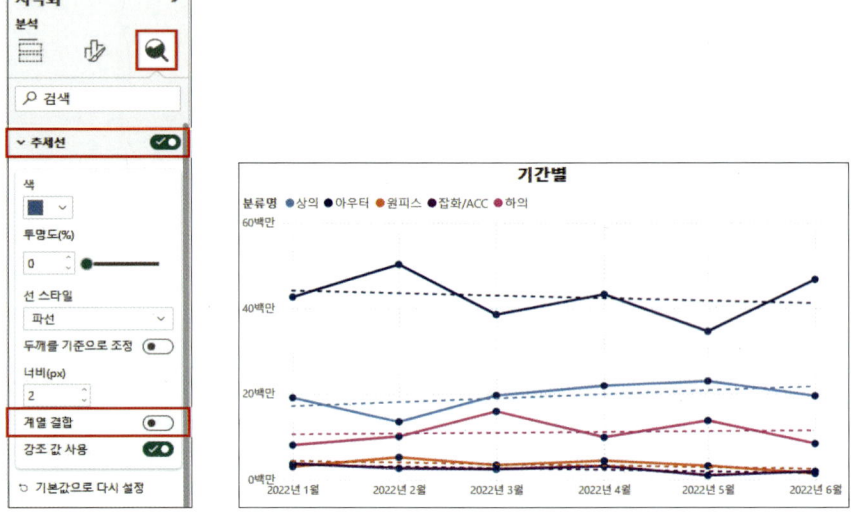

02 작업한 보고서가 문제2의 시각화 완성화면(237p)과 일치하는지 확인한 후 해당 페이지의 작업을 마무리한다.

| 풀이 3 | 복합요소 구현 | 50점 |

📁 답안 'Part2_시행처공개_A형' > 'A형_답안.pbix' > '문제3', '문제3_5'
📁 정답 'Part2_시행처공개_A형' > 'A형_정답.pbix' > '문제3', '문제3_5'
📁 데이터 'Part2_시행처공개_A형' > '판매실적.xlsx'

1 다음 지시사항에 따라 슬라이서와 꺾은선형 및 누적 세로 막대형 차트를 구현하시오.

① 연도와 월 슬라이서를 구현하시오.

01 문제3 페이지로 이동한 후 페이지에 **슬라이서**를 삽입하고 〈날짜〉 테이블의 **[연도] 필드**를 추가하여 1-①의 위치에 배치한다. 동일한 방법으로 **월** 슬라이서도 구현한 뒤 1-②의 위치에 배치한다.

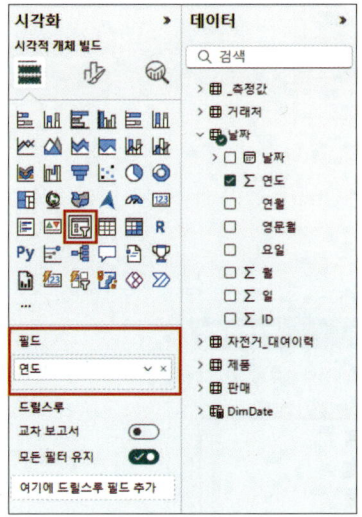 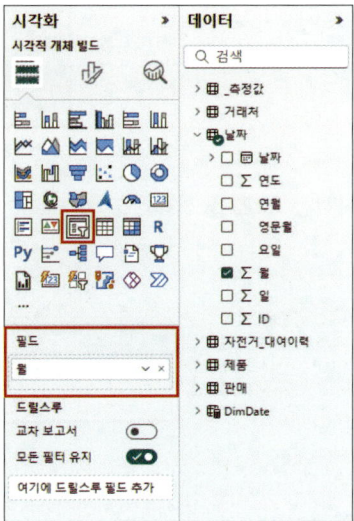

02 Ctrl 버튼을 활용하여 두 슬라이서 개체를 모두 선택한 상태에서 **시각적 개체 서식 지정 > 시각적 개체 > 슬라이서 설정 > 옵션 > 스타일 > 드롭다운**을 설정하고 **선택 > "모두 선택" 옵션 표시**를 **활성화**한다. 이어서 하단의 **슬라이서 머리글은 비활성화**한다.

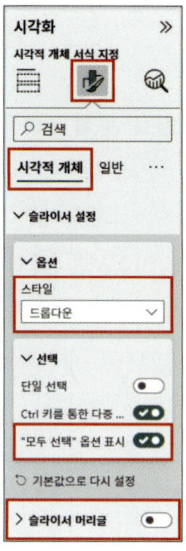

03 **연도** 슬라이서는 **2022**를 선택하고 **월** 슬라이서는 Ctrl 버튼을 누른 채 **1, 2, 3**을 클릭하여 필터를 적용한다.

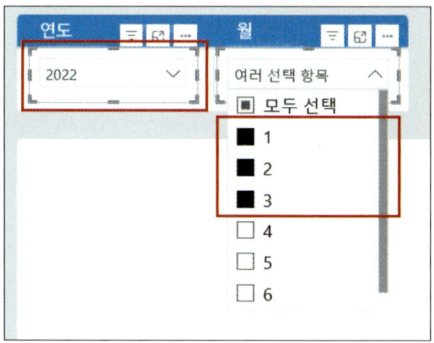

② 다음과 같이 꺾은선형 및 누적 세로 막대형 차트를 구현하시오.

01 페이지에 **꺾은선형 및 누적 세로 막대형 차트**를 삽입하고 **X축**에는 〈날짜〉 테이블의 **[연도] 필드**, **열 y축**에는 〈판매〉 테이블의 **[총매출금액] 측정값**을, **선 y축**에는 〈판매〉 테이블의 **[매출이익률] 측정값**을 추가하고, **열 범례**에는 〈제품〉 테이블의 **[분류명] 필드**를 추가한다. 1-③의 위치에 배치한다.

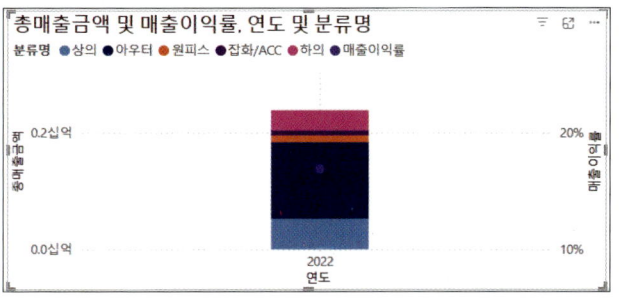

02 **시각적 개체 서식 지정 > 시각적 개체 > 데이터 레이블**을 활성화한 후, **설정 적용 대상 > 계열 > 모두**에 대해서 **값 > 표시 단위**를 **백만**으로 선택하고, **계열 > 매출이익률**에 대해서는 **값 > 표시 단위**를 **없음**으로 선택한다.

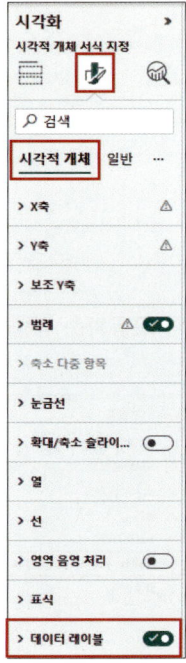

03 **일반** > **제목** > **제목** > **텍스트**에 **연도별**을 입력하고 **글꼴**은 Segoe UI, **굵게**, **가로 맞춤**은 **가운데**를 적용한다.

04 **시각적 개체**에서 **X축** > **유형**을 **범주별**로 선택한다.

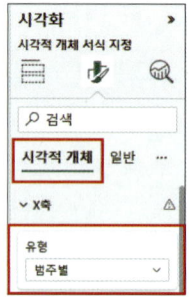

05 개체의 우측 상단 **추가 옵션**(⋯)을 클릭하고 **축 정렬**을 **연도**와 **오름차순 정렬**로 설정한다.

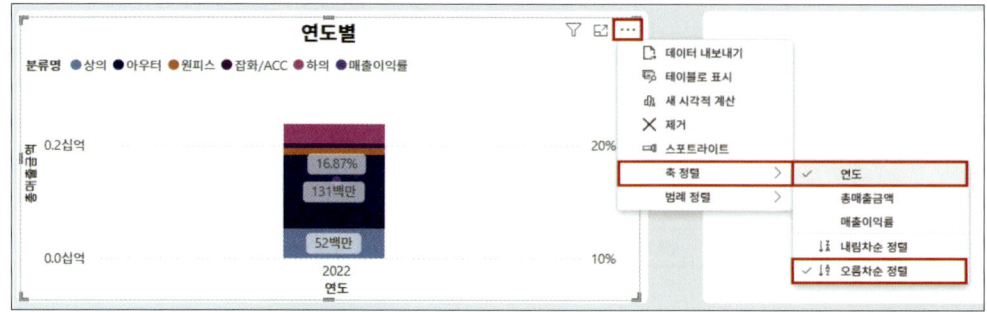

③ 연도, 월 슬라이시가 꺾은선형 및 누적 세로 막대형 차트에 적용되지 않도록 상호 작용을 설정하시오.

01 먼저 **연도 슬라이서**를 선택한 상태에서 상단 메뉴의 **서식 > 상호 작용 편집** 버튼을 누른다. **연도별** 차트 우측 상단에서 **없음**(⊘)을 누른다. 아이콘이 ⬤으로 변한다.

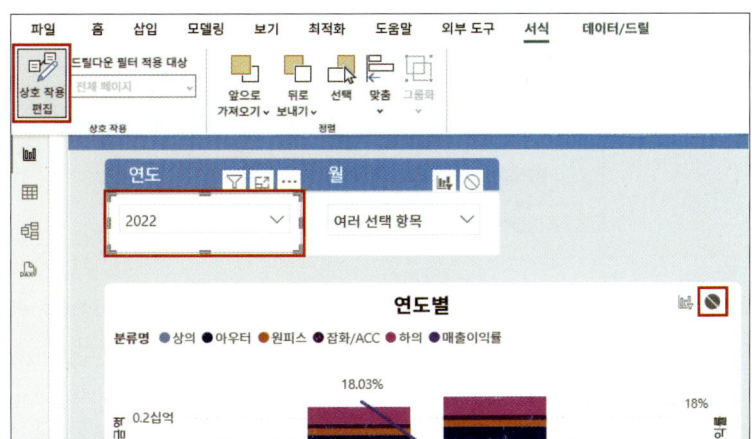

02 **월 슬라이서** 선택 후에도 위와 동일한 방법으로 **없음**(⊘)을 누르면 아이콘이 ⬤으로 변한다. 편집이 끝났으면 다시 **상호 작용 편집**을 클릭하여 마무리한다.

- 상호 작용 편집(Edit Interactions) 기능은 시각적 개체 간의 상호 작용 방식을 설정하는 기능으로서, 특정 시각적 개체가 다른 개체에 어떤 영향을 미칠지 설정할 수 있다. 예를 들어 차트나 슬라이서가 다른 시각적 개체에 필터 효과를 줄지, 강조 효과를 줄지, 아무 영향도 미치지 않도록 할지 선택할 수 있다.
- 상호 작용 편집 작업이 끝나면 반드시 다시 들어가 기능을 비활성화해야 후속 작업에 방해되지 않는다.

2 다음 지시사항에 따라 매개 변수를 생성하고 슬라이서와 묶은 세로 막대형 차트를 구현하시오.

① 다음 조건으로 매개 변수를 추가하시오.

01 상단 메뉴의 **모델링** > **새 매개 변수** > **필드**를 클릭한다.

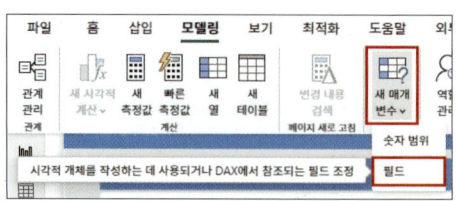

02 **매개 변수** 대화창이 뜨면 **이름**에는 **분석항목**을 입력하고 우측 **필드**에서 〈판매〉 테이블의 **[총수량]**과 **[총매출금액]** 측정값을 선택하여 **필드 추가 및 순서 변경** 영역에 **추가**한다.

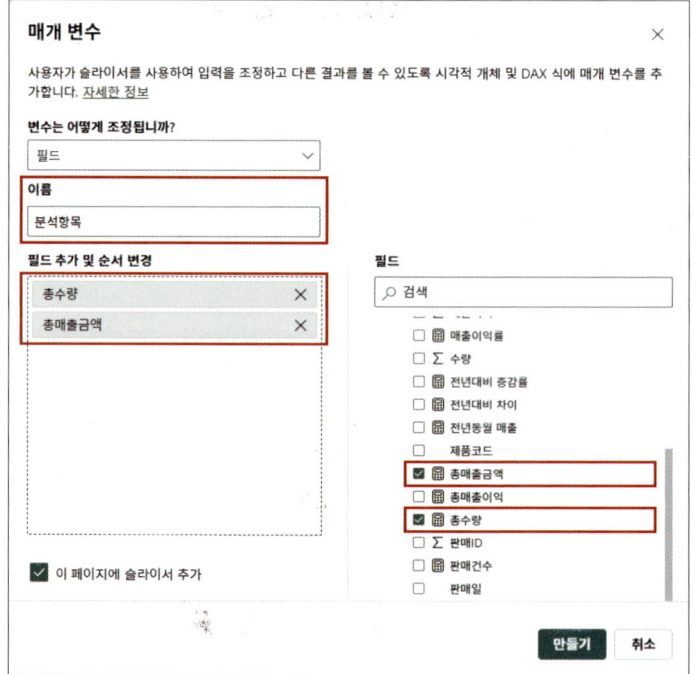

03 **필드 추가 및 순서 변경** 영역에 추가된 각 필드를 **더블클릭**하여 각각 **수량**, **매출금액**으로 이름을 수정해주고, 하단의 **이 페이지에 슬라이서 추가** 옵션도 체크한 뒤 **만들기** 버튼을 누른다.

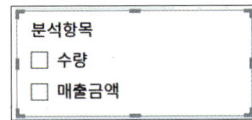

> **Tip** ✓
> - 추가된 필드명 수정 시 Enter 대신 Tab 버튼 또는 다른 여백을 클릭하여 작업을 마무리하는 것이 좋으며, Enter 입력 시에는 'X' 표시가 작동되어 필드가 빠져나갈 수 있음을 유의한다.
> - 이미 만들어진 매개 변수를 수정하려면 수식 창에서 직접 수정하거나 해당 매개 변수 테이블 자체를 삭제 후 다시 만드는 수밖에 없다.

② 다음과 같이 분석항목 슬라이서 설정을 변경하시오.

01 **시각적 개체 서식 지정** > **시각적 개체** > **슬라이서 설정** > **옵션**에서 **스타일** > **드롭다운**을 선택하고 **선택**에서는 **단일 선택**을 **활성화**한다.

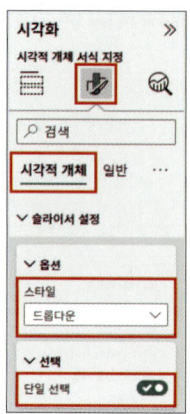

02 슬라이서에서 **수량**을 선택하여 필터를 적용하고 2-②의 위치에 배치한다.

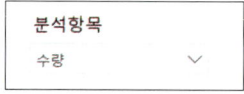

③ 다음 조건으로 분류명에 따른 분석항목 값이 나타나도록 묶은 세로 막대형 차트를 구현하시오.

01 페이지에 **묶은 세로 막대형 차트**를 삽입하고 **X축**에 〈제품〉 테이블의 **[분류명] 필드**를, **Y축**에 〈분석항목〉 테이블의 **[분석항목] 매개 변수**를 추가한다.

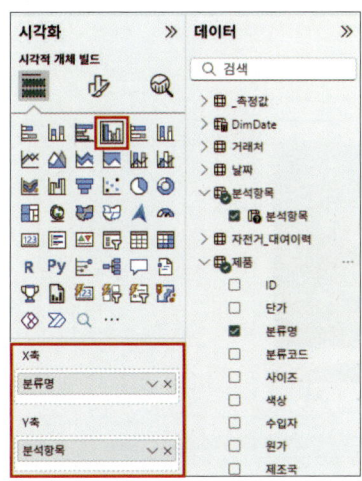
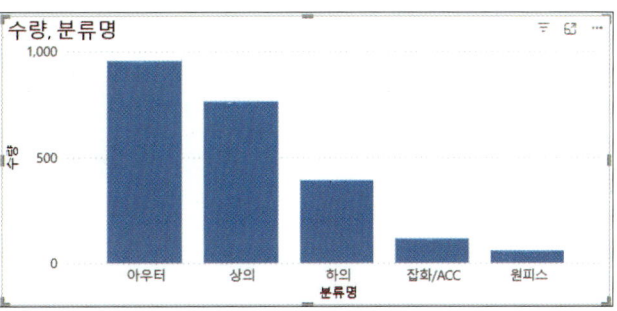

02 시각적 개체 서식 지정 > 시각적 개체에서 **X축**의 **제목**과 **Y축**의 **제목**을 **비활성화**한다.

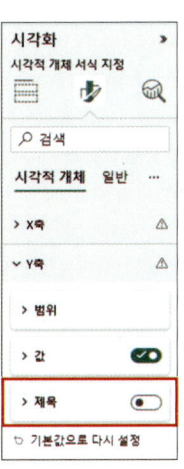

03 **데이터 레이블**을 **활성화**한 후, 하단 **배경**도 **활성화**하고 **색**의 색상을 **#6699CC**로 변경한다.

 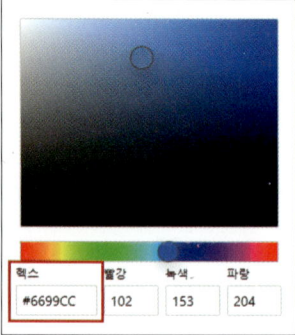

04 **일반** > **제목** > **제목** > **글꼴**은 **Segoe UI**, **굵게**, **가로 맞춤**은 **가운데**로 설정하고 2-③의 위치에 배치한다.

 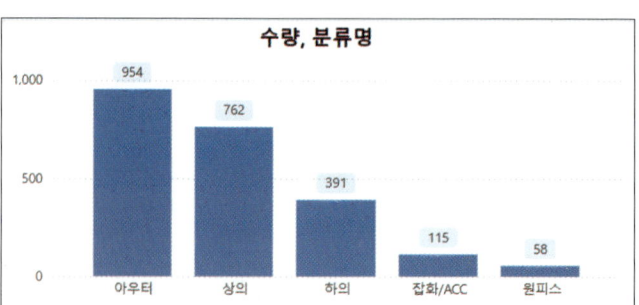

3 다음 지시사항에 따라 행렬 차트를 구현하시오.

① 다음 조건으로 행렬 차트를 구현하시오.

01 페이지에 **행렬 차트**를 삽입하고 **행**에 〈제품〉 테이블의 **[분류명], [제품분류명], [제품명] 필드**를, **열**에는 〈날짜〉 테이블의 **[연도], [월] 필드**를, **값**에는 〈판매〉 테이블의 **[총매출금액], [전년동월 매출], [전년대비 증감률] 측정값**을 추가한다.

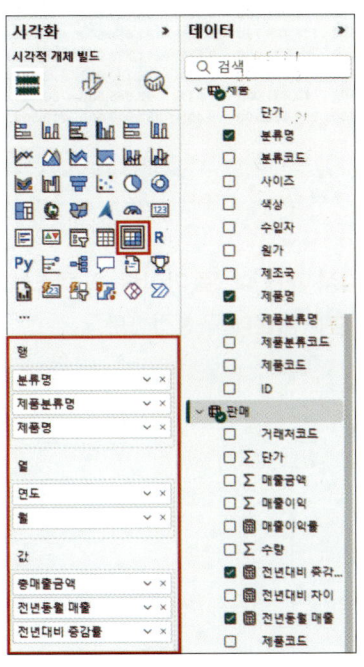

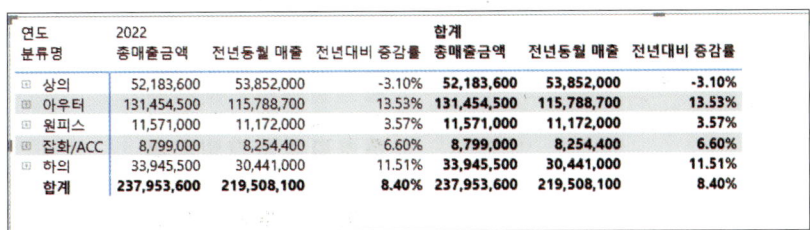

02 **값**에서 각 필드를 **더블클릭**하여 시각적 이름을 각각 **당월**, **전년동월**, **전년비**로 변경한다.

03 3-①의 위치에 배치한다.

② 다음과 같이 행렬 차트의 각 요소에 대한 서식을 지정하시오.

01 행렬 차트의 우측 상단 **드릴온** > **열**을 선택하고 **계층 구조에서 한 수준 아래로 모두 확장**(🔽)을 클릭한다.

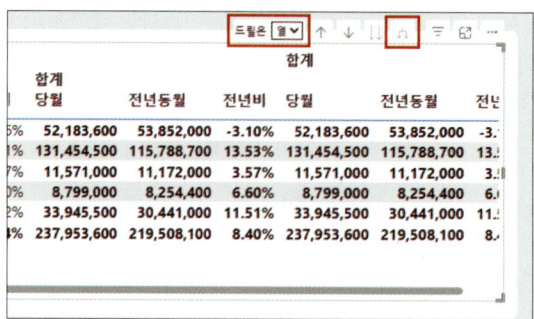

02 **시각적 개체 서식 지정** > **시각적 개체** > **열 머리글** > **텍스트** > **글꼴**에 대해 **굵게**, **배경색**은 **흰색, 20% 더 어둡게**, **머리글 맞춤**은 **가운데**로 설정한다.

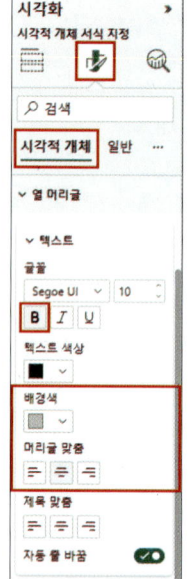
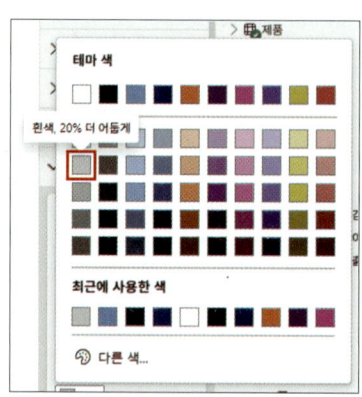

03 시각적 개체 우측 상단의 **드릴온** > **행**을 선택하고 **계층 구조에서 한 수준 아래로 모두 확장**을 두 번 클릭한다. [제품명] 열까지 확장되어 나타나는지 확인한다.

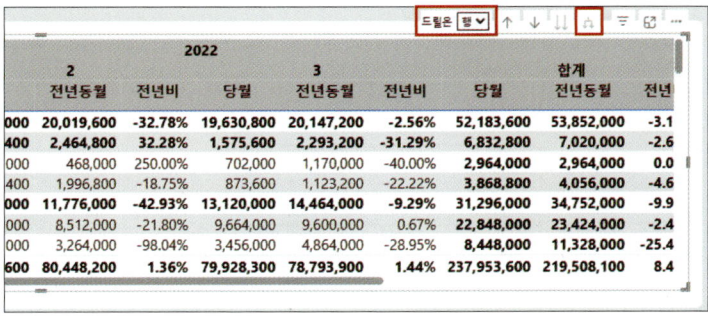

04 **시각적 개체** > **레이아웃 및 스타일 사전 설정** > **레이아웃** > **테이블 형식**을 선택한다.

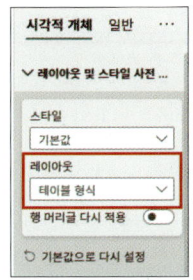

③ 행렬 차트에 조건부 서식을 적용하시오.

01 **셀 요소**로 이동하여 **설정 적용 대상** > **계열**을 **전년비**로 선택하고 **아이콘**을 **활성화**한다.

02 조건부 서식(*fx*) 버튼을 눌러 대화창이 뜨면 **적용 대상**은 **값 및 합계**, 필드는 **전년비**를 선택한다. 이제 하단의 규칙 영역에서 우측 **새 규칙** 버튼을 **두 번** 눌러 새로운 규칙 두 개를 추가로 만들어 준 다음, **기존에 설정되어 있던 규칙**들은 우측에서 × 표시를 눌러 삭제한다. 이어서 아래 그림처럼 규칙을 적용한 뒤 **확인**을 클릭한다.

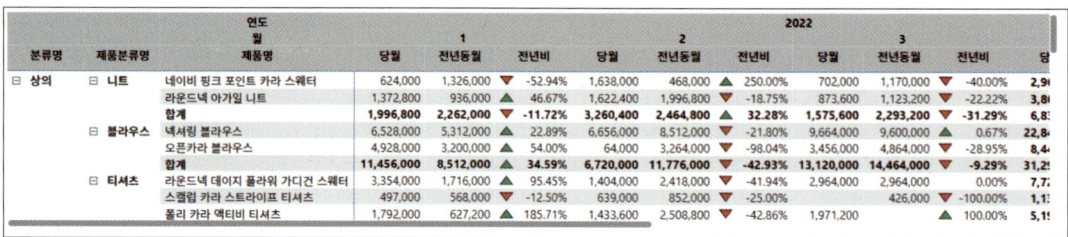

- 기본 설정값에서 규칙을 수정하려고 할 경우, 퍼센트가 숫자로 바뀌지 않는 버그가 있으므로 아예 기본 설정 규칙을 제거하고 새로 작성하는 것을 권장한다(2025년 1월 버전).
- 규칙에서 아이콘을 선택 적용하면 스타일은 저절로 사용자 지정으로 변경된다.
- 각 규칙 식 중간의 끝은 AND에 대한 프로그램상 한글 번역 오류이다.
- 규칙은 최소 1개 이상 있어야 하므로 새 규칙을 추가하기 전에는 기존에 설정되어 있는 규칙을 모두 삭제할 수 없다. 따라서 필요한 수만큼 새 규칙을 추가하고 기존 규칙을 삭제하는 방법을 권장한다.

4 다음 지시사항에 따라 페이지 탐색기를 구현하시오.

01 상단 메뉴의 **삽입** > **단추** > **탐색기** > **페이지 탐색기**를 누른다.

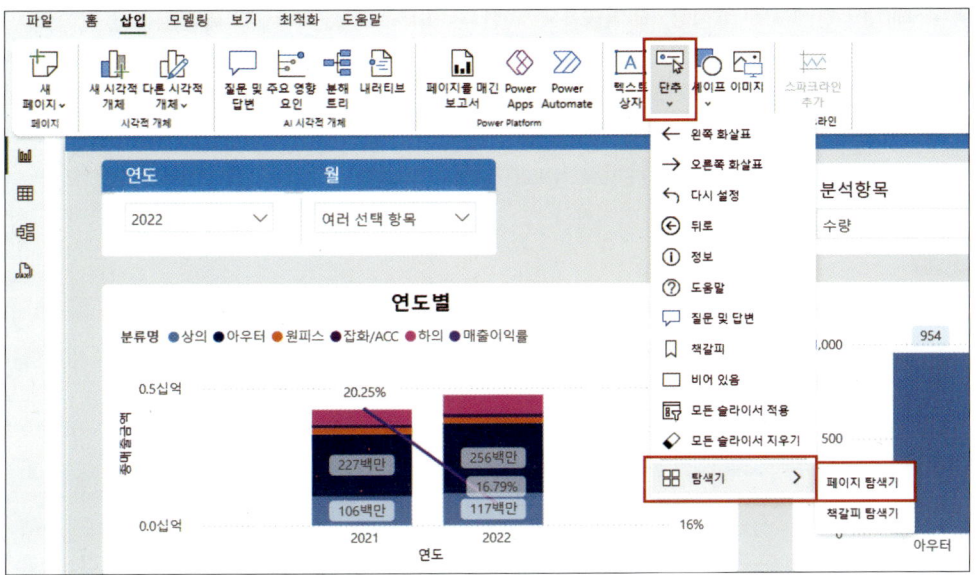

02 **서식 탐색기** > **시각적 개체** > **페이지** > **표시**에서 **문제3_5**를 **비활성화**한다. **스타일**로 이동하여 **설정 적용 대상** > **상태** > **선택한 상태**로 설정한 상태에서 **채우기** > **색**을 **#6699CC**로 변경한다.

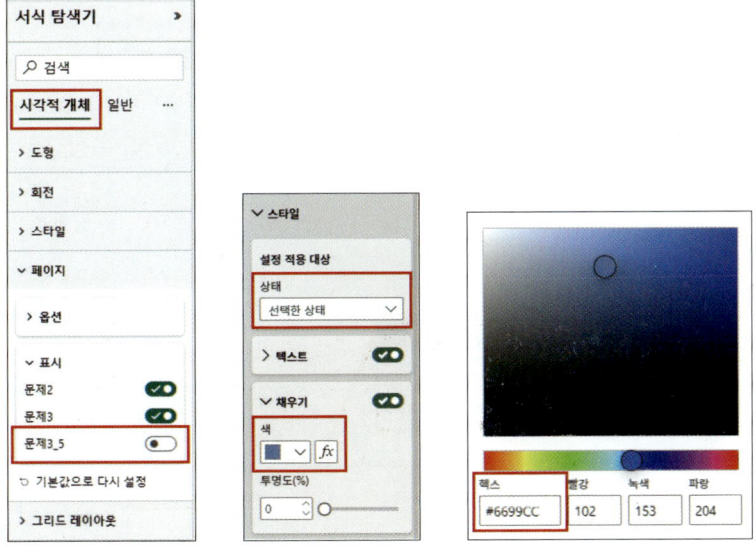

03 4-①의 위치에 배치한다.

5 다음 지시사항에 따라 측정값을 추가하시오.

① 〈_측정값〉 테이블에 채널별 총매출금액을 반환하는 측정값을 추가하시오.

01 우측 **데이터** 창에서 **〈_측정값〉 테이블**을 선택한 후 **마우스 우클릭** > **새 측정값**을 클릭한다.

02 수식 창에 다음과 같이 식을 작성하고 Enter를 누른다.

> 매출_매장 = CALCULATE([총매출금액], FILTER('거래처', [채널] = "매장"))

Tip

수식 설명
- FILTER 함수는 〈거래처〉 테이블에서 [채널]이 "매장"인 행만 필터링하여, 이 필터된 테이블을 CALCULATE 함수에 제공한다. 이를 통해 매장 채널에 해당하는 거래만을 기준으로 총매출금액을 계산할 수 있게 한다.
- CALCULATE 함수는 [총매출금액]을 특정 조건에 맞춰 다시 계산하는 역할을 한다. 여기서는 FILTER 함수에 의해 [채널]이 "매장"인 경우로 필터링된 총매출금액을 계산한다.

03 상단 메뉴의 **측정 도구** > **서식**을 **정수**로 설정하고 **천 단위 구분 기호**를 클릭한다. 소수 자릿수는 **0**으로 설정한다.

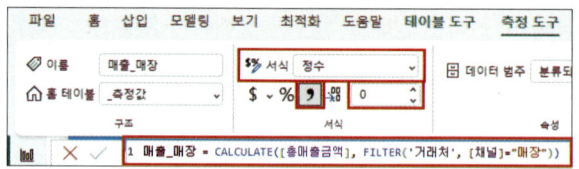

04 '문제 3_5' 페이지로 이동한 후 우측 **데이터** 창에서 추가된 **[매출_매장] 측정값**을 직접 **표1**로 **드래그 앤 드롭**하여 추가한다. 자동으로 표의 우측에 값이 추가된다.

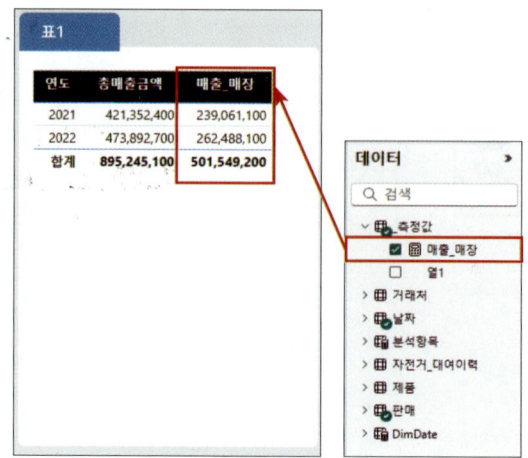

② 〈_측정값〉 테이블에 날짜에 따른 총매출금액을 반환하는 측정값을 추가하시오.

01 우측 **데이터** 창에서 **〈_측정값〉 테이블**을 선택하고 **마우스 우클릭 > 새 측정값**을 클릭한다.

02 수식 창에 다음과 같이 식을 작성하고 Enter를 누른다.

전월_매출 = CALCULATE([총매출금액], DATEADD('날짜'[날짜], -1, MONTH))

수식 설명
- 〈날짜〉 테이블의 [날짜] 필드를 따라 주어진 맥락에서 한 달 전의 날짜를 반환한다. 이를 통해 전월에 해당하는 날짜 범위를 계산한다.
- DATEADD 함수로 반환된 전월의 날짜 범위를 기준으로 [총매출금액]을 다시 계산한다. 즉, 전월에 해당하는 매출 금액을 산출한다.

03 상단 메뉴의 **측정 도구 > 서식**을 **정수**로 설정하고 **천 단위 구분 기호( )**를 클릭한다. 소수 자릿수는 **0**으로 설정한다.

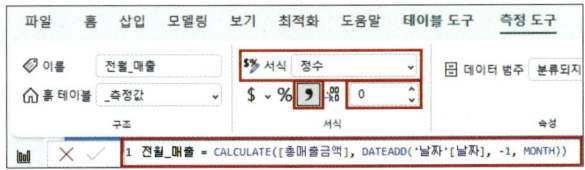

04 우측 **데이터** 창에서 추가된 [전월_매출] 측정값을 직접 **표2**로 **드래그 앤 드롭**하여 추가한다. 자동으로 표의 우측에 값이 추가된다.

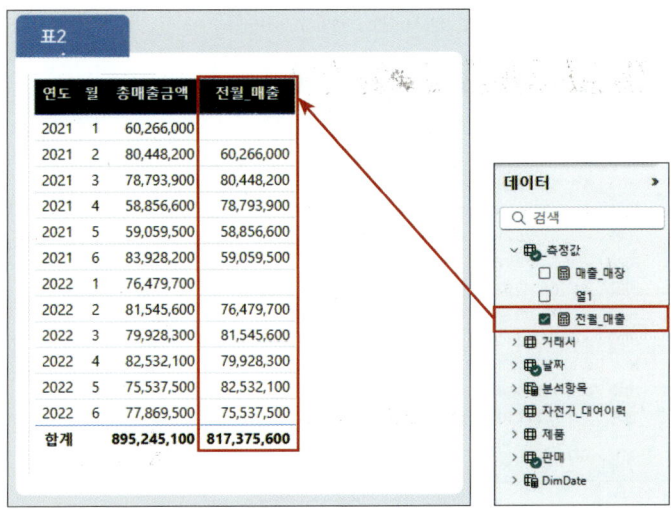

③ 〈_측정값〉 테이블에 연간 총매출금액의 누계 값을 반환하는 측정값을 추가하시오.

01 우측 **데이터** 창에서 **〈_측정값〉 테이블**을 선택하고 **마우스 우클릭 > 새 측정값**을 클릭한다.

02 수식 창에 다음과 같이 식을 작성하고 Enter를 누른다.

> 연간_누계 = TOTALYTD([총매출금액], '날짜'[날짜])

Tip
수식 설명
- TOTALYTD 함수는 주어진 연도의 맥락에서 연간 누계를 계산하는 함수이다. 여기서는 [총매출금액]을 〈날짜〉 테이블의 [날짜] 필드를 기준으로 연간 누계 매출액을 반환한다.
- 필터 컨텍스트에 기간이 지정되지 않았을 때는 〈날짜〉 테이블에서 가장 최신 연도를 기준으로 누계를 계산한다. 즉, 데이터 모델 내의 날짜 필드에서 접근 가능한 가장 최근의 연도를 찾아 그 연도에 대한 누계 합계를 반환하게 된다.
- CALCULATE 함수와 DATESYTD 함수를 조합하여 동일한 결과를 얻을 수 있다.

> 연간_누계 = CALCULATE([총매출금액], DATESYTD('날짜'[날짜]))

03 상단 메뉴의 **측정 도구 > 서식**을 **정수**로 설정하고 **천 단위 구분 기호(,)**를 클릭한다. 소수 자릿수는 **0**으로 설정한다.

04 우측 **데이터 창**에서 추가된 **[연간_누계] 측정값**을 직접 **표2**로 **드래그 앤 드롭**하여 추가한다. 자동으로 표의 우측에 값이 추가된다.

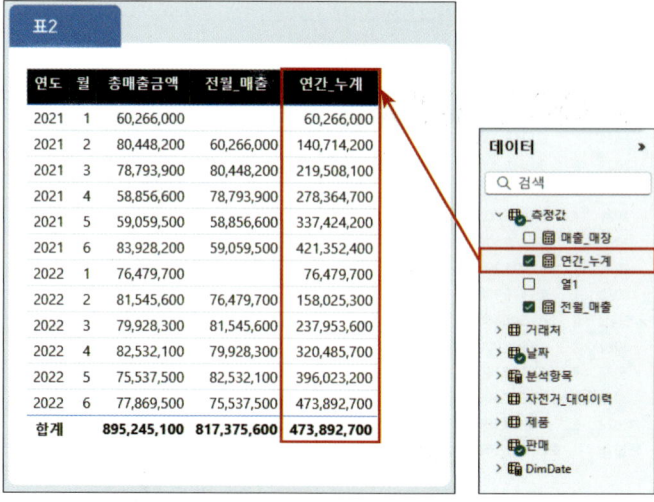

④ 〈_측정값〉 테이블에 제품명을 기준으로 수량의 순위를 반환하는 측정값을 추가하시오.

01 우측 **데이터 창**에서 **〈_측정값〉 테이블**을 선택하고 **마우스 우클릭** > **새 측정값**을 클릭한다.

02 수식 창에 다음과 같이 식을 작성하고 Enter를 누른다.

> 순위 = RANKX(ALL('제품'[제품명]), [총수량],, DESC, Dense)

수식 설명
- ALL 함수는 제품[제품명] 필드에 적용된 모든 필터를 제거하는 역할을 한다. 이를 통해 모든 제품이 필터 없이 고려되며, 전체 데이터를 기준으로 순위를 계산할 수 있도록 한다.
- RANKX 함수는 특정 필드의 값을 기준으로 순위를 계산한다. 여기서는 [총수량]을 기준으로 모든 제품의 순위를 내림차순(DESC)으로 계산하며, Dense 옵션을 사용해 동일한 값이 있을 경우 같은 순위를 부여하고 다음 순위가 연속되게 한다.

03 우측 **데이터 창**에서 추가된 [순위] 측정값을 직접 **표3**으로 **드래그 앤 드롭**하여 추가한다. 자동으로 표의 우측에 값이 추가된다.

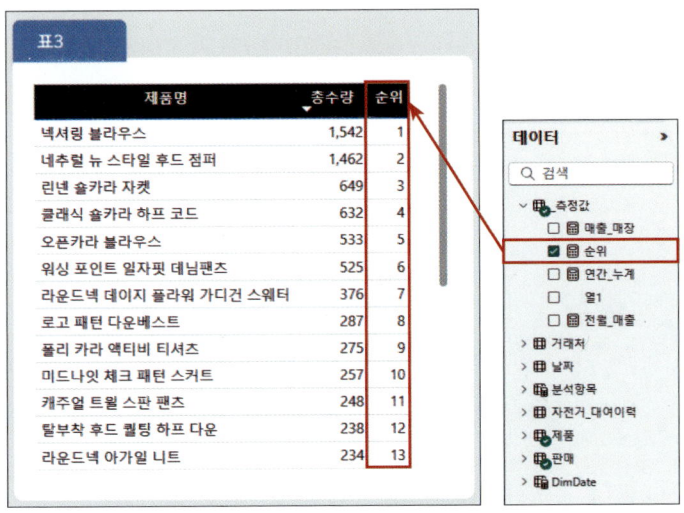

04 작업한 보고서가 문제3의 시각화 완성화면(240p)과 일치하는지 확인한 후 해당 페이지의 작업을 마무리한다.

CHAPTER 03 시행처 공개문제(B형) 풀이

국 가 기 술 자 격 검 정

경영정보시각화능력 실기 모의문제

프로그램명	제한시간
파워BI 데스크톱	70분

수험번호	
성 명	

단일	B형

※ 시험지를 받으시면
1~2페이지의 '유의사항'과
'문제 및 데이터 안내'를
확인하시기 바랍니다.

대 한 상 공 회 의 소

- '유의사항', '문제 및 데이터 안내'에 따라 시험에 응시하여야 하며, 이를 소홀히 하여 발생한 불이익과 책임은 수험자 본인에게 있습니다.
- 시험이 시작되면 즉시 문제 데이터 파일 존재여부와 답안 파일의 문제3-4 페이지에 차트, 표, 데이터가 보이는지 확인하시기 바랍니다.
  - 문제 데이터 파일 위치 : [문제1] C:₩PBW₩문제1_데이터 폴더 / [문제2,3] C:₩PBW₩문제2,3_데이터 폴더
  - 문제 데이터 파일은 존재여부만 확인하며 엑셀 등으로 열면 실격 처리
  - 답안 파일 위치 : C:₩PBW₩수험자번호.pbix
  - 화면에 띄워진 답안 파일의 문제3-4 페이지 확인
- 시험 진행 중 작성된 답안은 수시로 중간 저장하시기 바랍니다.
- 별도의 지시사항이 없는 경우, 다음과 같이 처리할 때 [실격 처리]됩니다.
  - 제시된 파일, 페이지/대시보드, 데이터 원본의 이름, 차원/측정값 속성을 임의로 변경한 경우
  - 제시된 파일, 데이터 원본을 임의로 삭제, 추가, 변경한 경우
  - 시트/워크시트/대시보드를 임의로 삭제, 추가하거나 명칭을 변경한 경우
  - 제시된 답안 파일의 경로 또는 파일명을 변경한 경우
  - 문제 데이터를 시험 시작 전에 열어보는 경우
  - 실기시험 프로그램 이외의 프로그램(엑셀 등)으로 데이터를 열어보는 경우
- 반드시 답안작성은 문제에서 지시한 위치에 작업하여야 하며 다음과 같이 처리 시 해당 작업 또는 그 작업에 영향을 미치는 문제, 개체, 시트 등은 [오답 처리]됩니다.
  - 제시된 함수가 있으면 제시된 함수만을 사용해야 하며 그 외 함수를 사용해 풀이한 경우
  - 지시하지 않은 차트, 컨테이너, 매개 변수 등을 임의로 이동, 수정(변경), 삭제 등으로 인해 위치 및 내용이 변경된 경우
  - 임의로 기본 설정값(Default)을 변경한 경우
  - 숫자데이터를 임의로 문자화하여 처리한 경우
  - 개체가 해당 영역을 벗어난 경우
  - 개체가 너무 작아 해당정보 확인이 눈으로 어려운 경우
- 시험지에 제시된 [완성 화면 그림]은 문제풀이 순서 또는 시각적 개체 작성 순서, PC 환경 등의 이유로 수험자가 작성한 개체의 모니터 화면과 모양, 색상 등이 다를 수 있습니다.
- 본 문제와 용어는 파워BI 데스크톱(Power BI Desktop) 2.124.1554.0 버전(2024.1.8.) 기준으로 작성되었습니다.

문제 및 데이터 안내

1. 수험자가 작성할 답안 파일은 1개입니다. 문제1, 문제2, 문제3의 답을 하나의 답안 파일(.pbix)로 저장하십시오.
2. 문제1, 문제2, 문제3은 각각 독립적으로 구성되어 앞 문제를 풀지 않아도 다음 문제 풀이가 가능합니다.
3. 문제1은 데이터 불러오기를 통해 문제를 풀이하고, 문제2와 문제3은 답안에 이미 데이터가 포함되어 있어 다시 데이터를 불러오지 말고 바로 문제 풀이를 하십시오.
   - 데이터 파일은 문제1을 위한 데이터 파일과 문제2,3을 위한 데이터 파일로 구성되어 있습니다.
4. 문제2와 문제3 풀이를 위해 필요한 일부 측정값, 필터가 답안파일에 미리 적용되어 있을 수 있습니다.
   - 지시사항에 제시되지 않은 것은 변경하지 마십시오.
   - 사전에 적용된 필터 등이 삭제되지 않도록 '시트 지우기' 기능을 **절대** 사용하지 마십시오.
5. 문제는 문제(문제1~3) – 세부문제(1~4) – 지시사항(①~③) – 세부지시사항(▶, -) 단위로 구성됩니다.
6. 지시사항(①, ②, ③)별로 점수가 부여되며, 지시사항의 전체 세부지시사항(▶, -)을 작업하지 않을 경우 점수가 부여되지 않습니다. ※ **부분 점수 없음**
7. 본 시험에서 사용되는 데이터 파일 수와 데이터명은 아래와 같습니다.
   - [문제1] 데이터 파일 수 : 1개 / 데이터명 : '광역별_방문자수.xlsx'

파일명	광역별_방문자수.xlsx				
테이블	구조				
A_광역별 방문자수	시군구코드	광역지자체_방문자수	광역지자체_방문자비율	기초지자체_방문자수	기초지자체_방문자비율
	32400	197,861,774	4.5	11,783,977	6
B_광역별 방문자수	시군구코드	광역지자체_방문자수	광역지자체_방문자비율	기초지자체_방문자수	기초지자체_방문자비율
	32010	679,426,007	3.6	1.13E+08	16.6
행정구역 코드	행정동코드		광역지자체명		기초지자체명
	11010		서울특별시		종로구

- [문제2,3] 데이터 파일 수 : 1개 / 데이터명 : '방송판매.xlsx'

파일명	방송판매.xlsx							
테이블	구조							
방송주문	주문번호	담당MD	방송일	거래처코드	제품번호	담당호스트	준비수량	판매수량
	B0611-0035	6	2023-01-01	866179	8661791	김연아	2320	2100
담당자	MD_ID	사원명	직위	입사일자	매출계획(2023)	매출계획(2024)	총매출계획	
	1	민지혜	부장	2007-03-24	480,975,000	522,500,000	1,003,475,000	
제품정보	ID	거래처코드	제품번호	거래처명	분류	상품명	담당호스트	판매가격	매입원가
	8655351	865535	1	포커스	프린터/사무기기	복합기K910	최나연	560,000	410,000
날짜	날짜ID			날짜				
	202301			2023-01-01				

고객불만	구분	처리번호	처리일자	주문번호	고객ID	물류사고내용
	교환	불만족0504-0141	2023-01-06	T0610-0016	7	서비스및상품불만족

고객	고객ID	고객명	시도
	1	강경아	경북

거래처	거래처코드	거래처명
	865535	포커스

문제1 작업준비(20점)

1. 다음 지시사항에 따라 데이터 가져오기 및 편집을 수행하시오. (10점)

① 데이터 파일을 가져온 후 파워쿼리 편집기를 통해 테이블의 데이터를 편집하시오. (3점)
  ▶ 가져올 데이터 : '광역별_방문자수.xlsx' 파일의 〈A_광역별방문자수〉, 〈B_광역별방문자수〉, 〈행정구역코드〉 테이블
  ▶ 파워쿼리 편집기를 통해 〈A_광역별방문자수〉, 〈B_광역별방문자수〉 테이블에서 [시군구코드], [기초지자체_방문자수]를 제외한 다른 필드 삭제
  ▶ 필드 이름 변경
    − 〈A_광역별방문자수〉 테이블의 [기초지자체_방문자수] 필드 → [A사] 필드로 변경
    − 〈B_광역별방문자수〉 테이블의 [기초지자체_방문자수] 필드 → [B사] 필드로 변경

② 파워쿼리 편집기를 통해 〈A_광역별방문자수〉, 〈B_광역별방문자수〉 테이블을 활용하여 새로운 테이블을 추가하고 편집하시오. (4점)
  ▶ 쿼리 병합 기능 사용
    − 테이블 이름 : 〈지자체별_방문자수〉
    − 〈A_광역별방문자수〉, 〈B_광역별방문자수〉 테이블의 [시군구코드] 필드를 기준으로 병합
    − 조인 종류 : '왼쪽 외부'
  ▶ [B_광역별방문자수] 필드에서 'B사' 필드 확장, '원래 열 이름을 접두사로 사용' 해제
  ▶ 〈지자체별_방문자수〉 테이블의 [A사], [B사] 필드에 열 피벗 해제 기능 적용
  ▶ 필드 이름 변경
    − 〈지자체별_방문자수〉 테이블의 [특성] 필드 → [이동통신] 필드로 변경
    − 〈지자체별_방문자수〉 테이블의 [값] 필드 → [방문자수] 필드로 변경

③ 파워쿼리 편집기를 통해 〈지자체별_방문자수〉 테이블에 〈행정구역코드〉 테이블의 [광역지자체명] 필드를 추가하시오. (3점)
  ▶ 쿼리 병합 기능 사용
    − 〈지자체별_방문자수〉 테이블의 [시군구코드] 필드와 〈행정구역코드〉 테이블의 [행정동코드] 필드를 기준으로 병합
    − 조인 종류 : '왼쪽 외부'
  ▶ 행정구역코드 [광역지자체명] 필드만 확장, '원래 열 이름을 접두사로 사용' 해제

2. 파워쿼리 편집기를 통해 필드를 추가하고 데이터 모델링 작업을 수행하시오. (10점)

① 〈행정구역코드〉 테이블에 필드를 추가하시오. (4점)
  ▶ 조건 열 기능 사용
    − 필드 이름 : [지역구분]
    − 활용 필드 : 〈행정구역코드〉 테이블의 [광역지자체명]
    − 〈행정구역코드〉 테이블의 [광역지자체명] 필드값이 "서울특별시", "경기도", "인천광역시"일 경우 "수도권", 그 외의 값일 경우 "지방권"을 반환
    − 추가된 필드의 데이터 형식 : '텍스트'

② 〈A_광역별방문자수〉, 〈B_광역벌방문자수〉 테이블의 로드 사용을 해제하시오. (3점)
③ 〈지자체별 방문자수〉 테이블과 〈행정구역코드〉 테이블의 관계를 설정하시오. (3점)
▶ 활용 필드 : 〈지자체별_방문자수〉의 [시군구코드] 필드, 〈행정구역코드〉의 [행정동코드] 필드
▶ 기준(시작) 테이블 : 〈지자체별_방문자수〉 테이블
▶ 카디널리티 : '다대일(*:1)' 관계
▶ 크로스 필터 방향 : '단일'

3. 다음 지시사항에 따라 테이블 및 측정값을 추가하시오. (10점)
① 다음 조건으로 테이블과 측정값을 추가하시오. (4점)
▶ 테이블 이름 : 〈요약〉
 – 활용 필드 : 〈지자체별_방문자수〉 테이블의 [광역지자체명], [방문자수] 필드
 – 〈행정구역코드〉 테이블의 [광역지자체명] 필드를 기준으로 방문자 수의 합계 반환
 – 사용 함수 : SUM, SUMMARIZE
 – 〈요약〉 테이블과 〈지자체별_방문자수〉 테이블 관계 설정
  • 활용 필드 : 〈요약〉, 〈지자체별_방문자수〉 테이블의 [광역지자체명] 필드
  • 기준(시작) 테이블 : 〈지자체별_방문자수〉 테이블
  • 카디널리티 : '다대일(*:1)' 관계
  • 크로스 필터 방향 : '단일'
▶ 측정값 이름 : [광역지자체수]
 – 활용 필드 : 〈행정구역코드〉 테이블의 [광역지자체명] 필드
 – [광역지자체명]의 개수 반환
 – 사용 함수 : DISTINCTCOUNT
② 다음 조건으로 측정값을 추가하시오. (3점)
▶ 측정값 이름 : [서울지역_방문자수]
 – 활용 필드 : 〈지자체별_방문자수〉 테이블의 [방문자수], [광역지자체명] 필드
 – 서울지역 [방문자수]의 합계 반환
 – 〈지자체별_방문자수〉 테이블에 적용된 필터 제외
 – 사용 함수 : ALL, CALCULATE, FILTER, SUM
 – 서식 : 천 단위에서 쉼표로 구분되도록 적용
▶ 측정값 이름 : [서울방문자비율%]
 – 활용 필드 : [서울지역_방문자수] 측정값, 〈요약〉 테이블의 [합계] 필드
 – 전체 방문자 수의 [합계]에 대한 [서울지역_방문자수]의 비율 반환
 – 사용 함수 : DIVIDE, SUM
 – 서식 : '백분율', '소수점 아래 2자리까지' 표시
③ 다음 조건으로 데이터 창에 테이블을 추가하시오. (3점)
▶ 테이블 이름 : 〈측정값T〉
 – [광역지자체수], [서울지역_ 방문자수], [서울방문자비율%] 측정값을 테이블에 추가

문제2 단순요소 구현(30점)

| 시각화 완성화면 |

각 세부문제 풀이 후 아래와 같은 결과가 도출되어야 합니다.

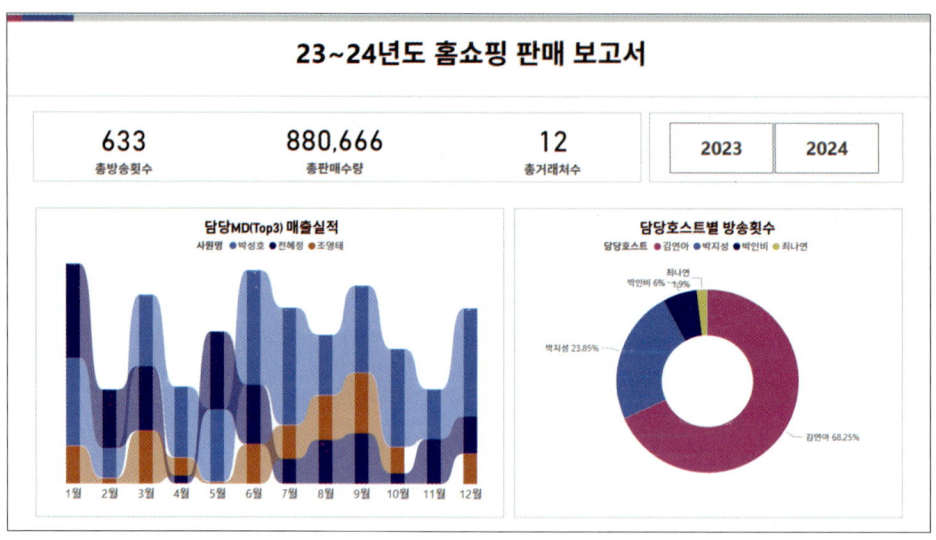

1. '문제2', '문제3' 페이지의 전체 서식을 설정하시오. (5점)

    ① '문제2'와 '문제3' 페이지의 캔버스 배경을 설정하시오. (3점)
    - ▶ 배경 이미지
        - '문제2' 페이지 : '문제2_배경.png'
        - '문제3' 페이지 : '문제3_배경.png'
    - ▶ 캔버스 배경 설정
        - 이미지 맞춤 : '기본'
        - 투명도 : '0%'
    - ▶ 보고서 테마 : '기본값'

    ② 텍스트 상자를 사용하여 '문제2' 페이지에 보고서 제목을 작성하시오. (2점)
    - ▶ 제목 : "23~24년도 홈쇼핑 판매 보고서"
        - 제목 서식 : 글꼴 'Segoe UI', 글꼴 크기 '28', '굵게', '가운데'
    - ▶ 텍스트 상자를 '1-②' 위치에 배치

2. 다음 지시사항에 따라 카드와 슬라이서를 구현하시오. (5점)

    ① 다음 조건으로 '문제2' 페이지에 카드를 구현하시오. (3점)
    - ▶ 활용 필드 : 〈방송주문〉 테이블의 [총방송횟수], [총판매수량], [총거래처수] 측정값
    - ▶ 설명 값 서식 : 글꼴 'DIN', 글꼴 크기 '33', 표시 단위 '없음'
    - ▶ 범주 레이블 서식 : 글꼴 'Segoe UI', 글꼴 크기 '13', '굵게'
    - ▶ 카드를 '2-①' 위치에 배치

② 다음 조건으로 '문제2' 페이지에 슬라이서를 구현하시오. (2점)
- ▶ 활용 필드 : 〈날짜〉 테이블의 [년] 필드
- ▶ 슬라이서 스타일 : '타일'
- ▶ 값 서식 : 글꼴 'Segoe UI', 글꼴 크기 '19', '굵게'
- ▶ 슬라이서 머리글이 보이지 않도록 설정
- ▶ '반응형' 옵션 해제
- ▶ 슬라이서를 '2-②' 위치에 배치

3. 다음 지시사항에 따라 리본 차트를 구현하시오. (10점)

① 다음 조건으로 '문제2' 페이지에 리본 차트를 구현하시오. (3점)
- ▶ 활용 필드
  - 〈날짜〉 테이블의 [월이름] 필드
  - 〈담당자〉 테이블의 [사원명] 필드
  - 〈방송주문〉 테이블의 [판매가격] 필드
- ▶ 도구 설명에 [총판매수량]이 표시되도록 추가
- ▶ 리본 차트를 '3-①' 위치에 배치

② 다음과 같이 리본 차트의 각 요소에 대한 서식을 지정하시오. (4점)
- ▶ 차트 제목 : "담당MD(Top3) 매출실적"
  - 제목 서식 : 글꼴 'DIN', 글꼴 크기 '15', '굵게', '가운데 맞춤'
- ▶ X축 : 글꼴 크기 '12', 축 제목 제거
- ▶ Y축 : 축 제목 제거, 값 제거
- ▶ 범례 : 위치 '위쪽 가운데'
- ▶ 리본 : 색의 '투명도 50%'
- ▶ 리본 차트 X축 '월이름'이 1월부터 12월까지 순서대로 표시되도록 정렬

③ 리본 차트에 [판매가격]이 상위 3위인 [사원명]만 표시되도록 설정하시오. (3점)

4. 다음 지시사항에 따라 도넛형 차트를 구현하시오. (10점)

① 다음 조건으로 '문제2' 페이지에 도넛형 차트를 구현하시오. (4점)
- ▶ 활용 필드 : 〈방송주문〉 테이블의 [담당호스트] 필드, [총방송횟수] 측정값
- ▶ 차트 제목 : "담당호스트별 방송횟수"
  - 제목 서식 : 글꼴 'Segoe UI', '굵게', '가운데'
- ▶ 범례 : 위치 '위쪽 가운데'
- ▶ 도넛형 차트를 '4-①' 위치에 배치

② 다음과 같이 도넛형 차트의 조각에 대한 서식을 지정하시오. (3점)
- ▶ 색상 : 김연아 '#E645AB'
- ▶ 내부 반경 : '50%'

③ 다음과 같이 도넛형 차트의 세부 정보 레이블에 대한 서식을 지정하시오. (3점)
- ▶ 레이블 내용 : '범주, 총퍼센트'로 표시
- ▶ 위치 : '바깥쪽 우선'

문제3 복합요소 구현(50점)

| 시각화 완성화면 |

각 세부문제 풀이 후 아래와 같은 결과가 도출되어야 합니다.

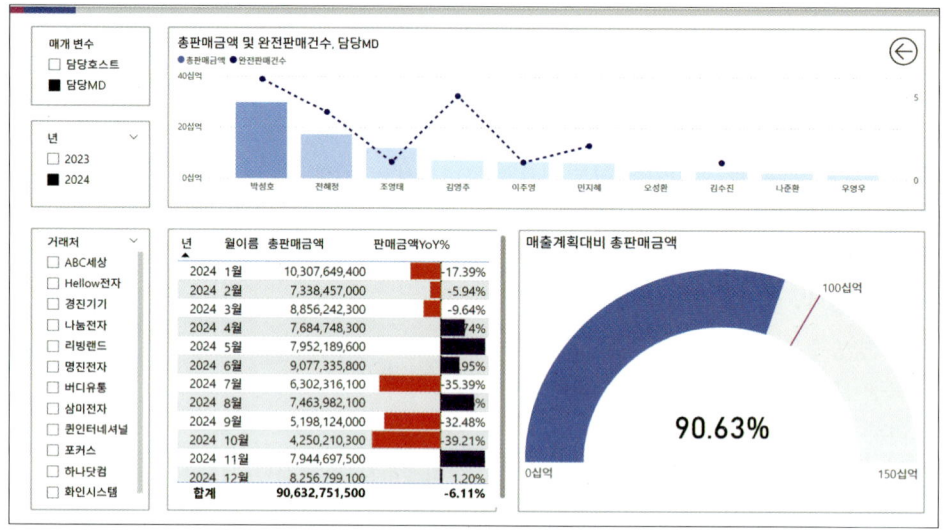

1. **다음 지시사항에 따라 꺾은선형 및 묶은 세로 막대형 차트를 구현하시오. (10점)**
   ① 다음 조건으로 〈방송주문〉 테이블에 측정값을 추가하시오. (3점)
      ▶ 측정값 이름 : [완전판매건수]
         − 활용 필드 : 〈방송주문〉 테이블의 [주문번호], [준비수량], [판매수량] 필드
         − [준비수량]이 모두 판매된 [주문번호]의 건 수 계산
         − 사용 함수 : CALCULATE, COUNT, FILTER
      ▶ 측정값 이름: [총판매금액]
         − 활용 필드 : 〈방송주문〉 테이블의 [판매수량], [판매가격] 필드
         − 판매금액의 합계 계산
         − 사용 함수 : SUMX
         − 서식 : 천 단위에서 쉼표로 구분되도록 적용
   ② 다음 조건으로 매개 변수를 추가하고 '문제3' 페이지에 슬라이서를 구현하시오. (3점)
      ▶ 매개 변수 추가
         − 대상 필드
            • 〈방송주문〉 테이블의 [담당호스트] 필드
            • 〈담당자〉 테이블의 [사원명] 필드
         − 이 페이지에 슬라이서 추가 옵션 설정
         − 매개 변수 필드 이름 변경 : [사원명] → [담당MD]

▶ 슬라이서 값 : '담당MD' 필터 적용
▶ 슬라이서를 '1-②' 위치에 배치
③ 다음 조건으로 '문제3' 페이지에 꺾은선형 및 묶은 세로 막대형 차트를 구현하시오. (4점)
▶ 활용 필드
– 〈방송주문〉 테이블의 [총판매금액], [완전판매건수] 측정값
– [매개 변수] 매개 변수
▶ [매개 변수]에 따라 X축이 변경되도록 구현
▶ X축, Y축, 보조Y축 : 축 제목 제거
▶ 꺾은선형 차트 서식
– 선 스타일 : '파선'
– '표식' 옵션 설정
▶ 묶은 세로 막대형 차트에 조건부 서식 적용
– 서식 스타일 : 그라데이션
– [총판매금액]의 최소값 '백억(10,000,000,000)', 최대값 '5백억(50,000,000,000)'으로 설정
▶ 꺾은선형 및 묶은 세로 막대형 차트를 '1-③' 위치에 배치

2. 다음 지시사항에 따라 슬라이서와 테이블 차트를 구현하시오. (10점)
① 다음 조건으로 '문제3' 페이지에 슬라이서를 구현하시오. (3점)
▶ 〈방송주문〉 테이블에 새 열 추가
– 열 이름 : [거래처]
– 활용 필드 : 〈거래처〉 테이블의 [거래처명] 필드
– 〈방송주문〉 테이블에서 〈거래처〉 테이블의 [거래처명] 필드의 값을 반환
– 사용 함수 : RELATED
▶ 활용 필드
– 〈날짜〉 테이블의 [년] 필드
– 〈방송주문〉 테이블 [거래처] 열
▶ 슬라이서 스타일 : '세로 목록'
▶ 슬라이서 값 : '2024' 필터 적용
▶ 슬라이서를 '2-①'에 배치
② 다음 조건으로 〈방송주문〉 테이블에 측정값을 추가하시오. (3점)
▶ 측정값 이름 : [판매금액PY]
– 활용 필드
  • 〈방송주문〉 테이블의 [총판매금액] 측정값
  • 〈날짜〉 테이블의 [날짜] 필드
– 전년도의 [총판매금액]을 반환
– 사용 함수 : CALCULATE, DATEADD
– 서식 : '정수', 천 단위에서 쉼표로 구분되도록 적용

▶ 측정값 이름 : [판매금액YoY%]
　　- 활용 필드 : 〈방송주문〉 테이블의 [총판매금액], [판매금액PY] 측정값
　　- 전년대비 금년도 매출의 비율 반환
　　- 사용 함수 : DIVIDE
　　- 서식 : '백분율', '소수점 아래 2자리까지' 표시
③ 다음 조건으로 '문제3' 페이지에 테이블 차트를 구현하시오. (4점)
▶ 활용 필드
　　- 〈날짜〉 테이블의 [년], [월이름] 필드
　　- 〈방송주문〉 테이블의 [총판매금액], [판매금액YoY%] 측정값
▶ 값, 열 머리글 서식 : 글꼴 크기 '13'
▶ 정렬 : [년] 기준 '내림차순'
▶ 조건부 서식 적용
　　- 설정 적용 대상 : '판매금액YoY%'
　　- '데이터 막대' 사용
　　- 양수 막대 색 : '자주(#4A2D75)', 음수 막대 색 : '빨강(#FF0000)'
▶ 테이블 차트를 '2-③' 위치에 배치

3. 다음 지시사항에 따라 계기 차트와 카드를 구현하시오. (10점)

① 다음 조건으로 '문제3' 페이지에 계기 차트를 구현하시오. (4점)
▶ 활용 필드 : 〈방송주문〉 테이블의 [총판매금액] 측정값
▶ 게이지 축 설정
　　- 최대값 : '천오백억(150,000,000,000)'
　　- 대상 : '천억(100,000,000,000)', 색상 '테마 색 5'
▶ 설명 값 제거
▶ 차트 제목 : "매출계획대비 총판매금액"
　　- 제목 서식 : 글꼴 크기 '15'
▶ 계기 차트를 '3-①' 위치에 배치

② 다음 조건으로 〈방송주문〉 테이블에 측정값을 추가하시오. (3점)
▶ 측정값 이름 : [목표대비총판매비율%]
　　- 활용 필드 : 〈방송주문〉 테이블의 [총판매금액] 측정값
　　- 목표(대상) 대비 [총판매금액]의 비율 반환
　　- 서식 : '백분율', 소수점 아래 2자리까지' 표시

③ 다음 조건으로 '문제3' 페이지에 카드를 구현하시오. (3점)
▶ 활용 필드 : 〈방송주문〉 테이블의 [목표대비총판매비율%] 측정값
▶ 설명 값 서식 : 글꼴 크기 '28', 표시 단위 '없음'
▶ 범주 레이블 제거

▶ 카드를 그림과 같이 지정된 위치에 배치

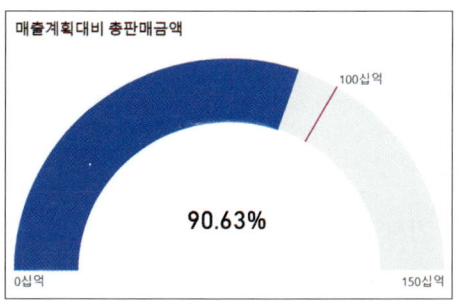

4. 다음 지시사항에 따라 페이지와 시각적 개체 간 상호 작용 기능을 설정하시오. (10점)

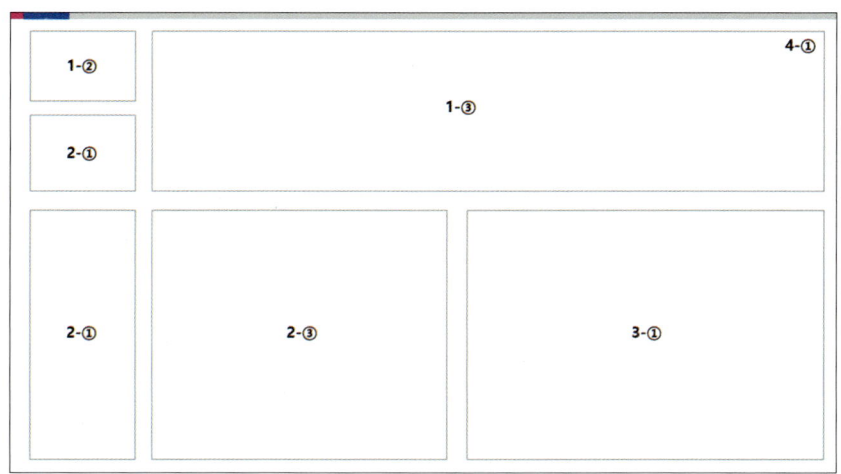

① 다음 조건으로 '문제3 페이지에 단추를 구현하시오. (4점)
  ▶ 종류 : '뒤로'
  ▶ 두께 : '2px'
  ▶ 가로 맞춤 : '오른쪽'
  ▶ 작업 유형 : '페이지 탐색', 대상 '문제2'
  ▶ 단추를 그림과 같이 지정된 위치(4-①)에 배치
② 다음과 같이 시각적 개체의 상호 작용을 설정하시오. (3점)
  ▶ [년] 슬라이서 : [거래처] 슬라이서와 상호 작용 '없음'
  ▶ 테이블 차트 : 계기 차트, 카드와 상호 작용 '없음'
③ 다음과 같이 시각적 개체의 상호 작용을 설정하시오. (3점)
  ▶ [거래처] 슬라이서 : 꺾은선형 및 묶은 세로 막대형 차트, 계기 차트, 카드와 상호 작용 '없음'

풀이 1 작업준비   20점

> 📁 답안 'Part2_시행처공개_B형' > 'B형_답안.pbix'
> 📁 정답 'Part2_시행처공개_B형' > 'B형_정답.pbix'
> 📁 데이터 'Part2_시행처공개_B형' > '광역별_방문자수'.xlsx

1 다음 지시사항에 따라 데이터 가져오기 및 편집을 수행하시오.

① 데이터 파일을 가져온 후 파워쿼리 편집기를 통해 테이블의 데이터를 편집하시오.

01 시행처 모의문제 **B형_답안.pbix** 파일을 열고 **홈** > **데이터 가져오기** > **Excel 통합 문서** 선택 후 **연결** 버튼을 클릭한다.

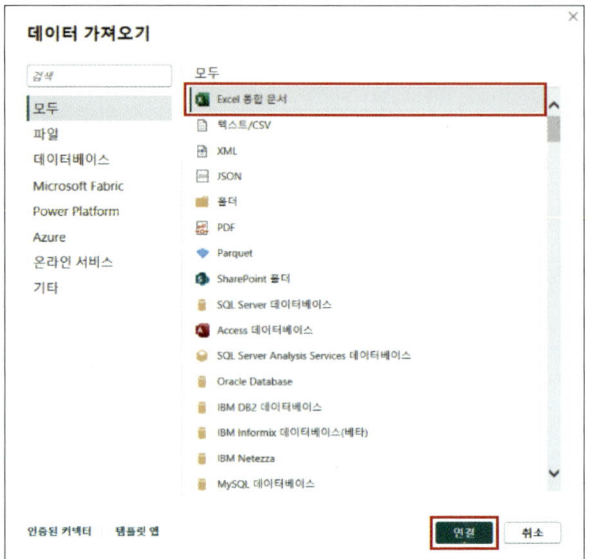

02 파일 탐색기가 열리면 **광역별_방문자수.xlsx** 파일을 **선택**하고 **열기**를 누른다. 이어서 **탐색 창**이 열리면 〈A_광역별방문자수〉, 〈B_광역별방문자수〉, 〈행정구역코드〉 테이블을 체크하고 **데이터 변환**을 누른다.

03 파워쿼리 편집기가 열리면 좌측 쿼리에서 〈A_광역별방문자수〉 테이블로 이동한다. [시군구코드] 와 [기초지자체_방문자수] 열을 Ctrl 버튼을 이용하여 선택한 뒤 마우스 우클릭 > 다른 열 제거를 클릭한다. 〈B_광역별방문자수〉 테이블에 대해서도 동일하게 작업한다.

04 각 테이블의 [기초지자체_방문자수] 열로 이동한 뒤 더블클릭하여 열의 이름을 각각 A사, B사로 변경한다.

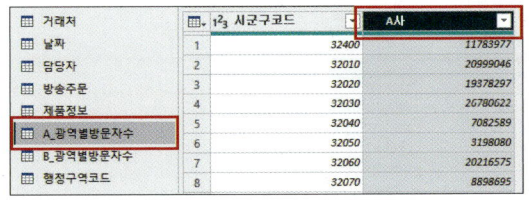 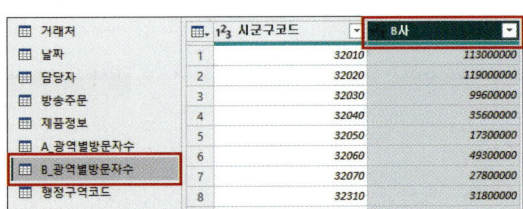

② 파워쿼리 편집기를 통해 〈A_광역별방문자수〉, 〈B_광역별방문자수〉 테이블을 활용하여 새로운 테이블을 추가하고 편집하시오.

01 〈A_광역별방문자수〉 테이블에서 상단 메뉴의 **홈 > 쿼리 병합** 버튼 **우측 화살표** 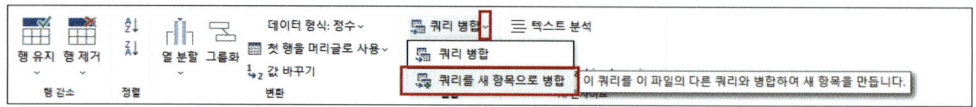를 누른 뒤 **쿼리를 새 항목으로 병합**을 클릭한다.

02 대화 창이 뜨면 〈A_광역별방문자수〉 테이블과 〈B_광역별방문자수〉 테이블 양쪽에서 **[시군구코드] 열**을 선택하고 하단의 **조인 종류**에서 **왼쪽 외부(첫 번째의 모두, 두 번째의 일치하는 행)**가 선택된 것을 확인한 뒤 **확인** 버튼을 누른다.

03 좌측 쿼리 창에서 새로 생성된 〈병합1〉 테이블을 **더블클릭**하여 이름을 **지자체별_방문자수**로 변경한다.

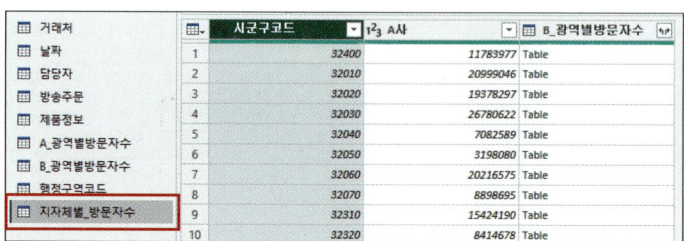

04 〈지자체별_방문자수〉 테이블에서 **[B_광역별방문자수] 열** 우측의 **확장** 버튼을 누른 뒤 **B사**만 남기고 **원래 열 이름을 접두사로 사용**은 체크 해제한 뒤 **확인**을 누른다.

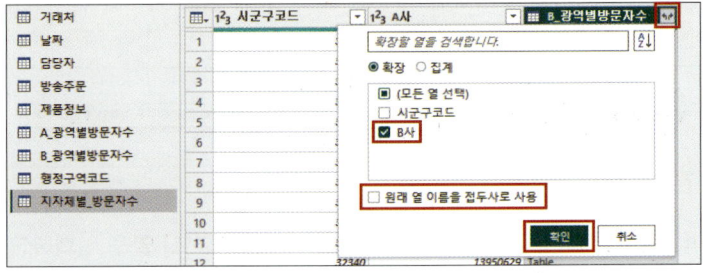

05 이후 **[A사]**, **[B사] 열**을 선택한 후 **마우스 우클릭 > 열 피벗 해제**를 클릭한다.

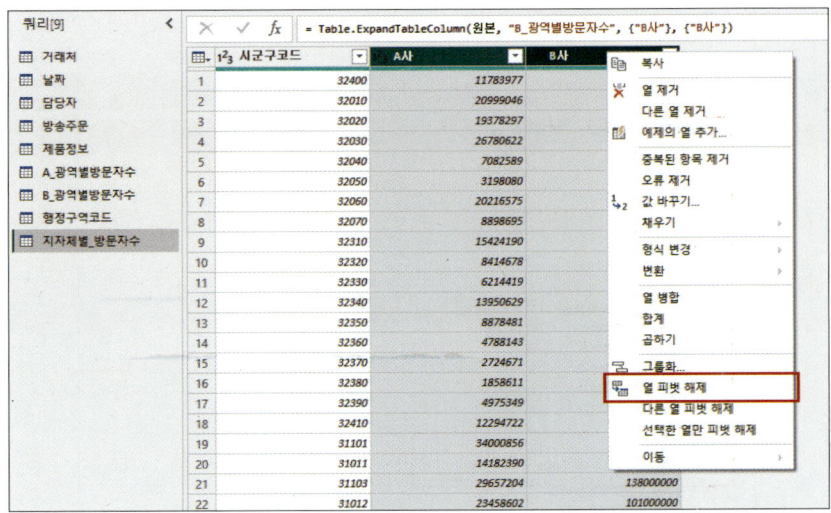

06 **[특성]**과 **[값] 열** 머리글을 더블클릭하여 **이름**을 **이동통신**과 **방문자수**로 각각 **변경**한다.

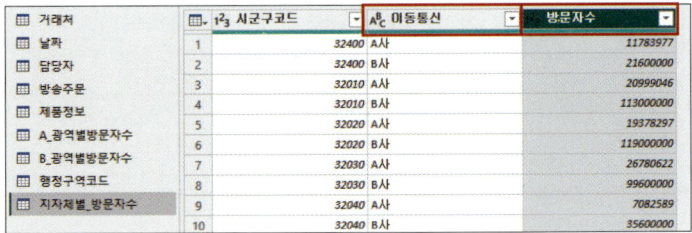

③ 파워쿼리 편집기를 통해 〈지자체별_방문자수〉 테이블에 〈행정구역코드〉 테이블의 [광역지자체명] 필드를 추가하시오.

01 〈지자체별_방문자수〉 테이블에서 상단 메뉴의 **홈** > **쿼리 병합** 버튼을 클릭한다.

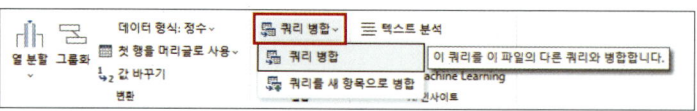

02 대화창이 뜨면 〈지자체별_방문자수〉 테이블에서는 **[시군구코드] 열**을 선택하고, 아래에서는 병합할 대상인 〈행정구역코드〉 테이블의 **[행정동코드] 열**을 선택한다. 이어서 **조인 종류**에서 **왼쪽 외부(첫 번째의 모두, 두 번째의 일치하는 행)**이 선택되어있는지도 확인한 뒤 **확인** 버튼을 누른다.

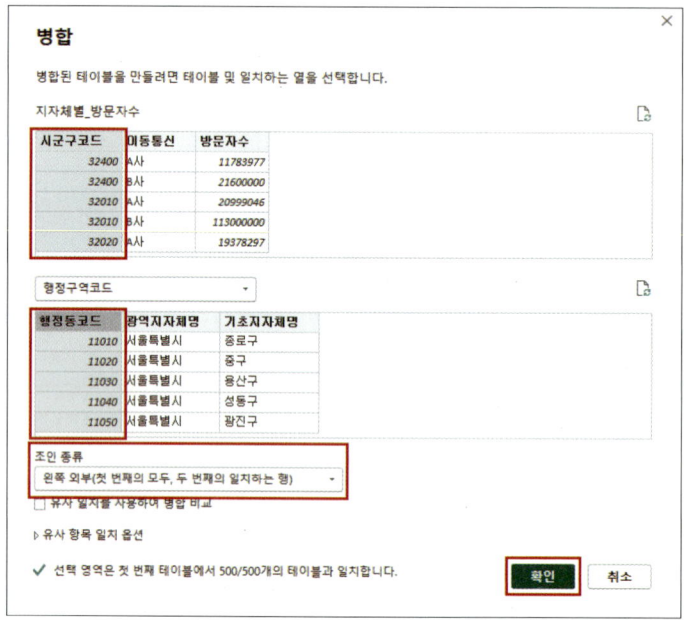

03 [행정구역코드] 열의 열 머리글 우측 **확장** 버튼을 클릭한 다음, **광역지자체명**만 남기고 **원래 열 이름을 접두사로 사용**도 **해제**한 뒤 **확인**을 누른다.

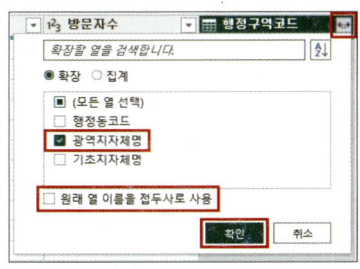

2 파워쿼리 편집기를 통해 필드를 추가하고 데이터 모델링 작업을 수행하시오.

① 〈행정구역코드〉 테이블에 필드를 추가하시오.

01 〈행정구역코드〉 테이블에서 상단 메뉴의 **열 추가 > 조건 열**을 누른다.

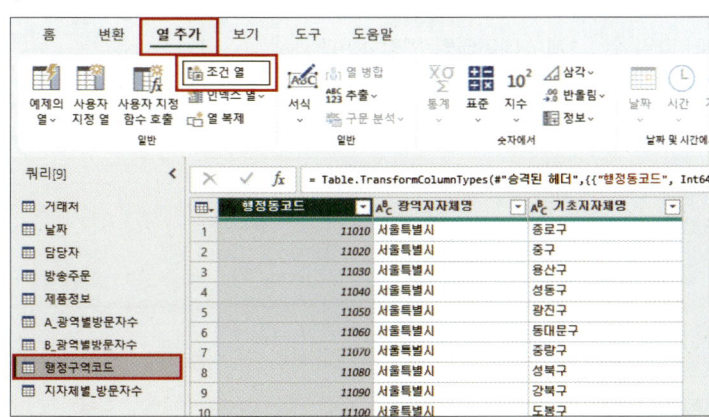

02 대화창이 뜨면 아래와 같이 **새 열 이름**에는 **지역구분**을 입력하고, 규칙은 **광역지자체명**이 **서울특별시, 경기도, 인천광역시**일 경우 **수도권**, 그렇지 않을 경우에는 **지방권**을 반환하도록 설정한 뒤 **확인**을 누른다.

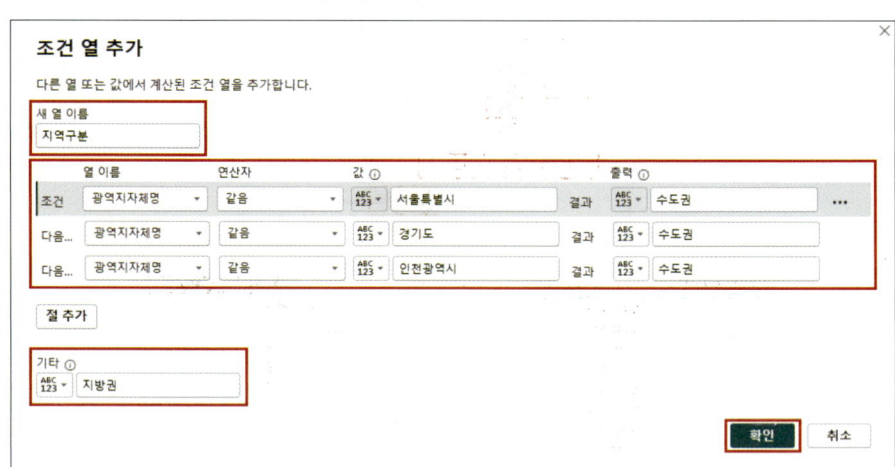

03 [**지역구분**] **열**의 열 머리글 좌측 ABC123 부분을 클릭하고 **텍스트**를 선택한다.

② 〈A_광역별방문자수〉, 〈B_광역별방문자수〉 테이블의 로드 사용을 해제하시오.

01 쿼리 창에서 〈A_광역별방문자수〉 테이블을 선택한 후 **마우스 우클릭 > 로드 사용**을 눌러 **선택 해제**한다.

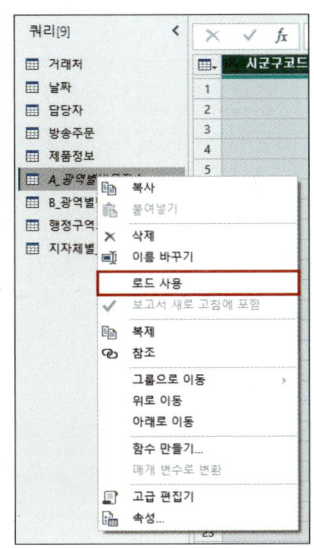

02 〈B_광역별방문자수〉 테이블에 대해서도 동일하게 **로드 사용**을 **해제**한다. 테이블이 이탤릭체로 눕게 되고 이 2개의 테이블은 닫기 및 적용 시 파워 BI 데스크톱으로 로딩되지 않는다.

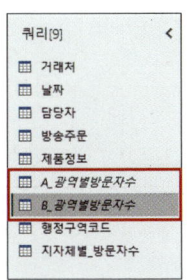

03 다음 작업을 위해 **홈 > 닫기 및 적용** 버튼을 누른다.

Tip

닫기 및 적용 버튼을 누르면 이제까지 수행된 편집 단계가 적용된 단계가 반영된 테이블들이 파워 BI 데스크톱으로 로딩된다.

③ 〈지자체별 방문자수〉 테이블과 〈행정구역코드〉 테이블의 관계를 설정하시오.

01 좌측 탭에서 **모델 보기**로 이동한다. 화면의 확대/축소를 하려면 우측 하단에서 조정한다.

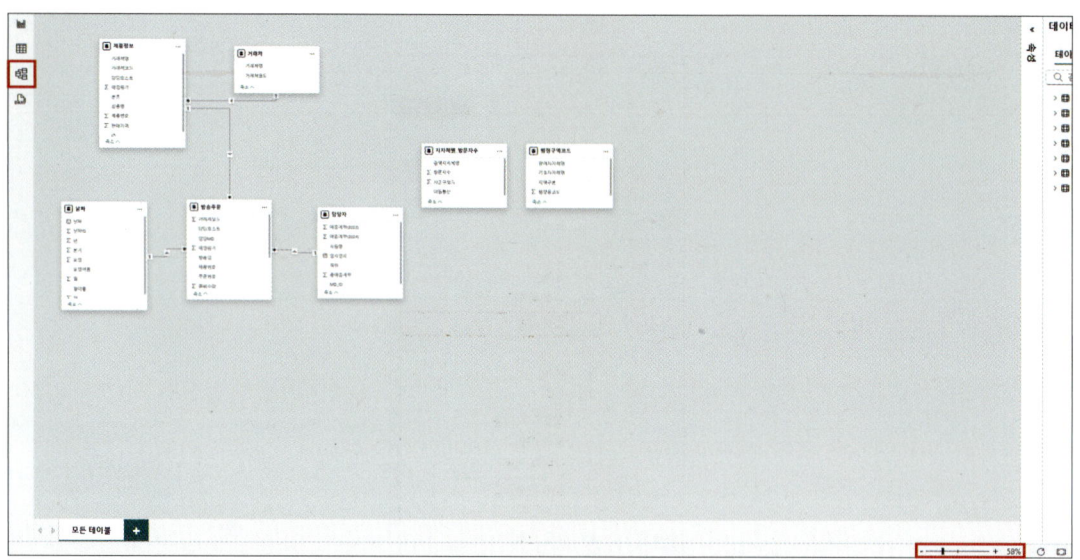

02 〈자자체별_방문자수〉 테이블의 **[시군구코드] 필드**를 끌어다 〈행정구역코드〉 테이블의 **[행정동코드] 필드**에 포갠 뒤 놓아준다(드래그 앤 드롭).

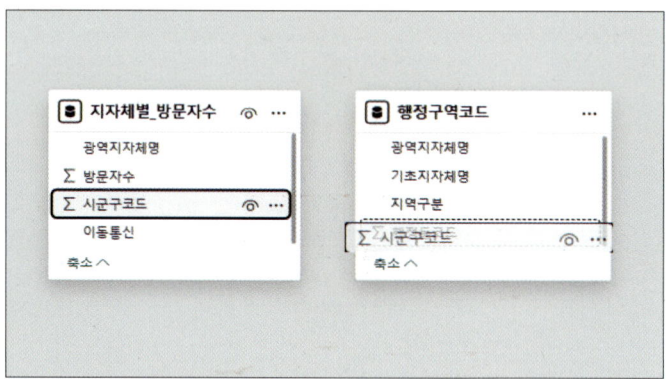

03 **새 관계** 대화창이 뜨면 의도한 두 열이 맞게 선택되었는지 먼저 확인하고 하단에서 **Cardinality(카디널리티)**는 **다대일(*:1)**, **교차 필터 방향(크로스 필터 방향)**은 **Single(단일)**인지 확인한 뒤 **저장** 버튼을 누른다.

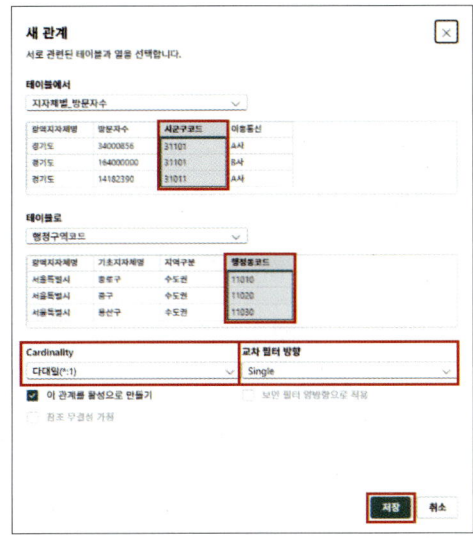

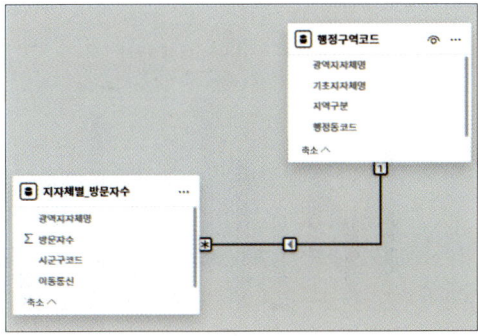

- 카디널리티(Cardinality) : 테이블 간의 관계 유형을 의미하며, 일대다(1:*), 다대일(*:1), 다대다(*:*), 일대일(1:1)과 같은 다양한 종류가 있다.
- 교차 필터 방향(Cross Filter Direction) : 테이블 간의 관계에서 데이터 필터링이 적용되는 방향을 의미한다. Single(단일) 방향 필터링은 한 방향으로만 데이터가 필터링되며, 일반적으로 '일' 테이블에서 '다' 테이블로 필터가 적용된다.
- 02에서 필드를 드래그하는 방향은 교차 필터 방향에 영향을 미치지 않는다.

3 다음 지시사항에 따라 테이블 및 측정값을 추가하시오.

① 다음 조건으로 테이블과 측정값을 추가하시오.

01 좌측 탭에서 **테이블 보기** > **테이블 도구** > **새 테이블**을 누른다.

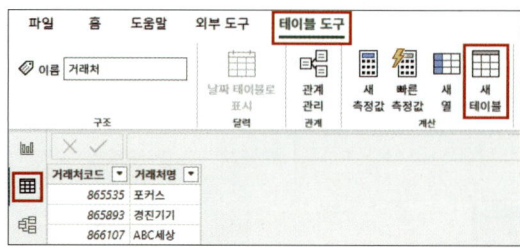

02 수식 창에 다음과 같이 입력하고 Enter를 누른다.

요약 = SUMMARIZE('지자체별_방문자수', '지자체별_방문자수'[광역지자체명], "합계", SUM('지자체별_방문자수'[방문자수]))

수식 설명
- SUMMARIZE 함수는 지정된 테이블에서 특정 필드를 기준으로 그룹화(Aggregation)하여 새로운 테이블을 생성한다.
- 여기서는 〈지자체별_방문자수〉 테이블을 [광역지자체명] 기준으로 그룹화하여 요약 데이터를 만든 다음, 각 [광역지자체명]별로 [방문자수]의 합계(SUM)를 계산하는 "합계"라는 이름의 새로운 열을 추가한다.
- 그 결과, 각 광역지자체별 방문자수 합계를 포함하는 요약 테이블이 반환된다. 즉, [광역지자체명]을 기준으로 방문자수를 합산한 결과가 만들어진다.

03 좌측 **모델 보기** 탭으로 이동한 후 〈지자체별_방문자수〉 테이블의 **[광역지자체명] 필드**를 끌어다 〈요약〉 테이블의 **[광역지자체명] 필드**에 포갠 뒤 놓아준다(드래그 앤 드롭).

04 새 관계 대화창이 뜨면 의도한 각 열, 즉 [광역지자체명]이 맞게 선택되었는지 먼저 확인하고, 하단에서 **Cardinality(카디널리티)**는 **다대일(*:1)**, **교차 필터 방향(크로스 필터 방향)**은 **Single(단일)**인지 확인한 뒤 **저장** 버튼을 누른다.

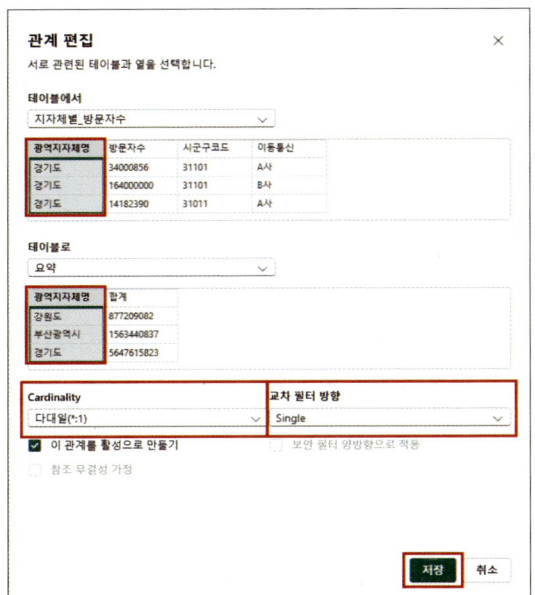
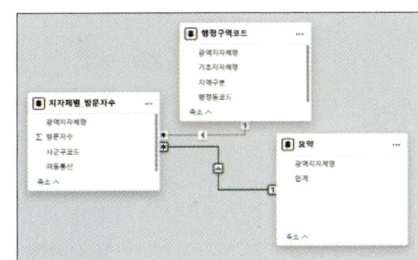

04 이제 측정값을 만들기 위해 우측 **데이터** 창에서 **〈행정구역코드〉 테이블**을 선택한 후 **마우스 우클릭 > 새 측정값**을 클릭한다.

05 수식 창에 다음과 같이 입력하고 Enter를 누른다.

광역지자체수 = DISTINCTCOUNT('행정구역코드'[광역지자체명])

> **Tip**
> - 측정값 식 작성은 **보고서 보기, 테이블 보기, 모델 보기** 셋 중 아무데서나 해도 결과는 동일하지만, 대신 작성 시 처음 선택한 테이블 안에 측정값이 생성된다.
> - 이미 생성된 측정값을 다른 테이블로 이동하려면 해당 측정값을 선택하고 상단 메뉴의 **측정 도구 > 홈 테이블**에서 변경할 수 있으며 한번에 여러 측정값을 옮기고자 할 때는 **모델 보기** 탭에서 **드래그 앤 드롭**으로 실행한다.

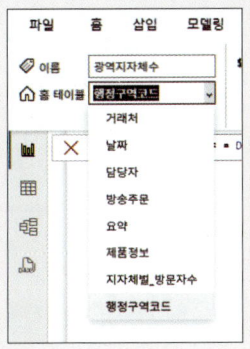

② 다음 조건으로 측정값을 추가하시오.

▶ 측정값 이름 : [서울지역_방문자수]

01 **테이블 보기** 탭으로 이동하여 우측 **데이터** 창에서 〈지자체별_방문자수〉 테이블을 선택한 후 **마우스 우클릭** > **새 측정값**을 클릭한다.

02 수식 창에 다음과 같이 입력하고 Enter을 누른다.

> 서울지역_방문자수 = CALCULATE(SUM('지자체별_방문자수'[방문자수]), FILTER(ALL('지자체별_방문자수'), [광역지자체명] = "서울특별시"))

Tip

수식 설명
- ALL 함수는 〈지자체별_방문자수〉 테이블의 모든 필터를 제거하는 역할을 한다. 이를 통해 전체 데이터를 참조하여 필터링 없이 모든 지자체 데이터를 고려할 수 있도록 한다.
- CALCULATE 함수는 주어진 필터 맥락에서 [방문자수]의 합계를 계산하는 역할을 한다.
- FILTER 함수는 ALL 함수로 모든 필터를 제거한 테이블에서 [광역지자체명]이 "서울특별시"인 경우만 남기도록 필터링을 수행한다. 이렇게 필터링 된 테이블을 사용하여 서울특별시의 방문자 수 합계를 계산하게 된다.

03 상단 메뉴의 **측정 도구** > **서식**을 **정수**로 설정하고 **천 단위 구분 기호**(,)를 클릭한다.

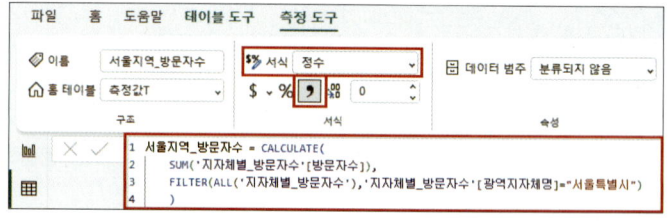

▶ 측정값 이름 : [서울방문자비율%]

01 우측 **데이터** 창에서 〈지자체별_방문자수〉 테이블을 선택한 후 **마우스 우클릭** > **새 측정값**을 클릭한다.

02 수식 창에 다음과 같이 입력하고 Enter을 누른다.

서울방문자비율% = DIVIDE([서울지역_방문자수], SUM('요약'[합계]))

수식 설명
DIVIDE 함수는 [서울지역_방문자수]를 분자로, 〈요약〉 테이블의 [합계] 열 합계를 분모로 하여 나눗셈을 수행한다. 이 함수는 별도로 지정하지 않을 경우 0으로 나누게 되면 공백을 반환한다.

03 상단 메뉴의 **측정 도구** > **서식**을 **백분율**로 설정하고 소수 자릿수는 **2**로 설정한다.

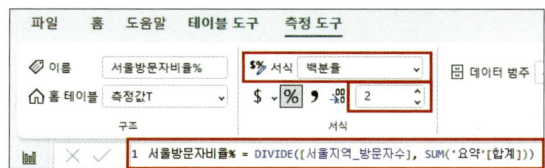

③ 다음 조건으로 데이터 창에 테이블을 추가하시오.

01 상단 메뉴의 **홈** > **데이터 입력** 버튼을 누른다.

02 **이름**에 **측정값T**를 입력하고 **로드**를 누른다.

03 **모델 보기** 탭으로 이동하여 **데이터** 창에서 〈행정구역코드〉 테이블의 **[광역지자체수]**, 〈지자체별_방문자수〉 테이블의 **[서울지역_방문자수]**, **[서울방문자비율%] 측정값**을 각각 찾아 〈측정값T〉 테이블로 끌어다 놓는다(드래그 앤 드롭).

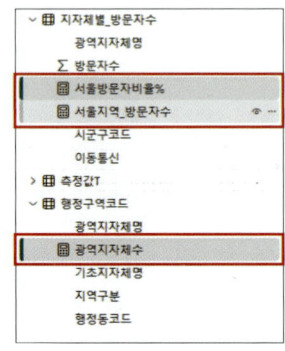 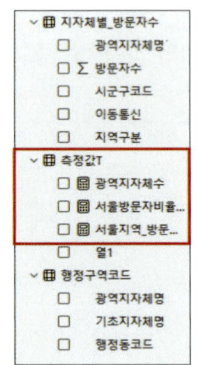

> **Tip** ✓
> - 데이터 입력 기능은 사용자가 직접 데이터를 입력하여 새로운 테이블을 생성할 수 있도록 해주는 기능이다. 이 기능으로 별도의 연결 없이도 소규모의 데이터셋이나 직접 입력한 정보를 빠르게 추가하여 분석할 수 있으며, Excel처럼 표 형태로 데이터를 입력하고 테이블을 생성할 수 있다.
> - 이미 생성된 측정값을 다른 테이블로 이동시킬 때 해당 측정값을 선택하고 상단 메뉴의 **측정 도구 > 홈 테이블**에서 소속 테이블을 변경할 수 있지만 여기서처럼 **모델 보기** 탭에서 수행할 경우 Ctrl/Shift 버튼을 활용해 한번에 여러 측정값도 옮길 수 있다.

풀이 2 ▶ 단순요소 구현   30점

📁 답안 'Part2_시행처공개_B형' > 'B형_답안.pbix' > '문제2'
📁 정답 'Part2_시행처공개_B형' > 'B형_정답.pbix' > '문제2'
📁 데이터 'Part2_시행처공개_B형' > '방송판매.xlsx'
📁 이미지 'Part2_시행처공개_B형' > '문제2_배경.png', '문제3_배경.png'

1 '문제2', '문제3' 페이지의 전체 서식을 설정하시오.

① '문제2'와 '문제3' 페이지의 캔버스 배경을 설정하시오.

01 **보고서 보기** 탭을 클릭한다. 문제2 페이지의 우측 **시각화 창**에서 **보고서 페이지 서식 지정 > 캔버스 배경 > 이미지**를 눌러서 **문제2_배경.png** 파일을 선택한다. **이미지 맞춤**은 **기본**, **투명도**는 **0**으로 설정되었는지 확인한다. 이어서 **문제3** 페이지에서도 같은 방법으로 **문제3_배경.png** 파일을 선택하여 배경을 설정해준다.

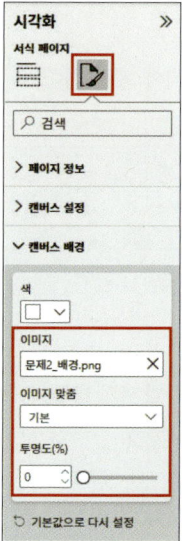 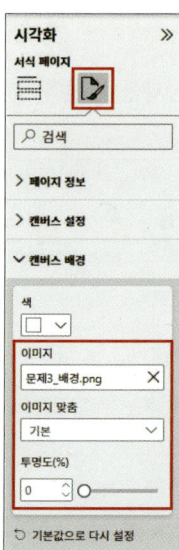

02 상단 메뉴의 **보기** > **테마 우측 화살표**를 눌러 테마를 펼친 다음 **기본값 테마**를 선택한다. 선택이 모두 완료되었으면 문제2 페이지로 돌아와 다음 작업을 준비한다.

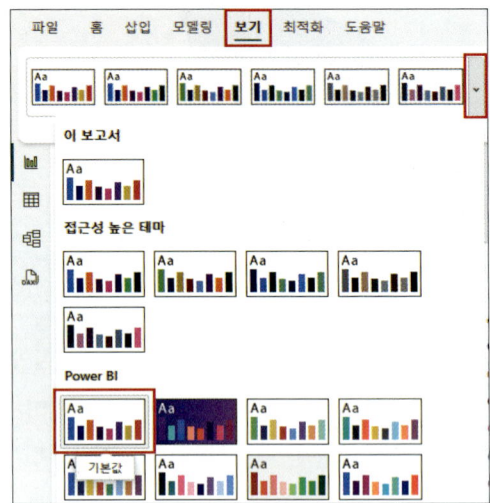

② 텍스트 상자를 사용하여 '문제2' 페이지에 보고서 제목을 작성하시오.

01 상단 메뉴의 **홈** > **텍스트 상자**를 클릭하여 페이지에 추가하고 1-②의 위치에 배치한다.

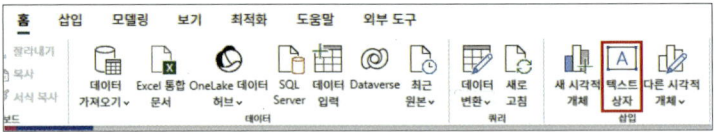

 Tip

텍스트 상자 선택 및 이동이 잘 안될 때는 우측 상단 또는 하단의 **추가 옵션**(⋯)을 잡고 이동하면 편리하다.

02 텍스트 상자 안에 **23~24년도 홈쇼핑 판매 보고서**를 입력하고 상자 안 글자가 **모두 선택된 상태**에서 **글꼴**은 Segoe UI, **글꼴 크기**는 28, **굵게**, **가로 맞춤**은 가운데를 설정한다.

2 다음 지시사항에 따라 카드와 슬라이서를 구현하시오.

① 다음 조건으로 '문제2' 페이지에 카드를 구현하시오.

01 페이지에 **카드 3개**를 나란히 **삽입**하고 각 카드에 아래와 같이 〈방송주문〉 테이블의 **[총방송횟수]**, **[총판매수량]**, **[총거래처수] 측정값**을 차례로 **추가**하여 2-①의 위치에 미리 배치한다.

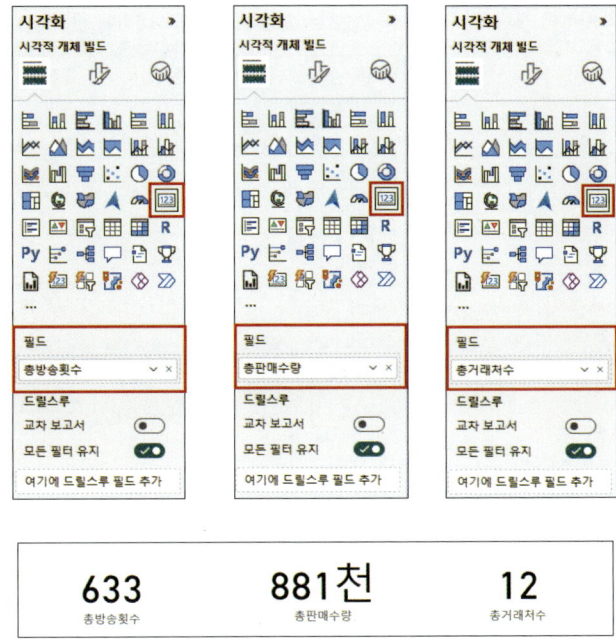

02 먼저 Ctrl 버튼을 이용하거나 마우스로 드래그하여 3개의 카드를 **모두 선택**한다. **시각적 개체 서식 지정** > **시각적 개체** > **설명 값**에서 **글꼴 DIN**, **글꼴 크기 33**, **표시 단위**는 **없음**으로 설정하고, 이어서 **범주 레이블**로 이동하여 **글꼴 Segoe UI**, **글꼴 크기 13**, **굵게**로 설정한다.

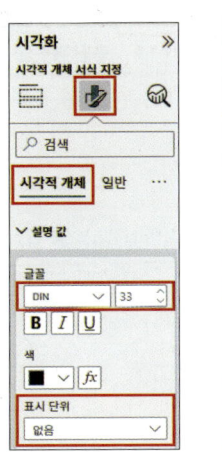 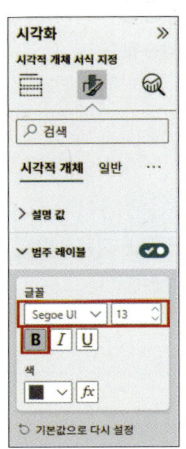

| 633 | 880,666 | 12 |
| 총방송횟수 | 총판매수량 | 총거래처수 |

복수 카드의 너비와 간격 일정하게 맞추기

- 너비 : 모두 선택한 후 **시각적 개체 서식 지정 > 일반 > 속성 > 크기 > 너비**에 원하는 수치를 입력하면 된다.

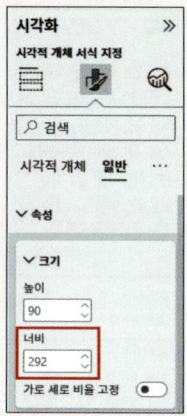

- 간격 : 모두 선택한 후 상단 메뉴의 **서식 > 맞춤 > 가로 균등 맞춤**을 클릭하면 된다.

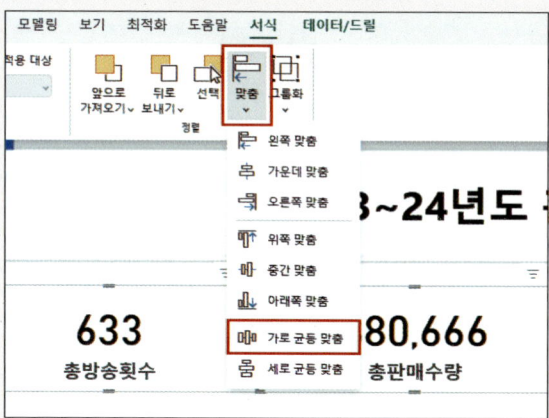

각 개체의 시각화 작업이 모두 마무리되면 다음 작업에 영향을 주지 않도록 항상 보고서의 빈 곳을 클릭하여 개체를 선택하지 않은 상태로 작업을 이어서 진행한다.

② 다음 조건으로 '문제2' 페이지에 슬라이서를 구현하시오.

01 페이지에 **슬라이서**를 삽입하고 〈날짜〉 테이블의 **[년] 필드**를 추가하여 2-②의 위치에 미리 배치한다.

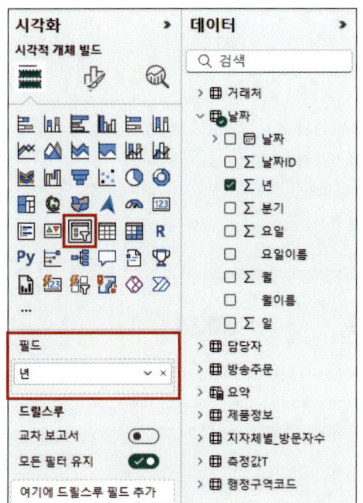

02 **시각적 개체 서식 지정** > **시각적 개체** > **슬라이서 설정** > **옵션** > **스타일**에서 **타일**을 선택하고, **슬라이서 머리글**은 **비활성화**한 뒤 **값**은 **글꼴 Segoe UI**, **글꼴 크기 19**, **굵게**로 설정한다.

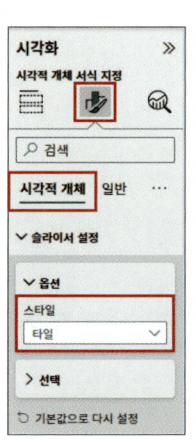
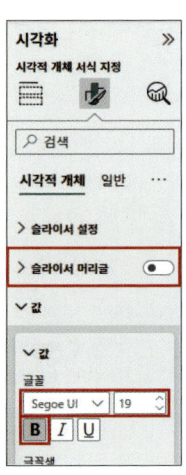

03 **일반** 탭에서 **속성** > **고급 옵션**으로 이동하여 **반응형** 옵션을 **비활성화**한다.

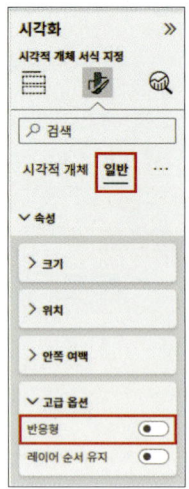 

3 다음 지시사항에 따라 리본 차트를 구현하시오.

① 다음 조건으로 '문제2' 페이지에 리본 차트를 구현하시오.

01 페이지에 **리본 차트**를 삽입하고 **X축**에 〈날짜〉 테이블의 **[월이름]** 필드를, **Y축**에 〈방송주문〉 테이블의 **[판매가격]** 필드를, **범례**에 〈담당자〉 테이블의 **[사원명]** 필드를 추가한다. 하단 **도구 설명**에는 〈방송주문〉 테이블의 **[총판매수량] 측정값**을 추가한다. 3-①의 위치에 배치한다.

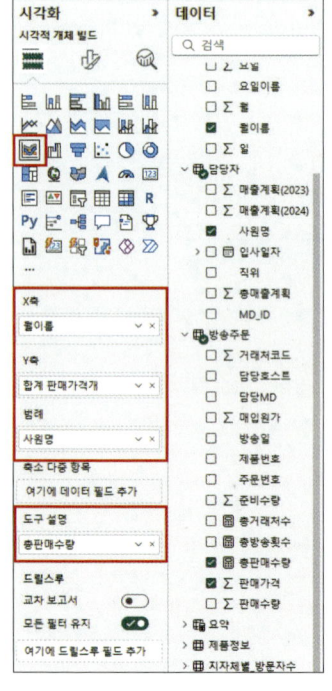 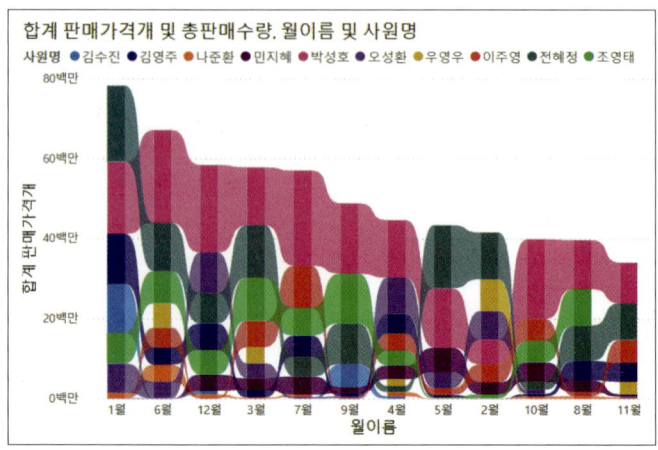

② 다음과 같이 리본 차트의 각 요소에 대한 서식을 지정하시오.

01 **시각적 개체 서식 지정 > 일반 > 제목 > 제목 > 텍스트**에 **담당MD(Top3) 매출실적**을 입력하고 **글꼴 DIN, 글꼴 크기 15, 굵게, 가로 맞춤**은 **가운데 맞춤**으로 설정한다.

02 **시각적 개체 > X축 > 값 > 글꼴 크기**는 **12**, **제목**은 **비활성화**한다. **Y축**은 **값**과 **제목** 모두 **비활성화**한다.

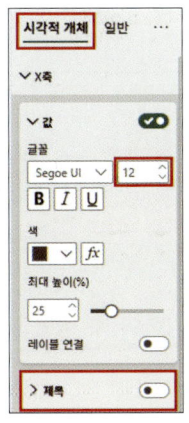 

03 범례 > 옵션 > 위치는 위쪽 가운데로 선택하고 리본 > 색 > 투명도(%)를 50으로 조정한다.

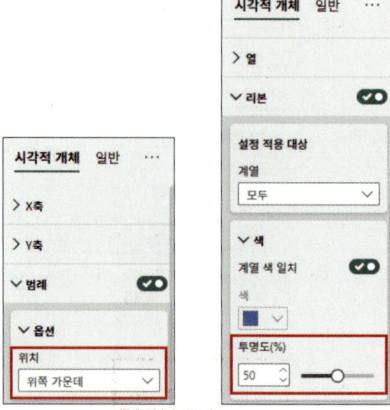

04 우측 데이터 창에서 〈날짜〉 테이블의 [월이름] 필드가 선택된 상태에서 상단 메뉴의 열 도구 > 열 기준 정렬에서 [월]을 선택한다.

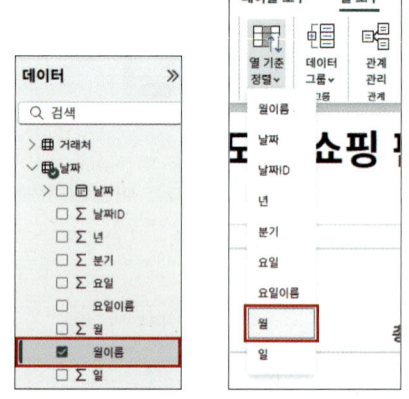

> **Tip**
>
> 열 기준 정렬 기능은 테이블의 특정 열을 사용해 다른 열의 정렬 순서를 정의하는 기능이다. 여기서는 [월이름] 필드의 정렬 기준이 [월]로 바뀐다.

05 이제 리본 차트의 우측 상단 추가 옵션(⋯)을 클릭하여 축 정렬을 월이름 기준으로 오름차순 정렬이 되도록 설정한다.

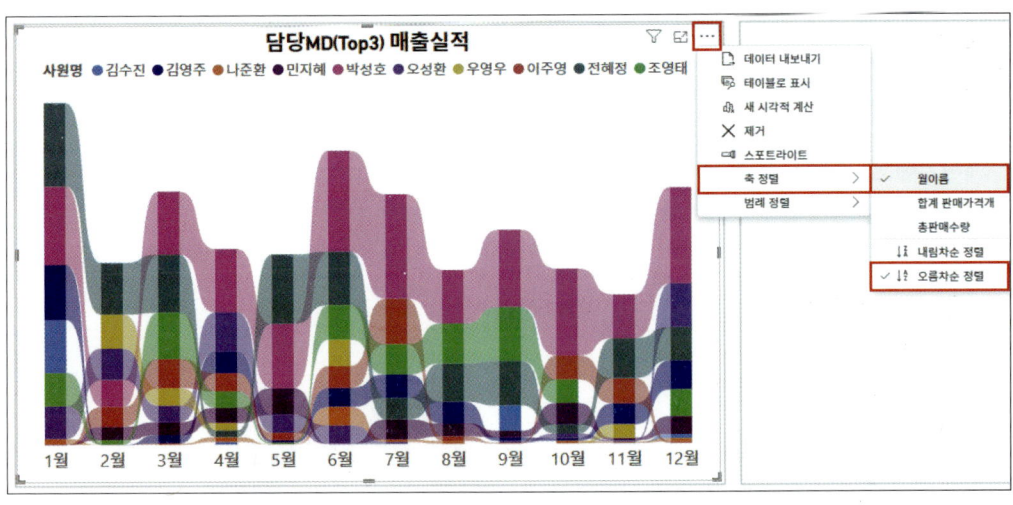

③ 리본 차트에 [판매가격]이 상위 3위인 [사원명]만 표시되도록 설정하시오.

01 우측 **필터 창**에서 사원명의 필터 카드를 확장한 뒤, **필터 형식**은 **상위 N**, **항목 표시**는 **위쪽**과 **3**을 선택한다. 이어서 값에 〈방송주문〉 테이블의 **[판매가격] 필드를 드래그**하여 추가하고 **필터 적용**을 누른다.

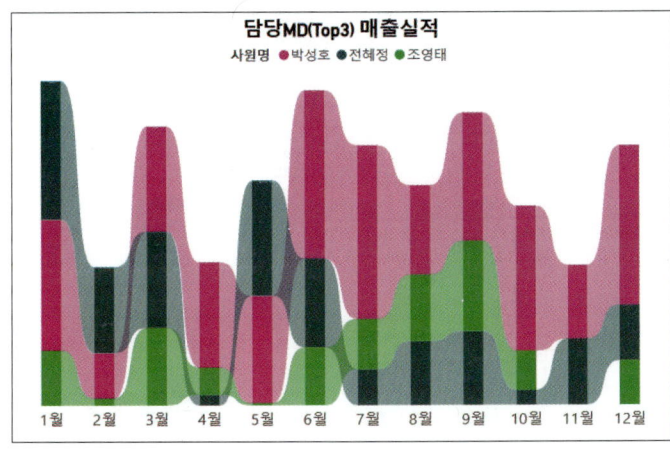

4 다음 지시사항에 따라 도넛형 차트를 구현하시오.

① 다음 조건으로 '문제2' 페이지에 도넛형 차트를 구현하시오.

01 페이지에 **도넛형 차트**를 삽입하고 **범례**에는 〈방송주문〉 테이블의 **[담당호스트] 필드**를, **값**에는 **[총방송횟수] 측정값**을 추가하여 4-①의 위치에 미리 배치한다.

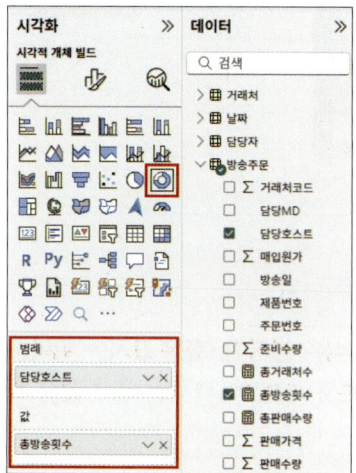 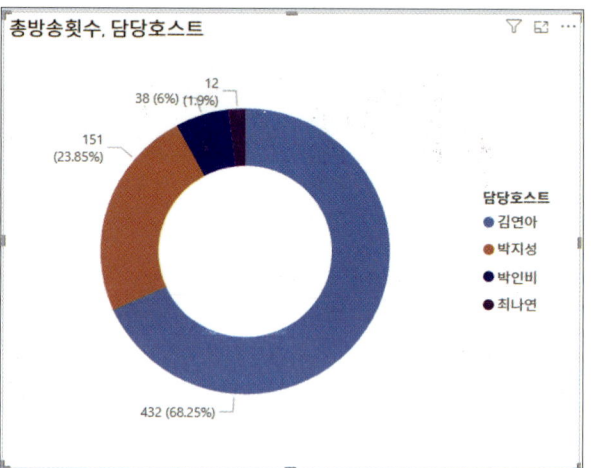

02 **시각적 개체 서식 지정** > **일반** > **제목** > 제목에 담당호스트별 방송횟수를 입력하고 **글꼴 Segoe UI**, **굵게**, **가로 맞춤**은 가운데를 설정한다. 이어서 **시각적 개체** > **범례** > **옵션** > 위치를 위쪽 가운데로 설정한다.

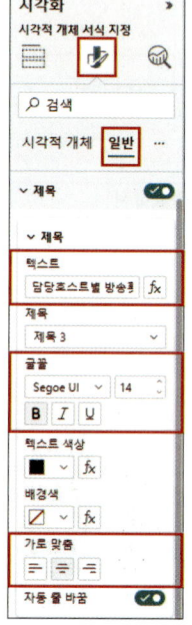 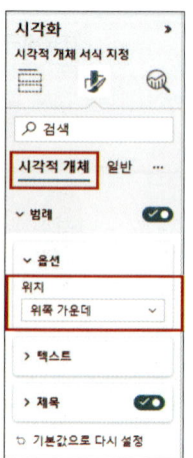

② 다음과 같이 도넛형 차트의 조각에 대한 서식을 지정하시오.

01 **시각적 개체** > **조각** > **색** > **김연아**에서 **색상** > **다른 색**을 클릭하여 **헥스** 값을 **#E645AB**로 변경한다. 이어서 **조각** > **간격** > **내부 반경(%)**을 50으로 설정한다.

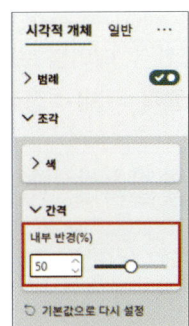

③ 다음과 같이 도넛형 차트의 세부 정보 레이블에 대한 서식을 지정하시오.

01 **시각적 개체** > **세부 정보 레이블** > **옵션** > **위치**를 **바깥쪽 우선**으로 선택하고 **레이블 내용**은 **범주, 총 퍼센트**로 설정한다.

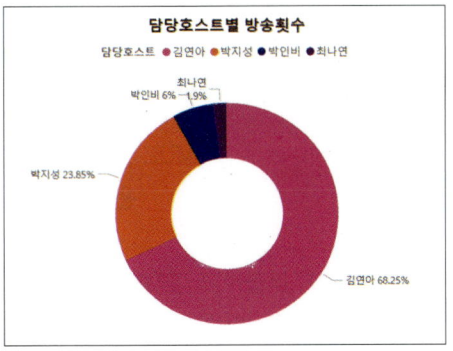

테마를 동일하게 설정하더라도 지정 색을 제외하고 시각화 완성화면과 색이 일부 달라질 수 있다.

02 작업한 보고서가 문제2의 시각화 완성화면(290p)과 일치하는지 확인한 후 해당 페이지의 작업을 마무리한다.

> 풀이 3 복합요소 구현   50점

> 📁 답안 'Part2_시행처공개_B형' > 'B형_답안.pbix' > '문제3'
> 📁 정답 'Part2_시행처공개_B형' > 'B형_정답.pbix' > '문제3'
> 📁 데이터 'Part2_시행처공개_B형' > '방송판매.xlsx'

1 다음 지시사항에 따라 꺾은선형 및 묶은 세로 막대형 차트를 구현하시오.

① 다음 조건으로 〈방송주문〉 테이블에 측정값을 추가하시오.
▶ 측정값 이름 : [완전판매건수]

01 문제3 페이지로 이동한 후 **테이블 보기** 탭으로 이동하여 우측 **데이터** 창에서 **〈방송주문〉 테이블**을 선택한 후 **마우스 우클릭 > 새 측정값**을 클릭한다.

02 수식 창에 다음과 같이 식을 작성하고 Enter를 누른다.

완전판매건수 = CALCULATE(COUNT('방송주문'[주문번호]), FILTER('방송주문', [준비수량] = [판매수량]))

> **Tip** ✓
>
> **수식 설명**
> • FILTER 함수는 〈방송주문〉 테이블에서 [준비수량]이 [판매수량]과 같은 경우를 필터링하여 완전히 판매된 주문만을 추출한다. 이를 통해 조건에 맞는 행들만 남기게 된다.
> • CALCULATE 함수는 FILTER 함수로 필터링 된 조건을 적용하여 [주문번호]의 개수를 COUNT 함수로 계산한다.

▶ 측정값 이름 : [총판매금액]

01 우측 **데이터** 창에서 **〈방송주문〉 테이블**을 선택한 후 **마우스 우클릭** > **새 측정값**을 클릭한다.

02 수식 창에 다음과 같이 식을 작성하고 Enter를 누른다.

> 총판매금액 = SUMX('방송주문', [판매수량] * [판매가격])

Tip

수식 설명
- SUMX 함수는 대상 테이블에서 각 행의 계산을 수행하고, 그 결과를 합산하여 반환하는 함수이다. 여기서는 〈방송주문〉 테이블의 각 행별로 [판매수량]과 [판매가격]을 곱한 뒤 그 결과들을 모두 합산(SUM)한 값이 반환된다.
- DAX 표현식으로 만들어지는 가상의 테이블도 대상 테이블이 될 수 있다.

03 상단 메뉴의 **측정 도구** > **서식**을 **정수**로 설정하고 **천 단위 구분 기호(,)** 를 클릭한다.

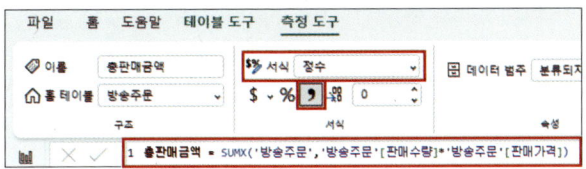

② 다음 조건으로 매개 변수를 추가하고 '문제3' 페이지에 슬라이서를 구현하시오.

01 **보고서 보기** 탭으로 이동한 후 상단 메뉴의 **모델링** > **새 매개 변수** > **필드**를 클릭한다.

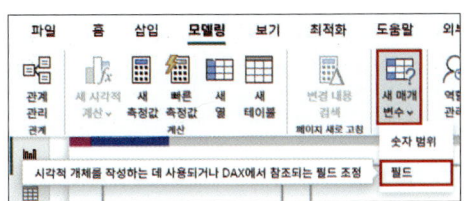

02 **매개 변수** 창이 뜨면 〈방송주문〉 테이블의 **[담당호스트] 필드**와 〈담당자〉 테이블의 **[사원명] 필드**를 체크하여 **필드 추가 및 순서 변경**으로 추가한다.

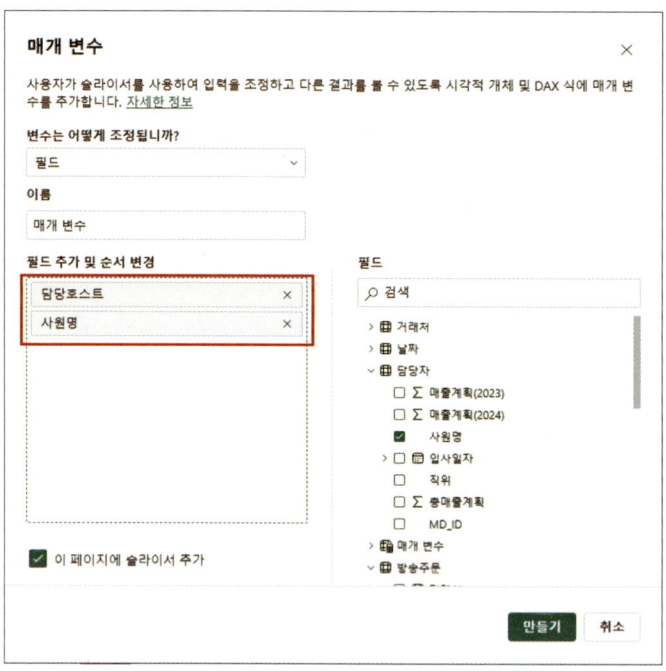

03 **필드 추가 및 순서 변경**에 추가된 **[사원명]** 필드를 **더블클릭**하여 **[담당MD]**로 **변경**한 뒤 Tab 버튼 또는 바깥쪽 영역을 클릭한다. **이 페이지에 슬라이서 추가**가 체크되어있는지 확인하고 **만들기** 버튼을 누른다.

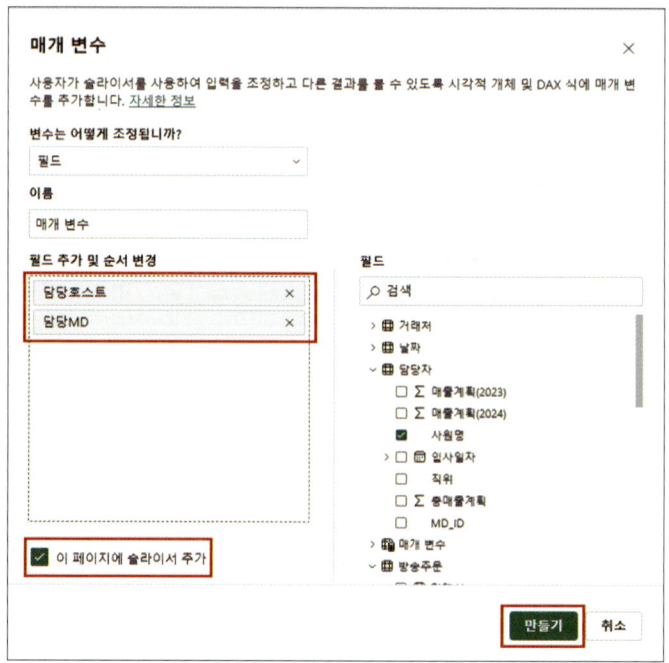

- 추가된 필드명 수정 시 Enter 대신 Tab 버튼 또는 다른 여백을 클릭하여 작업을 마무리하는 것이 좋으며, Enter 입력 시에는 'X' 표시가 작동되어 필드가 빠져나갈 수 있음을 유의한다.
- 이미 만들어진 매개 변수를 수정하려면 수식 창에서 직접 수정하거나 해당 매개 변수 테이블 자체를 삭제 후 다시 만드는 수밖에 없다.

04 매개 변수 슬라이서가 생성되면 1-②의 위치에 배치하고 담당MD를 선택한다.

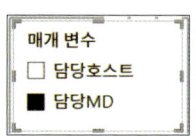

③ 다음 조건으로 '문제3' 페이지에 꺾은선형 및 묶은 세로 막대형 차트를 구현하시오.

01 페이지에 **꺾은선형 및 묶은 세로 막대형 차트**를 삽입하고 **X축**에 〈매개 변수〉 테이블의 **[매개 변수]** 필드를, **열 y축**에 〈방송주문〉 테이블의 **[총판매금액]** 측정값을, **선 y축**에 **[완전판매건수]** 측정값을 추가한다. 그리고 1-③의 위치에 미리 배치한다.

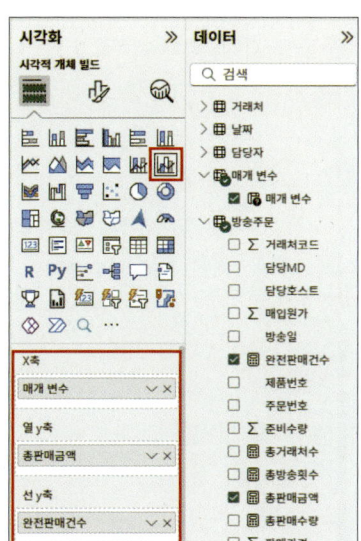
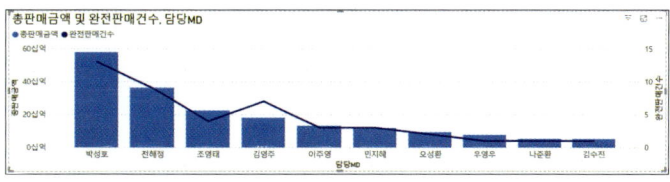

02 **시각적 개체 서식 지정** > **시각적 개체**로 이동하여 **X축**, **Y축**, **보조 Y축**까지 **제목**을 **비활성화**한다.

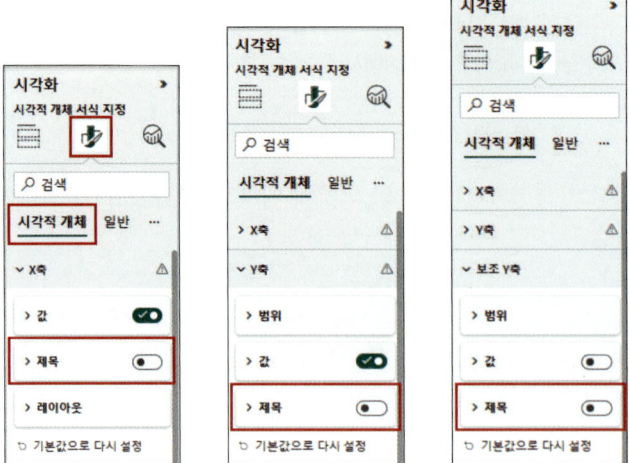

03 **선** > **선** > **선 스타일**을 **파선**으로 선택하고 **표식**으로 이동하여 **모든 범주 표시**를 **활성화**한다.

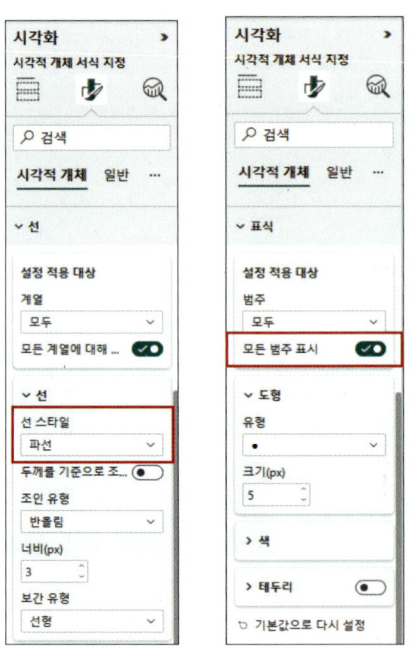

04 **열** > **색** > **조건부 서식**(ƒx) 버튼을 누른다. 대화창이 열리면 **서식 스타일**은 **그라데이션**으로 선택하고 **어떤 필드를 기반으로 해야 하나요?**에는 〈방송주문〉 테이블의 **[총판매금액] 측정값**을 선택한다. 이어서 **사용자 지정**을 통해 **최소값**에는 10,000,000,000을, **최대값**에는 50,000,000,000을 입력한 뒤 **확인** 버튼을 누른다.

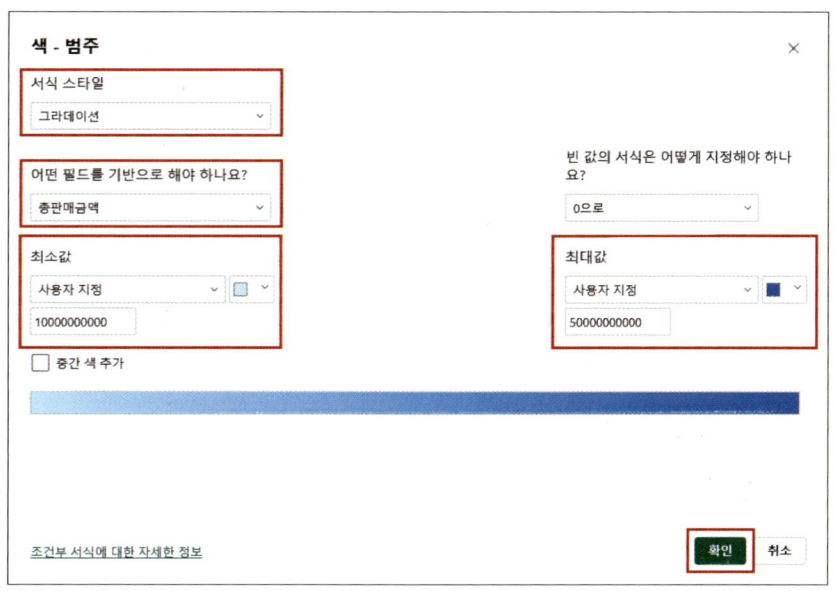

차트 사이즈에 따라 축의 범위 표시 값이 반응형(자동)으로 변하므로 가급적 제시된 완성화면과 유사하도록 사이즈를 조절해 보고 비교하는 것이 좋다.

2 다음 지시사항에 따라 슬라이서와 테이블 차트를 구현하시오.

① 다음 조건으로 '문제3' 페이지에 슬라이서를 구현하시오.

01 [거래처명]이라는 이름의 새 열을 먼저 만들기 위해 **테이블 보기**를 클릭하여 **〈방송주문〉 테이블**로 이동한다.

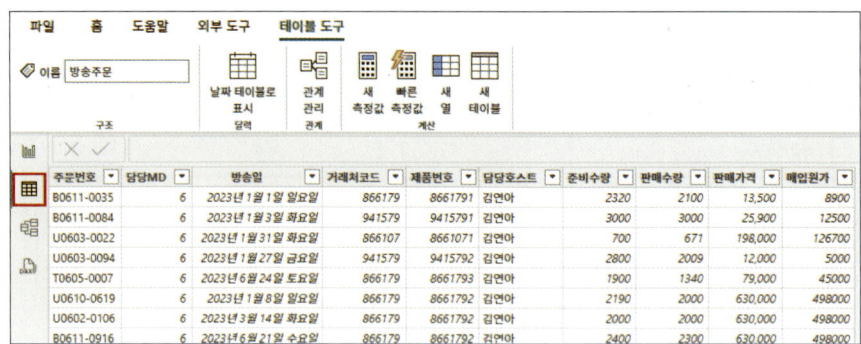

02 상단 메뉴의 **새 열**을 누르고 다음과 같이 수식을 입력한 후 Enter를 누른다.

거래처 = RELATED('거래처'[거래처명])

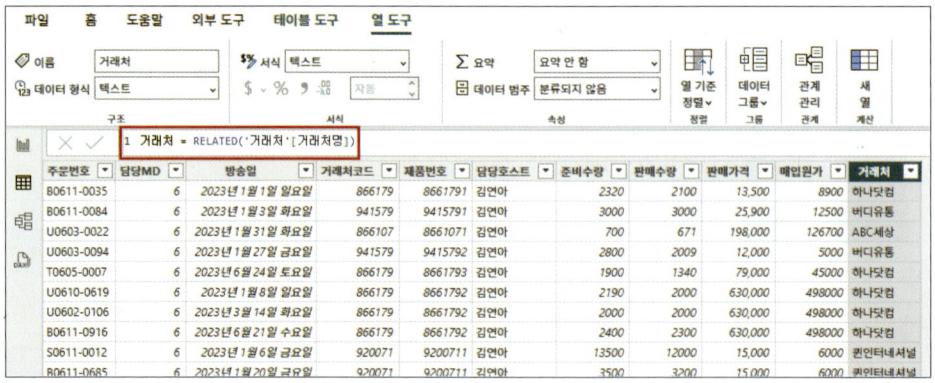

수식 설명
RELATED 함수는 현재 테이블과 관계가 설정된 다른 테이블에서 값을 가져오는 함수이다. 여기서는 〈거래처〉 테이블의 [거래처명] 필드를 현재 테이블의 거래처 ID와 매칭하여 가져와 [거래처]라는 새로운 열로 추가한다. 이는 Excel의 VLOOKUP과 유사한 역할을 한다고 보면 된다.

03 다음으로 **년 슬라이서**를 먼저 만들기 위해 **보고서 보기** 탭으로 이동한 후 페이지에 **슬라이서**를 삽입하고 〈날짜〉 테이블의 **[년] 필드**를 추가한 뒤 첫 번째 2-①의 위치에 배치한다.

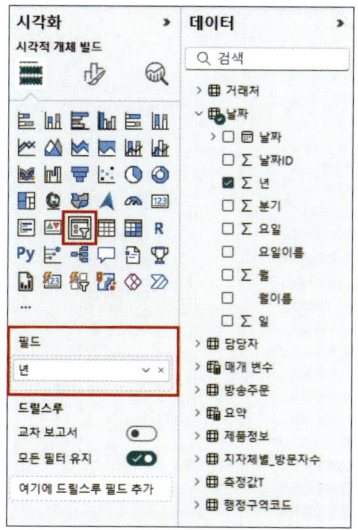
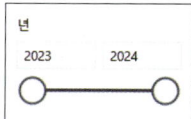

04 **시각적 개체 서식 지정** > **시각적 개체** > **슬라이서 설정** > **옵션** > **스타일**에서 **세로 목록**을 선택한다. 그리고 **년 슬라이서**에서 **2024**를 클릭하여 필터를 적용한다.

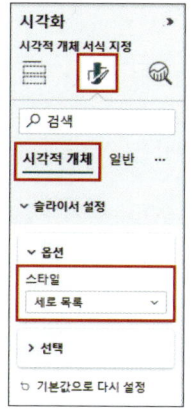
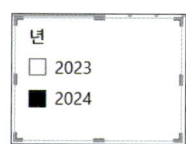

05 **거래처 슬라이서**를 만들기 위해 페이지에 **슬라이서**를 삽입하고 〈방송주문〉 테이블의 **[거래처] 열**을 추가한 뒤 두 번째 2-①의 위치에 배치한다.

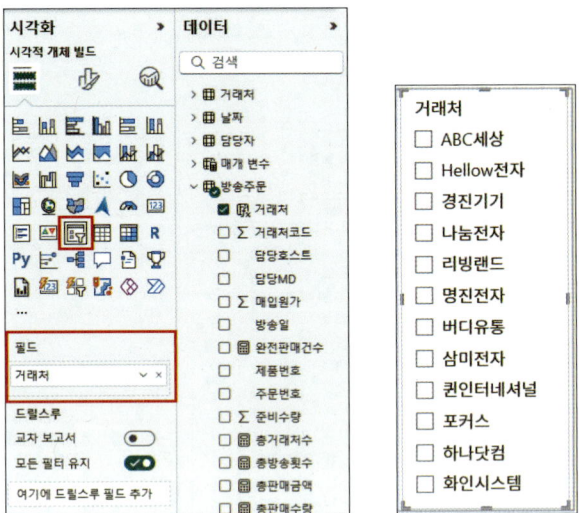

② 다음 조건으로 〈방송주문〉 테이블에 측정값을 추가하시오.

▶ 측정값 이름 : [판매금액PY]

01 우측 **데이터** 창에서 **〈방송주문〉 테이블**을 선택한 후 **마우스 우클릭 > 새 측정값**을 클릭한다.

02 수식 창에 다음과 같이 식을 작성하고 Enter를 누른다.

판매금액PY = CALCULATE([총판매금액], DATEADD('날짜'[날짜], -1, YEAR))

수식 설명
- 〈날짜〉 테이블의 [날짜] 필드를 따라 주어진 맥락에서 1년 전의 날짜를 반환한다. 이를 통해 전월에 해당하는 날짜 범위를 계산한다.
- DATEADD 함수로 반환된 전년의 날짜 범위를 기준으로 [총판매금액]을 다시 계산한다. 즉, 전년 동기에 해당하는 [총판매금액]을 산출한다.

03 상단 메뉴의 **측정 도구 > 서식**을 **정수**로 설정하고 **천 단위 구분 기호**()를 클릭한다.

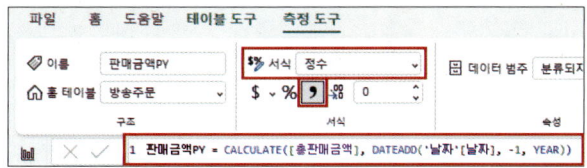

▶ 측정값 이름 : [판매금액YoY%]

01 우측 **데이터** 창에서 **〈방송주문〉 테이블**을 선택한 후 **마우스 우클릭 > 새 측정값**을 클릭한다.

02 수식 창에 다음과 같이 식을 작성하고 Enter를 누른다.

> 판매금액YoY% = DIVIDE([총판매금액]−[판매금액PY], [판매금액PY])

> **Tip** ✓
>
> **수식 설명**
> - DIVIDE 함수는 〈방송주문 테이블〉의 [총판매금액] 측정값과 [판매금액PY] 값과의 차이를 분자로, [판매금액PY] 값을 분모로 하여 나눗셈을 수행함으로써, 전년대비 금년도 매출의 비율이 반환된다. 이 함수는 별도로 지정하지 않을 경우 0으로 나누게 되면 공백을 반환한다.
> - 기존에 생성된 측정값을 새 측정값에서 사용할 때, 측정값의 소속 테이블 이름을 앞에 붙여도 되고 생략해도 된다.
>
> 판매금액YoY% = DIVIDE('방송주문'[총판매금액]−'방송주문'[판매금액PY],'방송주문'[판매금액PY])

03 상단 메뉴의 **측정 도구 > 서식**을 **백분율**로 설정하고 소수 자릿수는 **2**로 설정한다.

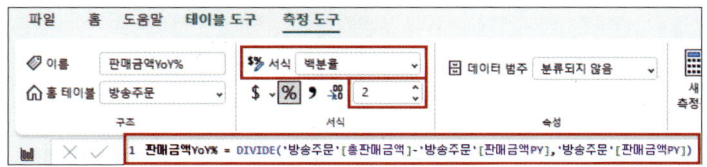

③ 다음 조건으로 '문제3' 페이지에 테이블 차트를 구현하시오.

01 페이지에 **테이블 차트**를 삽입하고 **열**에 〈날짜〉 테이블의 **[년]**, **[월이름] 필드**와 〈방송주문〉 테이블의 **[총판매금액]**, **[판매금액YoY%] 측정값**을 추가한다. 그리고 2—③의 위치에 미리 배치한다.

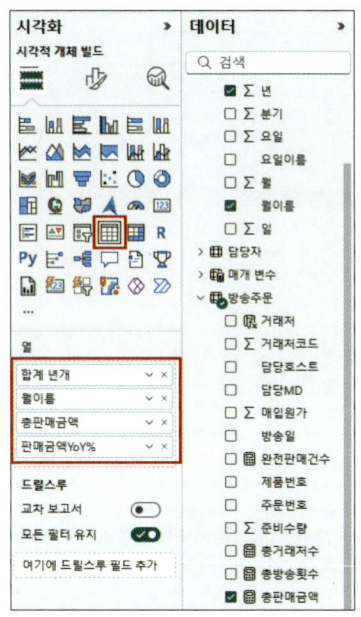

02 추가된 〈날짜〉 테이블의 **[합계 년개] 필드**에서 **마우스 우클릭** 또는 ⌄ 버튼을 눌러서 **요약 안 함**을 설정한다. 열 이름이 합계 년개에서 **년**으로 바뀐다.

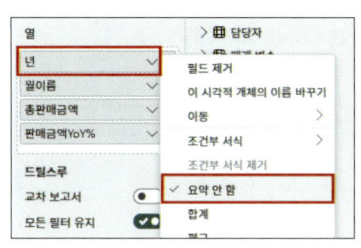

03 **시각적 개체 서식 지정 > 시각적 개체**에서 **값**과 **열 머리글**의 **글꼴 크기**를 13으로 설정한다.

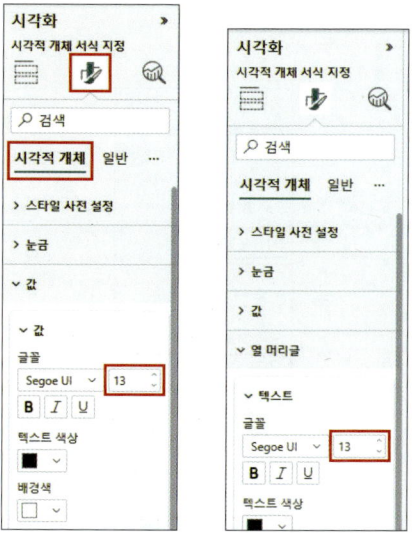

04 테이블 개체의 [년] **열 머리글**을 클릭하거나 개체의 우측 상단 **추가 옵션**을 눌러 **정렬 기준**을 **년**으로, **방법**은 **내림차순 정렬**로 설정한다.

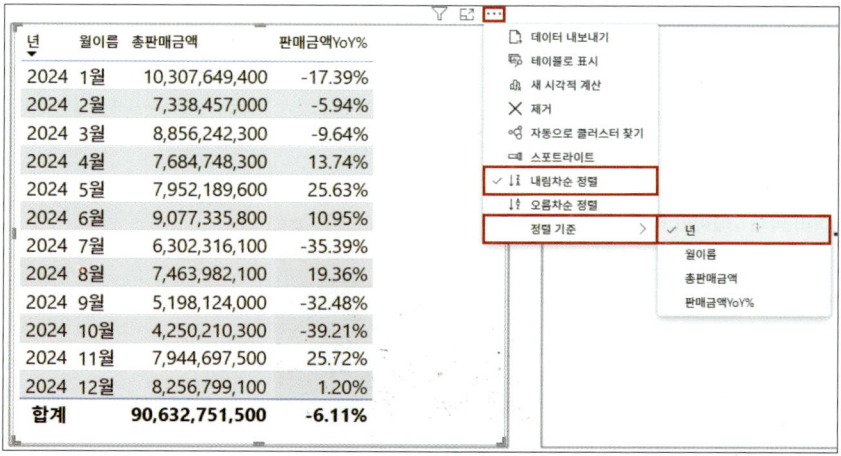

05 이제 조건부 서식 적용을 위해 **시각적 개체 서식 지정 > 시각적 개체 > 셀 요소 > 설정 적용 대상 > 계열**에서 **판매금액YoY%**를 선택하고 **데이터 막대**를 활성화시킨 뒤 **조건부 서식**(fx)을 **클릭**한다.

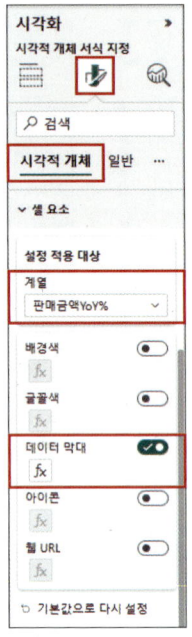

06 조건부 서식 대화창이 뜨면 **양수 막대**와 **음수 막대**의 **헥스** 코드 란에 **#4A2D75**와 **#FF0000** 색상 코드를 각각 입력하고 확인을 클릭한다.

년	월이름	총판매금액	판매금액YoY%
2024	1월	10,307,649,400	-17.39%
2024	2월	7,338,457,000	-5.94%
2024	3월	8,856,242,300	-9.64%
2024	4월	7,684,748,300	1.4%
2024	5월	7,952,189,600	2
2024	6월	9,077,335,800	15%
2024	7월	6,302,316,100	-35.39%
2024	8월	7,463,982,100	1
2024	9월	5,198,124,000	-32.48%
2024	10월	4,250,210,300	-39.21%
2024	11월	7,944,697,500	2
2024	12월	8,256,799,100	1.20%
합계		90,632,751,500	-6.11%

3 다음 지시사항에 따라 다음 지시사항에 따라 계기 차트와 카드를 구현하시오.

① 다음 조건으로 '문제3' 페이지에 계기 차트를 구현하시오.

01 페이지에 **계기 차트**를 삽입하고 **값**에 〈방송주문〉 테이블의 **[총판매금액] 측정값**을 추가한다. 3-①의 위치에 미리 배치한다.

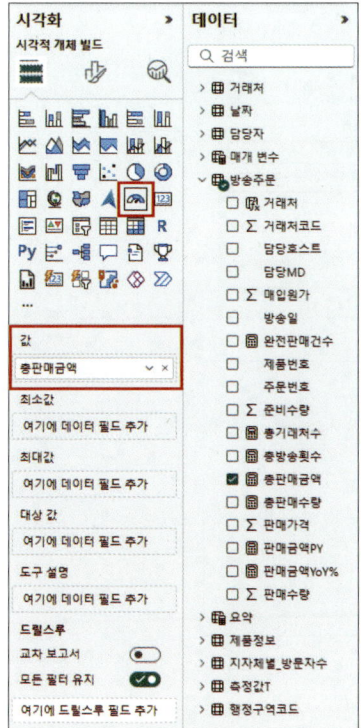

02 **시각적 개체 서식 지정** > **시각적 개체** > **게이지 축** > **최대값**에 150,000,000,000을, **대상**에는 100,000,000,000을 입력하고 **색** > **대상 색상**을 **테마 색 5**로 설정한다.

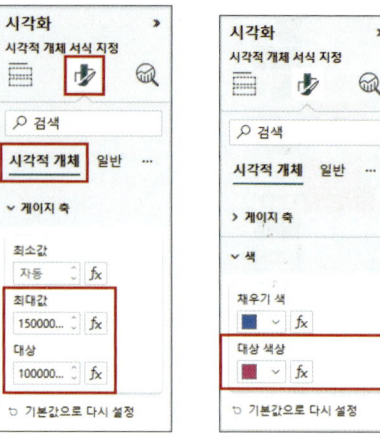
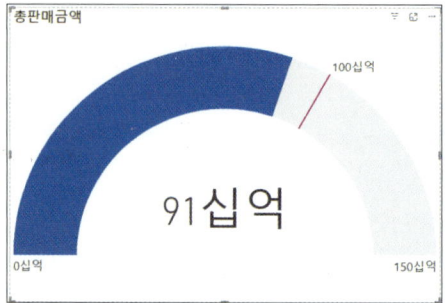

03 **설명 값**을 **비활성화**하고, **일반** > **제목** > **제목** > **텍스트**에 **매출계획대비 총판매금액**을 입력한다. 텍스트의 **글꼴 크기**는 **15**로 설정한다.

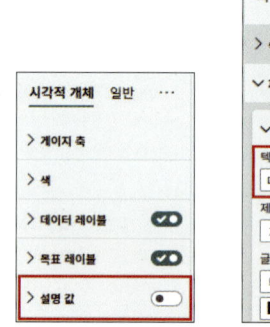

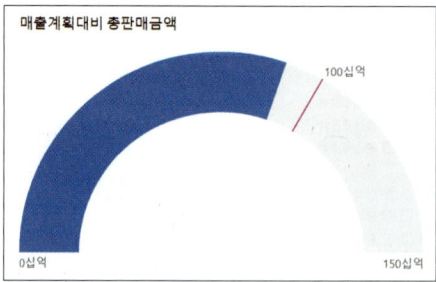

② 다음 조건으로 〈방송주문〉 테이블에 측정값을 추가하시오.

01 우측 **데이터** 창에서 **〈방송주문〉 테이블**을 선택한 후 **마우스 우클릭** > **새 측정값**을 클릭한다.

02 수식 창에 다음과 같이 식을 작성하고 Enter를 누른다.

> 목표대비총판매비율% = DIVIDE([총판매금액], 100000000000)

여기서 목표(대상)는 이전 문제에서 사용한 대상 금액인 천억(100,000,000,000)을 지칭한다.

03 상단 메뉴의 **측정 도구** > **서식**을 **백분율**로 설정하고 소수 자릿수는 **2**로 설정한다.

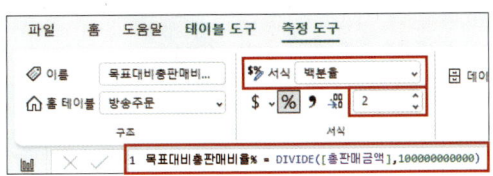

③ 다음 조건으로 '문제3' 페이지에 카드를 구현하시오.

01 페이지에 **카드**를 삽입하고 〈방송주문〉 테이블의 **[목표대비총판매비율%] 측정값**을 추가한다. 다음과 같이 제시된 위치에 미리 배치한다.

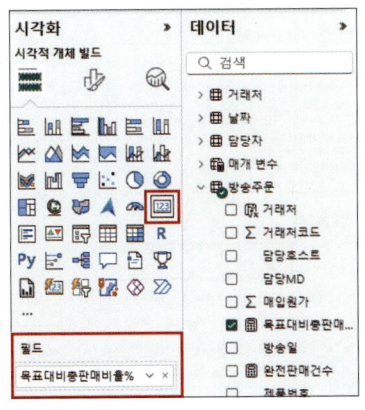
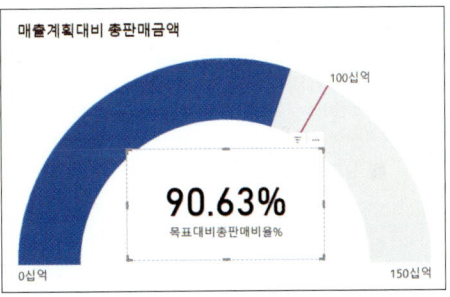

02 **시각적 개체 서식 지정** > **시각적 개체** > **설명 값** > **글꼴 크기**는 28, **표시 단위**는 **없음**을 설정하고 **범주 레이블**로 이동하여 **비활성화**한다.

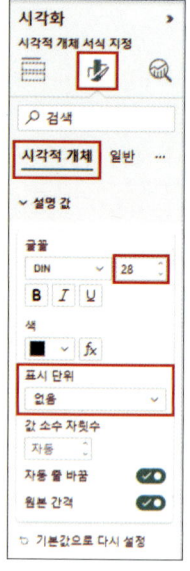
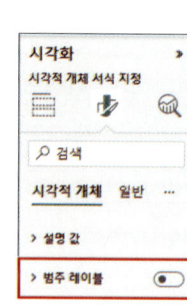
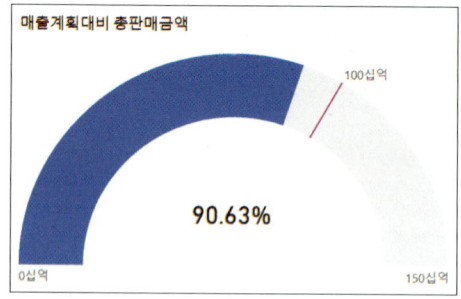

4 다음 지시사항에 따라 페이지와 시각적 개체 간 상호 작용 기능을 설정하시오.

① 다음 조건으로 '문제3' 페이지에 단추를 구현하시오.

01 상단 메뉴의 **삽입** > **단추** > **뒤로** 버튼을 클릭하여 페이지에 삽입하고 4-①의 위치에 배치한다.

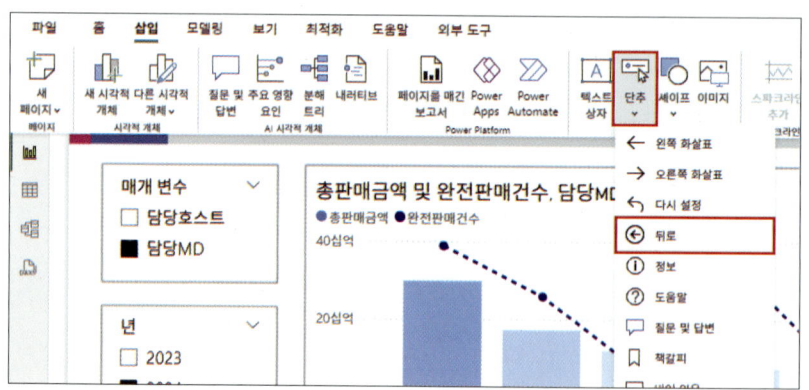
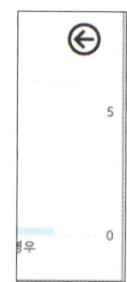

02 우측 **서식 단추** > **Button** > **스타일** > **아이콘** > **두께**는 **2**로 조정하고 **가로 맞춤**은 **오른쪽**으로 설정한다.

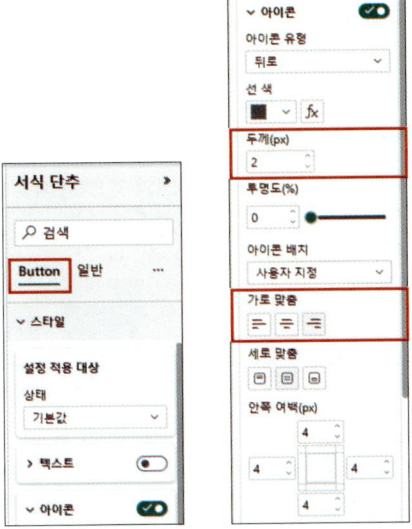

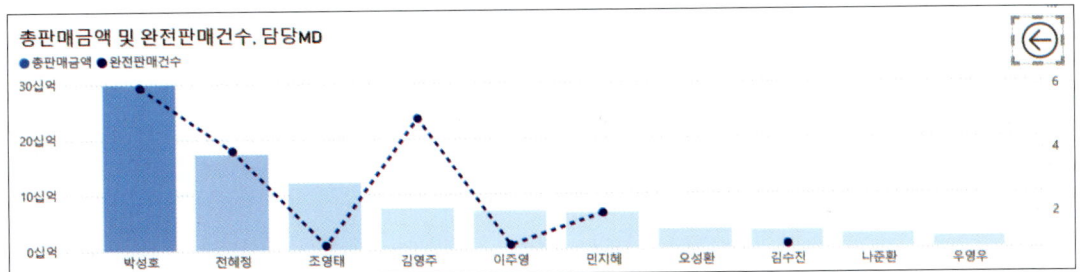

03 **작업** > **작업**으로 이동하여 **유형**을 **페이지 탐색**으로 설정하고 **대상**은 **문제2**로 선택한다.

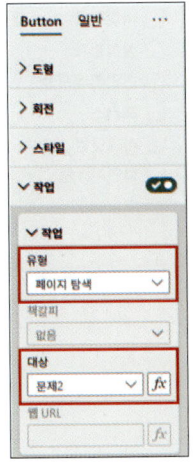

② 다음과 같이 시각적 개체의 상호 작용을 설정하시오.

01 [**년**] **슬라이서**를 선택하고 상단 메뉴의 **서식 > 상호 작용 편집** 버튼을 누른다.

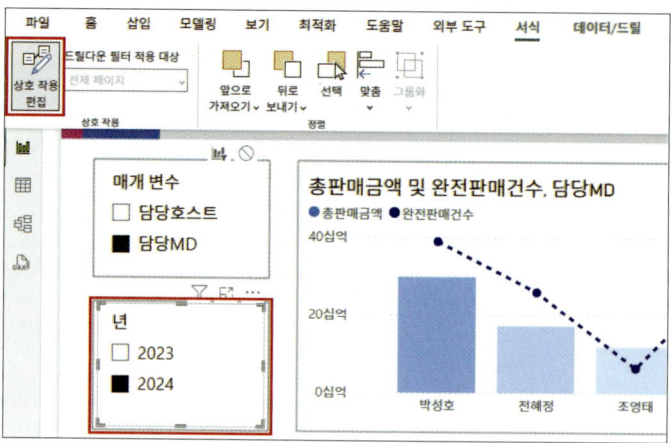

02 [거래처] 슬라이서의 우측 상단에서 **없음**(⊘)을 클릭한다. 아이콘이 ⊘으로 변한다.

03 다음으로 **테이블 차트**를 선택하고 마찬가지로 **계기 차트**와 **카드**의 우측 상단의 **없음**(⊘)을 각각 **클릭**한다. 아이콘이 ⊖으로 변한다.

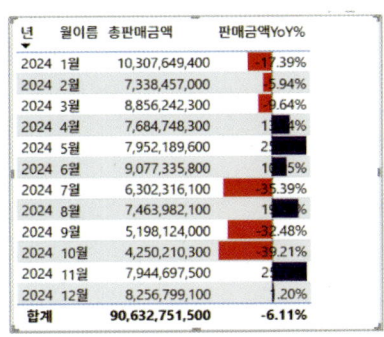
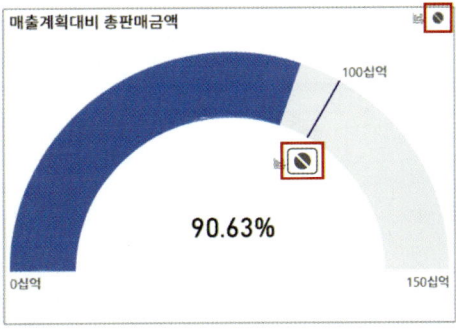

③ 다음과 같이 시각적 개체의 상호 작용을 설정하시오.

01 이전 작업에 이어 이번에는 **거래처 슬라이서**를 선택하고 **꺾은선형 및 묶은 세로 막대형 차트**, **계기 차트**, **카드**의 우측 상단에서 **없음**(⊘)을 클릭한다. 아이콘이 ⊖으로 변한다.

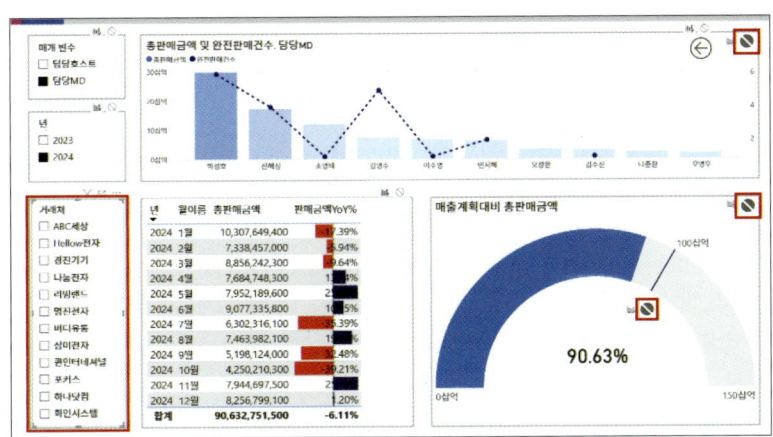

02 다시 상단 메뉴의 **서식 > 상호 작용 편집** 버튼을 눌러 편집 모드를 **해제**한다.

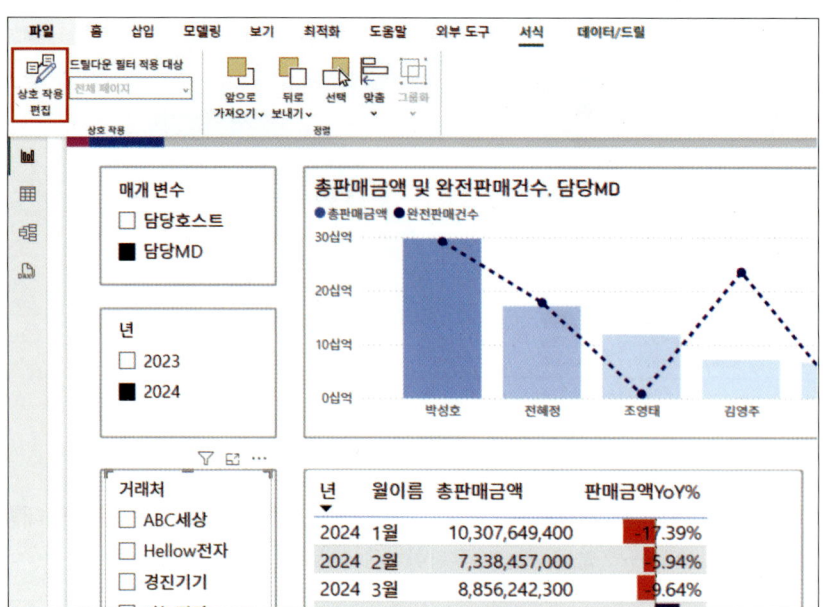

상호 작용 편집 기능
- 상호 작용 편집(Edit Interactions) 기능은 시각적 개체 간의 상호 작용을 설정하는 기능으로, 특정 시각적 개체(주체)가 다른 개체(객체)에 미치는 영향을 제어할 수 있다. 이 기능은 특정 차트를 먼저 선택해야 활성화된다.
- 차트마다 조금씩 차이가 있지만, 크게 3가지 옵션이 있다. 차트나 슬라이서가 다른 시각적 개체에 필터 효과를 줄지, 강조 효과를 줄지, 또는 아무 영향도 미치지 않도록(없음) 할지를 선택할 수 있다.
- 상호 작용 편집 작업이 끝나면 반드시 기능을 비활성화해야 후속 작업에 방해되지 않는다. 편집 과정에서 개체들이 겹쳐서 설정 변경이 어려운 경우, 개체를 잠시 이동시키고 설정을 완료한 후 원래 위치로 돌려놓으면 된다.

03 작업한 보고서가 문제3의 시각화 완성화면(292p)과 일치하는지 확인한 후 해당 페이지의 작업을 마무리한다.

PART 3
모의고사 파헤치기

CHAPTER 01 실전 모의고사 1회

CHAPTER 02 실전 모의고사 2회

CHAPTER 03 실전 모의고사 3회

CHAPTER 04 실전 모의고사 4회

CHAPTER 05 실전 모의고사 5회

유선배 경영정보시각화능력 실기(Power BI) 합격노트
이 시대의 모든 합격! 무료 동영상 강의와 함께 합격하세요!
www.youtube.com ➡ '어니언 비아이' 검색 ➡ 구독

CHAPTER 01 실전 모의고사 1회

국 가 기 술 자 격
경영정보시각화능력 실기 모의문제

프로그램명	제한시간
파워BI 데스크톱	70분

수험번호	
성 명	

단일	실전 모의고사 1회

※ 시험지를 받으면 다음 순서를 따라 주시기 바랍니다.

① 응시 프로그램 일치여부, 페이지 누락, 인쇄상태 불량 및 훼손 여부 확인 후 이상이 있을 경우 손을 들어 주십시오.
② 시험지 확인이 끝나면 문제지 우측 상단에 수험번호, 성명을 기재하여 주십시오.
③ 1페이지의「유의사항」과 2페이지의「문제 및 데이터 안내」를 확인하십시오.

대 한 상 공 회 의 소

- '유의사항', '문제 및 데이터 안내'에 따라 시험에 응시하여야 하며, 이를 소홀히 하여 발생한 불이익과 책임은 수험자 본인에게 있습니다.
- 시험이 시작되면 즉시 문제 데이터 파일 존재여부와 답안 파일의 문제3-4 페이지에 차트, 표, 데이터가 보이는지 확인하시기 바랍니다.
  - 문제 데이터 파일 위치 : [문제1] C:₩PB₩문제1_데이터 폴더 / [문제2,3] C:₩PB₩문제2,3_데이터 폴더
  - 문제 데이터 파일은 존재여부만 확인하며 엑셀 등으로 열어보면 실격 처리
  - 답안 파일 위치 : C:₩PB₩수험자번호.pbix
  - 화면에 띄워진 답안 파일의 문제3-4 페이지 확인
- 시험 진행 중 작성된 답안은 수시로 저장하시기 바랍니다.
- 별도의 지시사항이 없는 경우, 다음과 같이 처리할 때 [실격 처리]됩니다.
  - 제시된 파일, 페이지/대시보드, 데이터 원본의 이름, 차원/측정값 속성을 임의로 변경한 경우
  - 제시된 파일, 데이터 원본을 임의로 삭제, 추가, 변경한 경우
  - 시트/워크시트/대시보드를 임의로 삭제, 추가하거나 명칭을 변경한 경우
  - 제시된 답안 파일의 경로 또는 파일명을 변경한 경우
  - 문제 데이터를 시험 시작 전에 열어보는 경우
  - 실기시험 프로그램 이외의 프로그램(엑셀 등)으로 데이터를 열어보는 경우
- 반드시 답안작성은 문제에서 지시한 위치에 작업하여야 하며 다음과 같이 처리 시 해당 작업 또는 그 작업에 영향을 미치는 문제, 개체, 시트 등은 [오답 처리]됩니다.
  - 제시된 함수가 있으면 제시된 함수만을 사용해야 하며 그 외 함수를 사용해 풀이한 경우
  - 지시하지 않은 차트, 컨테이너, 매개변수 등을 임의로 이동, 수정(변경), 삭제 등으로 인해 위치 및 내용이 변경된 경우
  - 임의로 기본 설정값(Default)을 변경한 경우
  - 숫자데이터를 임의로 문자화하여 처리한 경우
  - 개체가 해당 영역을 벗어난 경우
  - 작업한 개체가 너무 작아 정보 확인이 어려울 경우
  - 지시사항과 띄어쓰기, 대소문자 등이 다르게 작업한 경우(계산식 제외)
- 시험지에 제시된 [완성 화면 그림]은 문제풀이 순서 또는 시각적 개체 작성 순서, PC 환경 등의 이유로 수험자가 작성한 개체의 모니터 화면과 모양, 색상 등이 다를 수 있습니다.
- 본 문제와 용어는 파워BI 데스크톱(Power BI Desktop) 2.139.1678.0 버전 기준으로 작성되었습니다.
  - 본 문제에서 열과 필드는 동일한 용어로 혼용 사용

문제 및 데이터 안내

1. 수험자가 작성할 답안 파일은 1개입니다. 문제1, 문제2, 문제3의 답을 하나의 답안 파일(.pbix)로 저장하십시오.
2. 문제1, 문제2, 문제3은 각각 독립적으로 구성되어 앞 문제를 풀지 않아도 다음 문제 풀이가 가능합니다.
3. 문제1은 데이터 불러오기를 통해 문제를 풀이하고, 문제2와 문제3은 답안에 이미 데이터가 포함되어 있어 다시 데이터를 불러오지 말고 바로 문제 풀이를 하십시오.
   – 데이터 파일은 문제1을 위한 데이터 파일과 문제2,3을 위한 데이터 파일로 구성되어 있습니다.
4. 문제2와 문제3 풀이를 위해 필요한 일부 측정값, 필터가 답안파일에 미리 적용되어 있을 수 있습니다.
   – 지시사항에 제시되지 않은 것은 변경하지 마십시오.
   – 사전에 적용된 필터 등이 삭제되지 않도록 '페이지 삭제' 기능을 절대 사용하지 마십시오.
5. 문제는 문제(문제1~3) – 세부문제(1~4) – 지시사항(①~③) – 세부지시사항(▶, –) 단위로 구성됩니다.
6. 지시사항(①~③)별로 점수가 부여되며, 지시사항의 전체 세부지시사항(▶, –)을 작업하지 않을 경우 점수가 부여되지 않습니다. ※ 부분 점수 없음
7. 본 시험에서 사용되는 데이터 파일 수와 데이터명은 아래와 같습니다.
   – [문제1] 데이터 파일 수: 1개 / 데이터명: '일반음식점 인허가 현황.xlsx'

파일명	'일반음식점 인허가 현황.xlsx'							
테이블	구조							
일반음식점 인허가	개방자치단체코드	인허가일자	영업상태코드	영업상태명	상세영업상태코드	상세영업상태명	사업장명	업태구분명
	3220000	2023-05-12	1	영업/정상	1	영업	정담가옥	한식
자치단체 코드	개방자치단체코드				전체기관명			
	3000000				서울특별시 종로구			

   – [문제2,3] 데이터 파일 수: 2개 / 데이터명: '시도별 음주운전 교통사고 현황.xlsx', '연월별교통사고현황.xlsx'

파일명	'시도별 음주운전 교통사고 현황.xlsx'					
테이블	구조					
음주운전 사고현황	시도	날짜	사고[건]	사망[명]	부상[명]	
	강원	2019-01-01	492	18	793	
지역별 인구수 (2023)	행정기관코드	행정기관	총 인구수	연령구간인구수	0~9세	10~19세	20~29세
	0000000000	전국	51,325,329	51,325,329	3,332,892	4,651,460	6,197,486

파일명	'연월별교통사고현황.xlsx'							
테이블	구조							
월별 교통사고 현황_2019	시도	시군구	발생월	사고건수	사망자수	중상자수	경상자수	부상신고자수
	서울	종로구	01	87	1	25	88	12
월별 교통사고 현황_2020	시도	시군구	발생월	사고건수	사망자수	중상자수	경상자수	부상신고자수
	서울	종로구	01	76	1	18	66	19
월별 교통사고 현황_2021	시도	시군구	발생월	사고건수	사망자수	중상자수	경상자수	부상신고자수
	서울	종로구	01	69	3	21	66	6
월별 교통사고 현황_2022	시도	시군구	발생월	사고건수	사망자수	중상자수	경상자수	부상신고자수
	서울	종로구	01	65	0	15	61	13
월별 교통사고 현황_2023	시도	시군구	발생월	사고건수	사망자수	중상자수	경상자수	부상신고자수
	서울	종로구	01	77	2	15	79	14

문제1 작업준비(20점)

1. 다음 지시사항에 따라 데이터 가져오기 및 편집을 수행하시오. (10점)

① 데이터 파일을 가져온 후 파워쿼리 편집기를 통해 테이블의 데이터를 편집하시오. (4점)
- ▶ 가져올 데이터 : '일반음식점 인허가 현황.xlsx' 파일의 〈일반음식점인허가〉, 〈자치단체코드〉 테이블
- ▶ 파워쿼리 편집기를 통해 〈일반음식점인허가〉 테이블에 〈자치단체코드〉 테이블의 [전체기관명] 필드 추가
  - 쿼리 병합 기능 사용
    • 〈일반음식점인허가〉 테이블의 [개방자치단체코드] 필드와 〈자치단체코드〉 테이블의 [개방자치단체코드]를 기준으로 병합
    • 조인 종류 : 왼쪽 외부
  - 추가된 필드 이름 : [전체기관명]
  - '원래 열 이름을 접두사로 사용' 옵션 해제

② 파워쿼리 편집기를 통해 〈일반음식점인허가〉 테이블의 데이터를 다음과 같이 편집하시오. (3점)
- ▶ [전체기관명] 필드를 공백(" ")을 기준으로 2개의 열로 분할 후 각 필드 이름 변경
  - [전체기관명] → [시도], [시군구]

③ 〈자치단체코드〉 테이블의 로드 사용을 해제하시오. (3점)

2. 다음 지시사항에 따라 데이터 모델링을 수행하고 〈일반음식점인허가〉 테이블에 측정값을 추가하시오. (10점)

① 다음과 같이 테이블 간의 관계를 설정하시오. (3점)
- ▶ 〈일반음식점인허가〉 테이블과 〈Dates〉 테이블
  - 활용 필드 : 〈일반음식점인허가〉 테이블의 [인허가일자] 필드, 〈Dates〉 테이블의 [Date] 필드
  - 기준(시작) 테이블 : 〈일반음식점인허가〉 테이블
  - 카디널리티 : '다대일(*:1)' 관계
- ▶ 크로스 필터 방향 : '단일'

② 다음 조건으로 데이터 창에 측정값을 추가하시오. (4점)
- ▶ 측정값 이름 : [인가업체수]
  - 활용 테이블/필드 : 〈일반음식점인허가〉 테이블
  - 〈일반음식점인허가〉 테이블의 행 수를 반환
  - 사용 함수 : COUNTROWS
  - 서식 : 정수, 천 단위에서 쉼표로 구분

▶ 측정값 이름 : [성동구_연간누계]
- 활용 테이블/필드
  - 〈일반음식점인허가〉 테이블의 [시군구] 필드, [인가업체수] 측정값
  - 〈Dates〉 테이블의 [Date] 필드
- [시군구]가 "성동구"에 해당하는 연간 [인가업체수]의 누계를 반환
- 사용 함수 : TOTALYTD
- 서식 : 정수, 천 단위에서 쉼표로 구분

③ 다음 조건으로 데이터 창에 측정값을 추가하시오. (3점)

▶ 측정값 이름 : [한식대비일식_비율]
- 활용 테이블/필드
  - 〈일반음식점인허가〉 테이블의 [업태구분명] 필드, [인가업체수] 측정값
- [업태구분명]이 "일식"인 [인가업체수] 나누기 [업태구분명]이 "한식"인 [인가업체수] 계산
- 사용 함수 : CALCULATE
- 서식 : 백분율, 소수점 2자리까지 표시

| 문제2 단순요소 구현(30점)

| 시각화 완성화면 |

각 세부문제 풀이 후 '문제2' 페이지에 아래와 같이 개체를 배치하시오.

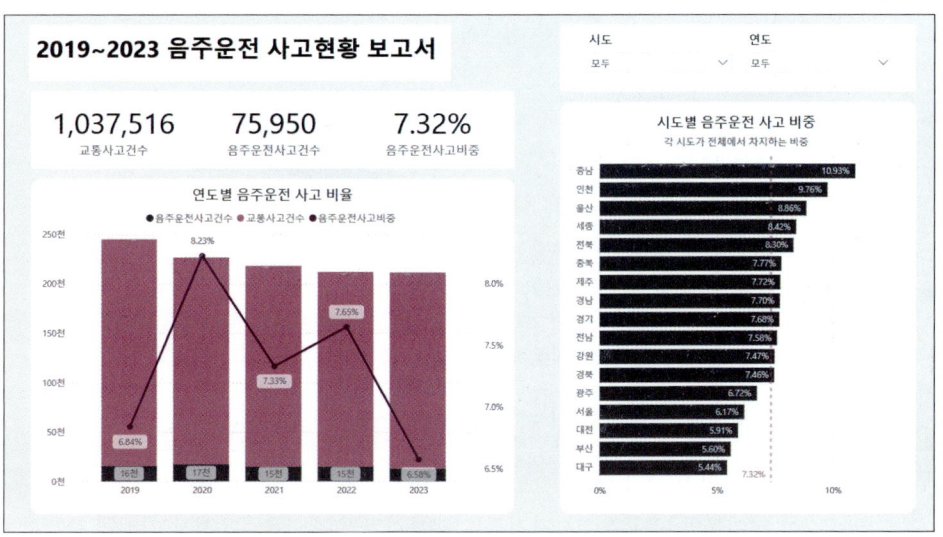

계산식 작성에 사용되는 문자열은 쌍따옴표(" ")를 사용하여 작성하시오.

1. '문제2', '문제3' 페이지의 전체 서식을 설정하시오. (5점)
   ① 보고서 전체의 테마를 설정하고 사용자 지정 기능을 사용하여 텍스트 서식을 변경하시오. (3점)
      ▶ 보고서 테마 : '접근성 높은 난초'
      ▶ 카드 및 KPI에 대한 텍스트 글꼴 및 크기
         – 글꼴 패밀리 : Segoe UI
         – 글꼴 크기 : 30
   ② 텍스트 상자를 사용하여 '문제2' 페이지에 보고서 제목을 작성하시오. (2점)
      ▶ 제목 : "2019~2023 음주운전 사고현황 보고서"
      ▶ 글꼴 크기 : 24, 굵게 적용
      ▶ 텍스트 상자를 '1–②' 위치에 배치

2. 다음 지시사항에 따라 카드와 슬라이서를 구현하시오. (5점)
   ① 다음 조건으로 3개의 카드를 구현하시오. (3점)
      ▶ 활용 필드 및 표시 단위
         – 〈_측정값〉 테이블의 [교통사고건수], [음주운전사고건수], [음주운전사고비중] 측정값
         – 표시 단위
            • [교통사고건수], [음주운전사고건수] '없음'
            • [음주운전사고비중] '자동'

▶ 설명 값 서식 : 글꼴 Segoe UI, 글꼴 크기 30
▶ 카드 간 간격 '가로 균등 맞춤'
▶ 카드를 '2-①' 위치에 배치
② 다음 조건으로 슬라이서 2개를 구현하시오. (2점)
▶ 활용 필드
- 〈지역별인구수(2023)〉 테이블의 [시도] 필드
- 〈Dates〉 테이블의 [Year] 필드
▶ 슬라이서 설정
- 슬라이서 스타일 : '드롭다운'
- '시도' 슬라이서의 경우 '모두 선택' 항목이 표시되도록 설정
- 슬라이서 머리글 : "Year" → "연도"
▶ 슬라이서를 나란히 '2-②' 위치에 배치

3. 다음 지시사항에 따라 꺾은선형 및 누적 세로 막대형 차트를 구현하시오. (10점)
① 다음 조건으로 차트를 구성하시오. (3점)
▶ 활용 필드
- 〈Dates〉 테이블의 [Year] 필드
- 〈_측정값〉 테이블의 [음주운전사고건수], [교통사고건수], [음주운전사고비중] 측정값
▶ [Year] 필드를 기준으로 '오름차순 정렬'
▶ 꺾은선형 및 누적 세로 막대형 차트를 '3-①' 위치에 배치
② 다음 조건으로 차트 서식을 지정하시오. (4점)
▶ 차트 제목 : 연도별 음주운전 사고 비율
- 제목 서식 : 글꼴 'Segoe UI'
- 글꼴 크기 : 14
- 가로 맞춤 : '가운데'
▶ 범례 위치 : '위쪽 가운데'
▶ X축 : 축 제목 제거
▶ Y축 : 축 제목 제거
▶ 표식 설정
▶ 데이터 레이블
- [교통사고건수] 계열에 대한 데이터 값 표시 없음 설정 적용
③ 위 차트가 '연도' 슬라이서와 상호 작용이 없도록 설정하시오. (3점)

4. 다음 지시사항에 따라 묶은 가로 막대형 차트를 구현하시오. (10점)

① 다음 조건으로 차트에 데이터를 추가하시오. (2점)
- ▶ 활용 필드 : 〈지역별인구수〉 테이블의 [시도] 필드, 〈측정값〉 테이블의 [음주운전사고비중] 측정값
- ▶ 묶은 가로 막대형 차트를 '4-①' 위치에 배치

② 다음 조건으로 차트 서식을 지정하시오. (4점)
- ▶ 차트 제목 : "시도별 음주운전 사고 비중"
  - 제목 서식 : 글꼴 'Segoe UI', '가운데 맞춤' 설정
- ▶ 차트 부제목 : "각 시도가 전체에서 차지하는 비중"
  - 부제목 서식 : 글꼴 'Segoe UI', '가운데 맞춤' 설정
- ▶ X축 : 축 제목 제거
- ▶ Y축 : 축 제목 제거
- ▶ 데이터 레이블 활성화
  - 위치 : 막대 '안쪽 끝에'로 설정

③ 다음 조건으로 분석 요소를 추가하시오. (4점)
- ▶ 활용 필드 : 〈측정값〉 테이블의 [음주운전사고비중] 측정값
- ▶ 상수 선 추가
  - 선
    - 선 값 : [음주운전사고비중] 측정값 값이 나타나도록 설정
    - 선 색 : '테마 색 2'로 설정
  - 데이터 레이블
    - 레이블 위치 및 스타일 : 세로 위치 '아래', 스타일 '데이터 값'으로 설정
    - 레이블 색 : '테마 색 2'로 설정

문제3 복합요소 구현(50점)

| 시각화 완성화면 |

각 세부문제 풀이 후 '문제3' 페이지에 아래와 같이 개체를 배치하시오.

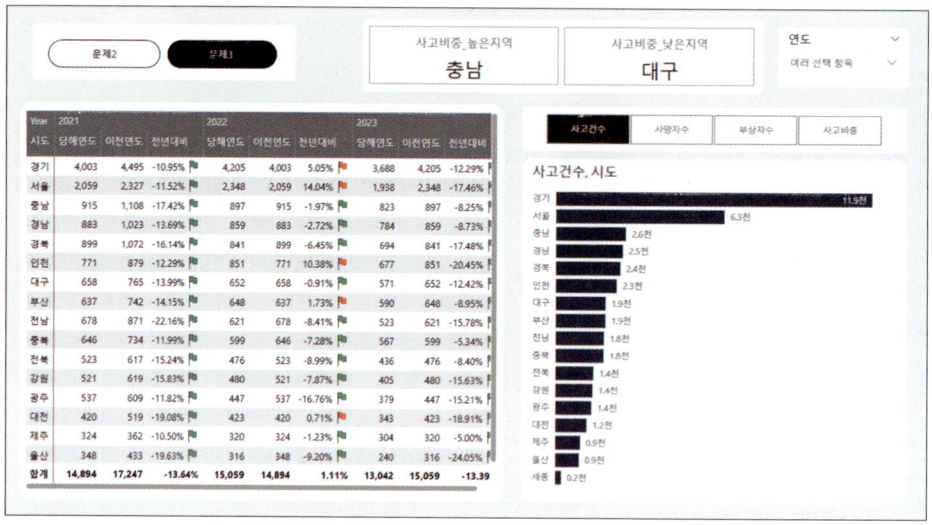

계산식 작성에 사용되는 문자열은 쌍따옴표(" ")를 사용하여 작성하시오.

1. 다음 지시사항에 따라 측정값을 추가하고 행렬 차트를 구현하시오. (15점)

   ① 다음 조건으로 〈_측정값〉 테이블에 측정값을 추가하시오. (4점)
   ▶ 측정값 이름 : 전년_음주운전사고건수
   ▶ 활용 필드
      – 〈_측정값〉 테이블의 [음주운전사고건수] 측정값
      – 〈Dates〉 테이블의 [Date] 필드
   ▶ 1년 전의 [음주운전사고건수]를 반환
   ▶ 사용 함수 : CALCULATE, DATEADD
   ▶ 서식 : 정수, 천 단위에서 쉼표로 구분 적용

   ② 다음 조건으로 〈_측정값〉 테이블에 측정값을 추가하시오. (3점)
   ▶ 측정값 이름 : 전년대비음주사고증감률
   ▶ 활용 필드
      – 〈_측정값〉 테이블의 [음주운전사고건수], [전년_음주운전사고건수] 측정값
      – 1년 전 대비 [음주운전사고건수] 증감률을 반환
      – 사용 함수 : DIVIDE
      – 서식 : 백분율(%)로 표시, 소수점 아래 2자리까지 표시

③ 다음 조건으로 행렬 차트를 구현하시오. (5점)
- ▶ 활용 필드
  - 〈지역별인구수(2023)〉 테이블의 [시도] 필드
  - 〈Daes〉 테이블의 [Year] 필드
  - 〈_측정값〉 테이블의 [음주운전사고건수], [전년_음주운전사고건수], [전년대비음주사고증가율] 측정값
- ▶ 값 레이블명 변경
  - "음주운전사고건수" → "당해연도"
  - "전년_음주운전사고건수" → "이전연도"
  - "전년대비음주사고증가율" → "전년대비"
- ▶ 서식 지정
  - 열 머리글 : 배경색 '흰색 50% 더 어둡게', 텍스트 색상 '흰색'
  - '열 소계' 제거
  - 눈금 : 행 안쪽 여백 '5'
- ▶ 데이터 정렬
  - '당해연도' 기준으로 내림차순 정렬
- ▶ 행렬 차트를 '1-③' 위치에 배치

④ 다음 조건으로 조건부 서식을 지정하시오. (3점)
- ▶ 설정 적용 대상 : '전년대비'
- ▶ '아이콘' 적용
- ▶ 적용 대상 : '값만'
- ▶ 데이터의 오른쪽에 아이콘이 나타나도록 설정
- ▶ 서식 스타일 : 규칙
  - 값이 최소값보다 크거나 같고 0보다 작으면 녹색 플래그(🏁)
  - 값이 0보다 크거나 같고 최대값보다 작으면 빨간색 플래그(🏁)

2. 다음 지시사항에 따라 매개 변수와 묶은 가로 막대형 차트를 구현하시오. (10점)

① 다음 조건으로 매개 변수를 추가하시오. (4점)
- ▶ 매개 변수 이름 : [지표선택]
- ▶ 대상 필드 : 〈_측정값〉 테이블의 [음주운전사고건수], [음주운전사망자수], [음주운전부상자수], [음주운전사고비중] 측정값
- ▶ 필드 정렬 : [음주운전사고건수], [음주운전사망자수], [음주운전부상자수], [음주운전사고비중] 순으로 정렬되도록 설정
- ▶ '이 페이지에 슬라이서 추가' 옵션 선택

▶ 필드 값 이름 변경
- [음주운전사고건수] → "사고건수"
- [음주운전사망자수] → "사망자수"
- [음주운전부상자수] → "부상자수"
- [음주운전사고비중] → "사고비중"

② 다음 조건으로 매개 변수 슬라이서를 구현하시오. (3점)
▶ 슬라이서 스타일 : 타일
▶ 슬라이서 선택 항목 중 한 가지의 항목만 선택 가능하도록 설정
▶ 슬라이서 머리글 : 해제
▶ 슬라이서를 '2-②' 위치에 배치

③ 다음 조건으로 묶은 가로 막대형 차트를 구성하시오. (3점)
▶ 활용 필드
- 〈지역별인구수(2023)〉 테이블의 [시도] 필드
- 〈지표선택〉 테이블의 [지표선택] 매개 변수
▶ 서식 지정 : 데이터 레이블 활성화
▶ X축, Y축 : 축 제목 제거
▶ 묶은 가로 막대형 차트를 '2-③' 위치에 배치

3. 다음 지시사항에 따라 측정값 및 카드(신규)를 추가하시오. (10점)

① 다음 조건으로 〈_측정값〉 테이블에 측정값을 추가하시오. (4점)
▶ 측정값 이름 : [사고비중_높은지역]
▶ 활용 필드
- 〈지역별인구수(2023)〉 테이블의 [시도] 필드
- 〈_측정값〉 테이블의 [음주운전사고비중] 측정값
▶ [시도] 중에서 [음주운전사고비중]이 가장 높은 1개 [시도] 반환
▶ 사용 함수 : CALCULATE, VALUES, TOPN
▶ 서식 : 텍스트

② 다음 조건으로 〈_측정값〉 테이블에 측정값을 추가하시오. (4점)
▶ 측정값 이름 : [사고비중_낮은지역]
▶ 활용 필드:
- 〈지역별인구수(2023)〉 테이블의 [시도] 필드
- 〈_측정값〉 테이블의 [음주운전사고비중] 측정값
▶ [시도] 중에서 [음주운전사고비중]이 가장 낮은 1개 [시도] 반환
▶ 사용 함수 : CALCULATE, VALUES, TOPN
▶ 서식 : 텍스트

③ 다음 조건으로 카드(신규)를 구현하시오. (2점)
- ▶ 활용 필드 : 〈_측정값〉 테이블의 [사고비중_높은지역], [사고비중_낮은지역] 측정값
- ▶ [사고비중_높은지역], [사고비중_낮은지역] 순으로 구성
- ▶ 서식 지정: 설명 값 모두 '가운데' 맞춤, 글꼴 크기는 '20'
- ▶ 카드(신규)를 '3-①' 위치에 배치

4. 다음 지시사항에 따라 페이지 탐색기를 추가하시오. (5점)
- ▶ '문제2' 페이지와 '문제3' 페이지 사이를 이동할 수 있는 페이지 탐색기
- ▶ 탐색기 서식 지정
  - 도형을 '알약'으로 설정
  - 탐색기 개체의 배경 활성화, '흰색'으로 설정
  - 마우스로 가리킬 때의 텍스트 크기를 11로 설정
- ▶ 페이지 탐색기를 '4-①' 위치에 배치

| 풀이 1 | 작업준비 | 20점 |

📁 답안 'Part3_모의문제_1회' > '1회_답안.pbix'
📁 정답 'Part3_모의문제_1회' > '1회_정답.pbix'
📁 데이터 'Part3_모의문제_1회' > '일반음식점 인허가 현황.xlsx'

1 다음 지시사항에 따라 데이터 가져오기 및 편집을 수행하시오.

① 다음 데이터 파일을 가져온 후 파워쿼리 편집기를 통해 테이블을 편집하시오.

01 모의문제 **1회_답안**.pbix 파일을 열고 **홈** > **데이터 가져오기** > **Excel 통합 문서** 선택 후 **연결** 버튼을 클릭한다.

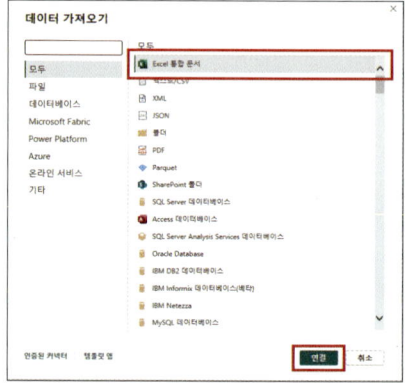

02 파일 탐색기가 열리면 모의문제 1회에 있는 **일반음식점 인허가 현황**.xlsx 파일을 선택하고 **열기**를 누른다. 이어서 탐색 창이 열리면 **일반음식점인허가**와 **자치단체코드** 시트를 **체크**하고 **데이터 변환**을 클릭한다.

03 파워쿼리 편집기에서 〈일반음식점인허가〉 테이블(쿼리)을 선택한 상태로 상단 메뉴의 **홈 > 쿼리 병합**을 클릭한다.

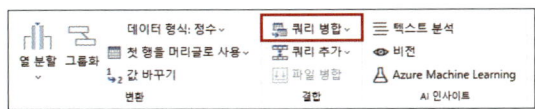

04 하단 영역에서 **〈자치단체코드〉 테이블**을 선택한 뒤, 두 테이블에서 각각 **[개방자치단체코드] 열**을 선택한다. 조인 종류는 **왼쪽 외부**가 선택된 채로 **확인**을 누른다.

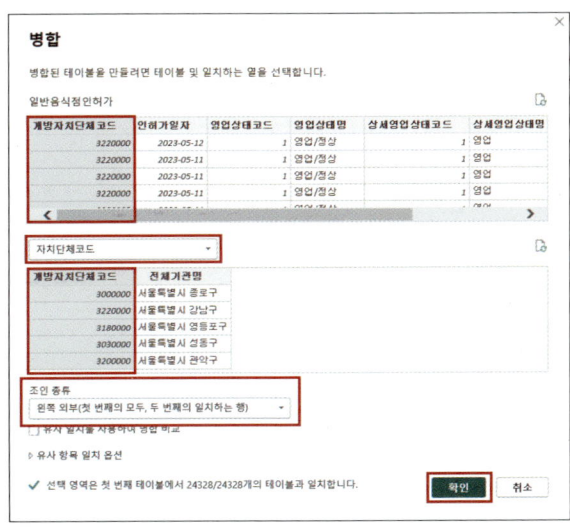

05 [자치단체코드] 열을 확장하여 **전체기관명만 선택** 및 **원래 열 이름을 접두사로 사용**을 선택 해제 후 **확인**을 클릭한다.

② 파워쿼리 편집기를 통해 〈일반음식점인허가〉 테이블의 데이터를 다음과 같이 편집하시오.

01 [전체기관명] 열에 대해 **홈 > 열 분할 > 구분 기호 기준**을 클릭한다.

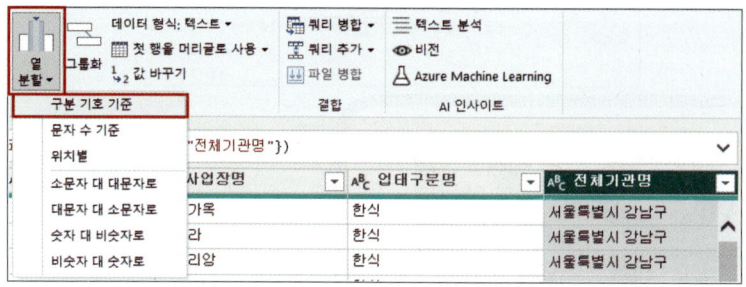

02 구분 기호 중 **공백**이 **각 구분 기호에서** 분할되도록 선택된 상태에서 **확인**을 클릭한다.

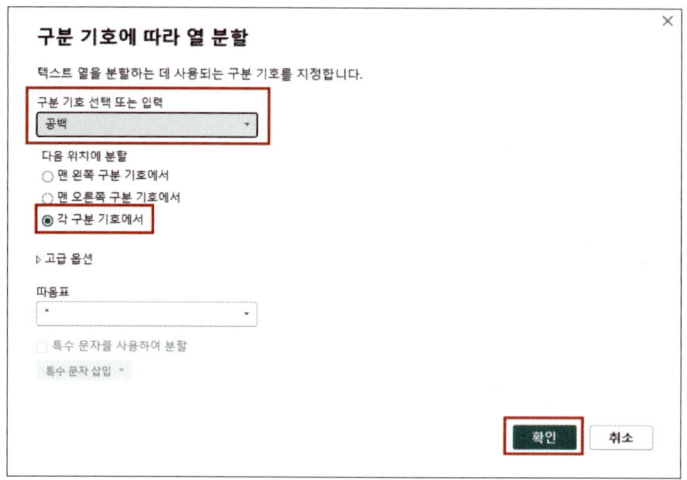

여기서 **다음 위치에 분할** 옵션 중 **맨 왼쪽 구분 기호에서**를 선택해도 무방하다.

03 분할된 두 열에 대해 문제의 지시와 같이 열이름을 더블클릭하여 각각 **시도**와 **시군구**로 변경한다.

③ 〈자치단체코드〉 테이블의 로드 사용을 해제하시오.

01 〈자치단체코드〉 테이블(쿼리)에서 **마우스 우클릭 > 로드 사용**을 클릭하면 로드 사용 옵션이 **해제**된다. **홈 > 닫기 및 적용**을 눌러 파워쿼리 편집기에서의 편집 작업이 적용된 테이블을 로딩한다.

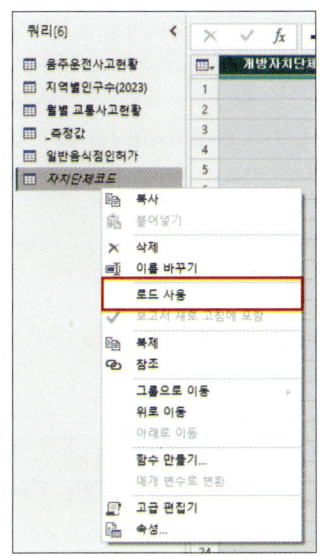

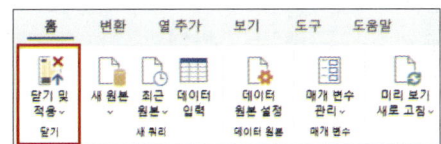

2 다음 지시사항에 따라 데이터 모델링을 수행하고 〈일반음식점인허가〉 테이블에 측정값을 추가하시오.

① 다음과 같이 테이블 간의 관계를 설정하시오.

01 좌측 **모델 보기** 탭으로 이동한다.

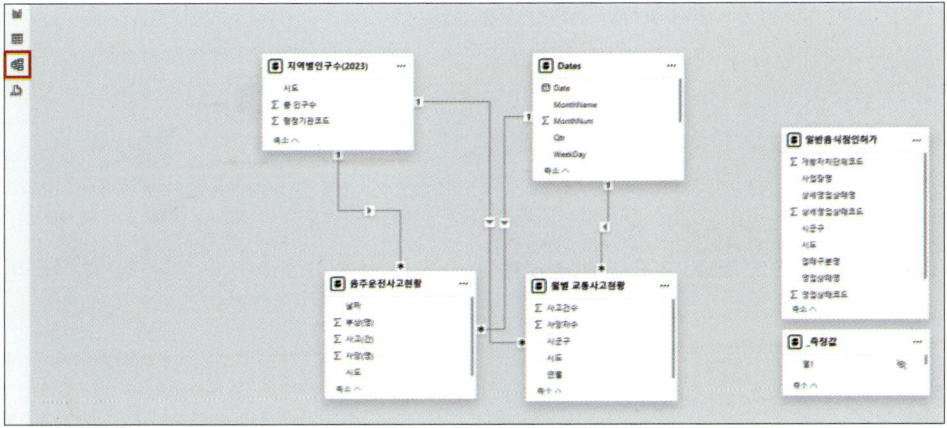

로드된 테이블들이 한 눈에 들어오지 않을 경우, **속성** 창을 접거나 우측 하단에서 **확대/축소** 또는 **페이지에 맞추기** 기능을 활용하여 적절히 조절한다.

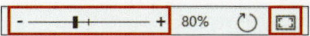

02 〈일반음식점인허가〉 테이블의 **[인허가일자] 필드**를 끌어다 〈Dates〉 테이블의 **[Date] 필드**와 포갠 뒤 놓아준다(드래그 앤 드롭). 팝업 대화창의 기본 설정값이 문제의 지시사항과 같은지 확인 후 **저장**을 누르면 관계 설정이 완료된다. 드래그 방향은 설정 결과에 영향을 주지 않는다.

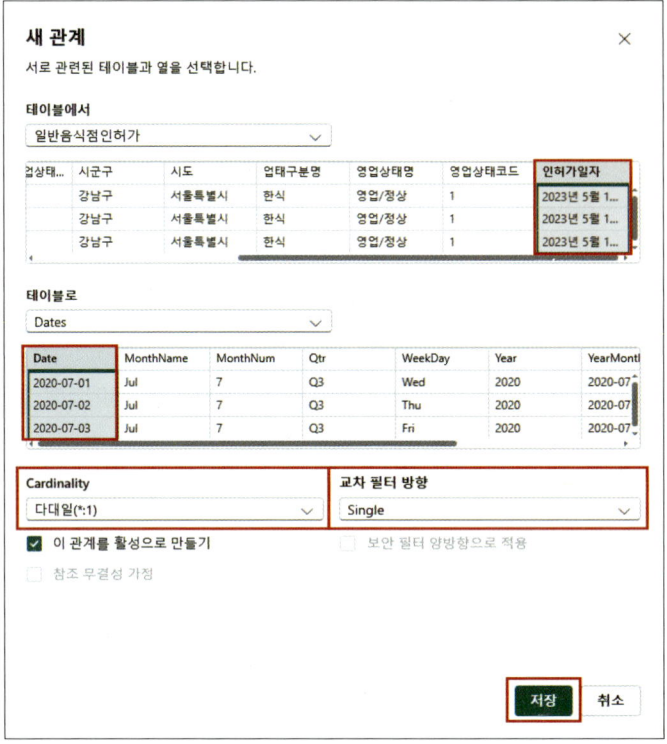

② 다음 조건으로 데이터 창에 측정값을 추가하시오.

▶ 측정값 이름 : [인가업체수]

01 **테이블 보기** 탭으로 이동한 후 우측 **데이터** 창에서 **〈일반음식점인허가〉 테이블**을 선택한 후 **마우스 우클릭** > **새 측정값**을 클릭한다.

02 수식 창에 다음과 같이 입력하고 Enter를 누른다.

인가업체수 = COUNTROWS('일반음식점인허가')

> **Tip**
>
> **수식 설명**
> COUNTROWS 함수는 테이블의 행 수를 반환하는 함수이다.

03 상단 메뉴의 **측정 도구** > **서식**을 **정수**로 설정하고 **천 단위 구분 기호(,)**를 클릭한다.

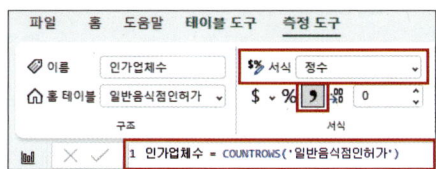

▶ 측정값 이름 : [성동구_연간누계]

01 우측 **데이터** 창에서 **〈일반음식점인허가〉 테이블**을 선택한 후 **마우스 우클릭** > **새 측정값**을 클릭한다.

02 수식 창에 다음과 같이 입력하고 Enter을 누른다.

성동구_연간누계 = TOTALYTD([인가업체수], Dates[Date], '일반음식점인허가'[시군구] = "성동구")

> **Tip**
>
> **수식 설명**
> • TOTALYTD 함수는 누적 연간 합계를 계산하는 함수로, 여기서는 [인가업체수]의 누적 합계를 반환하며, 만약 연도에 대한 명시적인 필터 컨텍스트가 없다면, 데이터에서 가장 최신 연도를 기준으로 누적 합계를 계산하게 된다.
> • 3번째 인수에서 위 식과 같이 필터 조건을 추가할 수 있다.

02 상단 메뉴의 **측정 도구** > **서식**을 **정수**로 설정하고 **천 단위 구분 기호(,)**를 클릭한다.

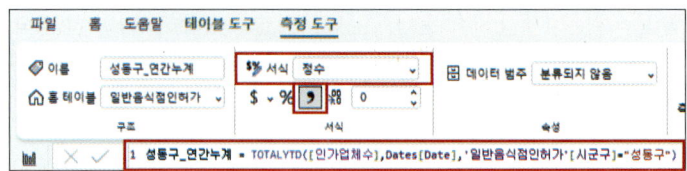

③ 다음 조건으로 데이터 창에 측정값을 추가하시오.

▶ 측정값 이름 : [한식대비일식_비율]

01 우측 **데이터** 창에서 〈일반음식점인허가〉 테이블을 선택한 후 **마우스 우클릭** > **새 측정값**을 클릭한다.

02 수식 창에 다음과 같이 입력하고 Enter을 누른다.

> 한식대비일식_비율 = CALCULATE([인가업체수], '일반음식점인허가'[업태구분명] = "일식") / CALCULATE([인가업체수], '일반음식점인허가'[업태구분명] = "한식")

02 상단 메뉴의 **측정 도구** > **서식**을 **백분율**로 설정하고 소수 자릿수는 **2**로 설정한다.

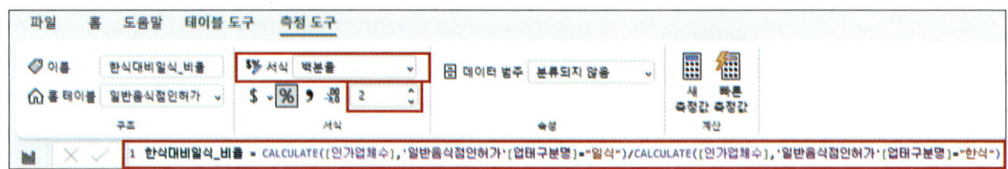

수식 설명
CALCULATE 함수는 앞 부분의 측정값 또는 DAX식을 계산하는 데 뒷 부분에 따라오는 조건을 필터로 하여 계산을 수행한다.

풀이 2 단순요소 구현   30점

📁 답안 'Part3_모의문제_1회' > '1회_답안.pbix' > '문제2'

📁 정답 'Part3_모의문제_1회' > '1회_정답.pbix' > '문제2'

📁 데이터 'Part3_모의문제_1회' > '시도별 음주운전 교통사고 현황.xlsx', '연월별교통사고현황.xlsx'

1 '문제2', '문제3' 페이지의 전체 서식을 설정하시오.

① 보고서 전체의 테마를 설정하고 사용자 지정 기능을 사용하여 텍스트 서식을 변경하시오.

01 **보고서 보기** 탭으로 이동한 후 상단 메뉴의 **보기** > **테마 우측 화살표**를 눌러서 전체 테마를 확인하고 **접근성 높은 난초**를 선택한다. 다시 열어서 하단에 **현재 테마 사용자 지정**을 클릭한다.

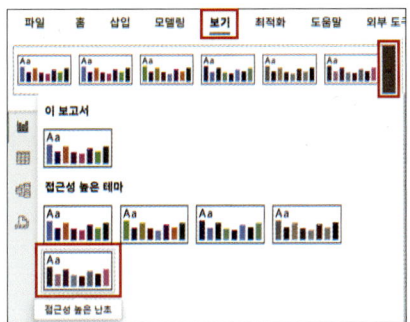
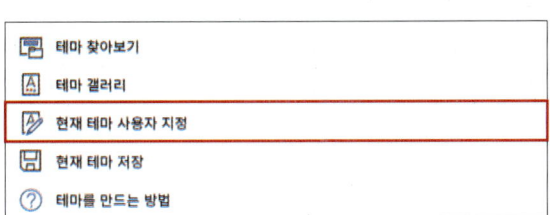

02 **텍스트** > **카드 및 KPI**에서 **글꼴 패밀리**를 Segoe UI로, **글꼴 크기**를 30으로 설정한 후 **적용**을 클릭한다.

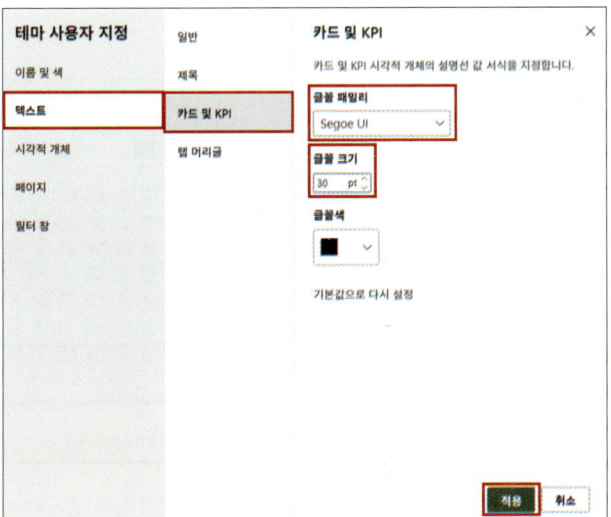

② 텍스트 상자를 사용하여 '문제2' 페이지에 보고서 제목을 작성하시오.

01 상단 메뉴의 **홈** > **텍스트 상자**를 클릭하여 보고서에 삽입한 뒤 **2019~2023 음주운전 사고현황 보고서**를 입력한다.

02 주어진 텍스트를 입력한 후 전체를 드래그하여 **글자 크기**는 **24**, **굵게**를 적용한 뒤 1-②의 위치에 배치한다.

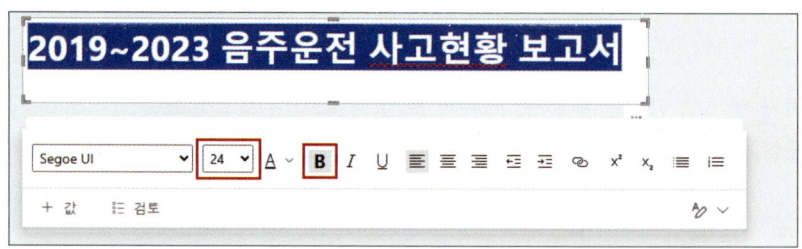

텍스트 상자 이동이 어려운 경우, 개체 끝에 있는 추가 옵션(⋯)을 잡으면 개체를 이동시키기 좋다.

2 다음 지시사항에 따라 카드와 슬라이서를 구현하시오.

① 다음 조건으로 3개의 카드를 구현하시오.

01 **시각적 개체 빌드**를 이용하여 페이지에 **카드**를 3개 삽입하고 각각 〈_측정값〉 테이블의 **[교통사고건수]**, **[음주운전사고건수]**, **[음주운전사고비중]** 측정값을 차례로 추가하여 2-①의 위치에 배치한다.

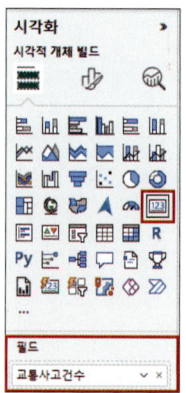 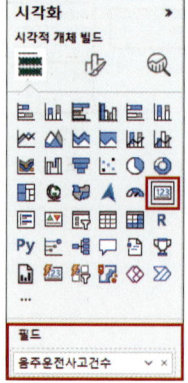 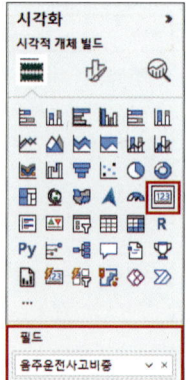

1백만	76천	7.32%
교통사고건수	음주운전사고건수	음주운전사고비중

02 **교통사고건수**, **음주운전사고건수** 카드를 **Shift** 또는 **Ctrl** 버튼을 이용해 **동시에 선택**하고 **시각적 개체 서식 지정 > 시각적 개체 > 설명 값**에서 글꼴과 글꼴 크기가 문제의 지시와 맞게 설정되어 있는지 확인한 후, **표시 단위**를 **없음**으로 선택한다.

03 다시 카드 3개를 **동시에 선택**한 뒤 **상단 메뉴**의 **서식 > 맞춤 > 가로 균등 맞춤**을 클릭한다.

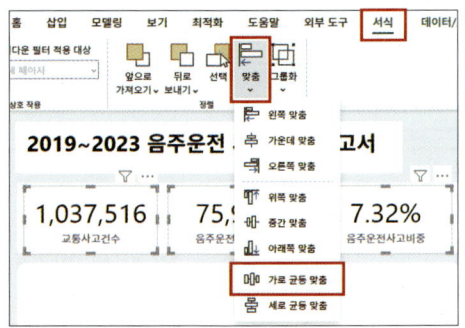

각 개체의 시각화 작업이 모두 마무리되면 다음 작업에 영향을 주지 않도록 항상 보고서의 빈 곳을 클릭하여 개체를 선택하지 않은 상태로 작업을 이어서 진행한다.

② 다음 조건으로 슬라이서 2개를 구현하시오.

01 **슬라이서**를 2개 삽입한 뒤 〈지역별인구수(2023)〉 테이블의 **[시도] 필드**, 〈Dates〉 테이블의 **[Year] 필드**를 각각 추가하여 2-②의 위치에 배치한다.

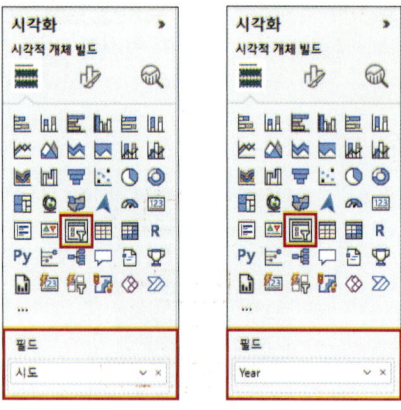
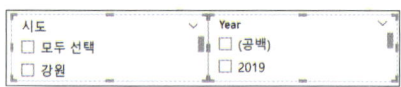

02 **Shift** 또는 **Ctrl** 키로 슬라이서를 **동시에 선택**한 뒤 **시각적 개체 서식 지정 > 시각적 개체 > 슬라이서 설정 > 옵션 > 스타일**을 **드롭다운**으로 설정한다.

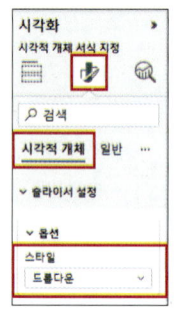
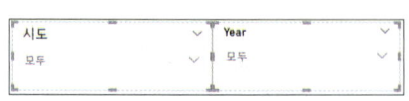

03 **시도 슬라이서**를 선택하고 **시각적 개체 > 슬라이서 설정 > 선택 > "모두 선택" 옵션 표시**를 활성화한다. **Year 슬라이서**를 선택하고 **시각적 개체 > 슬라이서 머리글**을 활성화한 뒤 **텍스트 > 제목 텍스트**를 **연도**로 수정한다.

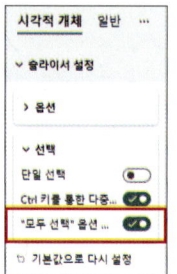
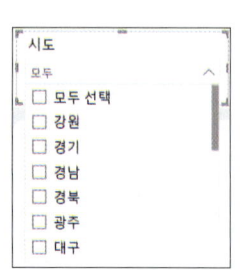

3 다음 지시사항에 따라 꺾은선형 및 누적 세로 막대형 차트를 구현하시오.

① 다음 조건으로 차트를 구성하시오.

01 **꺾은선형 및 누적 세로 막대형 차트**를 삽입하고 **X축**에는 〈Dates〉 테이블의 [Year] 필드를, **열 y축**에는 〈_측정값〉 테이블의 [음주운전사고건수], [교통사고건수] 측정값을, **선 y축**에는 [음주운전사고비중] 측정값을 추가하여 3-①의 위치에 배치한다.

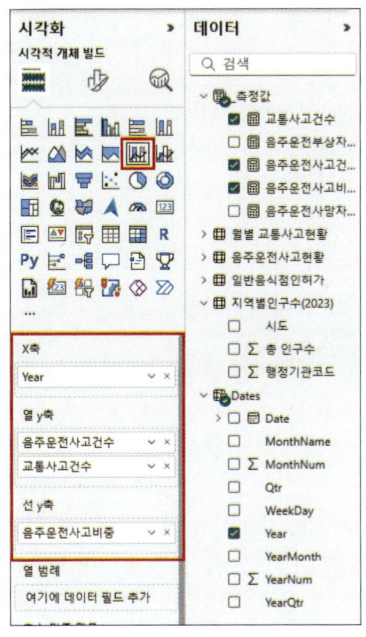
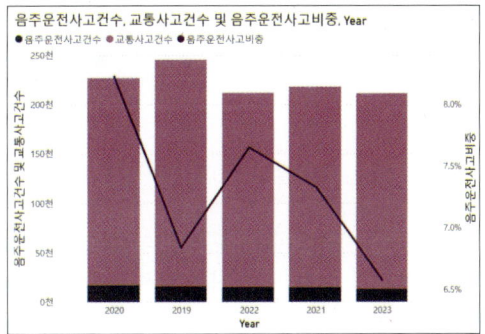

02 개체 우측 상단의 **추가 옵션**(⋯)을 눌러 **축 정렬**의 기준을 **Year**로 변경하고 이어서 기준의 방법을 **오름차순 정렬**로 변경한다.

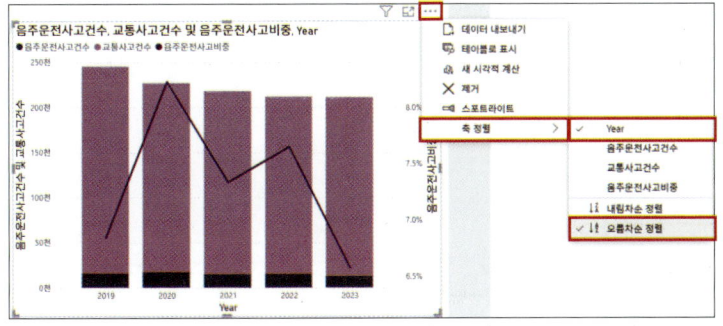

② 다음 조건으로 차트 서식을 지정하시오.

01 개체 선택 후 **시각적 개체 서식 지정** > **일반** > **제목**에서 **텍스트**는 **연도별 음주운전 사고 비율**, 글꼴은 **Segoe UI**, 크기는 **14**, **가로 맞춤**은 **가운데**로 설정한다.

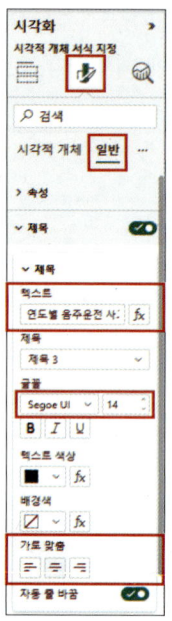

02 **시각적 개체 서식 지정** > **시각적 개체** > **범례**는 **위쪽 가운데**로 설정하고 **X축**, **Y축**의 **제목**은 비활성화한다. **표식**도 **모든 범주 표시**를 클릭하여 **활성화**한다.

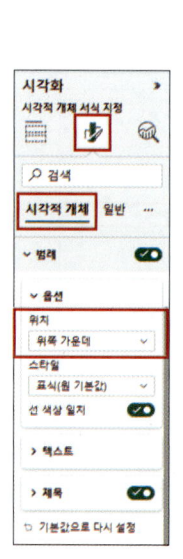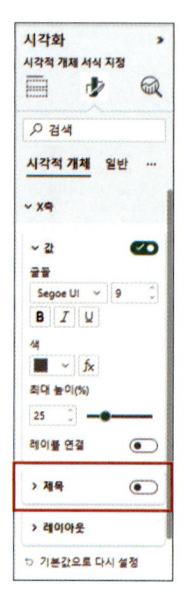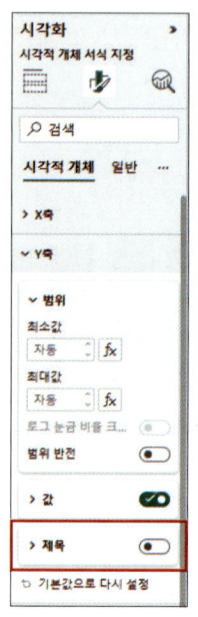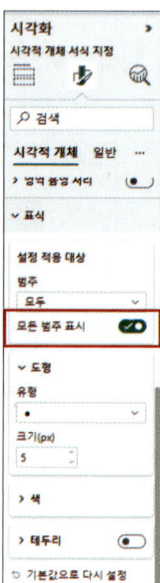

03 추가로 **데이터 레이블**을 **활성화**한 뒤 **설정 적용 대상**에서 **계열**은 **교통사고건수**를 클릭하고 **이 계열에 대해 표시**를 클릭하여 **비활성화**한다.

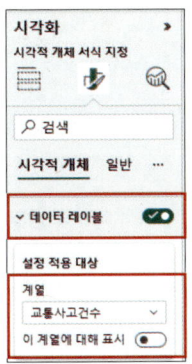

③ 위 차트가 '연도' 슬라이서와 상호 작용이 없도록 설정하시오.

01 **연도 슬라이서**를 선택한 상태에서 상단 메뉴의 **서식** > **상호 작용 편집** 버튼을 누른 뒤 '연도별 음주운전 사고 비율' 차트에 대해 **없음**(⊘)을 클릭한다. 아이콘이 ⊘으로 변한다.

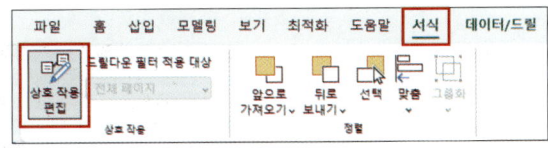

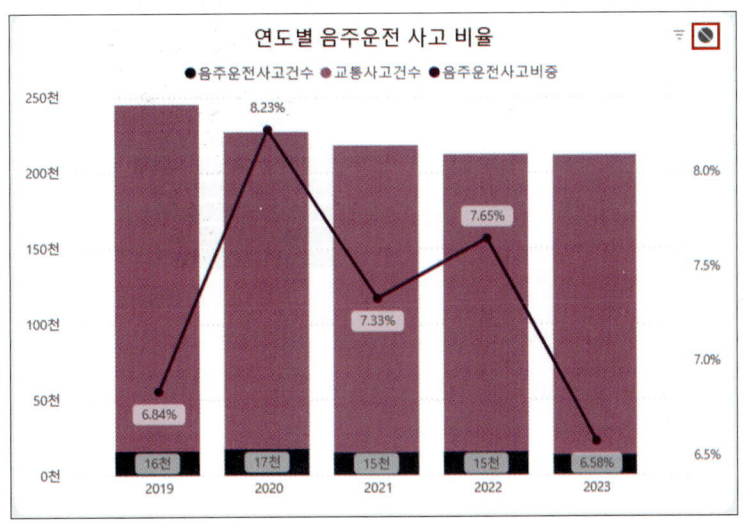

02 다시 **상호 작용 편집** 버튼을 눌러서 편집 모드를 **해제**한다.

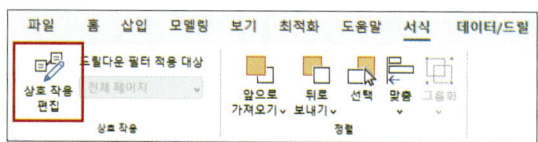

상호 작용 편집 기능은 우선 특정 개체를 선택해야 서식 메뉴를 통한 설정이 활성화된다.

4 다음 지시사항에 따라 묶은 가로 막대형 차트를 구현하시오.

① 다음 조건으로 차트에 데이터를 추가하시오.

01 **묶은 가로 막대형 차트**를 삽입하고 **Y축**에는 〈지역별인구수(2023)〉 테이블의 **[시도] 필드**, **X축**에는 〈_측정값〉 테이블의 **[음주운전사고비중] 측정값**을 추가한다.

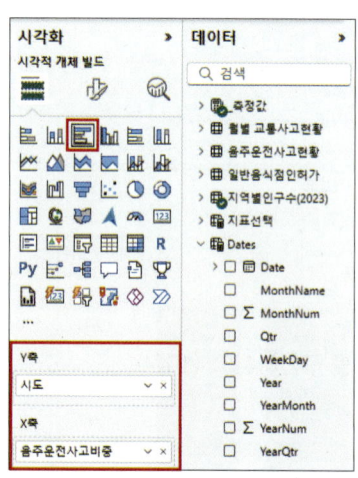 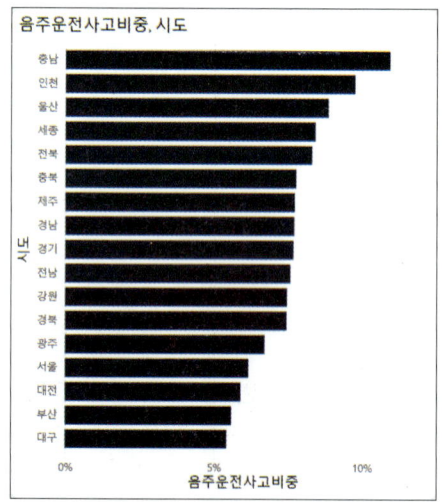

02 차트를 4-①의 위치에 배치한다.

② 다음 조건으로 차트 서식을 지정하시오.

01 **시각적 개체 서식 지정 > 일반 > 제목 > 텍스트**는 **시도별 음주운전 사고 비중**을 입력하고 **글꼴**은 Segoe UI, **가로 맞춤**은 **가운데 맞춤**으로 설정한다.

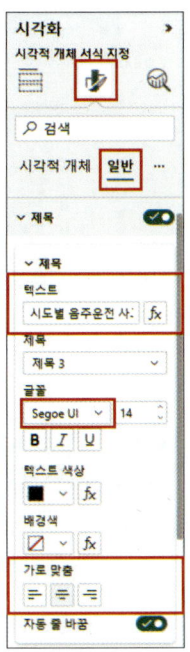

02 제목 하단의 **부제목**을 **활성화**한 후 **텍스트**에는 **각 시도가 전체에서 차지하는 비중**을 입력하고 **글꼴과 가로 맞춤**은 **제목과 동일**하게 설정한다.

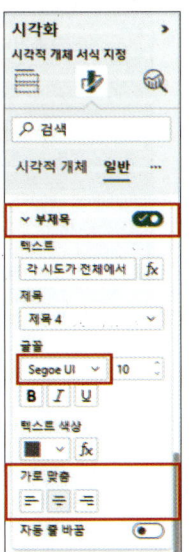

03 **시각적 개체**로 이동한 뒤 **X축**과 **Y축**의 **제목**을 **비활성화**한다.

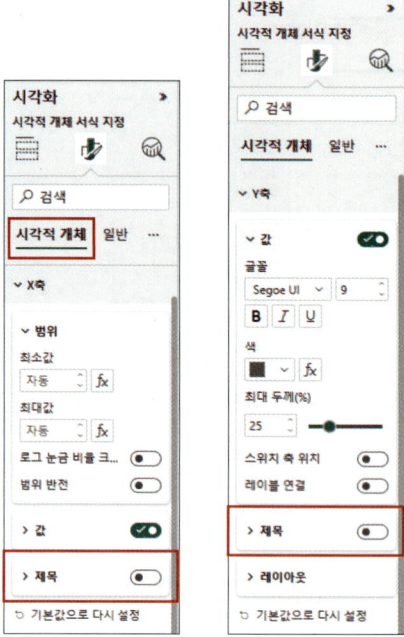

04 **데이터 레이블**을 활성화하고 **옵션 > 위치 > 안쪽 끝에**로 설정한다.

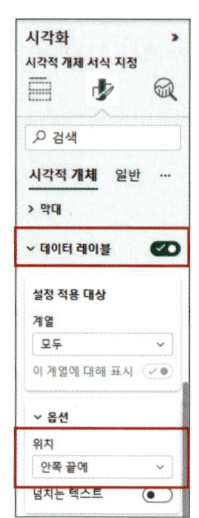 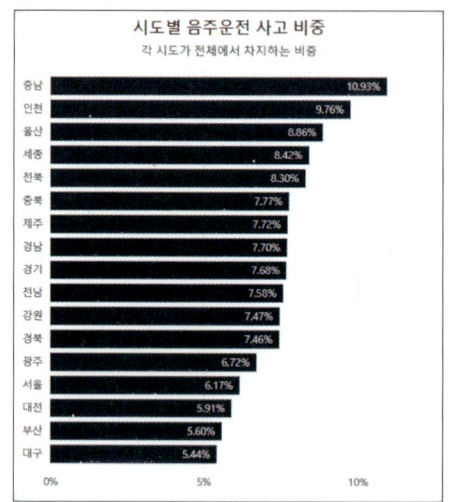

③ 다음 조건으로 분석 요소를 추가하시오.

01 **시각적 개체에 추가 분석 추가 > 상수 선 > 선**을 **활성화**하고 **조건부 서식**(fx)을 클릭한다.

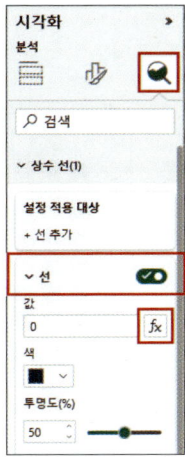

02 **어떤 필드를 기반으로 해야 하나요?**에서 〈_측정값〉 테이블의 **[음주운전사고비중]** 측정값을 선택하고 **확인**을 누른다.

03 **선** > **색**에서 **테마 색 2**를 선택한다.

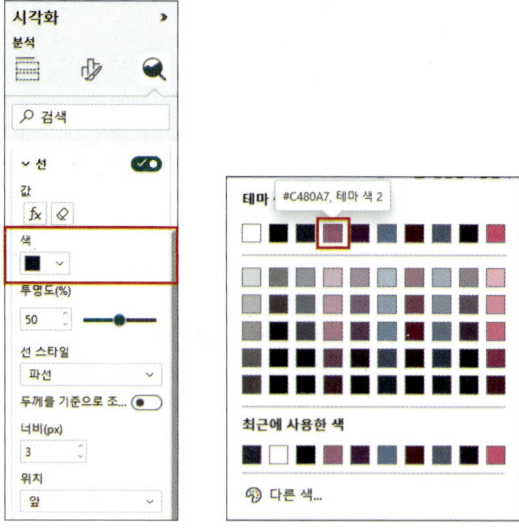

04 선 하단에 있는 **데이터 레이블**을 활성화하고 **세로 위치**는 **아래**, **스타일**은 **데이터 값**, **색**은 위와 동일한 **테마 색 2**로 설정한다.

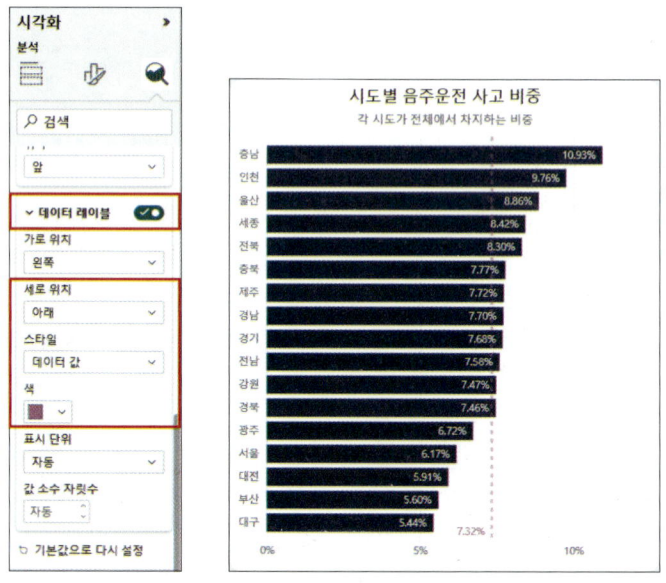

05 작업한 보고서가 문제2의 시각화 완성화면(351p)과 일치하는지 확인한 후 해당 페이지의 작업을 마무리한다.

풀이 3 복합요소 구현 50점

> 답안 'Part3_모의문제_1회' > '1회_답안.pbix' > '문제3'
> 정답 'Part3_모의문제_1회' > '1회_정답.pbix' > '문제3'
> 데이터 'Part3_모의문제_1회' > '시도별 음주운전 교통사고 현황.xlsx', '연월별교통사고현황.xlsx'

1 다음 지시사항에 따라 측정값을 추가하고 행렬 차트를 구현하시오.

① 다음 조건으로 <_측정값> 테이블에 측정값을 추가하시오.

01 문제3 페이지의 우측 **데이터** 창에서 **<_측정값> 테이블**을 선택한 후 **마우스 우클릭 > 새 측정값**을 클릭한다.

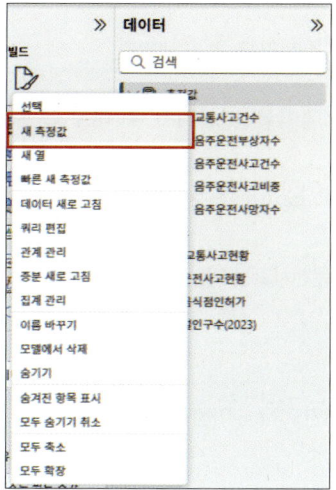

02 수식 창에 다음과 같이 입력하고 Enter를 누른다.

전년_음주운전사고건수 = CALCULATE([음주운전사고건수], DATEADD(Dates[Date], -1, YEAR))

CHAPTER 01 | 실전 모의고사 1회 **377**

03 상단 메뉴의 **측정 도구 > 서식**을 **정수**로 설정하고 **천 단위 구분 기호(,)**를 클릭한다.

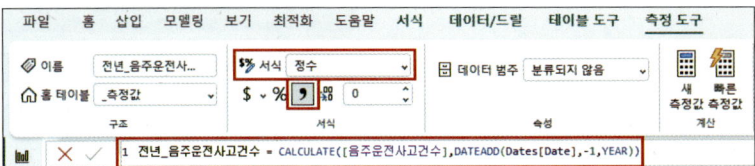

수식 설명
- DATEADD 함수는 DATEADD(Dates[Date], -1, YEAR)에 대해서 [Date] 열에서 필터링된 기간의 1년 전에 해당하는 날짜를 반환한다.
- CALCULATE 함수는 DATEADD가 반환한 기간에 대해 [음주운전사고건수] 측정값을 계산한다.

② 다음 조건으로 〈_측정값〉 테이블에 측정값을 추가하시오.

01 우측 **데이터** 창에서 〈_측정값〉 테이블을 선택한 후 **마우스 우클릭 > 새 측정값**을 클릭한다.

02 수식 창에 다음과 같이 입력하고 Enter를 누른다.

전년대비음주사고증감률 = DIVIDE([음주운전사고건수] - [전년_음주운전사고건수], [전년_음주운전사고건수])

전년대비음주사고증감률 계산식 = (당해연도 값 - 이전연도 값) ÷ 이전연도 값

03 상단 메뉴의 **측정 도구 > 서식**을 **백분율**로 설정하고 소수 자릿수는 **2**로 설정한다.

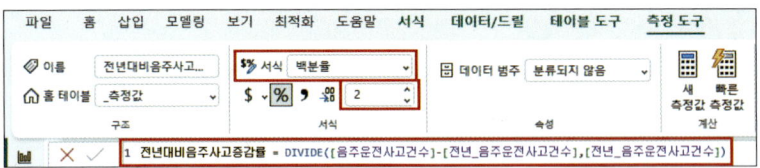

③ 다음 조건으로 행렬 차트를 구현하시오.

01 페이지에 **행렬 차트**를 삽입하고 **행**에는 〈지역별인구수(2023)〉 테이블의 **[시도] 필드**를, **열**에는 〈Daes〉 테이블의 **[Year] 필드**를, **값**에는 〈_측정값〉 테이블의 **[음주운전사고건수], [전년_음주운전사고건수], [전년대비음주사고증가율] 측정값**을 추가하여 1-③의 위치에 배치한다.

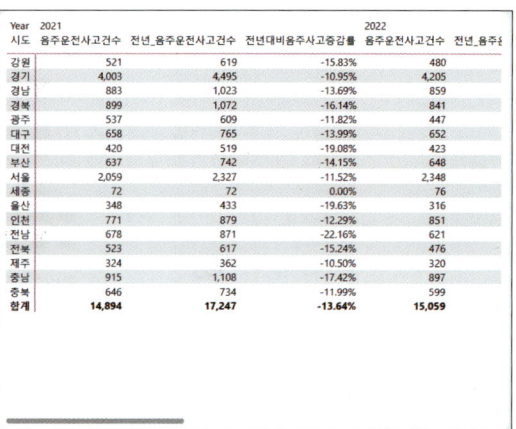

02 **시각화 개체 빌드 > 값**에 추가된 필드를 **더블클릭**하여 **이름**을 문제의 지시와 같이 **변경**한다(음주운전사고건수 → **당해연도**, 전년_음주운전사고건수 → **이전연도**, 전년대비음주사고증가율 → **전년대비**).

03 **시각적 개체 서식 지정** > **시각적 개체** > **열 머리글** > **배경색**에서 **테마 색**을 **흰색, 50% 더 어둡게**로 설정하고 **텍스트 색상**은 **흰색**으로 설정한다.

04 **열 소계**를 **비활성화**하고, **눈금** > **옵션** > **행 안쪽 여백**을 **5**로 조정한다.

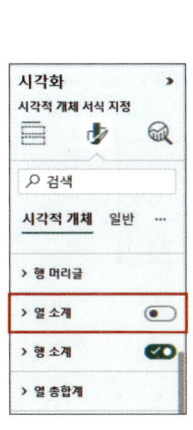
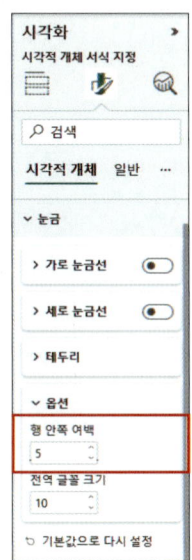

05 개체 우측 상단 **추가 옵션(⋯)**을 클릭하여 **정렬 기준**은 **당해연도**로 하고 **내림차순 정렬**을 선택해 준다.

④ 다음 조건으로 조건부 서식을 지정하시오.

01 **시각적 개체 > 셀 요소 > 설정 적용 대상 > 계열**을 **전년대비**로 선택하고 **아이콘**을 **활성화** 한다.

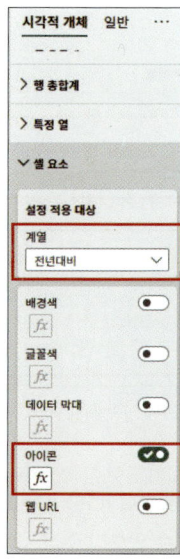

02 아이콘 밑에 있는 |fx|을 눌러서 아이콘에 대한 조건부 서식 규칙을 **서식 스타일**에는 **규칙**, **적용 대상**은 **값만**, **어떤 필드를 기반으로 해야 하나요?**에는 **전년대비**, **아이콘 레이아웃**에는 **데이터 오른쪽**을 설정한다. 일단 각 식 우측에서 |X|를 눌러 규칙 식 가운데 하나만 남긴 상태에서 첫 번째 규칙을 다음 이미지와 같이 구성한다.

03 우측에서 **새 규칙** 버튼을 눌러 **규칙을 추가**하고 다음과 같이 조건을 완성한다. **확인**을 눌러 설정을 마무리한다.

> **Tip** ✓
> - 기본 설정값에서 수정하여 규칙을 생성해도 무방하다. 다만 한번 적용 후 다시 조건부 서식 대화창을 오픈하면 규칙이 일부 '퍼센트'로 다시 바뀌는 현상이 있을 수 있으니 수정 시에는 이점을 유의한다.
> - 각 규칙 식 중간의 끝은 AND에 대한 프로그램상 한글 번역 오류이다.

각 개체의 시각화 작업이 모두 마무리되면 다음 작업에 영향을 주지 않도록 항상 보고서의 빈 곳을 클릭하여 개체를 선택하지 않은 상태로 작업을 이어서 진행한다.

2 다음 지시사항에 따라 매개 변수와 묶은 가로 막대형 차트를 구현하시오.

① 다음 조건으로 매개 변수를 추가하시오.

01 상단 메뉴의 **모델링** > **새 매개 변수** > **필드**를 클릭한다.

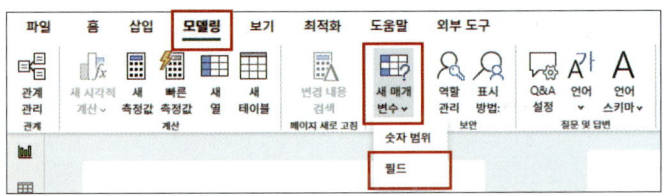

02 **이름**에는 **지표선택**을 입력하고 **필드 추가 및 순서 변경** 영역에 〈측정값〉 테이블의 [음주운전사고건수], [음주운전사망자수], [음주운전부상자수], [음주운전사고비중] 측정값을 순서대로 체크하여 **삽입**한다.

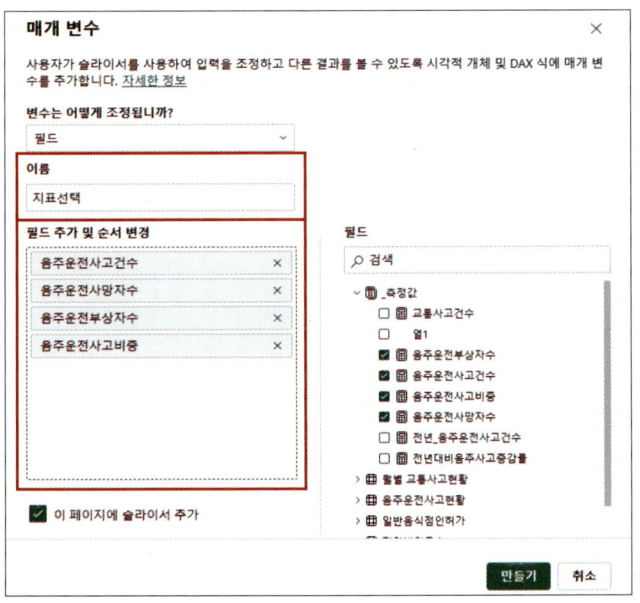

추가되는 필드의 순서대로 매개 변수 슬라이서를 구성하게 된다.

03 **필드 추가 및 순서 변경** 영역에 추가된 각 필드를 **더블클릭**하여 이미지와 같이 **이름을 수정**해주고, 하단의 **이 페이지에 슬라이서 추가** 옵션도 체크한 뒤 **만들기** 버튼을 누른다.

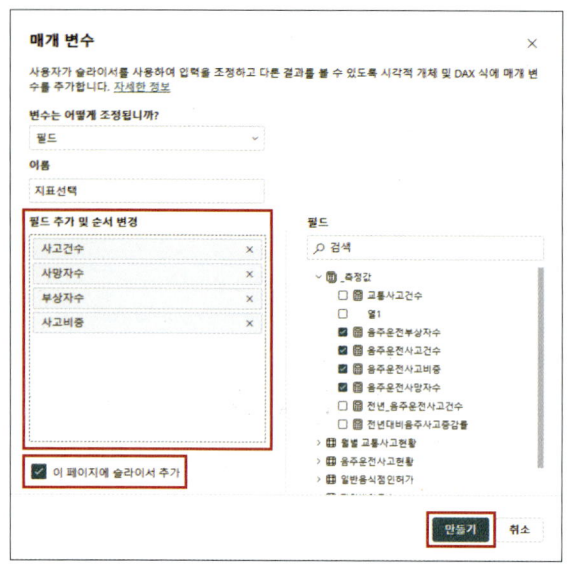

> **Tip** ✓
>
> - 추가된 필드명 수정 시 Enter 대신 Tab 버튼 또는 다른 여백을 클릭하여 작업을 마무리하는 것이 좋으며, Enter 입력시에는 'X' 표시가 작동되어 필드가 빠져나갈 수 있음을 유의한다.
> - 이미 만들어진 매개 변수를 수정하려면 수식 창에서 직접 수정하거나 해당 매개 변수 테이블 자체를 삭제 후 다시 만드는 수밖에 없다.
>
> ```
> 1  지표선택 = {
> 2      ("사고건수", NAMEOF('_측정값'[음주운전사고건수]), 0),
> 3      ("사망자수", NAMEOF('_측정값'[음주운전사망자수]), 1),
> 4      ("부상자수", NAMEOF('_측정값'[음주운전부상자수]), 2),
> 5      ("사고비중", NAMEOF('_측정값'[음주운전사고비중]), 3)
> 6  }
> ```

② 다음 조건으로 매개 변수 슬라이서를 구현하시오.

01 페이지에 추가된 **매개 변수 슬라이서**를 선택한 후 **시각적 개체 서식 지정 > 시각적 개체 > 슬라이서 설정 > 옵션 > 타일**로 설정하고 **선택 > 단일 선택**을 활성화한다. 2-②의 모양에 맞게 배치한다.

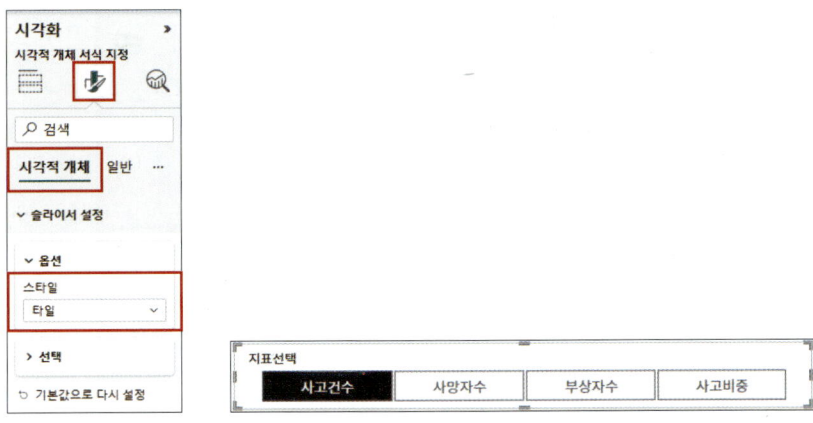

02 **슬라이서 머리글**은 **비활성화**한다.

③ 다음 조건으로 묶은 가로 막대형 차트를 구성하시오.

01 페이지에 **묶은 가로 막대형 차트**를 삽입하고 **Y축**에 〈지역별인구수(2023)〉 테이블의 **[시도]** 필드를, **X축**에는 앞에서 만든 〈지표선택〉 테이블의 **[지표선택] 매개 변수**를 추가한다.

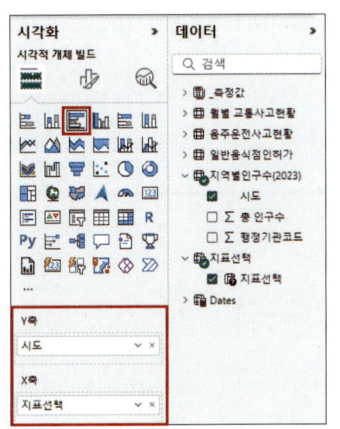
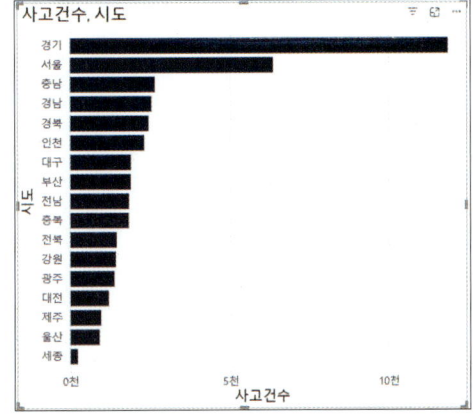

02 **시각적 개체 서식 지정** > **시각적 개체**에서 **데이터 레이블**을 **활성화**하고 **X축**과 **Y축의 제목**은 **비활성화**한다.

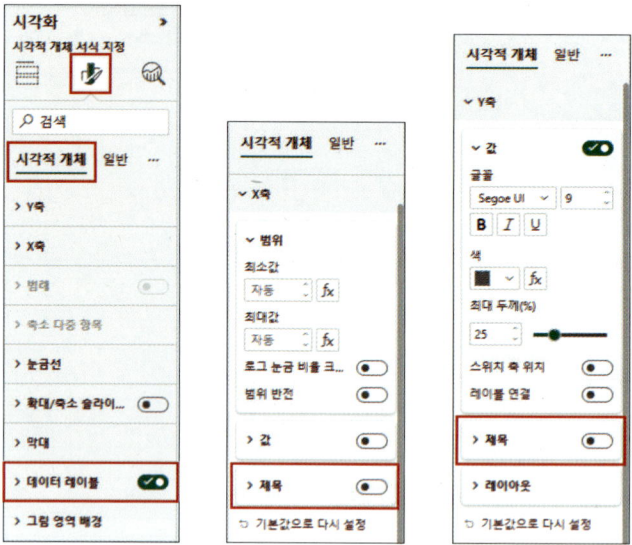

03 2-③의 위치에 배치한다.

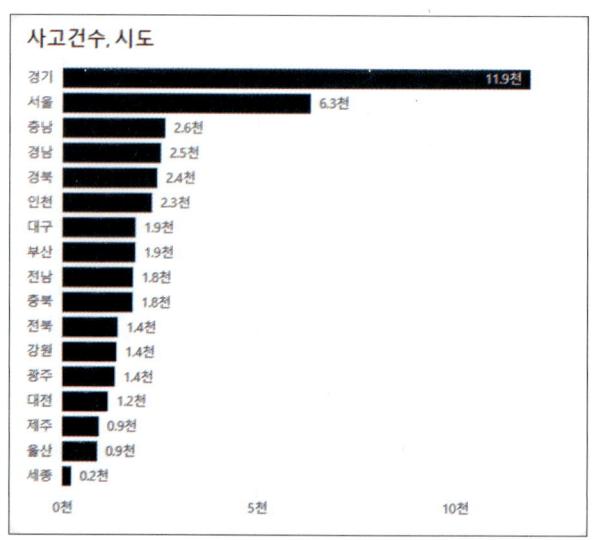

3 다음 지시사항에 따라 측정값 및 카드(신규)를 추가하시오.

① 다음 조건으로 〈_측정값〉 테이블에 측정값을 추가하시오.

▶ 측정값 이름: [사고비중_높은지역]

01 우측 **데이터** 창에서 **〈_측정값〉 테이블**을 선택한 후 **마우스 우클릭 > 새 측정값**을 클릭한다.

02 수식 창에 다음과 같이 입력하고 Enter를 누른다.

> 사고비중_높은지역 = CALCULATE(VALUES('지역별인구수(2023)'[시도]), TOPN(1, '지역별인구수(2023)', [음주운전사고비중]))

수식 설명
- TOPN 함수는 TOPN(1, '지역별인구수(2023)', [음주운전사고비중])은 '지역별인구수(2023)' 테이블에서 [음주운전사고비중]이 가장 높은 1개의 행(으로 이뤄진 테이블)을 반환하는 역할을 한다.
- CALCULATE 함수는 필터링된 결과를 적용해 특정 값을 계산하거나 반환하는 역할을 하며, 여기서는 TOPN 함수의 결과를 사용해 필터링을 설정한다.
- VALUES 함수는 VALUES('지역별인구수(2023)'[시도])는 필터링된 [시도] 열의 값을 반환하며, 이 경우 음주운전사고 비중이 가장 높은 지역의 값을 가져온다.
- 결론적으로 위 식은 TOPN 함수로 필터링된 결과를 바탕으로 '지역별인구수(2023)' 테이블의 [시도] 값을 반환한다.

② 다음 조건으로 〈_측정값〉 테이블에 측정값을 추가하시오.

▶ 측정값 이름: [사고비중_낮은지역]

01 우측 **데이터** 창에서 **〈_측정값〉** 테이블을 선택한 후 **마우스 우클릭 > 새 측정값**을 클릭한다.

02 수식 창에 다음과 같이 입력하고 Enter를 누른다.

> 사고비중_낮은지역 = CALCULATE(VALUES('지역별인구수(2023)'[시도]), TOPN(1, '지역별인구수(2023)', [음주운전사고비중], ASC))

수식 설명
TOPN 함수는 TOPN 함수의 네 번째 인수는 순위를 매길 때 사용할 정렬 방법을 지정한다. DESC는 내림차순을, ASC는 오름차순을 의미하며, 생략할 경우 기본값은 내림차순이다. 여기서는 [음주운전사고비중]이 가장 낮은 지역을 반환해야 하므로 ASC를 사용해 오름차순으로 정렬한다.

③ 다음 조건으로 카드(신규)를 구현하시오.

01 페이지에 **카드(신규)**를 삽입하고, **데이터**에 〈_측정값〉 테이블의 **[사고비중_높은지역]**, **[사고비중_낮은지역]** 측정값을 추가하여 3-④의 위치에 배치한다.

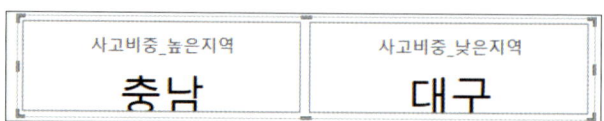

02 **시각적 개체 서식 지정** > **시각적 개체** > **설명 값** > **계열**은 **모두**가 선택된 상태에서 **글꼴 크기**를 **20**으로 설정하고 **가로 맞춤**은 **가운데**로 설정한다.

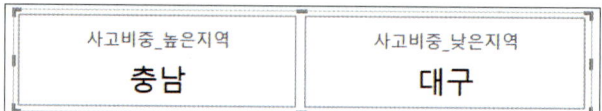

4 다음 지시사항에 따라 페이지 탐색기를 추가하시오.

01 상단 메뉴의 **삽입** > **단추** > **탐색기** > **페이지 탐색기**를 선택하고 4-①의 위치에 배치한다.

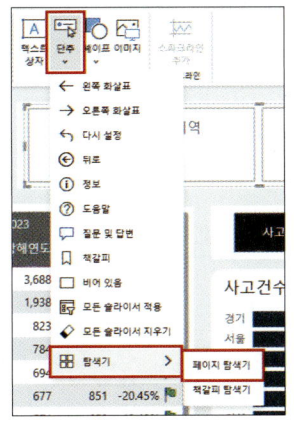

02 해당 개체가 선택된 상태에서 우측 **서식 탐색기** > **시각적 개체** > **도형** > **도형** > **알약**을 선택한다. 추가 서식 적용을 위해 **스타일** > **설정 적용 대상** > **상태** > **가리키기**를 선택하고 **글꼴 크기**를 **11**로 변경한다. 끝으로 **서식 탐색기** > **일반** > **효과** > **배경**을 **활성화**한다. 흰색이 기본 설정값으로 적용되어 있다.

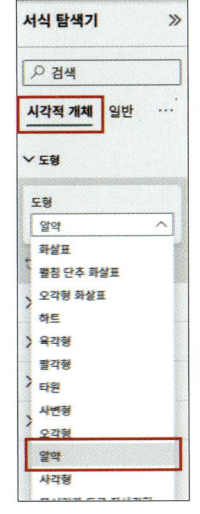
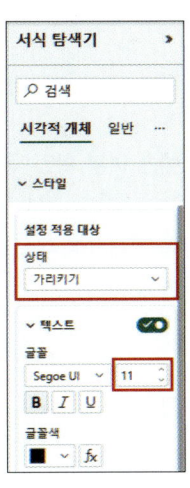
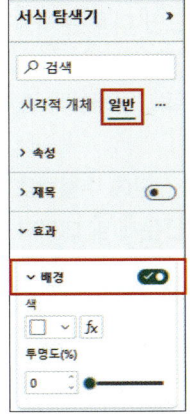
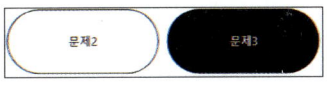

마우스로 삽입된 페이지 탐색기 위에 올렸을 때만 글꼴 크기가 11로 표현된다.

03 작업한 보고서가 문제3의 시각화 완성화면(354p)과 일치하는지 확인한 후 해당 페이지의 작업을 마무리한다.

CHAPTER 02 실전 모의고사 2회

국 가 기 술 자 격

경영정보시각화능력 실기 모의문제

프로그램명	제한시간
파워BI 데스크톱	70분

수험번호	
성 명	

단일	실전 모의고사 2회

※ 시험지를 받으면 다음 순서를 따라 주시기 바랍니다.

① 응시 프로그램 일치여부, 페이지 누락, 인쇄상태 불량 및 훼손 여부 확인 후 이상이 있을 경우 손을 들어 주십시오.
② 시험지 확인이 끝나면 문제지 우측 상단에 수험번호, 성명을 기재하여 주십시오.
③ 1페이지의 「유의사항」과 2페이지의 「문제 및 데이터 안내」를 확인하십시오.

대 한 상 공 회 의 소

- '유의사항', '문제 및 데이터 안내'에 따라 시험에 응시하여야 하며, 이를 소홀히 하여 발생한 불이익과 책임은 수험자 본인에게 있습니다.
- 시험이 시작되면 즉시 문제 데이터 파일 존재여부와 답안 파일의 문제3-4 페이지에 차트, 표, 데이터가 보이는지 확인하시기 바랍니다.
  - 문제 데이터 파일 위치 : [문제1] C:\PB\문제1_데이터 폴더 / [문제2,3] C:\PB\문제2,3_데이터 폴더
  - 문제 데이터 파일은 존재여부만 확인하며 엑셀 등으로 열어보면 실격 처리
  - 답안 파일 위치 : C:\PB\수험자번호.pbix
  - 화면에 띄워진 답안 파일의 문제3-4 페이지 확인
- 시험 진행 중 작성된 답안은 수시로 저장하시기 바랍니다.
- 별도의 지시사항이 없는 경우, 다음과 같이 처리할 때 [실격 처리]됩니다.
  - 제시된 파일, 페이지/대시보드, 데이터 원본의 이름, 차원/측정값 속성을 임의로 변경한 경우
  - 제시된 파일, 데이터 원본을 임의로 삭제, 추가, 변경한 경우
  - 시트/워크시트/대시보드를 임의로 삭제, 추가하거나 명칭을 변경한 경우
  - 제시된 답안 파일의 경로 또는 파일명을 변경한 경우
  - 문제 데이터를 시험 시작 전에 열어보는 경우
  - 실기시험 프로그램 이외의 프로그램(엑셀 등)으로 데이터를 열어보는 경우
- 반드시 답안작성은 문제에서 지시한 위치에 작업하여야 하며 다음과 같이 처리 시 해당 작업 또는 그 작업에 영향을 미치는 문제, 개체, 시트 등은 [오답 처리]됩니다.
  - 제시된 함수가 있으면 제시된 함수만을 사용해야 하며 그 외 함수를 사용해 풀이한 경우
  - 지시하지 않은 차트, 컨테이너, 매개변수 등을 임의로 이동, 수정(변경), 삭제 등으로 인해 위치 및 내용이 변경된 경우
  - 임의로 기본 설정값(Default)을 변경한 경우
  - 숫자데이터를 임의로 문자화하여 처리한 경우
  - 개체가 해당 영역을 벗어난 경우
  - 작업한 개체가 너무 작아 정보 확인이 어려울 경우
  - 지시사항과 띄어쓰기, 대소문자 등이 다르게 작업한 경우(계산식 제외)
- 시험지에 제시된 [완성 화면 그림]은 문제풀이 순서 또는 시각적 개체 작성 순서, PC 환경 등의 이유로 수험자가 작성한 개체의 모니터 화면과 모양, 색상 등이 다를 수 있습니다.
- 본 문제와 용어는 파워BI 데스크톱(Power BI Desktop) 2.139.1678.0 버전 기준으로 작성되었습니다.
  - 본 문제에서 열과 필드는 동일한 용어로 혼용 사용

문제 및 데이터 안내

1. 수험자가 작성할 답안 파일은 1개입니다. 문제1, 문제2, 문제3의 답을 하나의 답안 파일(.pbix)로 저장하십시오.
2. 문제1, 문제2, 문제3은 각각 독립적으로 구성되어 앞 문제를 풀지 않아도 다음 문제 풀이가 가능합니다.
3. 문제1은 데이터 불러오기를 통해 문제를 풀이하고, 문제2와 문제3은 답안에 이미 데이터가 포함되어 있어 다시 데이터를 불러오지 말고 바로 문제 풀이를 하십시오.
   – 데이터 파일은 문제1을 위한 데이터 파일과 문제2,3을 위한 데이터 파일로 구성되어 있습니다.
4. 문제2와 문제3 풀이를 위해 필요한 일부 측정값, 필터가 답안파일에 미리 적용되어 있을 수 있습니다.
   – 지시사항에 제시되지 않은 것은 변경하지 마십시오.
   – 사전에 적용된 필터 등이 삭제되지 않도록 '페이지 삭제' 기능을 **절대** 사용하지 마십시오.
5. 문제는 문제(문제1~3) – 세부문제(1~4) – 지시사항(①~③) – 세부지시사항(▶, –) 단위로 구성됩니다.
6. 지시사항(①~③)별로 점수가 부여되며, 지시사항의 전체 세부지시사항(▶, –)을 작업하지 않을 경우 점수가 부여되지 않습니다. ※ **부분 점수 없음**
7. 본 시험에서 사용되는 데이터 파일 수와 데이터명은 아래와 같습니다.
   – [문제1] 데이터 파일 수: 1개 / 데이터명: '지역별인구수.csv'

파일명	'지역별인구수.csv'						
테이블	구조						
지역별 인구수	행정기관코드	행정기관	총 인구수	연령구간인구수	0~9세	10~19세	20~29세
	0000000000	전국	51,325,329	51,325,329	3,332,892	4,651,460	6,197,486

   – [문제2,3] 데이터 파일 수: 1개 / 데이터명: '공공자전거 이용현황.xlsx'

파일명	'공공자전거 이용현황.xlsx'							
테이블	구조							
기간별 대여소별 이용건수	자치구	대여소명	기준년월	대여건수	반납건수			
	마포구	108. 서교동 사거리	202401	718	779			
2024년 5월_ 자전거 대여현황	대여소번호	대여소	대여구분 코드	연령대	이용건수	운동량	탄소량	이동거리(M)	이용시간(분)
	731	731. 서울시 도로환경 관리센터	정기권	~10대	413	18675.9	172.03	743746.22	6563

문제1 작업준비(20점)

1. 다음 지시사항에 따라 데이터 가져오기 및 편집을 수행하고 모델에 반영하시오.. (10점)

① 데이터 파일을 가져온 후 파워쿼리 편집기를 통해 테이블의 데이터를 편집하시오. (3점)
  ▶ 가져올 데이터 : '지역별인구수.csv' 파일의 〈지역별인구수〉 테이블
  ▶ 파워쿼리 편집기를 통해 〈지역별인구수〉 테이블에서 [총 인구수], [연령구간인구수] 필드 삭제

② 파워쿼리 편집기를 통해 〈지역별인구수〉 테이블을 다음과 같이 편집하시오. (3점)
  ▶ [행정기관] 필드에서 '전국' 필드 값 제외
  ▶ 열 피벗 해제 기능 사용
    – [행정기관코드], [행정기관] 필드를 제외한 나머지 모든 열에 대해 열 피벗 해제
  ▶ 필드 이름 변경
    – [특성] 필드 → [나이] 필드로 변경
    – [값] 필드 → [인구수] 필드로 변경

③ 파워쿼리 편집기를 통해 〈지역별인구수〉 테이블에 필드를 추가하시오. (4점)
  ▶ '예제의 열' 기능 사용
    – 필드 이름 : [나이대]
    – 활용 필드 : 〈지역별인구수〉 테이블의 [나이] 필드
    – [나이] 필드값을 기준으로 다음 조건에 따라 값이 반환된 조건 열 추가
      • "0~9세" → "~10대"
      • "10~19세" → "~10대"
      • "20~29세" → "20대"
      • "30~39세" → "30대"
      • "40~49세" → "40대"
      • "50~59세" → "50대"
      • "60~69세" → "60대"
      • "70~79세" → "70대이상"
      • "80~89세" → "70대이상"
      • "90~99세" → "70대이상"
      • "100 이상" → "70대이상"

2. 다음 지시사항에 따라 테이블을 추가하고 데이터 모델링 작업을 수행하시오. (10점)

① 다음 조건으로 테이블을 추가하시오. (4점)
- ▶ 테이블 이름 : 〈dim_연령대〉
- ▶ 활용 필드 : 〈지역별 인구수〉 테이블의 [나이대] 필드
- ▶ 사용 함수 : DISTINCT

② 다음과 같이 테이블 간의 관계를 설정하시오. (4점)
- ▶ 〈dim_연령대〉 테이블과 〈지역별인구수〉 테이블
  - 활용 필드 : 〈dim_연령대〉 테이블의 [나이대] 필드, 〈지역별인구수〉 테이블의 [나이대] 필드
  - 기준(시작) 테이블 : 〈지역별인구수〉 테이블
  - 카디널리티 : '다대일(*:1)' 관계
  - 크로스 필터 방향 : '단일'
- ▶ 〈dim_연령대〉 테이블과 〈fact_24년5월현황〉 테이블
  - 활용 필드 : 〈dim_연령대〉 테이블의 [나이대] 필드, 〈fact_24년5월현황〉 테이블의 [연령대] 필드
  - 기준(시작) 테이블 : 〈fact_24년5월현황〉 테이블
  - 카디널리티 : '다대일(*:1)' 관계
  - 크로스 필터 방향 : '단일'

③ 다음과 같이 〈지역별인구수〉 테이블에 측정값을 추가하시오. (2점)
- ▶ 측정값 이름 : [총인구수]
- ▶ 활용 필드 : 〈지역별인구수〉 테이블의 [인구수] 필드
- ▶ 사용 함수 : SUM
- ▶ 서식 : 정수, 천 단위에서 쉼표로 구분

문제2 단순요소 구현(30점)

| 시각화 완성화면 |

각 세부문제 풀이 후 '문제2' 페이지에 아래와 같이 개체를 배치하시오.

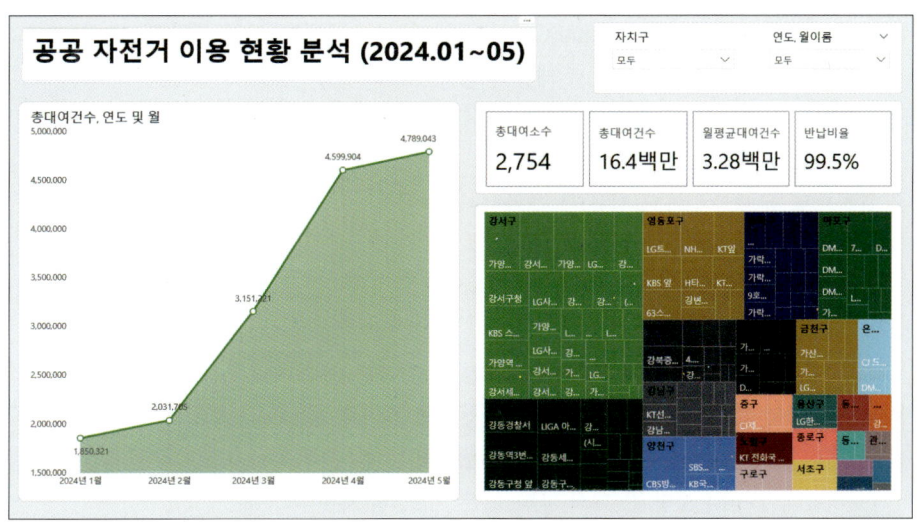

계산식 작성에 사용되는 문자열은 쌍따옴표(" ")를 사용하여 작성하시오.

1. '문제2', '문제3' 페이지의 전체 서식을 설정하시오. (5점)
    ① '문제2', '문제3' 페이지의 캔버스 배경 및 테마를 설정하시오. (3점)
        ▶ 배경 이미지
            – '문제2' 페이지 : '모의시험_문제2_배경이미지.jpg'
            – '문제3' 페이지 : '모의시험_문제3_배경이미지.jpg'
        ▶ 캔버스 배경 설정
            – 이미지 맞춤 : '맞춤'
            – 투명도 : 0
        ▶ 테마 : '접근성 높은 도시공원'
            – 테마 사용자 지정으로 테마 색 변경 : '테마 색6'을 '#0E7D45'로 변경
    ② 텍스트 상자를 활용하여 '문제2' 페이지의 보고서 제목을 작성하시오. (2점)
        ▶ 제목 : "공공 자전거 이용 현황 분석 (2024.01~05)"
        ▶ 제목 서식
            – 글꼴 : Segoe UI, '굵게'
            – 글꼴 크기 : 28
            – 가운데 맞춤 : '가운데'
        ▶ 텍스트 상자를 '1-②' 위치에 배치

2. 다음 지시사항에 따라 슬라이서와 카드를 구현하시오. (5점)
   ① 다음 조건으로 '문제2' 페이지에 슬라이서 2개를 나란히 추가하시오. (2점)
   ▶ 활용 필드
   − '자치구' 슬라이서 : 〈dim_대여소〉 테이블의 [자치구] 필드
   • [자치구] 검색이 되도록 설정
   − '연도, 월이름' 슬라이서 : 〈dim_Calendar〉 테이블의 [연도], [월이름] 필드
   • [연도], [월이름] 필드 순으로 계층이 생성되도록 설정
   ▶ 2개 슬라이서 모두 '드롭다운' 스타일 적용
   ▶ 슬라이서를 '2-①' 위치에 배치
   ② 다음 조건으로 '문제2'에 카드(신규)를 추가하시오. (3점)
   ▶ 활용 필드
   − 〈_측정값〉 테이블의 [총대여소수], [총대여건수], [월평균대여건수], [반납비율] 측정값
   ▶ 서식 지정
   − 모든 카드 설명 값 글꼴 및 글꼴 크기 : 'Segoe UI', '22'
   − [총대여소수] 설명 값 표시 단위 '없음', 소수점 자릿수 '자동'
   − [총대여건수] 설명 값 표시 단위 '자동', 소수점 자릿수 1자리까지 표시
   − [월평균대여건수] 설명 값 표시 단위 '자동', 소수점 자릿수 '자동'
   − [반납비율] 설명 값 표시 단위 '자동', 소수점 자릿수 자동
   ▶ 카드를 '2-②' 위치에 배치

3. 다음 지시사항에 따라 꺾은선형 차트를 구현하시오. (5점)
   ① 다음 조건으로 '문제2'에 꺾은선형 차트를 구성하시오. (2점)
   ▶ 활용 필드
   − 〈dim_Calendar〉 테이블의 [Date] 필드의 날짜 계층에서 [연도]와 [월] 필드
   − 〈_측정값〉 테이블의 [총대여건수] 측정값
   ▶ 계층 구조에서 한 수준 아래로 모두 확장되도록 설정
   ② 다음 조건으로 '문제2'에 꺾은선형 차트의 서식을 지정하시오. (3점)
   ▶ X축, Y축 제목 제거
   ▶ Y축 값 표시단위 '없음'
   ▶ 영역 음영 처리 활성화
   ▶ 표식 : 도형 유형 '원형(●)', 크기 '5', 도형 색상은 '흰색', 테두리 색은 계열색과 일치되도록 설정
   ▶ 데이터 레이블 활성화
   ▶ 꺾은선형 차트를 '3-②' 위치에 배치

4. 다음 지시사항에 따라 트리맵(Treemap) 차트를 구현하시오. (5점)

① 다음 조건으로 '문제2'에 트리맵 차트를 구성하시오. (3점)
▶ 활용 필드
- 〈dim_대여소〉 테이블의 [자치구] 필드, [대여소명] 필드
- 〈_측정값〉 테이블의 [총대여건수], [반납비율] 측정값
▶ 각 [자치구] 범주 내에서 [대여소명]별로 자세히 표시되도록 설정
▶ 도구 설명에 [반납비율]이 표시되도록 추가
▶ 트리맵 차트를 '4-①' 위치에 배치

② 다음과 같이 트리맵 차트의 각 요소에 대한 서식을 지정하시오. (2점)
▶ 제목 : 제거
▶ 각 범주 레이블 값 글꼴
- 색상 : '검정'
- 굵게

문제3 복합요소 구현(50점)

| 시각화 완성화면 |

각 세부문제 풀이 후 '문제3' 페이지에 아래와 같이 개체를 배치하시오.

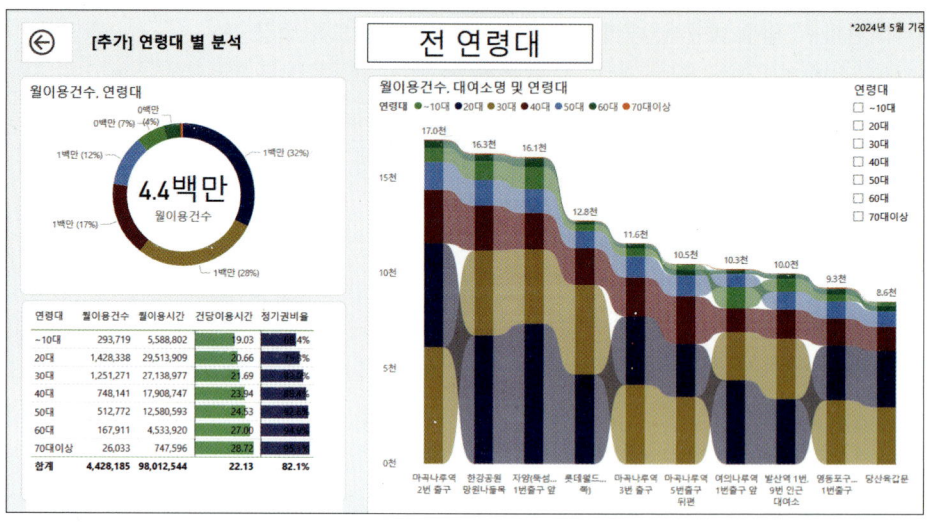

계산식 작성에 사용되는 문자열은 쌍따옴표(" ")를 사용하여 작성하시오.

1. 다음 지시사항에 따라 '문제3' 페이지에 도넛형 차트와 카드를 구현하시오. (10점)

   ① 다음 조건으로 〈fact_24년5월현황〉 테이블에 측정값을 추가하시오. (3점)
      ▶ 측정값 이름 : 월이용건수
      ▶ 활용 필드 : 〈fact_24년5월현황〉 테이블의 [이용건수] 필드
      ▶ 사용 함수 : SUM
      ▶ 서식 : 정수, 천 단위에서 쉼표로 구분되도록 설정

   ② 다음 조건으로 도넛형 차트를 구현하시오. (4점)
      ▶ 활용 필드 : 〈fact_24년5월현황〉 테이블의 [연령대] 필드, [월이용건수] 측정값
      ▶ 서식 지정
        – 조각 : 내부 반경(%) 80
        – 세부 정보 레이블
          • 레이블 내용 : 데이터 값, 총 퍼센트
          • 소수 자릿수 비율 : 0
      ▶ 도넛형 차트를 '1-②' 위치에 배치

③ 다음 조건으로 카드를 구현하시오. (3점)
  ▶ 활용 필드 : 〈fact_24년5월현황〉 테이블의 [월이용건수] 측정값
  ▶ 서식 지정
    – 글꼴 크기 : 30
    – 소수점 1자리까지 표시되도록 설정
    – 카드 배경 : 해제
  ▶ 카드를 다음 그림과 같이 지정된 위치에서 도넛 차트 개체 안쪽에 표시되도록 배치

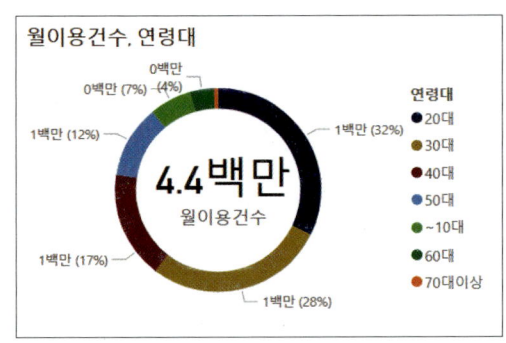

2. **다음 지시사항에 따라 측정값을 추가하고 테이블 차트를 구현하시오. (10점)**
  ① 다음 조건으로 〈fact_24년5월현황〉 테이블에 측정값을 추가하시오. (5점)
    ▶ 측정값 이름 : 월이용시간
      – 활용 필드 : 〈fact_24년5월현황〉 테이블의 [이용시간(분)] 측정값
      – 사용 함수 : SUM
      – 서식 : 정수, 천 단위에서 쉼표로 구분되도록 설정
    ▶ 측정값 이름 : 건당이용시간
      – 활용 필드 : 〈fact_24년5월현황〉 테이블의 [월이용시간], [월이용건수] 측정값
      – 사용 함수 : DIVIDE
      – 서식 : 10진수, 소수점 2자리까지 표시되도록 설정
    ▶ 측정값 이름 : 정기권비율
      – 활용 필드
        • 〈fact_24년5월현황〉 테이블의 [대여구분코드] 필드
        • 〈fact_24년5월현황〉 테이블의 [월이용시간], [월이용건수] 측정값
      – [대여구분코드] 필드값이 "정기권"인 [월이용건수] 나누기 [월이용건수] 반환 (전체 [월이용건수] 중 정기권의 비율)
      – 사용 함수 : DIVIDE, CALCULATE
      – 서식 : 백분율, 소수점 1자리까지 표시되노록 설정

② 다음 조건으로 테이블 차트를 구현하시오. (5점)
  ▶ 활용 필드
    – 〈fact_24년5월현황〉 테이블의 [연령대] 필드
    – 〈fact_24년5월현황〉 테이블의 [월이용건수], [월이용시간], [건당이용시간], [정기권비율] 측정값
  ▶ 테이블 스타일 사전 설정 : '최소값'
  ▶ 조건부 서식 지정 : '건당이용시간', '정기권비율' 계열
    – '건당이용시간' 계열 서식
      • 서식 스타일 : 데이터 막대
      • 양수 막대 색 : 테마 색 1
    – '정기권비율' 계열 서식
      • 서식 스타일 : 데이터 막대
      • 양수 막대 색 : 테마 색 2
  ▶ 테이블 차트를 '2-②' 위치에 배치

3. **다음 지시사항에 따라 리본 차트와 슬라이서를 구현하시오. (10점)**
  ① 다음과 같은 조건으로 리본 차트를 구현하시오. (4점)
    ▶ 활용 필드
      – 〈dim_대여소〉 테이블의 [대여소명] 필드
      – 〈fact_24년5월현황〉 테이블의 [연령대] 필드, [월이용건수] 측정값
    ▶ 서식 지정
      – X축, Y축 : 축 제목 제거
      – 열 레이아웃 : 데이터 값이 큰 항목부터 아래에서 위로 누적되게 설정
      – '합계 레이블' 설정
      – 리본 투명도(%) : 50
    ▶ 리본 차트를 '3-①' 위치에 배치
  ② 리본 차트에 '월이용건수' 기준으로 상위 10개 [대여소명]만 표시하시오. (3점)
  ③ 다음 조건에 따라 슬라이서를 구현하시오. (3점)
    ▶ 활용 필드 : 〈fact_24년5월현황〉 테이블의 [연령대] 필드
    ▶ Ctrl 키를 사용하지 않아도 다중 선택 가능하도록 설정
    ▶ 다음 그림과 같이 리본 차트의 우측 상단에 배치

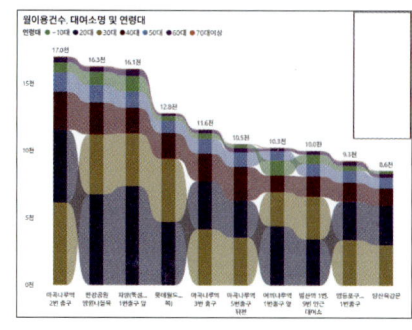

4. 다음 지시사항에 따라 측정값을 추가하고 카드를 구현하시오. (15점)

① 다음과 같은 조건으로 〈fact_24년5월현황〉 테이블에 측정값을 추가하시오. (10점)
▶ 측정값 이름 : 선택된_연령대
　- 활용 필드 : 〈fact_24년5월현황〉 테이블의 [연령대] 필드
　- 반환 값
　　• [연령대] 필드에서 필터링된 항목들이 쉼표로 구분되어 나열
　　　예 '연령대' 슬라이서에서 20대와 30대 선택 시 반환되는 값 : "20대, 30대"
　　• [연령대] 필드가 필터링되지 않을 경우 "전연령대" 텍스트가 표시
　- 사용 함수 : IF, ISFILTERED, CONCATENATEX, VALUES

② 다음 조건으로 카드를 구현하시오. (5점)
▶ 활용 필드 : 〈fact_24년5월현황〉 테이블의 [선택된_연령대] 측정값
▶ 서식 지정
　- 설명 값 글꼴 크기 : 30
　- 범주 레이블 : 제거
　- 시각적 테두리 : 설정
▶ 카드를 '4-②' 위치에 배치

5. 다음 지시사항에 따라 시각적 개체의 상호 작용과 단추를 구현하시오. (5점)

① 다음과 같이 시각적 개체의 상호 작용을 설정하시오. (3점)
▶ 도넛 차트 : 테이블 차트와 상호 작용이 없도록 설정
▶ [연령대] 슬라이서 : 테이블 차트와 상호 작용이 없도록 설정

② 다음과 같이 단추를 추가하시오. (2점)
▶ 기능 : 이전 페이지로 이동
▶ 마우스 올렸을 때 표시되는 도구 설명 : "이전 페이지로 이동"
▶ 배경색 흰색 적용
▶ 단추를 '5-②' 위치에 배치

| 풀이 1 | 작업준비 | 20점 |

📁 답안 'Part3_모의문제_2회' > '2회_답안.pbix'
📁 정답 'Part3_모의문제_2회' > '2회_정답.pbix'
📁 데이터 'Part3_모의문제_2회' > '지역별인구수.csv'

1 다음 지시사항에 따라 데이터 가져오기 및 편집을 수행하시오.

① 데이터 파일을 가져온 후 파워쿼리 편집기를 통해 테이블의 데이터를 편집하시오.

01 모의문제 **2회_답안.pbix** 파일을 열고 **홈 > 데이터 가져오기 > 텍스트/CSV** 선택 후 **연결** 버튼을 클릭한다.

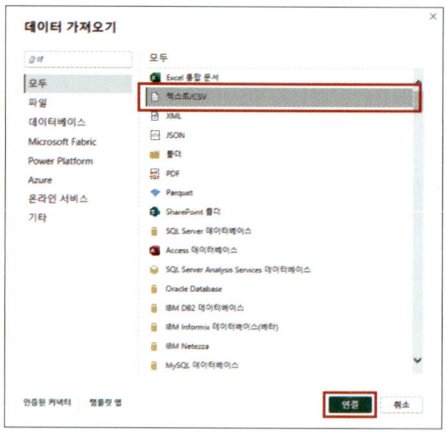

02 지역별인구수.csv 파일을 선택한 후 **열기 > 데이터 변환**을 클릭한다. 별도로 열린 파워쿼리 편집기 창에서 〈지역별인구수〉 테이블의 **[총 인구수]**, **[연령구간인구수] 열**을 선택한 후 **마우스 우클릭 > 열 제거**를 수행한다.

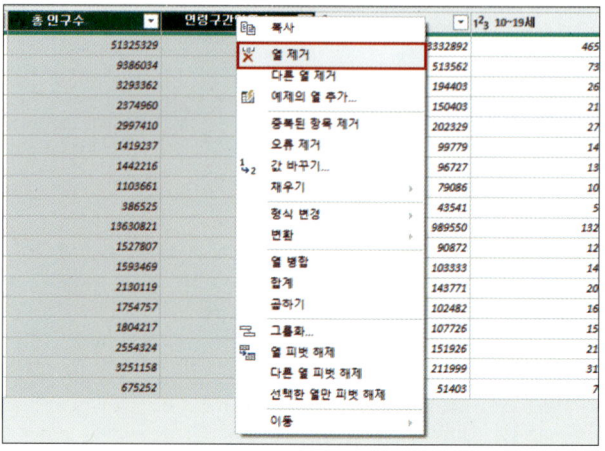

② 파워쿼리 편집기를 통해 〈지역별인구수〉 테이블을 다음과 같이 편집하시오.

01 [행정기관] 열의 **우측 필터**를 클릭하여 **전국** 값을 **선택 해제**하고 **확인**을 클릭한다.

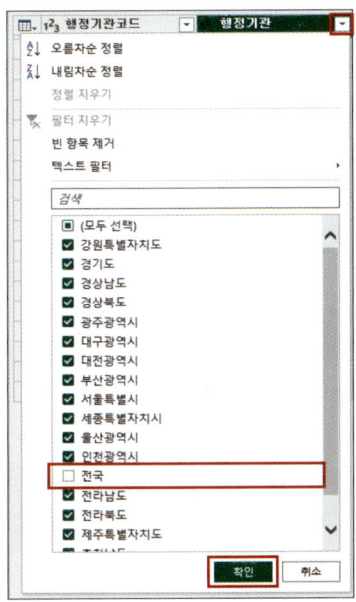

02 [행정기관코드] 및 [행정기관] 열을 선택한 후 **마우스 우클릭 > 다른 열 피벗 해제**를 클릭한다.

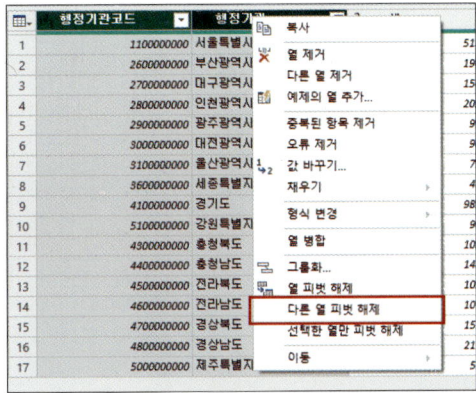

03 [특성], [값] 열의 머리글을 **더블클릭**하여 각각 [나이], [인구수]로 이름을 변경한다.

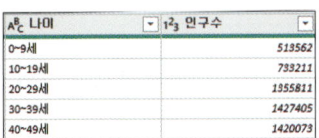

③ 파워쿼리 편집기를 통해 〈지역별인구수〉 테이블에 필드를 추가하시오.

01 [나이] 열을 선택한 후 **마우스 우클릭 > 예제의 열 추가**를 클릭한다.

02 열1의 머리글을 **더블클릭**하여 **나이대**로 변경한 뒤 문제의 조건과 같이 각 행에 원하는 분류를 직접 입력해준다. 입력이 끝났으면 **확인**을 눌러 새 열을 추가해주고 **닫기 및 적용**을 눌러 마무리 한다.

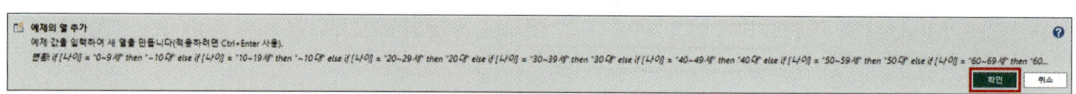

 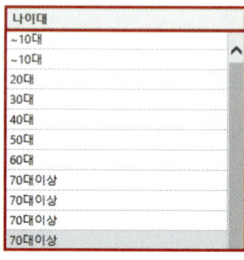

 Tip

예제의 열은 사용자가 원하는 값을 예로 들어 입력하면, 파워쿼리가 그 예제에 맞는 패턴을 학습하여 새로운 열을 자동으로 생성해 주는 기능이다. 이를 통해 사용자는 복잡한 변형이나 수식을 작성하는 대신 몇 가지 예시만으로 새 열을 쉽게 만들어낼 수 있다. 여기서는 예제의 패턴을 분석한 결과 IF 함수를 활용한 식이 작성된 것을 확인할 수 있다. (상단 수식 창).

2 다음 지시사항에 따라 테이블을 추가하고 데이터 모델링 작업을 수행하시오.

① 다음 조건으로 테이블을 추가하시오.

01 상단 메뉴의 **모델링** > **새 테이블**을 클릭한다.

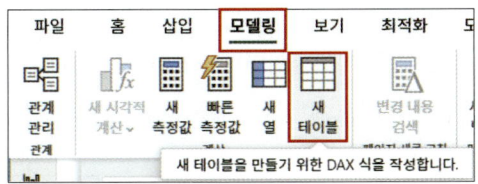

02 수식 창에 다음과 같이 입력하면 〈dim_연령대〉 테이블이 생성된다.

dim_연령대 = DISTINCT('지역별인구수'[나이대])

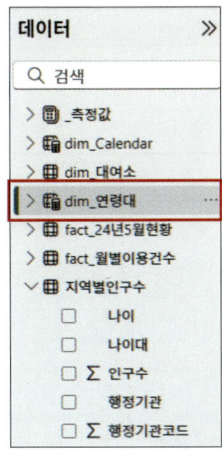

② 다음과 같이 테이블 간의 관계를 설정하시오.

01 좌측 탭에서 **모델 보기**로 이동한다.

02 〈지역별인구수〉 테이블의 **[나이대] 필드**를 끌어다 〈dim_연령대〉 테이블의 **[나이대] 필드**에 포갠 뒤 놓아준다(드래그 앤 드롭).

03 **관계 편집** 창 하단에서 Cardinality(카디널리티)는 **다대일(*:1)**, 교차 필터 방향(크로스 필터 방향)은 Single(단일)인지 확인한 뒤 **저장** 버튼을 누른다.

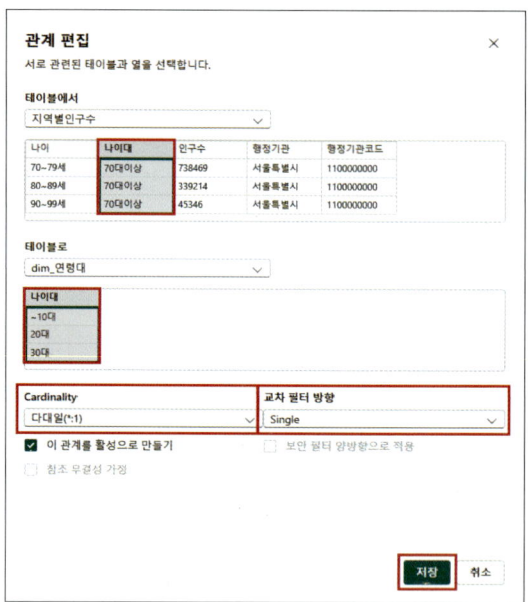

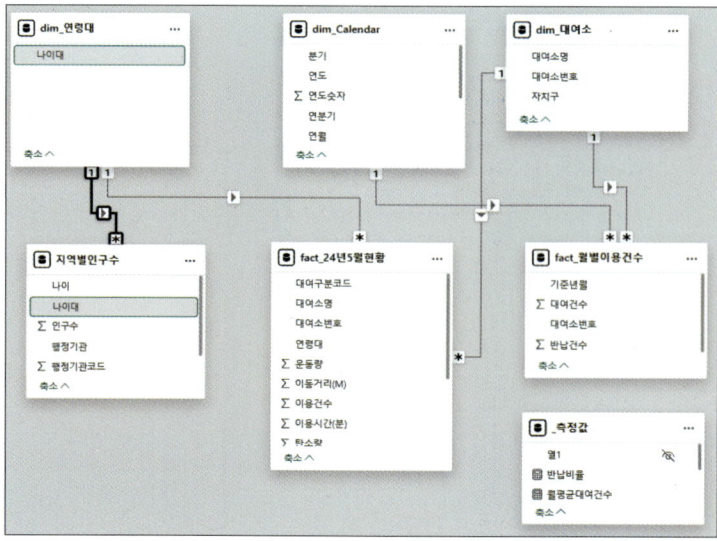

04 〈fact_24년5월현황〉 테이블의 [연령대] 필드를 끌어다 〈dim_연령대〉 테이블의 [나이대] 필드에 포갠 뒤 놓아준다(드래그 앤 드롭).

05 **관계 편집** 창 하단에서 Cardinality(카디널리티)는 **다대일(*:1)**, 교차 필터 방향(크로스 필터 방향)은 **Single**(단일)인지 확인한 뒤 **저장** 버튼을 누른다.

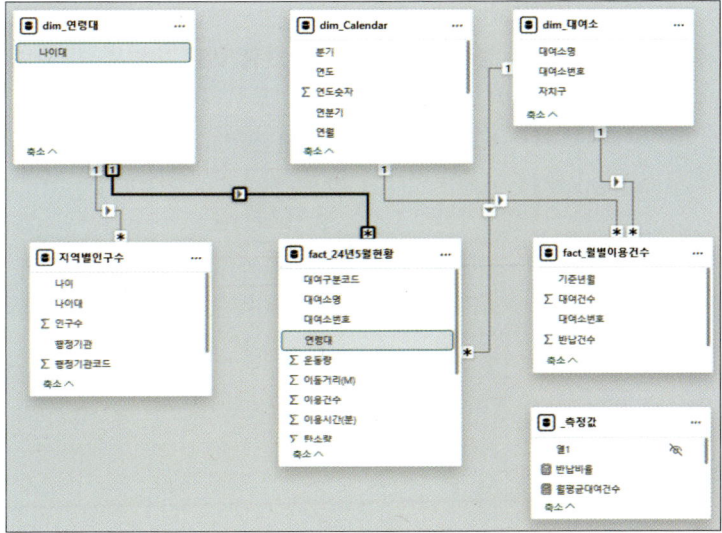

③ 다음과 같이 〈지역별인구수〉 테이블에 측정값을 추가하시오.

01 **테이블 보기**로 이동하여 우측 **데이터** 창에서 **〈지역별인구수〉 테이블**을 선택한 후 **마우스 우클릭 > 새 측정값**을 클릭한다.

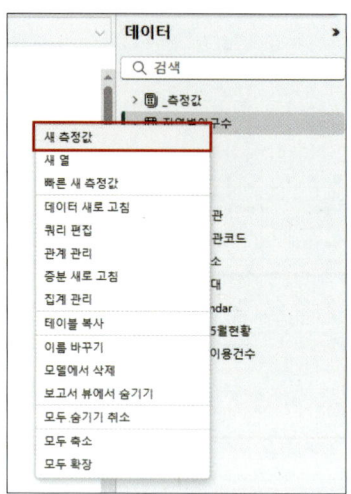

02 수식 창에 다음과 같이 입력하고 Enter을 누른다.

총인구수 = SUM('지역별인구수'[인구수])

03 상단 메뉴의 **측정 도구 > 서식**을 **정수**로 설정하고 **천 단위 구분 기호**(,)를 클릭한다.

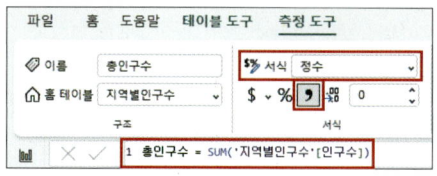

풀이 2 ▶ 단순요소 구현   30점

📁 답안 'Part3_모의문제_2회' > '2회_답안.pbix' > '문제2'

📁 정답 'Part3_모의문제_2회' > '2회_정답.pbix' > '문제2'

📁 데이터 'Part3_모의문제_2회' > '공공자전거 이용현황.xlsx'

📁 이미지 'Part3_모의문제_2회' > '모의시험2_문제2_배경이미지.jpg', '모의시험2_문제3_배경이미지.jpg'

1 '문제2', '문제3' 페이지의 전체 서식을 설정하시오. (5점)

① '문제2', '문제3' 페이지의 캔버스 배경 및 테마를 설정하시오.

01 **보고서 보기** 탭으로 이동한 뒤 **문제2** 페이지에서 **보고서 페이지 서식 지정** > **캔버스 배경** > **이미지** > **찾아보기**를 누른 뒤 **모의시험2_문제2_배경이미지.jpg** 파일을 선택하고, **이미지 맞춤**은 **맞춤**으로, **투명도(%)**는 **0**으로 설정한다. **문제3** 페이지도 **모의시험2_문제3_배경이미지.jpg** 파일을 선택하고 나머지 설정은 동일하게 적용한다.

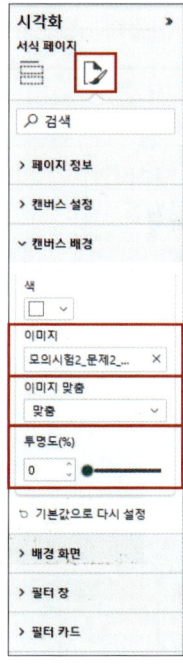 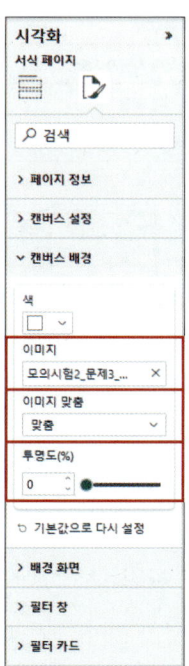

02 상단 메뉴의 **보기** > **테마**에서 우측 **화살표**를 열어 **접근성 높은 도시 공원** 테마를 선택한다.

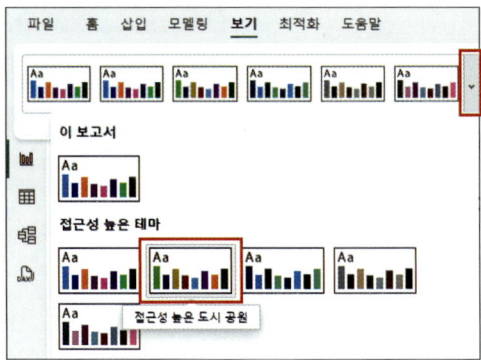

03 다시 열어서 테마 하단의 **현재 테마 사용자 지정**을 클릭하고 **이름 및 색** > **이름 및 색** > **테마 색** > **색 6**을 열어서 색상을 **#0E7D45**로 변경한다. 변경이 완료되었다면 **적용**을 눌러 마무리한다.

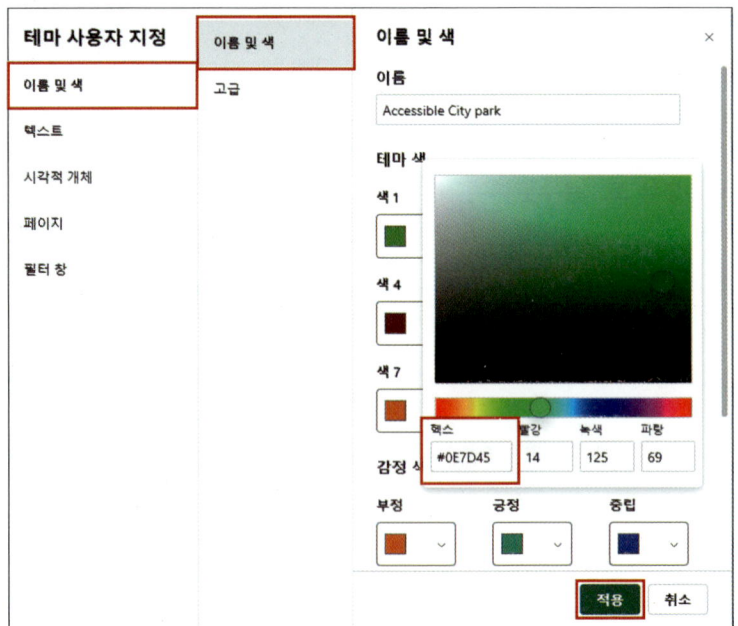

② 텍스트 상자를 활용하여 '문제2' 페이지의 보고서 제목을 작성하시오.

01 문제2 페이지로 이동한 후 상단 메뉴의 **홈** (또는 **삽입**) > **텍스트 상자**를 클릭하고 1-②의 위치에 배치한다.

02 주어진 텍스트를 입력한 후 전체를 드래그하여 **글꼴**은 Segoe UI, **크기**는 28, **굵게**로 설정하고 **가로 맞춤**은 **가운데**로 지정한다.

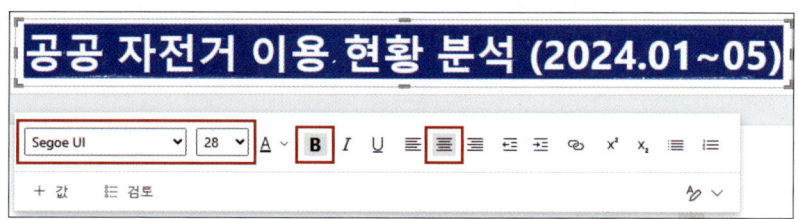

2 다음 지시사항에 따라 슬라이서와 카드를 구현하시오.

① 다음 조건으로 '문제2' 페이지에 슬라이서 2개를 나란히 추가하시오.

01 페이지에 **슬라이서**를 삽입하고 〈dim_대여소〉 테이블의 **[자치구] 필드**를 추가한다.

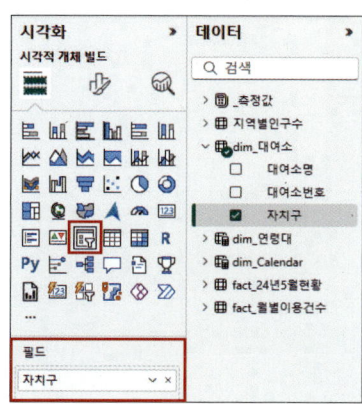
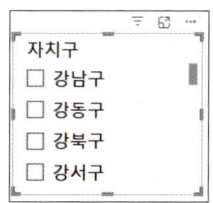

02 우측 상단(또는 배치에 따라 우측 하단)의 **추가 옵션(…)**을 클릭한 뒤 **검색**을 눌러 검색 기능을 활성화시킨다.

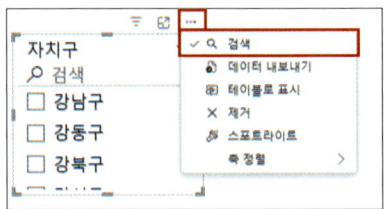

03 **시각적 개체 서식 지정** > **시각적 개체** > **슬라이서 설정** > **옵션** > **스타일**을 **드롭다운**으로 설정한다.

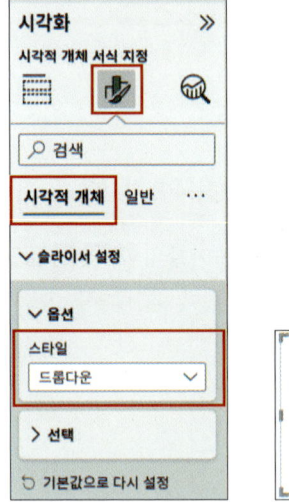

04 페이지에 **슬라이서**를 삽입하고 〈dim_Calendar〉 테이블의 **[연도]**, **[월이름]** 필드를 순서대로 추가한다.

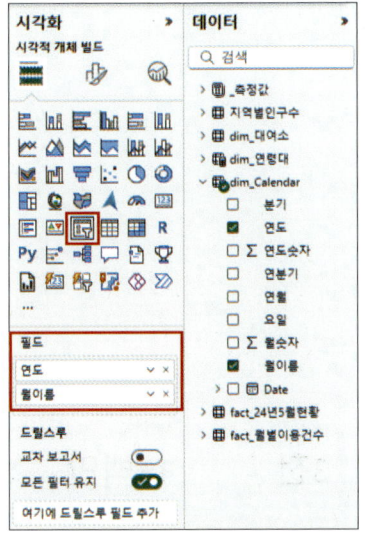
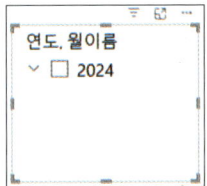

05 **시각적 개체 서식 지정** > **시각적 개체** > **슬라이서 설정** > **옵션** > **스타일**을 **드롭다운**으로 설정하고 두 슬라이서를 2-①의 위치에 나란히 배치한다.

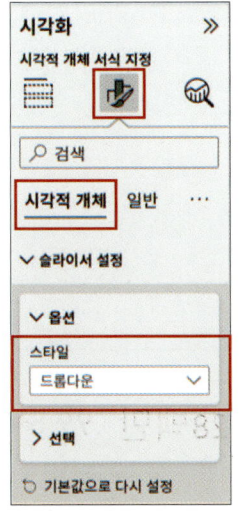
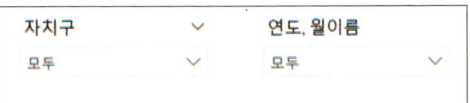

각 개체의 시각화 작업이 모두 마무리되면 다음 작업에 영향을 주지 않도록 항상 보고서의 빈 곳을 클릭하여 개체를 선택하지 않은 상태로 작업을 이어서 진행한다.

② 다음 조건으로 '문제2'에 카드(신규)를 추가하시오.

01 페이지에 **카드(신규)**를 삽입하고 〈_측정값〉 테이블의 [**총대여소수**], [**총대여건수**], [**월평균대여건수**], [**반납비율**] 측정값을 추가하고 2-②의 위치에 배치한다.

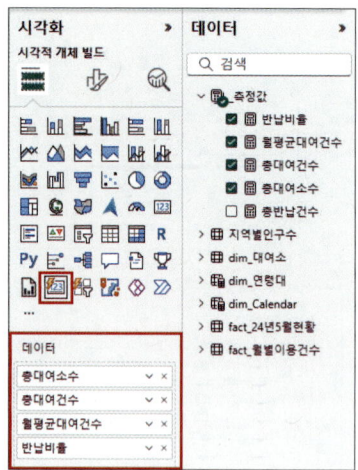

02 시각적 개체 서식 지정 > 시각적 개체 > 레이아웃 > 레이아웃 > 표시된 최대 카드 수를 4 이상으로 변경한다.

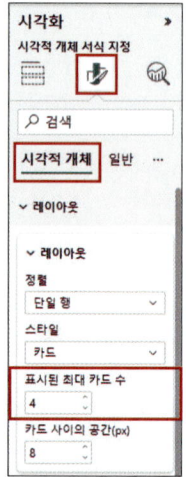

03 설명 값 > 설정 적용 대상 > 계열이 모두로 설정된 상태에서 글꼴은 Segoe UI, 크기는 22로 설정한다.

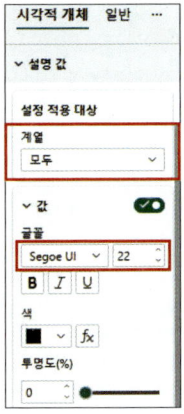

04 설명 값 > 설정 적용 대상 > 계열 > 총대여소수를 선택하고 값 > 표시 단위는 없음, 값 소수 자릿수는 자동으로 설정한다. 계열 > 총대여건수에 대해서는 표시 단위를 자동, 값 소수 자릿수는 1로 설정한다. 나머지 다른 두 계열에 대해서는 문제의 지시와 동일하게 설정되어 있는지 확인한다.

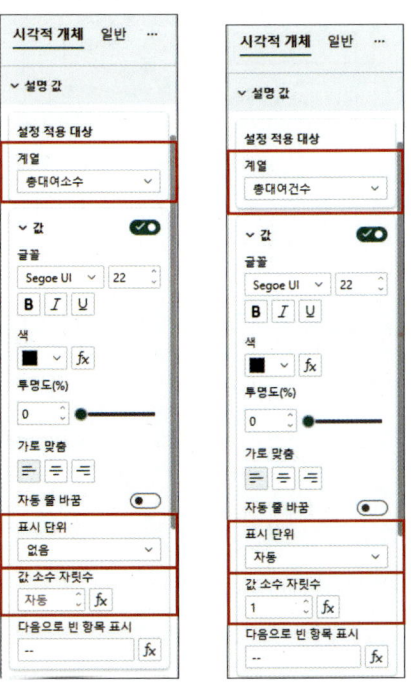

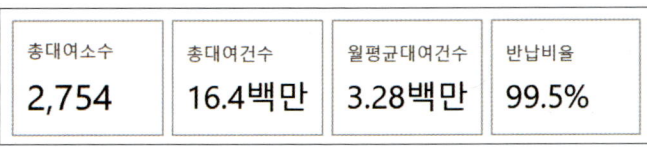

3 다음 지시사항에 따라 꺾은선형 차트를 구현하시오.

① 다음 조건으로 '문제2'에 꺾은선형 차트를 구성하시오.

01 페이지에 **꺾은선형 차트**를 삽입하고 **X축**에는 〈dim_Calendar〉 테이블의 [Date] 필드의 날짜 계층에서 [**연도**]와 [**월**] 필드를, **Y축**에는 〈_측정값〉 테이블의 [**총대여건수**] **측정값**을 추가하고 3-②의 위치에 배치한다.

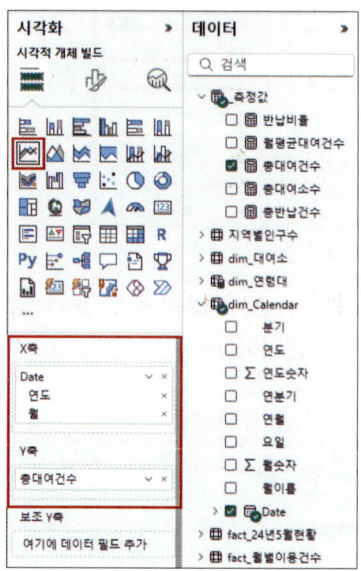

02 우측 상단의 버튼을 눌러서 가장 낮은 수준까지 확장시키거나 혹은 이미 확장되어 있는지 확인한다.

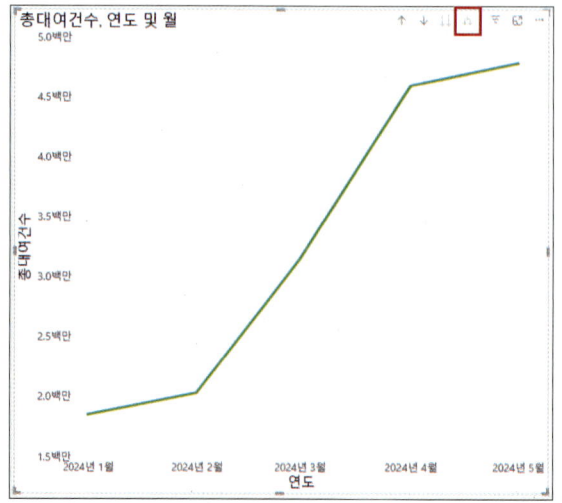

② 다음 조건으로 '문제2'에 꺾은선형 차트의 서식을 지정하시오.

01 **시각적 개체 서식 지정 > 시각적 개체**에서 **X축**과 **Y축**의 **제목**을 **비활성화**하고 Y축에서는 추가적으로 **값 > 표시 단위**를 **없음**으로 선택한다.

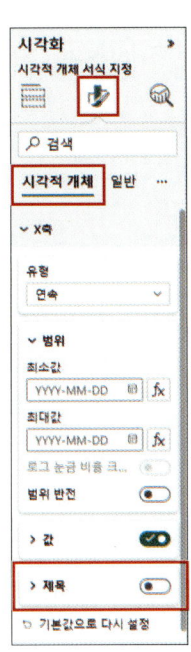 

02 **영역 음영 처리**로 이동하여 해당 기능을 **활성화**한다.

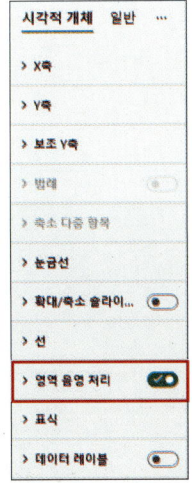

03 이어서 **표식**으로 이동하여 **모든 범주 표시**를 활성화한 뒤 **유형**은 ●로, **크기**는 5, **색**은 **흰색**으로 처리한다. 하단의 **테두리**를 활성화하면서 **계열 색 일치** 옵션도 **활성화**한다. 끝으로 **데이터 레이블**을 **활성화**하면 작업이 마무리된다.

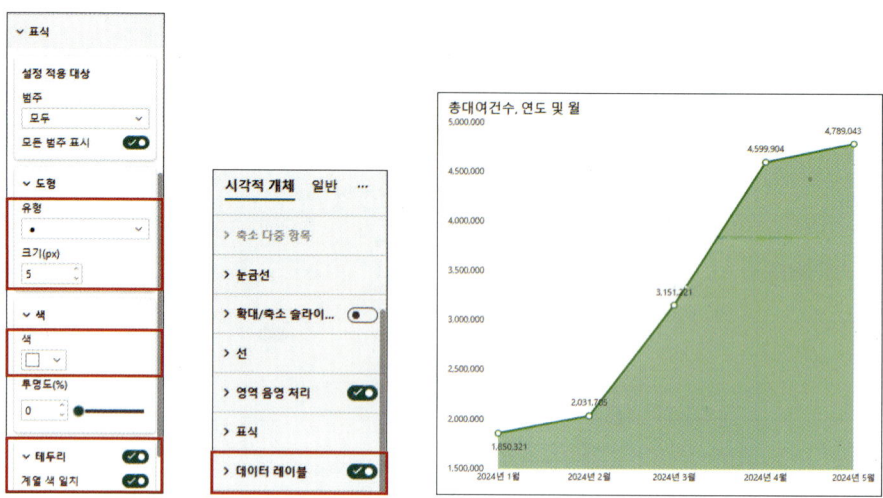

4 다음 지시사항에 따라 트리맵(Treemap) 차트를 구현하시오.

① 다음 조건으로 '문제2'에 트리맵 차트를 구성하시오.

01 페이지에 Treemap을 삽입하고, **범주**에는 〈dim_대여소〉 테이블의 [**자치구**] 필드를, **자세히**에는 [**대여소명**] 필드를 추가한다. **값**에는 〈_측정값〉 테이블의 [**총대여건수**] 측정값을, **도구 설명**에는 [**반납비율**] 측정값을 추가한다. 4-①의 위치에 배치한다.

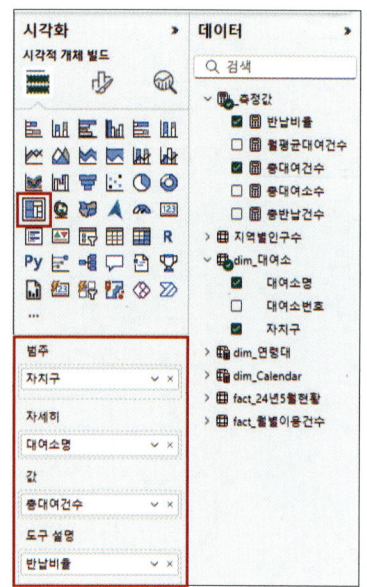
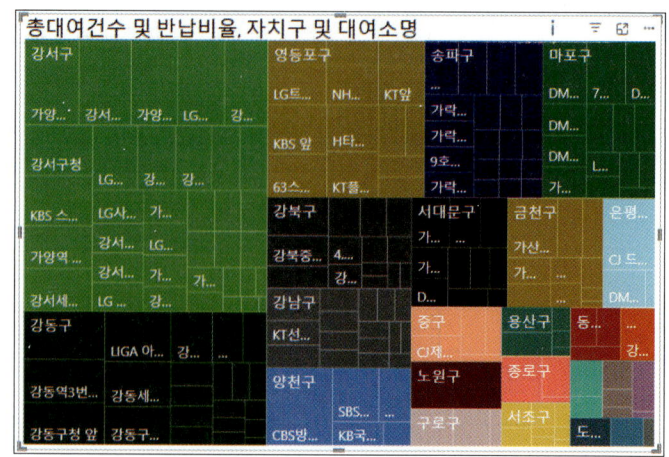

테마 사용자 지정을 통해 일부 컬러를 변경하는 경우, 전체 색상의 우선순위(계층)가 달라질 수 있다. 따라서 시험 응시 중에는 모든 시각적 요소의 색상을 시각화 완성화면과 완벽히 일치시키려 하기보다는, 지시사항에서 언급된 요소의 색상 일치에만 중점을 두면 된다.

② 다음과 같이 '문제2'의 트리맵 차트의 각 요소에 대한 서식을 지정하시오.

01 시각적 개체 서식 지정 > 일반 > 제목을 **비활성화**한다.

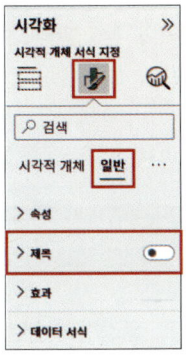

02 시각적 개체 탭으로 이동하여 **범주 레이블**의 **글꼴 색**을 **검정**으로 변경하고 **굵게** 처리한다.

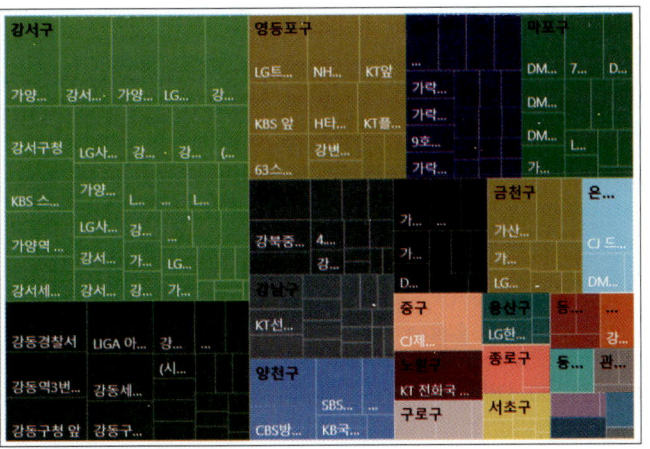

03 작업한 보고서가 문제2의 시각화 완성화면(395p)과 일치하는지 확인한 후 해당 페이지의 작업을 마무리한다.

풀이 3 복합요소 구현   50점

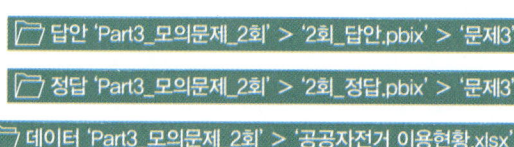

1 다음 지시사항에 따라 '문제3' 페이지에 도넛형 차트와 카드를 구현하시오.

① 다음 조건으로 〈fact_24년5월현황〉 테이블에 측정값을 추가하시오.

01 문제3 페이지로 이동한 후 우측 **데이터** 창에서 **〈fact_24년5월현황〉 테이블**을 선택한 후 **마우스 우클릭** > **새 측정값**을 클릭한다.

02 수식 창에 다음과 같이 식을 작성하고 Enter를 누른다.

월이용건수 = SUM('fact_24년5월현황'[이용건수])

03 상단 메뉴의 **측정 도구** > **서식**을 **정수**로 설정하고 **천 단위 구분 기호**(,)를 클릭한다.

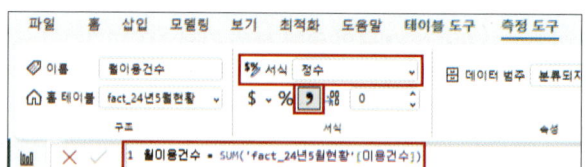

② 다음 조건으로 도넛형 차트를 구현하시오.

01 페이지에 **도넛형 차트**를 삽입하고 **범례**에는 〈fact_24년5월현황〉 테이블의 **[연령대] 필드**를, **값**에는 **[월이용건수] 측정값**을 추가한다. 1-②의 위치에 배치한다.

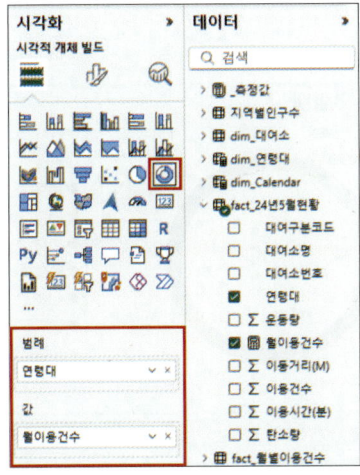 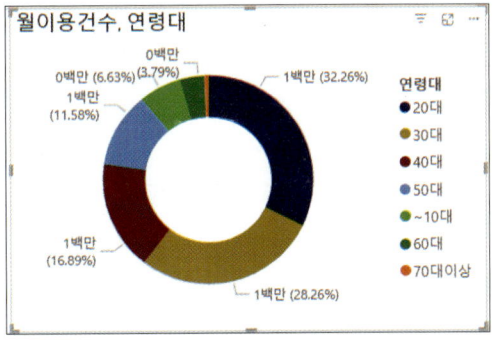

테마 사용자 지정을 통해 일부 컬러를 변경하는 경우, 전체 색상의 우선순위(계층)가 달라질 수 있다. 따라서 시험 응시 중에는 모든 시각적 요소의 색상을 시각화 완성화면과 완벽히 일치시키려 하기보다는, 지시사항에서 언급된 요소의 색상 일치에만 중점을 두면 된다.

02 **시각적 개체 서식 지정 > 시각적 개체 > 조각 > 간격 > 내부 반경(%)**을 80으로 조정한다.

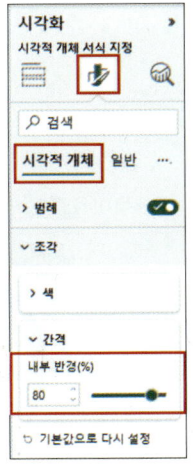

03 **세부 정보 레이블**을 활성화한 뒤 **옵션 > 레이블 내용 > 데이터 값, 총 퍼센트**를 선택하고 하단의 **값 > 소수 자릿수 비율**에는 **0**을 입력한다.

  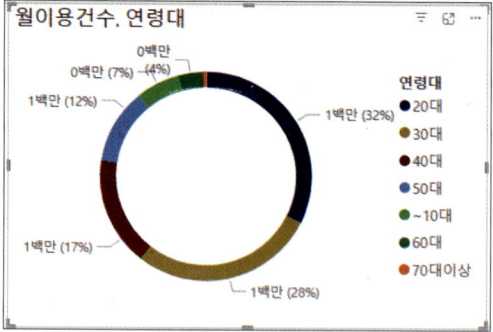

각 개체의 시각화 작업이 모두 마무리되면 다음 작업에 영향을 주지 않도록 항상 보고서의 빈 곳을 클릭하여 개체를 선택하지 않은 상태로 작업을 이어서 진행한다.

③ 다음 조건으로 카드를 구현하시오.

01 페이지에 **카드**를 삽입하고 〈fact_24년5월현황〉 테이블의 [월이용건수] 측정값을 추가한다. 그림처럼 개체를 **도넛형 차트 앞쪽 가운데**로 배치한다.

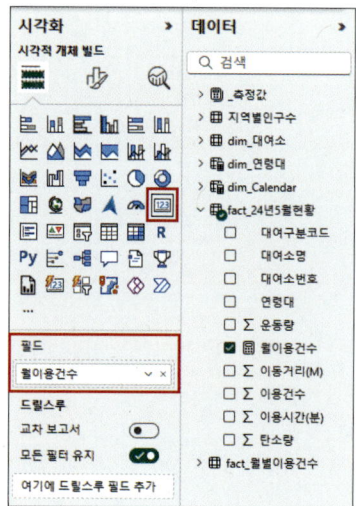 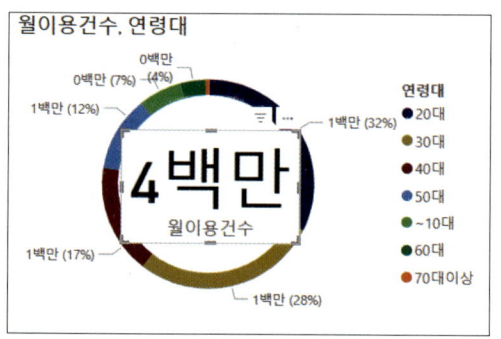

02 **시각적 개체 서식 지정** > **시각적 개체** > **설명 값** > **글꼴 크기**는 30, **값 소수 자릿수**는 1로 설정한다. 다음으로 **일반** > **효과** > **배경**을 비활성화한다.

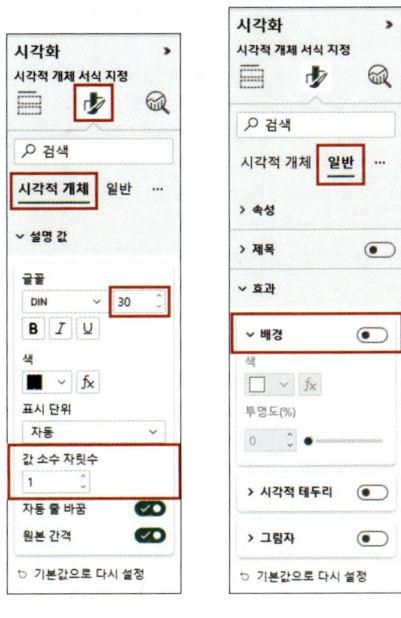
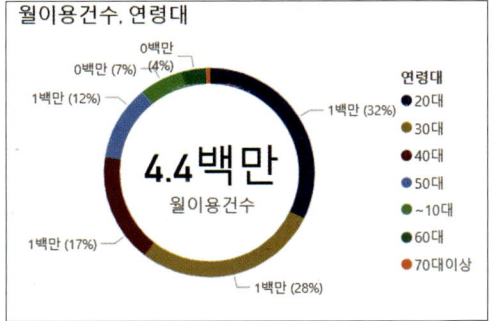

2 다음 지시사항에 따라 측정값을 추가하고 테이블 차트를 구현하시오.

① 다음 조건으로 〈fact_24년5월현황〉 테이블에 측정값을 추가하시오.

▶ 측정값 이름 : 월이용시간

01 우측 **데이터** 창에서 **〈fact_24년5월현황〉 테이블**을 선택한 후 **마우스 우클릭** > **새 측정값**을 클릭한다.

02 수식 창에 다음과 같이 식을 작성하고 Enter를 누른다.

> 월이용시간 = SUM('fact_24년5월현황'[이용시간(분)])

03 상단 메뉴의 **측정 도구** > **서식**을 **정수**로 설정하고 **천 단위 쉼표**(**,**)를 클릭한다.

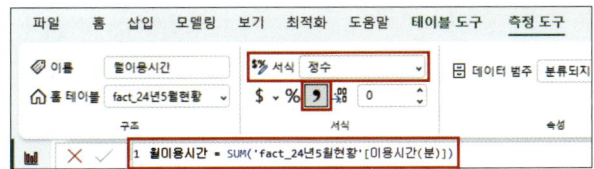

▶ 측정값 이름 : 건당이용시간

01 우측 **데이터** 창에서 〈fact_24년5월현황〉 테이블을 선택한 후 **마우스 우클릭** > **새 측정값**을 클릭한다.

02 수식 창에 다음과 같이 식을 작성하고 Enter를 누른다.

> 건당이용시간 = DIVIDE([월이용시간], [월이용건수])

03 상단 메뉴의 **측정 도구** > **서식**을 10진수로 설정하고 소수 자릿수는 2로 설정한다.

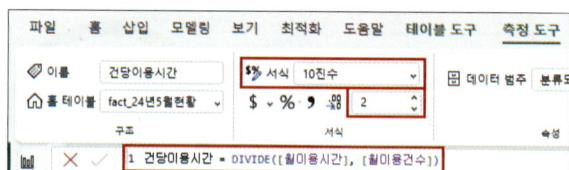

▶ 측정값 이름 : 정기권비율

01 우측 **데이터** 창에서 〈fact_24년5월현황〉 테이블을 선택한 후 **마우스 우클릭** > **새 측정값**을 클릭한다.

02 수식 창에 다음과 같이 식을 작성하고 Enter를 누른다.

> 정기권비율 = DIVIDE(CALCULATE([월이용건수], 'fact_24년5월현황'[대여구분코드] = "정기권"), [월이용건수])

수식 설명
- CALCULATE 함수는 'fact_24년5월현황' 테이블에서 [대여구분코드]가 '정기권'에 해당하는 경우의 [월이용건수]를 계산한다.
- DIVIDE 함수는 정기권 이용 건수를 전체 [월이용건수]로 나누어 정기권 비율을 계산한다. DIVIDE 함수는 두 수를 나누는 역할을 하며, 나눗셈 계산 시 '0'으로 나누는 오류(무한대 오류)를 방지하기 위해 기본값을 지정할 수 있는 것이 특징이다.

03 상단 메뉴의 **측정 도구** > **서식**을 **백분율**로 설정하고 소수 자릿수는 **1**로 설정한다.

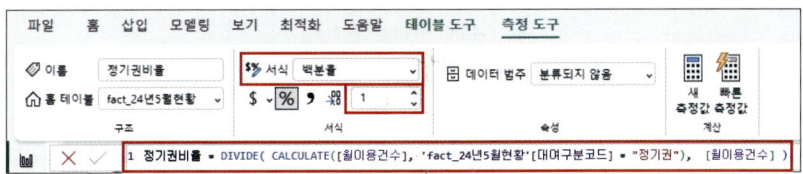

② 다음 조건으로 테이블 차트를 구현하시오.

01 페이지에 **테이블**을 삽입하고 **열**에 〈fact_24년5월현황〉 테이블의 **[연령대]** 필드, **[월이용건수]**, **[월이용시간]**, **[건당이용시간]**, **[정기권비율]** 측정값을 추가한다.

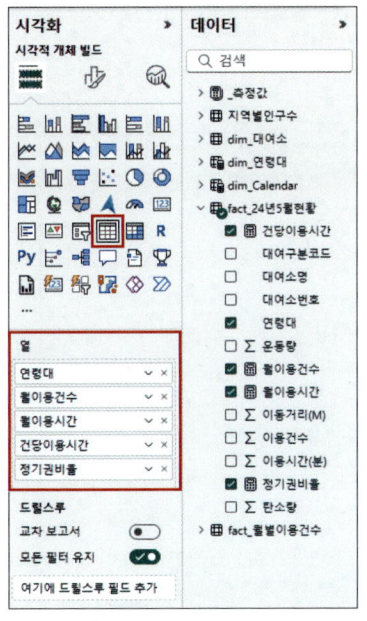

02 시각적 개체 서식 지정 > 시각적 개체 > 스타일 사전 설정 > 스타일 > **최소값**을 선택한다.

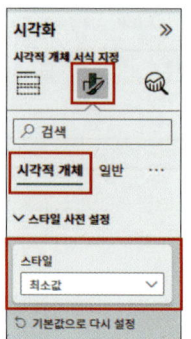

03 셀 요소 > 계열 > **건당이용시간**을 선택하고 **데이터 막대**를 활성화한다. 조건부 서식을 눌러 **양수 막대** 색은 **테마 색 1**로 설정하고 **확인**을 누른다.

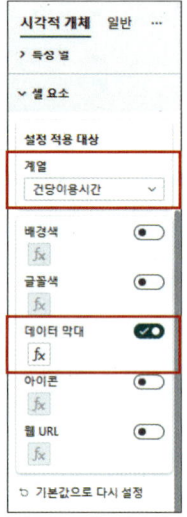

04 **정기권비율** 계열에 대해서도 동일한 방법으로 설정하되 **양수 막대**의 색은 **테마 색** 2로 설정하고 **확인**을 누른다.

05 2-②의 위치에 배치한다.

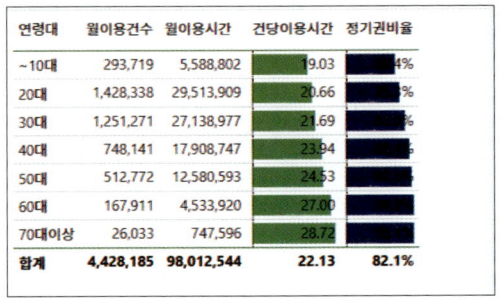

3 **다음 지시사항에 따라 리본 차트와 슬라이서를 구현하시오.**

① 다음과 같은 조건으로 리본 차트를 구현하시오.

01 페이지에 **리본 차트**를 삽입하고 **X축**에는 〈dim_대여소〉 테이블의 **[대여소명]** 필드를, **Y축**에는 〈fact_24년5월현황〉 테이블의 **[월이용건수]** 측정값을, **범례**에는 〈fact_24년5월현황〉 테이블의 **[연령대]** 필드를 추가하여 3-①의 위치에 배치한다.

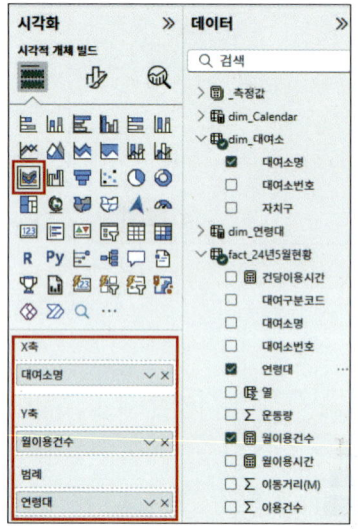 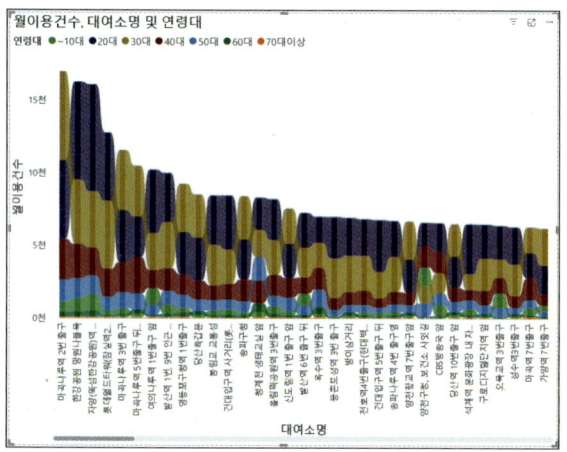

테마 사용자 지정을 통해 일부 컬러를 변경하는 경우, 전체 색상의 우선순위(계층)가 달라질 수 있다. 따라서 시험 응시 중에는 모든 시각적 요소의 색상을 시각화 완성화면과 완벽히 일치시키려 하기보다는, 지시사항에서 언급된 요소의 색상 일치에만 중점을 두면 된다.

02 **시각적 개체 서식 지정 > 시각적 개체**로 이동하여 **X축**, **Y축**의 **제목**을 **비활성화**한다.

 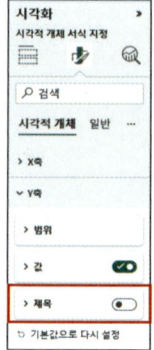

03 **열** > **레이아웃** > **역순**을 활성화한다.

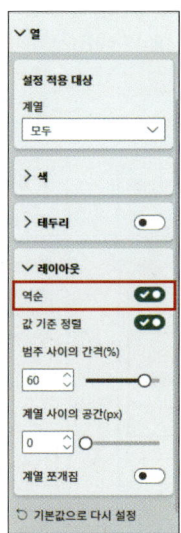

04 **합계 레이블**을 활성화한 후 **값 소수 자릿수**에 **1**을 입력하고, 이어서 **리본** > **투명도(%)**에는 **50**을 입력한다.

 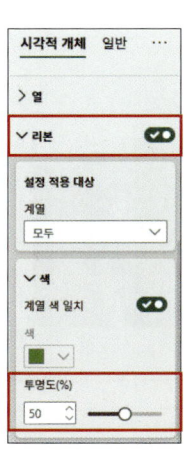 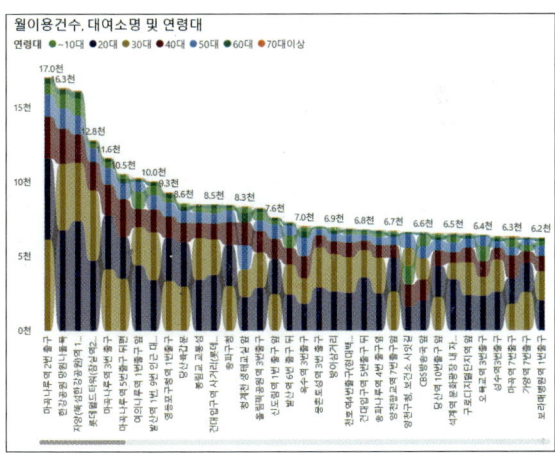

② 리본 차트에 '월이용건수' 기준으로 상위 10개 [대여소명]만 표시하시오.

01 우측 **필터 창** > **대여소명** > **필터 형식** > **상위 N**을 선택하고, **항목 표시**에는 **위쪽 10**을 입력한다. 이어서 **값** 영역에 〈fact_24년5월현황〉 테이블의 **[월이용건수]** 필드를 추가하고 **필터 적용** 버튼을 누른다.

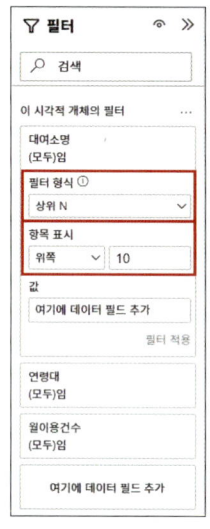 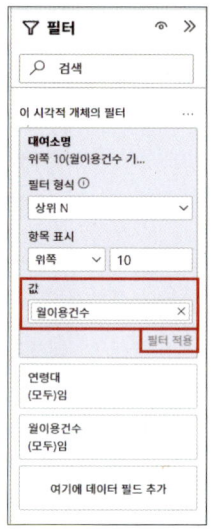

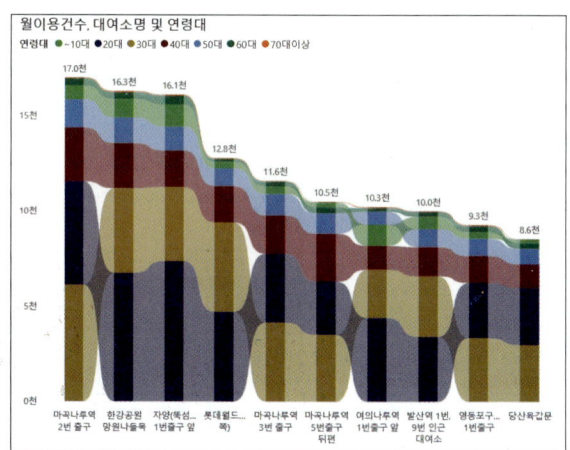

> **Tip** ✓
>
> 하위에서부터 순위를 적용하여 데이터를 필터링하고 싶다면 **필터 창** > **필터 형식** > **항목 표시**를 위쪽이 아닌 **아래쪽**을 선택하면 된다.

③ 다음 조건에 따라 슬라이서를 구현하시오.

01 페이지에 **슬라이서**를 삽입하고 〈fact_24년5월현황〉 테이블의 **[연령대] 필드**를 추가하여 지정된 위치에 배치한다.

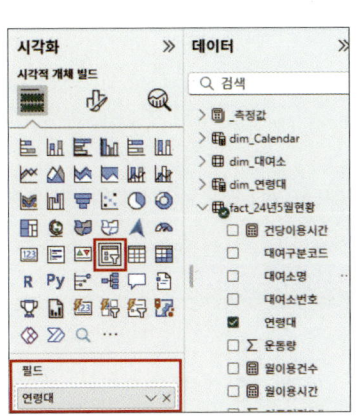
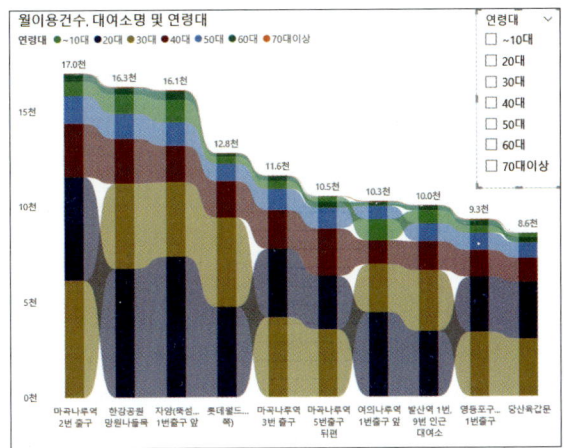

02 **시각적 개체 서식 지정 > 시각적 개체 > 슬라이서 설정 > 선택 > Ctrl 키를 통한 다중 선택을 비활성화**한다.

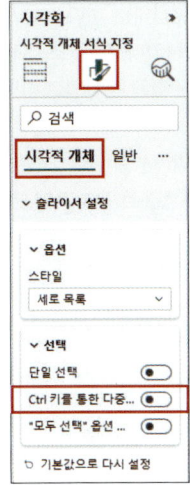
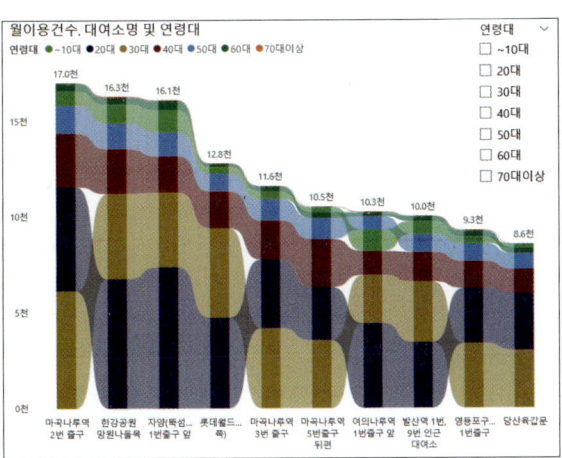

4 다음 지시사항에 따라 측정값을 추가하고 카드를 구현하시오.

① 다음과 같은 조건으로 〈fact_24년5월현황〉 테이블에 측정값을 추가하시오.

▶ 측정값 이름 : 선택된 연령대

01 우측 **데이터** 창에서 **〈fact_24년5월현황〉 테이블**을 선택한 후 **마우스 우클릭 > 새 측정값**을 클릭한다.

02 수식 창에 다음과 같이 식을 작성하고 Enter를 누른다.

> 선택된_연령대 = IF(ISFILTERED('fact_24년5월현황'[연령대]),CONCATENATEX(VALUES('fact_24년5월현황'[연령대]), [연령대], ","), "전연령대")

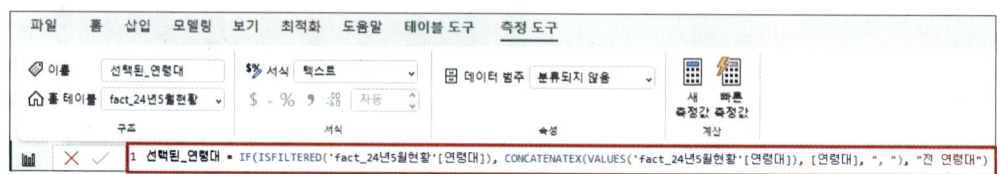

수식 설명
- CONCATENATEX 함수는 테이블의 특정 구분자를 사용해 원하는 필드의 값을 결합하여 하나의 문자열로 반환하는 함수이다. 예를 들어, 고객 이름 목록을 쉼표로 구분된 하나의 문자열로 반환하거나, 특정 조건에 맞는 데이터를 연결해 요약할 때 유용하다. 여기서는 필터링된 [연령대] 값을 쉼표로 구분해 연결된 문자열로 반환한다.
- ISFILTERED 함수는 특정 필드가 현재 필터링되어 있는지 여부를 확인한다.
- VALUES 함수는 특정 열에 대해 고유한 값의 리스트를 반환하는 역할을 한다. 여기서는 'fact_24년5월현황' 연령대 필드에서 고유한 연령대 값을 가져와서, CONCATENATEX 함수가 이 값들을 쉼표로 구분하여 연결할 수 있도록 한다.
- 결론적으로, 여기서 IF 함수는 ISFILTERED 함수로 [연령대] 필드가 필터링되었는지를 확인하고, 필터된 경우 CONCATENATEX를 이용해 필터된 연령대를 쉼표(,)로 연결된 텍스트로 반환하며, 그렇지 않은 경우 전연령대를 반환한다.

② 다음 조건으로 카드를 구현하시오.

01 페이지에 **카드**를 삽입하고 **필드**에 〈fact_24년5월현황〉 테이블의 **[선택된_연령대] 측정값**을 추가한다. 4-①의 위치에 배치한다.

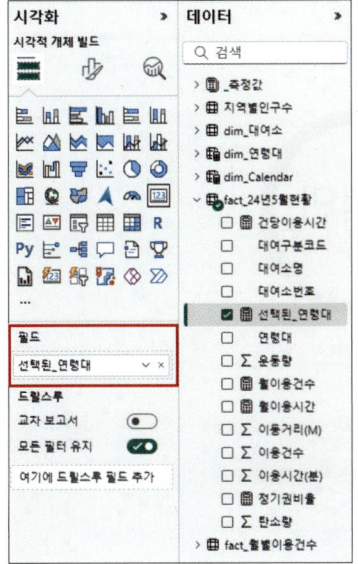

02 시각적 개체 서식 지정 > 시각적 개체 > 설명 값의 글꼴 크기를 30으로 조정하고 **범주 레이블**은 **비활성화**한 뒤 **일반 > 효과 > 시각적 테두리**를 활성화한다.

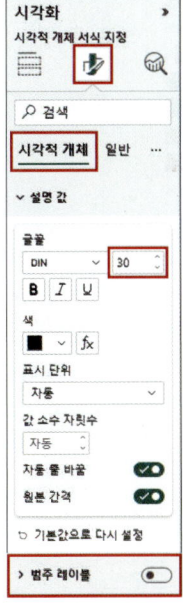
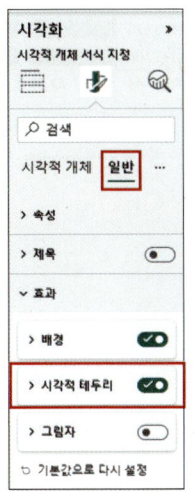

5 다음 지시사항에 따라 시각적 개체의 상호 작용과 단추를 구현하시오.

① 다음과 같이 시각적 개체의 상호 작용을 설정하시오.

01 **도넛 차트**를 선택한 후 상단 메뉴의 **서식** > **상호 작용 편집**을 눌러서 **활성화**시킨다.

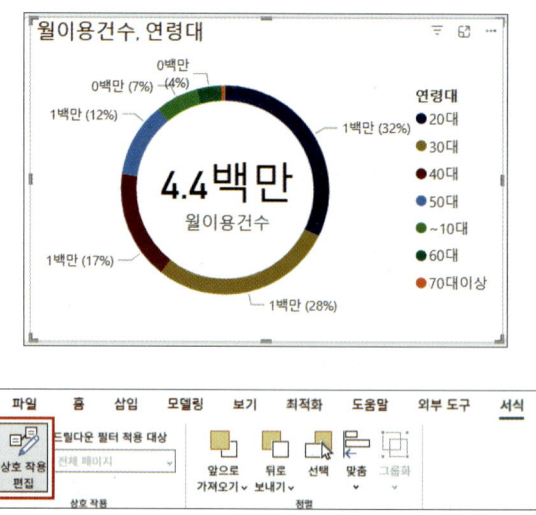

02 테이블 개체의 우측 상단에서 **없음**(⊘)을 클릭한다. 아이콘이 ⬤으로 변한다.

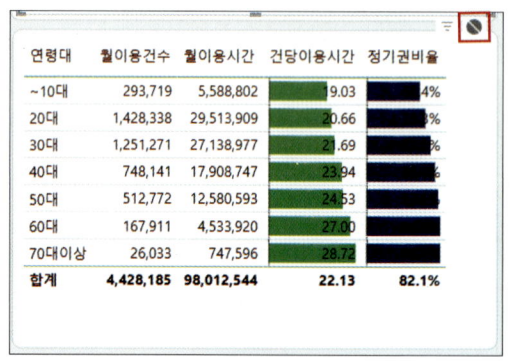

03 이어서 **연령대 슬라이서** 개체가 선택된 상태에서 다시 테이블 개체의 우측 상단 **없음**(⊘)을 클릭한다. 아이콘이 ⊘으로 변한다.

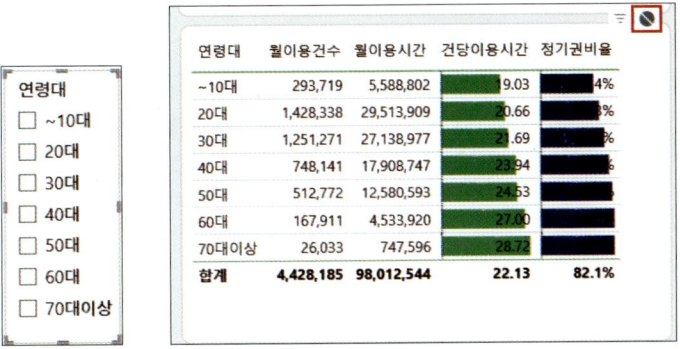

04 편집 모드를 끝내기 위해 **상호 작용 편집** 버튼을 재차 눌러 **비활성화**시킨다.

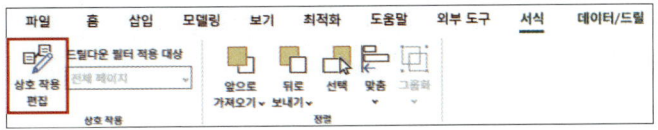

> **Tip** ✓
>
> • 상호 작용 편집 기능은 시각적 개체 간의 상호 작용 방식을 설정하는 기능이다. 이를 통해 특정 시각적 요소가 다른 시각적 요소에 미치는 영향을 사용자가 직접 정의할 수 있다. 예를 들어, 차트나 슬라이서가 다른 차트에 필터링 효과를 줄지, 강조만 할지, 혹은 아무 영향을 주지 않을지를 설정할 수 있다.
> • 편집 모드에서는 각 시각적 요소 위에 상호 작용 설정 버튼들이 활성화되어 있어, 의도치 않게 클릭하거나 잘못된 설정을 적용할 가능성이 높다. 따라서 편집 작업이 완료되면 비활성화하여 안전하게 보고서를 사용할 수 있도록 설정해 두는 것이 좋다.

② 다음과 같이 단추를 추가하시오.

01 상단 메뉴의 **삽입** > **단추** > **뒤로**를 선택해서 페이지에 해당 단추를 삽입하고 5-②의 위치에 배치한다.

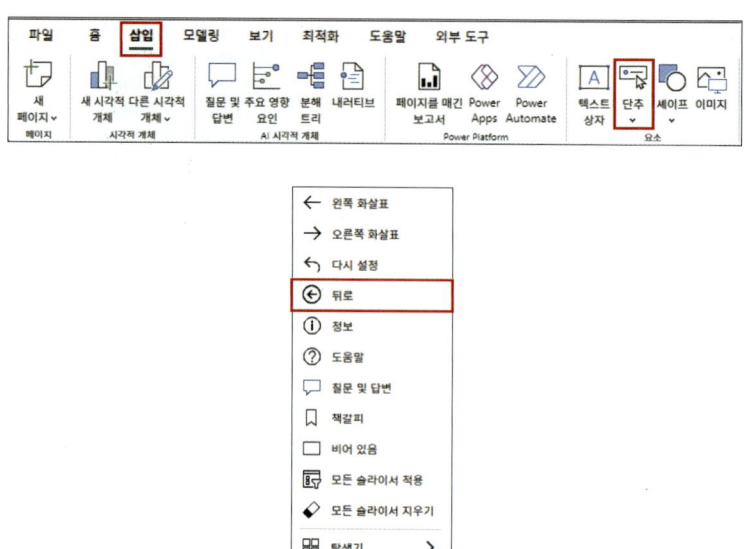

02 삽입된 단추를 선택하고 우측 **서식 단추** > **Button** > **작업** > **도구 설명** > **텍스트**에 **이전 페이지로 이동**을 입력한다. 이어서 **서식 단추** > **일반** > **효과**로 이동하여 **배경**을 **활성화**한다.

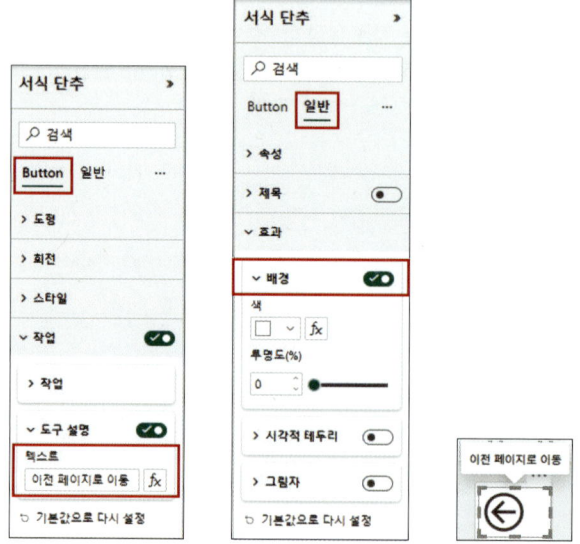

03 작업한 보고서가 문제3의 시각화 완성화면(398p)과 일치하는지 확인한 후 해당 페이지의 작업을 마무리한다.

CHAPTER 03 실전 모의고사 3회

국 가 기 술 자 격
경영정보시각화능력 실기 모의문제

프로그램명	제한시간
파워BI 데스크톱	70분

수험번호	
성 명	

단일	실전 모의고사 3회

※ 시험지를 받으면 다음 순서를 따라 주시기 바랍니다.

① 응시 프로그램 일치여부, 페이지 누락, 인쇄상태 불량 및 훼손 여부 확인 후 이상이 있을 경우 손을 들어 주십시오.
② 시험지 확인이 끝나면 문제지 우측 상단에 수험번호, 성명을 기재하여 주십시오.
③ 1페이지의 「유의사항」과 2페이지의 「문제 및 데이터 안내」를 확인하십시오.

대 한 상 공 회 의 소

- '유의사항', '문제 및 데이터 안내'에 따라 시험에 응시하여야 하며, 이를 소홀히 하여 발생한 불이익과 책임은 수험자 본인에게 있습니다.
- 시험이 시작되면 즉시 문제 데이터 파일 존재여부와 답안 파일의 문제3-4 페이지에 차트, 표, 데이터가 보이는지 확인하시기 바랍니다.
  - 문제 데이터 파일 위치 : [문제1] C:\PBW문제1_데이터 폴더 / [문제2,3] C:\PBW문제2,3_데이터 폴더
  - 문제 데이터 파일은 존재여부만 확인하며 엑셀 등으로 열어보면 실격 처리
  - 답안 파일 위치 : C:\PBW수험자번호.pbix
  - 화면에 띄워진 답안 파일의 문제3-4 페이지 확인
- 시험 진행 중 작성된 답안은 수시로 저장하시기 바랍니다.
- 별도의 지시사항이 없는 경우, 다음과 같이 처리할 때 [실격 처리]됩니다.
  - 제시된 파일, 페이지/대시보드, 데이터 원본의 이름, 차원/측정값 속성을 임의로 변경한 경우
  - 제시된 파일, 데이터 원본을 임의로 삭제, 추가, 변경한 경우
  - 시트/워크시트/대시보드를 임의로 삭제, 추가하거나 명칭을 변경한 경우
  - 제시된 답안 파일의 경로 또는 파일명을 변경한 경우
  - 문제 데이터를 시험 시작 전에 열어보는 경우
  - 실기시험 프로그램 이외의 프로그램(엑셀 등)으로 데이터를 열어보는 경우
- 반드시 답안작성은 문제에서 지시한 위치에 작업하여야 하며 다음과 같이 처리 시 해당 작업 또는 그 작업에 영향을 미치는 문제, 개체, 시트 등은 [오답 처리]됩니다.
  - 제시된 함수가 있으면 제시된 함수만을 사용해야 하며 그 외 함수를 사용해 풀이한 경우
  - 지시하지 않은 차트, 컨테이너, 매개변수 등을 임의로 이동, 수정(변경), 삭제 등으로 인해 위치 및 내용이 변경된 경우
  - 임의로 기본 설정값(Default)을 변경한 경우
  - 숫자데이터를 임의로 문자화하여 처리한 경우
  - 개체가 해당 영역을 벗어난 경우
  - 작업한 개체가 너무 작아 정보 확인이 어려울 경우
  - 지시사항과 띄어쓰기, 대소문자 등이 다르게 작업한 경우(계산식 제외)
- 시험지에 제시된 [완성 화면 그림]은 문제풀이 순서 또는 시각적 개체 작성 순서, PC 환경 등의 이유로 수험자가 작성한 개체의 모니터 화면과 모양, 색상 등이 다를 수 있습니다.
- 본 문제와 용어는 파워BI 데스크톱(Power BI Desktop) 2.139.1678.0 버전 기준으로 작성되었습니다.
  - 본 문제에서 열과 필드는 동일한 용어로 혼용 사용

문제 및 데이터 안내

1. 수험자가 작성할 답안 파일은 1개입니다. 문제1, 문제2, 문제3의 답을 하나의 답안 파일(.pbix)로 저장하십시오.
2. 문제1, 문제2, 문제3은 각각 독립적으로 구성되어 앞 문제를 풀지 않아도 다음 문제 풀이가 가능합니다.
3. 문제1은 데이터 불러오기를 통해 문제를 풀이하고, 문제2와 문제3은 답안에 이미 데이터가 포함되어 있어 다시 데이터를 불러오지 말고 바로 문제 풀이를 하십시오.
   - 데이터 파일은 문제1을 위한 데이터 파일과 문제2,3을 위한 데이터 파일로 구성되어 있습니다.
4. 문제2와 문제3 풀이를 위해 필요한 일부 측정값, 필터가 답안파일에 미리 적용되어 있을 수 있습니다.
   - 지시사항에 제시되지 않은 것은 변경하지 마십시오.
   - 사전에 적용된 필터 등이 삭제되지 않도록 '페이지 삭제' 기능을 **절대** 사용하지 마십시오.
5. 문제는 문제(문제1~3) – 세부문제(1~4) – 지시사항(①~③) – 세부지시사항(▶, -) 단위로 구성됩니다.
6. 지시사항(①~③)별로 점수가 부여되며, 지시사항의 전체 세부지시사항(▶, -)을 작업하지 않을 경우 점수가 부여되지 않습니다. **※ 부분 점수 없음**
7. 본 시험에서 사용되는 데이터 파일 수와 데이터명은 아래와 같습니다.
   - [문제1] 데이터 파일 수: 1개 / 데이터명: '연도별교통사고현황.xlsx'

파일명	'연도별교통사고현황.xlsx'							
테이블	구조							
교통사고현황_2023	시도	시군구	발생연월	사고건수	사망자수	중상자수	경상자수	부상신고자수
	서울	종로구	202301	77	2	15	79	14
교통사고현황_2022	시도	시군구	발생연월	사고건수	사망자수	중상자수	경상자수	부상신고자수
	서울	종로구	202201	65	0	15	61	13
교통사고현황_2021	시도	시군구	발생연월	사고건수	사망자수	중상자수	경상자수	부상신고자수
	서울	종로구	202101	69	3	21	66	6

   - [문제2,3] 데이터 파일 수: 1개 / 데이터명: '온라인 상품 판매 현황.xlsx'

파일명	'온라인 상품 판매 현황.xlsx'					
테이블	구조					
Sales	판매 ID	판매 날짜	고객 ID	제품 ID	수량	가격
	5005	2024-11-30 00:00:00	70	18	1	40000
Customer	고객 ID	고객 이름	고객 성별	고객 나이	고객 도시	
	1	고객_1	남성	69	경기	
Product	제품 ID	제품 이름		카테고리	브랜드	
	1	유한킴벌리 생활용품_상품_1		생활용품	유한킴벌리	

문제1 작업준비(20점)

1. 다음 지시사항에 따라 데이터 가져오기 및 편집을 수행하시오. (10점)

① 데이터 파일을 가져온 후 파워쿼리 편집기를 이용하여 테이블의 데이터를 편집하시오. (5점)
  ▶ 가져올 데이터 : '연도별교통사고현황.xlsx' 파일의 〈교통사고현황_2023〉, 〈교통사고현황_2022〉, 〈교통사고현황_2021〉 테이블
  ▶ 쿼리 추가 기능 사용
    - '쿼리를 새 항목으로 추가' 옵션 사용
    - 〈교통사고현황_2021〉, 〈교통사고현황_2022〉, 〈교통사고현황_2023〉 순으로 3개의 테이블을 결합
    - 추가된 쿼리의 이름 : "사고현황"
    - 〈교통사고현황_2023〉, 〈교통사고현황_2022〉, 〈교통사고현황_2021〉 테이블에 대해 로드 사용 해제

② 파워쿼리를 이용하여 다음과 같이 〈사고현황〉 테이블(쿼리)의 데이터를 단계적으로 변환 또는 추가하시오. (5점)
  ▶ [발생연월] 필드의 데이터형식을 '날짜' 형식으로 변환
    - [발생연월] 필드를 '텍스트' 형식으로 변환
    - '사용자 지정 열' 기능을 이용하여 다음과 같이 열 추가 : [발생연월] & "01"
    - 추가된 [사용자 지정] 필드를 '날짜' 형식으로 변환
    - [발생연월] 필드 삭제
    - 필드 이름 변경 : [사용자 지정] → [발생연월]
  ▶ [사상자수] 필드 추가
    - [사망자수], [중상자수], [경상자수], [부상신고자수] 필드 값에 대한 합계 수행
    - 필드 이름 : [사상자수]

2. 다음 지시사항에 따라 함수를 활용하여 새 테이블 및 새 열을 추가하시오. (10점)

① 다음 조건으로 테이블을 추가하시오. (5점)

▶ 테이블 이름 : 〈요약〉
- 활용 필드 : 〈사고현황〉 테이블의 [시도], [사고건수], [사망자수] 필드
- 〈사고현황〉 테이블의 [시도]를 기준으로 [사고건수], [사망자수]의 합계 반환
- 사용 함수 : SUM, SUMMARIZE
- 요약 대상 필드 이름 : "사고건수", "사망자수"

② 다음 조건으로 새 열을 순차적으로 추가하시오. (5점)

▶ 새 열 이름 : 〈건당사망자비율〉
- 활용 필드 : 〈요약〉 테이블의 [사고건수], [사망자수] 필드
- [사망자수] 필드를 [사고건수] 필드로 나눈 값 반환
- 서식 : 백분율(%), 소수점 2자리까지 표시

▶ 새 열 이름 : 〈순위〉
- 활용 필드 : 〈요약〉 테이블의 [건당사망자비율] 필드
- [건당사망자비율]에 대한 [시도별] 순위 반환
- 사용 함수 : RANKX
- 서식 : 정수

문제2 단순요소 구현(30점)

| 시각화 완성화면 |

각 세부문제 풀이 후 '문제2' 페이지에 아래와 같이 개체를 배치하시오.

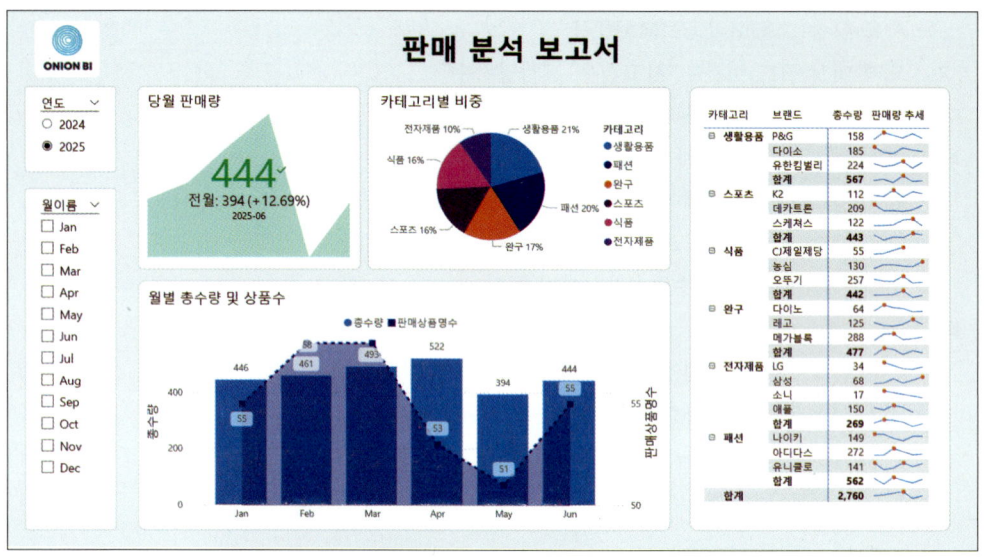

계산식 작성에 사용되는 문자열은 쌍따옴표(" ")를 사용하여 작성하시오.

1. '문제2' 페이지의 전체 서식을 설정하시오. (5점)
   ① 보고서 전체의 테마를 설정하고 테마 사용자 지정 기능을 사용하여 텍스트를 변경하시오. (3점)
      ▶ 보고서 테마 : '기본값'
      ▶ 제목, 카드 및 KPI의 글꼴 패밀리 : Segoe UI
      ▶ 카드 및 KPI의 글꼴 크기 : 40
   ② '문제2'의 캔버스 배경을 설정하시오. (2점)
      ▶ 이미지 : '모의시험3_문제2_배경이미지.jpg'
      ▶ 이미지 맞춤 : '맞춤'
      ▶ 투명도(%) : 0

2. 다음 지시사항에 따라 '문제2'의 페이지에 슬라이서를 설정하시오. (5점)
   ① 다음과 같이 '연도' 슬라이서를 추가하시오. (2점)
      ▶ 활용 필드 : 〈Dates〉 테이블의 [연도] 필드
      ▶ 서식 지정
         - 옵션 스타일 : '세로 목록'
         - 선택 : 항상 단일 항목이 선택되도록 설정
         - 머리글 테두리 위치 : '아래쪽'
      ▶ 슬라이서를 '2-①' 위치에 배치
      ▶ 슬라이서 값 : '2025' 필터 적용

② 다음과 같이 '월이름' 슬라이서를 추가하시오. (3점)
- ▶ 활용 필드 : ⟨Dates⟩ 테이블의 [월이름] 필드
- ▶ 슬라이서 값 정렬 : [월숫자] 필드를 기준으로 정렬되도록 설정
- ▶ 서식 지정
  - 옵션 스타일 : '세로 목록'
  - 머리글 테두리 위치 : '아래쪽'
- ▶ 슬라이서를 '2-②' 위치에 배치

3. 다음 지시사항에 따라 '문제2' 페이지에 KPI 차트와 원형 차트를 구현하시오. (10점)

① 다음 조건으로 KPI 차트를 구현하시오. (4점)
- ▶ 활용 필드
  - ⟨Dates⟩ 테이블의 [연월] 필드
  - ⟨_측정값⟩ 테이블의 [총수량], [전월수량] 측정값
- ▶ [총수량] 필드 값이 공백이 아닌 경우만 표시되도록 필터 설정

② 다음과 같이 KPI 차트의 서식을 설정하시오. (3점)
- ▶ 차트 제목 : "당월 판매량"
- ▶ 목표 레이블
  - 레이블 명 : "전월"
  - 글꼴 크기 : 14
- ▶ 날짜 기능 : 활성화
- ▶ KPI 차트를 '3-②' 위치에 배치

③ 다음과 같이 원형 차트를 구현하시오. (3점)
- ▶ 활용 필드
  - ⟨Product⟩ 테이블의 [카테고리] 필드
  - ⟨_측정값⟩ 테이블의 [총수량] 측정값
- ▶ 서식 지정
  - 차트 제목 : "카테고리별 비중"
  - 세부 정보 레이블 : 내용 '범주, 총 퍼센트', 비율 값 소수점 자릿수 0
- ▶ 원형 차트를 '3-③' 위치에 배치

4. 다음 지시사항에 따라 '문제2' 페이지에 꺾은선형 및 묶은 세로 막대형 차트를 구현하시오. (5점)

① 다음 조건으로 꺾은선형 및 묶은 세로 막대형 차트를 구현하시오. (2점)
- ▶ 활용 필드
  - ⟨Dates⟩ 테이블의 [월이름] 필드
  - ⟨_측정값⟩ 테이블의 [총수량], [판매상품명수], [거래건수] 측정값
- ▶ 도구 설명에 [거래건수]가 표시되도록 추가
- ▶ 꺾은선형 및 묶은 세로 막대형 차트를 '4-①' 위치에 배치

② 다음과 같이 꺾은선형 및 묶은 세로 막대형 차트의 서식을 지정하시오. (3점)
- ▶ 차트 제목 : "월별 총수량 및 상품수"
- ▶ X축 : 축 제목 제거
- ▶ 범례 : '위쪽 가운데'
- ▶ 선 : 스타일 '파선'
- ▶ 영역 음영 처리 : 설정
- ▶ 표식 : '■'로 설정
- ▶ 데이터 레이블 : 설정

5. 다음 지시사항에 따라 '문제2' 페이지에 행렬 차트를 구현하시오. (5점)
① 다음 조건으로 행렬 차트를 구성하시오. (3점)
- ▶ 활용 필드
  - 〈Product〉 테이블의 [카테고리], [브랜드] 필드
  - 〈_측정값〉 테이블의 [총수량] 측정값
  - 〈Dates〉 테이블의 [연월] 필드
- ▶ 스파크라인 추가
  - Y축 [총수량]
  - X축 [연월] 필드
- ▶ 계층 구조에서 한 수준 아래로 모두 확장
- ▶ 행렬 차트를 '5-①' 위치에 배치

② 다음 조건으로 행렬 차트의 서식을 지정하시오. (2점)
- ▶ 차트 레이아웃 : 테이블 형식
- ▶ 스파크라인
  - 값 이름 변경 : "판매량 추세"
  - 표식(마커) 표시 : '최상위' 지점
  - 표식(마커) 색상 : '테마 색 3'

문제3 복합요소 구현(50점)

| 시각화 완성화면 |

각 세부문제 풀이 후 '문제3' 페이지에 아래와 같이 개체를 배치하시오.

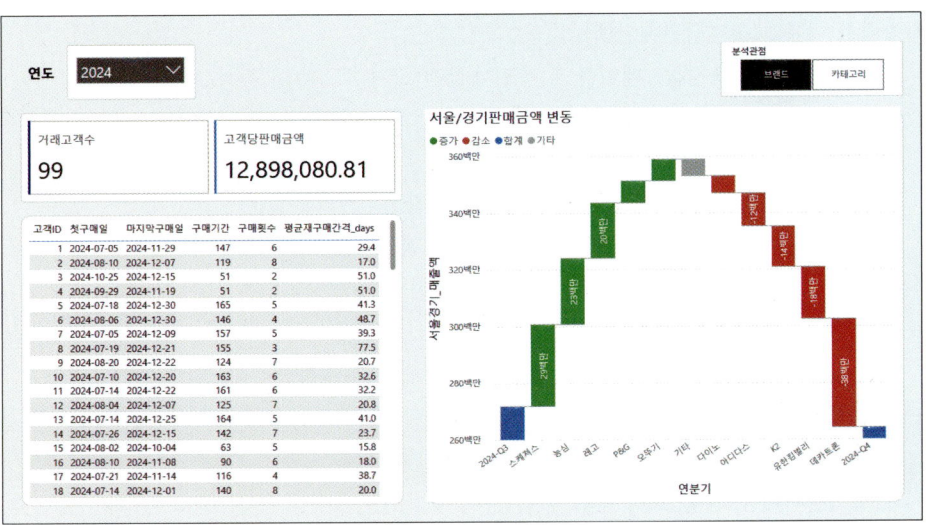

계산식 작성에 사용되는 문자열은 쌍따옴표(" ")를 사용하여 작성하시오.

1. 다음 지시사항에 따라 슬라이서와 카드(신규)를 구현하시오. (10점)

   ① 다음 조건으로 '문제3' 페이지에 슬라이서를 구현하시오.
   - ▶ 활용 필드 : 〈Dates〉 테이블의 [연도] 필드
   - ▶ 슬라이서 스타일 : '드롭다운'
   - ▶ 슬라이서에서 단일 값만 선택되도록 설정
   - ▶ 슬라이서 머리글 제거
   - ▶ 슬라이서 값 서식 적용
     - 값 배경 색 : '흰색, 60% 더 어둡게'
     - 값 글꼴 색 : '흰색'
     - 값 글꼴 크기 : 15
   - ▶ 슬라이서 값 연도 '2024' 선택 적용
   - ▶ 카드(신규)를 '1-③' 위치에 배치

   ② 다음 조건으로 〈_측정값〉 테이블에 측정값을 추가하시오.
   - ▶ 측정값 이름 : [거래고객수]
     - 활용 필드 : 〈Sales〉 테이블의 [고객ID] 필드
     - 〈Sales〉 테이블의 고유한 [고객ID] 수 반환
     - 사용 함수 : DISTINCTCOUNT
     - 서식 : 정수, 천 단위에서 쉼표로 구분되도록 적용

▶ 측정값 이름 : [총판매금액]
  – 활용 필드 : 〈Sales〉 테이블의 [수량], [가격] 필드
  – 〈Sales〉 테이블의 총판매금액(수량*가격) 반환
  – 사용 함수 : SUMX
  – 서식 : 정수, 천 단위에서 쉼표로 구분되도록 적용
▶ 측정값 이름 : [고객당판매금액]
  – 활용 필드 : 〈_측정값〉 테이블의 [총판매금액], [거래고객수] 측정값
  – [거래고객수] 한명당 [총판매금액] 계산
  – 사용 함수 : DIVIDE
  – '0'으로 나누는 경우 '0'이 반환되도록 측정값 작성
  – 서식 : 정수, 천 단위에서 쉼표로 구분되도록 적용
③ 다음 조건으로 '문제3' 페이지에 카드(신규)를 구현하시오.
  ▶ 활용 필드
    – 〈_측정값〉 테이블의 [거래고객수], [고객당판매금액] 측정값
  ▶ 서식 지정
    – 설명 값 : 글꼴 Segoe UI, 글꼴 크기 25
    – [고객당판매금액] 값 표시 단위 '없음'
    – 카드 악센트 바 : 적용
      • 너비 : 3
      • 색상 : [거래고객수] 테마 색 2, [고객당판매금액] 테마 색 1
  ▶ 카드(신규)를 '1-③' 위치에 배치

2. 다음 지시사항에 따라 테이블 차트를 구현하시오. (10점)

① 다음 조건으로 〈측정값〉 테이블에 측정값을 추가하시오. (8점)
  ▶ 측정값 이름 : [첫구매일]
    – 활용 필드 : 〈Sales〉 테이블의 [판매날짜] 필드
    – 〈Sales〉 테이블의 [판매날짜] 필드에서 가장 이른 날짜를 반환
    – 사용 함수 : MIN
    – 서식 : *2001-03-14 (Short Date)
  ▶ 측정값 이름 : [마지막구매일]
    – 활용 필드 : 〈Sales〉 테이블의 [판매날짜] 필드
    – 〈Sales〉 테이블의 [판매날짜] 필드에서 가장 늦은 날짜를 반환
    – 사용 함수 : MAX
    – 서식 : *2001-03-14 (Short Date)
  ▶ 측정값 이름 : [구매기간]
    – 활용 필드 : 〈_측정값〉 테이블의 [첫구매일], [마지막구매일] 측정값
    – 위 [첫구매일]과 [마지막구매일] 간의 차이를 일(Day) 단위로 반환
    – 사용 함수 : DATEDIFF
    – 서식 : 정수, 천 단위에서 쉼표로 구분되도록 설정

▶ 측정값 이름 : [구매횟수]
- 활용 테이블 : 〈Sales〉 테이블
- 〈Sales〉 테이블 행의 개수를 반환
- 사용함수 : COUNTROWS
- 서식 : 정수, 천 단위에서 쉼표로 구분되도록 설정

▶ 측정값 이름 : [평균재구매간격_days]
- 활용 필드 : 〈_측정값〉 테이블의 [구매기간], [구매횟수] 측정값
- 구매 간격을 반환
- 적용 계산식 : [구매기간] / ([구매횟수]-1)
- 서식 : 10진수, 소수점 한 자리까지 표시, 천 단위에서 쉼표로 구분되도록 설정

② 다음 조건으로 테이블 차트를 구현하시오. (2점)

▶ 활용 필드
- 〈Customer〉 테이블의 [고객ID] 필드
- 〈_측정값〉 테이블의 [첫구매일], [마지막구매일], [구매기간], [구매횟수], [평균재구매간격(days)]

▶ 합계 값 : 해제
▶ 테이블 차트를 '2-②' 위치에 배치

3. 다음 지시사항에 따라 폭포 차트를 구현하시오. (10점)

① 다음 조건으로 〈측정값〉 테이블에 측정값을 추가하시오. (3점)

▶ 측정값 이름 : [서울경기_매출액]
▶ 활용 필드
- 〈Customer〉 테이블의 [고객도시] 필드
- 〈_측정값〉 테이블의 [총판매금액] 필드
- 〈Customer〉 테이블의 [고객도시] 필드에서 '서울' 또는 '경기'에 해당하는 고객들의 [총판매금액] 반환

▶ 사용 함수 : CALCULATE, FILTER
▶ 서식 : 정수, 천 단위에서 쉼표로 구분되도록 설정

② 다음 조건으로 매개 변수를 추가하고 '문제3' 페이지에 슬라이서를 추가하시오. (3점)

▶ 매개 변수 추가
- 대상 필드 : 〈Product〉 테이블의 [브랜드], [카테고리] 필드
- 이름 : "분석관점"
- '이 페이지에 슬라이서 추가' 옵션 설정

▶ 슬라이서 스타일 : '타일'
▶ 슬라이서에서 단일 값만 선택되도록 설정
▶ 슬라이서 값 : '브랜드' 선택 적용
▶ 슬라이서를 '3-②' 위치에 배치

③ 다음 조건으로 '문제3' 페이지에 폭포 차트를 구현하시오. (4점)
  ▶ 활용 필드
    – ⟨Dates⟩ 테이블의 [연분기] 필드
    – ⟨분석관점⟩ 테이블의 [분석관점] 필드
    – ⟨_측정값⟩ 테이블의 [서울경기_매출액] 측정값
  ▶ 서식 지정
    – 제목 : "서울/경기판매금액 변동"
    – 데이터 레이블 설정
      • 방향 : 세로
      • 위치 : 안쪽 가운데
    – 분석 결과의 최대 표시 항목 수 : 10
    – 열 : 기타 색을 '흰색, 30% 더 어둡게' 설정
  ▶ 폭포 차트를 '3-③' 위치에 배치

4. 다음 지시사항에 따라 새 열을 추가하고 도구 설명 기능을 구현하시오. (10점)
  ① 다음 조건으로 ⟨Sales⟩ 테이블에 새 열을 추가하시오. (5점)
    ▶ 새 열 이름 : [고객나이]
      – 활용 필드 : ⟨Customer⟩ 테이블의 [고객나이] 필드
      – ⟨Sales⟩ 테이블에 ⟨Customer⟩ 테이블의 [고객나이] 필드 값을 반환하는 열 추가
      – 사용 함수 : RELATED
    ▶ 새 열 이름 : [고객연령대]
      – 활용 필드 : [고객나이]
      – [고객나이]를 기준으로 연령대별 데이터 그룹열을 생성
        • 이름 : "고객연령대"
        • Bin 크기 : 10
  ② 다음과 같이 도구 설명 기능을 구현하시오. (5점)
    ▶ 도구 설명용 페이지 추가
      – 페이지명 : "도구설명"
      – 해당 페이지를 도구 설명으로 사용 허용
    ▶ '도구설명' 페이지에 묶은 세로 막대형 차트 추가
      – 활용 필드
        • ⟨Sales⟩ 테이블의 [고객연령대] 필드
        • ⟨_측정값⟩ 테이블의 [거래건수] 측정값
      – 차트 제목 : "고객연령대별 거래건수"
    ▶ '문제3' 페이지의 카드(신규) 개체에서 '도구설명' 페이지가 표시되도록 설정

| 풀이 1 | 작업준비 | 20점 |

📁 답안 'Part3_모의문제_3회' > '3회_답안.pbix'

📁 정답 'Part3_모의문제_3회' > '3회_정답.pbix'

📁 데이터 'Part3_모의문제_3회' > '연도별교통사고현황.xlsx'

1 다음 지시사항에 따라 데이터 가져오기 및 편집을 수행하시오.

① 데이터 파일을 가져온 후 파워쿼리 편집기를 이용하여 테이블의 데이터를 편집하시오.

01 모의문제 **3회_답안.pbix** 파일을 열고 **홈** > **데이터 가져오기** > **Excel 통합 문서** 선택 후 **연결** 버튼을 클릭한다.

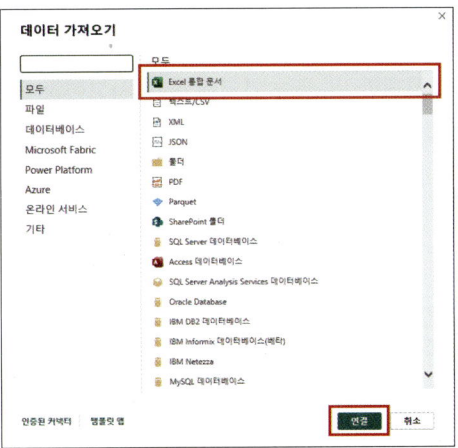

02 파일 탐색기가 열리면 모의문제 3회에 있는 **연도별교통사고현황.xlsx** 파일을 선택하고 **열기**를 누른다. 이어서 탐색 창이 열리면 **교통사고현황_2021**, **교통사고현황_2022**, **교통사고현황_2023**을 **모두 체크**하고 **데이터 변환**을 클릭한다.

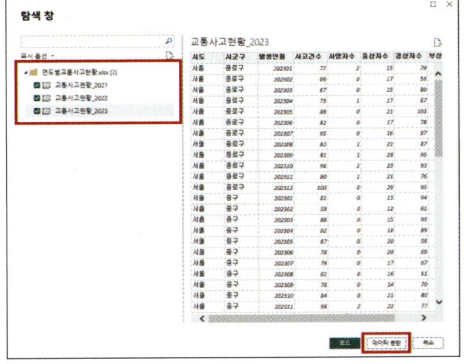

03 〈교통사고현황_2021〉 테이블(쿼리)을 선택하고 상단 메뉴의 홈 > **쿼리 추가** 버튼 우측 화살표▼ > **쿼리를 새 항목으로 추가**를 클릭한다.

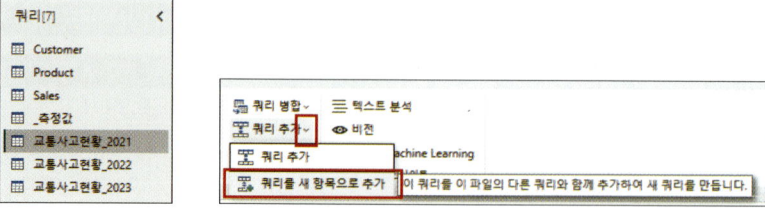

> **Tip**
> - **쿼리 추가**를 선택하면 현재 선택된 테이블(쿼리)에 다른 테이블을 결합하게 되며, **쿼리를 새 항목으로 추가**를 선택하면 기존 테이블을 모아서 새로운 테이블(쿼리)을 생성하는 방식으로 결합하게 된다.
> - 첫 번째로 선택하는 테이블이 먼저 추가되게 된다.

04 **3개 이상의 테이블** 옵션을 선택한 뒤 우측 영역에 〈**교통사고현황_2022**〉, 〈**교통사고현황_2023**〉 테이블을 추가하고 **확인**을 클릭한다. 만약 원하는 순서대로 되지 않았다면 하단의 위/아래 화살표를 이용해 순서를 변경해 준다.

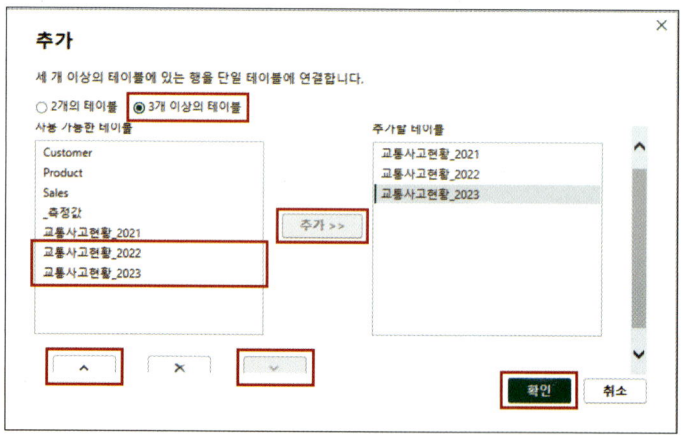

05 추가된 테이블을 더블클릭한 후 이름을 **사고현황**으로 변경해 준다.

06 〈교통사고현황_2021〉, 〈교통사고현황_2022〉, 〈교통사고현황_2023〉 테이블은 각각 **마우스 우클릭** 하여 **로드 사용**을 **선택 해제**한다. 테이블 쿼리 이름이 이탤릭체로 눕는 것을 확인할 수 있다.

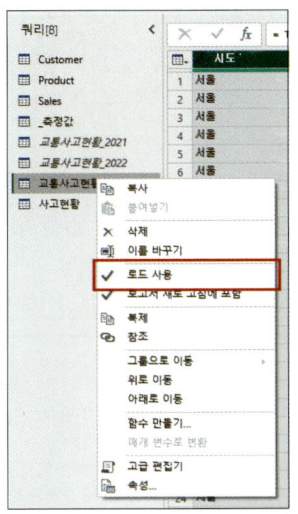

쿼리 추가로 추가된 테이블은 아래 식과 같이 기존 테이블을 참조하고 있으므로 **기존 테이블을 삭제할 수 없다.**

= Table.Combine({교통사고현황_2021, 교통사고현황_2022, 교통사고현황_2023})

② 파워쿼리를 이용하여 다음과 같이 〈사고현황〉 테이블(쿼리)의 데이터를 단계적으로 변환 또는 추가하시오.

01 [발생연월] **열**을 선택한 후 **마우스 우클릭** > **형식 변경** > **텍스트**로 변환한다.

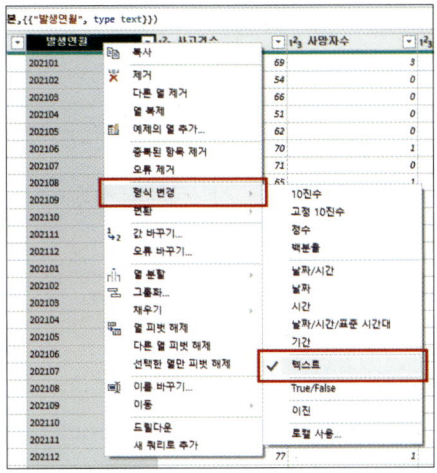

02 상단 메뉴의 **열 추가** > **사용자 지정 열**을 클릭한다.

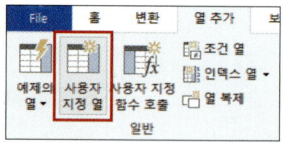

03 **사용자 지정 열** 수식 대화창이 나타나면 그림과 같이 [발생연월] 열과 01을 & 연산자를 이용해 **수식**을 작성한 뒤 확인을 누른다. 우측의 **사용 가능한 열**을 **더블클릭**해도 해당 열을 수식 창에 추가할 수 있다.

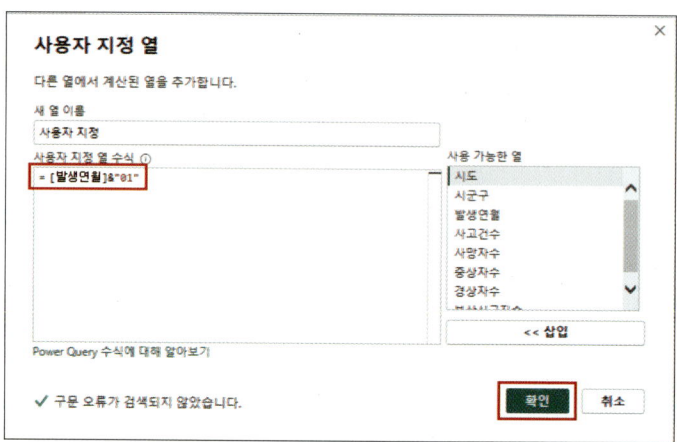

04 [사용자 지정] 열을 선택한 후 **마우스 우클릭** > **형식 변경** > **날짜**로 변경한다.

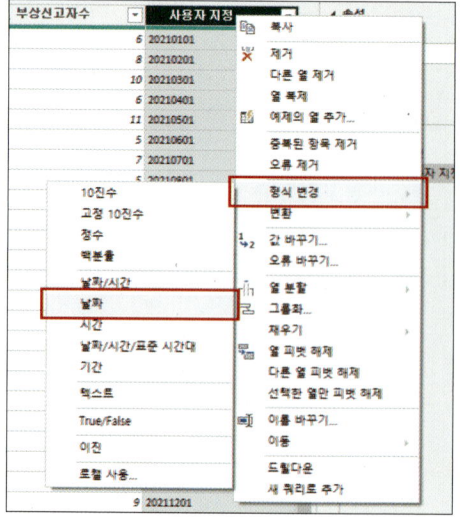

05 [발생연월] 열을 선택한 후 **마우스 우클릭 > 제거**를 눌러 해당 열을 삭제한다.

06 추가된 [사용자 지정] 열의 머리글을 더블클릭한 후 **발생연월**로 **변경**하여 해당 열에 대한 편집을 마무리한다.

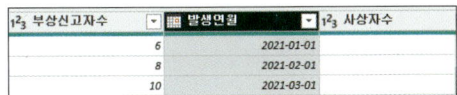

07 이제 [사상자수] 열을 추가하기 위해 [사망자수], [중상자수], [경상자수], [부상신고자수] 열을 선택한 후 **마우스 우클릭 > 합계**를 클릭한다.

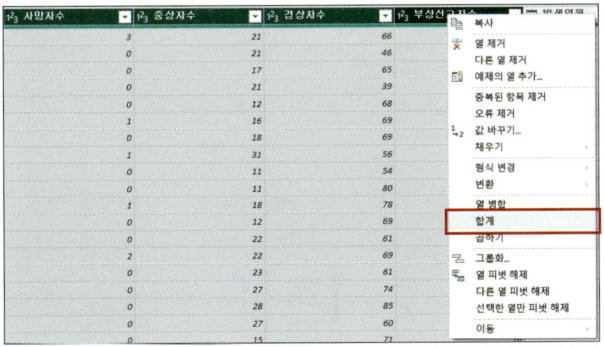

08 열의 이름을 더블클릭한 후 덧셈에서 **사상자수**로 변경하고 **홈 > 닫기 및 적용**을 클릭하여 편집을 마무리한다.

2 다음 지시사항에 따라 함수를 활용하여 새 테이블 및 새 열을 추가하시오.

① 다음 조건으로 테이블을 추가하시오.

01 파워BI 데스크톱 상단 메뉴의 **모델링 > 새 테이블**을 클릭한다.

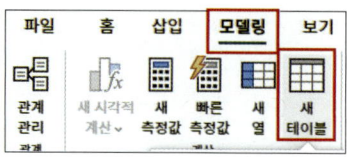

02 수식 창에 다음과 같이 입력한다.

> 요약 = SUMMARIZE('사고현황', '사고현황'[시도], "사고건수", SUM('사고현황'[사고건수]), "사망자수", SUM('사고현황'[사망자수]))

함수 설명

SUMMARIZE 함수는 주어진 테이블을 기준으로 원하는 필드를 그룹화하여 새로운 요약 테이블을 만드는 함수이다. 여기서는 [시도] 필드 기준으로 그룹화하고, 각 시도별로 사고 건수와 사망자 수를 요약하여 새로운 테이블을 만든다.

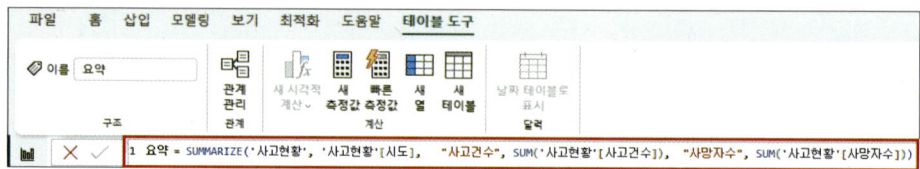

② 다음 조건으로 새 열을 순차적으로 추가하시오.

01 좌측 탭 중 **테이블 보기**를 클릭한다.

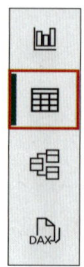

02 앞서 만든 **〈요약〉 테이블**이 선택된 상태에서 상단 메뉴의 **테이블 도구**(또는 **열 도구**) > **새 열**을 클릭한다.

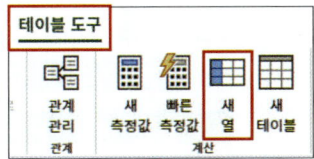

03 수식 창에 다음과 같이 식을 작성하고 Enter를 누른다.

> 건당사망자비율 = [사망자수] / [사고건수]

04 **[건당사망자비율] 열**을 선택한 후 **열 도구** > **서식**을 **백분율**로 설정하고 소수 자릿수는 **2**로 설정한다.

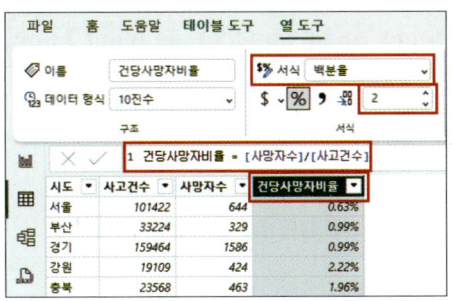

05 상단 메뉴의 **테이블 도구**(또는 열 도구) > **새 열**을 클릭한 뒤 수식 창에 다음과 같이 식을 작성하고 Enter를 누른다.

> 순위 = RANKX('요약', [건당사망자비율])

06 **[순위] 열**에 대해 서식을 **정수**로 설정한다.

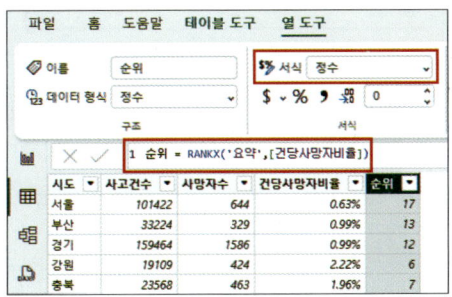

| 풀이 2   단순요소 구현 | 30점 |

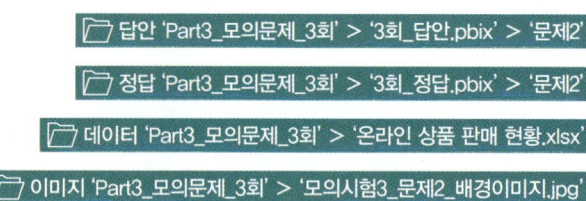

1 '문제2' 페이지의 전체 서식을 설정하시오.

① 보고서 전체의 테마를 설정하고 테마 사용자 지정 기능을 사용하여 텍스트 서식을 변경하시오.

01 **보고서 보기** 탭으로 이동하여 상단 메뉴의 **보기** > **테마 우측 화살표**를 열어 **기본값** 테마를 선택한다.

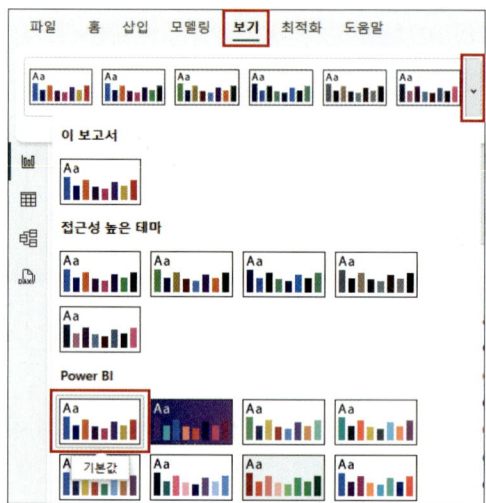

02 다시 열어서 테마 하단의 **현재 테마 사용자 지정**을 클릭하고 **텍스트** > **제목** > **글꼴 패밀리**를 Segoe UI로 변경한다. 이어서 **카드 및 KPI** 탭으로 이동하여 마찬가지로 **글꼴 패밀리**를 Segoe UI로 변경하고 **글꼴 크기**는 40으로 조정한 뒤 **적용**을 클릭한다.

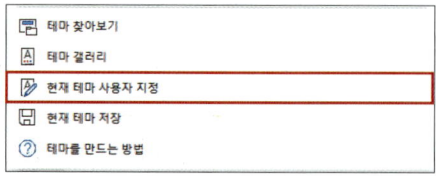

 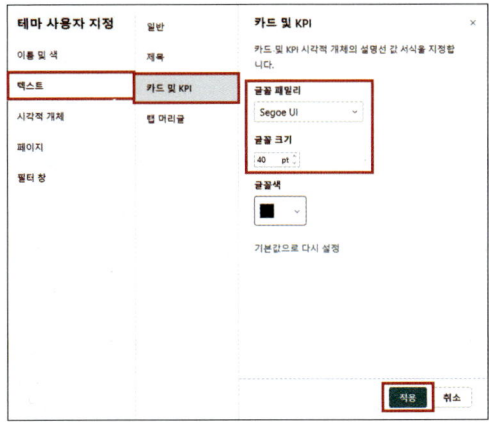

② '문제2'의 캔버스 배경을 설정하시오.

01 **문제2** 페이지에서 **보고서 페이지 서식 지정 > 캔버스 배경 > 이미지 > 찾아보기**를 누른 뒤 **모의 시험3_문제2_배경이미지.jpg** 파일을 선택하고, **이미지 맞춤**은 맞춤으로, **투명도(%)**는 0으로 설정한다.

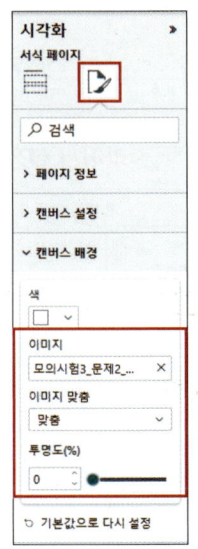

2 다음 지시사항에 따라 '문제2'의 페이지에 슬라이서를 설정하시오.

① 다음과 같이 '연도' 슬라이서를 추가하시오.

01 페이지에 **슬라이서**를 삽입한 뒤 〈Dates〉 테이블의 **[연도] 필드**를 추가하여 2-①의 위치에 배치한다.

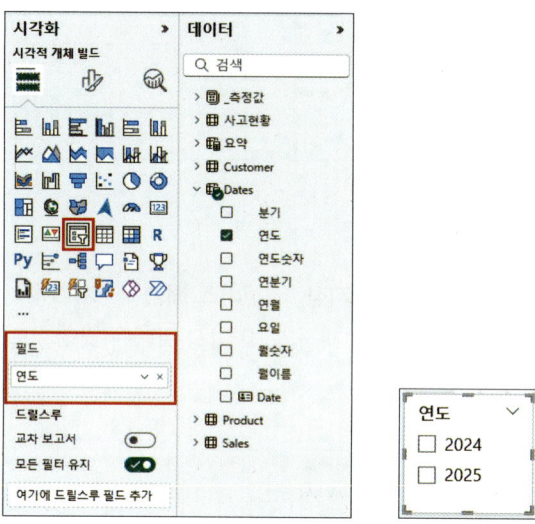

02 **시각적 개체 서식 지정 > 시각적 개체 > 슬라이서 설정 > 선택 > 단일 선택**을 활성화한다.

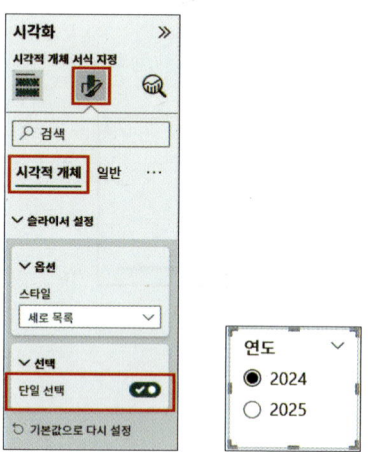

03 **시각적 개체 > 슬라이서 머리글 > 테두리 > 테두리 위치 > 아래쪽**을 선택한다. 연도 슬라이서에서 **2025** 항목을 선택한다.

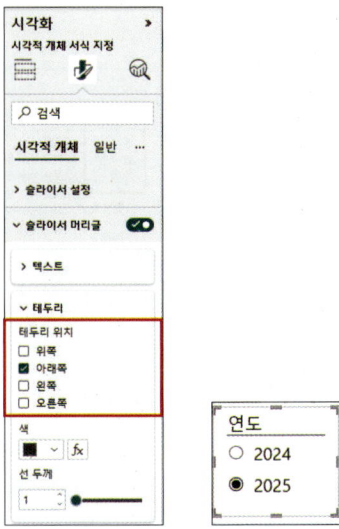

각 개체의 시각화 작업이 모두 마무리되면 다음 작업에 영향을 주지 않도록 항상 보고서의 빈 곳을 클릭하여 개체를 선택하지 않은 상태로 작업을 이어서 진행한다.

② 다음과 같이 '월이름' 슬라이서를 추가하시오.

01 페이지에 **슬라이서**를 삽입한 뒤 〈Dates〉 테이블의 **[월이름] 필드**를 추가하고 2-②의 위치에 배치한다.

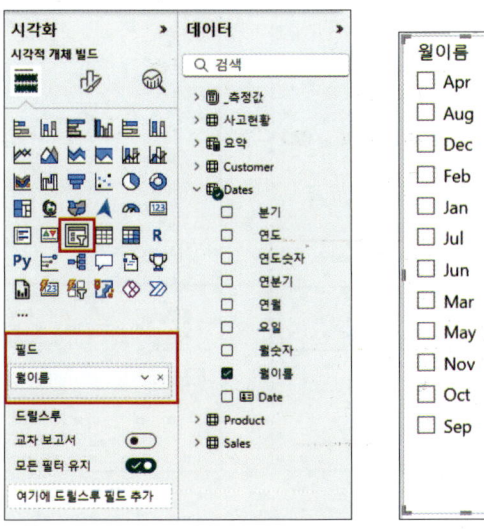

02 〈Dates〉 테이블의 [월이름] 필드를 선택한 상태에서 상단 메뉴의 **열 기준 정렬**을 눌러 **월숫자**를 선택한다.

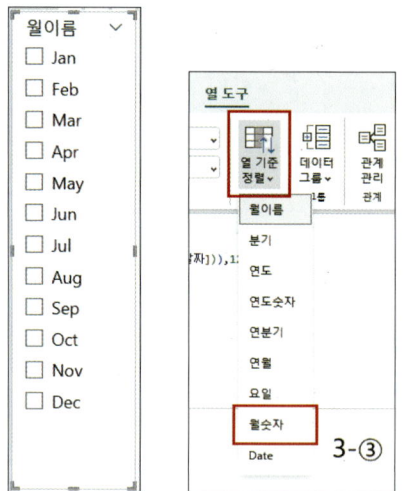

열 기준 정렬 기능은 테이블의 특정 열을 사용해 다른 열의 정렬 순서를 정의하는 기능이다. 여기서는 [월이름] 필드의 정렬 기준이 [월숫자]로 바뀐다.

03 **시각적 개체 서식 지정 > 시각적 개체 > 슬라이서 머리글 > 테두리 > 테두리 위치 > 아래쪽**을 선택한다.

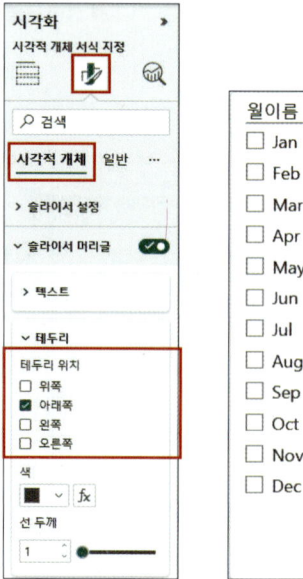

3 다음 지시사항에 따라 '문제2' 페이지에 KPI 차트와 원형 차트를 구현하시오.

① 다음 조건으로 KPI 차트를 구현하시오.

01 페이지에 **KPI**를 삽입하고 **값**에는 〈_측정값〉 테이블의 **[총수량]** 측정값을, **추세 축**에는 〈Dates〉 테이블의 **[연월]** 필드를, **대상**에는 〈_측정값〉 테이블의 **[전월수량]** 측정값을 추가한다. 3-②의 위치에 배치한다.

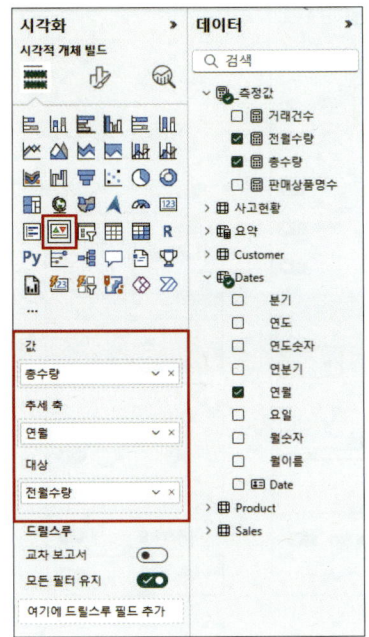

02 우측 **필터 창**에서 **총수량** > **다음 값일 경우 항목 표시** > **공백이 아님**을 선택하고 하단의 **필터 적용** 버튼을 누른다.

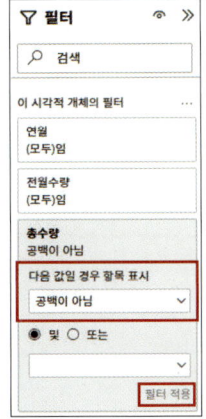

② 다음과 같이 KPI 차트의 서식을 설정하시오.

01 **시각적 개체 서식 지정** > **일반** > **제목** > **제목** > **텍스트**에 **당월 판매량**을 입력한다. **시각적 개체** 탭으로 이동해서 **목표 레이블** > **값** > **레이블에 전월**을 입력하고 **글꼴 크기**는 **14**로 설정한다. 하단의 **날짜** 기능은 **활성화**한다.

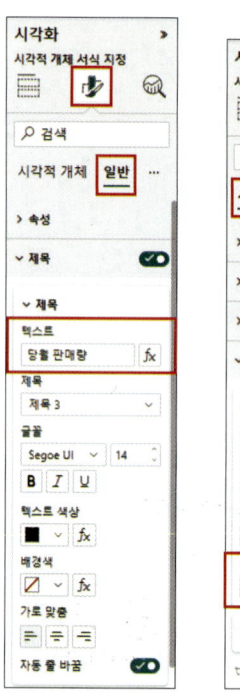
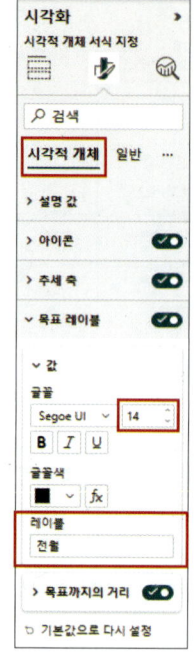
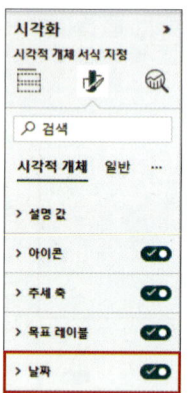

③ 다음과 같이 원형 차트를 구현하시오.

01 페이지에 **원형 차트**를 삽입하고 **범례**에는 〈Product〉 테이블의 **[카테고리]** 필드를, **값**에는 〈_측정 값〉 테이블의 **[총수량]** 측정값을 추가한다. 3-③의 위치에 배치한다.

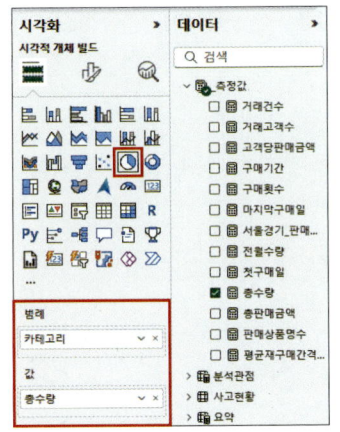
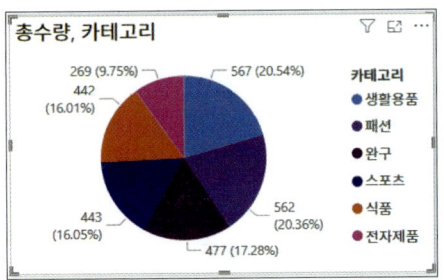

02 **시각적 개체 서식 지정 > 일반 > 제목 > 제목 > 텍스트**에 **카테고리별 비중**을 입력한다. 이어서 **시각적 개체** 탭으로 이동하여 **세부 정보 레이블 > 옵션 > 레이블 내용 > 범주, 총 퍼센트**를 선택하고 **값 > 소수 자릿수 비율**을 0으로 설정한다.

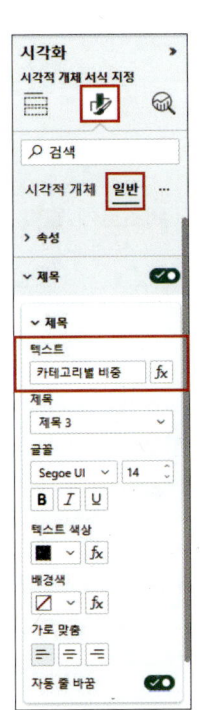
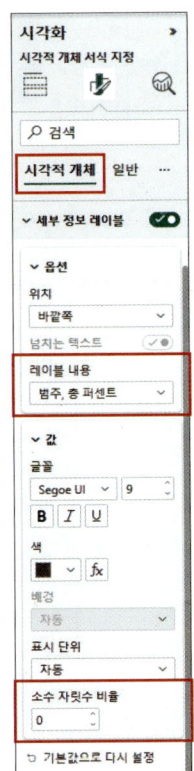

4 다음 지시사항에 따라 '문제2' 페이지에 꺾은선형 및 묶은 세로 막대형 차트를 구현하시오.

① 다음 조건으로 꺾은선형 및 묶은 세로 막대형 차트를 구현하시오.

01 페이지에 **꺾은선형 및 묶은 세로 막대형 차트**를 삽입하고, **X축**에는 〈Dates〉 테이블의 **[월이름]** 필드를, **열 y축**에는 〈_측정값〉 테이블의 **[총수량]** 측정값을, **선 y축**에는 〈_측정값〉 테이블의 **[판매상품명수]** 측정값을 추가한다.

02 도구 설명에는 〈_측정값〉 테이블의 **[거래건수]** 측정값을 추가한 후 4-①의 위치에 배치한다.

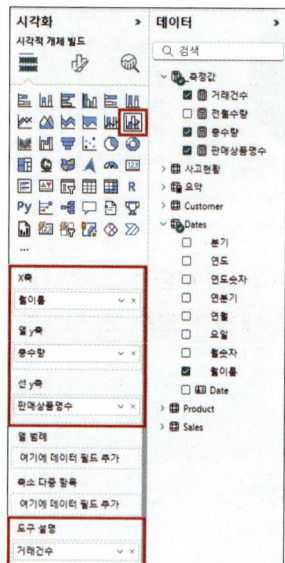
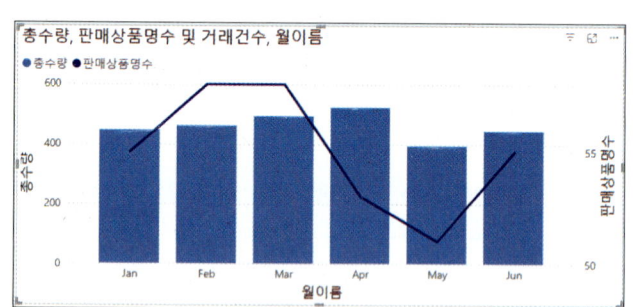

② 다음과 같이 꺾은선형 및 묶은 세로 막대형 차트의 서식을 지정하시오.

01 시각적 개체 서식 지정 > 일반 > 제목 > 제목 > 텍스트에 **월별 총수량 및 상품수**를 입력한다.

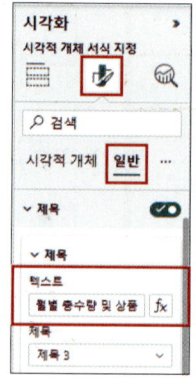

02 **시각적 개체** > **X축**에서는 제목을 비활성화하고 **범례** > **옵션** > **위치**에서 **위쪽 가운데**를 선택한다.

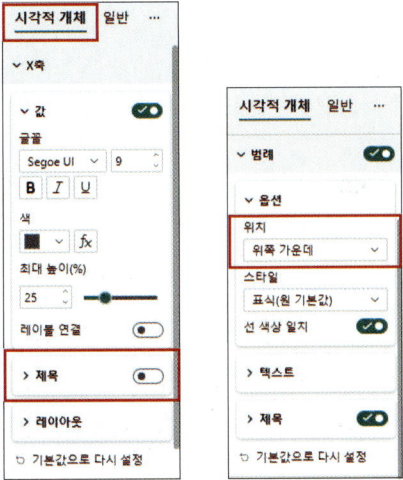

03 **시각적 개체** > **선** > **선** > **선 스타일**은 **파선**을 선택하고 하단의 **영역 음영 처리**도 **활성화** 한다.

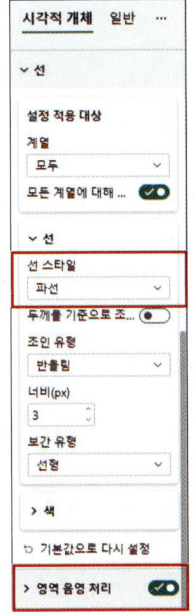
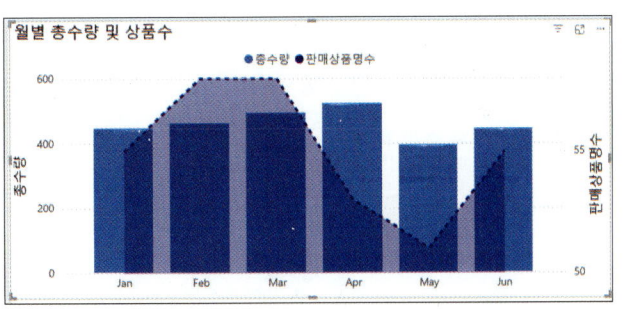

04 **시각적 개체 > 표시 > 모든 범주 표시**를 **활성화**하고 **도형 > 유형**은 ■로 변경한다. 이어서 **시각적 개체 > 데이터 레이블**도 **활성화**한다.

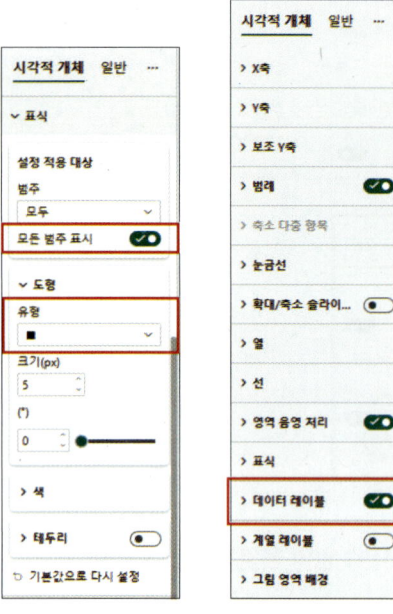
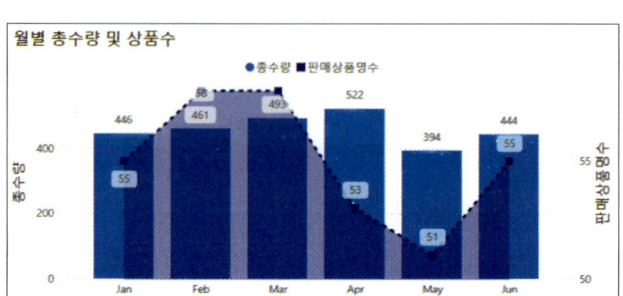

5 다음 지시사항에 따라 '문제2' 페이지에 행렬 차트를 구현하시오.

① 다음 조건으로 행렬 차트를 구성하시오.

01 페이지에 **행렬**을 삽입하고 **행**에는 〈Product〉 테이블의 **[카테고리]**, **[브랜드]** 필드를 추가하고, **값**에는 〈_측정값〉 테이블의 **[총수량]** 측정값을 추가한다. 5-①의 위치에 배치다.

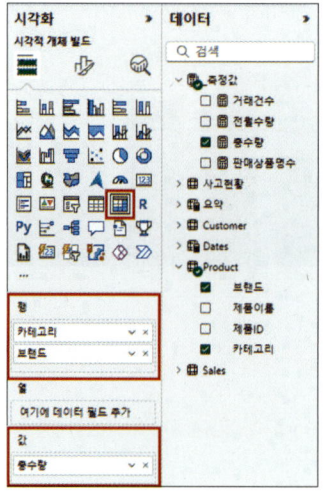
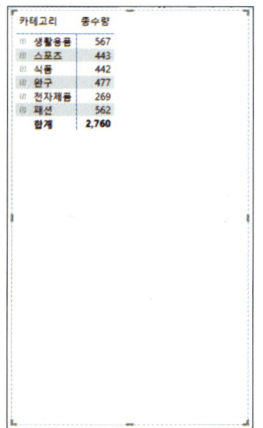

466 PART 3 | 모의고사 파헤치기

02 개체 우측 상단에서 🔽를 눌러 **계층 구조에서 한 수준 아래로 모두 확장**한다.

03 값 영역 내에 있는 [**총수량**]에서 **마우스 우클릭 > 스파크라인 추가**를 누른 뒤 스파크라인 추가 대화창에서 **Y축**에는 〈_측정값〉 테이블의 [**총수량**] 필드를, **X축**에는 〈Dates〉 테이블의 [**연월**] 필드를 선택하고 **만들기**를 클릭한다.

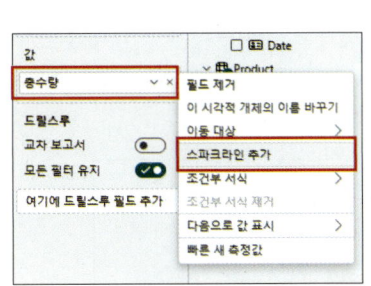 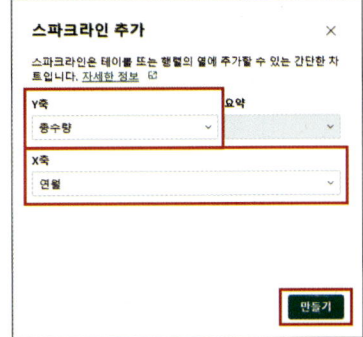

② 다음 조건으로 행렬 차트의 서식을 지정하시오.

01 **시각적 개체 서식 지정 > 레이아웃 및 스타일 사전 설정 > 레이아웃 > 테이블 형식**을 선택한다.

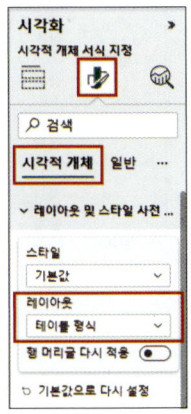

CHAPTER 03 | 실전 모의고사 3회 **467**

02 하단의 **스파크라인 > 마커 > 이러한 표식 표시**에서 **최상위**에만 체크하고 마커의 **색**은 **테마 색 3**으로 설정한다.

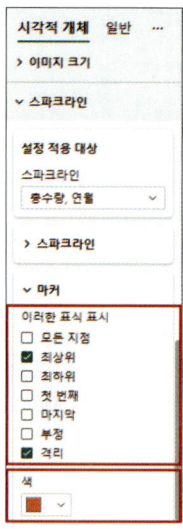

03 끝으로 **시각적 개체 빌드 > 값**에서 해당 스파크라인을 **더블클릭**하여 이름을 **판매량 추세**로 변경한다.

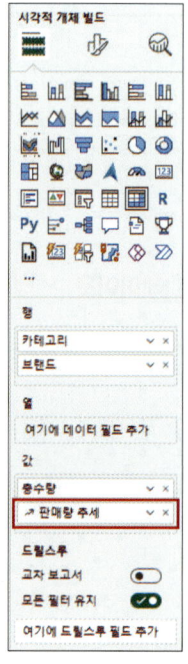

04 작업한 보고서가 문제2의 시각화 완성화면(442p)과 일치하는지 확인한 후 해당 페이지의 작업을 마무리한다.

| 풀이 3 | 복합요소 구현 | 50점 |

📁 답안 'Part3_모의문제_3회' > '3회_답안.pbix' > '문제3'

📁 정답 'Part3_모의문제_3회' > '3회_정답.pbix' > '문제3'

📁 데이터 'Part3_모의문제_3회' > '온라인 상품 판매 현황.xlsx'

1 다음 지시사항에 따라 슬라이서와 카드(신규)를 구현하시오.

① 다음 조건으로 '문제3' 페이지에 슬라이서를 구현하시오.

01 문제3 페이지로 이동한 후 페이지에 **슬라이서**를 삽입하고 〈Dates〉 테이블의 **[연도] 필드**를 추가한다.

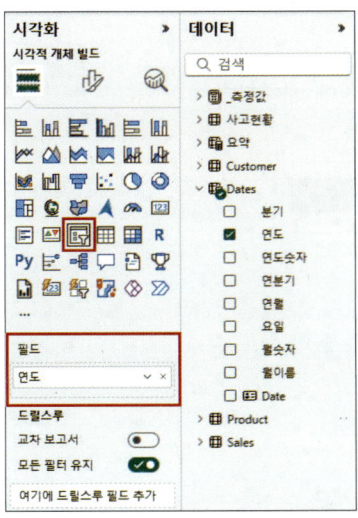 

02 **시각적 개체 서식 지정 > 시각적 개체 > 슬라이서 설정 > 옵션 > 스타일**은 **드롭다운**으로 설정하고 **선택**은 **단일 선택**을 **활성화**한다. **슬라이서 머리글** 옵션은 **비활성화**한다.

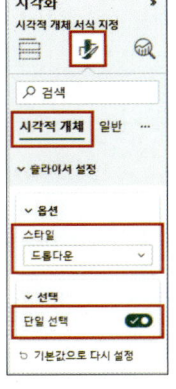 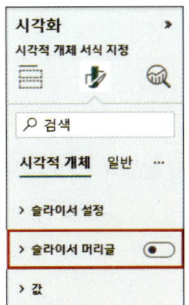

03 **값** > **배경** > **색**을 **흰색, 60% 더 어둡게**로 설정하고 **값** > **글꼴색**은 흰색으로 설정한다. **글꼴 크기**는 **15**로 변경한다.

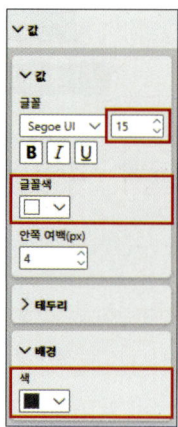

04 슬라이서의 값을 **2024**로 선택하고 1-①의 위치에 배치한다.

> Tip
>
> 각 개체의 시각화 작업이 모두 마무리되면 다음 작업에 영향을 주지 않도록 항상 보고서의 빈 곳을 클릭하여 개체를 선택하지 않은 상태로 작업을 이어서 진행한다.

② 다음 조건으로 〈_측정값〉 테이블에 측정값을 추가하시오.

▶ 측정값 이름 : [거래고객수]

01 우측 **데이터** 창에서 〈**_측정값**〉 **테이블**을 선택한 후 **마우스 우클릭** > **새 측정값**을 클릭한다.

02 수식 창에 다음과 같이 식을 작성하고 Enter를 누른다.

거래고객수 = DISTINCTCOUNT('Sales'[고객ID])

> Tip
>
> **수식 설명**
> DISTINCTCOUNT 함수는 지정된 대상 열에서 고유한 값의 개수를 반환하는 함수이다.

03 상단 메뉴의 **측정 도구 > 서식**을 **정수**로 설정하고 **천 단위 구분 기호**()를 클릭한다.

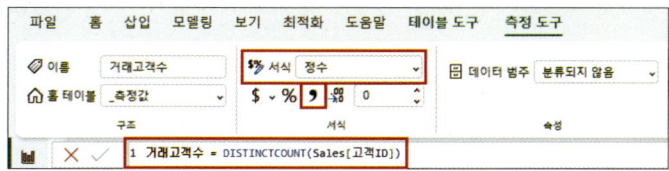

▶ 측정값 이름 : [총판매금액]

01 우측 **데이터** 창에서 **〈_측정값〉 테이블**을 선택한 후 **마우스 우클릭 > 새 측정값**을 클릭한다.

02 수식 창에 다음과 같이 식을 작성하고 Enter를 누른다.

> 총판매금액 = SUMX('Sales', [수량] * [가격])

> **Tip**
>
> **수식 설명**
> • SUMX 함수는 대상 테이블에서 각 행의 계산을 수행하고, 그 결과를 합산하여 반환하는 함수다. 여기서는 각 행별로 [수량]과 [가격]을 곱한 뒤 그 결과들을 모두 합산(SUM)한 값이 반환된다.
> • DAX 식으로 만들어지는 가상의 테이블도 대상 테이블이 될 수 있다.

03 상단 메뉴의 **측정 도구 > 서식**을 **정수**로 설정하고 **천 단위 구분 기호**()를 클릭한다.

▶ 측정값 이름 : [고객당판매금액]

01 우측 **데이터** 창에서 **〈_측정값〉 테이블**을 선택한 후 **마우스 우클릭 > 새 측정값**을 클릭한다.

02 수식 창에 다음과 같이 식을 작성하고 Enter를 누른다.

고객당판매금액 = DIVIDE([총판매금액], [거래고객수], 0)

> **Tip**
>
> **수식 설명**
> DIVIDE 함수는 두 수를 나누는 역할을 하며, 나눗셈 계산 시 '0'으로 나누는 오류(무한대 오류)를 방지하기 위해 기본 값을 지정할 수 있는 것이 특징이다. 위 식에 의해 여기서는 '0'으로 나누게 되면 '0'이 반환된다.

03 상단 메뉴의 **측정 도구 > 서식**을 **정수**로 설정하고 **천 단위 구분 기호**()를 클릭한다.

③ 다음 조건으로 '문제3' 페이지에 카드(신규)를 구현하시오.

01 페이지에 **카드(신규)**를 삽입하고 **데이터**에 〈_측정값〉 테이블의 [**거래고객수**], [**고객당판매금액**] 측정값을 추가하여 1-③의 위치에 배치한다.

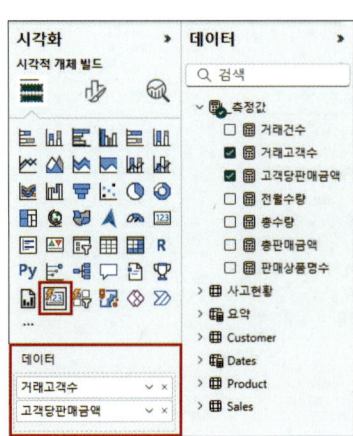

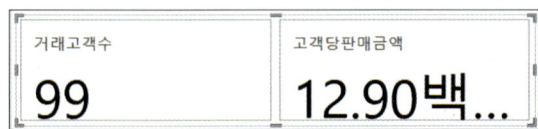

02 우선 **시각적 개체 서식 지정 > 시각적 개체 > 설명 값 > 계열 > 모두**가 선택된 상태에서 **값 > 글꼴**은 Segoe UI, **글꼴 크기**는 25로 설정한다. 다음으로 **계열 > 고객당판매금액**으로 변경한 상태에서 **값 > 표시 단위**를 **없음**으로 설정한다.

03 **시각적 개체 > 카드**로 이동하여 **악센트 바**를 **활성화**하고 **너비**를 **3**으로 조정한다.

04 이제 설정 적용 대상 > 계열을 거래고객수로 변경하고 악센트 바의 색을 테마 색 2로 선택한다. 이어서 설정 적용 대상 > 계열을 고객당판매금액으로 변경하고 악센트 바의 색을 테마 색 1로 설정한다.

2 다음 지시사항에 따라 테이블 차트를 구현하시오.

① 다음 조건으로 〈측정값〉 테이블에 측정값을 추가하시오.

▶ 측정값 이름 : [첫구매일]

01 우측 **데이터** 창에서 **〈_측정값〉 테이블**을 선택한 후 **마우스 우클릭** > **새 측정값**을 클릭한다.

02 수식 창에 다음과 같이 식을 작성하고 Enter를 누른다.

> 첫구매일 = MIN('Sales'[판매날짜])

03 상단 메뉴의 **측정 도구** > **서식**을 *2001-03-14 (Short Date)로 설정한다.

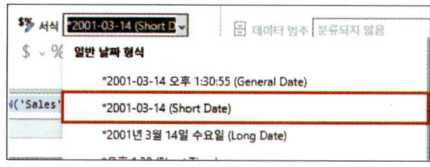

▶ 측정값 이름 : [마지막구매일]

01 우측 **데이터** 창에서 **〈_측정값〉 테이블**을 선택한 후 **마우스 우클릭 > 새 측정값**을 클릭한다.

02 수식 창에 다음과 같이 식을 작성하고 Enter를 누른다.

마지막구매일 = MAX('Sales'[판매날짜])

03 상단 메뉴의 **측정 도구 > 서식**을 *2001-03-14(Short Date)로 설정한다.

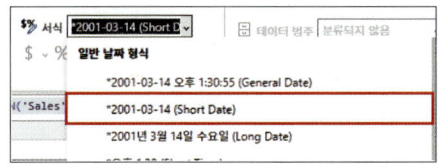

▶ 측정값 이름: [구매기간]

01 우측 **데이터** 창에서 **〈_측정값〉 테이블**을 선택한 후 **마우스 우클릭 > 새 측정값**을 클릭한다.

02 수식 창에 다음과 같이 식을 작성하고 Enter를 누른다.

구매기간 = DATEDIFF([첫구매일], [마지막구매일], DAY)

> **Tip**
>
> **수식 설명**
> DATEDIFF 함수는 두 날짜 사이의 차이를 계산하여 반환하는 함수이다. 차이를 반환할 때 시간, 일, 월, 분기, 연도 등 원하는 단위를 지정할 수 있어서 두 날짜 간의 간격을 특정 단위로 쉽게 계산할 수 있다.

03 상단 메뉴의 **측정 도구 > 서식**을 **정수**로 설정하고 **천 단위 구분 기호(,)**를 클릭한다.

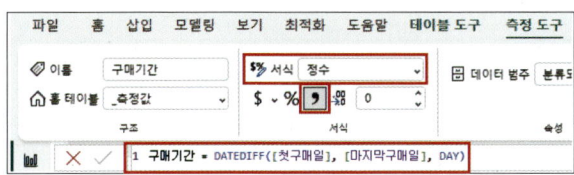

▶ 측정값 이름: [구매횟수]

01 우측 **데이터** 창에서 <**_측정값**> 테이블을 선택한 후 **마우스 우클릭** > **새 측정값**을 클릭한다.

02 수식 창에 다음과 같이 식을 작성하고 Enter를 누른다.

구매횟수 = COUNTROWS(Sales)

03 상단 메뉴의 **측정 도구** > **서식**을 **정수**로 설정하고 **천 단위 구분 기호**()를 클릭한다.

▶ 측정값 이름: [평균재구매간격_days]

01 우측 **데이터** 창에서 <**_측정값**> 테이블을 선택한 후 **마우스 우클릭** > **새 측정값**을 클릭한다.

02 수식 창에 다음과 같이 식을 작성하고 Enter를 누른다.

평균재구매간격_days = [구매기간] / ([구매횟수] – 1)

수식 설명
- [구매기간]을 ([구매횟수]–1)로 나누어, 평균적으로 두 번의 구매 사이에 걸리는 기간을 계산하는 일반적인 방법이다.
- 여기서 1을 빼주는 이유는 첫 구매 이후로 발생한 재구매 간격의 수를 구하기 위해서이다. 즉, 구매 횟수에서 첫 구매를 제외하고 나머지 재구매 횟수를 기준으로 간격을 나누는 것이다.
- 참고로 여기서 분모가 '0'이 될 가능성, 즉 '0'으로 나누는 오류가 발생할 수 있으므로 현실에서는 DIVIDE 함수를 쓰는 것이 더 나은 선택이다.

평균재구매간격_days = DIVIDE([구매기간], ([구매횟수] – 1))

03 상단 메뉴의 **측정 도구 > 서식**을 **10진수**로 설정하고 **천 단위 구분 기호**( )를 클릭한 뒤, 소수 자릿수는 **1**로 설정한다.

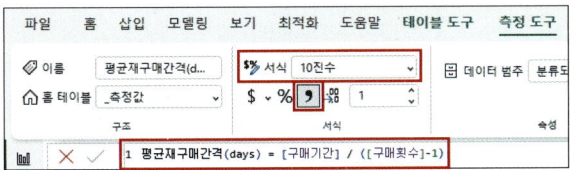

② 다음 조건으로 테이블 차트를 구현하시오.

01 페이지에 **테이블**을 삽입하고 **열**에 〈Customer〉 테이블의 [고객ID] 필드, 〈_측정값〉 테이블의 [첫구매일], [마지막구매일], [구매기간], [구매횟수], [평균재구매간격_days] 측정값을 차례로 추가한다. 2-②의 위치에 배치한다.

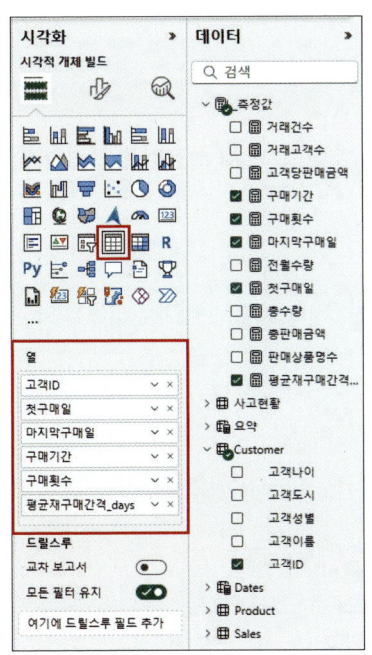

고객ID	첫구매일	마지막구매일	구매기간	구매횟수	평균재구매간격_days
1	2024-07-05	2024-11-29	147	6	29.4
2	2024-08-10	2024-12-07	119	8	17.0
3	2024-10-25	2024-12-15	51	2	51.0
4	2024-09-29	2024-11-19	51	2	51.0
5	2024-07-18	2024-12-30	165	5	41.3
6	2024-08-06	2024-12-30	146	4	48.7
7	2024-07-05	2024-12-09	157	5	39.3
8	2024-07-19	2024-12-21	155	3	77.5
9	2024-08-20	2024-12-22	124	7	20.7
10	2024-07-10	2024-12-20	163	6	32.6
11	2024-07-14	2024-12-22	161	6	32.2
12	2024-08-04	2024-12-07	125	7	20.8
13	2024-07-14	2024-12-25	164	5	41.0
14	2024-07-26	2024-12-15	142	7	23.7
15	2024-08-02	2024-10-04	63	5	15.8
16	2024-08-10	2024-11-08	90	6	18.0
17	2024-07-21	2024-11-14	116	4	38.7
18	2024-07-14	2024-12-01	140	8	20.0

02 **시각적 개체 서식 지정** > **시각적 개체**에서 **합계** > **값**을 **비활성화**한다.

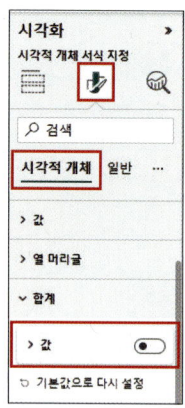

3 다음 지시사항에 따라 폭포 차트를 구현하시오.

① 다음 조건으로 〈측정값〉 테이블에 측정값을 추가하시오.

01 우측 **데이터** 창에서 **〈_측정값〉 테이블**을 선택한 후 **마우스 우클릭** > **새 측정값**을 클릭한다.

02 수식 창에 다음과 같이 식을 작성하고 Enter를 누른다.

> 서울경기_매출액 = CALCULATE([총판매금액], FILTER('Customer', [고객도시] = "서울" || [고객도시] = "경기"))

수식 설명
- 〈Customer〉 테이블에서 [고객도시]가 "서울" 또는 "경기"인 행만 남겨서 이 조건에 맞는 필터링된 테이블을 반환한다.
- CALCULATE 함수는 이 필터링된 테이블을 기준으로 [총판매금액]을 다시 계산한다.
- 추가로, 식에 사용된 '||' 연산자는 논리 OR 연산자로, 여기서는 [고객도시]가 "서울" 또는 "경기"에 해당하는 모든 행을 필터링하는 데 사용되며, AND 연산자는 '&&'를 대신 사용할 수 있다.

03 상단 메뉴의 **측정 도구** > **서식**을 **정수**로 설정하고 **천 단위 구분 기호**(**,**)를 클릭한다.

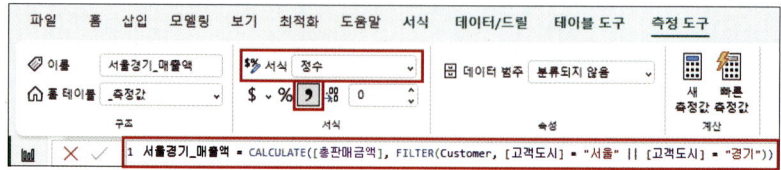

② 다음 조건으로 매개 변수를 추가하고 '문제3' 페이지에 슬라이서를 추가하시오.

01 상단 메뉴의 **모델링** > **새 매개 변수** > **필드**를 선택한다.

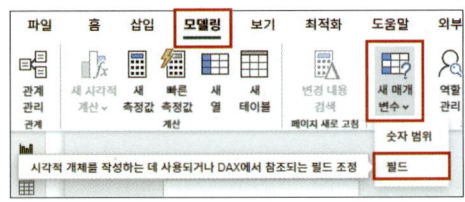

02 **매개 변수** 대화창이 뜨면 이름에 **분석관점**을 입력하고 **필드 추가 및 순서 변경**에 〈Product〉 테이블의 [브랜드], [카테고리] 필드를 순서대로 체크하여 추가한다. **이 페이지에 슬라이서 추가 옵션**까지 체크한 뒤 **만들기** 버튼을 누른다.

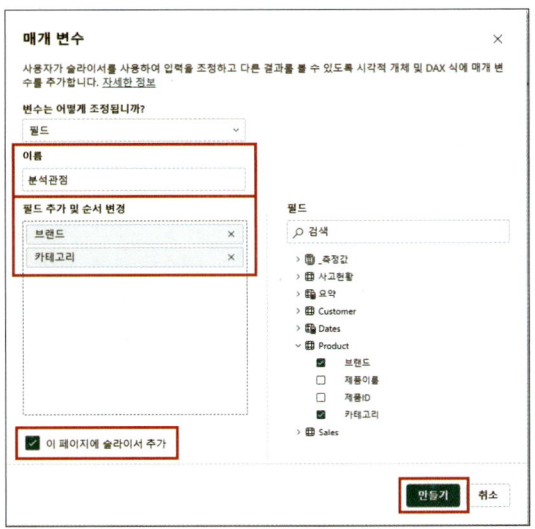

03 페이지에 추가된 **슬라이서**를 3-②의 위치에 배치한 뒤 **시각적 개체 서식 지정** > **시각적 개체**로 이동하여 **슬라이서 설정** > **옵션** > **스타일**을 **타일**로 선택하고, **선택**에서는 **단일 선택**을 **활성화**한다. 슬라이서의 항목이 문제 지시사항과 같이 **브랜드**로 선택되어 있는지 확인한다.

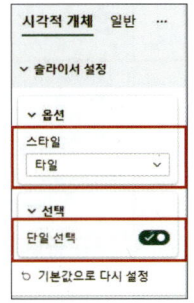 

③ 다음 조건으로 '문제3' 페이지에 폭포 차트를 구현하시오.

01 페이지에 **폭포 차트**를 삽입하고 **범주**에 〈Dates〉 테이블의 **[연분기]** 필드를, **분석 결과**에 〈분석관점〉 테이블의 **[분석관점]** 필드를, **Y축**에는 〈_측정값〉 테이블의 **[서울경기_매출액] 측정값**을 추가한다. 3-③의 위치에 배치한다.

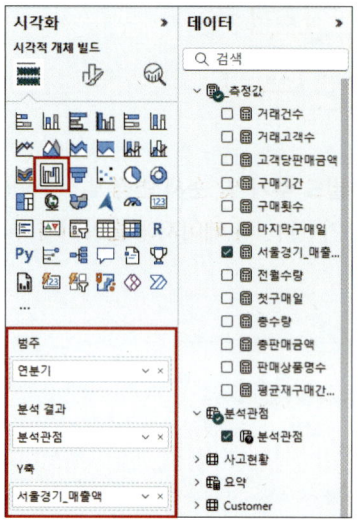
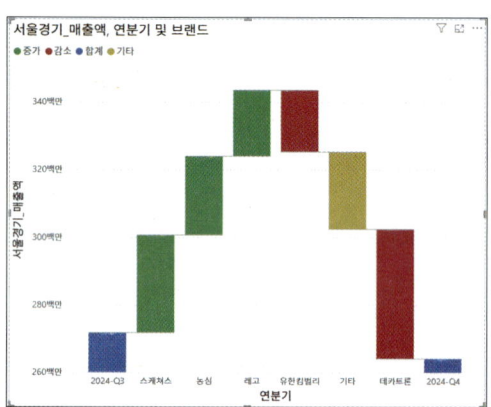

02 **시각적 개체 서식 지정 > 일반 > 제목 > 제목 > 텍스트**에는 **서울/경기판매금액 변동**을 입력하고 **시각적 개체** 탭으로 이동한다. **데이터 레이블**을 활성화한 뒤 **옵션**에서 **방향**은 **세로**, **위치**는 **안쪽 가운데**로 설정한다. **분석 결과 > 최대 분석 결과**는 **10**으로 조정한다.

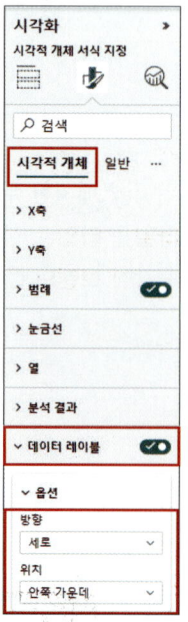
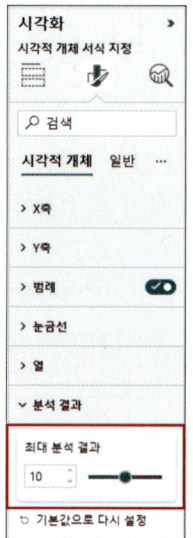

03 다음으로 **열**로 이동하여 **기타** 색에 대해 **흰색, 30% 더 어둡게**로 설정한다.

04 분석관점 슬라이서의 선택항목에 따라 폭포 차트가 동적으로 변하는 것을 확인한다.

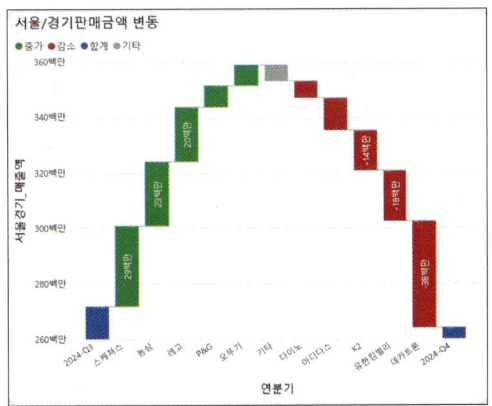

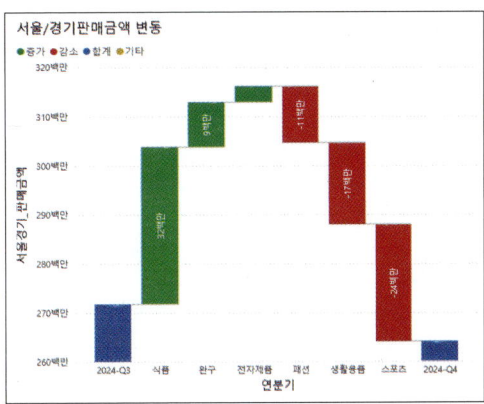

4 다음 지시사항에 따라 새 열을 추가하고 도구 설명 기능을 구현하시오.

① 다음 조건으로 〈Sales〉 테이블에 새 열을 추가하시오.

01 좌측 탭에서 **테이블 보기**로 이동하고 **〈Sales〉 테이블**을 선택한다.

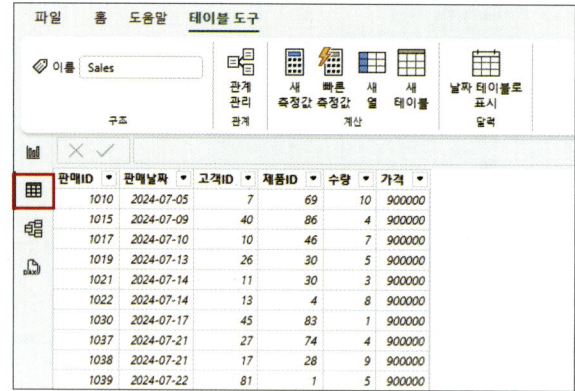
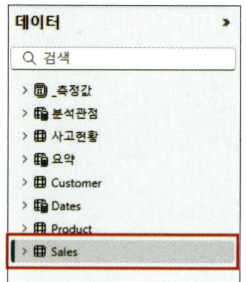

02 상단 메뉴의 **테이블 도구 > 새 열**을 클릭하고 다음과 같이 DAX 식을 작성한다.

고객나이 = RELATED(Customer[고객나이])

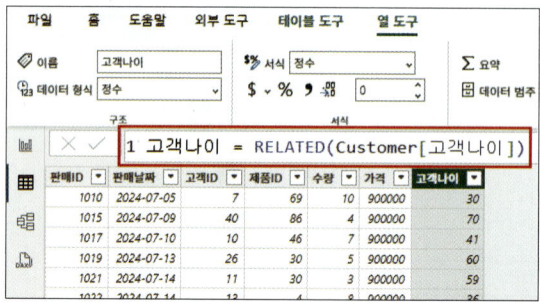

RELATED 함수는 일종의 Excel의 VLOOKUP 함수와 유사한 역할을 한다고 보면 되는데, RELATED 함수는 두 테이블 간의 연결된 필드를 참조하여 다른 테이블의 필드 값을 가져오는 방식으로 동작한다.

03 두 번째 열을 생성하기 위해 이번에는 **[고객나이] 열**이 선택된 상태에서 상단 메뉴의 **열 도구 > 데이터 그룹 > 새 데이터 그룹**을 클릭한다.

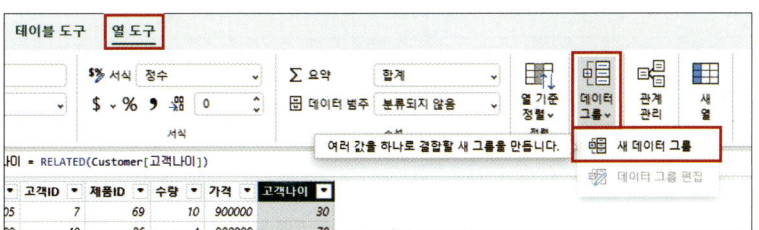

04 **그룹** 대화창이 열리면 **이름**에 **고객연령대**를 입력하고 하단의 **bin 크기**를 10으로 변경 후 **확인**을 누른다.

> **Tip**
> 설정을 변경하고 싶다면 **데이터 그룹 > 데이터 그룹 편집**을 눌러 편집하면 된다.
>
>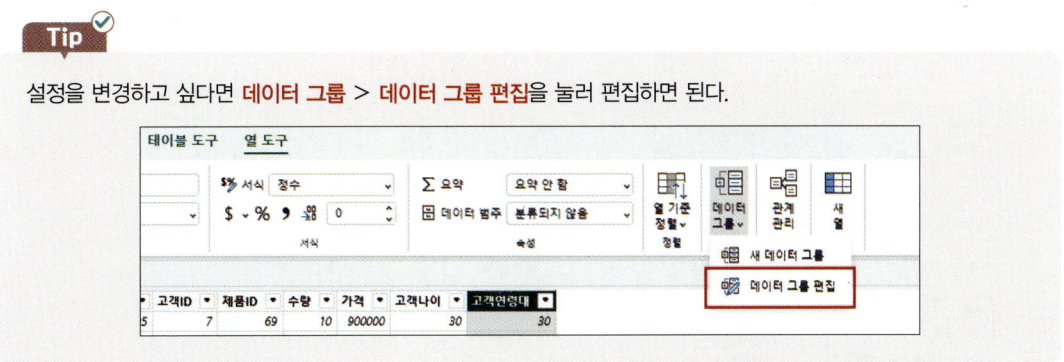

② 다음과 같이 도구 설명 기능을 구현하시오.

01 **보고서 보기**의 페이지 하단에서 **+** 아이콘을 눌러 새로운 빈 페이지를 만든다.

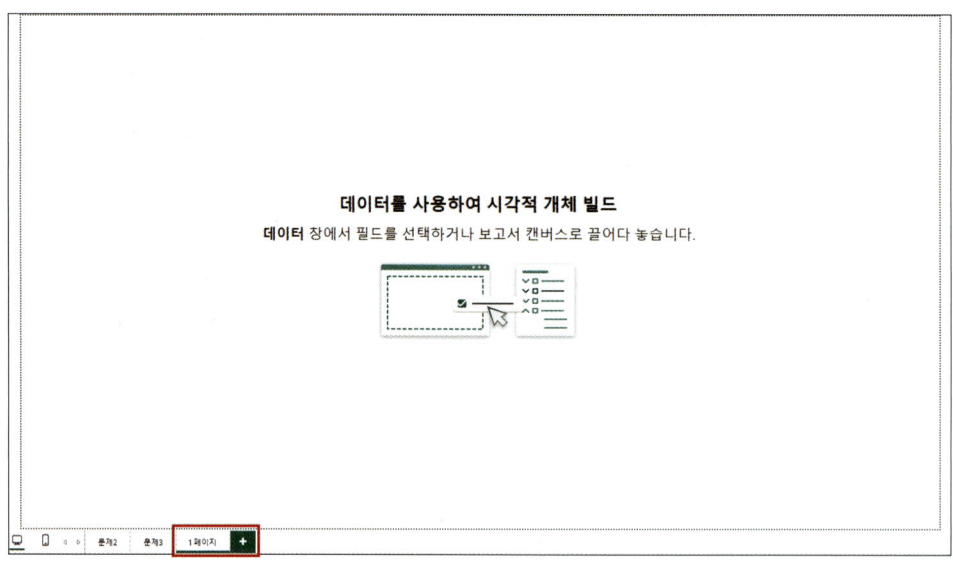

02 우측 **보고서 페이지 서식 지정 > 페이지 정보 > 이름**에 **도구설명**이라고 입력하고 **도구 설명으로 사용 허용**을 **활성화**한다. 자동으로 캔버스 설정이 **도구 설명**으로 바뀌면서 사전 세팅된 도구설명용 사이즈로 바뀐다.

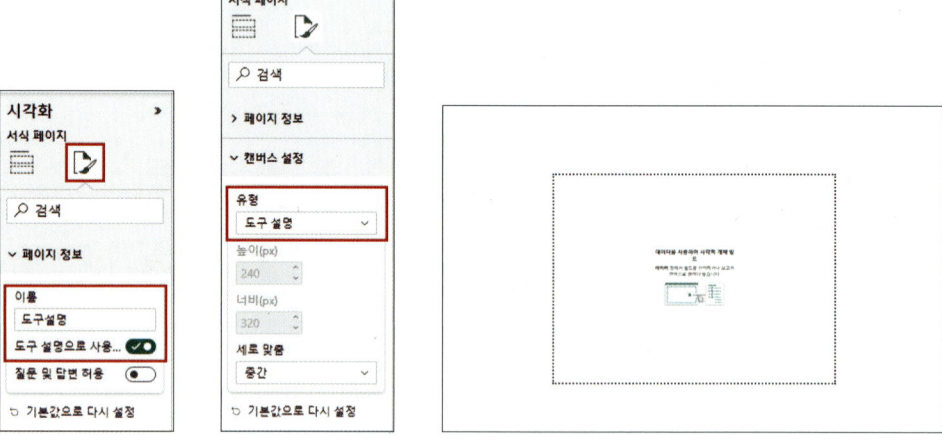

Tip

- 페이지의 캔버스 영역이 화면 중간에 오지 않는 경우는 **캔버스 설정 > 세로 맞춤을 중간**으로 변경하면 되지만 시험에서 별도의 지시가 없다면 설정은 그대로 두는 게 좋다.
- 만일 시험과 무관하게 평소에 항상 배경 화면의 가운데에 위치하도록 설정하고 싶다면 상단 메뉴의 **파일**을 클릭한 후, 좌측 하단의 **옵션 및 설정 > 옵션 > 전역 > 보고서 설정 > 페이지 맞춤**을 **페이지를 배경 화면 가운데에 정렬**로 선택하면 된다.

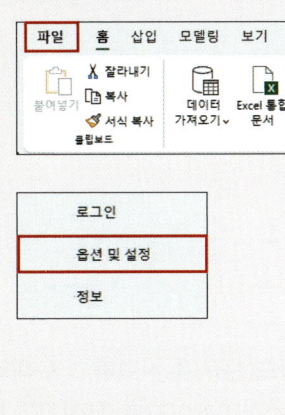
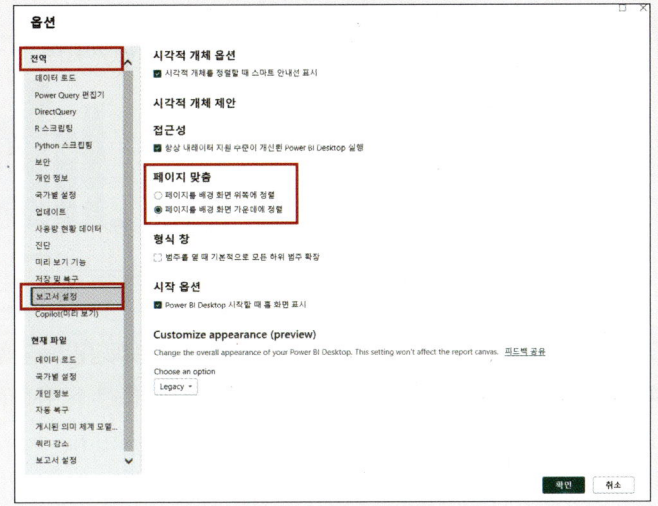

03 이제 도구 설명용으로 변경 설정된 페이지에 **묶은 세로 막대형 차트**를 삽입하고 **X축**에는 〈Sales〉 테이블의 **[고객연령대] 필드**를, **Y축**에는 〈_측정값〉 테이블의 **[거래건수] 측정값**을 추가한다.

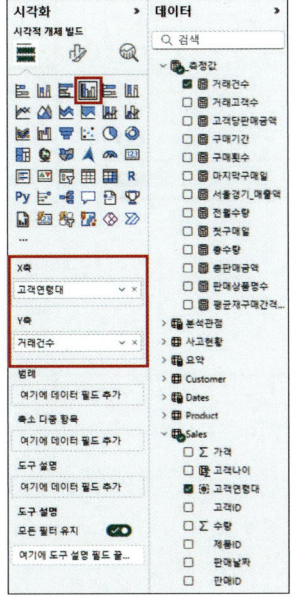
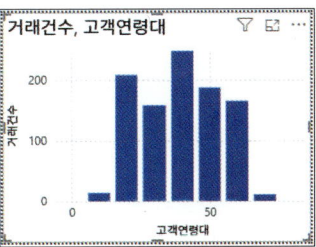

04 **시각화 창**으로 이동한 후, **시각적 개체 서식 지정 > 일반 > 제목 > 제목 > 텍스트**에 **고객연령대별 거래건수**를 입력하여 차트를 완성한다.

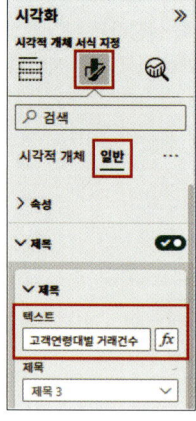 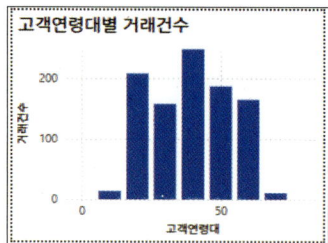

05 끝으로 다시 **문제3** 페이지로 돌아와 **거래고객수/고객당판매금액 카드(신규)**를 선택하고 **시각적 개체 서식 지정 > 일반 > 도구 설명**을 활성화한다. **옵션 > 유형**은 **보고서 페이지**로, **페이지**는 **도구 설명** 페이지를 선택하면 해당 페이지와 연결이 완료된다.

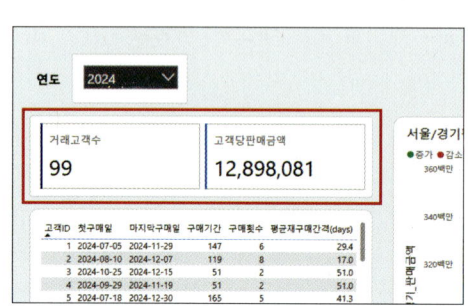 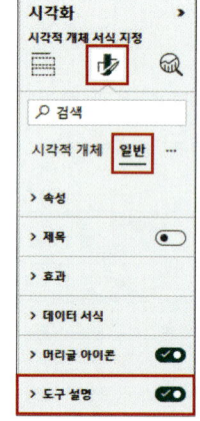 

06 이제 거래고객수/고객당판매금액 카드(신규)에 마우스를 올리면 도구설명 페이지 정보가 팝업되는 것을 확인할 수 있다.

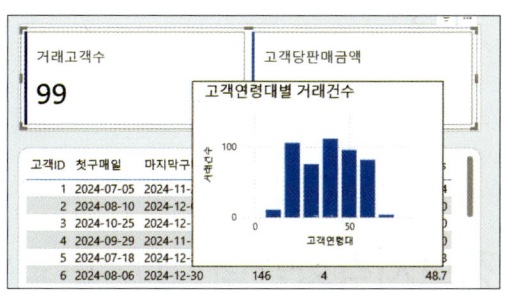

07 작업한 보고서가 문제3의 시각화 완성화면(445p)과 일치하는지 확인한 후 해당 페이지의 작업을 마무리한다.

CHAPTER 04 실전 모의고사 4회

국 가 기 술 자 격

경영정보시각화능력 실기 모의문제

프로그램명	제한시간
파워BI 데스크톱	70분

수험번호	
성 명	

단일	실전 모의고사 4회

※ 시험지를 받으면 다음 순서를 따라 주시기 바랍니다.

① 응시 프로그램 일치여부, 페이지 누락, 인쇄상태 불량 및 훼손 여부 확인 후 이상이 있을 경우 손을 들어 주십시오.
② 시험지 확인이 끝나면 문제지 우측 상단에 수험번호, 성명을 기재하여 주십시오.
③ 1페이지의「유의사항」과 2페이지의「문제 및 데이터 안내」를 확인하십시오.

대 한 상 공 회 의 소

- '유의사항', '문제 및 데이터 안내'에 따라 시험에 응시하여야 하며, 이를 소홀히 하여 발생한 불이익과 책임은 수험자 본인에게 있습니다.
- 시험이 시작되면 즉시 문제 데이터 파일 존재여부와 답안 파일의 문제3-4 페이지에 차트, 표, 데이터가 보이는지 확인하시기 바랍니다.
  - 문제 데이터 파일 위치 : [문제1] C:\PB\문제1_데이터 폴더 / [문제2,3] C:\PB\문제2,3_데이터 폴더
  - 문제 데이터 파일은 존재여부만 확인하며 엑셀 등으로 열어보면 실격 처리
  - 답안 파일 위치 : C:\PB\수험자번호.pbix
  - 화면에 띄워진 답안 파일의 문제3-4 페이지 확인
- 시험 진행 중 작성된 답안은 수시로 저장하시기 바랍니다.
- 별도의 지시사항이 없는 경우, 다음과 같이 처리할 때 [실격 처리]됩니다.
  - 제시된 파일, 페이지/대시보드, 데이터 원본의 이름, 차원/측정값 속성을 임의로 변경한 경우
  - 제시된 파일, 데이터 원본을 임의로 삭제, 추가, 변경한 경우
  - 시트/워크시트/대시보드를 임의로 삭제, 추가하거나 명칭을 변경한 경우
  - 제시된 답안 파일의 경로 또는 파일명을 변경한 경우
  - 문제 데이터를 시험 시작 전에 열어보는 경우
  - 실기시험 프로그램 이외의 프로그램(엑셀 등)으로 데이터를 열어보는 경우
- 반드시 답안작성은 문제에서 지시한 위치에 작업하여야 하며 다음과 같이 처리 시 해당 작업 또는 그 작업에 영향을 미치는 문제, 개체, 시트 등은 [오답 처리]됩니다.
  - 제시된 함수가 있으면 제시된 함수만을 사용해야 하며 그 외 함수를 사용해 풀이한 경우
  - 지시하지 않은 차트, 컨테이너, 매개변수 등을 임의로 이동, 수정(변경), 삭제 등으로 인해 위치 및 내용이 변경된 경우
  - 임의로 기본 설정값(Default)을 변경한 경우
  - 숫자데이터를 임의로 문자화하여 처리한 경우
  - 개체가 해당 영역을 벗어난 경우
  - 작업한 개체가 너무 작아 정보 확인이 어려울 경우
  - 지시사항과 띄어쓰기, 대소문자 등이 다르게 작업한 경우(계산식 제외)
- 시험지에 제시된 [완성 화면 그림]은 문제풀이 순서 또는 시각적 개체 작성 순서, PC 환경 등의 이유로 수험자가 작성한 개체의 모니터 화면과 모양, 색상 등이 다를 수 있습니다.
- 본 문제와 용어는 파워BI 데스크톱(Power BI Desktop) 2.139.1678.0 버전 기준으로 작성되었습니다.
  - 본 문제에서 열과 필드는 동일한 용어로 혼용 사용

문제 및 데이터 안내

1. 수험자가 작성할 답안 파일은 1개입니다. 문제1, 문제2, 문제3의 답을 하나의 답안 파일(.pbix)로 저장하십시오.
2. 문제1, 문제2, 문제3은 각각 독립적으로 구성되어 앞 문제를 풀지 않아도 다음 문제 풀이가 가능합니다.
3. 문제1은 데이터 불러오기를 통해 문제를 풀이하고, 문제2와 문제3은 답안에 이미 데이터가 포함되어 있어 다시 데이터를 불러오지 말고 바로 문제 풀이를 하십시오.
   − 데이터 파일은 문제1을 위한 데이터 파일과 문제2,3을 위한 데이터 파일로 구성되어 있습니다.
4. 문제2와 문제3 풀이를 위해 필요한 일부 측정값, 필터가 답안파일에 미리 적용되어 있을 수 있습니다.
   − 지시사항에 제시되지 않은 것은 변경하지 마십시오.
   − 사전에 적용된 필터 등이 삭제되지 않도록 '페이지 삭제' 기능을 **절대** 사용하지 마십시오.
5. 문제는 문제(문제1~3) − 세부문제(1~4) − 지시사항(①~③) − 세부지시사항(▶, −) 단위로 구성됩니다.
6. 지시사항(①~③)별로 점수가 부여되며, 지시사항의 전체 세부지시사항(▶, −)을 작업하지 않을 경우 점수가 부여되지 않습니다. ※ **부분 점수 없음**
7. 본 시험에서 사용되는 데이터 파일 수와 데이터명은 아래와 같습니다.
   − [문제1] 데이터 파일 수: 2개 / 데이터명: '입국관광객_전체.csv', '출국관광객_유럽일부.csv'

파일명	'입국관광객_전체.csv'						
테이블	구조						
입국관광객_전체	기준일자	주요국가대륙명	국가명	성별	인원	전년동기	증감률
	20150101	대륙전체	연도	남성	377056	0	0

파일명	'출국관광객_유럽일부.csv'								
테이블	구조								
출국관광객_유럽일부	연도	스페인	독일	오스트리아	영국	슬로베니아	러시아	보스니아	핀란드	슬로바키아
	2016-12-31	312432	318330	273477	316637	112920	161267	41857	22948	19394

− [문제2,3] 데이터 파일 수: 1개 / 데이터명: '지하철 이용현황.xlsx'

파일명	'지하철 이용현황.xlsx'							
테이블	구조							
이용인원_시간대별	사용월	호선명	지하철역	04시-05시 승차인원	04시-05시 하차인원	05시-06시 승차인원	05시-06시 하차인원	06시-07시 승차인원
	202409	1호선	동대문	471	19	10349	1754	8643
이용인원_승차유형별	사용월	호선명	지하철역	유임승차인원	무임승차인원	유임하차인원	무임하차인원	
	202401	우이신설선	4.19민주묘지	49600	34881	45946	31632	
호선명	호선명							
	1호선							
지하철역명	지하철역							
	동대문							

문제1 작업준비(20점)

1. 다음 지시사항에 따라 데이터 가져오기 및 편집을 수행하시오. (10점)

① 다음 데이터 파일을 가져온 후 파워쿼리 편집기를 통해 테이블을 편집하시오. (4점)
  ▶ 가져올 데이터
    – '입국관광객_전체.csv' 파일의 〈입국관광객_전체〉 테이블
    – '출국관광객_유럽일부.csv' 파일의 〈출국관광객_유럽일부〉 테이블
  ▶ 편집 대상 테이블 : 〈입국관광객_전체〉 테이블
    – [기준일자], [주요국가대륙명], [국가명], [성별], [인원] 필드를 제외한 다른 열 제거
    – 필터 기능 사용
      • [주요국가대륙명] 필드에서 "대륙전체", "총계" 값 제외
      • [국가명] 필드에서 "연도대륙" 값 제외
      • [성별] 필드에서 "전체" 값만 선택
  ▶ 편집 대상 테이블 : 〈출국관광객_유럽일부〉 테이블
    – [연도], [스페인], [독일], [오스트리아], [영국] 필드를 제외한 다른 열 제거
    – [연도] 필드를 제외하고 다른 열 피벗 해제
    – 필드 이름 변경
      • [연도] → [기준일자]
      • [특성] → [국가명]
      • [값] → [출국관광객수]
    – 〈출국관광객_유럽일부〉 테이블의 '로드 사용' 해제

② 파워쿼리 편집기를 활용하여 다음 테이블에 대해 순차적으로 편집 단계를 추가하시오. (3점)
  ▶ 편집 대상 테이블 : 〈입국관광객_전체〉 테이블
    – [기준일자] 필드 데이터 형식 변경 : 정수 → 문자
    – [기준일자] 필드 데이터 형식 변경 : 문자 → 날짜
    – 날짜 변환 기능을 사용하여 [기준일자] 필드의 각 날짜 값을 연말(연도의 말일)로 변경
      • 예 '2015-01-01' → '2015-12-31'
    – 다음 조건으로 그룹화
      • 기준 열 : [기준일자], [주요국가대륙명], [국가명]
      • 집계 열 : [인원] 열을 대상으로 '합계', 열의 이름은 [입국관광객수]

③ 파워쿼리 편집기의 '쿼리 병합' 기능을 사용하여 〈입국관광객_전체〉 테이블에 〈출국관광객_유럽일부〉 테이블의 [출국관광객수] 필드를 결합하고 편집하시오. (3점)
  ▶ 기준 필드 : 〈입국관광객_전체〉, 〈출국관광객_유럽일부〉 테이블의 [기준일자], [국가명] 필드
  ▶ 조인 종류 : '오른쪽 외부'
  ▶ [출국관광객수] 열만 나타나도록 열 확장
    – '원래 열 이름을 접두사로 사용' 해제
  ▶ 테이블 이름 변경 : "입국관광객_전체" → "주요국가별관광객"

2. 추가 테이블 로딩 후 다음 지시사항에 따라 데이터 모델링을 수행하시오. (10점)

① 다음 조건으로 새 레이아웃에서 테이블간 관계 설정을 수행하시오. (4점)
- ▶ 새 레이아웃 이름 : "날짜_관광객"
- ▶ 활용 필드
  - 〈주요국가별관광객〉 테이블의 [기준일자] 필드
  - 〈날짜테이블〉 테이블의 [Date] 필드
- ▶ 기준(시작) 테이블 : 〈주요국가별관광객〉
- ▶ 카디널리티 : '다대일(*:1)' 관계
- ▶ 크로스 필터 방향 : 'Single(단일)'

② 다음 조건으로 〈주요국가별관광객〉 테이블에 새 측정값을 추가하시오. (6점)
- ▶ 측정값 이름 : [출국대비입국비율]
  - 활용 필드 : 〈주요국가별관광객〉 테이블의 [출국관광객수], [입국관광객수] 필드
  - [입국관광객수] 합계를 [출국관광객수]의 합계로 나눈 비율
  - 사용 함수 : SUM
  - 서식 : 백분율(%), 소수점 1자리까지 표시
- ▶ 측정값 이름 : [비율낮은순위]
  - 활용필드 : 〈주요국가별관광객〉테이블의 [국가명] 필드, [출국대비입국비율] 측정값
  - [출국대비입국비율] 측정값을 기준으로 값이 낮은 [국가명] 순으로 오름차순 반환
  - 사용 함수 : RANKX, ALLSELECTED
  - 서식 : 정수
- ▶ 측정값 이름 : [코로나기간_출국관광객수]
  - 활용 필드
    - 〈주요국가별관광객〉 테이블의 [출국관광객수] 필드
    - 〈날짜테이블〉 테이블의 [Date] 필드
  - 〈날짜테이블〉의 값이 '2020-01-01'과 '2021-12-31' 사이인 기간의 [출국관광객수] 합계 반환
  - 사용 함수 : CALCULATE, DATESBETWEEN, DATE
  - 서식 : 정수, 천 단위에서 쉼표로 구분

문제2 단순요소 구현(30점)

| 시각화 완성화면 |

각 세부문제 풀이 후 '문제2' 페이지에 아래와 같이 개체를 배치하시오.

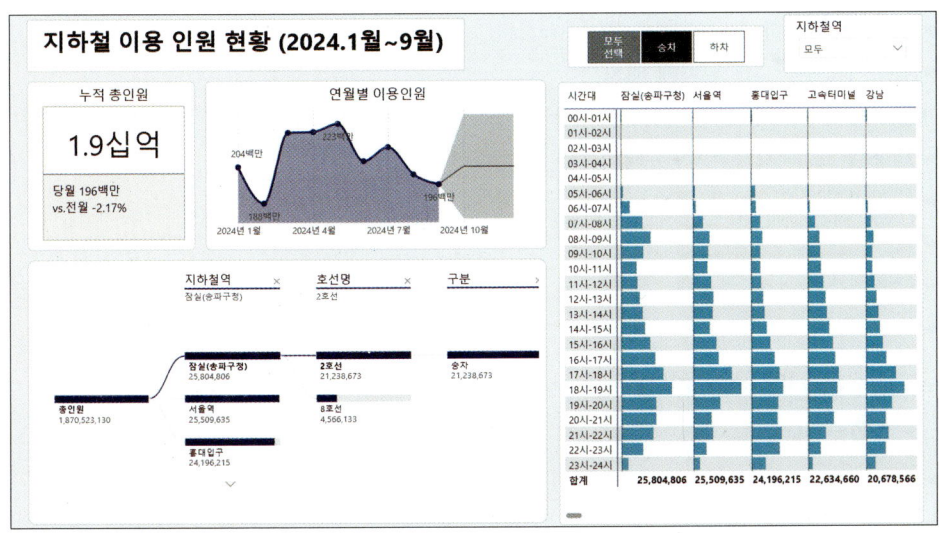

계산식 작성에 사용되는 문자열은 쌍따옴표(" ")를 사용하여 작성하시오.

1. '문제2'와 '문제3' 페이지의 전체 서식과 제목을 설정하시오. (5점)

   ① 다음과 같이 '문제2'와 '문제3' 페이지 서식을 설정하시오.

   ▶ 캔버스 배경 설정

   – 이미지

   • '문제2' 페이지 : 모의시험4_문제2_배경이미지.jpg

   • '문제3' 페이지 : 모의시험4_문제3_배경이미지.jpg

   – 이미지 맞춤 : 맞춤

   – 투명도(%) : 0

   ▶ 보고서 테마 설정 : '온도'

   – '필터 창' 사용자 지정 : 배경색 '#000000', 글꼴 및 아이콘 색 : '#FFFFFF'

   ② 텍스트 상자를 사용하여 다음과 같이 보고서 제목을 작성하시오.

   ▶ 텍스트 내용 : "지하철 이용 인원 현황 (2024.1월~9월)"

   – 서식 : 글꼴 'Segoe UI', 글꼴 크기 24, '굵게'

   ▶ 텍스트 상자를 '1-②' 위치에 배치

2. 다음 지시사항에 따라 슬라이서를 구현하시오. (5점)

① 다음과 같이 '승차/하차' 슬라이서를 구현하시오. (3점)
- ▶ 활용 필드 : 〈A_시간대별인원〉 테이블의 [구분] 필드
- ▶ 슬라이서 스타일 : '타일'
- ▶ '모두 선택' 옵션 표시, 슬라이서 머리글이 보이지 않도록 설정
- ▶ '승차'를 선택하여 필터 적용
- ▶ 슬라이서를 '2-①' 위치에 배치

② 다음과 같이 '지하철역' 슬라이서를 구현하시오. (2점)
- ▶ 활용 필드 : 〈지하철역명〉 테이블의 [지하철역] 필드
- ▶ 슬라이서 스타일 : '드롭다운'
- ▶ '값' 글꼴 크기 : 10
- ▶ '검색' 기능 설정
- ▶ 슬라이서를 '2-②' 위치에 배치

3. 다음 지시사항에 따라 카드(신규)를 구현하시오. (5점)

① 다음과 같이 카드(신규)를 구성하시오. (2점)
- ▶ 활용 필드 : 〈A_시간대별인원〉 테이블의 [A_총인원] 측정값
- ▶ 제목 : "누적 총인원"
    - '가운데' 맞춤
    - 레이블과 값 사이의 공간(px) 간격 : 10
- ▶ 카드(신규)를 '3-①' 위치에 배치

② 다음과 같이 카드(신규)의 서식을 지정하시오. (3점)
- ▶ 설명 값
    - 글꼴 Segoe UI, 글꼴 크기 30
    - 소수점 한자리 수까지 표시
    - '가운데' 맞춤
    - 레이블 해제
- ▶ 참조 레이블 추가
    - 〈A_시간대별인원〉 테이블의 [A_당월인원], [A_전월비] 측정값
    - 레이블 제목 변경
        - "A_당월인원" → "당월", "A_전월비" → "vs.전월"

4. 다음 지시사항에 따라 꺾은선형 차트를 구현하시오. (5점)

① 다음과 같이 꺾은선형 차트를 구성하시오. (1점)
   ▶ 활용 필드
      – 〈날짜테이블〉 테이블의 날짜 계층에서 [연도], [월] 필드
      – 〈A_시간대별인원〉 테이블의 [A_총인원] 측정값
   ▶ '계층 구조에서 한수준 아래로 모두 확장' 설정
   ▶ 제목 : "연월별 이용인원", 가운데 맞춤
   ▶ 꺾은선형 차트를 '4-①' 위치에 배치

② 다음과 같이 꺾은선형 차트의 서식을 지정하시오. (2점)
   ▶ '영역 음영 처리'된 '곡선' 유형으로 설정
   ▶ Y축 : 축 값과 제목 제거, X축 : 축 제목 제거
   ▶ 표식 : 설정
   ▶ 데이터 레이블 : 레이블 밀도(%) 0

③ 다음과 같이 꺾은선형 차트에 분석 요소를 추가하시오. (2점)
   ▶ 예측 옵션 설정 : 예측 범위 적용 3 포인트

5. 다음 지시사항에 따라 분해 트리 차트를 구현하시오. (5점)

① 다음과 같이 분해 트리 차트를 구성하시오. (4점)
   ▶ 활용 필드
      – 〈A_시간대별인원〉 테이블의 [A_총인원] 측정값, [구분] 필드
      – 〈지하철역명〉 테이블의 [지하철역] 필드
      – 〈호선명〉 테이블의 [호선명] 필드
   ▶ [지하철역], [호선명], [구분] 필드 순으로 설명되도록 구현
   ▶ 각 설명기준의 가장 상위 값 기준으로 모두 수준 확장
   ▶ 분해 트리 차트를 '5-①' 위치에 배치

② 다음과 같이 분해 트리 차트의 서식을 지정하시오. (1점)
   ▶ 분석 값의 시각적 이름 바꾸기 : "A_총인원" → "총인원"

6. 다음 지시사항에 따라 행렬 차트를 구현하시오. (5점)

① 다음과 같이 행렬 차트를 구성하시오. (2점)
   ▶ 활용 필드
      – 〈A_시간대별인원〉 테이블의 [시간대] 필드, [A_총인원] 측정값
      – 〈지하철역명〉 테이블의 [지하철역] 필드
   ▶ 행렬 차트를 '6-①' 위치에 배치

② 다음과 같이 행렬 차트의 서식을 설정하시오. (3점)
   ▶ 눈금 옵션 설정 : 행 안쪽 여백 '2'
   ▶ 데이터 막대 설정
      – 양수 막대 : '테마 색 4' 적용
      – 막대만 표시 설정

문제3 복합요소 구현(50점)

| 시각화 완성화면 |

각 세부문제 풀이 후 '문제3' 페이지에 아래와 같이 개체를 배치하시오.

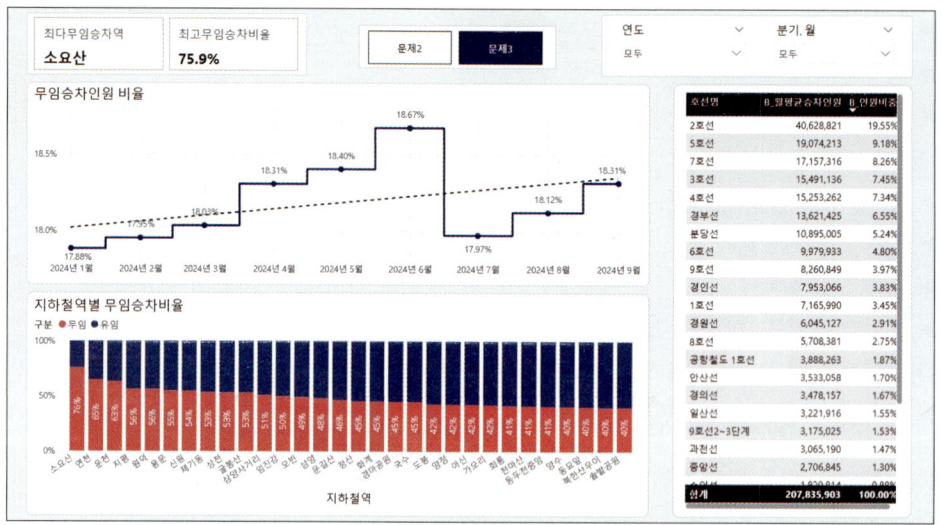

계산식 작성에 사용되는 문자열은 쌍따옴표(" ")를 사용하여 작성하시오.

1. 다음 지시사항에 따라 〈B_유형별승차인원〉 테이블에 측정값을 추가하고, 꺾은선형 차트를 구현하시오. (20점)

    ① 다음 조건으로 측정값을 추가하시오. (8점)
    ▶ 측정값 이름 : [B_총승차인원]
      – 활용 필드 : 〈B_유형별승차인원〉 테이블의 [승차인원] 필드
      – 〈B_유형별승차인원〉 테이블의 [승차인원] 합계 값을 반환
      – 사용 함수 : SUM
      – 서식 : 정수, 천 단위에서 쉼표로 구분
    ▶ 측정값 이름 : [B_무임승차인원]
      – 활용 필드 : 〈B_유형별승차인원〉 테이블의 [구분] 필드, [B_총승차인원] 측정값
      – 〈B_유형별승차인원〉 테이블의 [구분] 값이 '무임'인 [B_총승차인원]을 반환
      – 사용 함수 : CALCULATE
      – 서식 : 정수, 천 단위에서 쉼표로 구분
    ▶ 측정값 이름 : [B_무임승차인원비율]
      – 활용 필드
        • 〈B_유형별승차인원〉 테이블의 [B_총승차인원] 측정값
        • 〈B_유형별승차인원〉 테이블의 [B_무임승차인원] 측정값

- [B_총승차인원] 대비 [B_무임승차인원] 비율을 반환
- 사용 함수 : DIVIDE
- 서식 : 백분율(%), 소수점 2자리까지 표시

② 다음 조건으로 꺾은선형 차트를 추가하시오. (2점)
- ▶ 활용 필드
  - 〈날짜테이블〉 테이블의 날짜 계층에서 [연도], [월] 필드
  - 〈B_유형별승차인원〉 테이블의 [B_무임승차인원비율] 측정값
- ▶ '계층 구조에서 한 수준 아래로 모두 확장'('가장 낮은 데이터 수준에서') 설정
- ▶ 서식 지정
  - 선 보간유형 : '단계'
  - 표식 설정
- ▶ 추세선 설정
- ▶ 꺾은선형 차트를 '1-②' 위치에 배치

③ 다음 조건으로 측정값을 추가하시오. (8점)
- ▶ 측정값 이름 : [최다무임승차역]
  - 활용 필드 및 테이블
    - 〈지하철역명〉 테이블의 [지하철역] 필드
    - 〈지하철역명〉 테이블
    - 〈B_유형별승차인원〉 테이블의 [B_무임승차인원비율] 측정값
  - '지하철역명' 테이블에서 내림차순 기준으로 [B_무임승차인원비율]이 가장 높은 [지하철역] 반환
  - 사용 함수 : CALCULATE, SELECTEDVALUE, TOPN
  - 서식 : 텍스트
- ▶ 측정값 이름 : [최고무임승차비율]
  - 활용 필드
    - 〈지하철역명〉 테이블의 [지하철역] 필드
    - 〈B_유형별승차인원〉 테이블의 [B_무임승차인원비율] 측정값
  - 〈지하철역명〉테이블의 [지하철역]별 [B_무임승차인원비율] 값들 중 가장 큰 값 반환
  - 사용 함수 : MAXX, VALUES
  - 서식 : 백분율(%), 소수점 1자리까지 표시

④ 다음 조건으로 카드(신규)를 추가하시오. (2점)
- ▶ 활용 필드
  - 〈B_유형별승차인원〉 테이블의 [최다무임승차역], [최고무임승차비율] 측정값
- ▶ 설명 값 : 글꼴 Segoe UI Bold, 글꼴 크기 15
- ▶ 카드(신규)를 '1-④' 위치에 배치

2. 다음 지시사항에 따라 100% 누적 세로 막대형 차트를 구현하시오. (5점)

① 다음과 같이 차트를 구성하시오.
- ▶ 활용 필드
  - 〈지하철역명〉 테이블의 [지하철역] 필드
  - 〈B_유형별승차인원〉 테이블의 [구분] 필드, [B_총승차인원] 측정값
- ▶ 도구 설명에 [B_무임승차인원비율] 추가
- ▶ 축 정렬 : [B_무임승차인원비율] 값을 기준으로 내림차순으로 정렬
- ▶ 100% 누적 세로 막대형 차트를 '2-①' 위치에 배치

② 다음 조건으로 차트의 서식을 지정하시오.
- ▶ Y축 : 축 제목 제거
- ▶ 열 : '무임' 계열에 대해 '테마 색 6' 적용
- ▶ 데이터 레이블 옵션 설정
  - '세로 방향', '넘치는 텍스트' 설정
  - '총 퍼센트'에 대해 소수점 자리수 '0' 설정
  - '무임' 계열 값만 표시

3. 다음 지시사항에 따라 측정값을 추가하고 테이블 차트를 구현하시오. (10점)

① 다음 조건으로 〈B_유형별승차인원〉 테이블에 측정값을 추가하시오. (7점)
- ▶ 측정값 이름 : [B_월평균승차인원]
  - 활용 필드
    - 〈날짜테이블〉 테이블의 [YearMonth] 필드
    - 〈B_유형별승차인원〉 테이블의 [B_총승차인원] 측정값
  - [B_총승차인원]의 연월별 평균 값을 반환
  - 사용 함수 : AVERAGEX, VALUES
  - 서식 : 정수, 천단위에서 쉼표로 구분
- ▶ 측정값 이름 : [B_인원비중]
  - 활용 필드
    - 〈호선명〉 테이블의 [호선명] 필드
    - 〈B_유형별승차인원〉 테이블의 [B_월평균승차인원] 측정값
  - 〈호선명〉 테이블의 각 [호선명]의 [B_월평균승차인원]이 전체 호선의 승차 인원 합계에서 차지하는 비율 반환
  - 〈호선명〉 테이블의 각 [호선명]이 만들어내는 필터 제거
  - 사용 함수 : DIVIDE, CALCULATE, REMOVEFILTERS
  - 서식 : 백분율(%), 소수점 2자리까지 표시

② 다음 조건으로 테이블 차트를 구현하시오. (3점)
- ▶ 활용 필드
  - 〈호선명〉 테이블의 [호선명] 필드
  - 〈B_유형별승차인원〉 테이블의 [B_월평균승차인원], [B_인원비중] 측정값
- ▶ 스타일 사전설정 : '대체 행' 스타일
- ▶ [B_인원비중] 기준으로 내림차순 정렬
- ▶ 테이블을 '3-②' 위치에 배치

4. 다음 지시사항에 따라 슬라이서와 페이지 탐색기를 구현하시오. (5점)

① 다음과 같이 슬라이서를 추가하시오. (2점)
- ▶ '연도' 슬라이서
  - 활용 필드 : 〈날짜테이블〉 테이블의 날짜 계층에서 [연도] 필드
  - '드롭다운' 스타일
- ▶ '분기, 월' 슬라이서
  - 활용 필드 : 〈날짜테이블〉의 테이블의 날짜 계층에서 [분기], [월]
  - [분기], [월] 필드가 계층이 되도록 설정
  - '드롭다운' 스타일
- ▶ 슬라이서를 '4-①' 위치에 배치

② 다음과 같이 페이지 탐색기를 추가하시오. (3점)
- ▶ '문제2'와 '문제3' 페이지 사이 이동
- ▶ 선택한 상태의 채우기 색 : '테마 색1'
- ▶ '숨겨진 페이지 표시' 해제
- ▶ 탐색기 개체의 배경 활성화, '흰색'으로 설정
- ▶ 페이지 탐색기를 '4-②' 위치에 배치

| 풀이 1 | 작업준비 | 20점 |

📁 답안 'Part3_모의문제_4회' > '4회_답안.pbix'

📁 정답 'Part3_모의문제_4회' > '4회_정답.pbix'

📁 데이터 'Part3_모의문제_4회' > '입국관광객_전체.csv', '출국관광객_유럽일부.csv'

1 다음 지시사항에 따라 데이터 가져오기 및 편집을 수행하시오.

① 다음 데이터 파일을 가져온 후 파워쿼리 편집기를 통해 테이블을 편집하시오.

01 모의문제 **4회_답안.pbix** 파일을 열고 **홈** > **데이터 가져오기** > **텍스트/CSV** 선택 후 **연결** 버튼을 클릭한다.

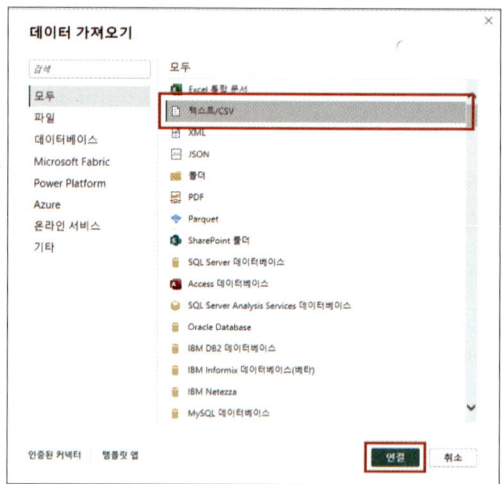

02 **입국관광객_전체.csv** > **열기** > **데이터 변환**을 클릭한다. 파워쿼리 편집기 창이 별도로 열린다.

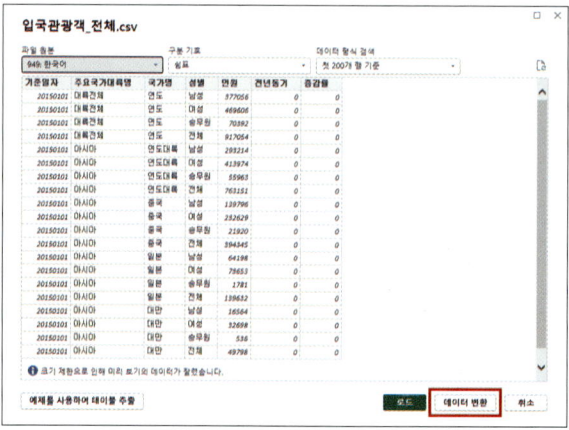

03 **출국관광객_유럽일부.csv** 파일에 대해서도 위와 동일하게 수행한다.

> **Tip**
>
> 파워쿼리 편집기 내에서 **새 원본** 기능을 이용할 경우 로딩 여부를 묻지 않고 바로 파워쿼리 편집기에 연결 쿼리가 생성된다.

04 우선 〈입국관광객_전체〉 테이블(쿼리)에 대해, 앞에서부터 **[기준일자]**, **[주요국가대륙명]**, **[국가명]**, **[성별]**, **[인원]**까지를 Shift 또는 Ctrl 버튼을 이용해서 선택한 후 **마우스 우클릭 > 다른 열 제거**를 클릭한다.

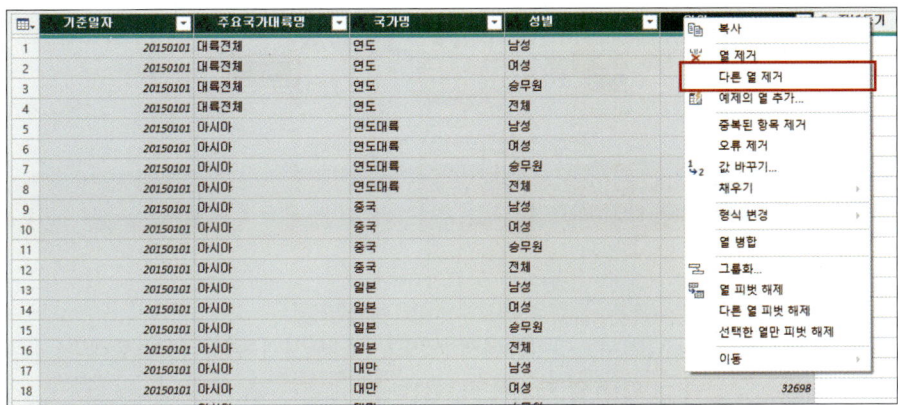

05 **[주요국가대륙명]** 열의 필터(▼)를 클릭한 뒤 **대륙전체**, **총계** 값을 **선택 해제**하고 **확인** 버튼을 누른다.

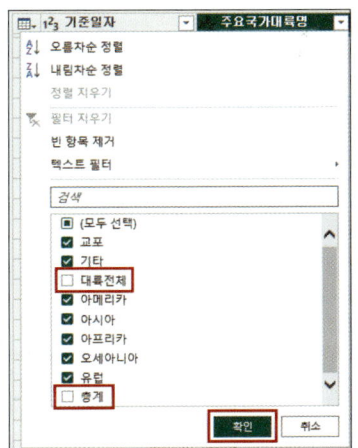

06 동일한 방법으로 [국가명] 필드에서는 **연도대륙** 값을 **선택 해제**한 후 **확인** 버튼을 누르고, [성별] 필드에서는 반대로 **모두 선택**을 먼저 누른 뒤 **전체** 값만 **선택**해 **확인** 버튼을 누른다.

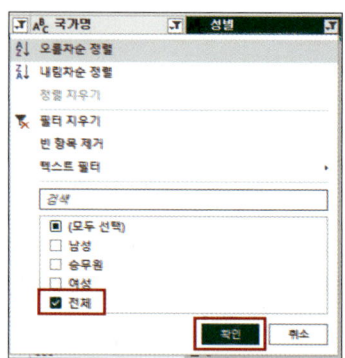

데이터 개수가 1,000개까지만 미리 보여주므로 찾으려는 항목이 안 보이는 경우 **추가 로드**를 눌러서 추가로 불러올 수 있다.

07 다음으로 〈출국관광객_유럽일부〉 테이블에서 [연도], [스페인], [독일], [오스트리아], [영국] 열을 선택한 후 **마우스 우클릭 > 다른 열 제거**를 클릭한다.

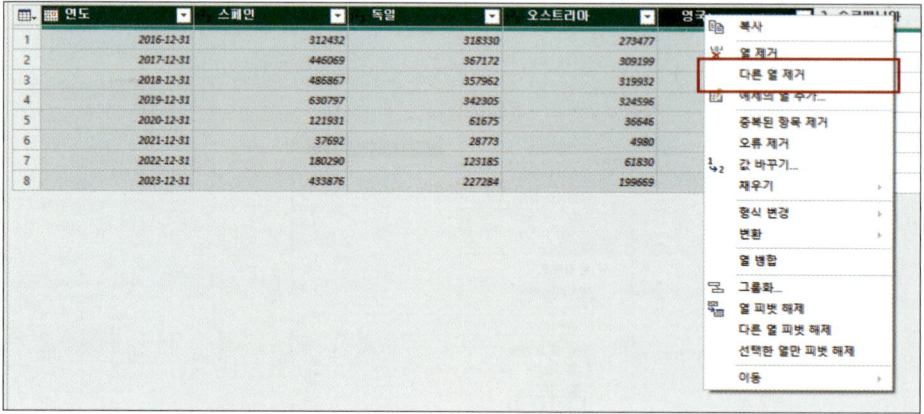

08 [연도] 열을 선택한 후 **마우스 우클릭 > 다른 열 피벗 해제**를 클릭한다.

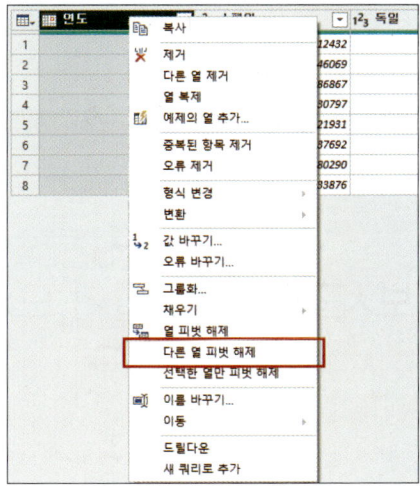

09 각 열에 대해 **연도**는 **기준일자**, **특성**은 **국가명**, **값**은 **출국관광객수**로 이름을 변경해 준다.

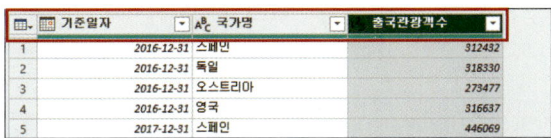

10 〈출국관광객_유럽일부〉 쿼리에서 **마우스 우클릭 > 로드 사용**을 클릭하여 **체크를 해제**한다. 이탤릭체로 눕게 되면 파워BI 데스크톱으로 로드가 되지 않는 상태가 된 것으로 보면 된다.

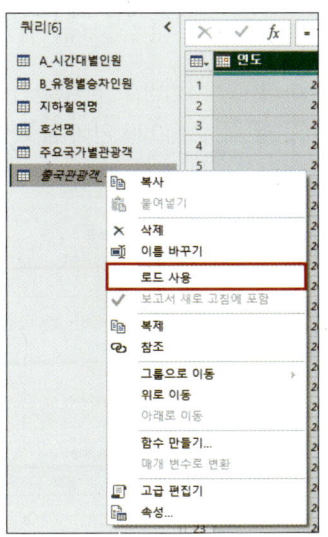

② 파워쿼리 편집기를 활용하여 다음 테이블에 대해 순차적으로 편집 단계를 추가하시오.

01 〈입국관광객_전체〉 테이블의 **[기준일자] 열**에서 **마우스 우클릭** > **형식 변경** > **텍스트**를 클릭한다.

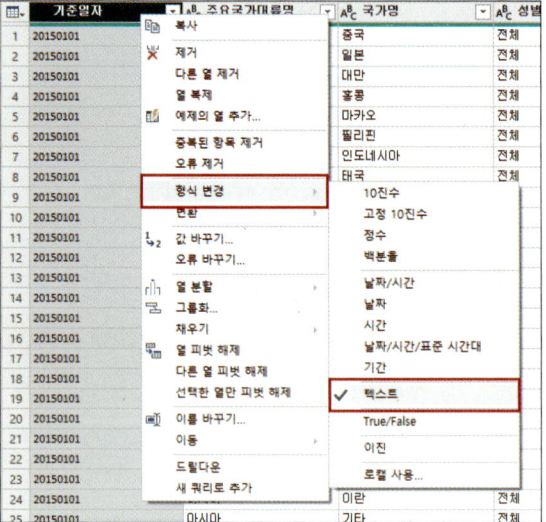

> **Tip**
>
> 각 열의 앞쪽 아이콘을 눌러서 데이터 형식을 변경할 수도 있다.

02 이어서 같은 방법으로 이번에는 **날짜** 형식을 클릭한다.

03 **열 형식 변경** 대화창이 뜨면 **새 단계 추가** 버튼을 눌러서 단계를 추가해 준다.

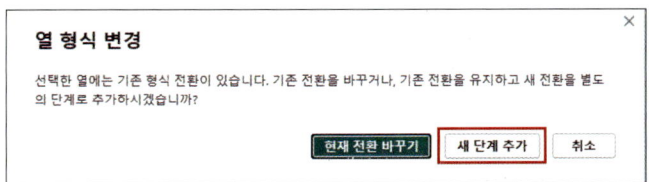

현재 전환 바꾸기를 누를 경우 이전의 텍스트로의 변경 작업에 대한 덮어쓰기가 되므로 정수 → 텍스트 → 날짜 형식으로의 순차적 전환을 수행할 수 없다. 이렇게 순차적으로 전환할 때 얻게 되는 이점은, 텍스트 형식일 때 파워BI가 날짜 형식으로 쉽게 인식할 수 있어 날짜로의 데이터 형식 변경이 용이하다는 점이다.

04 이제 상단 메뉴의 **변환** > **날짜** > **년** > **연말**을 클릭하면 각 [기준일자] 열의 값이 해당연도의 마지막 날짜인 12월 31일로 바뀌게 된다.

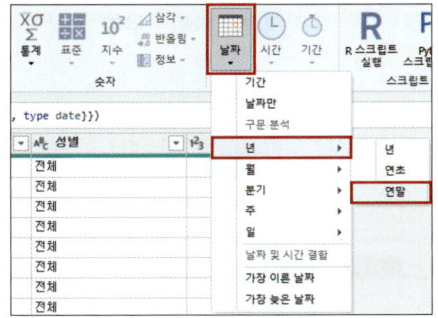

05 다음으로 [기준일자]별 집계를 위해 상단 메뉴의 **변환** > **그룹화**를 클릭한다.

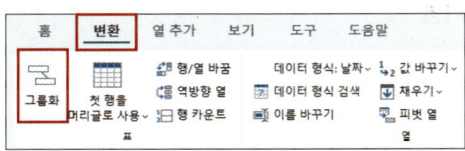

06 **고급** > **그룹화 추가** 버튼을 눌러서 아래 이미지와 같이 **기준일자, 주요국가대륙명, 국가명**의 3가지 열을 기준으로 집계가 되도록 설정하고, 집계 결과 열인 **새 열 이름**에는 **입국관광객수**를 입력한다. 이어서 **연산** 방법은 **합계**를, **열**은 **인원**을 선택한 후 **확인**을 클릭한다.

③ 파워쿼리 편집기의 '쿼리 병합' 기능을 사용하여 〈입국관광객_전체〉 테이블에 〈출국관광객_유럽일부〉 테이블의 [출국관광객수] 필드를 결합하고 편집하시오.

01 〈입국관광객_전체〉 테이블에서 **홈** > **쿼리 병합 버튼 우측 화살표** > **쿼리 병합**을 클릭한다.

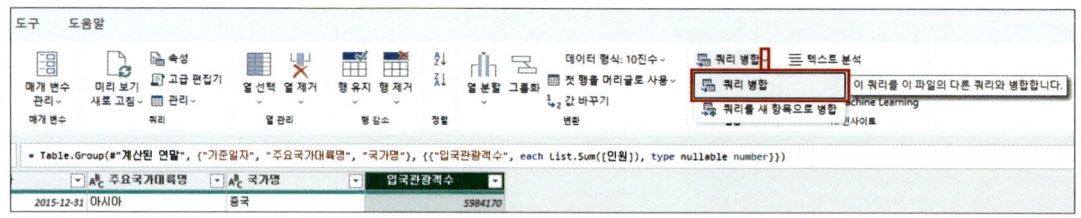

02 먼저 상단의 입국관광객_전체 영역에서 **Ctrl 버튼**을 누른 채로 **기준일자**와 **국가명** 열을 순서대로 클릭한다. 아래 영역에서는 〈출국관광객_유럽일부〉 테이블을 선택한 뒤 마찬가지로 **Ctrl 버튼**을 누른 채로 **기준일자**와 **국가명** 열을 순서대로 클릭한다.

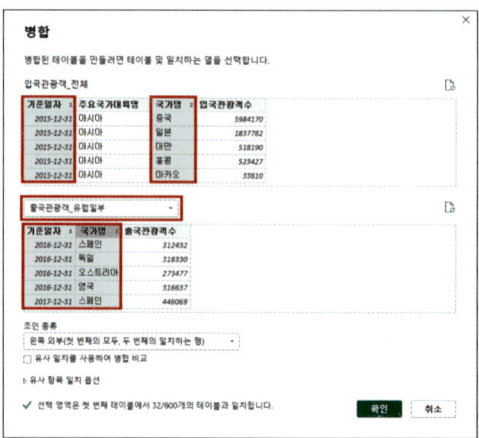

> **Tip**
> 우측 상단에 1, 2와 같이 숫자 표시가 되면서 우선 테이블간 병합 시 사용될 복수의 기준 열들이 어떤 순서로 매칭이 될 것인지 표시해 준다. 각 매칭되는 열들의 순서가 일치해야 한다.

03 대화상자 하단 영역에서 조인 종류를 **오른쪽 외부(두번째의 모두, 첫 번째의 일치하는 행)**을 선택 후 **확인** 버튼을 누른다.

04 다음으로 확장 버튼( )을 눌러 [출국관광객_유럽일부] 열 확장 시 **출국관광객수** 열만 **선택**하고 **원래 열 이름을 접두사로 사용**은 **선택 해제**한 뒤 **확인** 버튼을 누르면 된다.

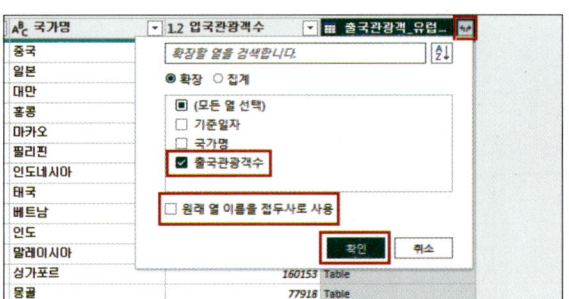

05 끝으로 〈입국관광객_전체〉 테이블명을 더블클릭하여 **주요국가별관광객**으로 변경하고 **닫기 및 적용**을 눌러 파워BI 데스크톱으로 데이터를 로딩한다.

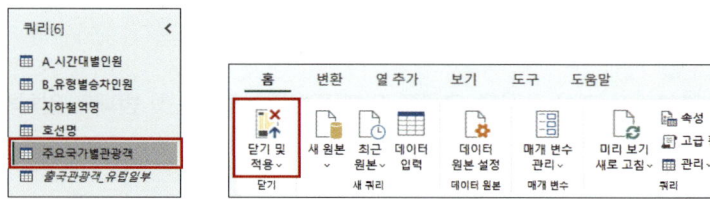

2 추가 테이블 로딩 후 다음 지시사항에 따라 데이터 모델링을 수행하시오.

① 다음 조건으로 새 레이아웃에서 테이블간 관계 설정을 수행하시오.

01 좌측 탭 중 **모델 보기**로 이동한 뒤 하단의 **+** 아이콘을 눌러 새 레이아웃을 만들고 **더블클릭**하여 **날짜_관광객**으로 **이름**을 **변경**한다.

02 우측 **데이터** 창에서 〈날짜테이블〉, 〈주요국가별관광객〉 테이블을 모델 보기 내 영역으로 끌어온다 (드래그 앤 드롭).

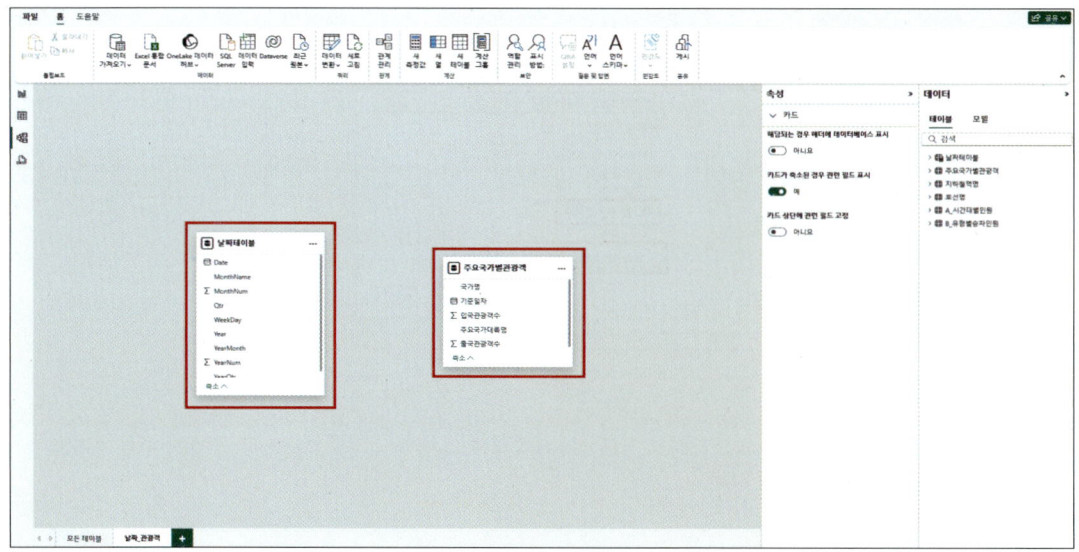

03 〈주요국가별관광객〉 테이블의 **[기준일자]** 필드를 끌어다가 〈날짜테이블〉의 **[Date]** 필드에 포개주고(드래그 앤 드롭) **저장**을 누르면 관계 설정이 된다. 기본 설정값이 문제의 지시사항과 같으므로 여기서는 별도의 추가 작업이 필요하지 않다.

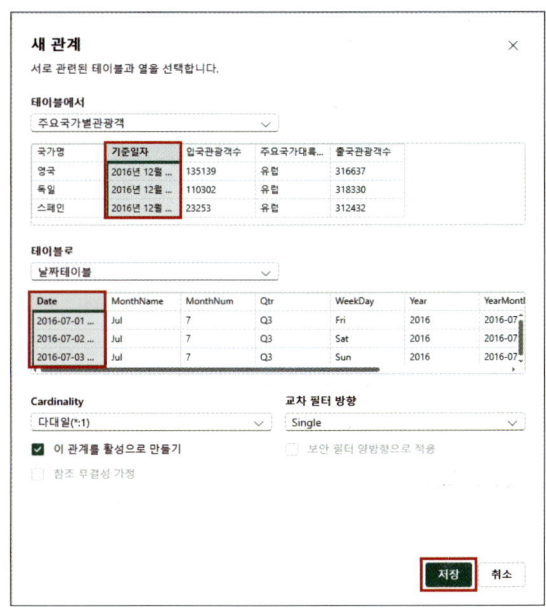

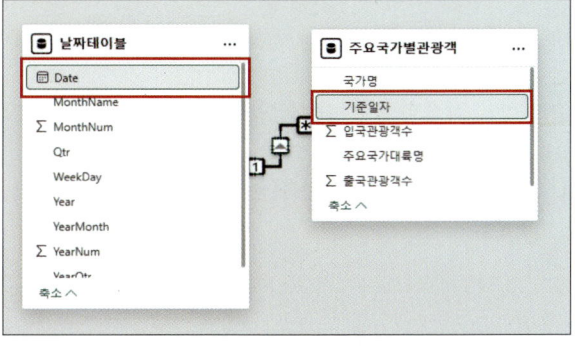

드래그 방향은 관계의 설정값에 영향을 주지 않으며, 추가적인 지시사항이 있을 경우 우측의 속성 창 또는 관계선을 더블클릭하는 등의 방법으로 설정값을 바꿔주면 된다. 새 레이아웃 기능은 기본적으로 모든 테이블에 속하는 일부 테이블 간의 관계를 편리하게 설정할 수 있도록 돕는 기능이다.

② 다음 조건으로 〈주요국가별관광객〉 테이블에 새 측정값을 추가하시오.

▶ 측정값 이름 : [출국대비입국비율]

01 **보고서 보기** 탭으로 이동한 후 우측 **데이터** 창에서 **〈주요국가별관광객〉 테이블**을 선택한 후 **마우스 우클릭 > 새 측정값**을 클릭한다.

02 수식 창에 다음과 같이 식을 작성하고 Enter를 누른다.

> 출국대비입국비율 = SUM('주요국가별관광객'[입국관광객수]) / SUM('주요국가별관광객'[출국관광객수])

03 상단 메뉴의 **측정 도구 > 서식**을 **백분율**로 설정하고 소수 자릿수는 1로 설정한다.

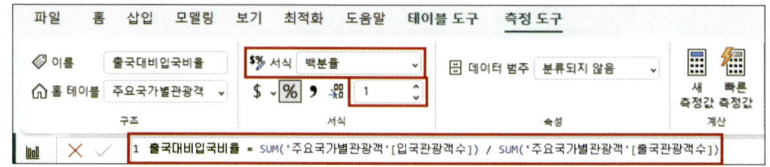

▶ 측정값 이름 : [비율낮은순위]

01 우측 **데이터** 창에서 **〈주요국가별관광객〉 테이블**을 선택한 후 **마우스 우클릭 > 새 측정값**을 클릭한다.

02 수식 창에 다음과 같이 식을 작성하고 Enter를 누른다.

> 비율낮은순위 = RANKX(ALLSELECTED('주요국가별관광객'[국가명]), [출국대비입국비율],, ASC)

수식 설명
- ALLSELECTED 함수는 〈주요국가별관광객〉 테이블의 [국가명]에 적용된 외부 필터를 유지한 채 모든 값을 반환하도록 한다. 이렇게 하면 슬라이서나 필터 창에서 설정된 외부 필터가 작동하면서도, 각 필드의 전체 값을 사용하여 순위를 계산할 수 있다. 순위를 매기는 작업 자체만 고려한다면 ALL과 ALLSELECTED 간 결과의 차이는 없지만, 외부 필터를 유지하는 목적이 있다면 ALLSELECTED가 적합하다.
- RANKX 함수는 기본 정렬 순서는 내림차순이므로, 문제의 지시처럼 오름차순으로 변경하려면 'ASC' 옵션을 사용하면 된다.

03 상단 메뉴의 **측정 도구 > 서식**을 **정수**로 설정한다.

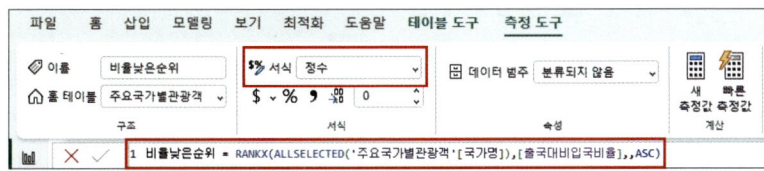

▶ 측정값 이름 : [코로나기간_출국관광객수]

01 우측 **데이터** 창에서 〈**주요국가별관광객**〉 테이블을 선택한 후 **마우스 우클릭 > 새 측정값**을 클릭한다.

02 수식 창에 다음과 같이 식을 작성하고 Enter를 누른다.

코로나기간_출국관광객수 = CALCULATE(SUM('주요국가별관광객'[출국관광객수]),DATESBETWEEN('날짜테이블'[Date], DATE(2020,1,1), DATE(2021,12,31)))

Tip

수식 설명
- CALCULATE 함수는 〈주요국가별관광객〉 테이블에서 [출국관광객수] 필드의 총합을 계산하는데, 이때 지정된 날짜 범위에 해당하는 조건을 필터로 적용하여 코로나 기간(2020년 1월 1일부터 2021년 12월 31일까지)의 출국 관광객 수만 계산한다.
- DATESBETWEEN 함수는 〈날짜테이블〉 테이블에서 [Date] 필드의 2020년 1월 1일부터 2021년 12월 31일까지의 날짜를 반환하며, 이 범위는 CALCULATE 함수의 필터로 적용되어 해당 기간 동안의 출국 관광객 수만 합산되도록 한다.

03 상단 메뉴의 **측정 도구 > 서식**을 **정수**로 설정하고 **천 단위 구분 기호**()를 클릭한다.

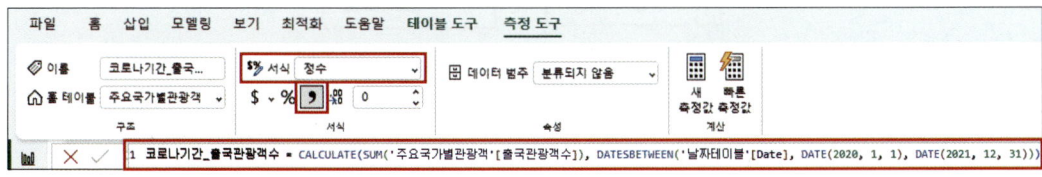

| 풀이 2 | 단순요소 구현 | 30점 |

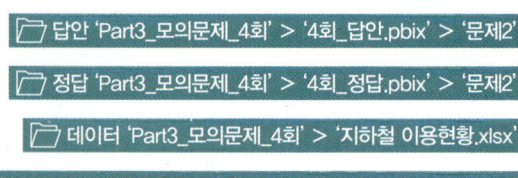

📁 답안 'Part3_모의문제_4회' > '4회_답안.pbix' > '문제2'
📁 정답 'Part3_모의문제_4회' > '4회_정답.pbix' > '문제2'
📁 데이터 'Part3_모의문제_4회' > '지하철 이용현황.xlsx'
📁 이미지 'Part3_모의문제_4회' > '모의시험4_문제2_배경이미지.jpg', '모의시험4_문제3_배경이미지.jpg'

1 '문제2'와 '문제3' 페이지의 전체 서식과 제목을 설정하시오.

① 다음과 같이 '문제2'와 '문제3' 페이지 서식을 설정하시오.

01 **문제2** 페이지에서 **서식 페이지 > 캔버스 배경 > 이미지 > 찾아보기**를 누른 뒤 **모의시험4_문제2_배경이미지.jpg** 파일을 선택하고, **이미지 맞춤**은 맞춤으로, **투명도(%)**는 0으로 설정한다. **문제3** 페이지도 **모의시험4_문제3_배경이미지.jpg** 파일을 선택하고 나머지 설정은 동일하게 적용한다. 설정이 모두 완료되었으면 문제2 페이지로 돌아와 다음 작업을 준비한다.

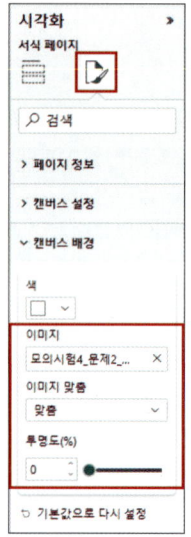 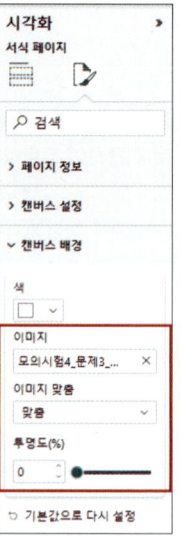

02 상단 메뉴의 **보기** > **테마** 우측 화살표를 열어 **온도** 테마를 선택한다.

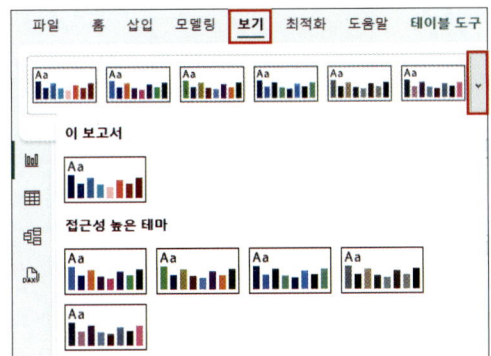

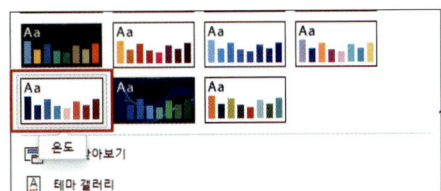

03 다시 열어서 테마 하단의 **현재 테마 사용자 지정**을 클릭하고 **필터 창** > **필터 창** > **배경색**은 **#000000**, **글꼴 및 아이콘 색**은 **#FFFFFF**로 설정하고 **적용**을 누른다.

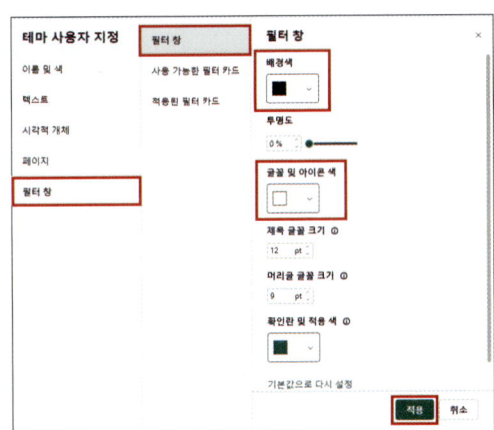

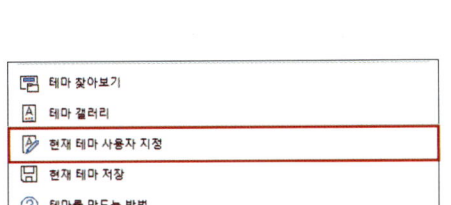

② 텍스트 상자를 사용하여 다음과 같이 보고서 제목을 작성하시오.

01 상단 메뉴의 **홈**(또는 **삽입**) > **텍스트 상자**를 클릭하고 **지하철 이용 인원 현황 (2024.1월~9월)**을 입력한 뒤 드래그한 후, 서식 상자에서 글꼴은 **Segoe UI**, **크기**는 **24**, **굵게**로 설정한다. 1-②의 위치에 배치한다.

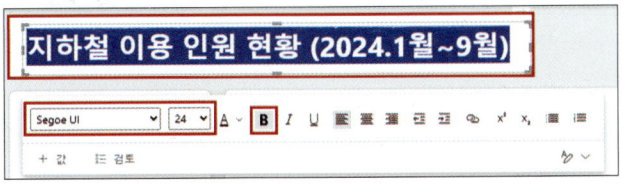

2 다음 지시사항에 따라 슬라이서를 구현하시오.

① 다음과 같이 '승차/하차' 슬라이서를 구현하시오.

01 페이지에 **슬라이서**를 삽입한 뒤 〈A_시간대별인원〉 테이블의 **[구분] 필드**를 추가한다. 2-①의 위치에 배치한다.

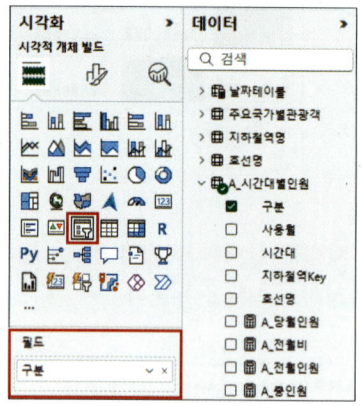

02 **시각적 개체 서식 지정 > 시각적 개체 > 슬라이서 설정 > 옵션 > 스타일 > 타일**을 선택하고 **선택 > "모두 선택" 옵션 표시**도 활성화한다. **슬라이서 머리글** 옵션은 **비활성화**하고 **승차**를 눌러 슬라이서를 적용한다.

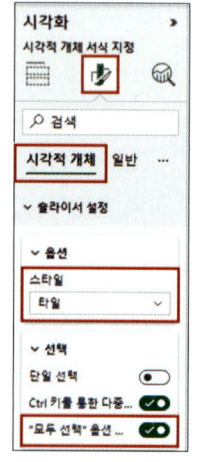

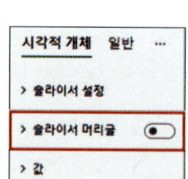

각 개체의 시각화 작업이 모두 마무리되면 다음 작업에 영향을 주지 않도록 항상 보고서의 빈 곳을 클릭하여 개체를 선택하지 않은 상태로 작업을 이어서 진행한다.

② 다음과 같이 '지하철역' 슬라이서를 구현하시오.

01 페이지에 **슬라이서**를 삽입한 뒤 〈지하철역명〉 테이블의 **[지하철역] 필드**를 추가한다. 2−②의 위치에 배치한다.

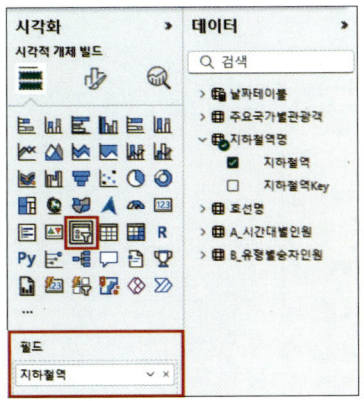
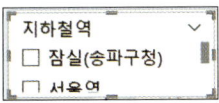

02 시각적 개체 서식 지정 > 시각적 개체 > 슬라이서 설정 > 옵션 > 스타일 > 드롭다운을 선택한다.

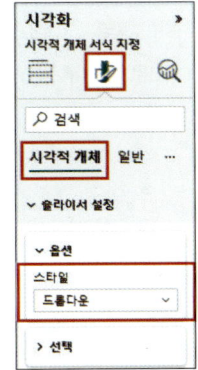
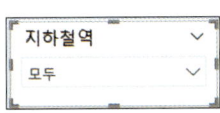

03 슬라이서의 **추가 옵션**(⋯)에서 **검색**을 눌러 검색 기능을 활성화시킨다.

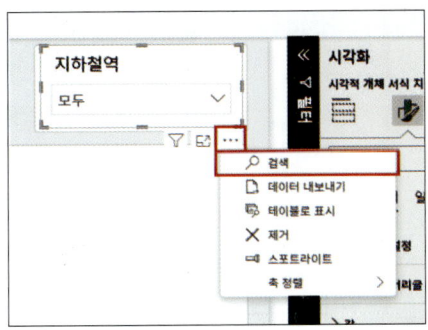

3 다음 지시사항에 따라 카드(신규)를 구현하시오.

① 다음과 같이 카드(신규)를 구성하시오.

01 페이지에 **카드(신규)**를 삽입한 뒤 〈A_시간대별인원〉 테이블의 **[A_총인원] 측정값**을 추가한다. 3-①의 위치에 배치한다.

02 **시각적 개체 서식 지정 > 일반 > 제목**을 활성화하여 **제목 > 텍스트**에 **누적 총인원**을 입력하고 **가로 맞춤**은 **가운데**로 설정한다. **간격**으로 이동하여 **레이블과 값 사이의 공간(px)**을 **10**으로 설정한다.

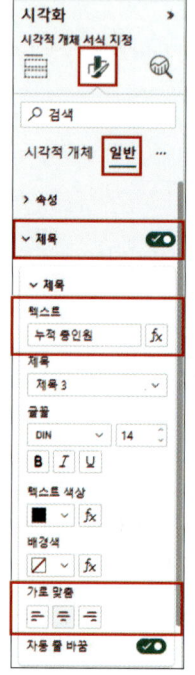
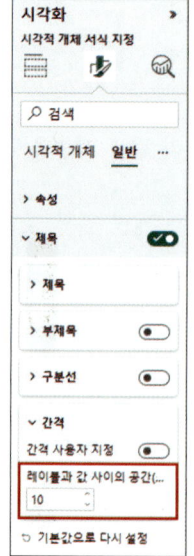

② 다음과 같이 카드(신규)의 서식을 지정하시오.

01 **시각적 개체** > **설명 값**에서 **설정 적용 대상** > **계열**은 **A_총인원**으로 선택하고 **글꼴**은 **Segoe UI**, **크기**는 **30**, **값 소수 자릿수**는 **1**, **가로 맞춤**은 **가운데**로 설정한다. 이어서 값 하단의 **레이블**은 **비활성화**한다.

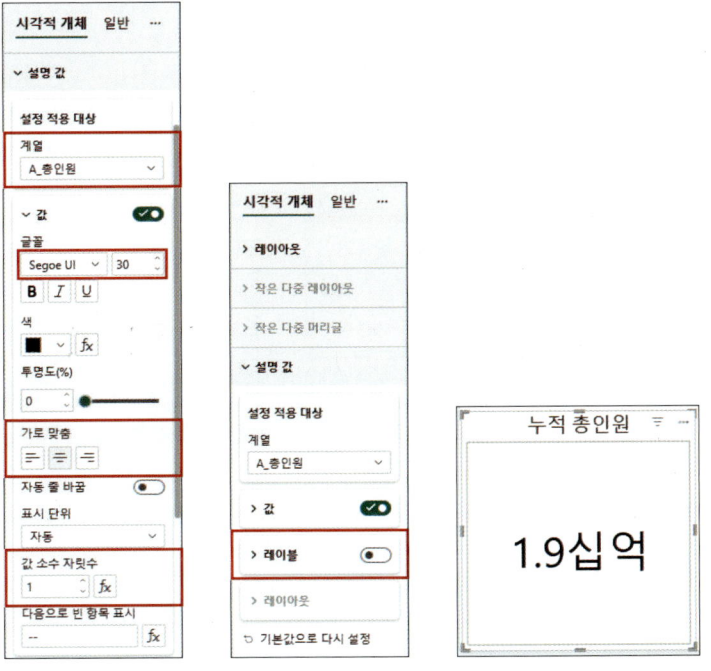

02 하단의 **참조 레이블** > **레이블 추가**에 〈A_시간대별인원〉 테이블의 **[A_당월인원]**, **[A_전월비]** 측정값을 추가한다.

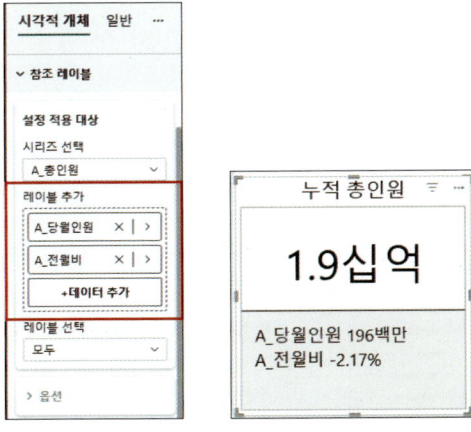

03 레이블의 이름 변경을 위해 우선 **레이블 선택 > A_당월인원**을 먼저 선택하고 **제목 > 내용**을 **사용자 지정**으로 선택한 뒤 **텍스트**를 A_당월인원에서 **당월**로 변경한다. 다음으로 **레이블 선택**을 **A_전월비**로 선택하고 **제목 > 내용**을 **사용자 지정**으로 선택한 뒤 **텍스트**를 vs.전월로 변경한다.

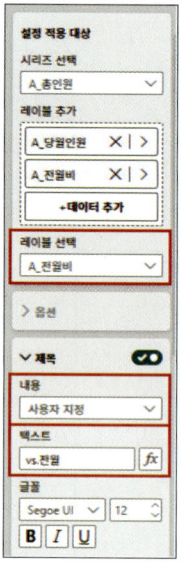
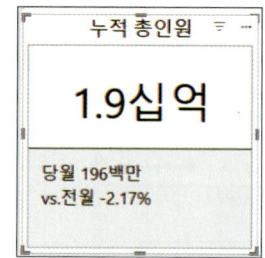

4 다음 지시사항에 따라 꺾은선형 차트를 구현하시오.

① 다음과 같이 꺾은선형 차트를 구성하시오.

01 페이지에 **꺾은선형 차트**를 삽입하고 **X축**에 〈날짜테이블〉 테이블의 [Date] 날짜 계층에서 **[연도]**, **[월]** 필드와 **Y축**에는 〈A_시간대별인원〉 테이블의 **[A_총인원]** 측정값을 추가한다. **가장 낮은 데이터 수준**에서 상태가 되어있는지도 확인한다. 4-①의 위치에 배치한다.

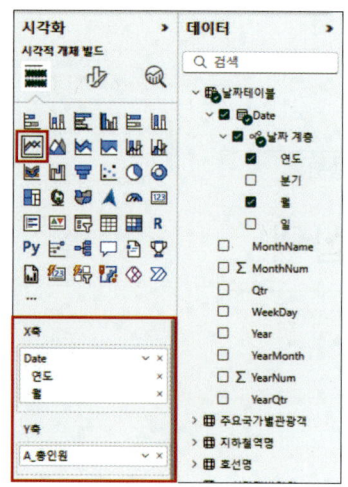
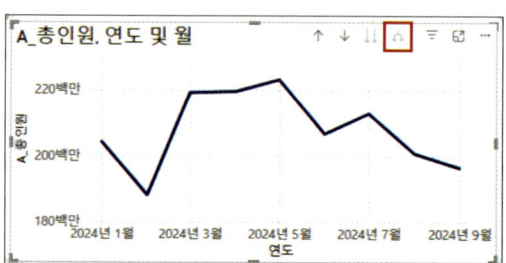

02 **시각적 개체 서식 지정** > **일반** > **제목** > **제목** > **텍스트**를 **연월별 이용인원**으로 변경하고 **가로 맞춤**을 가운데로 설정한다.

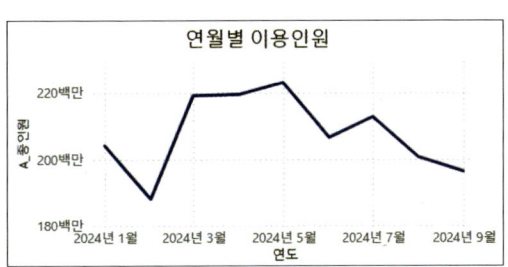

② 다음과 같이 꺾은선형 차트의 서식을 지정하시오.

01 **시각적 개체** 탭에서 **영역 음영 처리**를 **활성화**하고 **선** > **선** > **보간 유형**을 **곡선**으로 선택한다.

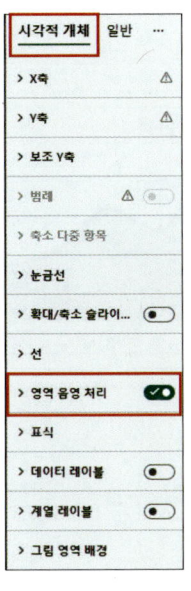

02 Y축은 **값**과 **제목**을 모두 **비활성화**하고, X축은 **제목**을 **비활성화**한다.

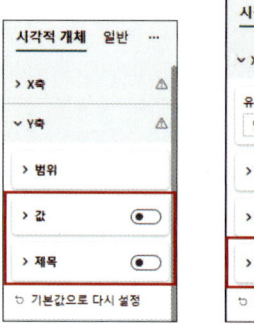 

03 **표식** > **모든 범주 표시**를 **활성화**하고, **데이터 레이블**을 **활성화**하여 레이블 밀도를 **0**으로 변경한다.

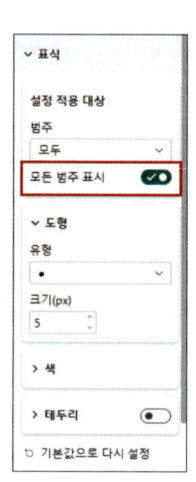 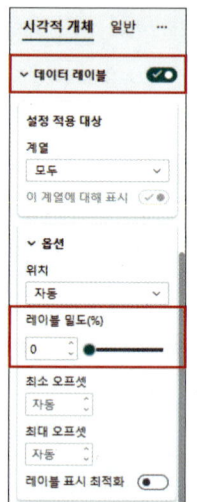

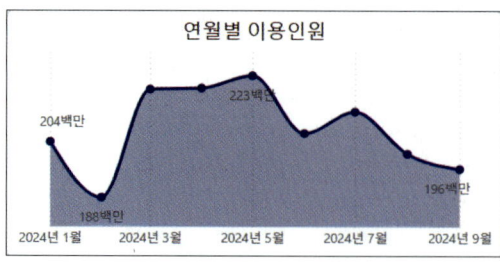

③ 다음과 같이 꺾은선형 차트에 분석 요소를 추가하시오.

01 **시각적 개체에 추가 분석 추가** > **예측**을 **활성화**하고 **예측 범위**를 **3**으로 조정한다. **적용** 버튼을 눌러 개체에 적용한다.

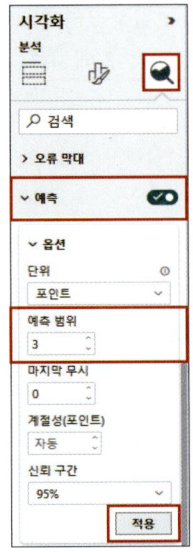
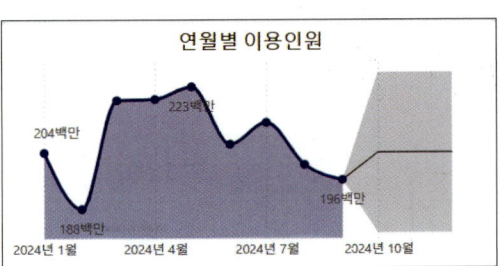

> **Tip**
>
> 여기서 단위의 포인트 기준 예측 범위 3이라는 의미는, 단위에 따라서 자동으로 3개의 데이터 포인트까지 예측 값을 표시하는 것을 말한다. 만일 단위를 개월, 예측 범위를 3으로 설정하면 향후 3개월까지 나타나게 된다.

5 다음 지시사항에 따라 분해 트리 차트를 구현하시오.

① 다음과 같이 분해 트리 차트를 구성하시오.

01 페이지에 **분해 트리**를 삽입한다. **분석**에는 〈A_시간대별인원〉 테이블의 **[A_총인원] 측정값**을 추가하고, **설명 기준**에는 〈A_시간대별인원〉 테이블의 **[구분]** 필드, 〈지하철역명〉 테이블의 **[지하철역]** 필드, 〈호선명〉 테이블의 **[호선명]** 필드를 추가한다. 5-①의 위치에 배치한다.

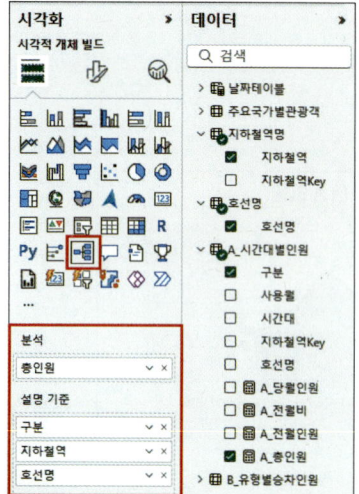
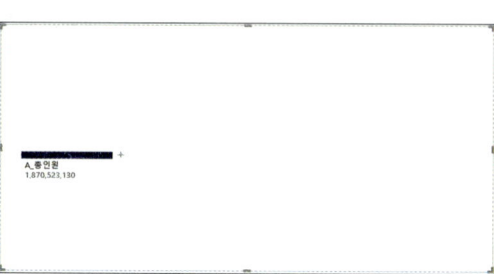

설명기준 내의 필드 순서는 이후의 시각화 스텝에서 '분할 방법' 선택 순서에 따라 다시 정해진다.

02 개체 안에서 **A_총인원** 막대 우측의 **+** 아이콘을 눌러 **[지하철역]**을 먼저 선택 및 확장한다.

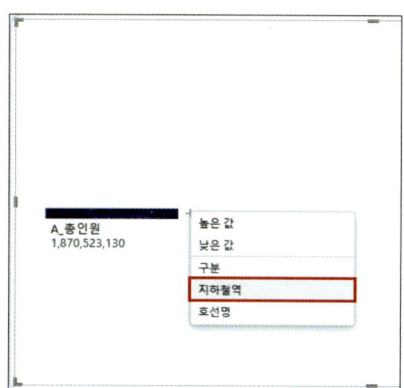
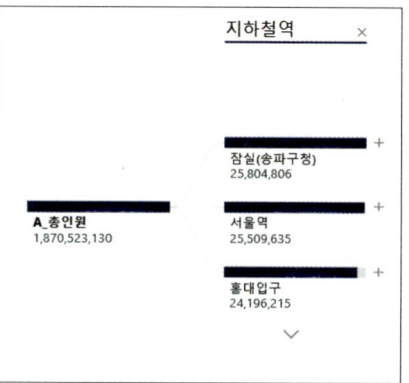

03 이어서 [지하철역] 중 가장 상위 값에 해당하는 **잠실(송파구청)** 막대 우측 **+**을 클릭하고 **호선명**을 누른다. [호선명]에 대해서도 **2호선** 막대 우측 **+**를 클릭하고 **구분**을 눌러 동일하게 확장한다.

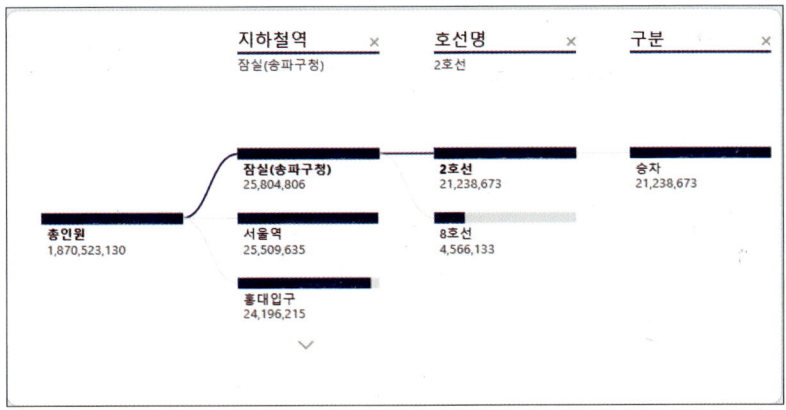

② 다음과 같이 분해 트리 차트의 서식을 지정하시오.

01 분해 트리 차트를 선택한 상태에서 **시각적 개체 빌드 > 분석**에서 **[A_총인원] 영역**을 더블클릭하여 분석 값의 이름을 **총인원**으로 변경한다.

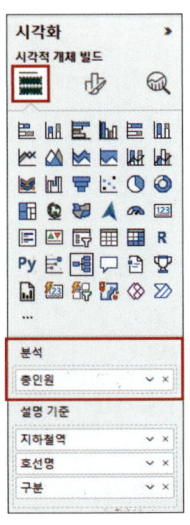

6 다음 지시사항에 따라 행렬 차트를 구현하시오.

① 다음과 같이 행렬 차트를 구성하시오.

01 페이지에 **행렬 차트**를 삽입하고, **행**에는 〈A_시간대별인원〉 테이블의 **[시간대] 필드**를, **열**에는 〈지하철역명〉 테이블의 **[지하철역] 필드**를, **값**에는 〈A_시간대별인원〉 테이블의 **[A_총인원] 측정값**을 추가한다.

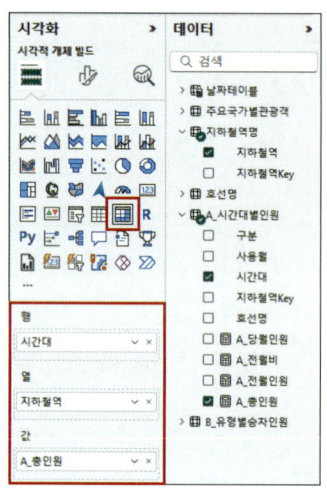

02 6-①의 위치에 배치한다.

② 다음과 같이 행렬 차트의 서식을 설정하시오.

01 **시각적 개체 서식 지정 > 시각적 개체 > 눈금 > 옵션 > 행 안쪽 여백**을 2로 조정한다.

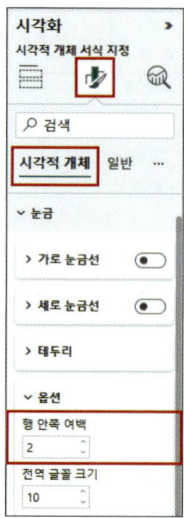

02 셀 요소로 이동하여 **데이터 막대**를 **활성화**하고 를 눌러 양수 막대 색깔은 **테마 색 4**로 적용하고, 하단의 **막대만 표시**를 **체크**한 뒤 **확인**을 누른다.

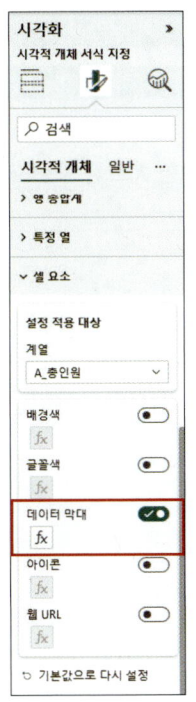
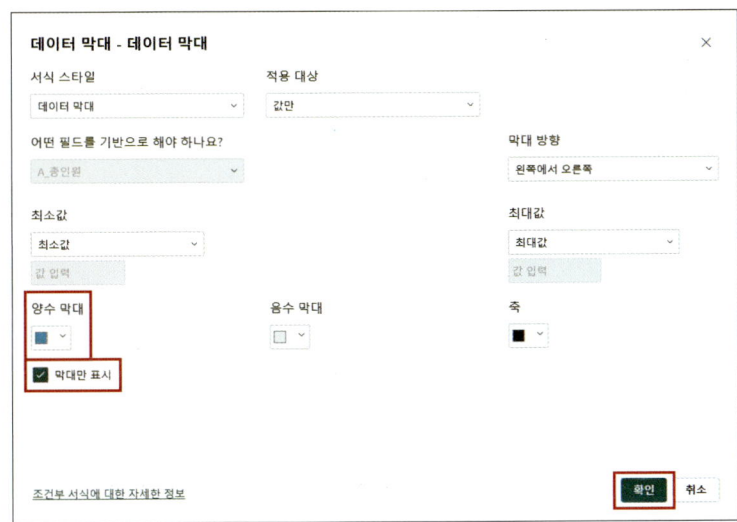

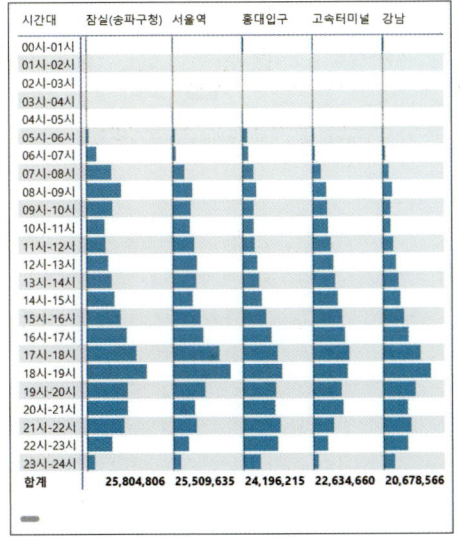

03 작업한 보고서가 문제2의 시각화 완성화면(493p)과 일치하는지 확인한 후 해당 페이지의 작업을 마무리한다.

풀이 3 복합요소 구현   50점

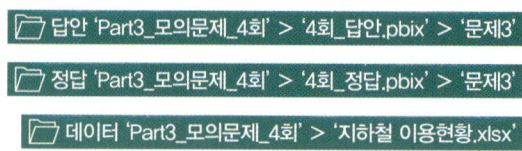

1 다음 지시사항에 따라 〈B_유형별승차인원〉 테이블에 측정값을 추가하고, 꺾은선형 차트를 구현하시오.

① 다음 조건으로 측정값을 추가하시오.

▶ 측정값 이름: [B_총승차인원]

01 문제3 페이지로 이동한 후 우측 **데이터** 창에서 〈B_유형별승차인원〉 테이블을 선택한 후 **마우스 우클릭 > 새 측정값**을 클릭한다.

02 수식 창에 다음과 같이 식을 작성하고 Enter를 누른다.

B_총승차인원 = SUM('B_유형별승차인원'[승차인원])

03 상단 메뉴의 **측정 도구 > 서식**을 **정수**로 설정하고 **천 단위 구분 기호(,)**를 클릭한다.

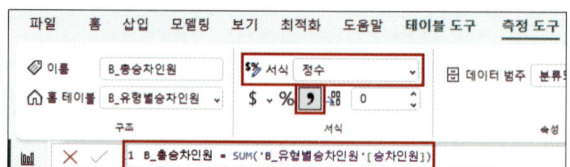

▶ 측정값 이름: [B_무임승차인원]

01 우측 **데이터** 창에서 **〈B_유형별승차인원〉 테이블**을 선택한 후 **마우스 우클릭 > 새 측정값**을 클릭한다.

02 수식 창에 다음과 같이 식을 작성하고 Enter를 누른다.

B_무임승차인원 = CALCULATE([B_총승차인원], 'B_유형별승차인원'[구분] = "무임")

03 상단 메뉴의 **측정 도구 > 서식**을 **정수**로 설정하고 **천 단위 구분 기호**(,)를 클릭한다.

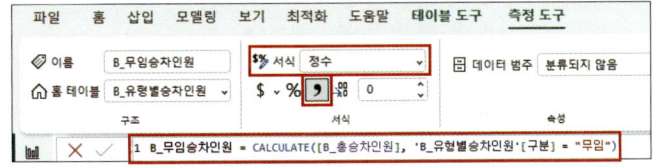

▶ 측정값 이름: [B_무임승차인원비율]

01 우측 **데이터** 창에서 **〈B_유형별승차인원〉 테이블**을 선택한 후 **마우스 우클릭 > 새 측정값**을 클릭한다.

02 수식 창에 다음과 같이 식을 작성하고 Enter를 누른다.

B_무임승차인원비율 = DIVIDE([B_무임승차인원], [B_총승차인원])

03 상단 메뉴의 **측정 도구 > 서식**을 **백분율**로 설정하고 소수 자릿수는 **2**로 설정한다.

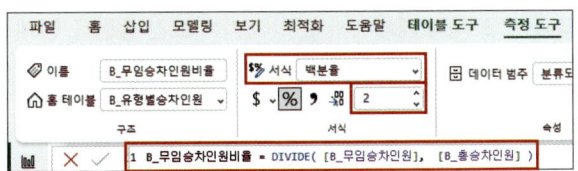

② 다음 조건으로 꺾은선형 차트를 추가하시오.

01 페이지에 **꺾은선형 차트**를 삽입하고 **X축**에 〈날짜테이블〉 테이블의 [Date] 날짜 계층에서 **[연도]**, **[월] 필드**를, **Y축**에는 〈B_유형별승차인원〉 테이블의 **[B_무임승차인원비율] 측정값**을 추가하고, 1-②의 위치에 배치한다. 우측 상단의 버튼을 눌러서 가장 낮은 수준까지 확장시키거나 혹은 이미 확장되어 있는지 확인한다.

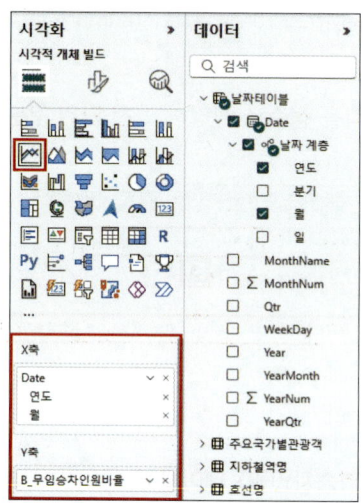

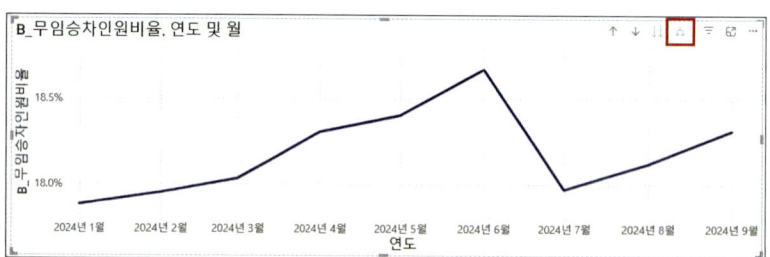

02 시각적 개체 서식 지정 > 시각적 개체에서 **선 > 선 > 보간 유형**을 **단계**로 선택하고 **표식 > 모든 범주 표시**를 활성화한다.

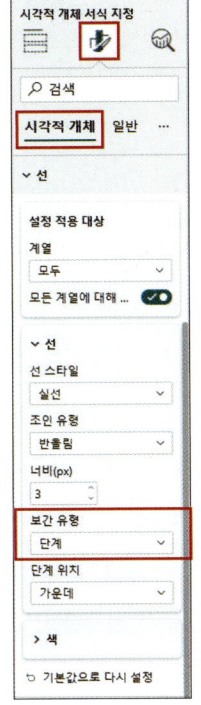
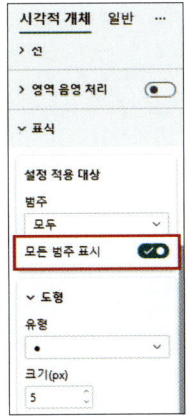

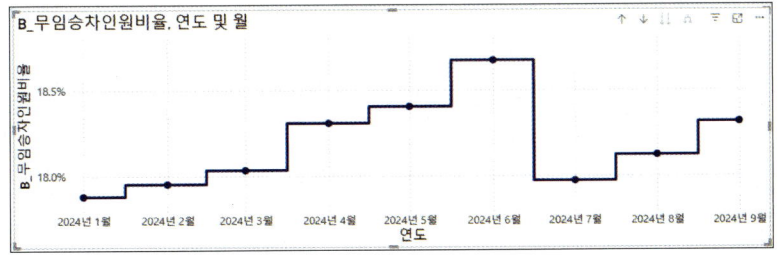

03 끝으로 **시각적 개체에 추가 분석 추가 > 추세선**을 활성화한다.

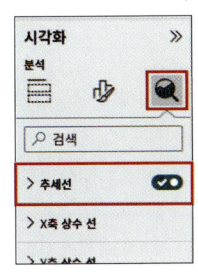
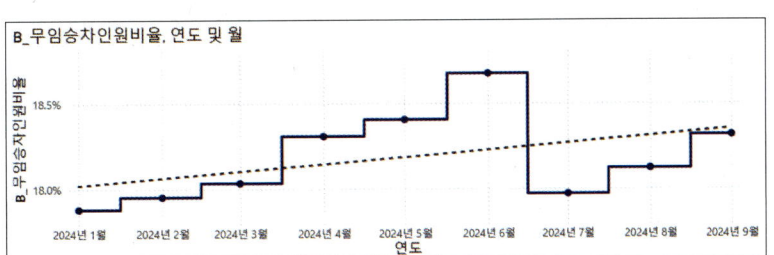

> **Tip**
> 각 개체의 시각화 작업이 모두 마무리되면 다음 작업에 영향을 주지 않도록 항상 보고서의 빈 곳을 클릭하여 개체를 선택하지 않은 상태로 작업을 이어서 진행한다.

③ 다음 조건으로 측정값을 추가하시오.

▶ 측정값 이름 : [최다무임승차역]

01 우측 **데이터** 창에서 **〈B_유형별승차인원〉 테이블**을 선택한 후 **마우스 우클릭 > 새 측정값**을 클릭한다.

02 수식 창에 다음과 같이 식을 작성하고 Enter를 누른다.

> 최다무임승차역 = CALCULATE(SELECTEDVALUE('지하철역명'[지하철역]), TOPN(1, '지하철역명', [B_무임승차인원비율]))

수식 설명
- 여기서 TOPN은 〈지하철역명〉 테이블에서 [B_무임승차인원비율]이 가장 높은 상위 1개의 행을 반환한다. TOPN 함수의 네 번째 인수를 생략하면 내림차순(DESC)으로 계산해 상위 행을 반환하며, ASC를 입력하면 오름차순으로 계산한다.
- CALCULATE 함수는 TOPN 함수로 필터링된 결과에서 〈지하철역명〉 테이블의 [지하철역] 필드의 값을 SELECTEDVALUE를 이용해 반환한다.

▶ 측정값 이름 : [최고무임승차비율]

01 우측 **데이터** 창에서 **〈B_유형별승차인원〉 테이블**을 선택한 후 **마우스 우클릭 > 새 측정값**을 클릭한다.

02 수식 창에 다음과 같이 식을 작성하고 Enter를 누른다.

> 최고무임승차비율 = MAXX(VALUES('지하철역명'[지하철역]), [B_무임승차인원비율])

수식 설명
- MAXX 함수는 지정된 테이블의 각 행을 평가하여 가장 큰 값을 반환한다. 여기서는 각 지하철역의 무임 승차 비율을 계산하고, 그중 가장 높은 비율을 찾는다.
- VALUES 함수는 '지하철역명' 테이블의 **[지하철역]**에 대한 고유한 값 리스트를 반환함으로써 각 지하철역에 대해 고유한 무임 승차 비율을 계산할 수 있도록 한다.

03 상단 메뉴의 **측정 도구 > 서식**을 **백분율**로 설정하고 소수 자릿수는 **1**로 설정한다.

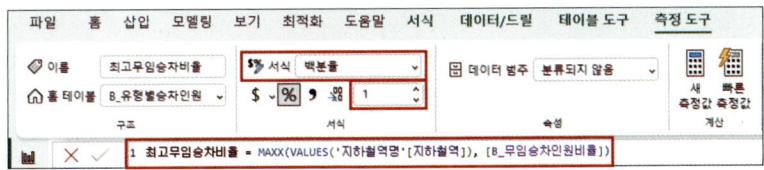

④ 다음 조건으로 카드(신규)를 추가하시오.

01 페이지에 **카드(신규)**를 삽입하고 **데이터**에 〈B_유형별승차인원〉 테이블의 **[최다무임승차역]**, **[최고무임승차비율] 측정값**을 추가한다.

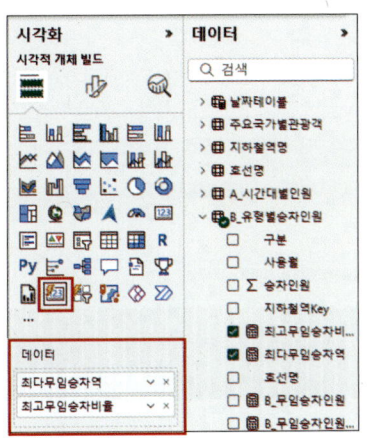
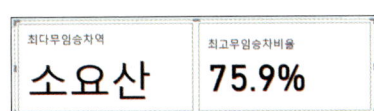

02 **시각적 개체 서식 지정 > 시각적 개체 > 설명 값 > 값 > 글꼴**을 Segoe UI Bold로 변경하고 **크기**를 **15**로 설정한다. 1-④의 위치에 배치한다.

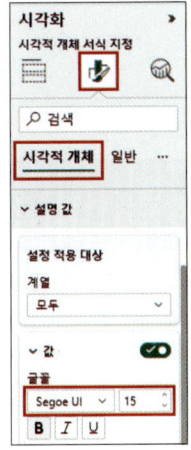
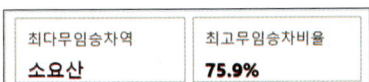

2 다음 지시사항에 따라 100% 누적 세로 막대형 차트를 구현하시오.

① 다음과 같이 차트를 구성하시오.

01 페이지에 **100% 누적 세로 막대형 차트**를 삽입하고 **X축**에는 〈지하철역명〉 테이블의 **[지하철역]** 필드를, **Y축**에는 〈B_유형별승차인원〉 테이블의 **[B_총승차인원]** 측정값을, **범례**에는 **[구분]** 필드를, **도구 설명**에는 **[B_무임승차인원비율]** 측정값을 추가한다. 2-①의 위치에 배치한다.

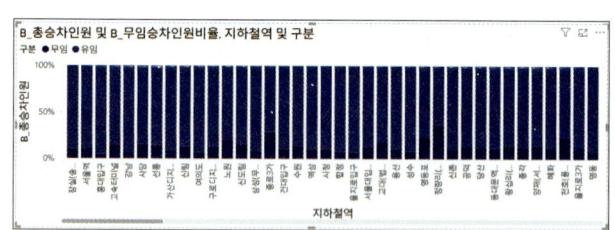

02 개체 우측 상단 **추가 옵션**(⋯)을 클릭하고 **축 정렬**에서 **B_무임승차인원비율**과 **내림차순 정렬**이 선택되도록 한다.

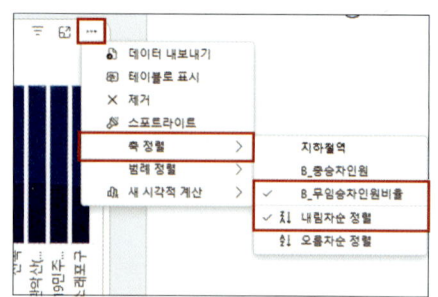
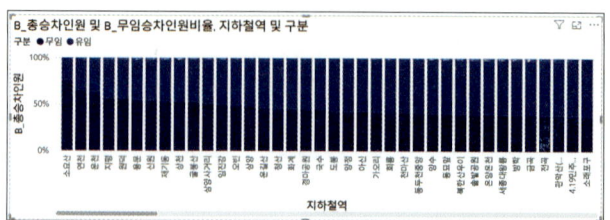

② 다음 조건으로 차트의 서식을 지정하시오.

01 **시각적 개체 서식 지정 > 시각적 개체**에서 **Y축 > 제목**을 **비활성화**한다.

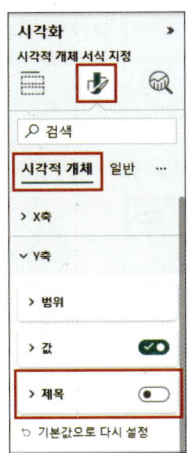

02 **열 > 설정 적용 대상 > 계열**을 **무임**으로 선택하고 **색**은 **테마 색 6**을 적용한다.

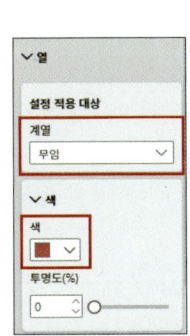 

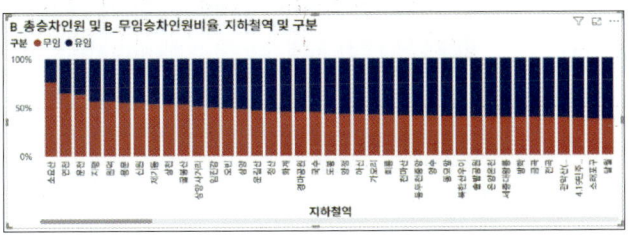

03 **데이터 레이블**을 **활성화**한 다음 **옵션** > **방향**을 **세로**로 선택하고 **넘치는 텍스트**를 **활성화**한다. 세부 정보로 내려가서 **값 소수 자릿수**를 **0**으로 변경한다.

 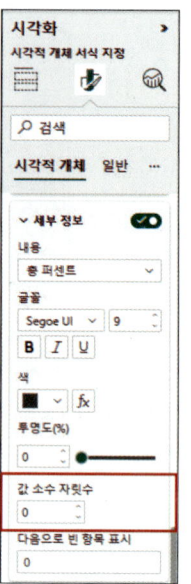

04 이번에는 **데이터 레이블** > **설정 적용 대상** > **계열**을 **유임**으로 선택하고 **이 계열에 대해 표시**를 **비활성화**한다. 무임 계열의 데이터 레이블만 표시된다.

 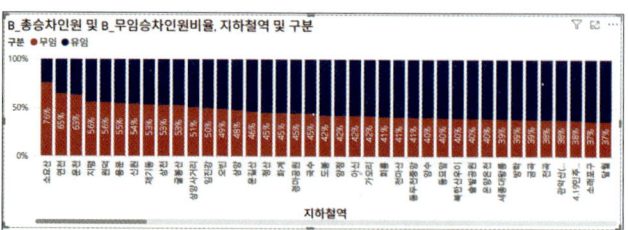

3 다음 지시사항에 따라 측정값을 추가하고 테이블 차트를 구현하시오.

① 다음 조건으로 〈 B_유형별승차인원〉 테이블에 측정값을 추가하시오.

▶ 측정값 이름 : [B_월평균승차인원]

01 우측 **데이터** 창에서 **〈B_유형별승차인원〉 테이블**을 선택한 후 **마우스 우클릭 > 새 측정값**을 클릭한다.

02 수식 창에 다음과 같이 식을 작성하고 Enter를 누른다.

> B_월평균승차인원 = AVERAGEX(VALUES('날짜테이블'[YearMonth]), [B_총승차인원])

> **Tip**
>
> **수식 설명**
> - VALUES 함수는 지정된 필드에서 고유한 값의 리스트를 반환한다. 여기서는 날짜테이블[YearMonth]에서 고유한 연월 값으로 이루어진 테이블을 반환한다.
> - AVERAGEX 함수는 위 VALUES로 만들어진 테이블 표현식에서 각 행별 계산 결과들의 평균을 반환한다. 여기서는 각 연월(YearMonth)에 대해 계산된 [B_총승차인원]의 평균을 계산한다.

03 상단 메뉴의 **측정 도구 > 서식**을 **정수**로 선택하고 **천 단위 쉼표()**를 설정한다.

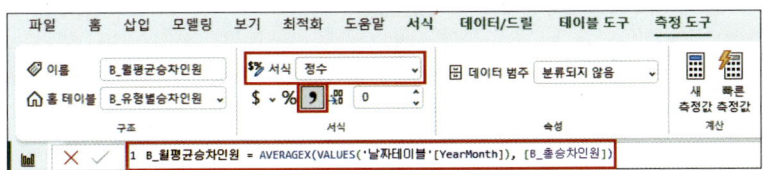

▶ 측정값 이름 : [B_인원비중]

01 우측 **데이터** 창에서 **〈B_유형별승차인원〉 테이블**을 선택한 후 **마우스 우클릭 > 새 측정값**을 클릭한다.

02 수식 창에 다음과 같이 식을 작성하고 Enter를 누른다.

> B_인원비중 = DIVIDE([B_월평균승차인원], CALCULATE([B_월평균승차인원], REMOVEFILTERS ('호선명'[호선명])))

수식 설명
- REMOVEFILTERS 함수는 지정된 필드에 대한 필터를 제거하는 역할을 한다. 여기서는 호선명[호선명] 필드가 만들어내는 필터 효과를 제거함으로써 테이블 개체 내 각 행에서도 전체 호선의 값을 계산할 수 있도록 돕는다.
- CALCULATE 함수는 위 REMOVEFILTERS 함수에 의해 호선명 필터가 모두 제거된 상태에서 전체 호선의 [B_월평균승차인원]을 계산한다.
- DIVIDE 함수는 [B_월평균승차인원]을 분자, CALCULATE로 계산된 값을 분모로 하여 비율을 계산한다.

03 상단 메뉴의 **측정 도구 > 서식**을 **백분율**로 설정하고 소수점 **2**자리까지 적용한다.

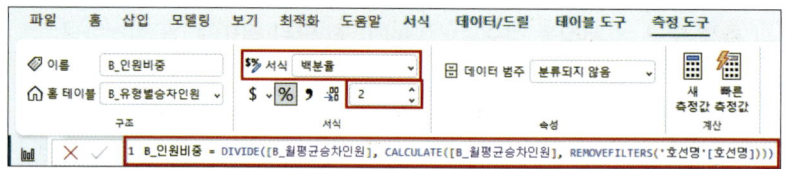

② 다음 조건으로 테이블 차트를 구현하시오.

01 페이지에 **테이블**을 삽입하고 **열**에 〈호선명〉 테이블의 [호선명] 필드, 〈B_유형별승차인원〉 테이블의 [B_월평균승차인원], [B_인원비중] 측정값을 추가하여 3-②의 위치에 배치한다.

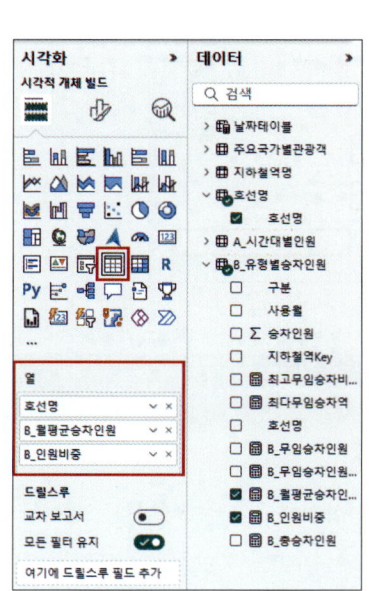

02 **시각적 개체 서식 지정** > **시각적 개체**에서 **스타일 사전 설정** > **스타일** > **대체 행**을 선택한다.

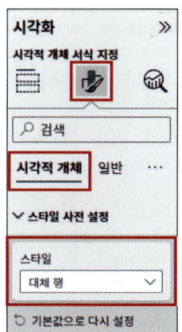

03 개체의 우측 상단 **추가 옵션**(…)을 눌러서 **B_인원비중** 기준으로 **내림차순 정렬**이 되도록 설정한다. 추가로 테이블 개체 내에서 [B_인원비중] 머리글을 클릭해서 정렬의 방법을 설정하는 것도 가능하다.

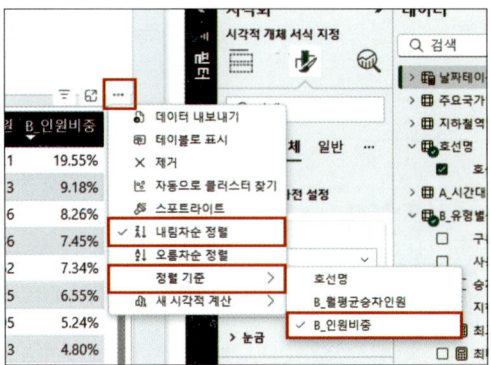

4 다음 지시사항에 따라 슬라이서와 페이지 탐색기를 구현하시오.

① 다음과 같이 슬라이서를 추가하시오.

01 **연도 슬라이서** 구현을 위해 페이지에 **슬라이서**를 삽입하고 〈날짜테이블〉 테이블의 [Date] 날짜 계층에서 **[연도] 필드**를 추가한다.

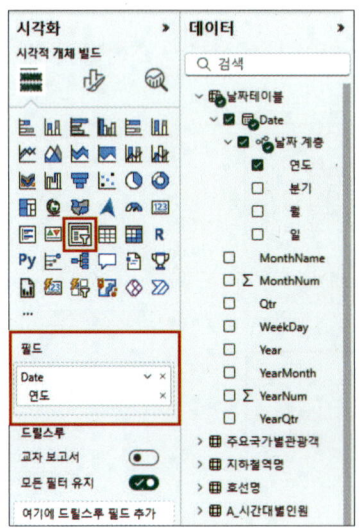
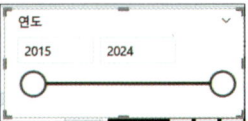

02 **시각적 개체 서식 지정** > **시각적 개체**에서 **슬라이서 설정** > **옵션** > **스타일**을 **드롭다운**으로 설정한다.

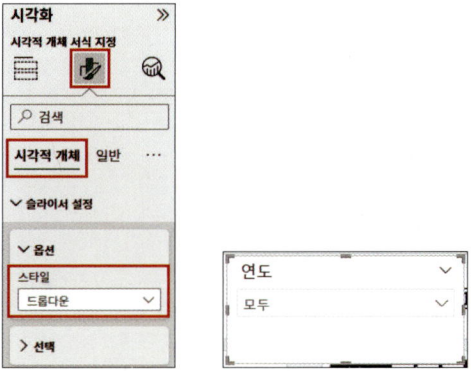

03 **분기, 월 슬라이서** 구현을 위해 페이지에 **슬라이서**를 삽입하고 〈날짜테이블〉의 테이블의 날짜 계층에서 **[분기]**, **[월]** 필드를 추가한다.

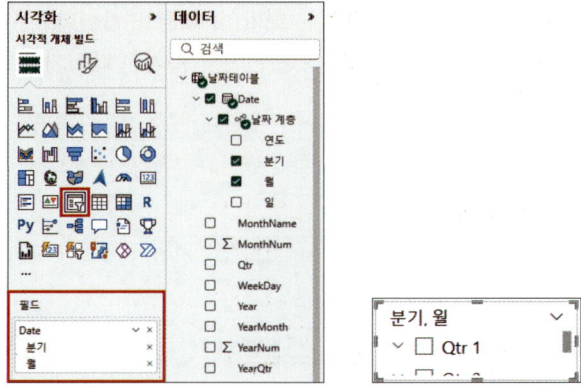

04 연도 슬라이서와 동일한 방법으로 **시각적 개체 서식 지정** > **시각적 개체**에서 **슬라이서 설정** > **옵션** > **스타일**을 **드롭다운**으로 설정한다. 4-①의 위치에 나란히 배치한다.

② 다음과 같이 페이지 탐색기를 추가하시오.

01 상단 메뉴의 **삽입** > **단추** > **탐색기** > **페이지 탐색기**를 선택하고 4－②의 위치에 배치한다.

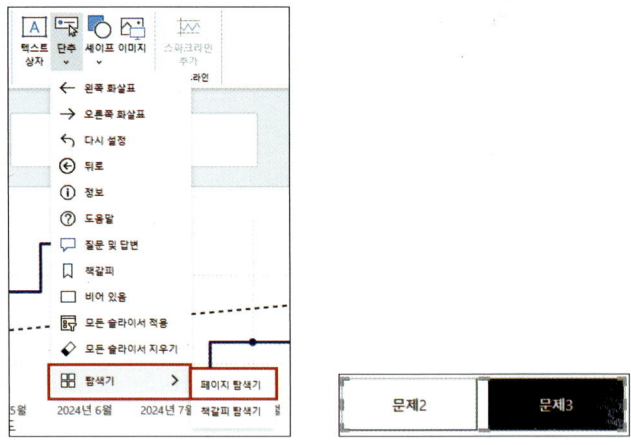

02 **서식 탐색기** > **시각적 개체** > **스타일** > **설정 적용 대상** > **상태**를 **선택한 상태**로 선택하고, 아래 **채우기** > **색**을 **테마 색 1**로 변경한다. **일반** > **효과** > **배경**을 **활성화**한 뒤 색이 흰색으로 설정되어있는지 확인하고, **시각적 개체** > **페이지** > **옵션**에서 **숨겨진 페이지 표시**를 **비활성화**하여 작업을 마무리한다.

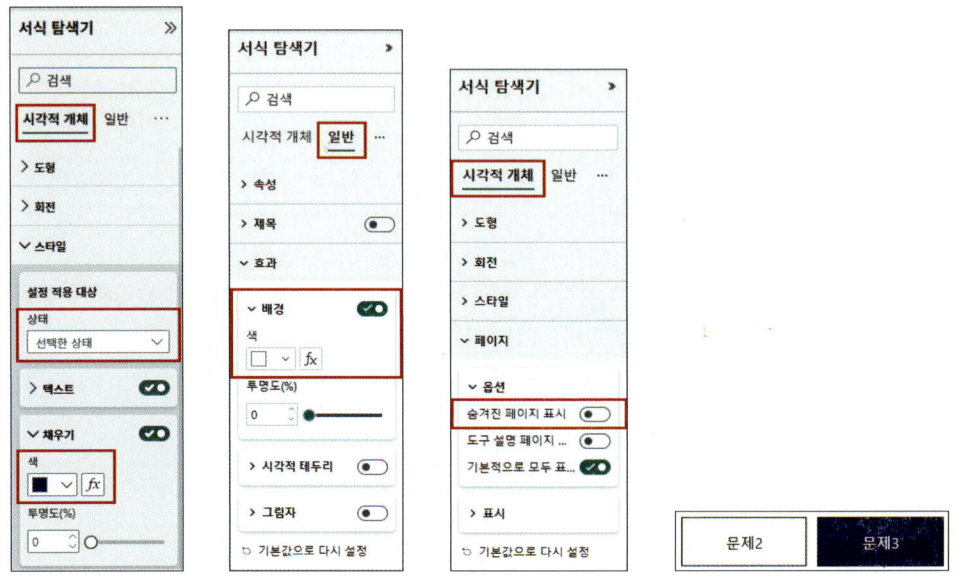

03 작업한 보고서가 문제3의 시각화 완성화면(496p)과 일치하는지 확인한 후 해당 페이지의 작업을 마무리한다.

CHAPTER

05 실전 모의고사 5회

국 가 기 술 자 격
경영정보시각화능력 실기 모의문제

프로그램명	제한시간
파워BI 데스크톱	70분

수험번호	
성 명	

단일	실전 모의고사 5회

※ 시험지를 받으면 다음 순서를 따라 주시기 바랍니다.

① 응시 프로그램 일치여부, 페이지 누락, 인쇄상태 불량 및 훼손 여부 확인 후 이상이 있을 경우 손을 들어 주십시오.
② 시험지 확인이 끝나면 문제지 우측 상단에 수험번호, 성명을 기재하여 주십시오.
③ 1페이지의 「유의사항」과 2페이지의 「문제 및 데이터 안내」를 확인하십시오.

대 한 상 공 회 의 소

- '유의사항', '문제 및 데이터 안내'에 따라 시험에 응시하여야 하며, 이를 소홀히 하여 발생한 불이익과 책임은 수험자 본인에게 있습니다.
- 시험이 시작되면 즉시 문제 데이터 파일 존재여부와 답안 파일의 문제3-4 페이지에 차트, 표, 데이터가 보이는지 확인하시기 바랍니다.
  - 문제 데이터 파일 위치 : [문제1] C:\PB\문제1_데이터 폴더 / [문제2,3] C:\PB\문제2,3_데이터 폴더
  - 문제 데이터 파일은 존재여부만 확인하며 엑셀 등으로 열어보면 실격 처리
  - 답안 파일 위치 : C:\PB\수험자번호.pbix
  - 화면에 띄워진 답안 파일의 문제3-4 페이지 확인
- 시험 진행 중 작성된 답안은 수시로 저장하시기 바랍니다.
- 별도의 지시사항이 없는 경우, 다음과 같이 처리할 때 [실격 처리]됩니다.
  - 제시된 파일, 페이지/대시보드, 데이터 원본의 이름, 차원/측정값 속성을 임의로 변경한 경우
  - 제시된 파일, 데이터 원본을 임의로 삭제, 추가, 변경한 경우
  - 시트/워크시트/대시보드를 임의로 삭제, 추가하거나 명칭을 변경한 경우
  - 제시된 답안 파일의 경로 또는 파일명을 변경한 경우
  - 문제 데이터를 시험 시작 전에 열어보는 경우
  - 실기시험 프로그램 이외의 프로그램(엑셀 등)으로 데이터를 열어보는 경우
- 반드시 답안작성은 문제에서 지시한 위치에 작업하여야 하며 다음과 같이 처리 시 해당 작업 또는 그 작업에 영향을 미치는 문제, 개체, 시트 등은 [오답 처리]됩니다.
  - 제시된 함수가 있으면 제시된 함수만을 사용해야 하며 그 외 함수를 사용해 풀이한 경우
  - 지시하지 않은 차트, 컨테이너, 매개변수 등을 임의로 이동, 수정(변경), 삭제 등으로 인해 위치 및 내용이 변경된 경우
  - 임의로 기본 설정값(Default)을 변경한 경우
  - 숫자데이터를 임의로 문자화하여 처리한 경우
  - 개체가 해당 영역을 벗어난 경우
  - 작업한 개체가 너무 작아 정보 확인이 어려울 경우
  - 지시사항과 띄어쓰기, 대소문자 등이 다르게 작업한 경우(계산식 제외)
- 시험지에 제시된 [완성 화면 그림]은 문제풀이 순서 또는 시각적 개체 작성 순서, PC 환경 등의 이유로 수험자가 작성한 개체의 모니터 화면과 모양, 색상 등이 다를 수 있습니다.
- 본 문제와 용어는 파워BI 데스크톱(Power BI Desktop) 2.139.1678.0 버전 기준으로 작성되었습니다.
  - 본 문제에서 열과 필드는 동일한 용어로 혼용 사용

문제 및 데이터 안내

1. 수험자가 작성할 답안 파일은 1개입니다. 문제1, 문제2, 문제3의 답을 하나의 답안 파일(.pbix)로 저장하십시오.
2. 문제1, 문제2, 문제3은 각각 독립적으로 구성되어 앞 문제를 풀지 않아도 다음 문제 풀이가 가능합니다.
3. 문제1은 데이터 불러오기를 통해 문제를 풀이하고, 문제2와 문제3은 답안에 이미 데이터가 포함되어 있어 다시 데이터를 불러오지 말고 바로 문제 풀이를 하십시오.
   - 데이터 파일은 문제1을 위한 데이터 파일과 문제2,3을 위한 데이터 파일로 구성되어 있습니다.
4. 문제2와 문제3 풀이를 위해 필요한 일부 측정값, 필터가 답안파일에 미리 적용되어 있을 수 있습니다.
   - 지시사항에 제시되지 않은 것은 변경하지 마십시오.
   - 사전에 적용된 필터 등이 삭제되지 않도록 '페이지 삭제' 기능을 **절대** 사용하지 마십시오.
5. 문제는 문제(문제1~3) - 세부문제(1~4) - 지시사항(①~③) - 세부지시사항(▶, -) 단위로 구성됩니다.
6. 지시사항(①~③)별로 점수가 부여되며, 지시사항의 전체 세부지시사항(▶, -)을 작업하지 않을 경우 점수가 부여되지 않습니다. **※ 부분 점수 없음**
7. 본 시험에서 사용되는 데이터 파일 수와 데이터명은 아래와 같습니다.
   - [문제1] 데이터 파일 수: 1개 / 데이터명: '기온데이터.xlsx'

파일명	'기온데이터.xlsx'				
테이블	구조				
기온데이터	년월	지점	평균기온(℃)	평균최저기온(℃)	평균최고기온(℃)
	Jan-24	서울지점	-2.5	-8	2.8

   - [문제2] 데이터 파일 수: 1개 / 데이터명: '도서 판매 현황.xlsx'

파일명	'도서 판매 현황.xlsx'							
테이블	구조							
Sales	거래ID	거래일	고객ID	제품ID	채널ID	수량	가격	구매금액
	1	2024-01-01 00:00:00	43	11	4	3	24000	72000
Customer	고객ID	고객명		생년월일		성별	거주도시	
	1	이민준		2000-**-**		남	서울	
Product	상품ID		상품명			카테고리	가격	
	1		Python 입문서			프로그래밍	21000	
Channel	채널ID				채널명			
	1				서점 A			

문제1 작업준비(20점)

1. 다음 지시사항에 따라 '기온데이터'에 대한 데이터 가져오기 및 편집을 수행하시오. (10점)

① 다음 데이터 파일을 가져온 후 파워쿼리 편집기를 통해 데이터를 편집하시오. (3점)
- ▶ 가져올 데이터 : '기온데이터.xlsx' 파일의 '기온데이터' 시트
- ▶ '적용된 단계' 중에서 '변경된 유형', '승격된 헤더' 작업 취소
- ▶ 상위 7개 행 제외
- ▶ 첫 행을 각 필드의 머리글로 지정

② 파워쿼리 편집기를 통해 다음 조건으로 〈기온데이터〉 테이블의 데이터를 필터링하시오. (4점)
- ▶ [년월] 필드를 기준으로 '1950년'부터 '1953년'까지의 데이터 제외
  - 날짜 필터의 '사용자 지정 기능' 사용
  - 날짜 필터에서 다음 두 조건 중 하나를 충족(OR조건)
    - '1949-12-31' 이전 또는 같음
    - '1954-01-01' 이후 또는 같음

③ 파워쿼리 편집기 및 파워BI 데스크톱을 통해 다음 조건으로 데이터를 전처리하시오. (3점)
- ▶ [지점] 필드의 각 필드 값에서 처음 2개의 문자만 추출
  - "서울지점" → "서울"
  - 열 추가하지 않음
- ▶ [년월], [지점], [평균기온(℃)] 필드만 남기고 다른 필드 제거
- ▶ 필드 이름 변경: "평균기온(℃)" → "평균기온"
- ▶ 로드하여 기존 모델에 〈기온데이터〉 테이블 추가

2. 다음 지시사항에 따라 모델링을 수행하시오. (10점)

① 다음 조건으로 수식을 작성하여 새 날짜 테이블을 추가하시오. (4점)
- ▶ 테이블 이름 : 〈날짜T〉

(테이블 완성화면 - 일부)

Date	Year	Month	MonthName
1924-01-01	1924	1	Jan
1924-01-02	1924	1	Jan
1924-01-03	1924	1	Jan
1924-01-04	1924	1	Jan
1924-01-05	1924	1	Jan
1924-01-06	1924	1	Jan

- 필드 이름 : [Date], [Year], [Month], [MonthName]
- 사용 함수 : ADDCOLUMNS, CALENDAR, MIN, MAX, YEAR, MONTH, FORMAT
- [Date] 필드 시작일 : 〈기온데이터〉 테이블의 [년월] 필드의 가장 이른 날짜
- [Date] 필드 종료일 : 〈기온데이터〉 테이블의 [년월] 필드의 가장 늦은 날짜
- [Date] 필드 서식 변경
  - 데이터 형식 : '날짜', 서식 : '*2022-01-01(Short Date)'

② 다음과 같이 〈기온데이터〉 테이블과 〈날짜T〉 테이블 간의 관계를 설정하시오. (3점)
- ▶ 활용 필드 : 〈기온데이터〉 테이블의 [년월] 필드, 〈날짜T〉 테이블의 [Date] 필드
- ▶ 카디널리티(Cardinality) : '다대일(*:1)' 관계
  - 다(*) : 〈기온데이터〉 테이블의 [년월] 필드
  - 일(1) : 〈날짜T〉 테이블의 [Date] 필드
- ▶ 크로스필터(교차 필터) 방향 : 단일(Single)

③ 다음 조건에 따라 〈날짜〉 테이블을 설정하시오. (3점)
- ▶ 〈날짜T〉 테이블에 대해 '날짜 테이블로 표시'로 설정하시오.
- ▶ 시각화 구현 시, 〈날짜T〉 테이블의 [MonthName] 필드 정렬이 [Month] 필드를 기준으로 정렬되도록 설정하시오.
- ▶ 시각화 구현 시, 〈날짜T〉 테이블의 [Year], [Month] 필드가 요약되지 않도록 '요약 안 함'을 기본값으로 설정하시오.

문제2 단순요소 구현(30점)

| 시각화 완성화면 |

각 세부문제 풀이 후 '문제2' 페이지에 아래와 같이 개체를 배치하시오.

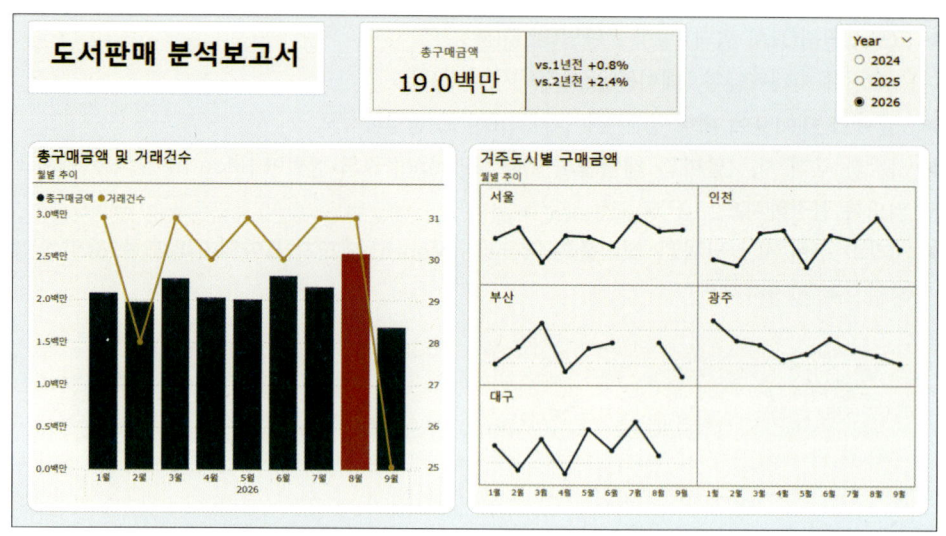

계산식 작성에 사용되는 문자열은 쌍따옴표(" ")를 사용하여 작성하시오.

1. '문제2', '문제3', '문제3B' 페이지의 전체 서식을 아래 지시사항에 따라 설정하시오. (5점)
   ① 보고서 전체의 테마를 변경하시오. (3점)
      ▶ 보고서 테마 : '프런티어'
      ▶ 텍스트 사용자 지정
        - 제목 : 글꼴 크기 13
        - 카드 및 KPI : 글꼴 크기 30
   ② 텍스트 상자를 사용하여 보고서 제목을 작성하시오. (2점)
      ▶ 제목 텍스트 : "도서판매 분석보고서"
      ▶ 서식 : 'Verdana', 글꼴 크기 '28', '굵게', '가운데'
      ▶ 텍스트 상자를 '1-②' 위치에 배치

2. 다음 지시사항에 따라 슬라이서와 카드(신규)를 구현하시오. (10점)
   ① 연도 조건을 설정하는 슬라이서를 구현하시오. (3점)
      ▶ 활용 필드 : ⟨Dates⟩ 테이블의 [Year] 필드
      ▶ 서식
        - 슬라이서 스타일 '세로 목록'
        - 슬라이서에서 항상 단일 항목이 선택되도록 설정
        - 슬라이서에서 '2026' 값으로 필터 적용
      ▶ 슬라이서를 '2-①' 위치에 배치

② 총구매금액의 현황을 나타내는 카드(신규)를 구현하시오. (7점)
- ▶ 활용 필드 : 〈_측정값A〉 테이블의 [총구매금액] 측정값
- ▶ 서식
  - 설명 값 : 글꼴 크기 '25', '가운데' 맞춤, 소수점 1자리까지 표시되도록 설정
- ▶ [총구매금액] 카드에 '참조 레이블' 추가
  - 활용 필드 : 〈_측정값A〉 테이블의 [vs.1년전], [vs.2년전] 측정값
  - 옵션 : '콜아웃 오른쪽'에 위치
  - 레이아웃 : 세로 맞춤 '중간'
  - 각 '참조 레이블'에 대한 표시 단위 사용자 지정 : 형식 코드 사용
    • [vs.1년전] : +0.0%;-0.0%;0%
    • [vs.2년전] : +0.0%;-0.0%;0%
- ▶ 카드(신규)를 '2-②' 위치에 배치

3. **다음 지시사항에 따라 꺾은선형 및 묶은 세로 막대형 차트를 구현하시오. (12점)**
  ① 〈Dates〉 테이블의 [Year]와 [MonthName] 필드로 '계층 구조 만들기'를 구현하시오. (3점)
  - ▶ '계층 구조 만들기' 기능 사용 : [Year]가 [MonthName]의 상위에 오도록 설정
  - ▶ 계층 구조 필드 이름 : [YearMonth]
  ② 연월별 총구매금액 및 거래건수를 나타내는 꺾은선형 및 묶은 세로 막대형 차트를 구현하시오. (3점)
  - ▶ 활용 필드
    - 〈Dates〉 테이블의 [YearMonth] 필드
    - 〈_측정값A〉 테이블의 [총구매금액], [거래건수] 측정값
  - ▶ 연월이 모두 표시되도록 계층구조에서 한 수준 아래로 모두 확장되도록 설정
  - ▶ 꺾은선형 및 묶은 세로 막대형 차트를 '3-②' 위치에 배치
  ③ 다음과 같이 꺾은선형 및 묶은 세로 막대형 차트의 각 요소에 대한 서식을 지정하시오. (3점)
  - ▶ X축 제목, Y축 제목 제거
  - ▶ 차트 제목 설정
    - 제목 텍스트 : "총구매금액 및 거래건수"
    - 부제목 텍스트 : "월별 추이"
    - 구분선 표시
  - ▶ 표식 설정
  ④ 다음과 같이 막대(열) 요소에 조건부 서식을 적용하시오. (3점)
  - ▶ 서식 스타일 : '규칙'
  - ▶ 적용 조건 : 〈_측정값A〉 테이블의 [최대값여부] 필드를 기반으로 필드 값이 숫자 '1'에 해당하는 막대(열)에 조건부 서식 적용
  - ▶ 적용 서식 : 색 '테마 색 4'

4. 다음 지시사항에 따라 꺾은선형 차트를 구현하시오. (8점)

① 〈Customer〉 테이블의 [거주도시]별로 월에 따른 총구매금액을 나타내는 꺾은선형 차트를 구현하시오. (4점)

- ▶ 활용 필드
  - 〈Dates〉 테이블의 [MonthName] 필드
  - 〈Customer〉 테이블의 [거주도시] 필드
  - 〈_측정값A〉 테이블의 [총구매금액] 측정값
- ▶ 축소 다중 항목 활용
  - 축소 다중 항목 정렬 : [총구매금액] 기준 내림차순 정렬
- ▶ 꺾은선형 차트를 '4-①' 위치에 배치

② 다음과 같이 꺾은선형 차트의 각 요소에 대한 서식을 지정하시오. (4점)

- ▶ 차트 제목 텍스트 : "거주도시별 구매금액"
- ▶ X축 제목 제거, 글꼴 크기 '8'
- ▶ Y축
  - 축 제목 제거
  - 축 범위에서 y축 공유 해제
  - 각 항목(도시)에 맞게 축 크기가 조정되도록 설정
- ▶ 축소 다중 항목 서식 설정
  - 레이아웃 : 행 '3', 열 '2', 모든 안쪽 여백 '8'
  - 테두리 : 눈금선 '모두', 색 '흰색, 50% 더 어둡게'
- ▶ 표식 사용 설정

문제3 복합요소 구현(50점)

| 시각화 완성화면 |

각 세부문제 풀이 후 '문제3' 페이지에 아래와 같이 개체를 배치하시오.

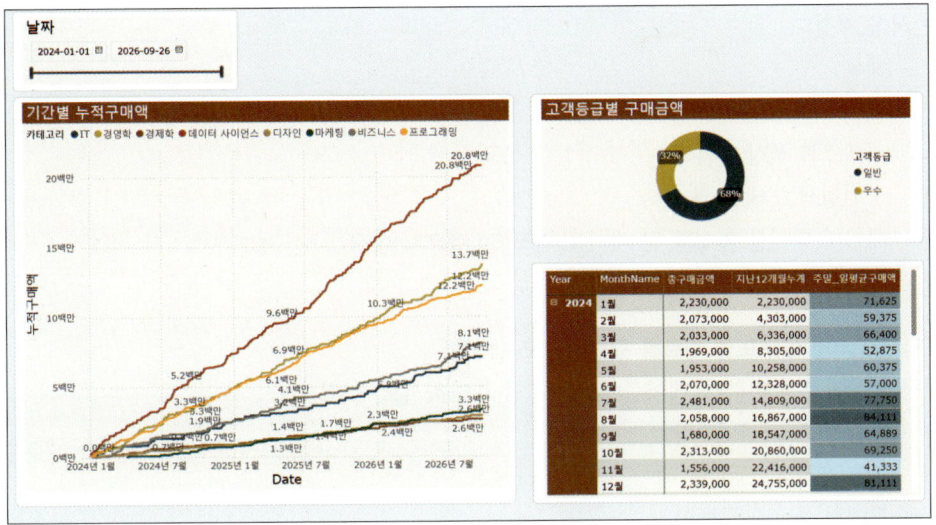

계산식 작성에 사용되는 문자열은 쌍따옴표("")를 사용하여 작성하시오.

1. 다음 지시사항에 따라 슬라이서 및 꺾은선형 차트를 구현하시오. (10점)

    ① 다음과 같이 슬라이서를 구현하시오. (3점)
    - ▶ 활용 필드 : 〈Dates〉 테이블의 [Date] 필드
    - ▶ 슬라이서 머리글 해제
    - ▶ 슬라이서 제목 텍스트 입력 : "날짜"
    - ▶ '반응형' 옵션 해제
    - ▶ 슬라이서를 '1-①' 위치에 배치

    ② 다음 조건으로 〈_측정값B〉 테이블에 측정값을 추가하시오. (4점)
    - ▶ 측정값 이름 : [누적구매액]
        - 활용 필드
            - 〈Dates〉 테이블의 [Date] 필드
            - 〈_측정값A〉 테이블의 [총구매금액] 측정값
        - 슬라이서에서 선택한 날짜 범위에 대해 [총구매금액]을 날짜별로 누적하여 계산
        - 사용 함수 : CALCULATE, FILTER, ALLSELECTED, MAX
        - 서식 설정 : 정수, 천 단위에서 쉼표로 구분

③ 다음 조건으로 꺾은선형 차트를 구현하시오. (3점)
- ▶ 활용 필드
    - ⟨Dates⟩ 테이블의 [Date] 필드
    - ⟨Product⟩ 테이블의 [카테고리] 필드
    - ⟨_측정값B⟩ 테이블의 [누적구매액] 측정값
- ▶ 서식 지정
    - 제목
        - 텍스트 : "기간별 누적구매액"
        - 텍스트 색상 : 흰색
        - 배경색 : '테마 색 3'
    - 데이터 레이블 활성화 및 레이블 밀도(%) '0'으로 설정
- ▶ 꺾은선형 차트를 '1-③' 위치에 배치

2. 다음 지시사항에 따라 도넛 차트를 구현하시오. (10점)

① 다음과 같이 ⟨_측정값B⟩ 테이블에 측정값을 추가하시오. (3점)
- ▶ 측정값 이름 : [구매수량]
    - 활용 필드 : ⟨Sales⟩ 테이블의 [수량] 필드
    - 구매한 총수량을 계산
    - 사용 함수 : SUM
    - 서식 설정 : 정수, 천 단위에서 쉼표로 구분

② 다음과 같이 ⟨Customer⟩ 테이블에 열을 추가하시오. (4점)
- ▶ 열 이름 : [고객등급]
    - 활용 필드 : ⟨_측정값B⟩ 테이블의 [구매수량] 측정값
    - [구매수량]을 기준으로 [고객ID]별 '우수', '일반' 등급 분류
        - [구매수량]이 '60'보다 크거나 같으면 '우수', 그 외의 경우는 '일반'
    - 사용 함수 : SWITCH, TRUE

③ 다음 조건으로 도넛 차트를 구현하시오. (3점)
- ▶ 활용 필드
    - ⟨Customer⟩ 테이블의 [고객등급] 열
    - ⟨_측정값A⟩ 테이블의 [총구매금액] 측정값
- ▶ 제목
    - 텍스트 : "고객등급별 구매금액", 텍스트 색상 : 흰색
    - 배경색 : '테마 색 3'
- ▶ 세부정보 레이블
    - 레이블 위치 : '안쪽'
    - 레이블 내용 : 총 퍼센트만 표시
    - 레이블 값 : 소수점 이하 자릿수 없도록 설정
- ▶ 도넛 차트를 '2-③' 위치에 배치

3. 다음 지시사항에 따라 행렬 차트를 구현하시오. (12점)

① 다음 조건으로 〈_측정값B〉 테이블에 측정값을 추가하시오. (4점)

▶ 측정값 이름 : [지난12개월누계]
- 활용 필드
    • 〈Dates〉 테이블의 [Date] 필드
    • 〈_측정값A〉 테이블의 [총구매금액] 측정값
- 〈Dates〉 테이블에서 주어진 기간의 마지막 날짜를 시작으로, 그 이전 12개월 동안의 [총구매금액]을 누계로 계산
- 사용 함수 : CALCULATE, DATESINPERIOD, MAX
- 서식 : 천 단위에서 쉼표로 구분, 소수 자릿수 '0'

② 다음 조건으로 〈Dates〉 테이블에 새 열을 추가하시오. (2점)

▶ 열 이름 : [주말여부]
- 활용 필드
    • 〈Dates〉 테이블의 [DayName] 필드
- [DayName] 필드 값을 "주말"과 "평일"로 구분하여 반환
- 주말은 '토요일'과 '일요일'로 정의
- 사용 함수 : IF, OR

③ 다음 조건으로 〈_측정값B〉 테이블에 측정값을 추가하시오. (2점)

▶ 측정값 이름 : [주말_일평균구매액]
- 활용 필드
    • 〈_측정값A〉 테이블의 [총구매금액] 측정값
    • 〈Dates〉 테이블의 [주말여부] 필드
- 주말의 일 평균 구매액 반환
    • [주말여부]가 '주말'인 [총구매금액] 합계를, [주말여부]가 '주말'인 날짜 수로 나누기
- 사용 함수 : CALCULATE, COUNTROWS
- 서식 : 천 단위에서 쉼표로 구분, 소수 자릿수 '0'

④ 다음 조건으로 행렬 차트를 구현하시오. (4점)

▶ 활용 필드
- 〈Dates〉 테이블의 [Year], [MonthName] 필드
- 〈_측정값A〉 테이블의 [총구매금액] 측정값
- 〈_측정값B〉 테이블의 [지난12개월누계], [주말_일평균구매액] 측정값
- '계층 구조에서 한 수준 아래로 모두 확장' 설정

▶ 서식 적용
- 레이아웃 및 사전 설정된 스타일 : 테이블 형식, 대체 행 스타일
- 열 머리글 : 텍스트 색상 '흰색', 배경색 '테마 색 4'
- 행 머리글 : 텍스트 색상 '흰색', 배경색 '테마 색 4'
- 행 총합계 : 텍스트 색상 '흰색', 배경색 '테마 색 4'
- 빈 행 설정 : 테두리 있음
- 눈금 : 행 안쪽 여백 '3'
- 조건부 서식 : [주말_일평균구매액] 필드를 기반으로 배경색에 그라데이션 적용
  • 빈 값이 있는 경우는 '서식 지정 안 함'
  • 규칙 : 최소값은 '50000'으로 사용자 지정
▶ 행렬 차트를 '3-③' 위치에 배치

4. 다음 지시사항에 따라 '문제3B' 페이지에 분산형 차트와 카드를 구현하시오. (10점)

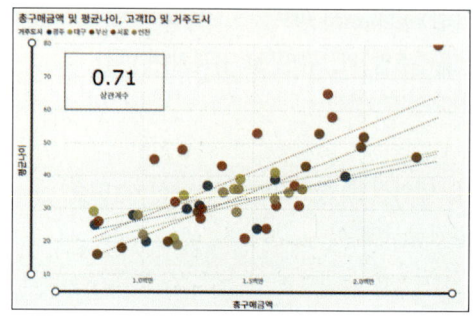

① 다음 조건으로 분산형 차트를 구현하시오. (3점)
  ▶ 활용 필드
   - 〈Customer〉 테이블의 [고객ID], [거주도시] 필드, [평균나이] 측정값
   - 〈_측정값A〉 테이블의 [총구매금액] 측정값
  ▶ [총구매금액]과 [평균나이]에 따른 [고객ID] 값의 분포 시각화
  ▶ 분산형 차트를 '4-①' 위치에 배치
② 다음 조건으로 분산형 차트의 서식 및 추가 분석 요소를 적용하시오.(3점)
  ▶ 표식 : 크기 승수 '20'
  ▶ 확대/축소 슬라이더 적용
  ▶ 추세선 설정
   - 점선 스타일 적용
   - 계열 결합 해제

③ 다음 조건으로 〈_측정값B〉 테이블에 측정값을 추가하고 카드를 구현하시오. (4점)
  ▶ 측정값 이름 : [상관계수]
    – '빠른 측정값' 기능을 활용하여 [고객ID]에 대한 [평균나이]와 [총구매금액] 간의 '상관계수' 계산
    – 활용 필드
      • 〈Customer〉 테이블의 [고객ID] 필드, [평균나이] 측정값
      • 〈_측정값A〉 테이블의 [총구매금액] 측정값
  ▶ 카드 구현
    – 활용 필드 : [상관계수]
    – 서식 : 카드 개체 배경 제거, 시각적 테두리 설정
  ▶ 카드를 '4-③' 위치에 배치

5. 다음 조건으로 '문제3B' 페이지에 카드(신규)를 구현하고, 드릴스루를 적용하시오. (8점)

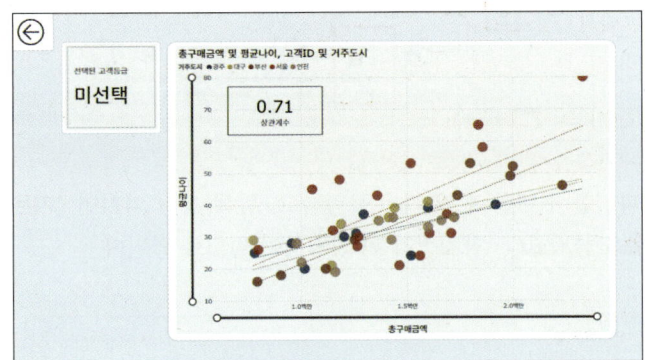

① 다음 조건으로 〈Customer〉 테이블에 측정값을 추가하고 카드(신규)를 구현하시오. (4점)
  ▶ 측정값 이름 : 〈Customer〉 테이블의 [선택된 고객등급] 필드
    – 활용 필드 : 〈Customer〉 테이블의 [고객등급] 필드
    – 선택(필터)된 [고객등급]을 반환
      • 선택된 [고객등급]이 없거나 여러 개(중복)일 경우 "미선택" 텍스트로 반환
    – 사용 함수 : SELECTEDVALUE
  ▶ 카드(신규) 구현
    – 활용 필드 : [선택된 고객등급]
    – 카드(신규)를 '5-①' 위치에 배치
② '문제3B' 페이지를 다음과 같이 드릴스루 페이지로 설정하시오. (4점)
  ▶ 활용 필드 : 〈Customer〉 테이블의 [고객등급] 필드
  ▶ [고객등급] 필드 필터 적용 시 '문제3B' 페이지로 이동하는 드릴스루 기능 설정
  ▶ '뒤로' 이동하는 단추를 '5-②' 위치에 배치, 채우기 스타일 설정

풀이 1 ▸ 작업준비   20점

> 답안 'Part3_모의문제_5회' > '5회_답안.pbix'
> 정답 'Part3_모의문제_5회' > '5회_정답.pbix'
> 데이터 'Part3_모의문제_5회' > '기온데이터.xlsx'

1 다음 지시사항에 따라 '기온데이터'에 대한 데이터 가져오기 및 편집을 수행하시오.

① 다음 데이터 파일을 가져온 후 파워쿼리 편집기를 통해 데이터를 편집하시오.

01 모의문제 **5회_답안.pbix** 파일을 열고 **홈 > Excel 통합 문서** 버튼을 클릭한다.

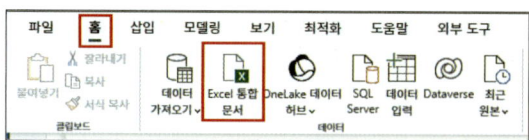

02 **기온데이터.xlsx** 파일을 선택한 후 **열기**를 클릭하고, 탐색 창이 열리면 **〈기온데이터〉 시트**를 체크한 뒤 **데이터 변환**을 클릭한다. 파워쿼리 편집기 창이 별도로 열린다.

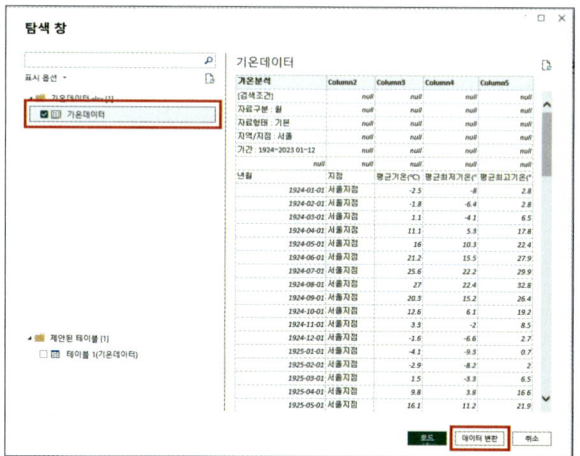

03 좌측 **쿼리**에서 <기온데이터> 테이블을 선택하고, 우측 **쿼리 설정** 창 > **적용된 단계** 중에서 **변경된 유형** 좌측 ☒ 표시를 클릭하여 작업을 **취소**한다. 이어서 **승격된 헤더** 단계도 **취소**한다.

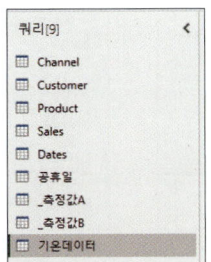 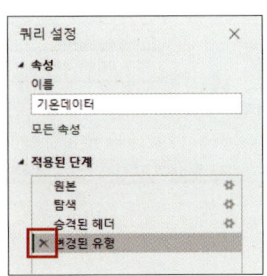

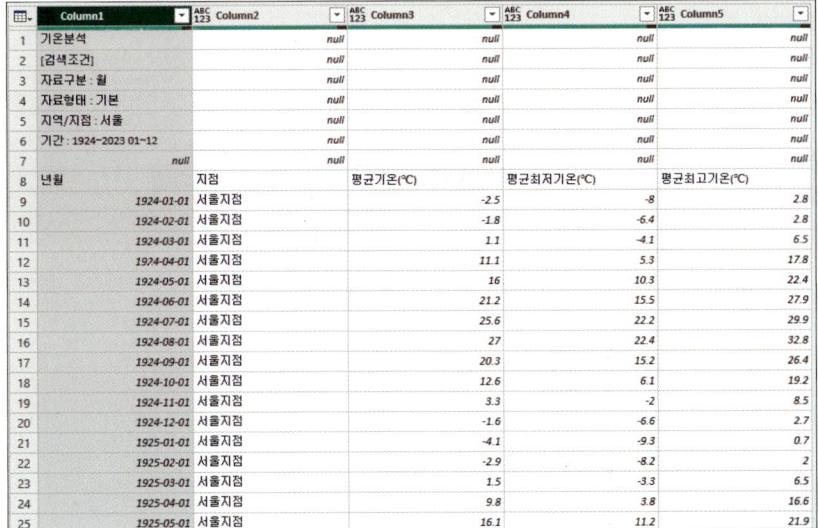

04 상단 메뉴의 **홈** > **행 제거** > **상위 행 제거** 버튼을 클릭하고 **7**을 입력한 뒤 **확인**을 누른다.

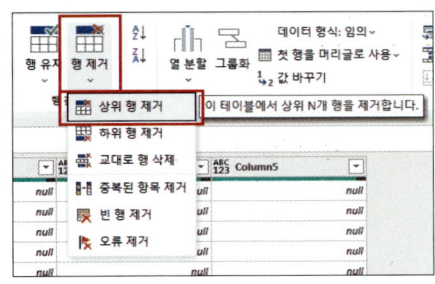 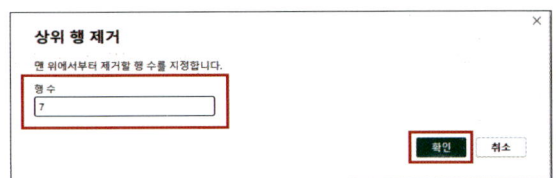

05 이제 상단 메뉴의 **홈 > 첫 행을 머리글로 사용** 버튼을 클릭한다. 우측 **적용된 단계**에서 **승격된 헤더**와 **변경된 유형** 단계가 추가된 것을 확인한다.

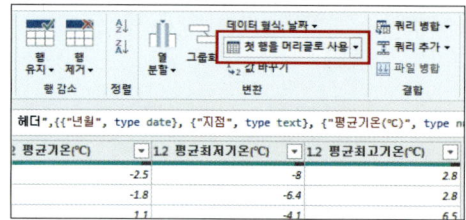 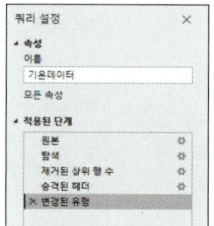

② 파워쿼리 편집기를 통해 다음 조건으로 〈기온데이터〉 테이블의 데이터를 필터링하시오.

01 [년월] 열의 **필터**를 클릭한 뒤 **날짜 필터 > 사용자 지정 필터**를 클릭한다.

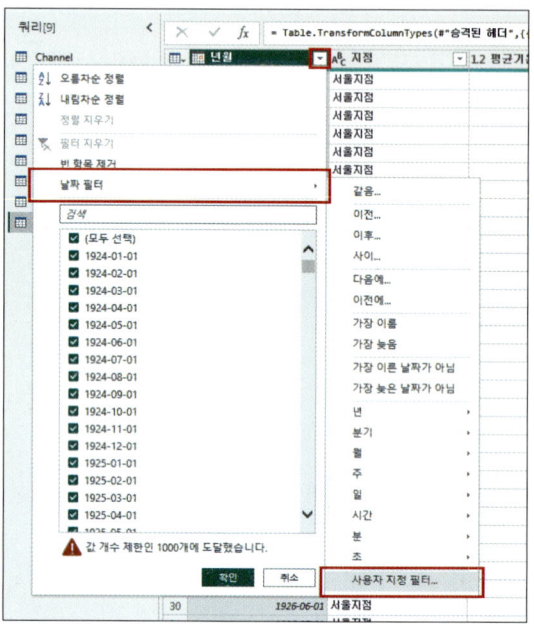

02 행 필터 대화창에 다음과 같이 **이전 또는 같음 1949-12-31, 또는, 이후 또는 같음 1954-01-01**을 구현하고 **확인** 버튼을 누른다.

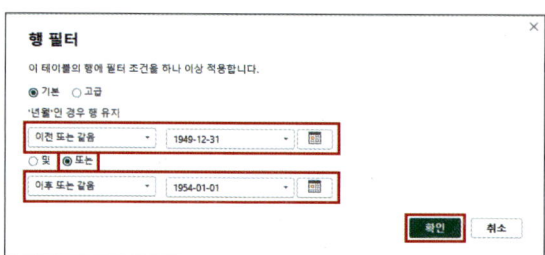

③ 파워쿼리 편집기 및 파워BI 데스크톱을 통해 다음 조건으로 데이터를 전처리하시오.

01 [지점] 필드 선택 후 상단 메뉴의 **변환** > **추출** > **처음 문자**를 클릭하고 대화창에 **2**를 입력한 뒤 **확인**을 누른다.

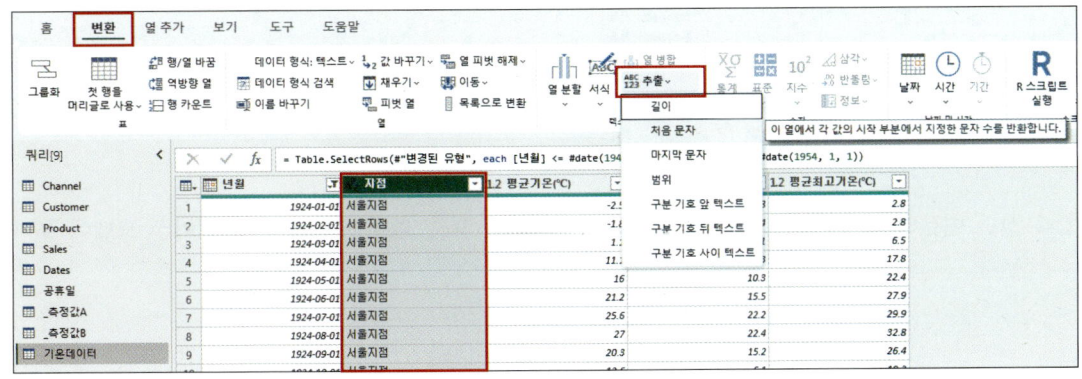

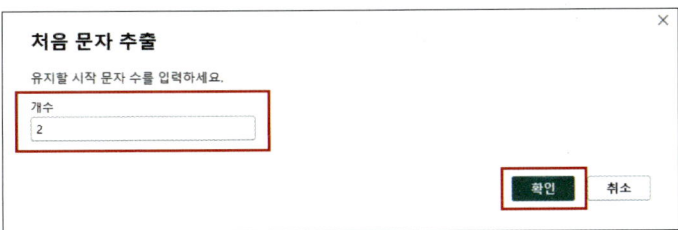

02 이제 Ctrl 또는 Shift 버튼을 활용하여 [년월], [지점], [평균기온(℃)] 필드를 순서대로 **선택**하고 마우스 우클릭하여 **다른 열 제거**를 누른다.

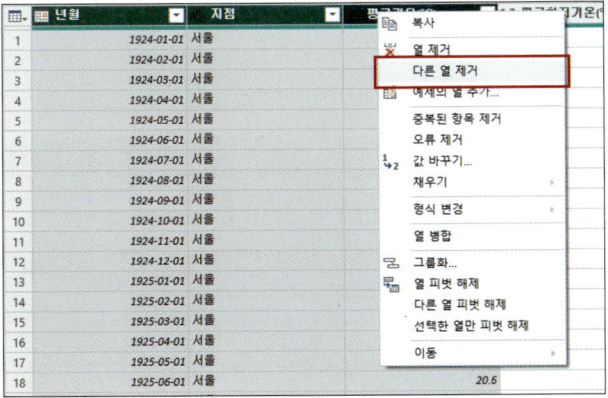

03 끝으로 [**평균기온(℃)**] 필드의 머리글 영역을 **더블클릭**하여 **평균기온**으로 변경한다.

년월	지점	평균기온
1924-01-01	서울	-2.5
1924-02-01	서울	-1.8
1924-03-01	서울	1.1
1924-04-01	서울	11.1
1924-05-01	서울	16
1924-06-01	서울	21.2
1924-07-01	서울	25.6
1924-08-01	서울	27
1924-09-01	서울	20.3
1924-10-01	서울	12.6
1924-11-01	서울	3.3

04 상단 메뉴의 **홈 > 닫기 및 적용**을 눌러서 〈기온데이터〉 테이블을 로딩한다. 기존 모델에 추가된다.

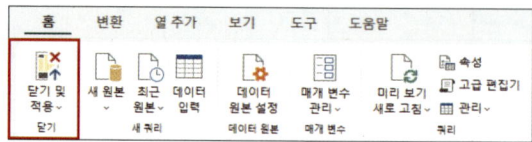

2 다음 지시사항에 따라 모델링을 수행하시오.

① 다음 조건으로 수식을 작성하여 새 날짜 테이블을 추가하시오.

01 좌측 탭에서 **테이블 보기**로 이동하여 상단 메뉴의 **테이블 도구 > 새 테이블** 버튼을 클릭한다.

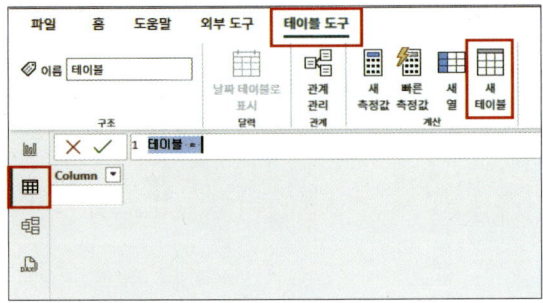

02 수식 창에 다음과 같이 식을 작성하고 Enter를 누른다.

> 날짜T = ADDCOLUMNS(CALENDAR(MIN('기온데이터'[년월]), MAX('기온데이터'[년월])),"Year",YEAR([Date]),"Month", MONTH([Date]),"MonthName",FORMAT([Date],"mmm"))

Tip

수식 설명
- CALENDAR 함수는 주어진 시작 날짜와 종료 날짜 사이의 모든 날짜를 포함하는 날짜 테이블을 생성한다. 여기서는 '기온데이터'[년월] 필드의 최소값과 최대값을 사용해 전체 기간에 대한 날짜 테이블을 생성한다.
- ADDCOLUMNS 함수는 기존 테이블에 새로운 열을 추가하는 역할을 한다. 여기서는 앞에서 CALENDAR 함수가 만든 테이블에 [Year], [Month], [MonthName] 열을 추가하여, 각 날짜에 해당하는 연도와 월 정보를 포함한 테이블을 생성하며, [Year], [Month] 열에 들어가는 값은 YEAR 함수와 MONTH 함수에 의해 추출된다.
- [MonthName] 열은 월 이름을 축약형(예 Jan, Feb)으로 반환하기 위해 FORMAT 함수가 사용되었는데, 참고로 "mm" 형식은 '01', '02'와 같은 형식으로, "mmmm"은 "January", "February"와 같이 월 이름 전체를 반환한다. 추가로 'y'는 연도를, 'q'는 분기를 의미하며, 아래와 같은 방식으로 문자를 덧붙일 수도 있다.

> = FORMAT([Date],"q분기")

② 다음과 같이 〈날짜T〉 테이블과 〈기온데이터〉 테이블 간의 관계를 설정하시오.

01 좌측 탭 중에서 **모델 보기**로 이동한다.

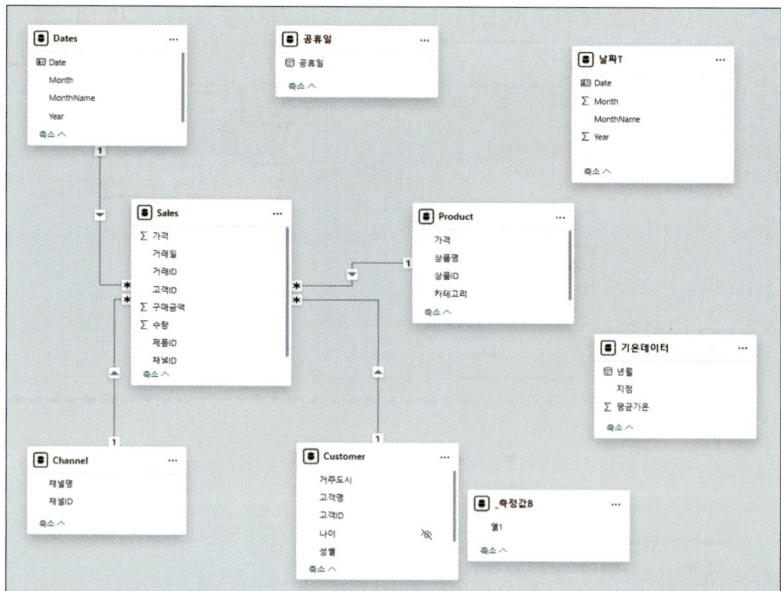

02 〈기온데이터〉 테이블의 **[년월] 필드**를 〈날짜T〉 테이블의 **[Date] 필드**로 끌어다 포갠 뒤 놓아준다 (드래그 앤 드롭).

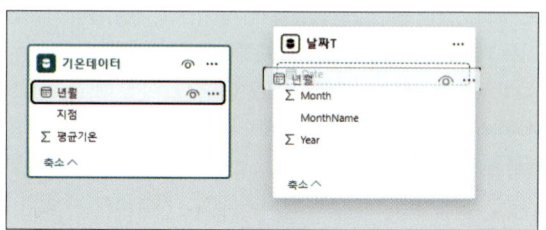

03 **새 관계** 창이 뜨면 먼저 **테이블에서** 부분에 〈기온데이터〉 테이블의 **[년월] 필드**가, **테이블로** 부분에 〈날짜T〉 테이블의 **[Date] 필드**가 선택된 것을 확인한다. 혹시 드래그 앤 드롭 과정에서의 실수로 다른 필드가 선택되었다면 해당 필드로 변경해준다. 이어서 하단의 **카디널리티(Cardinality)**를 **일대일**에서 **다대일**로 변경하고, **교차 필터 방향**도 **모두**에서 **Single**로 변경한 뒤 **저장**을 눌러주면 된다.

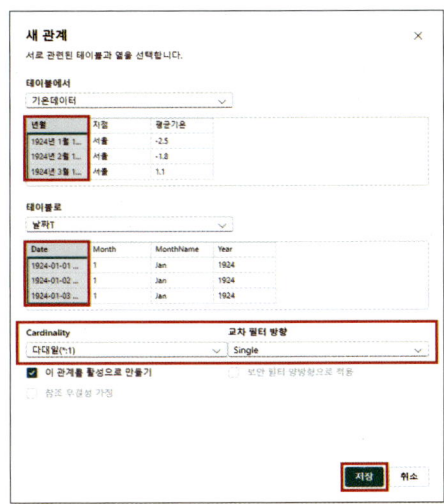

04 다음과 같은 관계가 설정된다.

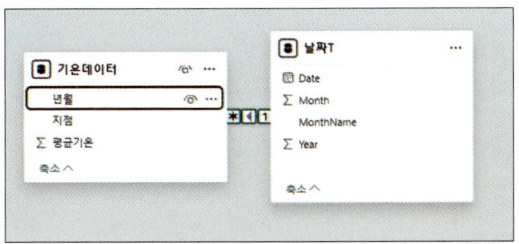

> **Tip** ✅
>
> • 카디널리티(Cardinality) : 테이블 간의 관계 유형을 의미하며, 일대다(1:*), 다대일(*:1), 다대다(*:*), 일대일(1:1)과 같은 다양한 종류가 있다.
> • 교차 필터 방향(Cross Filter Direction) : 테이블 간의 관계에서 데이터 필터링이 적용되는 방향을 의미한다. Single(단일) 방향 필터링은 한 방향으로만 데이터가 필터링되며, 일반적으로 '일' 테이블에서 '다' 테이블로 필터가 적용된다.
> • 02에서 필드를 드래그하는 방향은 '교차 필터 방향'에 영향을 미치지 않는다.

③ 다음 조건에 따라 〈날짜〉 테이블을 설정하시오.

01 **테이블 보기** 탭을 누른 뒤 **〈날짜T〉 테이블**을 선택한다.

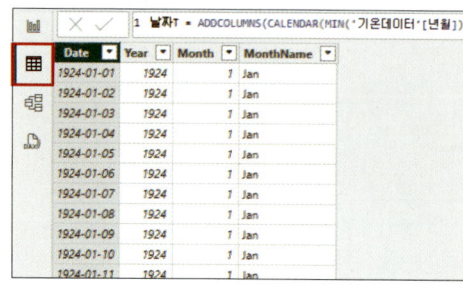 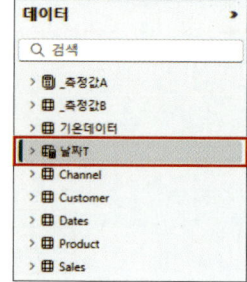

02 상단 메뉴의 **테이블 도구 > 날짜 테이블로 표시**를 클릭한다.

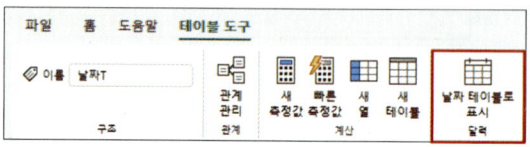

03 대화창이 뜨면 **날짜 테이블로 표시**를 설정하고 **날짜 열 선택**에서 **[Date] 필드**를 선택한 후 **저장**을 클릭한다.

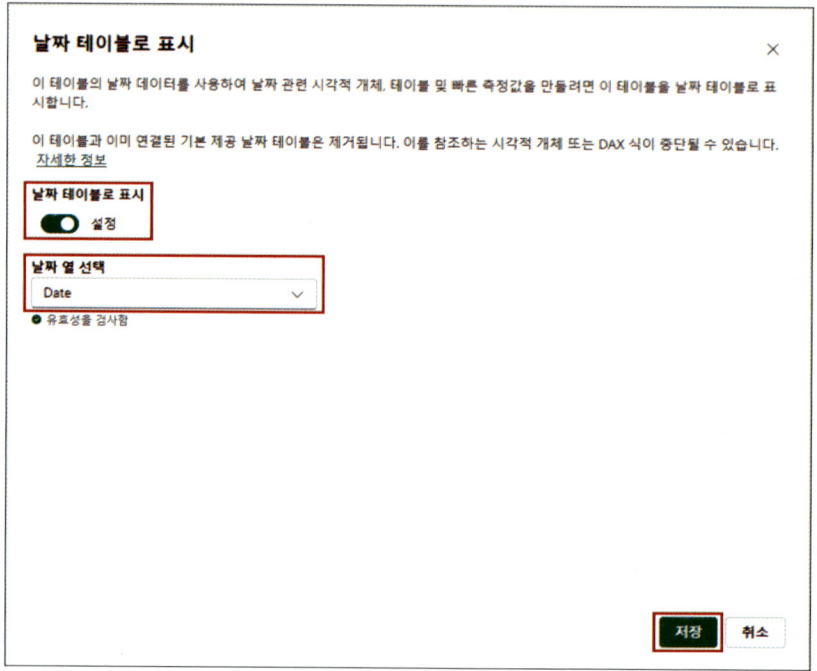

> **Tip**
>
> '날짜 테이블로 표시' 설정은 Power BI에서 특정 테이블을 날짜의 기준이 되는 테이블로 명시하기 위해 사용한다. 날짜 테이블 설정 시의 이점은 다음과 같다.
> - 시간 인텔리전스 함수(예 TOTALYTD, SAMEPERIODLASTYEAR 등)를 사용할 때 정확하게 작동할 수 있도록 돕는다.
> - 자동 날짜 계층 구조 방지는 Power BI는 날짜 테이블을 명시하지 않으면 자동으로 날짜 계층 구조를 만들어 불필요한 복잡함을 유발할 수 있다. 날짜 테이블을 설정하면 이러한 자동 생성 대신 사용자가 정의한 날짜 테이블을 사용하면 된다.
> - 날짜 테이블이 설정되면 기준이 되는 [Date] 필드 옆에 🗓 아이콘이 생성된다.

04 이어서 〈날짜T〉 테이블의 **[MonthName] 필드**를 선택하고 상단 메뉴의 **열 도구 > 열 기준 정렬** 버튼을 누른다. 정렬의 기준을 변경하기 위해 현재 선택된 MonthName 대신 **Month**를 선택한다.

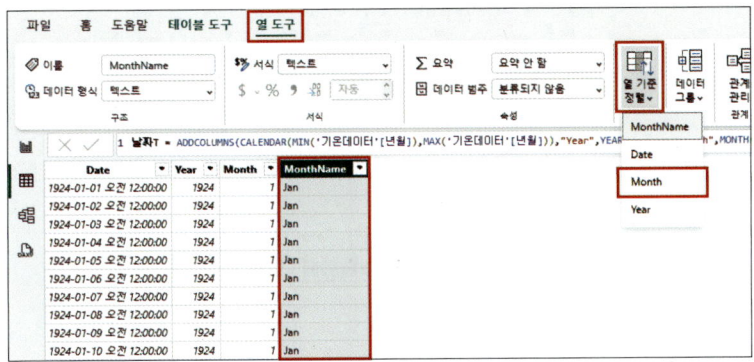

05 끝으로 〈날짜T〉 테이블의 **[Month] 필드**를 선택하고 상단 메뉴의 **요약 > 요약 안 함**을 설정한다. **[Year] 필드**에 대해서도 동일하게 상단 메뉴의 **요약 > 요약 안 함**을 설정한다.

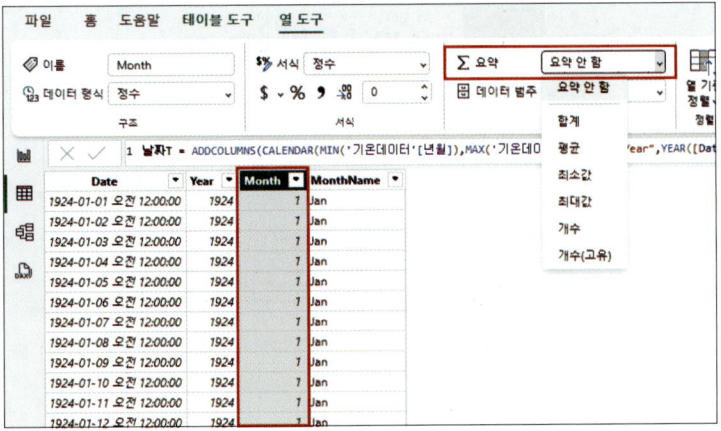

| 풀이 2 | 단순요소 구현 | 30점 |

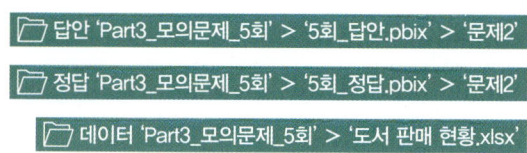

1 '문제2', '문제3', '문제3B' 보고서의 전체 서식을 아래 지시사항에 따라 설정하시오.

① 보고서 전체의 테마를 변경하시오.

01 보고서 보기 탭으로 이동한 후 상단 메뉴의 **보기** > **테마**의 **우측 화살표**를 누르고 **프런티어** 테마를 선택한다.

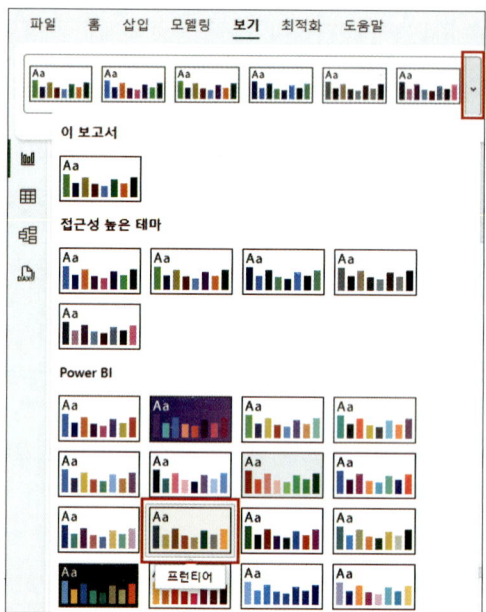

02 다시 테마를 펼친 뒤 하단의 **현재 테마 사용자 지정** 버튼을 누른다.

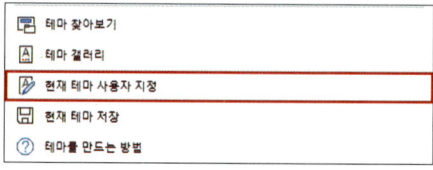

03 **테마 사용자 지정** 창이 열리면 **텍스트** > **제목** > **글꼴 크기**를 13으로 변경하고 **카드 및 KPI**로 이동하여 **글꼴 크기**를 30으로 조정한 뒤 **적용** 버튼을 누른다.

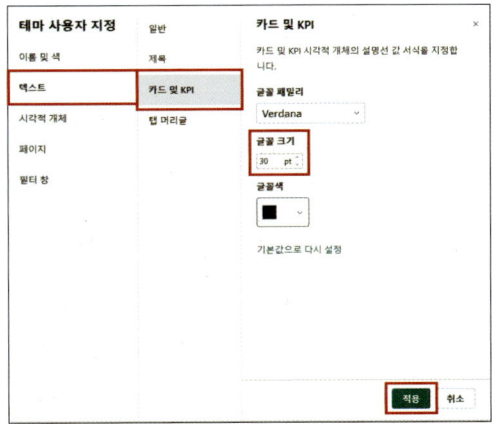

② 텍스트 상자를 사용하여 보고서 제목을 작성하시오.

01 상단 메뉴의 **홈**(또는 **삽입**) > **텍스트 상자**를 클릭하여 페이지에 삽입한다.

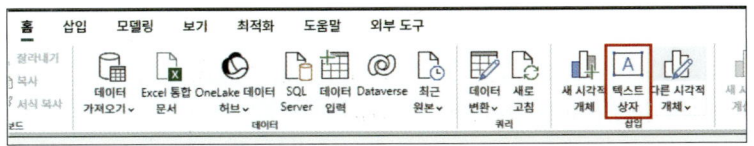

02 텍스트 상자 안에 **도서판매 분석보고서**를 입력하고 **글꼴**은 Verdana, **크기 28**, **굵게**, **가로 맞춤**은 **가운데**로 설정하고 1-②의 위치에 배치한다.

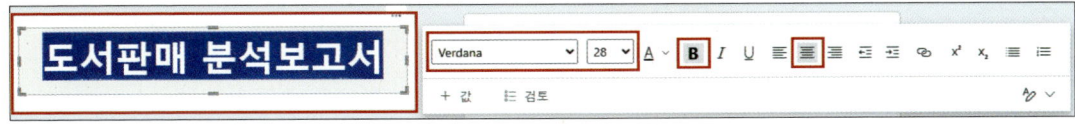

2 다음 지시사항에 따라 슬라이서와 카드(신규)를 구현하시오.

① 연도 조건을 설정하는 슬라이서를 구현하시오.

01 페이지에 **슬라이서**를 삽입한 뒤 〈Dates〉 테이블의 **[Year] 필드**를 추가한다.

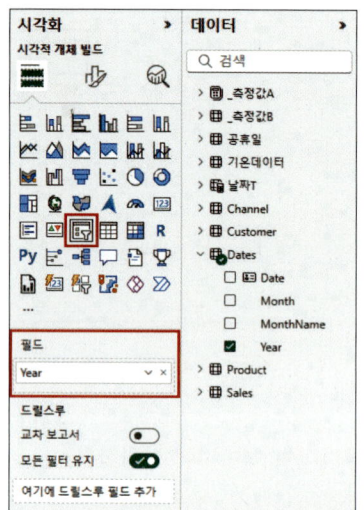

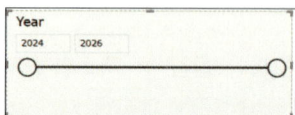

02 **시각적 개체 서식 지정 > 시각적 개체 > 슬라이서 설정 > 옵션**에서 **스타일**을 **세로 목록**으로 선택하고 **선택**에서는 **단일 선택**을 **활성화**한 뒤, 2026을 선택하여 2-①의 위치에 배치한다.

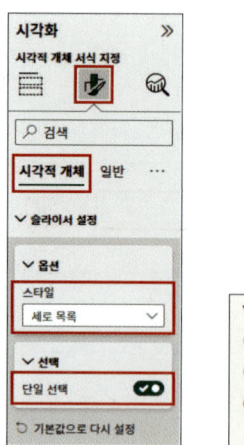

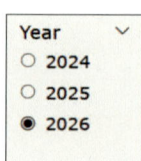

각 개체의 시각화 작업이 모두 마무리되면 다음 작업에 영향을 주지 않도록 항상 보고서의 빈 곳을 클릭하여 개체를 선택하지 않은 상태로 작업을 이어서 진행한다.

② 총구매금액의 현황을 나타내는 카드(신규)를 구현하시오.

01 페이지에 **카드(신규)**를 삽입하고 〈_측정값A〉 테이블의 **[총구매금액] 측정값**을 추가하여 2-②의 위치에 배치한다.

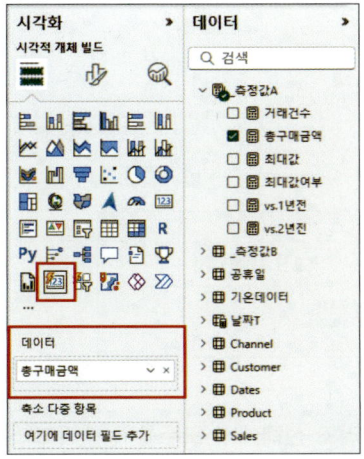

02 **시각적 개체 서식 지정 > 시각적 개체 > 설명 값 > 설정 적용 대상**에서 **총구매금액** 계열을 먼저 선택하고, **글꼴 크기를 25, 가로 맞춤을 가운데, 값 소수 자릿수**를 1로 설정한다.

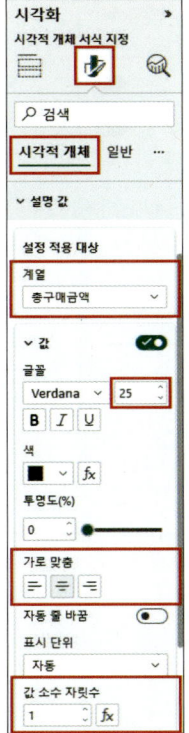
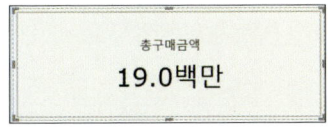

03 참조 레이블로 이동하여 **레이블 추가**에 〈_측정값A〉 테이블의 [vs.1년전], [vs.2년전] 측정값을 차례로 추가한다.

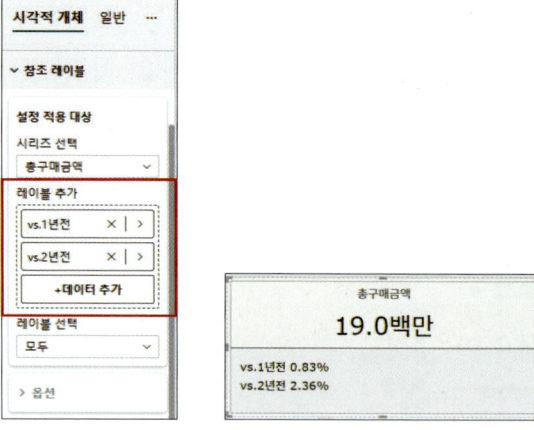

04 다음으로 **참조 레이블 > 설정 적용 대상 > 시리즈 선택**에서 **모두**를 선택하고 하단 **옵션 > 위치**에서 **콜아웃 오른쪽**을 선택한다. 이어서 하단 **레이아웃**에서 **세로 맞춤**을 **중간**으로 설정한다.

05 다시 **참조 레이블 > 설정 적용 대상**에서 **시리즈 선택**을 **총구매금액**으로 선택하고 하단 **레이블 선택**에서 **vs.1년전**을 먼저 선택한다. **값 > 표시 단위**를 **사용자 지정**으로 선택한 뒤 **형식 코드**란에 문제에서 제시하는 **형식 코드(+0.0%;-0.0%;0%)**를 그대로 입력한다. 이어서 이번에는 **설정 적용 대상 > 레이블 선택**에서 **vs.2년전**으로 변경하여 vs.1년전과 동일하게 적용한다.

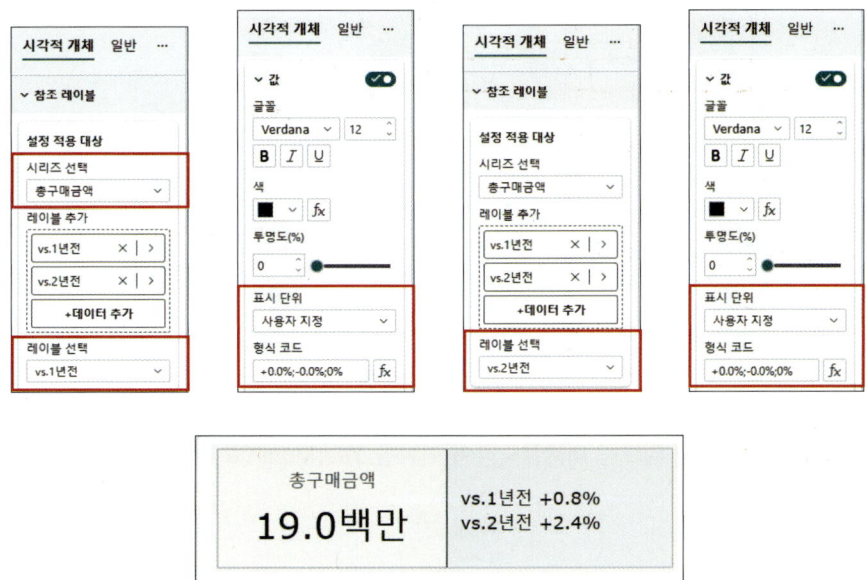

③ 다음 지시사항에 따라 꺾은선형 및 묶은 세로 막대형 차트를 구현하시오.

① 〈Dates〉 테이블의 [Year]와 [MonthName] 필드로 '계층 구조 만들기'를 구현하시오.

01 우측에서 〈Dates〉 테이블의 **[Year] 필드**를 선택한 후 **마우스 우클릭 > 계층 구조 만들기**를 클릭한다. [Year] 필드가 들어있는 계층 구조가 만들어진 것을 확인할 수 있다.

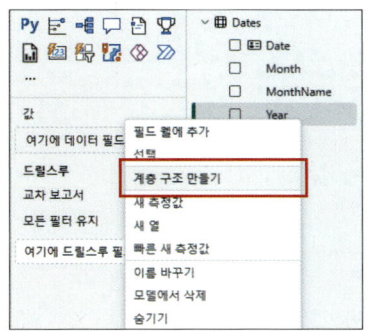 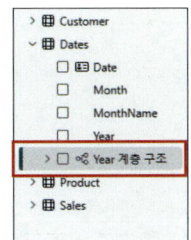

02 이제 [MonthName] 필드를 선택하고 다시 **마우스 우클릭**하여 **계층 구조에 추가 > Year 계층 구조**를 클릭하면 [Year] > [MonthName] 순서로 계층 구조가 만들어진다.

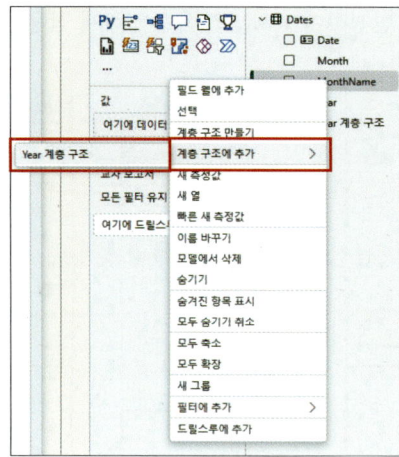
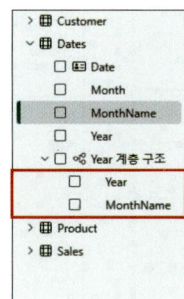

03 끝으로 [Year 계층 구조] 필드를 **더블클릭**하여 이름을 YearMonth로 변경한다.

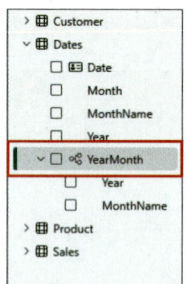

② 연월별 총구매금액 및 거래건수를 나타내는 꺾은선형 및 묶은 세로 막대형 차트를 구현하시오.

01 페이지에 **꺾은선형 및 묶은 세로 막대형 차트**를 삽입하고, **X축**에 〈Dates〉 테이블의 **[YearMonth] 필드**를, **열 y축**에 〈_측정값A〉 테이블의 **[총구매금액] 측정값**을, **선 y축**에 〈_측정값A〉 테이블의 **[거래건수] 측정값**을 추가한다. 3-②의 위치에 배치한다.

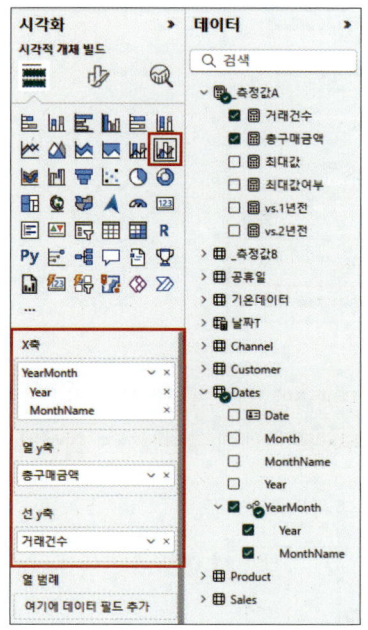
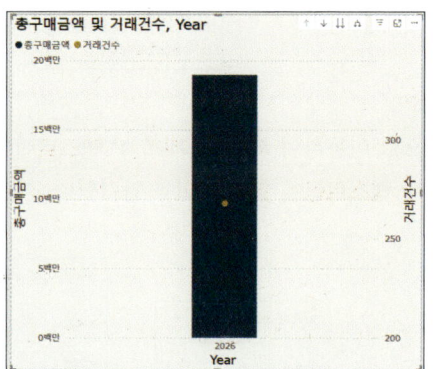

02 개체 우측 상단에서 **계층 구조에서 한 수준 아래로 모두 확장**(⬇)을 눌러서 연도와 월이름이 표시되도록 한다.

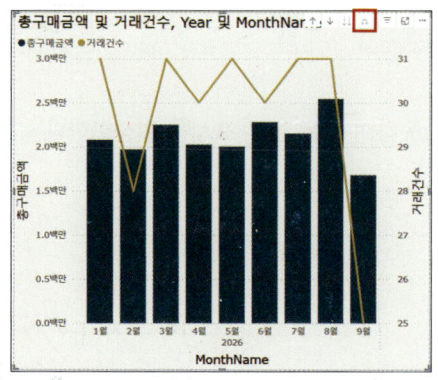

③ 다음과 같이 꺾은선형 및 묶은 세로 막대형 차트의 각 요소에 대한 서식을 지정하시오.

01 **시각적 개체 서식 지정** > **시각적 개체** > **X축** > **제목**을 **비활성화**하고 **Y축**도 동일하게 적용한다.

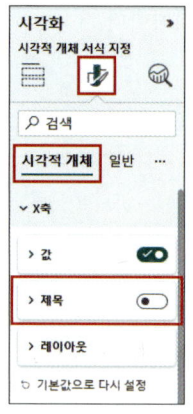 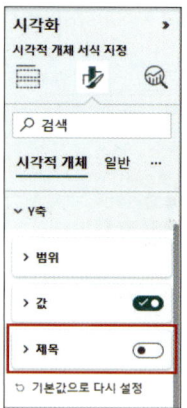

02 **일반** 탭으로 이동하여 **제목** > **제목** > **텍스트**란에 **총구매금액 및 거래건수**를 입력하고 **부제목**을 **활성화**한 뒤 **텍스트**란에 **월별 추이**를 입력한다. 이어서 **부제목** 아래에 **구분선**까지 **활성화**해준다.

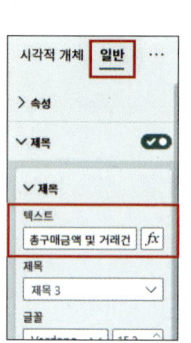 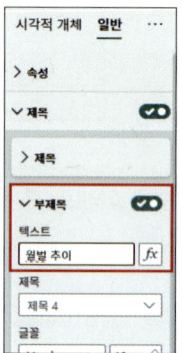 

03 **시각적 개체** > **표식**으로 이동하여 **모든 범주 표시**를 **활성화**한다.

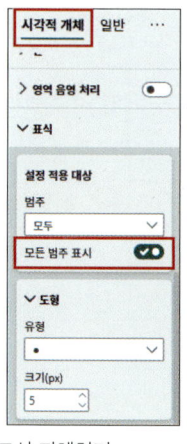 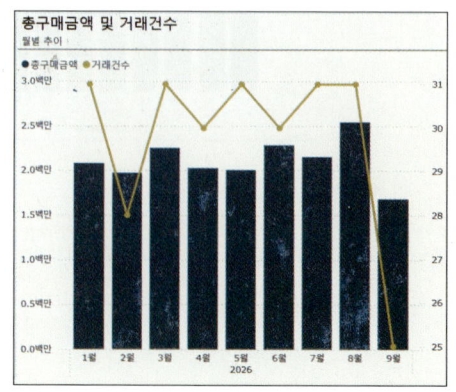

④ 다음과 같이 막대(열) 요소에 조건부 서식을 적용하시오.

01 **시각적 개체** > **열** > **색**에서 **조건부 서식**(*fx*)을 클릭한다.

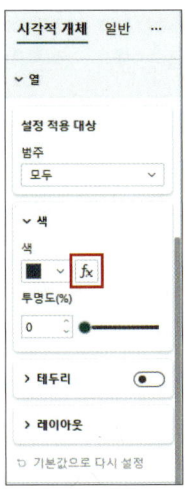

02 **서식 스타일**은 **규칙**, **어떤 필드를 기반으로 해야 하나요?**에는 〈_측정값A〉 테이블의 **최대값여부**를 선택하고 규칙 부분에 아래 그림과 같이 필드 값이 숫자 1에 해당하는 막대(열)에 **테마 색 4**를 적용한 뒤 **확인**을 누른다.

 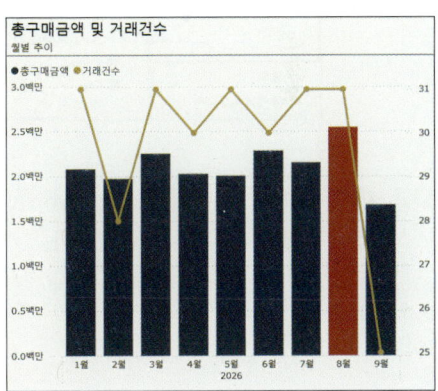

4 다음 지시사항에 따라 꺾은선형 차트를 구현하시오.

① 〈Customer〉 테이블의 [거주도시]별로 월에 따른 총구매금액을 나타내는 꺾은선형 차트를 구현하시오.

01 페이지에 **꺾은선형 차트**를 삽입하고 **X축**에는 〈Dates〉 테이블의 [MonthName] 필드를, **Y축**에는 〈_측정값A〉 테이블의 [총구매금액] 측정값을, **축소 다중 항목**에는 〈Customer〉 테이블의 [거주도시] 필드를 추가한다. 4-①의 위치에 미리 배치한다.

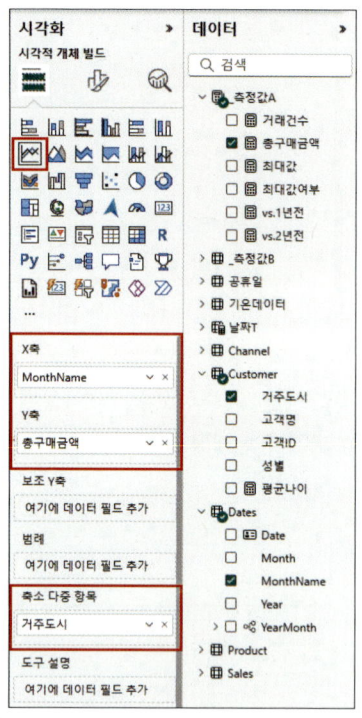
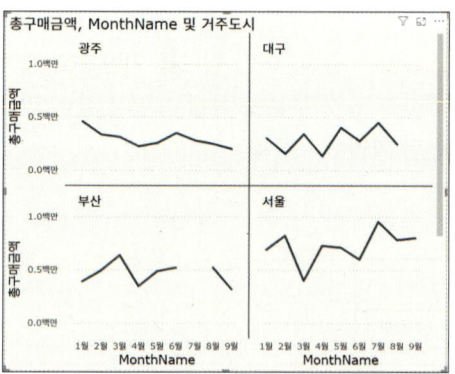

02 개체 우측 상단 **추가 옵션**(⋯)을 클릭하고 **축소 다중 항목 정렬**에서 **총구매금액**을 선택한다. **내림차순 정렬** 설정 여부도 확인한다.

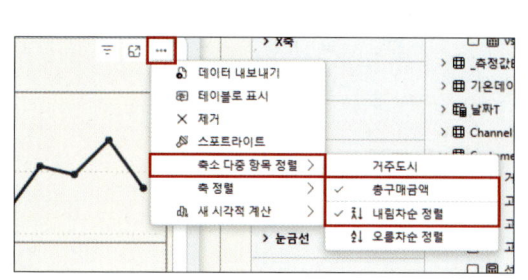
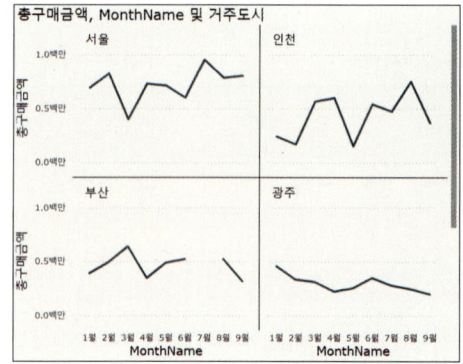

② 다음과 같이 꺾은선형 차트의 각 요소에 대한 서식을 지정하시오.

01 **시각적 개체 서식 지정** > **일반** > **제목** > **제목** > **텍스트**란에 **거주도시별 구매금액**을 입력한다.

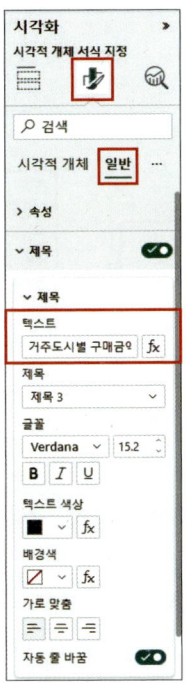

02 **시각적 개체** > **X축**에서는 **제목**을 **비활성화**하고, **Y축**에서는 **범위** > **공유 y축**은 **비활성화**, **크기 조정**은 **활성화**한다. **Y축**의 **제목**도 **비활성화**한다.

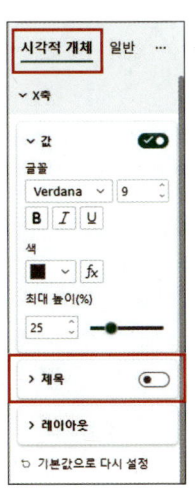 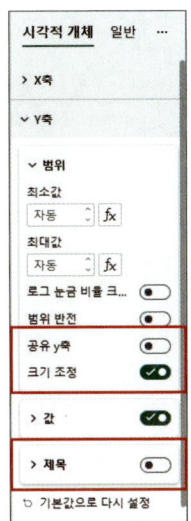

03 **축소 다중 항목 > 레이아웃**에서 **행**은 3, **열**은 2, **모든 안쪽 여백**은 8로 설정한다. 이어서 **테두리 > 눈금선**을 **모두**로 선택하고 **색**은 **흰색, 50% 더 어둡게**로 설정한다.

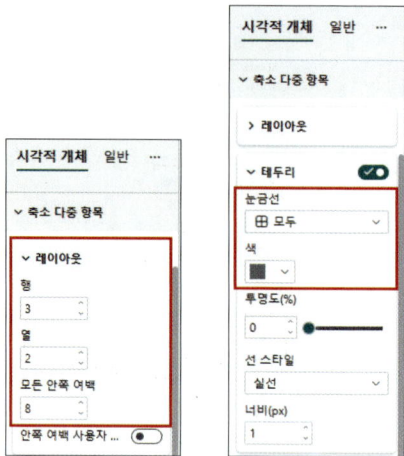

04 **표식**에서 **모든 범주 표시**까지 **활성화**하면 아래와 같이 완성된다.

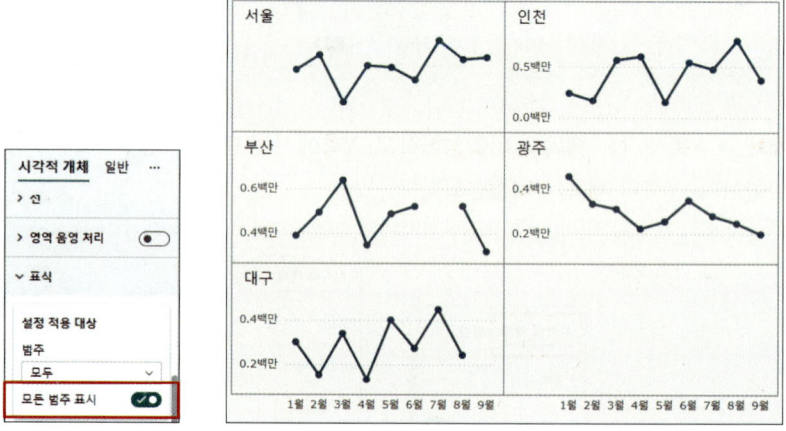

05 작업한 보고서가 문제2의 시각화 완성화면(546p)과 일치하는지 확인한 후 해당 페이지의 작업을 마무리한다.

> 풀이 3 복합요소 구현 50점

> 답안 'Part3_모의문제_5회' > '5회_답안.pbix' > '문제3'
> 정답 'Part3_모의문제_5회' > '5회_정답.pbix' > '문제3'
> 데이터 'Part3_모의문제_5회' > '도서 판매 현황.xlsx'

1 다음 지시사항에 따라 슬라이서 및 꺾은선형 차트를 구현하시오.

① 다음과 같이 슬라이서를 구현하시오.

01 문제3 페이지로 이동한 후 페이지에 **슬라이서**를 삽입하고 〈Dates〉 테이블의 **[Date] 필드**를 추가한다. 1-①의 위치에 배치한다.

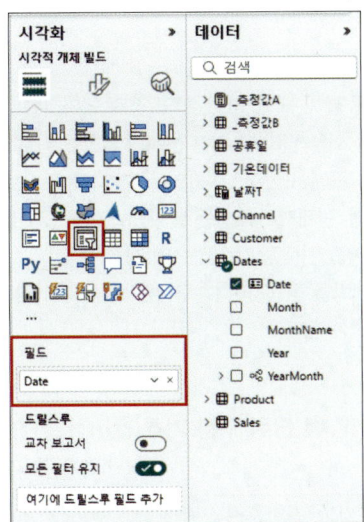

02 **시각적 개체 서식 지정 > 시각적 개체 > 슬라이서 머리글**을 **비활성화**하고 **일반** 탭으로 이동하여 **제목 > 제목**을 **활성화**한 뒤 **텍스트**에 **날짜**를 입력한다. 이어서 **속성 > 고급 옵션**에서 **반응형**을 **비활성화**한다.

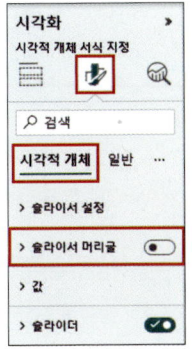
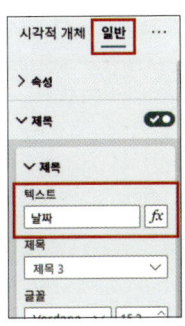
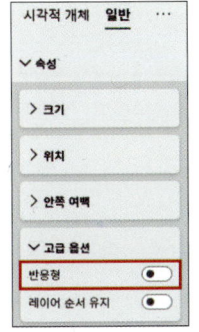

각 개체의 시각화 작업이 모두 마무리되면 다음 작업에 영향을 주지 않도록 항상 보고서의 빈 곳을 클릭하여 개체를 선택하지 않은 상태로 작업을 이어서 진행한다.

② 다음 조건으로 〈_측정값B〉 테이블에 측정값을 추가하시오.

01 우측 **데이터** 창에서 〈**_측정값B**〉 **테이블**을 선택한 후 **마우스 우클릭 > 새 측정값**을 클릭한다.

02 수식 창에 다음과 같이 식을 작성하고 Enter를 누른다.

> 누적구매액 = CALCULATE([총구매금액], FILTER(ALLSELECTED(Dates), [Date] <= MAX(Dates[Date])))

수식 설명
- ALLSELECTED 함수는 현재 컨텍스트에서 필터가 적용된 날짜 테이블(Dates)의 전체 데이터를 반환한다. 여기서는 ALL이 아닌 ALLSELECTED가 사용되어 슬라이서(또는 외부 필터)상 기간 선택의 영향을 받도록 만든다.
- FILTER 함수는 ALLSELECTED(Dates)로 반환된 날짜 테이블에서 현재 날짜([Date])가 MAX(Dates[Date])보다 작거나 같은 행을 필터링한다. 이를 통해 누적합계를 계산할 때, 현재까지의 모든 날짜를 포함하도록 필터링한다.
- MAX 함수는 FILTER 함수 내에서 선택 기간의 마지막 날짜를 기준점으로 잡는 역할을 한다.
- CALCULATE 함수는 FILTER 함수에 의해 주어진 필터 맥락을 적용하여 [총구매금액]을 다시 계산한다. 여기서는 누적 필터링된 날짜 범위를 사용하여 누적구매액을 계산하게 된다.

03 상단 메뉴의 **측정 도구 > 서식**을 **정수**로 선택하고 **천 단위 구분 기호**(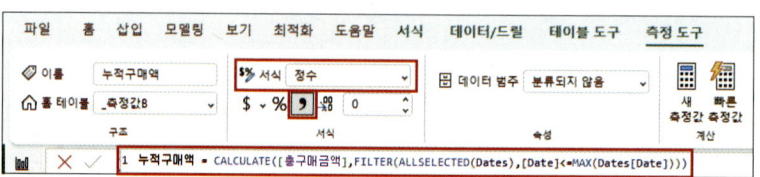)를 클릭한다.

③ 다음 조건으로 꺾은선형 차트를 구현하시오.

01 페이지에 **꺾은선형 차트**를 추가하고 **X축**에는 〈Dates〉 테이블의 **[Date] 필드**, **Y축**에는 〈_측정값 B〉 테이블의 **[누적구매액] 측정값**을, **범례**에는 〈Product〉 테이블의 **[카테고리] 필드**를 추가한다. 1-③의 위치에 미리 배치한다.

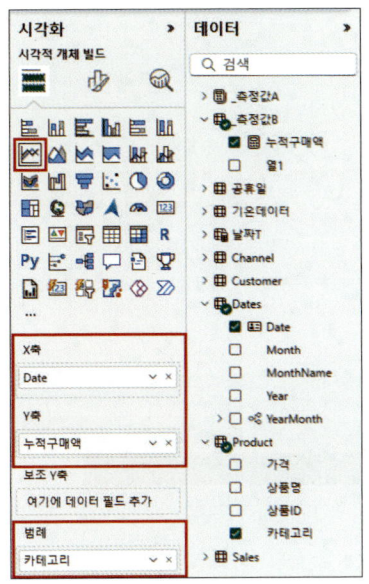
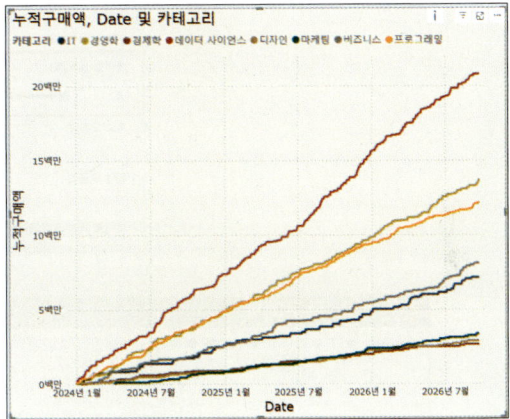

02 **시각적 개체 서식 지정 > 일반 > 제목 > 제목 > 텍스트**란에 **기간별 누적구매액**을 입력하고 **텍스트 색상**은 **흰색**, **배경색**은 **테마 색 3**을 선택한다.

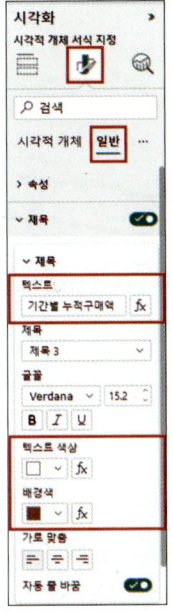

03 **시각적 개체** 탭으로 이동하여 **데이터 레이블**을 **활성화**한 뒤, **옵션 > 레이블 밀도(%)**를 **0**으로 조정한다.

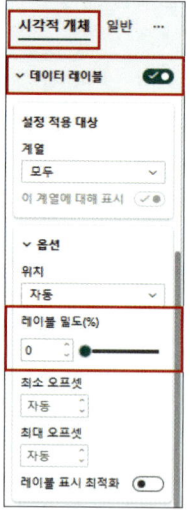

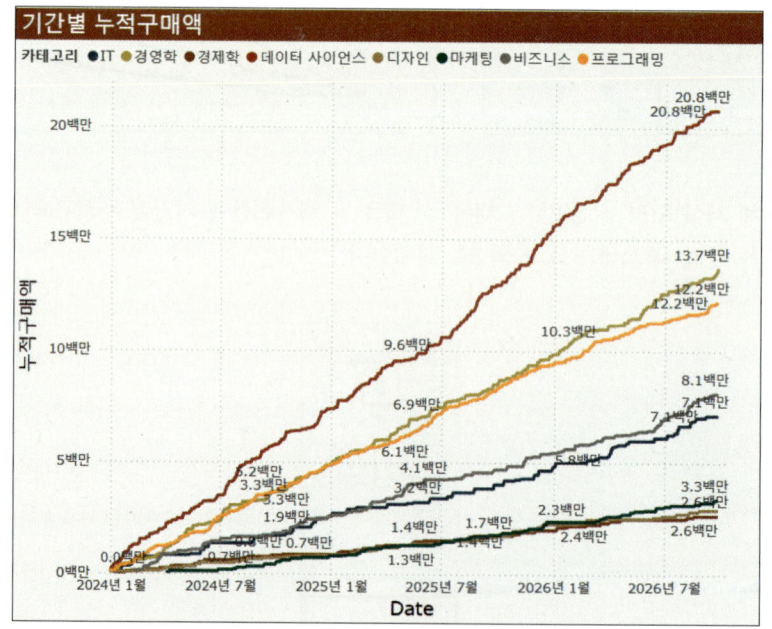

2 다음 지시사항에 따라 도넛 차트를 구현하시오.

① 다음과 같이 〈_측정값B〉 테이블에 측정값을 추가하시오.

01 우측 **데이터** 창에서 **〈_측정값B〉 테이블**을 선택한 후 **마우스 우클릭 > 새 측정값**을 클릭한다.

02 수식 창에 다음과 같이 식을 작성하고 Enter를 누른다.

> 구매수량 = SUM('Sales'[수량])

03 상단 메뉴의 **측정 도구 > 서식**을 **정수**로 설정하고 **천 단위 구분 기호()**를 클릭한다.

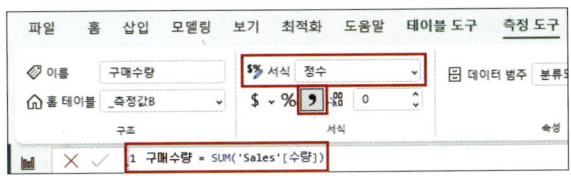

② 다음과 같이 〈Customer〉 테이블에 열을 추가하시오.

01 우측 **데이터** 창에서 **〈Customer〉 테이블**을 선택한다.

02 상단 메뉴의 **테이블 도구 > 새 열** 버튼을 클릭하고 다음 수식을 입력한 뒤 Enter를 누른다.

> 고객등급 = SWITCH(TRUE(), [구매수량] >= 60, "우수", "일반")

Tip

수식 설명
- SWITCH 함수는 IF 함수와 유사하게 여러 조건을 평가해서 일치하는 조건에 따라 지정된 결과를 반환하는 함수인데, 여기서는 TRUE() 함수와 조합하여 각 조건이 참인지 순서대로 평가한다.
- IF 함수는 조건이 많아지면 코드가 복잡해질 수 있는 반면, SWITCH 함수는 여러 조건을 간결하게 처리할 수 있어 조건을 많을 때 더 가독성이 좋고 효율적이다.
- 여기서는 [구매수량]이 '60' 이상이면 True로 판단되어 "우수"라는 텍스트를 반환하며 그 외 경우는 "일반"이 된다.

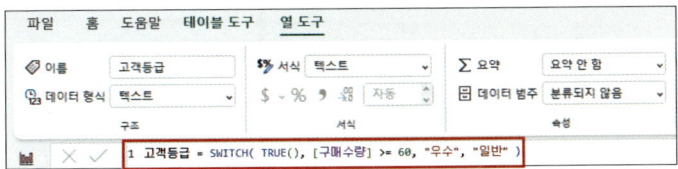

③ 다음 조건으로 도넛 차트를 구현하시오.

01 페이지에 **도넛 차트**를 삽입하고 **범례**에는 〈Customer〉 테이블의 **[고객등급] 열**을, **값**에는 〈_측정값A〉 테이블의 **[총구매금액] 측정값**을 추가하고 2-③의 위치에 미리 배치한다.

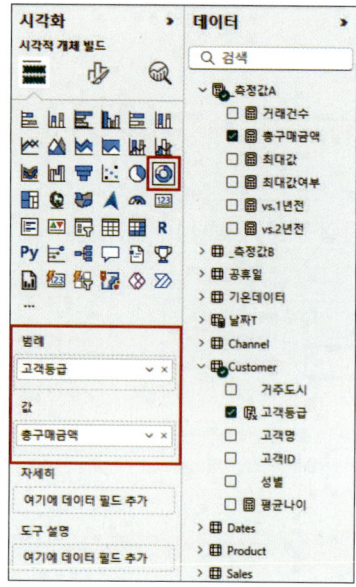
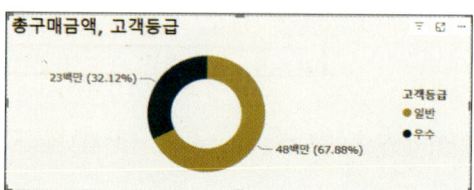

02 시각적 개체 서식 지정 > 일반 > 제목 > 제목 > 텍스트란에 **고객등급별 구매금액**을 입력하고 **텍스트 색상**은 흰색, **배경색**은 테마 색 3으로 변경한다.

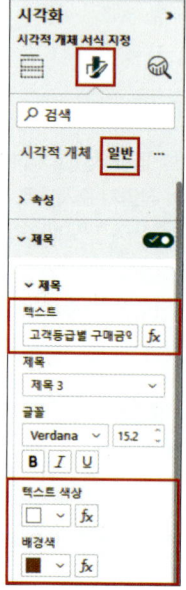

03 **시각적 개체** 탭으로 이동하여 **세부 정보 레이블 > 옵션 > 위치**는 **안쪽**을 선택하고, **레이블 내용**은 **총 퍼센트**로 설정한다. 하단에 **값**에서는 **소수 자릿수 비율**에 **0**을 입력한다.

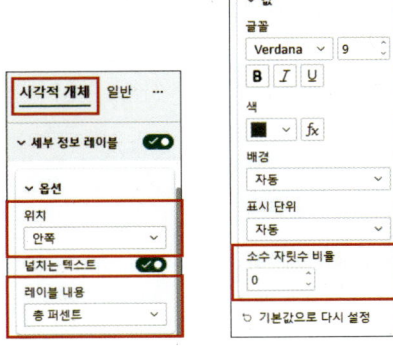
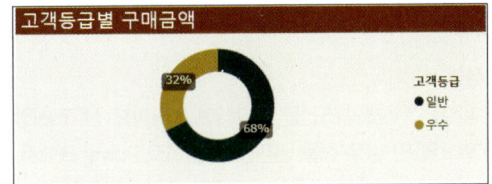

3 다음 지시사항에 따라 행렬 차트를 구현하시오.

① 다음 조건으로 〈_측정값B〉 테이블에 측정값을 추가하시오.

01 우측 **데이터** 창에서 〈**_측정값B**〉 테이블을 선택한 후 **마우스 우클릭 > 새 측정값**을 클릭한다.

02 수식 창에 다음과 같이 식을 작성하고 Enter를 누른다.

> 지난12개월누계 = CALCULATE([총구매금액], DATESINPERIOD(Dates[Date], MAX(Dates[Date]), -12, MONTH))

Tip

수식 설명
- 여기서 MAX 함수는 필터링된 각 날짜 범위에서 가장 마지막 날짜를 반환한다.
- DATESINPERIOD 함수는 시작 날짜부터 지정된 기간만큼의 날짜를 반환하는 함수이다. 여기서는 MAX(Dates[Date])로 반환된 날짜를 기준으로, 이전 12개월 동안의 날짜를 반환한다.
- CALCULATE 함수는 DATESINPERIOD 함수로 반환된 지난 12개월 동안의 날짜 범위를 필터로 적용하여, 해당 기간 동안의 [총구매금액]을 다시 계산한다. 이를 통해 지난 12개월 동안의 누적 구매액을 산출할 수 있다.

03 상단 메뉴의 **측정 도구 > 서식**을 **정수**로 설정하고 **천 단위 구분 기호(,)**를 클릭한다.

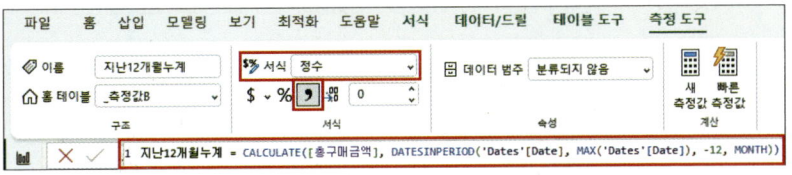

② 다음 조건으로 〈Dates〉 테이블에 새 열을 추가하시오.

01 우측 **데이터** 창에서 **〈Dates〉 테이블**을 선택한다.

02 상단 메뉴의 **테이블 도구 > 새 열**을 클릭한 뒤 수식 창에 다음과 같이 식을 작성하고 Enter를 누른다.

> 주말여부 = IF(OR([DayName] = "토요일", [DayName] = "일요일"), "주말", "평일")

수식 설명
- OR 함수는 두 개의 조건을 평가하여 하나라도 참(True)일 때 참을 반환한다. 여기서는 [DayName]이 "토요일" 또는 "일요일"인 경우 참을 반환한다. 참고로 Power BI에서 OR 함수는 2개의 조건만 넣을 수 있으며 3개 이상은 IN 함수 또는 '||' 기호를 사용하여 표현할 수 있다. 또한, OR 함수를 중첩하여 여러 조건을 연결하는 것도 가능하다.
- IF 함수는 여기서 주어진 OR 함수를 통해 제시된 조건이 참일 때 "주말"을 반환하고, 거짓일 때 "평일"을 반환한다. 여기서는 [DayName]이 '토요일' 혹은 '일요일'일 경우 "주말", 그 외의 경우는 "평일"을 반환하여 주말 여부를 구분한다.

③ 다음 조건으로 〈_측정값B〉 테이블에 측정값을 추가하시오.

01 우측 **데이터** 창에서 **〈_측정값B〉 테이블**을 선택한 후 **마우스 우클릭 > 새 측정값**을 클릭한다.

02 수식 창에 다음과 같이 식을 작성하고 Enter를 누른다.

> 주말_일평균구매액 = CALCULATE([총구매금액], 'Dates'[주말여부] = "주말") / CALCULATE(COUNTROWS(Dates), Dates[주말여부] = "주말")

수식 설명
- 첫 번째 수식 CALCULATE([총구매금액], 'Dates'[주말여부] = "주말"): 'Dates'[주말여부]가 "주말"인 경우에 대한 총구매금액을 계산한다. 즉, 주말동안 발생한 총구매액을 구한다.
- 두 번째 수식 CALCULATE(COUNTROWS(Dates), Dates[주말여부] = "주말"): 'Dates'[주말여부]가 "주말"인 경우에 해당하는 〈Dates〉 테이블의 행 수를 센다. 즉, 주말 일수를 계산한다.
- 첫 번째 수식을 두 번째 수식으로 나누어, 주말에 대한 일평균구매액을 계산한다.

03 상단 메뉴의 **측정 도구 > 서식**을 **정수**로 설정하고 **천 단위 구분 기호(,)**를 클릭한다.

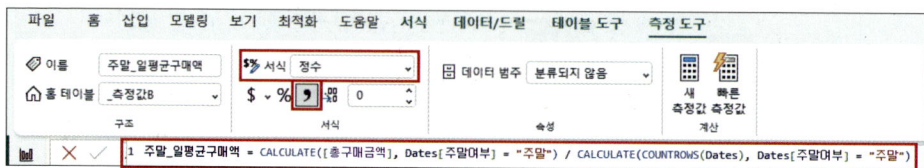

④ 다음 조건으로 행렬 차트를 구현하시오.

01 페이지에 **행렬 차트**를 삽입하고 **행**에는 〈Dates〉 테이블의 [Year], [MonthName] 필드, **값**에는 〈_측정값A〉 테이블의 [총구매금액] 측정값, 〈_측정값B〉 테이블의 [지난12개월누계], [주말_일평균구매액] 측정값을 차례로 추가한다. 3-④의 위치에 배치한다.

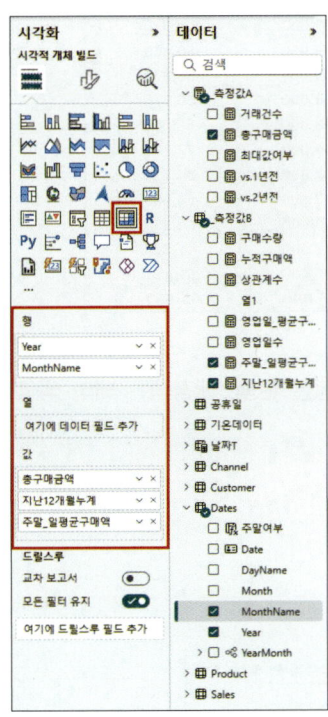
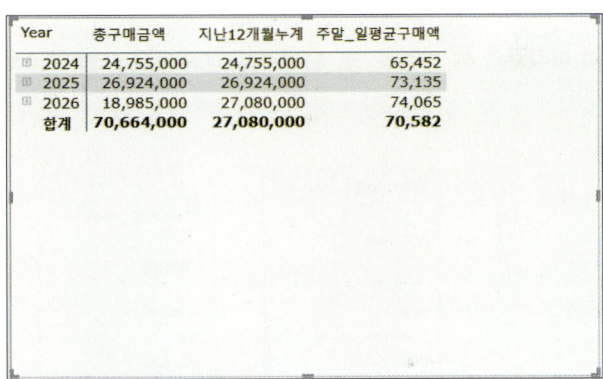

02 개체 우측 상단의 **계층 구조에서 한 수준 아래로 모두 확장(⌂)**을 누른다.

03 **시각적 개체 서식 지정** > **시각적 개체** > **레이아웃 및 스타일 사전 설정** > **스타일**은 대체 행으로 선택하고 **레이아웃**은 **테이블 형식**으로 설정한다.

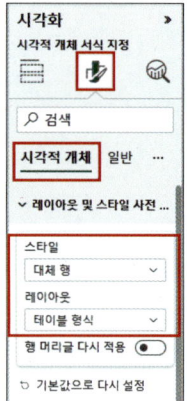 

04 **열 머리글**과 **행 머리글**, **행 총합계**로 각각 이동하여 **텍스트 색상**은 흰색, **배경색**은 테마 색 **4**로 설정한다.

 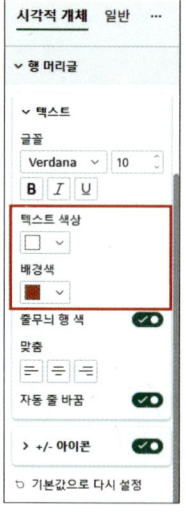 

05 다음으로 빈 행을 활성화하고 빈 행 > 테두리도 활성화한 뒤 눈금으로 이동하여 눈금 > 옵션 > 행 안쪽 여백을 3으로 조정한다.

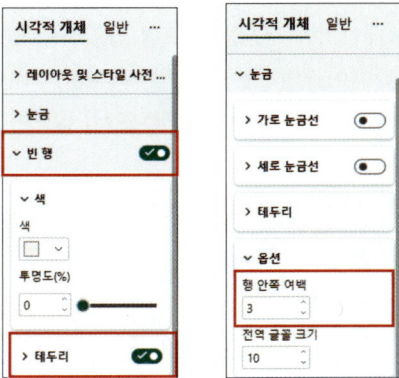

06 끝으로 셀 요소 > 설정 적용 대상 > 계열에서 주말_일평균구매액을 선택하고 배경색을 활성화한다. fx을 눌러 대화창이 뜨면 아래 그림과 같이 빈 값의 서식은 어떻게 지정해야 하나요?에는 서식 지정 안 함, 최소값에는 사용자 지정, 50000을 입력하고 확인을 누른다.

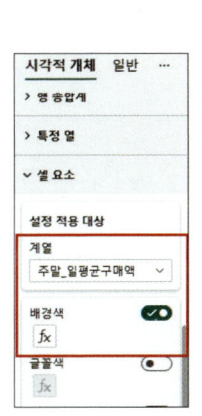
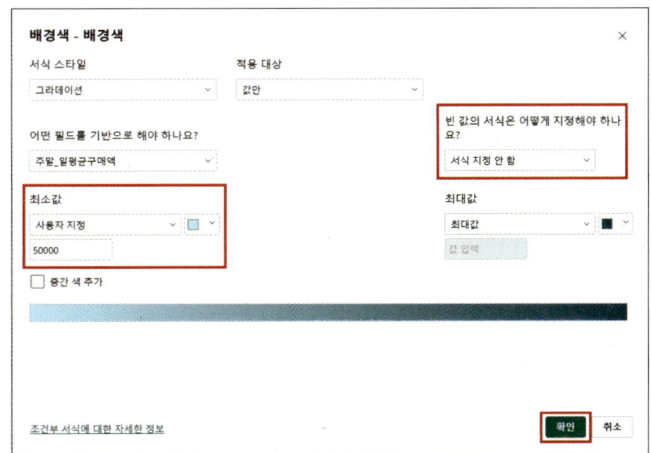

4 다음 지시사항에 따라 '문제3B' 페이지에 분산형 차트와 카드를 구현하시오.

① 다음 조건으로 분산형 차트를 구현하시오.

01 문제3B 페이지로 이동한 후 페이지에 **분산형 차트**를 삽입하고 **값**에 〈Customer〉 테이블의 **[고객ID] 필드**, **X축**에 〈_측정값A〉 테이블의 **[총구매금액] 측정값**, **Y축**에 〈Customer〉 테이블의 **[평균나이] 측정값**, **범례**에는 〈Customer〉 테이블의 **[거주도시] 필드**를 추가한다.

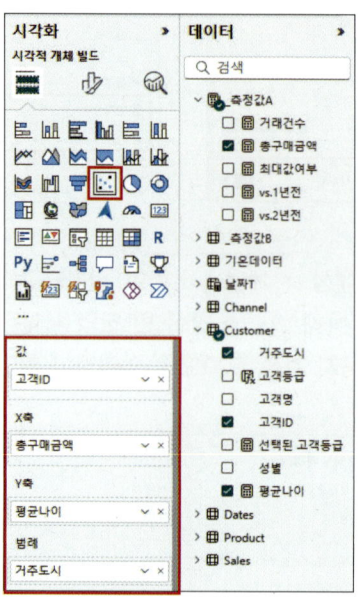

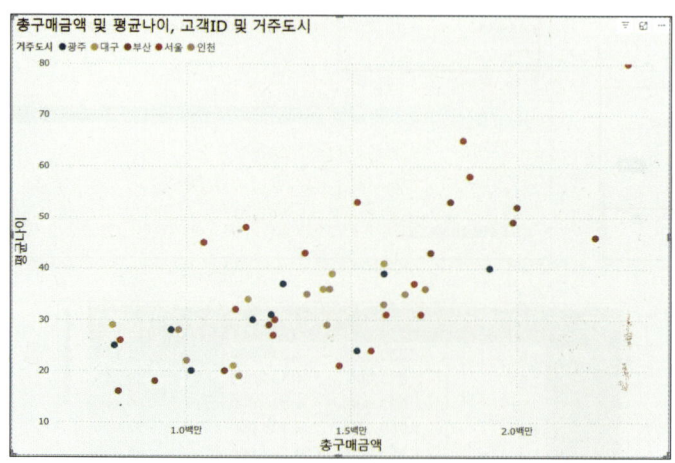

02 4-①의 위치에 배치한다.

② 다음 조건으로 분산형 차트의 서식 및 추가 분석 요소를 적용하시오.

01 **시각적 개체 서식 지정 > 시각적 개체**에서 **확대/축소 슬라이더**를 **활성화**하고 **표식 > 크기 승수**를 **20**으로 설정한다. 이어서 **시각적 개체에 추가 분석 추가 > 추세선**을 **활성화**하고 **선 스타일**에서 **점선**을 선택하며 **계열 결합**은 **비활성화**한다.

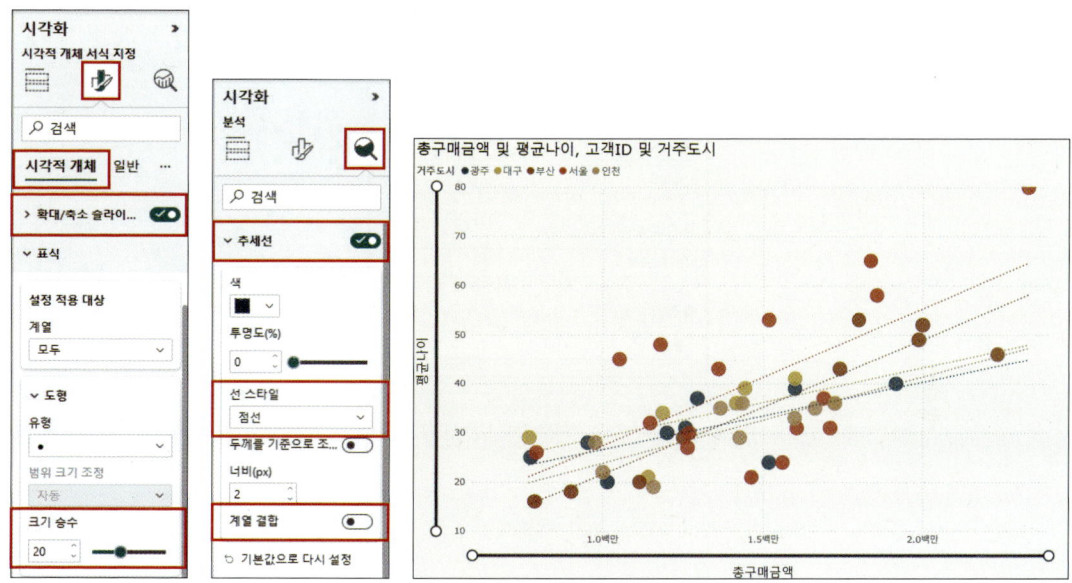

③ 다음 조건으로 〈_측정값B〉 테이블에 측정값을 추가하고 카드를 구현하시오.

01 우측 **데이터** 창에서 〈**_측정값B**〉 **테이블**을 선택한 후 **마우스 우클릭 > 빠른 새 측정값**을 클릭하고 **빠른 측정값** 창이 열리면 **수학 연산 > 상관 계수**를 클릭한다.

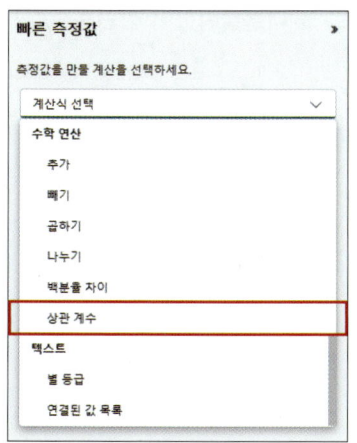

02 **범주**에 〈Customer〉 테이블의 **[고객ID] 필드**를, **측정값 X**에는 〈_측정값A〉 테이블의 **[총구매금액] 측정값**을, **측정값 Y**에는 〈Customer〉 테이블의 **[평균나이] 측정값**을 추가하고 **추가** 버튼을 누른다.

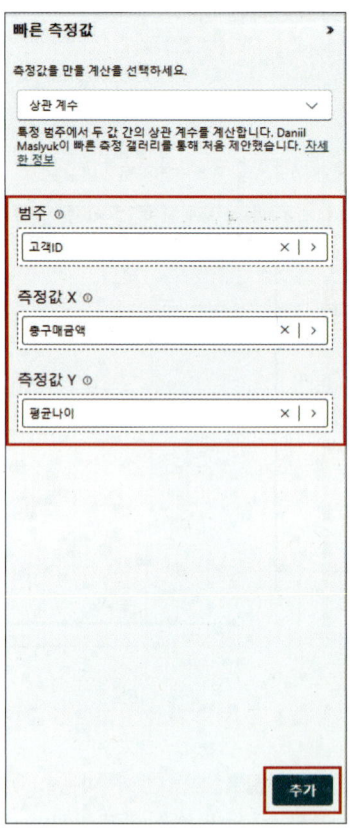

03 **데이터** 창에 새로 추가된 측정값을 **더블클릭**하여 **상관계수**로 이름을 변경한다.

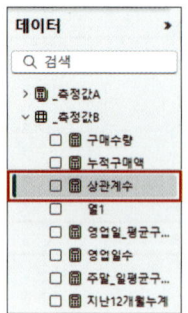

04 이제 페이지에 **카드**를 삽입하고 **필드**에 〈_측정값B〉 테이블의 **[상관계수]** 측정값을 추가한다. 카드는 4-③의 위치에 배치한다.

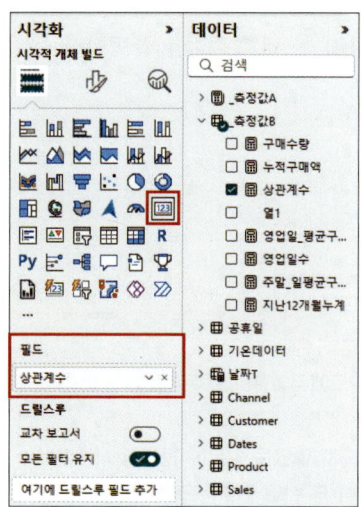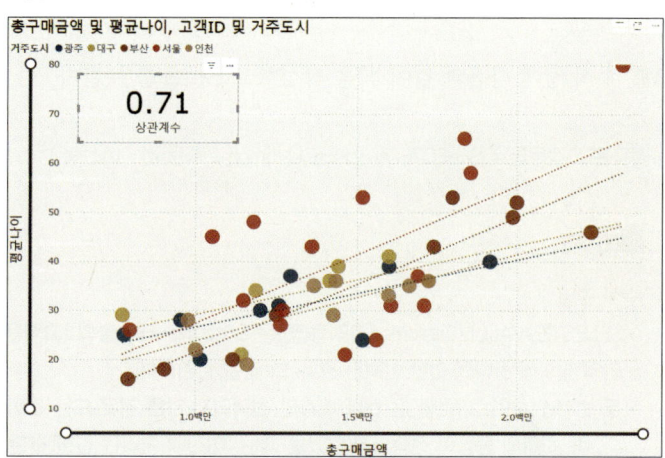

05 **시각적 개체 서식 지정** > **일반** > **효과** > **배경**은 비활성화하고 **시각적 테두리**는 활성화한다.

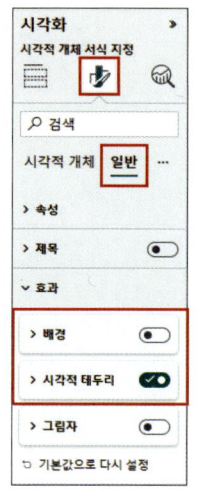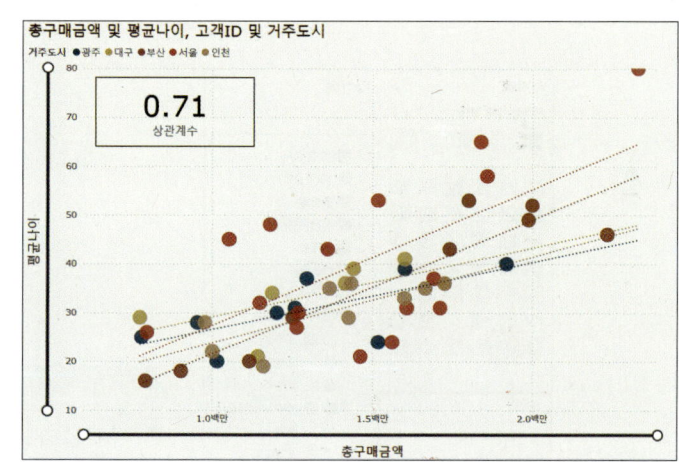

5 다음 조건으로 '문제3B' 페이지에 카드(신규)를 구현하고, 드릴스루를 적용하시오.

① 다음 조건으로 〈Customer〉 테이블에 측정값을 추가하고 카드(신규)를 구현하시오.

01 우측 **데이터** 창에서 **〈Customer〉 테이블**을 선택한 후 **마우스 우클릭 > 새 측정값**을 클릭한다.

02 수식 창에 다음과 같이 식을 작성하고 Enter를 누른다.

선택된 고객등급 = SELECTEDVALUE(Customer[고객등급], "미선택")

수식 설명
- SELECTEDVALUE(Customer[고객등급])은 Customer 테이블의 [고객등급] 필드에서 현재 선택된 값을 반환한다. 만약 필드에 하나의 값만 선택된 경우, 그 값을 반환한다.
- 두 번째 인수인 "미선택"은 하나의 값만 선택되지 않은 경우 또는 값이 선택되지 않았을 경우에 반환할 기본값이다. 즉, 하나의 등급이 선택되지 않았을 때는 "미선택"이라는 값을 반환한다. 이 두 번째 인수는 생략 가능하며, 생략 시 기본값은 공백(Blank)이다.

03 이제 페이지에 **카드(신규)**를 삽입하고 **데이터**에 앞서 작성한 〈Customer〉 테이블의 **[선택된 고객등급] 측정값**을 추가한다.

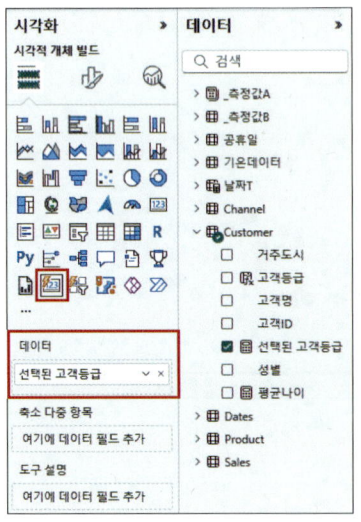

04 5-①의 위치에 배치한다.

② '문제3B' 페이지를 다음과 같이 드릴스루 페이지로 설정하시오.

01 특정 개체가 선택되지 않은 상태에서 시각화 창 하단의 **여기에 드릴스루 필드 추가** 영역에 〈Customer〉 테이블의 **[고객등급] 열**을 추가한다.

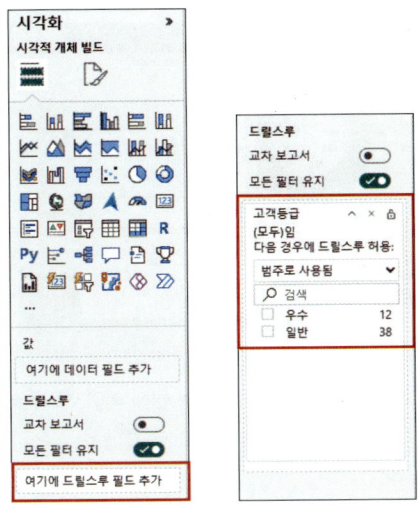

02 01과 동시에 추가된 **뒤로** 단추를 5-②의 위치에 배치한다.

03 뒤로 단추를 선택하고 **서식 단추 > Button > 스타일 > 채우기를 활성화**한다.

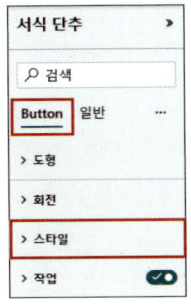 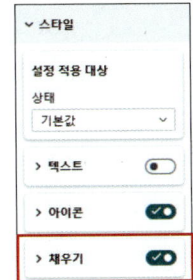

- 드릴스루 기능이 정상적으로 설정되었는지 확인하려면 **문제3 > 고객등급별 구매금액 차트 > 도넛 조각 영역**에서 **마우스 우클릭**한다. 드릴스루 옵션이 나타나면 **문제3B**를 눌러 해당 페이지로 이동한다.

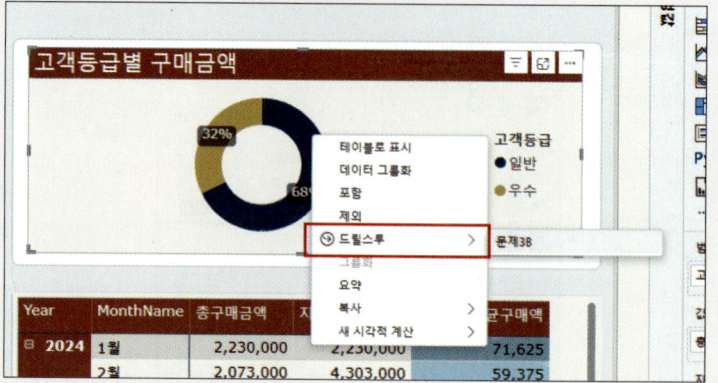

- 다시 이전 페이지로 이동하려면 Ctrl + 뒤로 단추를 클릭하여 원래 페이지로 돌아오면 된다.

04 작업한 보고서가 문제3의 시각화 완성화면(549p)과 일치하는지 확인한 후 해당 페이지의 작업을 마무리한다.

좋은 책을 만드는 길, 독자님과 함께 하겠습니다.

2025 시대에듀 유선배 경영정보시각화능력 실기(Power BI) 합격노트

초 판 발 행	2025년 05월 20일 (인쇄 2025년 03월 14일)
발 행 인	박영일
책 임 편 집	이해욱
저 자	어니언비아이
편 집 진 행	노윤재 · 호은지
표지디자인	김도연
편집디자인	고현준 · 김혜지
발 행 처	(주)시대고시기획
출 판 등 록	제10-1521호
주 소	서울시 마포구 큰우물로 75 [도화동 538 성지 B/D] 9F
전 화	1600-3600
팩 스	02-701-8823
홈 페 이 지	www.sdedu.co.kr
I S B N	979-11-383-8822-1(13000)
정 가	35,000원

※ 이 책은 저작권법의 보호를 받는 저작물이므로 동영상 제작 및 무단전재와 배포를 금합니다.
※ 잘못된 책은 구입하신 서점에서 바꾸어 드립니다.

합격의 공식
시대에듀

모든 자격증·공무원·취업의 합격정보

시작하라 대박합격

 과 좋아요! 정보 알림설정까지!

유튜브 선생님에게 배우는
유·선·배 시리즈!

▶ 유튜브 무료 동영상 강의 제공

체계적인 커리큘럼의 온라인 강의를 무료로 듣고 싶어!

혼자 하기는 좀 어려운데... 이해하기 쉽게 설명해줄 선생님이 없을까?

문제에 적용이 잘 안 되는데 머리에 때려 박아주는 친절한 문제집은 없을까?

그래서 시대에듀가 준비했습니다!!

유선배 과외!

자격증
다 덤벼!
나랑 한판 붙자

- ✓ 혼자 하기 어려운 공부, 도움이 필요한 학생들!
- ✓ 체계적인 커리큘럼으로 공부하고 싶은 학생들!
- ✓ 열심히는 하는데 성적이 오르지 않는 학생들!

유튜브 **무료 강의** 제공

핵심 내용만 쏙쏙! 개념 이해 수업

[자격증 합격은 유선배와 함께!]

맡겨주시면 결과로 보여드리겠습니다.

| SQL개발자 (SQLD) | 컴퓨터그래픽 기능사 | 웹디자인 개발기능사 | 사무자동화 산업기사 | GTQ 포토샵 / GTQ 일러스트 | 경영정보시각화 능력 |

대한민국
모든 시험 일정 및
최신 출제 경향·신유형 문제

꼭 필요한 **자격증·시험 일정**과 **최신 출제 경향·신유형 문제**를 확인하세요!

출제 경향·신유형 문제

◀ 시험 일정 안내 / 최신 출제 경향·신유형 문제 ▲

- 한국산업인력공단 국가기술자격 검정 일정
- 자격증 시험 일정
- 공무원·공기업·대기업 시험 일정

시험 일정 안내

합격의 공식
시대에듀